社区矫正前沿

（2021）

司法部预防犯罪研究所 / 主编

Frontiers of
Community Correction

中国法制出版社
CHINA LEGAL PUBLISHING HOUSE

前　言

2019年12月28日，第十三届全国人民代表大会常务委员会第十五次会议审议并全票通过了《中华人民共和国社区矫正法》（以下简称《社区矫正法》），并于2020年7月1日起实施。《社区矫正法》的颁布与实施，标志着社区矫正工作步入法治化时代，为社区矫正工作确立了法律依据和基本遵循，为我国社区矫正的未来发展指明了方向，开启了社区矫正工作的新时代。

截至2021年7月1日，《社区矫正法》贯彻实施已满一年。为了全面总结一年来《社区矫正法》贯彻实施的总体情况，深入了解《社区矫正法》施行以来对社区矫正工作的影响，分析该法在贯彻实施过程中面临的理论和实践问题，进而为深入贯彻《社区矫正法》，推动社区矫正理论研究与实践工作高质量发展提供智力支持，司法部预防犯罪研究所围绕《社区矫正法》贯彻落实相关问题面向全国社区矫正机构和科研人员组织开展了"《社区矫正法》贯彻实施一周年"主题征文活动。在司法部社区矫正管理局的大力支持下，各地社区矫正机构工作人员以及理论研究人员积极踊跃参加，截止到2021年11月底，共收到300多篇论文。经初筛和多轮评选，共选出优秀论文59篇。为呈现有关优秀理论研究成果，并为我国社区矫正事业的改革与发展提供参考与借鉴，推动社区矫正理论研究的进一步繁荣，我们将本次征文中的优秀成果结集出版。同时，基于推动社区矫正理论研究与实践发展的长远考虑，我们将有关文集命名为《社区矫正前沿（2021）》，希望今后在此基础上继续开展相关工作，出版"社区矫正前沿"年度系列文集，以期进一步推动社区矫正理论研究与实践的高质量发展。

本书根据《社区矫正法》框架结构，将评选出的59篇优秀论文划分为八个专题，即落实总则要求、社会力量参与、调查评估、监督管理、教育帮扶、特殊群体社区矫正、检察监督和智慧矫正。其中，落实总则要求专题主要是从立法价值取向、矫治模式、行刑社会化、社会治理、权利规范、社会支持理论等不同视角对社区矫正开展了理论探讨，并从省域、市域及县域等不同区域视角就各地落实《社区矫正法》过程中的总体实践情况和存在的问题进行分析进而提出对策建议。社会力量参与专题重点围绕各地动员社会力量参与社区矫正的探索与实践开展实证研究，分析总结了面临的困难与问题并提出了对策与优化建议。调查评估专题主要就我国社区矫正调查评估实践中的问题，并结合国外相关经验，提出建立社区矫正调查评估办案责任制、规范调查评估模式及如何委托调查评估等对策建议。监督管理专题既对当前社区矫正对象的监管形势进行了分析，也总结了实务部门探索的监管模式，同时就实践中凸显的社区矫正对象“经常性跨市县活动”、执行地认定、禁止令完善、分类管理等疑难问题以及暂予监外执行人员监管等进行了深入思考。教育帮扶专题聚焦《社区矫正法》实施背景下教育帮扶工作中面临的多重困境并就如何对社区矫正对象开展思想道德教育、个别化教育提出了完善建议。特殊群体社区矫正专题围绕严重精神障碍社区矫正对象、女性社区矫正对象、未成年人社区矫正对象等特殊群体的矫正困境、难点进行分析并提出对策建议。检察监督专题就社区矫正检察监督工作中存在的问题进行分析并提出完善措施。智慧矫正专题重点介绍基层实践中开展“智慧矫正”的实践，分析了开展智慧矫正体系建设及社区矫正数字档案工作的必要性，并就数字化时代社区矫正工作提出改革建议。

本次征文活动及本书编辑出版，由司法部预防犯罪研究所高贞所长全程把控，周勇副所长、高文副所长具体指导，国外预防犯罪与刑事司法研究室具体组织实施，办公室配合共同完成。社区矫正工作研究室的张桂荣研究员、国外预防犯罪与刑事司法研究室的安文霞副研究员付出了大量心血，从拟定征文活动方案，与相关部门沟通协商，到对300多篇征文进行多轮筛选和评审，对筛选出的全部优秀论文进行集结、体例编排、编辑、校对，与有关作者积极沟通进行修改完善，联系出版等完成了全过程的工作，本所新入职的李佳臻博士也参与了优秀论文的汇总、编辑、校对工作。此次组织征文和本书编辑出版得到了司法部社区矫正管理局姜爱东局长、郭健处长以及其他相关领导的大力支持，中国法制出版社赵宏编辑、王悦编辑为本书出版做了大量工作，在此一并致谢。

由于水平有限，书中不当之处敬请批评指正。

编　者

2022年2月23日

目　录
Contents

一、落实总则要求：理论探讨

二、落实总则要求：总体实践情况

三、执行人员

四、调查评估

五、监督管理

六、教育帮扶

七、特殊群体社区矫正

八、检察监督

九、智慧矫正

一、落实总则要求：理论探讨

2021年社区矫正理论研究与实践发展

张桂荣　安文霞*

据不完全检索，截至2021年10月，本年度出版的著作类成果主要有《中国社区矫正规范化研究》《社区矫正法治研究》《循证矫正视角下的社区矫正与社会工作：调查·理论·实务》《社区矫正理论与实务》《社区矫正理论与实务研究》（第3卷）等；通过中国知网检索“社区矫正”为主题的文献共计283篇，其中学术期刊论文116篇，硕士论文8篇、会议论文1篇、报纸文章158篇。从相关研究和实践探索来看，2021年社区矫正理论研究呈现基础理论和应用对策研究并重，研究深入、范围广泛、视角多维的特点，社区矫正实践探索和规范化建设卓有成效。

一、社区矫正理论研究深入广泛

（一）深度诠释社区矫正基础理论

1. 社区矫正立法理念的诠释

许多学者对《社区矫正法》中蕴含的新理念进行了诠释。

有的人认为《社区矫正法》凸显了社区本位理念；① 有的人认为《社区矫正法》突出了以社会融入为目标的社会关系修复的矫正新理念；② 还有的人认为《社区矫正法》彰显了人权保障理念，③ 立法中尤其对社区矫正对象的就业权益予以了充分保障，彰显出立法对社区矫正对象的人性化关怀④。

---

* 张桂荣，司法部预防犯罪研究所研究员。安文霞，司法部预防犯罪研究所副研究员。

① 连春亮：《社区矫正工作新理念、新特征和新判断》，载《河南警察学院学报》2021年第3期。

② 李川、刘双阳：《从教育矫正到社会关系修复：基于〈社区矫正法〉的理念重塑》，载《社区矫正法治研究》，中国政法大学出版社2021年版，第127页。

③ 肖艳秋、吴占英：《〈社区矫正法〉对社区矫正对象的人权保障及人性化保护》，载《中国司法》2021年第2期。

④ 肖艳秋：《社区矫正对象就业权益的保障探析》，载《犯罪与改造研究》2021年第4期。

2. 社区矫正性质界定

学界关于社区矫正的性质界定继续进行深入解读。有学者在阐释社区矫正概念的基础上将社区矫正界定为非监禁刑事执行制度。① 而关于缓刑的性质，有学者从缓刑犯社区矫正是刑罚改革的产物、缓刑犯社区矫正具备刑罚执行的特征、缓刑犯社区矫正与刑罚执行目的一致等方面考察，认为缓刑犯的社区矫正也应属于刑罚执行，具体为非监禁刑罚执行活动。②

3. 社区矫正相关关系厘清

针对社区矫正相关关系，学者们进行了深度剖析。一是关于惩罚与监督管理的关系。有学者认为虽然《社区矫正法》规定的“监督管理”本身包含了惩罚的内容，但“监督管理”的表述不能像“惩罚”那样明示国家刑罚执行的要义，难以体现出刑罚执行的严肃性，且不能涵盖“惩罚罪犯”的全部内容，因此建议在明确成年社区矫正对象的社区矫正任务时，应用“惩罚”替代“监督管理”，并应积极探索构建适合国情的社区矫正惩罚机制。③ 二是关于社区矫正实际工作中存在的矛盾关系。有学者分析了《社区矫正法》颁布实施以后，在社区矫正实际工作中产生的几大矛盾：社会力量依赖与社会发育不良的矛盾，矫正需求广泛性与矫正项目匮乏性的矛盾，智慧矫正与人文教育的矛盾，以及制度“内卷化效应”与社区矫正创新的矛盾。并指出解决这些矛盾，要遵循法律原则和立法内在精神，转变工作理念，压缩社区矫正的权力逻辑，拓展社区矫正的自治逻辑，平衡智慧矫正与人文教育的关系，建构以矫正教育为核心的社区矫正工作架构和矫正教育体系，建构社区矫正机构和社会力量的合作平台，形成矫正教育和社会帮扶的共同体，实现社区矫正的法定目标。④

4. 社区矫正规范化解读

关于社区矫正规范化的解读，有学者认为社区矫正规范化是统一化和多模式化的有机结合。其中，统一化要求按照法律规定的统一标准开展社区矫正工作；多模式化即根据各地不同的情况，在社区矫正工作的一些方面可以形成适合不同地区情况的多种模式，只要社区矫正工作的一些方面符合某种模式，就可以认为达到了规范化的要求。⑤

---

① 王顺安：《论中国特色的社区矫正概念与性质》，载《宜宾学院学报》2021 年第 1 期。

② 张雍锭：《我国缓刑犯社区矫正性质探讨》，载《中国人民公安大学学报》（社会科学版）2021 年第 4 期。

③ 刘强：《论社区矫正工作的任务》，载《警学研究》2021 年第 1 期。

④ 连春亮：《社区矫正工作面临的现实矛盾与破解路径》，载《天津法学》2021 年第 2 期。

⑤ 吴宗宪：《中国社区矫正规范化研究》，北京师范大学出版社 2021 年版，第 4—5 页。

（二）拓展社区矫正研究的多维视角

1. 以分类视角开展社区矫正研究

（1）开展社区矫正区域性研究。中国幅员辽阔，不同地域、区域的经济社会发展水平有较大差异，各地也在探索适合本地情况的多元化模式。本年度既有学者针对城市社区矫正进行研究①；也有学者以史为鉴，总结农村回村执行制度对完善当下社区矫正的经验借鉴②；还有学者针对中西部地区民众对“民间法”的认同进而建议通过地方立法的形式将“民间法”嵌入国家法③。

（2）开展社区矫正特殊对象研究。如针对未成年社区矫正等开展个别化研究。从研究内容看，本年度未成年人社区矫正研究呈现以下特点：

一是立足《社区矫正法》，分析了未成年人社区矫正的立法理念的进步与不足。有学者认为《社区矫正法》体现了对未成年人的特别保护及人性化关怀。④ 也有学者认为我国社区矫正立法中忽视了未成年人的自治权，建议构建未成年人自治权的保障机制。⑤

二是立足未成年人社区矫正实施问题，开展实证研究并提出对策建议。学者们围绕未成年人社区矫正实施中的理念、适用范围、矫正项目、矫正队伍及犯罪调查及检察监督等存在的问题，并提出了相关建议：①树立“刚柔并济”社区矫正理念、整合诉讼程序资源扩大适用对象范围、借鉴域外有益经验发展以个案矫正为主的矫正项目⑥。②探索未成年人社区矫正地方立法、加强专业矫正人才队伍建设。⑦ ③加大矫正主体的监管力度，充分发挥社区、家庭、学校在矫正过程中的合力。⑧ ④构建兼具“监督+保护”职能的未成年人社区矫正检察监督体系。⑨ ⑤建立以司法矫正部门为核心、跨领域多部门的合作机制，形成科学规范的社会调查体系。⑩

---

① 赵杨：《北京市社区矫正机构、队伍与对象实证考察》，载《中国监狱学刊》2021 年第 1 期。

② 梁栋：《陕甘宁边区回村执行制度对我国社区矫正的启示与借鉴》，载《东岳论丛》2021 年第 3 期。

③ 费蓬煜：《中国中西部地区社区矫正的“民间法”阻滞因素及其破解——以西南农村地区为例》，载《中国监狱学刊》2021 年第 4 期。

④ 肖艳秋、吴占英：《〈中华人民共和国社区矫正法〉关于未成年社区矫正对象处遇设计的人文亮色》，载《中国监狱学刊》2021 年第 3 期。

⑤ 黄瑛琦：《社区矫正中未成年人自治权研究》，载《太原理工大学学报（社会科学版）》2021 年第 5 期。

⑥ 李乐：《理念与构建：未成年人社区矫正的现实困境与完善进路》，载《黑龙江生态工程职业学院学报》2021 年第 3 期。

⑦ 林琳、徐晓林：《未成年人社区矫正现状及矫治体系完善》，载《人民论坛》2021 年第 7 期。

⑧ 龚红卫：《未成年人社区矫正中的现实问题与化解——基于 T 市未成年人犯罪调查的相关数据分析》，载《中国监狱学刊》2021 年第 3 期。

⑨ 罗群：《未成年人社区矫正检察监督的困境及机制构建》，载《中国检察官》2021 年第 1 期。

⑩ 王琪：《青少年个别化社区矫正面临的问题与解决措施》，载《临沂大学学报》2021 年第 1 期。

三是立足借鉴参考，开展中外比较研究。有的学者认为，应当借鉴美国未成年人司法程序及未成年人社区矫正制度，制定中国未成年人社区矫正法或未成年人缓刑法或假释法，加强未成年人矫正的科学评估，为违法未成年人提供多样化和专业化的矫治。① 有的学者认为，应借鉴美国青少年社区矫正社会支持网络构建，设立专门的青少年社区矫正官，青少年社区矫正工作者全程介入司法程序，将贯穿始终的调查评估作为社会支持网络构建的有效指引，注重多重社会力量的参与。②

（3）深化不同犯罪类别、不同罪犯类型社区矫正对象研究。如运用循证矫正方法，对经济犯罪社区矫正对象开展循证矫正项目研究，研究“经济犯罪”社区矫正对象的犯罪心理和行为表现并制订合理的矫正方案。③ 开展女性社区矫正对象回归社会研究，认为应当以正式社会支持为主导，辅之以非正式社会支持，创造以权利保障为主的社会文化氛围；构建以情感支持为主的心理帮扶体系；完善以就业支持为主的社会保障制度；健全以教育帮扶为主的社会参与体系，让女性社区矫正对象在全面的社会化关怀中复归社会。④

2. 以社会治理视角审视社区矫正

社会治理是国家治理的重要组成部分，许多学者从社会治理的角度开展社区矫正研究。有的学者认为，将社区矫正融入社会治理的制度建构之中，是当前我国加强社会治理能力建设和全面深化司法体制改革的有效举措。⑤ 有的学者认为应以《社区矫正法》颁布为契机，形成社会组织协同政府开展社区矫正工作的有效方式。⑥ 有的则建议应从资本三维视角来分析社区矫正治理中的隐形资本问题，以帮助社区矫正对象增能人力资本、重塑社区矫正文化资本和寻回社会参与力量重构社会资本。⑦ 还有的学者建议推广“矫务长制”分类管理制度，由矫务长总负责其片区社区矫正工作，并召集矫正小组会议，确定矫正需求和目标，制定详细的修复措施，并适时进行效果评估，动态调整矫正方案。⑧

---

① 江山何：《美国的未成年人社区矫正及其对中国的启示》，载《青少年犯罪问题》2021 年第 1 期。

② 王天瑞：《美国青少年社区矫正社会支持网络的构建及启示》，载《河南司法警官职业学院学报》2021 年第 9 期。

③ 蔡新芳、姚昱：《经济犯罪社区矫正对象循证矫正研究项目研究》，载《中国监狱学刊》2021 年第 3 期。

④ 张磊、马寅骉、王超：《女性社区矫正对象回归社会的困境与出路——以某区社会支持系统的构建为例》，载《犯罪与改造研究》2021 年第 10 期。

⑤ 王天林：《论社区矫正融入社会治理的契合性——以“国家—社会”的重构与互建为视角》，载《中国治理评论》2021 年第 1 期。

⑥ 王喆：《协同治理：社会组织参与社区矫正的一种实现方式》，载《社会科学战线》2021 年第 1 期。

⑦ 鲍宇科：《社区矫正治理中隐形资本的重建》，载《犯罪与改造研究》2021 年第 6 期。

⑧ 刘毅、王义兵：《社区矫正创新机制探析——兼论江苏省南通市“矫务长制”》，载《中国司法》2021 年第 4 期。

3. 以其他理论与视角研究社区矫正

学者们以不同理论视角审视社区矫正，提出了社区矫正发展的新思路。一是以循证矫正理论为视角，借鉴美国、加拿大循证矫正模式探究了我国当前立法框架对矫正社会工作的定位和未来发展的影响。① 二是基于社会支持理论，探讨了该理论在社区矫正前调查评估等工作、矫正中动员社会力量帮助个人的矫正工作以及解除矫正后对个人继续做出的帮助、服务等工作中的应用。②

此外，也有学者从实证视角开展社区矫正重新犯罪研究。如率永利等人对近几年浙江省发生的社区矫正对象再犯罪案件进行了分析，剖析了再犯罪社区矫正对象的基本构成特点，并结合浙江省实践提出完善工作机制、教育帮扶、队伍建设及智慧矫正等预防社区矫正对象再犯罪的防范对策。③

二、社区矫正实践探索与规范化建设卓有成效

各地围绕《社区矫正法》的实施、队伍建设、机构协同、监督管理、社会力量参与、教育帮扶、调查评估、检察监督等建章立制，积极进行社区矫正规范化的探索与实践，有效推动了《社区矫正法》的实施。

1. 制定《社区矫正实施细则》和有关实施意见

为推动社区矫正工作依法规范实施，上海、陕西、湖南、河南、广东、广西、山东、辽宁、福建、江西、宁夏、河南、甘肃等多地陆续出台了实施细则。山西省则重新修订了本省的社区矫正实施细则并公布实施④。江苏省司法厅出台《关于构建社区矫正“一三三模式”推进全省社区矫正工作高质量发展的实施意见》，明确社区矫正的目标、机制与统筹要素。⑤

2. 出台矫正队伍建设相关政策

河南省印发《关于进一步加强社区矫正专职社会工作者队伍建设的指导意见》，对社区矫正专职社会工作者的入职条件、选任聘用、工作职责、管理培训等作出明

---

① 熊贵斌：《循证矫正视角下的社区矫正与社会工作：调查·理论·实务》，中国政法大学出版社2021年版。

② 魏斌：《浅谈社会支持理论在社区矫正中的应用》，载《中国司法》2021年第8期。

③ 率永利、彭磊：《近三年浙江省社区矫正对象再犯罪情况研究分析报告》，载《中国司法》2021年第1期。

④ “《山西省社区矫正实施细则》九章八十一条 明确社区矫正机构可依托社区矫正中心履行社区矫正教育帮扶职责”，来源：社区矫正宣传网，2021年6月11日。

⑤ “江苏丨推进设置具有独立执法资格的社矫机构 探索使用警辅人员 支持社会组织依法参与调查评估、教育帮扶等工作”，来源：社区矫正宣传网，2021年6月17日。

确规定。[①] 江苏省徐州市鼓楼区司法局借鉴公安警辅制度，公开选聘警辅人员，组建徐州市第一支社区矫正刑事执行警务辅助人员队伍。[②] 河南省濮阳市清丰县积极开展社区矫正官试点工作，印发《清丰县社区矫正官制试点工作方案》等一整套制度性文件。试点方案明确了总矫务长负责体制，确定了合署办公模式、组织架构和管理层级。[③]

3. 建立机构间协同机制

一是协同规范社区矫正暂予监外执行工作。如云南省人民检察院、云南省司法厅、云南省卫生健康委员会联合印发了《关于进一步规范保外就医社区矫正对象病情复查工作的意见（试行）》。[④] 二是协同规范社区矫正衔接机制。如安徽省全椒县司法局与县公安局联合印发《关于进一步加强社区矫正衔接机制的意见》，明确县司法局和县公安局在社区矫正适用前的调查评估、交付执行、文书档案送达、智能化数据排查、信息共享等环节的工作职责和衔接配合。[⑤] 也有省市针对信息化核查出台专项协同意见，如山东省聊城市[⑥]、陕西省宝鸡市[⑦]均由司法局与市公安局联合出台信息化核查工作意见，建立健全社区矫正信息化核查长效机制。三是签订跨区域协作协议。如安徽省绩溪县司法局与浙江省杭州市临安区司法局签署跨区域协作协议，就社区矫正对象的委托监管、脱漏管社区矫正对象异地协查、社区矫正信息资源互通共享、跨区域社区矫正突发情况应急处置等五个方面进行跨区域协作。[⑧] 四是规范检察监督协同意见。如嘉定区检察院、昆山市检察院、太仓市检察院签署《关于推进嘉昆太社区矫正检察监督一体化模式的实施意见》，针对工作信息通报、办案协查以及巡回检察等内容进行了制度化规范。[⑨] 又如，天津市红桥区人民检察院与区网格化管理中心就社区矫正执行监督与网格化管理相结合建立工作机制，签署《关于建

---

① “河南：专职社会工作者从事社区矫正有了明确要求”，来源：社区矫正宣传网，2021 年 4 月 22 日。

② “徐州市鼓楼区建立社区矫正刑事执行警务辅助人员队伍”，来源：社区矫正宣传网，2021 年 4 月 29 日。

③ “河南濮阳启动社区矫正官试点工作”，来源：社区矫正宣传网，2021 年 4 月 30 日。

④ “云南省司法厅联合检察机关、卫生健康行政部门印发《关于进一步规范保外就医社区矫正对象病情复查工作的意见（试行）》”，来源：社区矫正宣传网，2021 年 8 月 24 日。

⑤ “全椒县司法局县公安局出台意见进一步加强社区矫正衔接机制”，来源：社区矫正宣传网，2021 年 8 月 6 日。

⑥ “山东聊城：司法、公安联合出台意见进一步加强社矫信息化核查工作”，来源：社区矫正宣传网，2021 年 4 月 17 日。

⑦ “宝鸡市司法局 公安局联合出台意见进一步加强社区矫正信息化核查工作”，社区矫正宣传网，2021 年 8 月 9 日。

⑧ “皖浙跨区域协作 推动社区矫正共建共治共享”，来源：社区矫正宣传网，2021 年 3 月 22 日。

⑨ “深化‘嘉昆太’社区矫正检察协作 助力长三角区域一体化发展”，来源：社区矫正宣传网，2021 年 8 月 14 日。

立“社区矫正执行监督与网格化管理相结合”工作机制的意见》。①

4. 出台监督管理相关规范和标准

一是出台分类管理规范。如山西省司法厅出台《山西省社区矫正对象考核奖惩及分类管理办法（试行）》对社区矫正对象日常考核、奖惩措施、分类管理等作出详细规定。② 二是出台矫情分析办法。如为了提高矫情分析质量、提升预测预警预防能力，安徽省司法厅出台《安徽省社区矫正矫情分析办法》，规定省市县三级社区矫正机构和司法所矫情分析会议的频次、参加人员、重大矫情报告等，明确了分析研判维度，并界定了省、市、县三级社区矫正机构及司法所分析内容的侧重点。③

5. 加强执法规范化与标准化建设

一是出台执法规范。如江苏省制定了《江苏省社区矫正执法回避管理规定（试行）》，④ 镇江市司法局制定出台《关于进一步加强社区矫正执法事项合议工作的意见》。⑤ 山西省司法厅制定下发了《山西省社区矫正档案管理办法》和《山西省社区矫正宣告规定（试行）》。⑥ 二是统一执法文书格式。为统一规范社区矫正执法文书格式，提高社区矫正的规范化的可操作性，四川、宁夏⑦、山西⑧等地均印发执法文书格式规范。以四川省为例，《四川省社区矫正执法文书格式（试行）》共有77种文书，涵盖了包括调查评估、入矫接收、监督管理、教育帮扶、解除与终止在内的社区矫正工作全流程、全时段、全范围。⑨

6. 制定社会力量参与社区矫正的工作规范

一是规范社会组织参与工作。如河南省司法厅、河南省民政厅联合印发《河南省社会组织参与社区矫正工作规定》，健全社会组织参与社区矫正工作制度，畅通参与渠道，明确基本条件、服务范围、工作内容。⑩ 二是制定社会工作评估规范。如广州市司法局制定了《广州市司法社会工作服务项目评估办法》，以推动社区矫正社会

---

① “天津市红桥区人民检察院与区网格化管理中心会签《关于建立“社区矫正执行监督与网格化管理相结合”工作机制的意见》”，来源：社区矫正宣传网，2021年4月16日。

② “山西出台三项社区矫正规定 全面规范社区矫正工作”，来源：社区矫正宣传网，2021年9月8日。

③ “安徽省司法厅集中出台社区矫正三个规范性文件”，来源：社区矫正宣传网，2021年7月1日。

④ “江苏省社区矫正执法回避管理规定（试行）”，来源：社区矫正宣传网，2021年10月29日。

⑤ “镇江市司法局制定出台《关于进一步加强社区矫正执法事项合议工作的意见》”，来源：社区矫正宣传网，2021年8月16日。

⑥ “以制度建设规范社区矫正执法——山西省司法厅出台《山西省社区矫正档案管理办法》和《山西省社区矫正宣告规定（试行）》”，来源：社区矫正宣传网，2021年10月25日。

⑦ “宁夏统一规范社区矫正执法文书格式”，来源：社区矫正宣传网，2021年5月26日。

⑧ “山西出台三项社区矫正规定 全面规范社区矫正工作”，来源：社区矫正宣传网，2021年9月8日。

⑨ “四川统一规范社区矫正执法文书格式 共77种文书”，来源：社区矫正宣传网，2021年3月22日。

⑩ “河南省出台文件规范社会组织参与社区矫正工作 明确服务权责 细化服务内容 提升保障机制”，来源：社区矫正宣传网，2021年10月9日。

工作专业化、规范化发展，客观、科学地评价项目成效，全面实施政府购买服务绩效管理，提高政府购买服务质量与效益。①

7. 制定分类教育指导性文件

江苏省、河南省、安徽省②等多地就社区矫正教育帮扶和分类教育工作出台工作指引，规范社区矫正教育帮扶工作，推动教育帮扶工作精细化。如江苏省司法厅制定了《江苏省社区矫正教育帮扶工作指引（试行）》，③ 河南省出台了《社区矫正对象分类教育管理工作指引》。④

8. 制定调查评估规范

四川、山西⑤、南京市栖霞区等多地出台调查评估相关规范。如四川省司法厅出台了《社区矫正调查评估规范》，规定了社区矫正调查评估的委托情形、流程、结果运用及保密要求等事项，⑥ 南京市栖霞区司法局制定社区矫正适用前调查评估质量评定标准，细化工作流程。⑦

9. 加强特殊对象的检察监督制度规范

一是规范违法出境问题，如张家港市司法局联合市法院、检察院、公安局出台《社区矫正对象法定不批准出境通报备案工作实施办法》，积极防止社区矫正对象违法出境和脱管漏管。⑧ 二是规范“经常性跨市县活动”，如大庆市检察院联合市司法局制定出台了《大庆市社区矫正对象外出请销假管理办法（试行）》，详细规定了“经常性跨市县活动”的社区矫正对象请假事由和审批流程等内容。⑨ 三是规范减刑问题。江苏溧阳市人民检察院会同溧阳市司法局，出台江苏省首个《关于对社区矫正对象提请减刑的实施意见（试行）》，从适用对象、提请流程、监督管理等方面，就社区矫正对象提请减刑作出具体规定。⑩ 四是规范涉企矫正对象监督管理，如南安

---

① “广州市司法局制定出台《广州市司法社会工作服务项目评估办法》”，来源：社区矫正宣传网，2021年4月12日。

② “安徽省司法厅集中出台社区矫正三个规范性文件”，来源：社区矫正宣传网，2021年7月1日。

③ “江苏省司法厅制定出台《江苏省社区矫正教育帮扶工作指引（试行）》”，来源：社区矫正宣传网，2021年7月14日。

④ “河南省出台《社区矫正对象分类教育管理工作指引》，”来源：社区矫正宣传网，2021年4月16日。

⑤ “山西出台三项社区矫正规定 全面规范社区矫正工作”，来源：社区矫正宣传网，2021年9月8日。

⑥ 邓刚：“四川首个《社区矫正调查评估规范》地方标准正式实施”，来源：社区矫正宣传网，2021年9月3日。

⑦ “栖霞制定标准规范社区矫正执法证据收集”，来源：社区矫正宣传网，2021年10月21日。

⑧ “张家港规范社矫对象法定不批准出境通报备案工作”，来源：江苏省司法厅 社区矫正宣传网，2021年5月15日。

⑨ “全省领先！大庆社区矫正对象外出有“法”可依”，来源：社区矫正宣传网，2021年4月29日。

⑩ “江苏溧阳出台《关于对社区矫正对象提请减刑的实施意见（试行）》”，来源：社区矫正宣传网，2021年10月16日。

市、海口市①。以南安市为例，该市检察院与司法局联合制定《关于共同强化涉企社区矫正对象监管护航民营企业发展的方案》，出台了《南安市涉企社区矫正对象监督管理暂行规定》，为接受社区矫正的民营企业人员从事相关生产经营活动提供必要便利，简化批准流程。②

10. 加强社区矫正工作的经费保障

为落实2020年开始施行的《社区矫正法》新要求，江苏省财政厅会同省司法厅修订出台了《江苏省社区矫正补助专项资金管理办法》，主要对四个方面进行了完善：一是明确社区矫正工作经费的保障责任，二是明确省补资金的使用范围，三是优化省补资金的分配方式，四是规范省补资金的下达时限。③

三、《社区矫正法》实施问题全面剖析

本年度理论学者与实务专家在总结《社区矫正法》实施现状的基础上，剖析了当前社区矫正工作中存在的问题与困境，并提出了相应的对策建议。

1. 矫正机构建设问题

《社区矫正法》明确规定，县级以上地方人民政府根据需要设置社区矫正机构，负责社区矫正工作的具体实施。而实践中，区（县）级社区矫正机构，多数仍然是内设机构，不是独立的法人。学者建议将县级以上社区矫正机构真正建设成直接管理社区矫正对象的相对独立的工作实体，④ 同时用好政府购买服务方式购买专业社工的服务项目，解决编制不足的问题。⑤

2. 队伍建设问题

关于社区矫正队伍建设，学者的研究主要聚焦以下两点：一是社区矫正队伍职业化问题，认为应提升社区矫正工作队伍职业化，建立良性的人才互动回馈机制及队伍建设的长效机制。⑥ 二是社区矫正工作人员的身份定位问题，有学者认为，应当给予在司法所从事社区矫正工作的司法助理员和监狱、戒毒所干警以社区矫正专门

---

① “海口市检察院、司法局联动出台管理办法服务保障涉民企社矫对象赴外地从事生产经营活动”，来源：社区矫正宣传网，2021年10月12日。

② “先行先试：涉企社区矫正对象申请“经常性跨省”从业获批！”，来源：社区矫正宣传网，2021年5月2日。

③ “江苏修订社区矫正补助专项资金管理办法”，来源：社区矫正宣传网，2021年7月12日。

④ 刘强：《依法加强县级社区矫正机构建设的前瞻性思考——以浙江省天台县为例》，载《中国司法》2021年第1期。

⑤ 肖乾利、吕沐洋：《〈社区矫正法〉实施效果考察》，载《宜宾学院学报》2021年第4期。

⑥ 纪金锋、危攀攀、敖翔、桑晓东：《社区矫正队伍职业化建设探索——以安徽省怀远县为样本》，载《河南司法警官职业学院学报》2021年第1期。

国家工作人员的法律定位，增加专司社区矫正工作的政法专项编制，提高社区矫正官的资格准入和薪酬待遇；[①] 也有学者认为，社区矫正必须配置适量警察[②]，让社区矫正警察合法化并赋予其一定执法权[③]。

3. 基层组织参与机制问题

针对居委会参与社区矫正工作存在了解程度不高、经费严重不足、参与意识薄弱、惩戒力度不够等问题，有学者认为，应增强居委会成员法律意识，改变人员结构；增加居委会经费来源形式，恢复自治属性；增强集体意识及社会价值意识，完善法治惩戒措施。[④]

4. 社会力量参与问题

一方面，基于社区矫正社工队伍建设在人员配备、队伍专业化、职业认同感、待遇保障、教育培训及激励机制、政府购买服务等方面存在的问题，学者们建议明确社工职责，健全社工职业资格管理，完善待遇保障及晋升机制，建立健全管理考核奖励机制[⑤]；完善社会工作对青少年偏差行为的介入等[⑥]。另一方面，针对政府购买服务存在的介入方向不清、职能不明、过度市场化及监督不力等问题，学者们认为，应恰当处理社会工作介入社区矫正的介入方向，构建与司法行政机关合作的主体关系、半工作场域进驻、推动政府购买社会工作专项服务项目、找准关键节点介入[⑦]；建议在法律制度层面明确规定确定由矫正机构专属享有而不可外包的职能，明确教育与帮扶等福利性服务交由具有专业性的社会组织承担更能促使矫正目标的实质性实现；[⑧] 建议通过制度进行规范，对承接社区矫正服务的社会组织主体资格进行限制，为社区矫正服务的市场化划定界限。[⑨]

5. 机构协同问题

《社区矫正法》明确规定了公检法司的法定职责及在社区矫正各个环节中的工作内容，但实践中各机关在工作衔接过程中也凸显诸多问题。有学者从社区矫正机构

---

① 颜九红：《司法所社区矫正国家工作人员探讨》，载《北京政法职业学院学报》2021 年第 1 期。

② 林红：《社区矫正用警问题研究》，载《湖南警察学院学报》2021 年第 2 期。

③ 朱萍萍：《社区矫正警察制度研究》，载《广东开放大学学报》2021 年第 4 期。

④ 田兴洪、文智慧：《居委会参与社区矫正的动力机制构建研究》，载《河南司法警官职业学院学报》2021 年第 2 期。

⑤ 率永利、彭磊：《近三年浙江省社区矫正对象再犯罪情况研究分析报告》，载《中国司法》2021 年第 1 期。

⑥ 李艳丽、付淑香：《社会工作介入青少年社区矫正的策略研究》，载《社会与公益》2021 年第 12 期。

⑦ 郭星、胡展图：《社会工作介入社区矫正的方向与路径》，载《社会与公益》2021 年第 12 期。

⑧ 李蓉、孟晓玥：《社会组织参与社区矫正的界域研究》，载《佛山科学技术学院学报（社会科学版）》2021 年第 2 期。

⑨ 李蓉、祝千惠：《社区矫正中政府购买服务的风险及防范》，载《湖南科技大学学报（社会科学版）》2021 年第 1 期。

实施角度分析了若干机构协同问题，一是在审前调查评估中，社区矫正机构作出的“否定性调查评估意见”不被采纳后缺乏救济手段；二是社区矫正对象变更执行地问题。[①] 也有实务人员从法院角度探讨了《社区矫正法》实施中需要各部门共同研究解决的有关问题，即社区矫正对象脱管后再犯罪问题、暂予监外执行罪犯送监难问题、异地撤销缓刑、假释问题以及社区矫正对象假释问题。[②]

6. 执法规范问题

关于执法规范问题，学者们主要探讨以下问题：一是执法风险问题。认为应加强风险意识教育、强化依法规范监管、加强社区矫正工作队伍建设、建立社区矫正工作的风险预警机制及完善执法监督机制。[③] 二是关于社区矫正对象经常性跨市县活动的日常监管问题。针对完善制度难、规范执行难、风险防范难及监管教育难等，提出了加强和改进相关工作的意见建议。[④] 三是关于社区矫正对象的考核制度。提出了考核内容的设想、考核结果的应用分析以及如何保障考核的有效性。[⑤]

7. 教育帮扶问题

针对《社区矫正法》有关社区矫正对象要进行教育帮扶，提高其道德素质和悔罪意识的规定，学者们重点探讨如下问题：一是优秀传统文化教育。学者认为由于文化、思想和政策等因素影响，现阶段社区矫正工作中优秀传统文化教育未能有效开展，提出了坚持组织体系建设为主体，师资队伍建设和教育平台建设为两翼，教学体系建设、质量建设和规章制度建设为三个抓手的工作模式，以加强技术层面的可操作性的建议。[⑥] 二是社区矫正心理矫治体系建设。学者认为构建社区矫正心理矫治体系要树立科学的矫治理念，完善心理矫治内容体系，建立科学的心理矫治工作模式。[⑦] 三是关于集中教育问题。学者认为《社区矫正法》对个别化教育的强调，并不意味着对分类集中教育的否定，建议探索开放性、全方位、交叉式的分类集中教育。[⑧] 四是关于公益劳动问题。学者认为贯彻执行开展公益活动相关法律规定过程中

---

① 肖乾利、吕沐洋：《〈社区矫正法〉实施效果考察》，载《宜宾学院学报》2021 年第 4 期。

② 罗智勇、李慧涛：《关于〈社区矫正法〉实施中人民法院正确履职的若干思考》，载《法律适用》2021 年第 2 期。

③ 王红星：《社区矫正法实施后社区矫正工作风险防范问题探讨》，载《河南司法警官职业学院学报》2021 年第 1 期。

④ 徐祖华：《社区矫正对象经常性跨市县活动相关规定执行问题初探》，载《犯罪与改造研究》2021 年第 5 期。

⑤ 金晓流：《社区矫正对象考核制度探究》，载《中国司法》2021 年第 5 期。

⑥ 张旭光：《优秀传统文化融入社区矫正：价值、困境及路径》，载《山西高等学校社会科学学报》2021 年第 9 期。

⑦ 李艳、高文雅：《社区矫正心理矫治体系之构建》，载《山西省政法管理干部学院学报》2021 年第 2 期。

⑧ 庄乾龙：《论社区矫正分类集中教育》，载《犯罪与改造研究》2021 年第 10 期。

需要转变矫正理念、准确理解法律与创新方法措施。①

8. 调查评估问题

基于实践中我国社区矫正调查存在调查评估工作中心偏移、调查评估项目及内容不明确、调查评估程序履行不完整以及社区矫正适用条件不合理、评估项目设置具有强烈主观色彩、评估量表研发的顶层设计缺失等问题，学者建议在队伍建设、程序规范、沟通协调和执法监督四个方面进一步规范社区矫正调查评估工作②，完善社区矫正评估机制的规则建构，如科学归位风险评估目标、合理筛选风险评估因子、多元设计风险评估类型、阶段考察风险评估过程等。③

9. 检察监督问题

基于社区矫正检察监督在监督理念、内容、方式、范围及人员配备等实践中凸显的问题，学者认为应加大检察队伍建设，培养高素质人才，创新检查监督模式，扩大检察监督范围；④ 基于恢复性司法理念完善社区矫正检察监督，注重对社区矫正“合目的性”的监督，加强检察宣传、引导公众正确认识社区矫正，强化监督手段，将纠正违法通知和检察建议做成刚性。⑤

10. 智慧矫正问题

为推进社区矫正工作规范化、精细化、信息化要求，各地在积极深化智慧矫正的探索与实践，但同时许多地方也分析了当前开展智慧矫正的制约因素并提出了应对建议。浙江“智慧矫正”建设存在的三重制约因素，即浙江省政法系统数据尚未完全打通、浙江“智慧矫正”建设发展不平衡以及社区矫正队伍数字化业务能力需进一步提升。⑥ 湖南省推进智慧矫正实践探索中面临的问题主要体现在思想认识、经费支持、专门人才、智能运用、信息共享五个方面。⑦ 四川省司法厅社区矫正管理局对四川省智慧矫正建设应用开展调研，提出四川省智慧矫正建设目标和体系架构。⑧

总之，随着《社区矫正法》的颁布实施，社区矫正工作进入法治化、规范化、专业化时代，社区矫正理论研究和实践探索应当进一步围绕促进社区矫正制度完善

---

① 徐祖华：《浅谈社区矫正公益活动措施名称及相关问题》，载《中国司法》2021 年第 3 期。

② 沈东权、沈鑫、何浩斐：《社区矫正法实施背景下的调查评估制度探析》，载《中国司法》2021 年第 7 期。

③ 王鹏飞：《社区矫正社会调查评估的现实困境与规则建构》，载《宜宾学院学报》2021 年第 4 期。

④ 张樊、康文辉：《社区矫正法视角下检察监督机制完善探析》，载《北京政法职业学院学报》2021 年第 2 期。

⑤ 石亚文：《浅议恢复性司法理念下的社区矫正检察——以社区矫正的社会治安治理目标为视角》，载《领导科学论坛》2021 年第 3 期。

⑥ 劳泓：《浙江数字化改革背景下深化“智慧矫正”的探索与实践》，载《中国司法》2021 年第 6 期。

⑦ 候迁广：《“智慧矫正”的湖南实践及评析》，载《中国司法》2021 年第 3 期。

⑧ 四川省司法厅社区矫正管理局：《四川省“智慧矫正”建设应用调研》，载《中国司法》2021 年第 5 期。

和法治化发展进行。笔者认为，社区矫正未来要尤为关注以下几个方面的研究。

第一，进一步夯实社区矫正基本理论研究。基本理论研究是社区矫正高质量发展的基石。目前对于社区矫正的性质、任务、目的及原则等基本问题仍然存在不同的理解，需要继续加强相关理论研究，进一步深化对相关问题的理解和阐释，夯实社区矫正的理论基础。此外，刑事一体化、恢复性司法、社会支持理论等新理念、新方法为社区矫正的基本理论研究提供了不同的视角与方法，要从更加多维的视角开展社区矫正理论的深度研究，创新社区矫正理论研究，为深化社区矫正发展提供理论支撑。

第二，继续深化社区矫正制度完善与创新研究。一是要对社区矫正立法确立的制度进行深入研究。以减刑制度为例，社区矫正法明确设定了社区矫正对象的减刑制度，但目前关于减刑制度的研究更多针对的是监禁刑罪犯的减刑，而社区矫正对象与监狱服刑罪犯不同，如何设定其不同于监狱罪犯的减刑条件、程序、范围、幅度及监督等基本问题的研究仍处于空白状态，需要开展相关研究，予以明确。二是深化社区矫正分类管理制度研究。目前针对未成年人社区矫正的研究仍然停留在立法解读等较浅层面上，同时缺乏针对女性、老年人、病残人等特殊群体社区矫正制度的研究，应强化对不同犯罪类别社区矫正对象的研究，注重对不同区域尤其是跨区域社区矫正对象的研究。三是开展社区矫正质量评估体系和评估机制的研究，包括社区矫正风险评估、需求评估及效果评估机制。

第三，继续深化多元方法的研究与实践探索。一是加大实证研究的力度。总体而言，目前针对社区矫正开展的实证调查研究总体数量较少、样本量较小且多以地域范围内的问题来分析整个社区矫正工作中的普遍性问题并探求解决方案，不能完全反映社区矫正工作的现实问题，在一定程度上影响研究结论的有效性和科学性。因此，应当加大实证研究的力度、广度和深度。此外，由于《社区矫正法》实施时间较短，其在实施过程中所凸显的问题还需要持续地跟进研究，如社区矫正对象重新犯罪问题的实证调查研究。二是加强循证方法的研究与应用。以循证矫正理念为指导，引入社区矫正关键技术，并选取社区矫正机构进行循证社区矫正教育项目开发与试点工作，强化社区矫正对象的风险评估与矫正项目的效果评估，推进社区矫正工作的规范性与有效性。

论社区矫正的法治统一性

——以文本分析与执法实践为视角*

郑 艳**

统一性，是法治的重要属性和基本要求。作为约定俗成的法制统一性是指地方立法不越权、不与上位法相抵触、维护法制统一、尊严和权威，地方立法权受制于中央立法权。地方立法不能为了地方利益、局部利益，随意突破法律、行政法规的规定，甚至是宪法的有关规定。① 法治统一性作为原则，应贯穿于法运行的各个阶段和环节，包含了立法统一、执法统一和司法统一。法治统一还蕴含着内在的法律意识、外在的法律制度和动态的法律实践的统一。②《社区矫正法》颁布实施至今已一年有余，笔者对10多个省市贯彻实施社区矫正法的地方司法文件和社区矫正执法实践进行了研究考察，发现地方在执行社区矫正过程中，不得不对《社区矫正法》和《社区矫正法实施办法》中的某些不确定法律概念进行解释，或者细化操作程序，导致不同省份、地市、县区间执行社区矫正的标准和尺度存在差异，不同省份的社区矫正对象处遇不同，这些现象与法治统一性原则相悖。社区矫正法治统一性的根本价值取向在于确立法治在社区矫正工作中的普遍性、权威性，这有赖于社区矫正法律制度的运作有效性和权法关系的配置妥当性。

一、问题的提出：基于现状的反思

（一）社区矫正地方性立法现状的反思

自《社区矫正法》《社区矫正法实施办法》颁布实施以来，全国就有了统一的社

---

* 本论文是浙江立法研究院委托课题《浙江省实施〈中华人民共和国社区矫正法〉办法草案起草及相关立法问题研究》（202002）的课题成果，浙江警官职业学院2021年年度政策理论调研重大课题《论社区矫正地方立法的法制统一性》的课题成果。

** 郑艳，浙江警官职业学院副教授，社区矫正研究中心主任。

① 邝亮桢、陈羽：《地方立法应坚守法制统一——访中国社会科学院法学研究所研究员莫纪宏》，载《人民日报》2018年4月25日，第17版。

② 汪习根、廖奕：《论法治社会的法律统一》，载《法制与社会发展》2004年第5期。

区矫正法律规范和实施办法。随后，上海、河南、山东、安徽、福建、四川、宁夏、甘肃、江西、湖南等地结合实际工作和经验做法，增强社区矫正工作的可操作性，先后以省（市）两院两厅的名义发布社区矫正工作实施细则，或社区矫正实施细则，或社区矫正工作细则，或贯彻《社区矫正法》实施细则，或贯彻《社区矫正法实施办法》实施细则。

综观目前各省市以两院两厅名义制定的地方司法文件，从制定主体来看，不属于地方立法的范畴，无法进入备案审查程序，立法质量堪忧；从制定的名称来看，不尽一致，也反映出各省市对如何细化社区矫正规定，增强可操作性的认识不一；从规定内容来看，因《社区矫正法》和《社区矫正法实施办法》关于社区矫正机构的性质与设置、社区矫正工作人员身份定位等敏感性问题没有细化明确，各地方执法工作制度性规定文本中也只能回避执法机构、人员队伍的具体规定。

在关于社区矫正机构和司法所的职责规定上，各个省份的实施细则和《社区矫正法》实施前的操作模式基本上没有实质性变化。几乎所有的业务都需要司法所先初步审核，然后报社区矫正机构审批，这样的内部程序设计和《社区矫正法》第 9 条规定，社区矫正机构是负责社区矫正的执行机关，司法所根据社区矫正机构的委托，承担相关工作的规定是相悖的，这其实是增加了司法所的工作负担，实质的工作主体社区矫正仍是司法所。如此制度设计的缘由是绝大多数省份都没有成立《社区矫正法》第 9 条和《社区矫正法实施办法》第 9 条所规定的负责社区矫正工作具体实施的执行机关，社区矫正机构仍是司法行政机关的内设机构，没有独立的法律地位。而且实践中内设社区矫正机构的人员配备不足，无力承担《社区矫正法实施办法》所规定的所有职责。有的省份在细则中明确规定“社区矫正机构采用队建制管理模式的，本细则规定的司法所职责可以由社区矫正中队负责实施”，此处的队建制管理模式以及社区矫正中队的设置是否合法化？有的省份实施细则规定了社区矫正日常机构，具体是指社区矫正机构的派出机构、受县级社区矫正机构委托承担社区矫正相关工作的司法所等，但对社区矫正机构的派出机构没有明确。

在分级分类管理、请假事由和脱管认定这些直接关系社区矫正对象权益的规定上，各个省份的地方司法文件之间亦存在较大差异。以分级分类管理为例，《社区矫正法》第 24 条只是原则性规定了“实现分类管理、个别化矫正”，《社区矫正法实施办法》第 21 条详细规定了分类管理的依据和分类的方法，其中第 2 款规定“把社区矫正对象的考核结果和奖惩情况作为分类管理的依据”，第 1 款规定“根据社区矫正对象被判处管制、宣告缓刑、假释和暂予监外执行的不同裁判内容和犯罪类型、矫正阶段、再犯罪风险等情况，进行综合评估，划分不同类别，实施分类管理”。两款均提到分类管理，但从语义理解，应该不完全是同一个含义，第 2 款中的分类管理含有分级的意思。分类管理可以分为不同的级别进行管理，也可以根据犯罪类型分类，还可以根据矫正对象的类别分类，可以说分类的方法很多。作为上位法的《社区矫正法》和《社区矫正法实施办法》对如此重要的概念表述模糊不清，以至于不同省份的地方司法文件有的表述为分级管理，也有的表述为分类管理。表 1 是不同省份关于分级分类管理的相关规定。以分级分类管理的细腻程度区分，笔者概括为精细化管理和粗放式管理两大类。从表 1 可以看到，绝大多数省份采用精细化管理，分为三级或三类管理，以湖南、福建、上海、四川、甘肃、宁夏、江西、山东为代表。以河南、浙江为代表，采用的是粗放式管理，分为两类或两级。安徽没有明确规定分几类管理，只是做了总体要求——社区矫正对象应当每月不少于一次到司法所当面报告遵纪守法、接受监督管理、参加教育学习、公益活动等情况，并递交书面材料。然后规定“司法所可以根据需要增加社区矫正对象当面报告的频次，但不得给社区矫正对象工作和生活造成不必要的影响”。不同级别的调整周期一般为 3 个月。另外，社区矫正对象在不同省份执行社区矫正，适用条件和面临的处遇也不一样。在粗放式管理模式下适用条件比较简单，处遇上一般只规定当面报到、电话或社交软件报到、走访次数等。在精细化管理模式下，每个管理级别的适用条件规定细致，处遇上除上述内容外，还包括信息化核查次数、通信联络方式核查次数、个别教育次数、教育学习时长等内容的区别。表 2、表 3 分别是东部 Z 省和中部 H 省的实例。

表 1　11 省市关于分级分类管理规定

管理类型	**精细化管理**						**粗放式管理**		
省份	湖南	上海、宁夏	甘肃	福建、江西	四川	山东	河南	浙江	安徽
分类或分级管理	基础级	一级	严管级	一类	严管	严管	重点管理	严格管理	没有明确分几个级别或类别
	严管级	二级	普管级	二类	普管	普管	普通管理	普通管理	
	普管级	三级	宽管级	三类	宽管	重点管理			
	宽管级								
调整周期	3 个月	根据工作实际调整、确定管理等级	未规定	综合评估后 3 个月	未规定	3 个月	每季度	3 个月	
备注	分类管理	分级管理		分类管理			分类管理	分级管理	

表 2　东部 Z 省分级分类管理的级别和处遇

严格管理		普通管理	
适用条件	处遇	适用条件	处遇
①登记报到之日起 3 个月内；②经评估再犯罪危险较大的；③3 个月内月度考核结果出现两次基本合格；④3 个月内月度考核结果出现一次不合格	每周通过电话或社交软件等方式报告一次，每半月当面报告一次，一般不批准外出；确有正当理由确需外出的，报执行地县级社区矫正机构审批。每月实地查访一次	连续 3 个月月度考核合格	每半月通过电话或社交软件等方式报告一次，每月当面报告一次。每季度至少实地查访一次

表 3　中部 H 省分级分类管理的级别和处遇

级别	适用条件	处遇
基础级	社区矫正对象自入矫报到之日起 1 个月内入矫教育期为基础级	对基础级社区矫正对象的监管教育措施参照严管级标准执行
严管级	基础级期满后社区矫正对象有抵触、抗拒或者不服从监管教育的；经排查确定为重点对象的；被评定为中、高风险等级的；心理健康状态或者行为异常，再犯罪可能性较大的；因违规受到训诫以上处罚的；以及具有其他需要严格管理情形之一的，应当调整为严管级 普管级的社区矫正对象在连续 3 个月内有被训诫两次或者受到警告以上处罚的；两次以上不按规定报告本人活动情况的；无正当理由，信息化核查出现两次以上异常情况的；违反外出管理或者经常性跨市县活动规定的；两次以上不遵守教育学习或者公益活动规定的；两次以上拒不接受社区矫正机构监督管理的；以及具有其他需要严格管理情形之一的，应当调整为严管级	外出审批从严；每日不少于两次信息化核查；每周通信联络核查不少于 3 次；每周口头电话报告一次，每半月到社区矫正机构或者受委托的司法所报到一次，每半月书面报告一次思想和活动情况；每月接受个别教育不少于两次、接受教育学习不少于 6 课时、实地查访不少于一次；遵守教育学习、公益活动的相关规定和安排

续表

级别	适用条件	处遇
普管级	基础级期满后社区矫正对象同时符合下列情形的，可以调整为普管级：遵守法律法规规定，主动接受监管教育，入矫教育期间表现良好；风险评估被评定为低风险等级；心理健康状态和行为表现正常 严管级社区矫正对象有日常行为表现良好，连续3个月以上无违反监管教育规定行为的；连续获得两次以上表扬，其间无违规行为的；有立功或者重大立功表现的情形之一的，可以调整为普管级	每日不少于两次信息化核查；每周通信联络核查不少于两次；每半月口头电话报告一次，每月到社区矫正机构或者受委托的司法所报到一次，每月书面报告一次思想和活动情况；每月接受个别教育不少于一次、接受教育学习不少于四课时、每季度实地查访不少于一次；遵守教育学习、公益活动的相关规定和安排
宽管级	普管级社区矫正对象连续6个月以上没有违规行为的，可以调整为宽管级	每日不少于一次信息化核查；每周通信联络核查不少于一次；每月口头电话报告一次，每月到社区矫正机构或者受委托的司法所报到一次，每两个月书面报告一次思想和活动情况；每两月接受个别教育不少于一次、接受教育学习不少于2课时、每6个月实地查访不少于一次；遵守教育学习、公益活动的相关规定和安排

在细化处罚适用条件上，超出上位法的规定。《社区矫正法实施办法》第36条规定："社区矫正对象违反监督管理规定或者人民法院禁止令，依法应予治安管理处罚的，执行地县级社区矫正机构应当及时提请同级公安机关依法给予处罚，并向执行地同级人民检察院抄送治安管理处罚建议书副本，及时通知处理结果。"实践中违反哪些监督管理规定应提请治安管理处罚，《社区矫正法实施办法》没有列举，《治安管理处罚法》中也没有法条可以援引。湖南省的实施细则细化了社区矫正机构提请同级公安机关依法给予治安管理处罚的情形：（1）违反人民法院禁止令，尚不构成情节严重的；（2）不按规定时间报到或者接受社区矫正期间脱离监管，超过20日未超过30日的；（3）扰乱社区矫正工作秩序的，尚不构成情节严重的；（4）对社区矫正工作人员和其他依法参与社区矫正工作的人员及其近亲属进行殴打、威胁、侮辱、骚扰、报复，尚不构成犯罪的；（5）其他违反监督管理规定的情形，情节较重的。

社区矫正作为一项刑事执行活动，地方各自为政的分级分类管理规定是否符合社区矫正对象被公平对待的要求，是否符合法治统一性的要求，地方司法文件能否细化处罚适用的条件，都是值得反思的问题。

（二）社区矫正地方性执法现状的反思

1. 机构设置严重滞后，实践执法主体与法规定相悖

根据《社区矫正法》第 8 条的规定，司法行政部门主管社区矫正工作；根据《社区矫正法》第 9 条的规定，县级以上地方人民政府根据需要设置社区矫正机构，负责社区矫正工作的具体实施。司法所根据社区矫正机构的委托，承担社区矫正相关工作。这两条规定与 2012 年发布的《社区矫正实施办法》（已失效）最大的区别是《社区矫正法》授权成立一个法律主体——负责社区矫正工作具体实施的社区矫正机构，回应了 2012 年《刑事诉讼法》提出的“对被判处管制、宣告缓刑、假释或者暂予监外执行的罪犯，依法实行社区矫正，由社区矫正机构负责执行”。司法行政机关的职能从“指导管理、组织实施”转变成“主管”。另一个重要的区别是司法所的职能定位。《社区矫正法》将司法所的职责定位为“根据社区矫正机构的委托，承担社区矫正相关工作”，而 2012 年的《社区矫正实施办法》规定“司法所承担社区矫正日常工作”。虽然只有一词之差，但执法主体已发生实质性变化。

“根据需要”的表述，使得实践中社区矫正机构设置不统一、不规范。从当前全国社区矫正机构设置情况看，目前经编办同意改了名的省市（如福建厦门），大部分只是成立了形式意义上的社区矫正机构，尚不具备刑事诉讼法和社区矫正法规定的独立执法主体资格，而且机构名称不统一、不规范。把××省司法厅社区矫正管理局改为××省社区矫正管理局（支队），把××市、县司法局社区矫正处（科、股）改成××市、县社区矫正管理局（大队、中心），有的明确说是司法局的（初级、科级、股级）直属行政机构，比如芜湖市南陵县社区矫正管理局、定远县社区矫正局，但所有的编制和职级保持不变，所需编制内部调剂。经编办同意成立的直属机构具备了独立执法资格，这在机构设置上是一大进步。但还有大量仍属于内设机构的社区矫正机构，其编制数根本无法完成社区矫正的刑事执行、监督管理和教育帮扶等工作量，只能把大量工作委托司法所承担，甚至是超出《社区矫正法实施办法》规定的委托事项范围，以至于实践中实际的执法主体仍是司法所。比如，有的省份规定社区矫正调查评估工作由社区矫正机构收到决定机关委托后，指派司法所进行调查评估。但《社区矫正法实施办法》第 14 条关于调查评估的规定，并没有将受委托的司法所和社区矫正机构作为并列主语出现，从立法本意来看，调查评估工作应是社区矫正机构的职责，司法所只能参与。这种指派与上位法是互相矛盾的。

2. 队伍数量上配备不足，质量上职业化和规范化程度低

社区矫正队伍建设与机构建设息息相关。若没有设置《社区矫正法》意义上的

社区矫正机构，队伍在数量和质量上都无法保障到位。《社区矫正法》第 10 条规定，社区矫正机构应当配备具有法律等专业知识的专门国家工作人员，履行监督管理、教育帮扶等执法职责。第 16 条明确规定，国家推进高素质的社区矫正工作队伍建设。

队伍数量上，社区矫正机构工作人员数量远不能满足执行社区矫正的工作任务。截止到 2020 年 7 月 1 日，全年正在列管的矫正对象有 126 万名，社区矫正机构工作人员与社区矫正对象比为 1∶58.8 左右。而作为社区矫正主力军的司法所工作人员除了社区矫正工作之外，还承担着人民调解、安置帮教等 10 项工作职责，时间和精力被挤占问题突出，根据司法部的数据统计，所均政法编制人员 1.6 名。司法所的社区矫正工作基本上依赖于社工或聘用人员完成。

队伍质量上，社区矫正机构工作人员的专业化、职业化程度也不高。一是法学或法律专业背景的人员比例非常小，有违《社区矫正法》关于社区矫正机构应当配备具有法律等专业知识的专门国家工作人员履行监督管理、教育帮扶等执法职责的要求。二是司法所在编工作人员因业务杂而矫正业务不精、缺乏执法意识等原因，客观上难以胜任社区矫正这一专业性非常高的活动。三是社区矫正社工则存在着学历较低、待遇不高、专业性不够、稳定性差、专人不专职、专职不专业等问题，难以满足高质量社区矫正工作的要求。由于司法所事务繁重，以专职社区矫正名义招录的社会工作者实际从事的是人民调解、法治宣传、安置帮教等法律服务工作。有的通过乡镇招聘的社工，还承担着禁毒、联村、驻村等事务。以浙江省为例，社会学、社会工作及心理学、教育学专业背景的社会工作者在现有队伍中比例不足一半，社区矫正专业的社会工作者只有个位数[①]。这一状况难以确保在教育学习、个案矫正、心理矫治等方面履行好岗位职责，保障社区矫正的效果。

3. 不确定法律概念和授权性条款，执法缺乏应有的统一性

《社区矫正法》《社区矫正法实施办法》中的不确定法律概念太多，比如在对矫正对象权益影响最密切的请假事由认定上，《社区矫正法实施办法》第 26 条第 2 款规定：“社区矫正对象外出的正当理由是指就医、就学、参与诉讼、处理家庭或者工作重要事务等。”该款中的“就医、就学、参与诉讼”指代都非常明确，但“处理家庭或工作重要事务”，就是很典型的不确定法律概念，这是一种经验性的不确定法律概念[②]。让社区矫正工作人员根据自己的生活经历、知识结构、心理素质、善恶观念等内在因素以及重点时段、社会环境等外部因素，来确定社区矫正对象请假的事由是否属于“处理家庭或工作重要事务”。这就给了社区矫正工作人员很大的裁量权，

---

① 郑艳：《浙江省社区矫正社会工作者队伍建设研究》，载《中国司法》2020 年第 2 期。

② 尹建国：《行政法中不确定法律概念的类型化》，载《华中科技大学学报》2010 年第 6 期。

不同社区矫正工作人员对请假事由的认定势必出现不一致的解释，进而作出不尽相同的决定。另外，《社区矫正法实施办法》第 29 条只是细化了《社区矫正法》第 27 条关于经常性跨市、县活动请假的审批程序和批准期间内的管理方式，对于经常性跨市、县活动的请假事由“确因正常工作和生活需要”的实质性界定仍是留白。由于缺乏全国统一、规范的“确因工作和生活需要”情形界定标准，省与省之间、市县之间、司法所之间甚至是社区矫正机构工作人员个人之间，在具体执行《社区矫正法实施办法》第 29 条规定过程中，因对“确因工作和生活需要”的宽严程度理解不一致，所以影响了执法的统一性。这些不确定的法律概念，因缺乏全国统一、规范的解释，也为社区矫正对象提供了“权力寻租”的可能，为社区矫正工作人员留下了执法隐患。

《社区矫正法实施办法》中的授权性条款（第 33 条）影响了考核奖惩尺度的统一。有的地方规定了详细的分类考核，有的采用了类似监狱的计分制考核，有的则是和矫正法实施办法相同的宽泛的考核。对社区矫正对象的考核要求也不尽相同。比如，考核内容的多寡，其实影响着社区矫正对象受社区矫正约束的程度，严重者会增加社区矫正对象违反监督管理规定的风险。

二、社区矫正法治统一性的必要性：本质属性的追问

（一）社区矫正法治统一性是刑事执行本质属性的内在要求

因理论界对缓刑是不是刑罚执行争议较大，2019 年颁布的《社区矫正法》第 1 条并未明确规定其性质，为了规避“刑罚执行”这一敏感字眼，将一审稿中的“为了正确执行刑罚”改成了“为了保障刑事判决、刑事裁定和暂予监外执行决定的正确执行”这一非常客观的表述。在新闻发布会上，司法部社区矫正管理局局长面对《光明日报》记者的提问时明确表示：“社区矫正是立足我国基本国情发展起来的具有中国特色的刑事执行制度。”

正式出台的《社区矫正法》对其性质没有明确规定，在保障人权和调动社会力量等方面表现较为充分，规定了大量教育帮扶的内容。从目前社会认知度和学术研究的热度来看，从教育帮扶角度理解研究社区矫正占据主导地位，认为“社区矫正就是一种特殊的社会工作，重在教育帮扶”。社会组织参与介入的意愿和力度更大了，专业社会组织协同治理充分体现了社区矫正的行刑社会化理念[①]。各地教育帮扶创新不断、不断挖掘各种社会力量，评选社区矫正公益大使、党员志愿者先锋助矫

① 王喆：《协同治理：社会组织参与社区矫正的一种实现方式》，载《社会科学战线》2021 年第 1 期。

等活动和品牌项目，扩大了社区矫正的知晓度和影响力，提升了社会力量参与社区矫正的广度和深度。然而，不能因为大量利用了社区环境和资源来教育矫正帮扶罪犯就淡化社区矫正刑事执行的本质属性。社区矫正的社会性是社会管理创新和基层治理创新的重要内容，为社区矫正对象重新融入社会提供了实现路径，但其不是与刑事执行相并列的本质属性。作为刑事执行性质的社区矫正执法活动，理应符合法治的要求，依法执行，而不是根据社会工作理念和通用流程对社区矫正对象进行监督管理和教育帮扶。社区矫正的执行主体是司法行政机关主管下的社区矫正机构，由具有公务员身份的社区矫正机构工作人员负责执法活动。社区矫正机构可以通过择优购买社区矫正社会工作服务或者其他社会服务，为社区矫正对象在教育、心理辅导、职业技能培训、社会关系改善等方面提供必要的帮扶。根据《社区矫正法》的这条规定，购买服务从原先粗放式打包式转向项目制专业化社会服务。从社区矫正社会化的角度，不存在法治统一性的问题，应该强调的是教育帮扶的个性化、个别化、精准化，最大限度地帮助矫正对象重新融入社会，成为守法公民。

社区矫正法治统一性是刑事执行本质属性的内在要求。本文囿于主题，不详细阐述刑事执行与刑罚执行的区别，但二者都是国家专门机关行使公权力的行为。公权力的行使对被管理者而言具有强制性、不平等性的特征，是否公正行使直接影响到被管理者的权利是否受到侵犯。《立法法》规定关涉犯罪和刑罚执行的内容属于法律保留事项，但社区矫正法关于刑事执行、监督管理的内容太过简单和原则，尤其是与社区矫正对象权益关系最密切的请假外出、考核奖惩等实体内容非常笼统，为地方社区矫正机构执行法律留下很多空白。比如，关于违反信息化监管规定的处罚，各省规定就不一致。上海和安徽的实施细则规定，“应当使用电子定位装置的社区矫正对象，拒绝使用、未按要求使用或者故意损毁定位装置的，社区矫正机构应当提请公安机关给予治安管理处罚；情节严重的，依法提请收监执行”。而浙江省的《社区矫正信息化监管规定》中对上述行为认定为违反信息化监管规定并给予警告。如此明显的省与省之间规范性文件规定的不一致，对于刑事执行属性的社区矫正来说，有违法治统一性的要求。社区矫正刑事执法不允许各个省市有自己的自留地。

（二）社区矫正法治统一性是国家治理能力现代化的重要体现

党的十八届三中全会提出推进国家治理体系和治理能力现代化作为全面深化改革的总目标。最高人民法院原副院长江必新指出，国家治理体系和治理能力现代化，就是使国家治理体系制度化、科学化、规范化、程序化，使国家治理者善于运用法治思维和法律制度治理国家，从而把中国特色社会主义各方面的制度优势转化为治理国家的效能。国家治理需要依赖政府、社会和市场，从中央到地方，协调统一。而评价国家治理能力现代化的核心指标是治理者的法治能力。所谓法治能力就是运用法治思维和法治方式认识、处理、决策相关事务的能力。① 国家机构工作人员必须具有法治意识和法治观念；模范遵守法律，让法律取信于民；坚持依法决策，推进依法行政；尊重司法公正，维护法律权威。自觉树立“有令必有行、有权必有责、有责必担当、失责必追究”的法治思维，自觉在法治的轨道上用好权力，才能规避治理过程中的非理性因素，有效推进法治中国建设的进程。国家治理能力的提升，法治是不可或缺的要件，在法治轨道上推进国家治理体系和治理能力现代化，是国家治理现代化的必由之路。社区矫正作为刑事司法领域中的重要改革成果，首先在立法层面保持地方与中央的统一，其次在执法层面应当严格依法执行，尤其是监管执法标准的统一性和科学性。

（三）社区矫正法治统一性是落实习近平法治思想的现实需要

张文显教授用学理化阐释、学术化表达、体系化构建的方式阐述了习近平法治思想的理论体系。② 习近平法治思想的理论基石即法治的核心要义既包含了形式表征的法律之治和实质内涵的良法善治，还蕴含了和谐的法治秩序和政治文明的表征。法律之治又包含三个层次：首先是规制治理，其次是制度治理，最后是程序治理。系统完备的法律规制体系、运行有效的制度体系、深厚泛在的程序意识和程序思维，都是保障法律之治的重要前提。“良法善治”是新时代我们党提出的新型法治模式，也是中国特色社会主义法治的内在要求。“良法善治”蕴含着“以人民为中心”的法治理念，“以公正为生命线”的法治精神。法治统一性是良法善治的基本要求。法治文明在现代社会具体体现为：对权力的限制，对权力滥用的防范；对人权、公民权利的平等保护和有效保护；立法、行政、司法以及其他机构的活动必须服从人民主权原则、人权原则、正义原则、程序保障原则等法治基本原则；政府必须首先服从法律的约束；人民服从法律，且人民服从的法律必须建立在尊重和保障人权的基础之上；等等。习近平法治思想强调把切实尊重和保障人权作为全面依法治国的根本目的和重点任务，明确提出“加强人权法治保障”，并指出立法保护是前提、司法保障是关键。《社区矫正法》第 4 条第 2 款明确规定，社区矫正工作应当依法进行，尊重和保障人权。对罪犯的人权保障是人权保障水平的集中体现，社区矫正在立法的法治统一，才能更好地保障社区矫正对象未被剥夺和限制的合法权益，使其受到公平公正地的对待，才能建设更高水平的平安中国。

---

① 曹冬娟：《法治能力：评价国家治理能力现代化的核心指标》，载《光明日报》2016 年 12 月 20 日，第 16 版。

② 张文显：《习近平法治思想的理论体系》，载《法制与社会发展》2021 年第 1 期。

三、社区矫正法治统一性的内涵：理论范式的归纳

法治统一性，不是绝对的“同一”，而是“不抵触”。社区矫正不是一项特殊的社会工作，也不是一项普通的行政管理活动，而是一项涵盖刑事执法、行政管理与社会工作于一体的综合性活动。社区矫正法治统一性允许教育帮扶活动的差异化和创新性，社区矫正刑事执行的本质属性要求法治统一性。具体而言，社区矫正法治统一性可以包含以下内涵。

（一）社区矫正法律规范间的协调统一

法治统一必须做到法律体系内外的协调统一，在确保自身的价值追求实现的同时也不至于产生新的恶。法治统一首先体现为法律的统一。法律的统一是法治理想的核心，是法治社会建构的关键。法律的统一蕴含四层含义：一是法律意思的单一性，才能做到“相同情况相同对待”；二是法律权威的客观性，才能避免权力意志霸道横行；三是法律规则的明确性，方能彰显法律的预测功能，使当事人通过法律获得对日常生活的稳定预期；四是法律适用的未来性，方能杜绝产生溯及既往适用法律的可能性。[①] 法律的统一性决定了法律的普遍性、自治性及不矛盾性。[②]

社区矫正法律规范间的协调统一，首先是与相关法律法规不存在冲突、抵触现象，相互间衔接顺畅；其次是从中央到地方的社区矫正法律规范的统一自洽。

社区矫正属于整个刑事司法活动的末端，是对人民法院刑事判决、裁定、决定的执行。《社区矫正法》属于刑事执行法律的范畴，它与前端的《刑法》《刑事诉讼法》密切相关，为适用社区矫正提供依据；与同属于刑事执行的《监狱法》出入贯通，努力实现刑罚执行一体化。社区矫正执法活动中，还与行政法上的行为如治安管理处罚、强制隔离戒毒等存在衔接问题。立法部门应当做好社区矫正相关法律规范的立改废释工作，保证与相关法律规范的协调统一，提高社区矫正工作效率。

社区矫正法治统一性还体现为中央与地方法律规范的统一自洽。关于社区矫正监管执法的内容，包括外出请假事由及程序、变更居住地程序、电子定位监管事由及程序、考核奖惩办法、脱管认定及处置等，地方不能擅自规定，也不得超出上位法进行规定。令人遗憾的是，作为上位法的《社区矫正法》和《实施办法》对监管执法的内容规定得太过简单粗糙，具体表现为关键内容上使用不确定法律概念，比如在机构和队伍设置上的“根据需要”、请假事由上的“处理家庭或工作重要事务”，

---

① 刘星著：《法律是什么》，中国政法大学出版 1998 年版，第 239 页。

② 汪习根、廖奕：《论法治社会的法律统一》，载《法制与社会发展》2004 年第 5 期。

以及考核奖惩制度的授权性条款等。有的省、市为了在本区域内能统一规范执法，不得不对上述内容作出细化，做到了地方上的统一。刑事执行性质的社区矫正，不是地方事务，在执行监督管理规定上，应当是全国统一。地方立法只能根据当地的经济发展状况对人、财、物的保障以及教育帮扶的创新做法进行规定。法律实践中的工具主义倾向导致社区矫正法治自身的紊乱与冲突。

（二）社区矫正法定执法主体的统一

社区矫正法治统一性有赖于统一的执法主体和高素质的执法队伍。2012 年修正的《刑事诉讼法》就明确规定“由社区矫正机构负责执行”，但这个社区矫正机构到底是一个什么样的机构一直存在着争议。有观点认为，社区矫正机构分为管理机构和执行机构，县级以上司法行政机关是社区矫正的管理机构，县级司法行政机关及其司法所是社区矫正的执行机构。① 有观点认为，司法行政机关内部设置的专门负责社区矫正工作的部门就是社区矫正机构。② 更有观点认为，社区矫正机构不是一个单一性主体的机构，而是一个由司法行政机关、公安机关、检察机关、人民法院、财政、民政、教育、卫生、人力资源和社会保障等多部门组成的联合体，是一个多部门联合办公的综合性议事机构，而非实体执法性机构。这一观点因《社区矫正法》第 8 条规定设置社区矫正委员会作为统筹协调社区矫正工作的非常设性机构而不攻自破。2019 年 6 月底提交全国人大常委会审议的《社区矫正法（草案）》第 5 条明确规定“社区矫正机构是刑事诉讼法规定的社区矫正的执行机关”。该条对社区矫正机构的性质进行了界定，执行机关的表述意指社区矫正机构是一个具有独立法律地位的主体，而不是司法行政机关的内设机构。但最后通过的《社区矫正法》第 9 条第 1 款表述为“县级以上地方人民政府根据需要设置社区矫正机构，负责社区矫正工作的具体实施”。这一表述淡化了社区矫正的性质，又是“根据需要”设置，使得实践中社区矫正机构设置困难重重。同时第 9 条第 2 款明确规定，司法所不再是社区矫正的执行主体，而是根据社区矫正机构的委托，承担社区矫正相关工作。司法所不适合也没有精力承担社区矫正工作，这在立法过程中被不少学者所论证③，在《社区矫正法》中也作出了回应。目前的关键问题是如何贯彻落实《社区矫正法》和

---

① 郭健：《我国社区矫正机构论纲》，载《刑法论丛》（2011 年第 4 卷 · 总第 28 卷），法律出版社 2011 年版，第 122 页。

② 廖明：《我国社区矫正机构的界定与设置——兼与郭健博士商榷》，载《刑法论丛》（2012 年第 3 卷 · 总第 31 卷），法律出版社 2012 年版，第 159 页。

③ 可参考刘强、郭琪：《基层社区矫正机构设置创新研究：以浙江天台县的改革为视角》，载《犯罪与改造研究》2015 年第 2 期；吴宗宪：《我国社区矫正基层执法机构的问题及改革建议》，载《甘肃社会科学》2016 年第 6 期；郑艳：《社区矫正机构的建设构想》，载《河南司法警官职业学院学报》2018 年第 2 期。

《社区矫正法实施办法》关于社区矫正执法主体的设置，着力改变因历史原因形成的司法所负责社区矫正日常工作的现状，这样才能实现社区矫正执法主体的统一。

明确社区矫正机构作为统一的执法主体，高素质社区矫正执法队伍建设才有了可依托的主体。《社区矫正法》第 10 条明确规定，社区矫正机构配备专门国家工作人员承担监督管理、教育帮扶等执法职责。目前的专门国家工作人员就是普通公务员，他们没有进行过专业的矫正技能训练，有不少人甚至没有法律专业背景，也不像法官、检察官、律师、从事行政复议的工作人员和法制审核的行政处罚执法人员一样需要通过法律职业资格考试获得法律职业资格证书才能从事社区矫正工作。在国外，执行社区矫正的专业人员称为缓刑官、假释官，他们是专门从事缓刑、假释罪犯监督管理工作的政府工作人员，在绝大多数国家都是公务员身份，资质待遇与监狱矫正官一样，由政府提供薪水和其他待遇。英国的缓刑服务工作者（类似于我国的社工）需持有刑事执法三级资格证书，澳大利亚的缓刑官、假释官还需取得社区矫正执业资格证书。由此可见，具有公务员身份的缓刑官、假释官是社区矫正的核心工作力量，需执业资格证书表明该项工作的专业性和特殊性。在我国，推行社区矫正机构工作人员执法资格证书制度，建设一支具备刑事执行法律素养、矫正专业技能、精通各项政策又训练有素的社区矫正官队伍是落实社区矫正法，推进高素质社区矫正工作队伍建设的最佳路径选择。

（三）社区矫正监管执法标准的统一

法治统一性确认与保障了法治自始至终所追求的“普遍性与平等性”价值理念追求，使得社会在法治规范框架下能够自行形成稳定不悖的运作状态，实现国家治理的目标。成文立法中“不确定法律概念”的大量客观存在，是一个无法回避的现实，它既是权力正当运行的现实之需，更是权利有效维护的客观保障。① 因社区矫正机构的执法行为不能纳入行政诉讼的受案范围，社区矫正工作人员对这类经验性不确定法律概念的解释缺乏司法审查。为了规避执法不公的问题，有的省份对“处理家庭或工作重要事务”“确因工作和生活需要”等不确定法律概念进行细化解释，削减法律规范中的“不确定性”和“模糊性”，使法律得以更平等地适用，但是仍存在省际执法标准的不统一。

统一标准规范方面，上海市一直走在全国前列。2020 年 8 月 20 日上海市高级人民法院、上海市人民检察院、上海市公安局、上海市司法局联合施行《关于贯彻落实〈中华人民共和国社区矫正法〉的实施细则》，同年 12 月 30 日修订了《上海市社区矫正管理标准》4.0 版，该标准中涵盖了刑事执法、日常管理、教育帮扶、信访、

---

① 尹建国：《行政法中不确定法律概念的类型化》，载《华中科技大学学报》2010 年第 6 期。

财务、保密、办公用品等内容非常庞杂的 71 项管理规范，可谓精细化到极致。一些教育类、帮扶类、内部管理类的规范由省一级层面制定操作手册式的标准无可厚非，明确细化程序，有利于工作的规范统一。但一些涉及社区矫正对象权益的规范，如请假外出审批规范中外出事由的细化、考核奖惩的条件和管理办法等，属于执法的范畴，是为了执行刑事判决、裁定、决定而采取的监管措施，应当保证所有社区矫正对象被平等对待，保证执法的统一性。所以监管执法标准应当由中央，至少是主管社区矫正的司法部以部门规章的形式或两院两部联合发文的形式予以规范。针对监狱刑罚执行，司法部制定的部门规章也是寥寥无几，只搜索到十几个现行有效的规范性文件。① 若要实现刑事执行或刑罚执行的法治化，首先刑事执行的立法要统一，而不能地方甚至各个监狱自己制定种类繁多的规范性文件。这些规范性文件成为检察机关监督刑事执行行为的依据，极大地增加了刑事执法被问责的风险。对于开放环境下执法的社区矫正领域更是如此，全国统一、规范的社区矫正监管执法标准是社区矫正法治统一性的应有之义。

关于社区矫正法治统一性值得注意的另一个问题是，因历史原因，社区矫正从试点之初就是最高人民法院、最高人民检察院、公安部、司法部四家联合发文开展工作。《社区矫正法》出台后，在继承沿袭 2012 年《社区矫正实施办法》的基础上，两院两部又联合颁布《社区矫正法实施办法》。然而因制定主体和《立法法》所规定的立法主体不匹配，制定流程只需要四家单位会签，而不需按照《行政法规制定程序条例》规定的程序，两院两部联合发文的《矫正法实施办法》的法律位阶不高，建议由国务院以行政法规的形式制定《社区矫正工作条例》，作为保障《社区矫正法》实施的细化规定。

---

① 司法部发布的部分现行有效的规范性文件，如《监狱暂予监外执行程序规定》（司发通〔2016〕78 号）、《罪犯会见通信规定》（司发通〔2016〕118 号）、《律师会见监狱在押罪犯规定》（司发通〔2017〕124 号）、《关于跨省异地执行刑罚的黑恶势力罪犯坦白检举构成自首立功若干问题的意见》（司发〔2019〕5 号）等。

目的刑主义视域下社区矫正精准矫治模式的形塑

——以宜兴市社区矫正实践创新为例

周晓明　刘双阳[*]

一、推动社区矫正工作高质量发展的新方向：精准矫治

社区矫正是立足我国基本国情、基于对监禁刑的过度适用和惩罚性的纠偏以及对监外处刑适用和改造效果的扩展而发展起来的一项具有中国特色的非监禁刑事执行方式，体现了将目的刑思想引入刑罚执行实践当中，使得行刑矫治主义取代行刑惩罚主义而占据主导地位，这与宽严相济的刑事政策相契合。区别于监禁刑强调报应惩罚和一般性威慑预防，基于目的刑主义的社区矫正以防范再犯的特殊预防论及受其决定的教育矫治模式作为制度展开的法理基础，希冀通过对人身危险较小的、反社会人格可矫正的犯罪人实行开放式处遇和社会化行刑，促进其顺利融入复归社会。相比于古老的刑罚制度，社区矫正可以说是为了适应现代社会犯罪控制和社会治理需要才兴起的新制度设计，对于维护社会安全稳定、有效预防和减少重新犯罪、推进国家治理体系和治理能力现代化，具有十分重要的意义。随着全面推进依法治国与加强社会治理创新向纵深发展，对社区矫正工作的规范化、专业化、法治化水平提出更高要求。在这样的形势下，《社区矫正法》作为我国社区矫正领域首部专门性法律，其颁布实施填补了我国社区矫正工作长期缺乏统领性法律依据的空白，在完善社区矫正法律规范体系的进程中迈出了至关重要、具有里程碑意义的一步，标志着我国社区矫正事业进入有法可依的新发展阶段。①

然而，进入新时期，在社区矫正对象数量迅速增长、犯罪类型及犯罪原因日趋复杂、教育矫正难度不断增加，而资源力量却较为分散有限的现实背景下，社区矫正机构正面临着强化职能履行和全面提质增效的双重压力，促使社区矫正工作要从

---

* 周晓明，江苏省宜兴市司法局局长。刘双阳，法学博士，东南大学江苏省社区矫正损害修复理论研究基地助理研究员。

① 参见柳玉祥：《以法治推动社区矫正工作高质量发展》，载《中国司法》2020年第2期。

“管得住”向“矫得好”转变。当前我国各地社区矫正工作普遍存在一些亟待解决的突出问题，如监督管理松散、方法较为粗浅单一，教育矫正内容同质化现象严重、缺乏针对性，社会适应性帮扶专业化水平有待提升，整体处遇效果尚不尽如人意等。通过个案剖析与系统研究发现，我国社区矫正制度的实际运行状况与理想预期成效之间还有较大差距，其深层次原因在于，简单粗疏的处遇理念与矫治日益需求多元化、差异性之间的结构性矛盾导致“供需不匹配”，成为严重制约新时期社区矫正工作高质量发展的瓶颈，也在一定程度上阻碍了我国刑事执行能力的现代化进程。有学者指出，“刑罚执行现代化在价值取向（内涵）上表现为不断追求文明、人道、科学，核心价值是追求对罪犯的有效教育矫正，使其顺利回归社会”。① 行刑的科学化与有效化有赖于在全面准确掌握和分析矫正对象需求的基础上，施以针对性的处遇措施。也就是说，对犯罪人的矫正与医生治疗病人一样，应从矫正对象特殊的反社会人格及其危险特征入手，而不是将间接表征部分人身危险性的具体犯罪行为当作抽象的法律现象进行机械性、同质化处理，恰如同样的疾病，如果病人的情况不同，应对症下药，灵活运用不同的治疗方法，才能确保取得良好的治疗效果。

2021 年 1 月 10 日，中共中央印发的《法治中国建设规划（2020—2025 年）》，再次强调要“完善社区矫正制度”。在强化社区矫正理论研究“供给侧改革”服务于社会治理需求的时代背景下，宜兴市司法局与东南大学江苏省社区矫正损害修复理论研究基地深入开展政研合作，基于目的刑思想及借鉴医疗诊断思路，率先提出“社区矫正精准矫治理念”，并在社区矫正实践创新中将精准矫治确立为推动社区矫正工作高质量发展的关键环节之一，使得社区矫正工作从大水漫灌式的粗放矫治向量体裁衣式的精准矫治转型升级。宜兴市司法局正以精准矫治理念为支撑，探索构建监管、教育、帮扶“三位一体”的社区矫正精准矫治模式以及靶向精准、科学高效、专业规范的社区矫正教育矫治运行机制，逐步形成可复制、可推广的成熟经验，为推动我国社区矫正工作高质量发展贡献“宜兴智慧”。

二、基于目的刑主义的社区矫正精准矫治理念之形塑

社区矫正精准矫治理念及其运行逻辑肇始于刑法教义学意义上的目的刑主义。李斯特将其目的刑思想凝练为两点：“能矫正的罪犯应当予以矫正，不能矫正的罪犯应使其不再危害社会。”② 目的刑必须根据不同的犯罪类型而作不同的规定和发展，以便使得与犯罪作斗争的刑罚措施适得其所，“刑罚的分量以为了消除犯罪人的危险

① 参见王平著：《刑罚执行现代化：观念、制度与技术》，北京大学出版社 2017 年版，第 5 页。

② ［德］弗兰茨·冯·李斯特著：《德国刑法教科书》，埃贝哈德·施密特修订，徐久生译，北京大学出版社 2021 年版，第 13 页。

性，使之重返社会所必需的处理期间为标准”①，这样才能防止犯罪人将来继续实施犯罪行为。

（一）社区矫正精准矫治的基本立场：特殊预防论

目的刑主义的提倡者李斯特对于功利主义影响人的自由选择这一点是持怀疑态度的，其提出犯罪原因二元论，认为“犯罪是由实施犯罪行为当时行为者的特性，加上周围环境的影响所产生的”②。具体而言，“任何一个具体犯罪的产生均由两方面的因素共同使然，一是犯罪人的个人因素，一是犯罪人以外的、社会的因素，尤其是经济的因素。犯罪的产生以及犯罪对于犯罪人的意义随着这两个因素的变化而变化”。③ 李斯特虽然区分了产生犯罪行为的个人因素和社会因素，但他强调“社会因素比个人因素具有无可比拟的重要性”④。由于社会因素对犯罪的产生起着决定性作用，那么以功利主义机制为基础的一般预防企图对行为人意志选择产生影响并减少犯罪的观点就值得商榷。所以，就刑罚的目的而言，李斯特偏重于特殊预防的立场，但并未排斥一般预防，也没有将一般预防与特殊预防完全对立起来，而是在一定程度上追求两者的兼容。

特殊预防的重点不是预防不特定的可能犯罪的人，而是预防已受到处罚的人再次犯罪，必须“首先个别性地考察具体犯罪人之人身危险性，再对不至再危害社会的犯罪人从轻处遇、直接在社会中接受教育矫治，从而改善犯罪人处遇之效果”⑤。人身危险性是随着刑事实证学派的崛起而产生的一个概念，刑事古典学派关注的是犯罪行为而非犯罪人，而刑事实证学派认为，这是一种针对犯罪结果而采取的措施，而没有触及犯罪的原因和根源，进而提出刑罚不应当是对犯罪的报应，而应当是社会用以防卫罪犯威胁的手段，即刑罚的功能不是报应而是社会防卫，从而促使刑罚的对象由犯罪行为向犯罪人转换。人身危险性正是建立在李斯特所提出的“应受惩罚的不是行为而是行为人”这一命题之上，作为犯罪人的一种特征而被揭示。“人身危险性是由行为人特定人格决定的犯罪可能性或再犯可能性”⑥，存在与否不以已然的犯罪为必要，其发端于强调个体差异和独特性的特殊预防主义，内涵，是指每个

---

① 马克昌主编：《近代西方刑法学说史》，中国人民公安大学出版社 2016 年版，第 281 页。

② 甘雨沛、何鹏著：《外国刑法学》（上册），北京大学出版社 1984 年版，第 119 页。

③ ［德］弗兰茨·冯·李斯特著：《德国刑法教科书》，埃贝哈德·施密特修订，徐久生译，北京大学出版社 2021 年版，第 11 页。

④ ［德］汉斯·约阿希姆·施奈德著：《犯罪学》，吴鑫涛、马君玉译，中国人民公安大学出版社 1990 年版，第 139 页。

⑤ 李川：《从特殊预防到风险管控：社区矫正之理论嬗变与进路选择》，载《法律科学（西北政法大学学报）》2012 年第 3 期。

⑥ 王奎：《论人身危险性的评价因素》，载《政治与法律》2007 年第 3 期。

个体所特有的人身危险性因素的综合，因每个个体特征而有所差异和区别,① 并以此作为行为人负担刑事责任的根据与接受教育矫治的基准。立足于特殊预防论，刑罚的重心由罪责向人身危险性转变，处遇措施的严厉程度取决于犯罪人的人身危险性程度。因此，实施精准矫治的必要前提和关键环节即准确判断社区矫正对象人身危险性的有无、大小及变化，以便能够采取针对性处遇措施消除其人身危险性，“在公正的前提下最大限度地追求预防犯罪的效果”②，发挥刑罚的积极功能。

（二）社区矫正精准矫治的科学方法：处遇分流论

对于如何实现特殊预防，李斯特所倚重的是处遇分流的方法，“根据危险性、改善可能性对犯罪人进行相应的分类，然后根据犯罪人的不同类型科处相应的刑罚”③，即引入弹性刑罚执行机制，针对不同类型犯罪人的反社会特性选择不同的抗制手段，处遇措施的程度和性质应当与教育矫治犯罪人的特殊需要相适应。简言之，只有通过执行阶段的分类化与个别化的处遇分流，根据不同的犯罪人特性采取有针对性的处遇措施，才能真正实现包括刑罚在内的处遇措施预防犯罪之效果。以处遇分流为方法论原理的精准矫治模式即以人身危险性为评价基准，针对不同犯罪类型和犯罪因素，结合个体矫治需求，开展定向互动的针对性矫正处遇，从而实现“对症下药”，提升教育矫治的实效性。

所谓分类处遇，是指“将对象人的问题以及其他特性，根据其犯罪或违法行为的样态等，进行类型性把握，并将每一类型所共通的问题等作为焦点，以实施更加有效的处遇”。④ 具体而言，社区矫正对象的性别、年龄、心理特点、健康状况、犯罪原因、犯罪类型、犯罪情节、悔罪表现等情况不尽相同，矫治需求也有所差别，这就要求在准确评估犯罪人的人身危险性的基础上进行科学分类分级，进而对各种人格的罪犯需要采取不同的治疗方案。“欲期对犯罪人所为之处遇能真正地发生改善之作用，须依个别化之原则。”⑤ 个别化是相对于一般化而言的，处遇个别化是对犯罪人的反社会人格进行刑罚价值评价，强调行刑决定与处遇措施须根据受刑人不同的人身危险性特征量体裁衣。⑥

特殊预防原教旨主义者主张绝对的处遇个别化，认为人身危险性的个体差别具有性质上的彻底独特性，无法通过定量的归纳标准化，也无法加以抽象规范化。以

---

① 参见陈伟：《人身危险性研究》，法律出版社 2010 年版，第 21 页。
② 吴宗宪主编：《社区矫正导论》，中国人民大学出版社 2011 年版，第 55 页。
③ ［日］川出敏裕、金光旭著：《刑事政策》，钱叶六等译，中国政法大学出版社 2016 年版，第 35 页。
④ ［日］川出敏裕、金光旭著：《刑事政策》，钱叶六等译，中国政法大学出版社 2016 年版，第 206 页。
⑤ 张甘妹著：《刑事政策》，台北三民书局 1979 年版，第 12 页。
⑥ 参见陈兴良著：《刑法的启蒙》（第三版），北京大学出版社 2018 年版，第 365 页。

此为基础构建的医疗矫正模式，一方面，因矫治基准是个别化的主观判断而无法形成公平一致的适当标准，只能过度信任和依赖社区矫正工作者并不可靠且良莠不齐的处遇经验与个人能力，极易导致矫正的不公和失效；另一方面，绝对意义上的处遇个别化要求按照每个受刑人差异化的人身危险性进行教育矫治，但处遇措施又需要根据犯罪行为的性质和轻重在规范层面实现抽象一般化，由此引起处遇个别化逻辑与社区矫正所存在的法律体系的处遇抽象性逻辑之间的冲突。然而，个别化并不意味着完全的因人而异。精准矫治模式对医疗矫正模式的弊端予以修正，所倡导的处遇个别化逻辑从绝对走向相对，也可称之为类型化方式。相对意义上的处遇个别化逻辑将人身危险性的差别分为质与量两个层面，其中“质的差别”可以进行抽象的描述性分类，而“量的差别”可以进行归纳定量分级，人身危险性最终可以通过不同的分类分级予以标准化和规范化，形成质与量相结合的人身危险性客观评估指标体系，从而能够基于统一的标准对不同主体的人身危险性进行抽象分类和定量分级。

（三）社区矫正精准矫治的根本目标：复归社会论

我国行刑理念随着对特殊预防的刑罚原理之强调而逐渐形成以人身危险性矫治和相对个别处遇为范式的教育刑论，传统的报应惩罚论和隔离防范论被置于次要的地位。建立在刑罚目的主义之上的教育刑论认为行刑的目的不在于惩罚，“旨在通过以教育为目的和内容的刑罚使罪犯改恶迁善，并使其复归社会后不致再危害社会”。① 由于犯罪并非由犯罪人自身的意志使然，而是自然因素与社会因素单独或结合而导致的一种病态人格反映，所以社会有义务对这种病态人格者进行治疗、教育和康复，使犯罪人以正常的人格复归社会。“矫正罪犯，无论是为了犯罪人是改恶从善，使社会免遭其害，还是为了改善犯罪人的境况，以便其更好地生活，都具有一定的正当性。因为着眼于社会安全，犯罪人的犯罪行为赋予国家对之予以改造，使之不再危害社会的权力，而着眼于犯罪者本人，其是社会的成员，作为社会管理者的国家有义务改善其境况，使之适应社会生活。”② 由此，刑罚目的由传统的“惩罚”向新兴的“矫正”转变，犯罪人教育矫治和复归社会开始主导现代行刑理念的发展方向。

教育刑论尤为关注犯罪人的社会复归问题，强调“让犯罪人重新回到有秩序的社会”，社区矫正精准矫治理念正是以促进犯罪人完成再社会化、顺利复归社会为根本目标。“罪犯再社会化的实质就是通过发挥刑罚的矫治功能和教化作用，使犯罪人得以改过迁善，再度适应社会。”③ 正如我国台湾地区学者林山田教授所言：“唯有符

---

① 陈伟著：《教育刑理论的实践回应与规范运行研究》，商务印书馆 2020 年版，第 40 页。

② 邱兴隆著：《刑罚理性辩论——刑罚的正当性批判》，中国检察出版社 2018 年版，第 133—134 页。

③ 冯卫国著：《行刑社会化研究——开放社会中的刑罚趋势》，北京大学出版社 2003 年版，第 38 页。

合再社会化原则的刑罚，方是有意义而必要的刑罚。”① 进而结合处遇个别化逻辑，“为改造犯罪人，使其重返社会，必须查明犯罪人走上犯罪道路的环境背景，考虑各个犯罪人的人格特征及素质，选择适合其改造和重返社会的处遇方法”。② 可见，精准矫治与复归社会之间存在内在逻辑关系，并交互形成了社会防卫观与行刑社会化理念。一方面，在目的论上，复归社会意味着犯罪人的人身危险性的消除，这与特殊预防目的一致，也是精准矫治所要达成的根本目标，由此催生了社会防卫观念；另一方面，在机制论上，由于犯罪人格受社会因素决定而形成，在相对开放的社区环境中进行精准矫治的效果最佳，复归社会也是精准矫治的实施逻辑，这就产生了行刑社会化的需求。以行刑社会化为特征的社区矫正精准矫治正在成为现代刑事执行领域的权威话语体系，所依据的是教育刑理念而非报应刑理念，行刑的目的不在于惩罚已然的犯罪行为，而是采取针对性的处遇措施教育矫正犯罪人，使其顺利复归社会而避免再次犯罪。

三、社区矫正精准矫治模式的运行机制及其实践展开

围绕“提高教育矫正质量，促进社区矫正对象顺利融入社会，预防和减少犯罪”之立法目的，我国《社区矫正法》充分吸纳精准矫治理念，在总则中确立了“分类管理、个别化矫正”原则，要求“根据裁判内容和社区矫正对象的性别、年龄、心理特点、健康状况、犯罪原因、犯罪类型、犯罪情节、悔罪表现等情况，制定有针对性的矫正方案”，从而“有针对性地消除社区矫正对象可能重新犯罪的因素，帮助其成为守法公民”。可见，宜兴市司法局探索社区矫正精准矫治模式具有明确的法律依据且顺应“对犯罪人的矫正越来越多地将目光投注到特殊个体的需求上来”③ 的行刑发展潮流。基于此，社区矫正精准矫治模式的运行机制应从风险评估、监督管理、教育帮扶三个层面具体展开，形塑人道化、系统化、科学化、规范化、专业化的中国特色社区矫正精准矫治工作机制，从而保证刑罚执行的公正性与有效性。

（一）社区矫正风险评估动静结合

人身危险性是一个定位于未来的前瞻性概念，基于该逻辑，特殊预防论者主张人身危险性的有无与大小以预测为根据。早期风险评估遵循的是实证性的循证式进路，即认为人身危险性因素是可以体系化和层次化的量化衡量因素，依据量化的人

---

① 林山田著：《犯罪问题与刑事司法》，台湾商务印书馆股份有限公司1976年版，第133页。

② ［日］大谷实著：《刑事政策学》（新版），黎宏译，中国人民大学出版社2009年版，第172页。

③ ［英］戈登·休斯著：《解读犯罪预防——社会控制、风险与后现代》，刘晓梅、刘志松译，中国人民公安大学出版社2009年版，第51页。

身风险分值预测犯罪人再犯可能性和社会亲和力度、社会支持度。这种可量化的人身危险性评价体系需要相对典型且稳定的分析因子和量化标准，而这些分析因子需要从犯罪人既往的生活史和行为史中来选择，如成长经历、家庭环境、亲属关系、工作状态、成瘾性药物滥用情况、犯罪前科记录等，如此才能保证量化数据的稳定性与可靠性。因此，这种风险评估模式预设了一个理论前提，即表征人身风险性的分析因子被认为是静态的要素，保持相对不变。但是人的认识能力和行为模式并非一成不变的静态系统，重视矫前风险判断的静态量化模式忽视了人身风险性的变量因子，无法考察人身风险性随时间维度的动态变化，不可避免地导致对人身风险性的评估具有滞后性。此后，在吸取风险静态量化模式单纯以历史性常量因子作为判断要素的经验教训的基础上，强调矫正中风险变化的动态量化模式在人身风险性评价体系增添了现时性变量因子，如遵守禁止令情况、是否存在脱管现象、对犯罪性质的认识、认罪悔罪态度、反社会人格程度、反社会交往情况等反映矫正中人身风险性变化的动态因素，即犯罪因性需要，从而实现对社区矫正对象人身风险性的动态追踪和快速分析。高效直观的矫正结果反馈有助于矫正机构准确判断社区矫正对象对处遇措施的接受程度和接受效果，并根据人身风险性的变化随时动态调整处遇措施，有利于保证矫正的良好效果。但这种风险评估模式也存在一定缺陷：将历史性常量因子与现时性变量因子完全分开进行独立评价，缺乏对静态因素与动态因素之间关联机制的关注，影响了风险判断的系统性和科学性。

社区矫正实践在弥补风险动态量化模式弊端的基础上，科学整合“风险—需求—响应”（RNR）三维动静因素而形成了人身危险性精准评估模式，其将风险评估与处遇机制细化成以实现最大限度降低再犯率为目标的三个相互关联的维度：一是风险指标维度，其意涵是通过对社区矫正前犯罪人之犯因性历史的回顾性调查和评断来量化犯罪人身风险性基本指数区间；二是需求指标维度，其意旨是以考察社区矫正中受刑人之动态犯因性需求的变化及时修正和补充风险指标所厘定的处遇措施；三是响应性指标维度，这个指标是用来表征犯罪人之风险水平对处遇措施的响应效果，其基本目标是通过提高社区矫正处遇措施之有效性，以求达到矫正处遇机制的效益最大化。

（二）社区矫正监督管理分类分级

分类分级监督管理是社区矫正发展到成熟阶段的必然选择。“刑罚执行个别化的实现程度决定于罪犯分类是否合理，罪犯处遇是否科学，以及罪犯处遇是否根据罪犯的特点。”① 因此，开展社区矫正分类分级监督管理的关键在于确定科学规范的分

---

① 翟中东著：《刑罚个别化研究》，法律出版社 2001 年版，第 207 页。

类分级标准体系。当前我国社区矫正实务中已普遍对社区矫正对象实行分类分级监督管理，但各地方的做法多是采取形式意义上的标准，对共性特征的归纳浮于表面、大而化之，方法较为粗浅单一，缺乏细致性、科学性和系统性，如根据刑罚种类，把社区矫正对象分为五类：管制犯、缓刑犯、假释犯、暂予监外执行犯、剥夺政治权利犯；根据犯罪类型或罪名性质，把社区矫正对象分为七类：危害国家安全犯、危害公共安全犯、破坏市场经济秩序犯、侵犯公民人身权利或民主权利犯、侵犯财产犯、妨害社会管理秩序犯、职务犯；根据犯罪行为暴力程度，把社区矫正对象分为严管、普管、宽管三个监管级别。① 由于分类分级方法不科学、不规范等问题，导致监管措施轻重失当、针对性不强，实践中存在对有的再犯可能性较大的社区矫正对象监管不到位，诱发脱管漏管的安全风险，而对有的再犯可能性较小的社区矫正对象则过度监管，挫伤或抑制其参加相关矫治活动的积极性。

社区矫正监督管理应采取更为科学精细、系统多维的分类分级方法，坚持形式标准与实质标准相结合，主要关注三个维度：横向分类、纵向分级、时间分期，精准把握不同维度各要素之间的差异与联系，形成逻辑自洽、有序衔接的立体分类分级标准体系，探索构建“双层分类，三期分段，四级管控”的精准监督管理机制。聚焦社区矫正对象分类分级监督管理的核心目标——风险管控，首先，从整体层面上，综合年龄、性别及健康状况等个人生理因素（一级分类指标）把社区矫正对象分为五大类：成年男性社区矫正对象、成年女性社区矫正对象、未成年社区矫正对象、老年社区矫正对象、患病社区矫正对象，并遵循《社区矫正法》对未成年社区矫正对象和女性社区矫正对象的特殊规定。其次，科学划分矫正阶段，将社区服刑人员的矫正期划分为入矫、矫中和解矫三个阶段。同一社区矫正对象在不同阶段会表现出不同的心理特点和行为变化，针对入矫期、矫中期以及解矫期的不同要求，在总体分类的基础上探索各有侧重、动态灵活的二级分类指标，为实施分级处遇提供科学依据。其中在入矫阶段，侧重于根据刑罚种类、犯罪类型、主观过错形式以及是否存在被害人等犯罪行为特征对社区矫正对象进行细化分类；在矫中阶段，侧重于考察遵守相关规定、服从监督管理、认罪悔罪表现、考核奖惩情况等接受矫正程度对社区矫正对象进行细化分类；在解矫阶段，侧重于测评人际交往能力、婚姻家庭情况、职业技能需求、社会适应性等社会复归因素对社区矫正对象进行细化分类。最后，应在分类监管的基础上区别对待具有不同人身危险性等级的社区矫正对象，实行差异化、针对性的分级处遇。即根据风险评估结果，按“红、橙、黄、蓝”四个等级分类预警，给予矫正对象“重点、严格、普通、宽松”四个不同强度的阶梯式监管措施，并实行动态调整，旨在提高人身危险性与风险管控措施的匹配度，

① 参见刘渝峡著：《社区矫正制度研究》，西南交通大学出版社 2016 年版，第 106—107 页。

做到当严则严、该宽则宽，强化风险管控的精准性和有效性，促使矫正对象主动接受监督管理，最大限度地提高刑罚执行效能。

（三）社区矫正教育帮扶因人施策

基于个别处遇逻辑，对社区矫正对象开展教育帮扶活动应遵循因人施策的原则，推行“一人一案，一人一策”的精准教育帮扶，即从矫正对象的个体特征、日常表现、工作生活等实际情况出发，根据其性别、年龄、文化程度、心理特点、健康状况、犯罪原因、犯罪类型、主观恶性、悔罪表现、刑罚种类、矫正阶段等差异因素，给予针对性的教育帮扶措施，实现“对症下药”，切实发挥教育矫正的攻心治本作用和社会帮扶的综合优势，实现教育帮扶效能的最大化。

其一，全面准确评估矫正对象的教育矫正需求。一方面，坚持以数据主导教育矫正，运用人工智能技术对社区矫正对象的相关背景信息（如地域、年龄、性别、学历、就业方向、犯罪类型、服刑态度、婚姻家庭、身体状况、兴趣爱好、专业特长等）进行关联匹配和整体分析，通过“数据画像”初步掌握矫正对象的基本需求；[①] 另一方面，通过问卷调查、心理测评、沟通访谈等多种反馈方式进一步深入了解矫正对象的个殊需求，进而“综合评价其阶段性具体的需求内容、需求程度及需求趋向，针对不同个体需求情况提出研判态度和观点、解决途径和方法以及动态跟进方式”。[②]

其二，通过分析诊断，科学制订个性化的教育矫正方案。一是矫正方案应当贴近矫正对象的现实需求，鼓励和引导矫正对象参与个案矫正方案的制订与调整，并尽可能充分倾听其意见和愿望，通过充分互动确定实施内容和方式，有助于激发矫正对象的自觉意识和参与积极性，主动配合教育矫正工作；二是矫正方案应当精选优质的教育矫正内容，以社会主义核心价值观为引领，结合不同类型或层次矫正对象的教育矫正需求，对思想政治教育、道德规范教育、法治纪律教育、认罪悔罪教育、文化素质教育、情感情绪教育、心理健康教育以及公益劳动教育（社区服务）等课程内容进行系统化、模块化专题设计，形成各有侧重、更具针对性的分类矫正方案库，并定期更新教育矫正内容；三是矫正方案应当运用恰当灵活的教育矫正方法，将个别教育矫正、集中教育矫正与分阶段教育矫正有机结合，创新“云端”在线教育方式，探索“互联网+教育矫正”新模式，利用现代信息技术，开发网上自主学习系统，建立具备点课、约课、补课等功能的“空中课堂”，全面推行“菜单式”提供教育课程，“学分制”落实考核手段，实现课程资源多元化、定向推送精准化、

---

① 参见张全连、施为飞：《宜兴社区矫正新模式：“精准评估+个性方案”》，载《江苏法治报》2021年4月14日，第1版。

② 廖斌、何显兵著：《构建中国特色的社区矫正制度研究》，中国政法大学出版社2019年版，第115页。

效果反馈实时化。

其三，采取针对性的个别教育矫正措施，并跟踪评估处遇效果，适时动态调整。一是设置专门场所作为实施精准教育矫正的载体，对社区矫正中心进行区域功能化配置，分设信息采集、入矫评估、思想教育、法治教育、心理辅导、诫勉谈话、图书阅览、公益活动等功能室，推动教育矫正向“分类施诊、专科门诊”转变；二是社区矫正对象在心理上具有不同程度的异常状况，应针对性开展心理矫治、心理咨询、心理测验、心理疾病治疗和心理危机干预等专业指导，帮助矫正对象消除心理障碍，增强心理承受能力，走出犯罪所造成的心理阴影，恢复正常的健康心理状况；① 三是将社区服务分成若干类别并对应不同的项目，矫正对象可以根据自身优势和个人特长，“自助式”选择适合自己的项目参加社区公益服务，也可以在征得被害方同意的情况下，定向提供相适应的、具有损害补偿性质的劳务或服务活动，在满足社会大众对正义感需求的同时，修复犯罪行为所侵害的社会关系，培养矫正对象的社会责任感。

社会适应性帮扶具有福利性、个别性的侧面，体现了刑罚执行的人道主义精神。针对矫正对象的差异化需求可以分为生存型帮扶、支持型帮扶、发展型帮扶，旨在进一步切断再犯罪诱因，促进矫正对象顺利复归社会，长效性维护社会和谐稳定。②第一，以改善矫正对象的社会适应性为出发点，提升矫正对象的认知学习能力、自主规划能力、挫折应对能力、自我保护能力、人际交往能力、情感沟通能力，从而帮助其顺利融入家庭、工作和生活环境；第二，社区矫正机构应与民政、教育、人社、农业农村等政府部门加强协调联络，共同建立社区矫正对象联动帮扶机制，为矫正对象办理接受义务教育、申请社会救助、参加社会保险、获得法律援助等事项提供“一站式”帮助，对符合条件的社区矫正对象积极协调落实精准帮扶政策；第三，探索“政府主导+协会运作+企业参与”的协同帮扶机制，鼓励、支持和引导专业社会力量开展“一对一”或“多对一”的帮扶工作，委托社工服务机构或与爱心企业、社会组织合作，为矫正对象提供针对性的技能培训、就业安置、心理疏导等服务，既提高帮扶的专业化水平，又凸显社区矫正的人文关怀。

---

① 参见王平主编：《社区矫正制度研究》，中国政法大学出版社2014年版，第348页。

② 参见吴宗宪主编：《社区矫正导论》，中国人民大学出版社2011年版，第321页。

新时代“枫桥经验”指导下的社区矫正社会化探析

应方淦*

作为行刑社会化产物的社区矫正，社会化乃其应有之义和必由之路。社区矫正与“枫桥经验”有着一脉相承的基因谱系，新时代“枫桥经验”为社区矫正社会化创设了新的发展语境，指明了新的发展遵循，并在《社区矫正法》中得到了充分的体现。社区矫正社会化，应以《社区矫正法》作为落实新时代“枫桥经验”的行动纲领，以党建为引领重心、以基层为场域重心、以群众为力量重心、以预防为目标重心、以数字为路径重心，实现突破和提升。

一、社会化：社区矫正的应有之义和必由之路

刑罚是作为犯罪的对应物而存在的。自刑罚产生以来，随着刑罚理念不断地演变进化，其执行方式也在相应地发生变化。“自由刑曾被誉为近代刑罚之花而受到普遍青睐。在其确立之初，人们确实曾经对自由刑寄予过厚望，……但随着自由刑的广泛运用，自由刑不仅未能有效地威慑潜在的犯罪者，也未能实现使罪犯重返社会的理想。”① 基于对这种偏差甚至缺陷的反思，从19世纪末开始，行刑社会化受到了越来越多的理论探讨和实践探索，成为现代刑事政策的主流理念和国际刑罚制度改革发展的根本走向。

行刑社会化包括监禁刑执行的开放化和非监禁刑执行的扩大化。② 放眼国际，社区矫正是非监禁刑执行扩大化的主要形式，易言之，社区矫正是行刑社会化的产物。基于社会化的视角，社区矫正可以解读为具有如下四个特征的刑罚执行方式：置身正常的社会环境，依靠广泛的社会资源，运用多元的社会方式，促进对象的社会融入。在这四个特征中，置身正常的社会环境是社区矫正的基底性特征，也是社区矫正相较于监禁矫正的显著性区别，让社区矫正拥有了监禁矫正可望不可即的天然环

---

* 应方淦，浙江警官职业学院成人教育分院院长、副教授。

① 梁根林著：《刑罚结构论》，北京大学出版社1998年版，第99页。

② 狄小华：《论行刑社会化——兼谈我国的重新犯罪预防》，载《南京大学学报（哲学·人文科学·社会科学）》2003年第4期。

境依存和充分条件优势。积极利用社会各领域资源，整合社会各方面力量，集聚社会各类型要素，把这种天然环境依存和充分条件优势转化为切实的行刑社会化效能，是社区矫正更好显现行刑社会化价值、体现行刑社会化优势、实现行刑社会化旨归的应有之义和必由之路。

二、社区矫正："枫桥经验"基因谱系的一脉相承

1963年2月，中央决定在全国农村普遍开展社会主义教育运动，彼时，浙江省诸暨县枫桥区（含枫桥、新枫、视北、视南、栎江、檀溪和东溪等7个公社）的广大干部群众，因地制宜创造了"坚持矛盾不上交，就地解决，实现捕人少、治安好"的"枫桥经验"。其中，"最基本的一条就是发动群众，通过说理斗争，制服敌人，把'一个不杀，大部不捉'的内部肃反的方针用来处理社会主义教育运动中揭发出来的有破坏活动的地、富、反、坏分子"①。

2003年7月，最高人民法院、最高人民检察院、公安部、司法部发出《关于开展社区矫正试点工作的通知》，确定在北京、天津、上海、浙江、江苏、山东等6个省（直辖市）开展社区矫正试点工作，将符合社区矫正条件的罪犯置于社区内，由专门国家机关在相关社会团体和民间组织以及社会志愿者协助下，矫正其犯罪心理和行为恶习，并促进其顺利回归社会，我国社区矫正实践探索的序幕由此拉开，社区矫正正式作为一项非监禁性刑罚执行引入我国的司法实践中。

不难发现，"枫桥经验"和社区矫正，尽管在历史轴线上跨度近半个世纪，在时代背景上也有着极大的差异，但在对象、方式和目标等核心要素上，却呈现出基因谱系上的一脉相承。

——对象上，"枫桥经验"覆盖的是除行凶报复、杀人、抢劫、放火、投毒因而民愤很大、必须立即逮捕法办的现行犯之外的有破坏活动的"四类分子"，社区矫正适用的是罪行较轻、主观恶性较小、社会危害性不大的罪犯或者经过监管改造、确有悔改表现、不致再危害社会的罪犯；

——方式上，"枫桥经验""最基本的一条就是发动群众，通过说理斗争，制服敌人"，社区矫正是专门机关与社会力量相结合，采取分类管理、个别化矫正；

——目标上，"枫桥经验"是为了实现社会主义教育运动的目的之一——把反动阶级势力中间的绝大多数人改造成为新人②，变成自食其力的劳动者，社区矫正旨在有针对性地消除社区矫正对象可能重新犯罪的因素，帮助其成为守法公民，促进其

① 《建国以来毛泽东文稿》（第10册），中央文献出版社1996年版，第416页。

② 中国人民解放军国防大学党史党建政工教研室编：《中共党史教学参考资料》（第24册），中国人民解放军国防大学1986年版，第212页。

顺利融入社会，预防和减少犯罪。

一言以蔽之，“枫桥经验”和社区矫正都是发动和依靠社会力量将罪错人员改造成为符合社会需求的人。从司法行政角度概括，可以说，“枫桥经验”发轫于社区矫正。①

三、新时代“枫桥经验”：社区矫正社会化的重要遵循

肇始于20世纪60年代初浙江乡土的“枫桥经验”，因应我国不同历史时期的形势任务和发展主题，薪火相传，历久弥坚，与时俱进，沿循着“社会管制—社会管理—社会治理”的次序迭演而步入新时代。②

新时代“枫桥经验”，已经越来越突破固有的地域和问题范围，开始朝着更加普遍性的问题意识和实践空间扩展，表现出了建构普适性体系的理论雄心和发挥更大影响的实践抱负。③

伴随着外延的扩展、内涵的丰富和功能的强化，新时代“枫桥经验”的基本定位已经从基层预防化解矛盾模式向基层社会治理模式转变，基本路径已经从群防群治向构建政治、法治、德治、自治、智治相融合的基层社会治理机制转变，基本手段已经从以人防、物防、技防为主的“三防”向建立健全人防、物防、技防、心防“四防并举”的社会风险防控体系转变，基本目标已经从“小治安”向“大平安”转变。

这一系列转变，为社区矫正社会化创设了新的发展语境，也为社区矫正社会化指明了新的发展遵循。

其一，矫正目标的社会化。要以“善治”为目标，贯彻治本安全观，把社区矫正的价值追求，从侧重于确保社区矫正对象接受矫正期间“不脱管、不失控、不出事”，提升到社区矫正对象解除矫正之后不再重新犯罪，进而延展到使人民获得感、幸福感、安全感更加充实、更有保障、更可持续的高度来认识、来衡量、来追求、来实现。

其二，矫正方式的社会化。以政治、法治、德治、自治、智治“五治”融合作为推进社区矫正社会化的有效方式，发挥“政治”的引领作用，坚持社区矫正工作与党建工作深度融合，共同谋划、部署、推动；发挥“法治”的保障作用，运用法

---

① “以新时代枫桥经验推进浙江司法行政新发展”，http：//www. legaldaily. com. cn/index_article/content/2018-04/24/content_7528376. htm？node=5955，最后访问时间2021年8月17日。

② 徐汉明、邵登辉：《新时代枫桥经验的历史地位与时代价值》，载《法治研究》2019年第3期。

③ 陈建明：《从“枫桥经验”走向中国经验——新时代“枫桥经验”阶段性研究成果专家评审会暨2018年“平安浙江”论坛综述》，载《浙江警察学院学报》2018年第6期。

治思维和法治方式分析解决问题；发挥“德治”的教化作用，加强对社区矫正对象的思想教育和道德教化；发挥“自治”的基础作用，调动城乡群众、企事业单位、社会组织参与社区矫正的积极性；发挥“智治”的支撑作用，以数字化转型赋能社区矫正。

其三，矫正力量的社会化。要坚持以党建为引领，发挥好各级党组织的战斗堡垒作用，在司法行政系统社区矫正机构主导下，统筹相关部门资源力量，以依靠群众解决群众身边的问题作为着力点，进一步夯实社区矫正的社会基础，获取社区矫正的社会支持，依靠社区矫正的社会力量，发挥社区矫正的社会智慧，打造社区矫正“党政掌舵、社会划桨”的工作格局，实现由单纯部门监管向社会协同的转变。

四、社区矫正社会化：新时代“枫桥经验”指导下的重心放置

以《社区矫正法》的颁布、施行为界碑，我国社区矫正工作在历经局部试点、区域试行、全面试行、全面推行等阶段之后，开启了依法施行的新发展阶段。《社区矫正法》中，对专门机关和社会力量相结合工作原则的明确、对按需设立社区矫正委员会的建议、对社会力量参与社区矫正工作的鼓励和引导、对社区矫正机构提高信息化水平的支持等条文，都体现出新时代“枫桥经验”的内涵和精髓对社区矫正工作的指导，在一定程度上，社区矫正法可以视作社区矫正落实新时代“枫桥经验”的行动纲领。

以新时代“枫桥经验”为指引，社区矫正社会化应以党建为引领重心、以基层为场域重心、以群众为力量重心、以预防为目标重心、以数字为路径重心，实现突破和提升。

（一）引领重心：党建

中国特色社会主义最本质的特征是中国共产党的领导，中国特色社会主义制度的最大优势是中国共产党领导。党建引领是新时代“枫桥经验”的政治灵魂，反映了新时代“枫桥经验”的本质特征，“党建引领”也是我国社区矫正制度的政治优势和根本保证，社区矫正社会化要将我国独特的党建优势转化为工作动力和效能。

坚持党建引领，一方面，要坚持党委政府统一领导，紧紧依靠和充分发挥党委政府总揽全局、协调各方职能优势，发挥议事协调等机构作用，不仅可以确保社区矫正领域主体责任的落实，还可以有效弥合因为“条块分割”而造成的“碎片化”，更能够对社区矫正社会化的各方力量实现更优质的宏观安排与组织整合，这也是设立社区矫正委员会的初衷所在。

坚持党建引领，另一方面，则是要坚持发挥党员队伍先锋模范作用，直接参与

社区矫正社会化，不仅能够有效提升社区矫正社会化的质效，使社区矫正对象在切身感受广大党员的思想影响力和帮教正能量的过程中，弃恶从善，洗心革面，实现修心为本的矫正新格局，还能引领群众、凝聚群众、组织群众，辐射带动越来越多的社会各界成员知晓社区矫正、参与社区矫正，提高公众对社区矫正工作的思想认同、价值理解和力量支持。

（二）场域重心：基层

新时代“枫桥经验”最初源于基层的创造性实践，也始终是基层的实践：力量来自基层，工作开展于基层，目标实现于基层。国家治理体系是一个系统完备、环环相扣的逻辑结构，包括纵向上从中央到地方的不同层级的治理。① 关键在顶层设计，基础在基层推进，基层是做好一切工作的根本，基层强则工作强。

社区矫正的重心在基层，社会化的基础在于村（社区）、企事业单位、厂矿学校、社会团体、专业组织、学术机构等组织，以及社会公众的广泛支持和志愿参与②。基层既是社区矫正社会化的场域重心，也是社区矫正社会化的难点所在，基层的状况在很大程度上决定着我国社区矫正社会化理念的整体落实和发展，决定着我国社区矫正社会化实践的整体完善和丰富。

需要说明的是，结合我国社区矫正的发展现实，就社区矫正社会化而言，所谓的基层目前还不适合在乡镇、街道一级，更不适合直接沉底到村居一级，而应该适当上浮至县域层面，依据《社区矫正法》来思考、设计和统筹、指导社区矫正社会化，以规范化为基准，探索开展创造性实践。

原因有三：

其一，从工作格局上来说，县级社区矫正机构负责所在行政区域内社区矫正工作的具体实施，司法所根据社区矫正机构的委托承担社区矫正相关工作。

其二，从工作内容上来说，按照司法部公布的司法所条例（征求意见稿），司法所除了承担社区矫正相关工作之外，还需依法履行调解、普法、安置帮教、法律援助等多项重要职责。

其三、从工作资源上来说，由县级社区矫正机构立足所在行政区域，对社会资源的获取更有空间，对社会资源的调度更具弹性，能够使有限的社会资源在合理流动中发挥更大效益。

（三）力量重心：群众

始终相信和依靠群众，发动、组织群众，这是“枫桥经验”的灵魂，也是根本。

---

① 李良栋、汪洋：《再论中国式国家治理及其现代化》，载《马克思主义研究》2015 年第 2 期。

② 徐祖华：《关于社区矫正社会化若干问题的思考》，载《中国司法》2019 年第 12 期。

“枫桥经验”从诞生到发展，在不同历史时期有不同的表现形式，但万变不离其宗，就是坚持走群众路线，[①] 专群结合、群防群治一直是其优势所在。

“一种正在进行现代化努力的制度与范式必须囊括将现代化造就的各方社会势力吸收进该体制中来的魄力与方法”[②]。社区矫正社会化的力量之源、建设之基在于人民群众的广泛支持与深度参与，要在强调党和政府主导作用基础上，以购买有偿服务和挖掘免费资源两种路径，充分调动群众的积极性、主动性和创造性，集中群众智慧，推动和创新社区矫正社会化。

群众参与社区矫正社会化的模式可分为原子化参与和团体式参与两种。前者是单个公民凭借自身拥有的资源，采取单独行动参与；后者则以团体的方式参与，由于团体式参与集合了大量个体公民的资源，因而更具影响力。[③] 从目前的实践来看，群众团体式参与社区矫正社会化主要有专业社会组织参与、基层自治组织参与、党团组织参与、社会企业参与和公益组织参与这五种形式。[④]

与此同时，要摒弃行刑主体和服刑主体二元对立，将社区矫正对象客体化，剥离到社会之外、也悬置于社会化的话题之外的思维，尊重、激发和发挥社区矫正对象的主体作用，提升其自我管理、自我教育能力。

（四）目标重心：预防

预防思维与“枫桥经验”相生相伴。在中央全面依法治国工作会议上，习近平总书记强调完善预防性法律制度，坚持和发展新时代“枫桥经验”，促进社会和谐稳定。与生俱来的“预防”基因，在新时代“枫桥经验”中越发彰显。

社区矫正，相比监禁矫正而言，实为以一种更人性化的非监禁性刑罚执行方式，实现惩罚已然之罪，预防未然之罪，具体表现在以下两个方面：第一，特殊预防。即通过对犯罪人适用刑罚，预防他们再次犯罪。第二，一般预防。即通过适用刑罚惩罚犯罪，教育和警戒社会上某些有可能效仿犯罪人实施犯罪行为的人，使他们不致走上犯罪的道路。社区矫正的犯罪预防，特别是特殊预防作用不仅在于刑罚的惩罚本质的体现，还在于行刑过程中广泛的社会参与。[⑤]

社区矫正社会化，意在借助社会力量更好地实现预防目标。首先，在预防理念上，要破除预防社区矫正对象矫正期内脱管、失控、出事的底线安全观念，从“预

---

① 戴大新：《追溯、廓疑与前瞻——新时代坚持和发展“枫桥经验”的若干探讨》，载《浙江警察学院学报》2018 年第 1 期。

② ［美］萨缪尔·亨廷顿：《变化社会中的政治秩序》，上海人民出版社 2008 年版，第 231 页。

③ 刘勇智：《公共政策制定中的公民参与》，载《兰州学刊》2004 年第 3 期。

④ 徐祖华：《关于社区矫正社会化若干问题的思考》，载《中国司法》2019 年第 12 期。

⑤ 狄小华：《论行刑社会化——兼谈我国的重新犯罪预防》，载《南京大学学报（哲学·人文科学·社会科学）》2003 年第 4 期。

防社区矫正对象解除矫正后重新犯罪”扩展、提升到“预防人民群众再受侵害、再遭损失”；其次，在预防策略上，要树立向教育帮扶要监督管理、以教育帮扶促监督管理的意识，彻底改变和扭转“重监督管理，轻教育帮扶”的工作局面，更加强调和凸显教育帮扶的地位和价值；在原有注重教育帮扶的内容扩展和形式创新的基础上，“旧瓶装新酒”，注重教育帮扶的目标实现和效能提升；更加聚焦于对社区矫正对象的“情感域”施加影响，着力于世界观、人生观和价值观改造；在标准化、规范化基础上，更加注重并着力于个性化的因人施矫。

（五）路径重心：数字

当前，以绿色、智能、泛在为特征的新科技革命方兴未艾，任何国家要赶上时代步伐，都必须牢牢抓住科技革命的机遇，否则就要落后。国家“十四五”规划中明确提出“将数字技术广泛应用于政府管理服务，推动政府治理流程再造和模式优化，不断提高决策科学性和服务效率”。

结合社区矫正社会化的应然要求和实然现状，以数字化驱动新形态，以新形态推动新发展，是社区矫正社会化引入新范式、创造新工具、构建新模式、实现新效能的不二之选。

负责社区矫正工作具体实施的社区矫正机构，按照“一切业务数据化、一切数据业务化”原则，完成“人在网上走，事在网上办，结果网上查”社区矫正全业务数据化管理，实现社区矫正工作业务全流程网上运行、全流程自动留痕、全流程电子监管，同时要有效打破并消除行政区域间此前因社区矫正信息化建设各起炉灶而遗留下来的跛脚现象、数据壁垒和信息孤岛。

在此基础上，通过跨部门的数据交换、业务协同、数据共享、流程再造，实现并提升社区矫正资源共享、业务协同水平。以社区矫正调查评估、交付衔接、日常监管、提请协同、解除终止等核心环节为主体，打通与公安、法院、检察院、监狱等社区矫正相关的政法系统各部门之间的数据连接；同时，根据社会力量参与社区矫正业务的实际情况，选择性地将相关数据予以对接、共享。

尤为关键的是深化社区矫正数据运用，将各渠道汇集的海量社区矫正数据进行汇集、清洗、开发、管理，转化为高质量的数据资产，使社区矫正的全域数据以台账式的横向统计向以社区矫正对象为基准的精准画像发展，形成数据“越用越多”“越用越活”“越用越准”的价值闭环，从整体上推动社区矫正社会化的质量变革、效率变革、动力变革，最终实现“大平台共享、大系统共治、大数据慧治”的“智慧矫正”新模式。

社区矫正对象权利规范的深入探析

安文霞*

《社区矫正法》是我国第一部全面规范社区矫正工作的法律，在完善中国特色社会主义刑事执行制度，推进国家治理体系和治理能力现代化水平方面发挥着重要作用。①《社区矫正法》《社区矫正法实施办法》的颁布实施及各地陆续出台的《社区矫正实施细则》，为社区矫正对象的权利保护确立了规范依据。通过系统梳理立法与规范性文件中关于社区矫正对象权利保护的规定，以及司法实践中对社区矫正对象权利规范解读可能存在的理解偏差，笔者认为应在此基础上为社区矫正对象释放更多的权利空间，并基于权利类型化的视角探寻社区矫正对象权利规范与实践的路径。

一、权利规范问题反思：基于细化规定的梳理

诚如有学者所言，我国《社区矫正法》以总则性规定和分则性规定全方位、立体化地展示了立法对社区矫正对象的人权保障及人性化保护。②《社区矫正法》第4条第2款明确规定，社区矫正工作应当依法进行，尊重和保障人权。这种明示的权利规范，对于社区矫正对象的权利保障具有重要意义。

（一）社区矫正对象权利法律规定缺乏直接呼应

目前，对社区矫正对象权利规范集中规定于《社区矫正法》总则中，其后续章节具体规范制度中虽有对权利规范的具体展开，但对权利规范的类型及权利受到侵害后的救济途径等仍然缺乏直接呼应与细化展开。

《社区矫正法》第4条第2款规定，社区矫正对象依法享有的人身权利、财产权利和其他权利不受侵犯，在就业、就学和享受社会保障等方面不受歧视。但该条未能对人身权利、财产权利及不受歧视权等具体内容作出进一步说明。该法其他章节

---

* 安文霞，司法部预防犯罪研究所副研究员。

① 姜爱东：《〈社区矫正法〉具有里程碑意义》，载《人民调解》2020年第2期。

② 肖艳秋、吴占英：《〈社区矫正法〉对社区矫正对象的人权保障及人性化保护》，载《中国司法》2021年第2期。

亦未能对上述权利作出积极回应。

《社区矫正法》部分内容间接体现了对社区矫正对象诸如就业、就学及享受社会保障等方面权利的保护。如第 37 条规定，社区矫正机构可以协调有关部门和单位，依法对就业困难的社区矫正对象开展职业技能培训、就业指导，帮助社区矫正中的在校学生完成学业。第 41 条规定，国家鼓励企业事业单位、社会组织为社区矫正对象提供就业岗位和职业技能培训。招用符合条件的社区矫正对象的企业，按照规定享受国家优惠政策。第 43 条规定，社区矫正对象可以按照国家有关规定申请社会救助、参加社会保险、获得法律帮助，社区矫正机构应当给予必要的协助。上述条文间接涉及社区矫正对象就业、教育等权利，明确了社区矫正对象可以求助的对象及国家对相关机构、单位对社区矫正对象教育帮扶的态度。

《社区矫正法》部分条文间接规定了社区矫正对象的人身权。如在第 8 章“法律责任”部分规定，社区矫正机构工作人员和其他国家工作人员体罚、虐待社区矫正对象，或者违反法律规定限制或者变相限制社区矫正对象的人身自由的，应当给予处分，构成犯罪的，依法追究刑事责任。部分条文对该法总则中的其他权利进行了间接规定，如第 48 条第 2 款规定，人民法院拟撤销缓刑、假释的，应当听取社区矫正对象的申辩及委托律师的意见。第 61 条第 5 项规定，对依法申诉、控告或者检举的社区矫正对象进行打击报复的，应当给予处分，构成犯罪的，依法追究相应刑事责任。上述条文间接实现了对社区矫正对象申诉权、控告权、检举权及申辩权等相关权利的保护。

综上，《社区矫正法》对社区矫正对象的一般性权利与特殊权利均作出了规定。但该法未能对权利类型进行明确，绝大部分权利隐含于法律条文中，也未对具体的侵权表现及救济途径予以明确规范。

（二）社区矫正对象权利实施细则细化不足

中国幅员辽阔、各地经济社会发展水平存在巨大的差异，为了更好地结合各地实际有效开展社区矫正工作，“社区矫正规范化”中也应当包含着“多模式化”含义，即根据各地不同的情况，在社区矫正工作的一些方面，可以形成适合不同地区情况的多种模式。① 也即社区矫正在实践中具有明显的地方特色且灵活性特征明显，因此《社区矫正法》难以对所有社区矫正工作作出细化规定。这也是《社区矫正法》具有原则性规范特征的主要原因。有鉴于此，《社区矫正法实施办法》及各省、自治区、直辖市所发布细则的细化规定就变得迫切而又必要。

但《社区矫正法实施办法》并未对《社区矫正法》第 4 条进行细化。在已出台

---

① 吴宗宪著：《中国社区矫正规范化研究》，北京师范大学出版社 2021 年版，第 4 页。

的社区矫正实施细则中，只有个别省、自治区对该条进行了明确。如《湖南省社区矫正实施细则》，以明示列举的方式明确社区矫正对象人格尊严不受侮辱，依法享有人身权利、财产权利，在就学、就业和享受社会保障等方面不受歧视及享有辩护、申诉、控告、检举和其他未被依法剥夺或限制的权利。《宁夏回族自治区社区矫正实施细则》在重申《社区矫正法》第4条规定基础之上，明确“未成年人身份信息应当予以保密”。实际上，上述省、自治区社区矫正实施细则对社区矫正对象权利的规定只停留于重申阶段，既未按照权利不同类型对其进行归类，也未对《社区矫正法》中所提及的其他权利予以细化说明。这与《社区矫正法实施办法》及各省、自治区、直辖市社区矫正实施细则对监督管理规定的细致规范形成了鲜明对比。

当然，《社区矫正法实施办法》与各省、自治区、直辖市社区矫正实施细则对决定和接受、监督管理、教育帮扶、解除与终止的规范部分间接地体现了社区矫正对象的相关权利规定，包括但不限于身份信息权、隐私权等。但上述权利规范多隐含于相关规定中，缺乏明确性。如根据《社区矫正法》的规定，社区矫正决定机关拥有确定社区矫正对象执行地的权限。立法从公权力角度对执行地确定权进行了规范。但诸多省、自治区、直辖市社区矫正实施细则均规定相关机关确定执行地时需要考虑若干因素。其中，社区矫正对象对社区矫正执行地的接受程度可能会成为执行地确定的重要参考因素，若辅之以可操作性的证明制度，社区矫正对象可能更容易接受自己积极参与确定的社区矫正执行地，提升教育帮扶效果。申言之，明示社区矫正对象参与社区矫正执行地确定的权利，转换社区矫正执行地确定权视角，有助于减少管理、教育、帮扶人员与社区矫正对象之间的对抗，将社区矫正目标导向由外压式教育矫正优化为内源化教育帮扶。

二、权利规范的理念：以激发自主矫正为主

（一）目前实践中存在的不足

《社区矫正法》对人权保护原则的确立和相关章节条文中权利保护的间接体现均凸显了立法者对社区矫正对象权利保护的重视。但相较于权利规范，以《社区矫正法实施办法》与各地陆续出台的社区矫正实施细则为代表的细化规则对社区矫正对象监管措施给予了更多回应。这可能会导致实务部门对社区矫正对象权利保护规范存在理解上的偏差，不利于激发社区矫正对象自我回归动机。

司法实务中，这一问题主要有两种表现。一是过度严管，即以管控和惩罚为主要手段对社区矫正对象进行严格控制。管控模式突出权力对社区矫正对象的威慑，重输出式与灌输式教育，轻输入式、内化式教育，社区矫正对象的实质交流权、知

情权、建议权等权利被弱化。实践中有社区矫正对象不断向矫正工作人员提出过分要求与权力管控激发的对价思维不无关系。二是过度松软。例如，管控模式下的教育帮扶具有明显的形式化和物化倾向，注重教的形式，忽视育的效果。如在开展法制教育、道德教育时，社区矫正对象的建议权往往不能得到充分行使，社区矫正机构通常由社区矫正工作人员或者聘请的社会上的专业人员对社区矫正对象开展通识性的知识宣传，而矫正对象个性化的矫正需求无法得到有效保障，影响了教育效果的发挥。如有的矫正工作人员甚至将帮扶直接解读为安置帮教，更为关注对矫正对象的困难帮扶，如帮助其找工作、安排住房等。当然，这种帮扶会暂时缓解社区矫正对象的工作需求和经济压力，但从长远来看，具有物化倾向的举措难以帮助社区矫正对象转变认知、增强沟通能力和工作能力。

（二）激发自主矫正有利于权利空间释放

《社区矫正法》第 2 条明确了社区矫正的两项基本任务是对社区矫正对象的监督管理与教育帮扶。笔者认为正确解读《社区矫正法》中的权利理念应以激发自主矫正为主，为矫正对象释放更多的权利空间。

第一，社区矫正工作任务的重心应为教育帮扶。关于社区矫正工作的任务，虽然现行立法中明确为“监督管理与教育帮扶相结合”，但也有学者主张“惩罚犯罪和教育帮扶相结合”，此种观点认为社区矫正如果过分强调教育矫正和人权保护而忽视或否认惩罚，将会削弱刑罚的威慑和伸张正义的功能，在一定程度上是对犯罪的宽纵，因此认为“监督管理”并不能等同于惩罚，惩罚才是社区矫正的根本和首要任务。[①] 对于这一观点，笔者并不认同，社区矫正对象被判处刑罚本身即为惩罚性的体现，而社区矫正区别于监禁矫正的重要一点就是对矫正对象的轻缓化处理。关于社区矫正对象的“惩罚”，也就是其应当负有的法定义务，刑法、刑事诉讼法已有明确规定，人民法院应当在裁判文书中具体确定，社区矫正机构应当依法执行。因此，社区矫正工作的开展没必要过多强调其惩罚性。[②] 而对于监督管理与教育帮扶在矫正工作中的定位，笔者认同以下观点，即“教育矫正”是现代刑罚执行的最为核心的基本内容，[③] 教育帮扶是做好社区矫正的核心和重中之重，对社区矫正对象的监督管理措施应当适度，不宜过于严厉。[④]

第二，教育帮扶应遵循激发自主矫正的理念。一方面，以矫正对象为中心，注重矫正对象内驱力的提升。教育对象获得知识是手段，使其获得成长的能力才是目

---

① 刘强：《论社区矫正工作的任务》，载《警学研究》2021 年第 1 期。
② 王爱立、姜爱东：《中华人民共和国社区矫正法释义》，中国民主法制出版社 2020 年版，第 32 页。
③ 王平：《罪犯矫正：从监狱到社区》，载《河南司法警官职业学院学报》2016 年第 9 期。
④ 王爱立、姜爱东：《中华人民共和国社区矫正法释义》，中国民主法制出版社 2020 年版，第 31 页。

的。正因为此，《社区矫正法》明确对社区矫正对象的教育应该根据其个体特征、日常表现等实际情况，充分考虑其工作和生活情况，因人施教，并制订个别化矫正方案。另一方面，以激发自主矫正的理念开展帮扶是教育的延伸，帮扶的对象与目标应是矫正对象能力的培养而不是暂时的困难解决。概言之，教育帮扶从本质上应契合矫正对象的犯因性需求，其理念是解决犯因性需求的根本导向，需要以行之有效的权利规范路径为保障。

三、权利规范路径选择：基于权利类型化的视角

如前所述，虽然《社区矫正法》确立了矫正对象人权保护的总体原则，但囿于《社区矫正法实施办法》乃至实施细则等对社区矫正对象权利保护的规定尚未从细化分类的视角突出权利保护在社区矫正中的重要性，也在实务中产生了缺乏自主矫正激励的问题。基于此，笔者认为应以激发自主矫正的理念，对社区矫正对象权利以类型化规范表达，更好地实现矫正目标。

（一）权利归类前的考量要素

社区矫正对象归类权利的直接目标是通过权利意识激发社区矫正对象的自主意识，通过权利认知提升其整体自尊水平。基于此，社区矫正对象权利归类需要考量社区矫正对象的权利功能、定位与原则三大要素。

功能又称为作用。《社区矫正法》明确尊重和保障人权制度追求目标是依法开展社区矫正。对社区矫正机构及工作人员而言，“依法”意味着通过明确公权力行使的边界实现限制权力的目的；对社区矫正对象而言，“依法”强调何种权利可以被限制或剥夺及限制或剥夺的程度。这就要求立法需要从矫正主体与矫正对象两个方面加以明确社区矫正对象权利的范围。若立法及规范性文件将社区矫正对象权利转换为监督、考察甚至控制时，则体现出权利表达向权力关注的倾向，其负向作用就会显现并影响到社区矫正对象权利的法律定位。

法律定位有着重要的锚定作用。《社区矫正法》明示尊重和保障社区矫正对象权利绝非仅用于宣示。① 其根本目的是通过对社区矫正对象权利表达与运用挖掘其内在潜力，调动其自我认知与自我纠正的积极性。也即《社区矫正法》通过规定尊重和保障人权确保社区矫正依法进行是其表象，通过权利保护激发矫正对象积极参与社区矫正是《社区矫正法》规定尊重和保障人权的出发点与归宿。以此为目标，权利

---

① 王爱立、姜爱东主编：《中华人民共和国社区矫正法释义》，中国民主法制出版社 2020 年版，第 38—42 页。

归类原则的明确性有两个方面的效应：一是感知效应，能够让社区矫正对象感受到权利的重要性；二是成就效应，不同类型的权利获取的难度应该有所差异，但应以权利经过积极努力能够实现为前提。为此，逻辑性、层次化应成为权利归类前的重要考量因素。

（二）权利分类中的纵深运用

基于上述分析，可以根据不同需要与标准对社区矫正对象权利进行若干分类。以权利限制与剥夺的程度为标准，可以将社区矫正对象权利分为完整性权利、限制性权利与剥夺性权利。完整性权利又称不可限制或剥夺性权利，该类权利属于生存与发展的基础性权利，包括生命权、身体健康权、财产权、生产经营权、婚姻自由权、获得劳动报酬权等。社区矫正对象与一般公民对上述权利的拥有没有差别。任何侵害或限制上述社区矫正对象权利的行为都应受到制裁，并给予补偿或赔偿，构成犯罪的应追究相应的刑事责任。限制性权利包括执行申请权、居住地变更申请权、请假权、人身自由权、减刑请求权及教育帮扶权等。该类型权利根据社区矫正对象罪前、罪后综合情况根据比例性原则予以确定。剥夺性权利，是指在社区矫正对象实施特定行为时，剥夺其在社区矫正教育改造的权利，主要涉及撤销假释、撤销缓刑、撤销暂予监外执行并收监执行情形。区分上述权利主要有如下意义：一是严格界定权利行使与限制范围，划定社区矫正对象与社区矫正工作主体之间的边界，为依法矫正提供判定标准；二是为构建社区矫正分级证明标准提供参考依据——社区矫正对象对于完整性权利没有证明责任，对限制性权利的获得负有证明责任，而社区矫正机构则对剥夺性权利负有证明义务；三是强化社区矫正对象对权利的认知，激发其反思自主教育矫正对权利获得的重要性。

以提出证明的程度不同，可以将社区矫正对象权利区分为知情权、建议权、申请权。知情权，是指社区矫正对象有权了解在社区矫正期间需要遵守的规定及获得表扬、奖励、减刑等需要符合的条件。具体包括诸如何地、何时、向何人报到；社区矫正期间需要遵守的相关法律规定，尤其是违反相关法律规定可能要承担的责任；获得表扬、奖励、减刑等的条件等。建议权，是指社区矫正机构针对社区矫正对象开展教育帮扶时，基于有利于教育矫正目标考量，社区矫正对象可以向社区矫正机构及其工作人员提出相关建议。如社区矫正机构在确定执行地过程中，社区矫正对象可以提供相关证据的方式提出有利于对其进行教育矫正改造的地点。在开展教育帮扶活动中，社区矫正对象可以针对矫正小组及矫正方案提出自己的特殊需求，包括建议矫正小组成员的增减与矫正方案的完善措施等。申请权，是指社区矫正对象基于客观理由申请社区矫正机构对社区矫正管理、教育帮扶等事项做出适当改变。如社区矫正对象基于生活、工作需要向社区矫正机构申请变更执行地。当社区矫正对象符合减刑、奖励、表扬等条件时，申请减刑、奖励及表扬等。权利的区分有两层意义：一是弱化社区矫正机构管控观念，强化社区矫正对象自主意识。根据《社区矫正法》及相关实施细则规定，知情权的内容实际上是社区矫正机构要求社区矫正对象应当遵守的义务。将监督考察替换为知情权，并将其视为社区矫正机构向社区矫正对象必须予以告知的义务，会弱化社区矫正机构监督管理的角色，减少社区矫正机构与社区矫正对象之间的冲突。二是明晰权利层次，引导社区矫正对象逐步深入社区矫正。相较于知情权，建议权与申请权需要社区矫正对象实施诸如收集证据等积极行为，这有利于提高矫正对象融入社区之后的获得感，发掘其主动寻求教育帮扶的内驱力。

（三）权利类化后的规范表达

《社区矫正法》共计 9 章，除总则与附则外，其他章节名称带有明显的社区矫正机构主导意味。如第 3 章为“决定和接收”。决定意指终局与结果，突出的是权力机关。接收尽管包含接收主体与接收对象，但其强调前者的意义更为明显。第 4 章为“监督管理”。只有拥有公权力的主体方能具备监督与管理的能力，也即社区矫正对象只能成为监督与管理的对象，处于被动地位。第 6 章为“解除和终止”，其规范用语依然是以公权力为视角。第 2 章“机构、人员和职责”、第 5 章“教育帮扶”、第 7 章“未成年人社区矫正特别规定”、第 8 章“法律责任”所使用术语较为中性。《社区矫正法》首次借鉴了恢复性司法理念，倡导采用柔性手段让社区矫正对象实现自我回归，是我国矫正领域的重大变革。

以社区矫正对象权利定位为依据，笔者认为可以对现行立法中相关章节规范做部分修改完善。如将第 3 章“决定和接收”修改为“义务遵守”。义务对应着权利，具体包括社区矫正机构的义务与社区矫正对象需要遵守的义务及对应的权力（利）。第 4 章“监督管理”修改为“权利限制或剥夺”，并在对第 6 章内容做适当修改的基础上，将其并入第 4 章。

具体至规范条文，可在对部分条文做适当调整后完善条文表达。《社区矫正法》第 22 条、第 23 条均为义务性规定。诸多省市的社区矫正实施细则并未严格区分上述两条的内容。部分省市甚至将社矫宣告内容置于第 23 条，使得上述两个法条之间关系、层次不清。第 24 条、第 25 条属于教育帮扶内容，可将其调整至第 5 章。第 26 条内容属于社区矫正对象应遵守的义务，可调整至第 3 章。第 6 章内容均涉及社区矫正对象权利限制或剥夺问题，具体与知情权、申请权相关，可将其调整至第 4 章。部分省市的社区矫正实施细则同一条文就《社区矫正法》不同章节条文进行综合细化的原因之一是该法在章节分配上存在交叉或者重叠关系。

在对章节条文做上述调整之后，需要进一步对法律条文中使用的具体术语进行

“以权利为中心”的调整与完善。如《社区矫正法》第 17 条第 1 款，可以适当体现社区矫正对象的建议权，将其修正为：“社区矫正决定机关判处管制、宣告缓刑、裁定假释、决定或者批准暂予监外执行时应当确定社区矫正执行地。社区矫正决定机关在确定社区矫正执行地前，应听取拟采取社区矫正人员的建议。”同理，社区矫正小组成员及社区矫正方案应以社区矫正对象为中心进行组建与调整，听取社区矫正对象的意见有助于提升矫正方案的效果。《社区矫正法》第 24 条、第 25 条宜相应增加社区矫正对象的建议权。调查评估意见对是否适用社区矫正有着重要的意义，对拟采取社区矫正人员了解其与社区矫正相关的信息，提高社区矫正调查评估意见的准确性至关重要。为此，《社区矫正法》第 18 条宜增加 1 款作为该条第 2 款：“有关机构或组织可以听取拟采取社区矫正人员的意见。”《社区矫正法》部分条文是关于对社区矫正对象义务遵守的规定，但立法对其多采用权力视角予以规范。如该法第 19 条第 2 款是关于社区矫正对象知情权的相关规定，但该条款在规范社区矫正对象报到时使用了“责令”一词。实际上，社区矫正对象是否按时报到，与责令与否并没有直接关系。社区矫正决定机关只需要向社区矫正对象告知不能按时报到的后果即可实现要求其按时报到的效果。为此，本条款中建议删除“责令”一词，将该条款修改为“社区矫正决定机关应当对社区矫正对象进行教育，告知其在社区矫正期间应当遵守的规定以及违反规定的法律后果，并按时报到。”权利救济条款是权利条款有效的重要保障，《社区矫正法》部分条文只明确了权利侵害的禁止条款，未明确权利侵害后的救济方式与途径。如该法第 26 条第 2 款规定：“社区矫正机构开展实地查访等工作时，应当保护社区矫正对象的身份信息和个人隐私。”但该法未对社区矫正机构不能保护社区矫正对象身份信息和个人隐私时的后果做进一步规定。当然，依据《社区矫正法》第 61 条第 4 项规定可以依法追究相关人员的责任。但该法未对社区矫正对象如何实现该救济的过程予以明确。未来立法有必要单设社区矫正对象权利救济条款：“社区矫正对象权利被社区矫正机构工作人员及其他工作人员侵害时，社区矫正对象有权向检察机关控告。检察机关应当对社区矫正对象的控告进行核实，并告知诬告的责任。检察机关认为社区矫正机构工作人员与其他工作人员存在侵害社区矫正对象合法权利时，应当及时提出纠正意见、检察建议，建议不被采纳的，检察机关应当协商同级社区矫正机构，由同级社区矫正机构做出处理。构成犯罪的，移送相关机关立案处理。并将处理结果及时告知控告人。”此外，《社区矫正法》第 28 条、第 29 条及第 45 条至第 50 条涉及社区矫正对象重大权利的限制或剥夺。为确保相关权利得以公正行使，立法宜赋予社区矫正对象提出反驳性证据的权利。如针对使用电子定位装置的情形，若社区矫正对象能够提出并未违反人民法院禁止令的证据的，则不能使用电子定位装置。

综上，关注社区矫正对象权利根本目的是更好地实现社区矫正的核心目标。强调权利规范制度的完善并非排斥社区矫正机构的管理，其目的恰恰是为了更好地实现管理。通过完善的权利规范制度建设，让社区矫正对象能够认识到自由、权利的重要性，弱化社区矫正对象面对社区矫正机构管束时的排斥心理。通过规范权利，增强社区矫正对象的权利意识。而权利意识的培养有助于提升社区矫正对象的自尊水平，从而激发其积极回归社会的动力。社区矫正工作人员对社区矫正对象权利的尊重最终会回馈自身，让他们感受到工作被尊重、被接受、被认可的成就感，从而在两者之间形成良性互动，共同推动社区矫正事业的发展，实现社区矫正对象顺利回归社会的目标。

社区矫正治理中隐形资本的重建研究

鲍宇科*

随着《社区矫正法》的颁布实施，当前我国社区矫正治理过程中不同程度地面临着资源短缺或流失的困境，本文从隐形资本这一视角探讨分析解决社区矫正治理中各类潜在资源的有效利用问题，尝试从人力资本、文化资本、社会资本三维视角分析整合社区矫正治理中的隐形资本，帮助社区矫正对象增能人力资本、重塑社区矫正文化资本和寻回社会参与力量重构社会资本。笔者相信，隐形资本的有效利用能为社区矫正治理营造信任、规范、道德和繁荣的美好社会氛围，为维护社会的长治久安作出显性贡献。

为更好地分析社区矫正治理中可利用的隐形资本，本文借用林南关于资本分解的概念，将资本分解为“人力资本、文化资本和社会资本”①。马克思资本理论中的资本主要是指物质资本或有形资本，与物质资本相对应的是无形资本。本文把人力资本、文化资本和社会资本统统归类为隐形资本。在社区矫正治理中，人力资本是内化于个体的隐形资本，处于隐形资本体系的微观层次；文化资本是联结人力资本和社会资本，并将其融合成整体的隐形资本，居于隐形资本体系宏观层次；被动员的社会资本是体现群体关系结构的隐形资本，在中观层次为人力资本注入新的价值，并成为凝聚文化资本的润滑剂。

一、人力资本维度：权利弱化与人力资本增能

（一）社区矫正对象人力资本的构成

T. W. 舒尔茨认为不仅知识和技能的获得，而且健康和迁移也会产生追加的经济

---

* 鲍宇科，浙江警官职业学院讲师。

① ［美］林南著：《社会资本——关于社会结构与行动的理论》，张磊译，上海人民出版社 2005 年版，第 8 页。

价值。① 教育水平、知识技能、工作经验、健康体能、迁徙到就业机会更多的地区等要素构成了社区矫正对象的人力资本。其中，教育水平和知识技能是人力资本的关键要素，这两个关键要素同时构成了下文即将探讨的矫正对象教育权和就业权问题。

（二）社区矫正对象权利弱化的原因分析

社区矫正对象享有的教育权和就业权状况在某种程度上意味着个体在劳动力市场中的人力资本状况。实践中，矫正对象教育权和就业权的弱化意味着其人力资本的弱化。其中，教育权的弱化体现为受教育权被拒绝的情况和在受教育时遭遇歧视的问题；就业权的弱化具体呈现为失业、半失业、边缘性就业等情况以及工作时面临歧视的问题。

1. 社会政策制度限制

根据我国《宪法》的规定，任何公民都享有宪法和法律规定的权利，同时必须履行宪法和法律规定的义务。由此说明作为中国公民的社区矫正对象，除了根据法律和生效刑事判决剥夺或限制的权利之外，在其他权利的行使上同普通公民是平等的。②《社区矫正法》也规定了社区矫正对象在就业、就学和享受生活保障等方面不受歧视。尽管有法律的规定，但我们无法回避实践中各类社会政策制度对于矫正对象的显性歧视和隐性歧视。国家机关和一些企事业单位设置的用人标准有意无意地产生了显性或隐性的歧视，这些显性或隐性的歧视直接或间接地造成了矫正对象人力资本的弱化。像法律、政策等作为从社会中分化出来的制度性文化，因其合法性、制度性而对社会行为具有很强的控制力和影响力。③ 这无疑会影响社会大众对矫正对象的态度，人们会因此认同制度政策对这类人群的限制性规定，从而在潜移默化中跟随这样的做法，由此剥夺了矫正对象参与政治、社会、市场竞争的权利、机会和资源。

2. 社会层面隐性歧视

随着世界刑罚轻缓化、行刑社会化的发展趋势以及我国政治、经济、社会和文化的发展，我国民众对犯罪更为宽容和理性。但是当前对矫正对象群体的歧视心理仍然普遍存在。尽管“社区矫正对象”的称谓含有刻意淡化人们对罪犯的刻板印象的用意，但民众对于曾经犯过罪的人的歧视和偏见无法消除，即矫正对象是有人身危险性的，他们是坏人。标签理论认为一旦将某些人或某些“行为”贴上罪犯的标签，这种标签将会盖过其他标签。对违法犯罪人的刑事惩罚就如同经历了一场“社

---

① ［美］林南著：《社会资本——关于社会结构与行动的理论》，张磊译，上海人民出版社 2005 年版，第 8 页注解 2。

② 吴宗宪主编：《社区矫正导论》（第二版），中国人民大学出版社 2020 年版，第 97 页。

③ 司马云杰著：《文化社会学》，中国社会科学出版社 2001 年版，第 214 页。

会地位贬损仪式”，经过这种地位的贬损和身份的降低以后，矫正对象很难找到工作，他们很可能会为了谋生而被迫再次犯罪。

3. 个体人力资本弱化

劳动力市场选取劳动力的首要依据是劳动者的人力资本状况如何，包括劳动者的受教育水平、工作经历、健康状况等。一般而言，受教育水平高、工作经验丰富、身心健康的劳动者，因其人力资本状况表现良好易为劳动力市场青睐；反之，人力资本状况越差越容易被劳动力市场淘汰。而矫正对象由于受文化水平、技术技能、健康水平和年龄等个人状况的制约，同时由于其犯罪行为、非监禁的经历等因素，加重了社会对他们的刻板偏见和歧视排斥，人力资本水平整体低下，成为劳动力市场的弱势群体。矫正对象个体人力资本的弱化导致了“文化技术水平低—缺乏竞争力—人力资本弱化—生活贫困”的恶性循环。

（三）社区矫正对象个体人力资本的增能

增能，是指个人在与他人及环境的积极互动过程中，获得更大的对生活空间的掌控能力和自信心，以及促进环境资源和机会的运用，以进一步帮助个人获得更多能力的过程。基于前文分析，矫正对象人力资本的弱化会产生三种不良后果：一是陷入多元资本的贫乏，导致物质（经济）资本的贫乏、符号（名誉或声望）资本的降低、社会资本的薄弱。二是矫正对象个人资本弱化直接影响其所在的家庭的经济状况，也因中国人传统的家庭观给家庭成员的声誉带来诸多负面影响，有些负面影响还会产生代际传递，比如受刑人的子女不能从事一些特殊职业或特定岗位。三是矫正对象无法顺利回归社会，不利于维护社会的和谐稳定。要避免这些不良后果，改变他们的无力感、无助感、疏离感和失去自控感，从根本上扭转矫正对象人力资本弱势方向，设法增强他们的能力十分重要。因此，矫正对象应当尽可能在人力资本上投资自己，培养终身学习的习惯，通过自身的知识和技能换取财富即经济资本，这种经济资本能增加其符号资本和社会资本，而符号资本和社会资本又帮助矫正对象重新修复家庭关系和社会关系，从而恢复自信和健康的心理，形成个体与家庭和社会之间良性的互动和谐关系，完成真正意义上的社会回归。

二、文化资本维度：认同缺失与文化资本重塑

（一）社区矫正文化资本的构成

布迪厄构造的文化资本泛指任何与文化及文化活动有关的有形及无形资产。尽管无法像经济资本那样定量化，但在日常生活中，它确实发挥着与财富等经济资本

相同的作用。林南则把文化资本理解为居于统治地位的制度场域所认可的价值、规则和规范。[①] 从布迪厄的文化资本视角分析，社区矫正文化资本由物质文化资本和非物质文化资本两部分构成。林南的文化资本更趋向于非物质文化资本，因此接下来将要讨论的是文化资本中的非物质文化资本。非物质文化资本归属于隐形资本，具体表现为中层次的法律文化、行为规范文化和制度文化，深层次的观念文化。

威廉·奥格本的文化堕距理论认为，物质文化的变迁速度快于非物质文化。在社区矫正治理工作中，各地竭尽全力打造功能设置合理、矫正设施现代和电子信息一体化的社区矫正中心（属于社区矫正物质文化资本），试图通过“统一标牌”的建筑、设施和环境来彰显刑事执行的公正和威严。可是，社区矫正物质文化给人们带来的影响比较直观和浅层次，往往停留在表面，也容易实现，但矫正技术知识、矫正工作者的职业素养、矫正理念等非物质文化资本难以一蹴而就，需要时间的积累。社会居民、矫正工作者及矫正对象并没有就社区矫正的理念、价值和规范达成一致看法，形成社区矫正文化认同。实现中国社区矫正治理现代化和本土化仅仅依靠物质文化资本外加一套严格的司法体系是远远不够的，还需要亿万中国人的价值、观念、心态以及行为的跟进。

（二）社区矫正治理中矫正文化认同缺失的原因

何谓文化认同？“文化认同是人类对于文化的倾向性共识与认可。”[②] 社区矫正治理中的矫正文化认同就是社区民众、矫正工作者及矫正对象对社区矫正理念、价值、规范的认同。

1. 社区居民对社区矫正理念不够认同

社区矫正是没有围墙的监狱，社区矫正对象只要履行相关的监管规定，可以正常上班，照常在社会上工作，这样的行刑社会化理念完全颠覆了国人传统的刑罚观念。传统观念认为既然矫正对象的身份是罪犯，就应当严格监管，强调矫正对象的服从意识，根本无法认同社区矫正中的教育帮扶服务工作。报应型思想主张以刑罚为惩罚的目的，其刑罚目的在于给犯罪人应有的惩罚，是让任何人为其行为遭受惩罚的报应。报应刑思想已在人们的头脑中根深蒂固。

社区居民不够认同社区矫正理念与社区矫正是一项移植制度有很大渊源。西方社会的法典内容中很大部分是对已经通行于市民社会中的习惯制度的认可。[③] 西方社会的社区矫正制度正是基于悲悯之心自下而上发起的帮扶慈善活动。社区矫正制度

---

① ［美］林南著：《社会资本——关于社会结构与行动的理论》，张磊译，上海人民出版社 2005 年版，第 190 页。

② 郑晓云著：《文化认同与文化变迁》，中国社会科学出版社 1992 年版，第 4 页。

③ 苏力著：《法治及其本土资源》，中国政法大学出版社 2004 年版，第 11 页。

于我国民众而言是舶来品，它并非来自民间自下而上的习惯制度，而是司法部通过试点由点及面、自上而下推行的结果。真正能得到认同并有效贯彻执行的制度，不是由专家制定的，恰恰是那些贴近老百姓惯例习俗的规定。所以说，中国民众对于社区矫正的不适应、不认同是符合常理的。

2. 社区矫正机构工作者对社区矫正职业价值不够认同

基层社区矫正机构工作者对该岗位认可度不高的直接原因在于从事矫正工作的职业风险偏高，所以该岗位的人才流动性大，整体拉低了社区矫正行业的业务水平，不利于社区矫正工作顺利开展。职业风险主要包括问责机制问题、个人安全风险机制问题、考核机制问题三个方面。问责机制问题，是指矫正工作者在监管过程中因矫正对象脱管、漏管或者实施违法犯罪等行为，或者因为矫正对象以自己的合法权益受到侵害为由，向人民检察院或有关机关申诉、控告和检举，引发检察院倒查问责机制的问题。个人安全风险机制问题，是指矫正工作者在日常监管工作中会随时面临重点矫正对象、特殊矫正对象突发事件、打击报复行为时缺乏足够的安全保障措施的问题。考核机制问题，是指司法行政机关为做大做强社区矫正事业，引入各类考核评价指标体系，导致基层一线为了达到“零脱管、零漏管、零犯罪”的业绩考核要求不得不采取形式主义，严重偏离社区矫正立法目标的问题。这三类问题极大地挫伤了社区矫正工作者的积极性。“重监管，轻帮扶”和“保证不出事”成为矫正监管工作的常态，他们表示已经没有更多精力和能力开展精准矫正。

社区矫正工作者的非警察身份是导致认可度不高的间接原因。基于重刑主义思想，实务界一直力推社区矫正警务化，理由之一是警察身份的阙如会降低执法工作的威慑力，在开展宣告、训诫、查访等执法任务时显得力不从心，而警察身份的加持可以保证执法的权威性。理由之二是警察身份会给矫正工作者带来职业荣誉感和福利回报，能帮助矫正工作者感受到职业尊严和职业价值。《社区矫正法》出台后，警察身份难以成为可能，极大地影响了矫正工作者对这份工作的认可度。

3. 社区矫正对象对社区矫正监管规范不够认同

矫正对象不服从监管规定既有个人侥幸心理作祟，又有不良的行为恶习使然，有的矫正对象不服从非警察监管，究其最根本的原因是缺乏对法律的敬畏感，缺乏法制观念。矫正对象不服从监管的表现有三点：一是矫正衔接时决定机关告知教育不到位，出现矫正对象不按时报到的情况，容易引发脱管、漏管问题；二是一些矫正对象很善于钻法律空子，学习《社区矫正法》后未提高服从监管意识，却学会了如何利用所学的矫正监管规定钻制度空子，宁可选择被训诫、警告处分也不服从监管，增加了社区矫正工作者的工作负担；三是一些矫正对象对社区矫正机构的帮困扶助存在误解，有的矫正对象错把社区矫正机构当作慈善机构或民政机构，而有的矫正对象对来自政府的帮扶带有排斥心理，认为政府的帮助给自己带来了不良影响。

（三）社区矫正文化资本的重塑

基于社区居民报应型刑罚理念根深蒂固、基层工作者对社区矫正职业价值认可度不高及矫正对象不服从社区矫正监管的种种表象而言，作为隐形资本的社区矫正非物质文化资本的重塑任重道远。布迪厄认为，非物质文化资本的功能在于文化内化和文化教化，即统治阶级把主流的文化和价值在学校教育等各种正式场合和正式群体及家庭等非正式场合和非正式群体中开展教育，代理人（教师和管理者）不仅自己接受了统治阶级的文化和价值，而且还通过奖赏那些在下一代中进行统治阶级的文化和价值再生产的学生的方式，来传播“知识”，这样的结果是一场内化和持久的训练——文化再生产中的惯习培养。① 我们不能忽视西方社区矫正制度是经历了百年时间才积累形成的，中国民众完全接纳刑罚轻缓化、行刑社会化的社区矫正理念同样需要假以时日。我国的社区矫正制度并没有完全照搬外国经验，也在努力把类似“枫桥经验”中依靠群众自治的模式融入社区矫正治理工作中，让群众在参与实践中慢慢接受社区矫正制度，慢慢改变原来固守的刑罚理念。社区矫正文化资本的重塑就是通过无形的力量发挥改变人们理念、价值和规范的影响力。

社区矫正文化资本的重塑分为矫正工作者的文化内化和文化教化矫正对象两部分内容。文化内化的过程强调行为人在有自觉意识的情况下接受主流文化和价值，并将之内化为自己的一部分。矫正工作者的文化内化是实现文化教化矫正对象的前提和基础。矫正工作者文化内化成功的标准是：能准确解读社区矫正刑罚理念，把工作重心从“零脱管、零失控”转移到矫治帮扶社区矫正对象顺利回归社会当中去，保证社区矫正立法目标的实现。面对问责机制问题、个人安全风险机制问题和考核机制问题，构建政策制定者和实务执行者双向沟通治理机制有助于建立起基层矫正工作者的保护机制、容错机制。只有这样，才能真正让社区矫正工作者敢干、能干、放手干，才能真正推动社区矫正工作的健康发展。文化内化的实现依赖社区矫正法治化环境和矫正工作者内在法治化信仰的相互成就。

文化教化的过程，是指经过代理人反复强化主流文化和价值后，使行为人从抵触到接受主流文化和价值的过程。成功实现文化教化的方法就是把控三关：衔接入口关、监控过程关、帮扶收心关。做好文化教化工作就要把好入口关，必须推行社区矫正衔接程序法治化，明确决定机关权责，杜绝矫正对象接矫即脱管的不良开局；监管中对于不服从监管的矫正对象绝不姑息，并及时给予处分和警示教育，以专业精神和职业素养监控监管过程，达到不怒自威的效果；通过风险评估和需求评估，

---

① ［美］林南著：《社会资本——关于社会结构与行动的理论》，张磊译，上海人民出版社 2005 年版，第 14 页。

及时了解分析矫正对象的思想动态，坚持分类管理和个别矫正相结合，有针对性地设计教育矫正项目、职业技术培训项目和公益活动项目，通过精准矫正消除矫正对象的不良心理，矫正其行为恶习。

三、社会资本维度：关系流失与社会资本重构

（一）社会资本的构成

布迪厄将社会资本定义为嵌入社会网络中的实际的或潜在的资源总和，能为个人提供支持。[①] 林南强调了通过社会联系与社会关系所获取的资源（个体或组织实际所拥有的资源），促进了个体、社会群体、组织及社区目标的实现。帕特南认为社会资本指的是社会上个人之间的相互联系——社会关系网络和由此产生的互利互惠和相互信赖的规范。[②]

社会资本是通过社会交往而在某个特定范围内形成的社会关系或社会网络中产生的无形资源。社会资本与历史、传统、文化、习俗等因素密切相关，其价值高低在很大程度上取决于主体之间信任的程度及网络范围的大小。社区矫正对象的社会资本主要来源于家庭、邻里、社团以及同学、同事、朋友等人际关系网络，这些无形资源往往会因为社区矫正对象的身份而发生社会资本流失的情况。社区矫正治理中的社会参与力量带来的社会资本具有寻回、修复和重构矫正对象个体社会资本流失的功能。针对社区矫正对象社会资本流失的状况，探讨解决如何帮助矫正对象寻回那些已经流失的社会参与力量，就是帮助矫正对象重新修复社会关系和重构社会资本的过程，实现重返社会的终极目标。

（二）社会网络关系流失的原因

社会网络关系分析是理解社会资本的重要视角。人的各种社会关系交织，构成了社会网络关系，社会资本就是嵌入在社会网络关系中的资源。社区矫正对象可以主动联结的社会关系只有两类：与家庭、邻里、朋友、亲属等初级群体结成的初级社会网络关系，以及与单位、学校、团体组织等次级群体结成的次级社会网络关系。其中，初级社会网络关系主要承担表意性功能，成员关系亲密，互动频繁，提供情感表达，成员关系表现为同质性，拥有相似的社会经济地位特征、生活方式和态度；

---

① Bourdieu R，“The Forms of Capital”，in Richardson J.（ed.），Handbook of Theory & Research of for the Sociology of Education，Greenwood Press，1986. 241-248。

② ［美］罗伯特·帕特南著：《独自打保龄——美国社区的衰落与复兴》，刘波、祝乃娟、郑寰译，北京大学出版社2011年版，第7页。

次级社会网络关系主要承担工具性功能，成员关系表现为异质性，行动者为了获得财富、权力和声望等资源回报而发生的人际联结。

1. 初级社会网络关系流失

由于矫正对象的犯罪行为给社会、自己的家庭和他人造成伤害，自然会遭到社会、家庭和他人对其的歧视和排斥。除了受到他人的排斥而导致社会交往的规模缩小以外，矫正对象本人也会自动减少或回避与朋友或熟人的来往。为避免尴尬和别扭的见面场景，他们既不愿意恢复以前的交往关系，也不愿意尝试建立新的人际交往。矫正对象的初级社会网络规模随着身份的转变在缩小，同时伴随着社会信任程度的降低，意味着矫正对象原有社会资本的流失。

2. 次级社会网络关系流失

一些法律规定将社区矫正对象排除在某些职业之外，只要是接受过刑事处罚的，无论何种原因都被剥夺某些职业的从业资格，比如法官、检察官、警察、教师、律师等。另外，前科报告制度和机关单位的政审制度不仅使矫正对象因为案底遭遇各种资格、权利、机会的限制或剥夺的歧视性待遇，甚至其子女也会由于刑事案底遭受牵连，由此引发矫正对象次级社会网络关系的崩塌，社会信任程度也随之降低。失业意味着生存问题触礁，子女的考学、就业受牵连引发家庭关系的破裂，被进一步孤立和边缘化的矫正对象极易重新走向犯罪的道路。

（三）社区矫正治理中社会资本的重构

非正式社会控制理论认为，人生进程中违法犯罪行为的稳定性与变动性，跟成年时期的家庭、工作等非正式控制纽带有关。较强的社会网络关系，如家庭、婚姻和工作能给矫正对象带来较多的社会资本，这种较强的社会纽带能有效控制矫正对象不再犯罪，使其更好地融入社会。反之，较弱的社会网络关系源于矫正对象缺少婚姻、家庭和工作的约束与控制，导致其社会资本贫乏，则其重新犯罪的可能性比较大。因此，社区矫正治理中各种社会力量的有效利用是帮助矫正对象寻回流失资本的帕累托最优。事实证明，矫正对象个体并没有能力获取由社会力量参与带来的资源，只有当社会参与力量主动介入，这部分社会资源才有可能被调动和利用，成为重构矫正对象社会资本的重要资源。

1. 家庭关系的恢复是寻回初级社会网络关系的关键

费孝通先生的差序格局理论认为，每个人都是一个中心点，他所产生的社会影响仿佛像一个扩散开来的水波纹圈子，形成一个以血缘、亲缘和地缘为纽带的、体现亲疏关系的社会网络关系。① 因此，家庭是初级社会网络关系的核心。寻回初级社

---

① 参见费孝通著：《乡土中国》，人民出版社 2008 年版，第 25 页。

会网络关系的关键是帮助矫正对象寻回流失的亲情，当矫正对象遭遇家庭排斥时，社区矫正机构、村居基层组织等社会力量的介入可以帮助矫正对象缓解家庭成员之间的紧张关系，社工、心理咨询师等专业力量可以帮助其消除仇视、愤怒、孤僻等不良心理，理解家人和社会的不接纳，帮助其努力克服困难，积极化解与家人的恩怨，主动融入社会。家庭亲情的寻回，为矫正对象提供了情感依赖，同时成为帮助矫正对象重新修复社会关系的基础。

2. 社会力量参与是重构次级社会网络关系的桥梁和中介

次级社会网络关系的寻回，就业是根本，本文第一部分已经详细论述如何增能矫正对象的人力资本以解决其就业问题。然而，对于人力资本雄厚的矫正对象而言，法律政策的限制性规定成为阻挡其进入就业市场的最大障碍，排除这个障碍首先要减少法律政策对矫正对象的限制。对矫正对象的限制既是一种惩罚性措施，又是一种预防性措施。贝卡利亚强调“预防犯罪比惩罚犯罪更高明”①，预防犯罪的最好方法是促使犯罪人复归社会而不是对其进行制裁。因此，复归理念提倡以人为本教育帮扶矫正对象，呼吁为矫正对象的顺利解矫营造宽缓化的社会环境。法律政策限制性规定的减少为寻回矫正对象的社会资本提供了制度保障。

社会心理环境的改变会比制度环境的设置更改困难许多，这是由于人们对矫正对象的歧视和偏见由来已久，很难在短时间内消除。社区矫正具有社会参与性的特征，因而社会力量的参与属于社区矫正治理的社会资本。社区矫正教育帮扶治理工作中通常由社区矫正矫正机构主管牵头，协调各类资源和平台，再由社会组织、企业、志愿者等社会力量落实组织矫正对象参与各项教育培训或公益活动，这种“被动”融入社会的方式，增加了矫正对象与外部世界接触的“主动性”，形成了新的社会网络关系。矫正对象在公益活动中用劳动贡献价值，有助于修复与家庭、被害人、社区的关系，也在潜移默化中减少了民众固有的偏见。

矫正对象作为弱势群体所拥有的社会资本贫乏而稀少，社区矫正治理本身具有的社会参与功能可以帮助矫正对象有机会获得来自各类政府职能部门以及群团组织的政策资源和行政资源，同时还有来自企业、协会、社会组织等各类社会资源，社会参与的力量成为连接矫正对象和次级社会网络关系的桥梁和中介，为矫正对象的就业、升学及社会保障的落实汲取了大量的社会资源。社会力量的参与为重构矫正对象的次级社会网络关系带来新的关系、注入新的资源，提高了矫正对象的信任程度，对于矫正对象重新回归社会意义重大。

---

① ［意］切萨雷·贝卡利亚著，黄风译：《论犯罪与刑罚》，北京大学出版社2013年版，第102页。

社区矫正“内卷化”风险及制度机制完善路径

陈　亮*

2019年12月28日《社区矫正法》颁布并于2020年7月1日起实施，2020年6月12日《社区矫正法实施办法》出台，为社区矫正工作确立了新的工作目标、新的理念。新法与实施前相比较，从工作制度、管理措施、操作流程、矫正教育模式等发生了重大变化，这使得社区矫正工作不得不面临许多新的问题，为社区矫正工作带来新的挑战，其中社区矫正“内卷化”是当前实践过程中较为突出的问题，需对要面对的问题采取切实有效的制度约束和健全的体制，最大限度地让社区矫正执行轻装上阵，实现社区矫正应有的功能。

一、“内卷化”的意义生成及社区矫正“内卷化”

“内卷化”作为一个学术概念，表现为一个社会或组织，既没有突变式的发展，也没有渐进式的增长，而是处于一种不断内卷、自我复制与精细化的状态。因此，“内卷化”又译为“过密化”，用来解释政治、经济、文化和社会发展中表现出的“滞缓性”与“反复性”等特征。社区矫正制度的建构一经产生，就决定了它的制度“内卷化”特征。

《社区矫正法》的颁布实施，要求对社区矫正工作开拓创新，建构新的和《社区矫正法》相适应的社区矫正制度形态。社区矫正制度“内卷化效应”除了典型的对社区矫正工作的方式、方法低水平的模仿和复制之外，还包括社区矫正工作无意义地精益求精，简单问题复杂化，严重偏离法定目标，在同一个问题上无休止地挖掘研究，为了免责而被动地应付工作等。

二、社区矫正参与部门“自利性”扩张，导致相关职能部门“内卷”

《社区矫正法》在制度设计上面更加人性化，更有灵活性，体现了更有利于社区矫正对象融入社会的原则，但是作为一种刑事执行活动，必须要有可操作性和精准

* 陈亮，自贡市司法局社区矫正管理局局长。

性。但是实施以来，基层反映很多灵活性的政策执行起来相当有难度，并且造成部门之间“内卷”严重。

（一）执行部门之间沟通不畅

以社区矫正执行地为例，《社区矫正法》第 17 条规定，社区矫正执行地为社区矫正对象居住地。社区矫正对象有多个居住地的，可以确定经常居住地为执行地。社区矫正对象的居住地、经常居住地无法确定或者不适宜执行社区矫正的，社区矫正决定机关应当根据有利于社区矫正对象接受矫正、更好地融入社会的原则，确定执行地。这一项规定非常科学而且人性化。但是在执行过程中，社区矫正决定机关往往是简化工作流程，不进行充分调查评估走访，也不会征求社区矫正执行地执行机关意见，而是以身份证上登记的户籍所在地信息为准。但经常出现户籍所在地信息与其实际居住地不符的情况。比如，按照现有《社区矫正法》的规定，执行机关收到执行决定后不能退回，因此，如果出现需要提请执行地变更的情况，本来只要通过决定机关调查询问就可以确定的简单问题，但是执行地社区矫正机构收到法律文书后，往往需要协调相关部门配合执行地变更。这就导致了社区矫正机构之间“内卷”再现，而社区矫正执行机构也往往会权衡利弊拒不接受变更。这不仅不利于社区矫正对象及时入矫，甚至还会出现“漏管”的情况发生。再如被提请撤销缓刑、撤销假释和被决定收监执行的社区矫正对象在逃的，由执行地县级公安机关负责追逃。但在执行过程中出现过执行地公安机关对异地决定机关执行决定书拒不执行的情况，或者看守所以法律文书时间不在当日为由拒收的情况，就需要社区矫正机构消耗大量的时间和精力与公安机关、决定机构进行沟通协调。

（二）执行过程缺乏强有力的监督手段

相关部门在社区矫正执行过程中存在部门之间“自利性”扩张，为追求地方保护主义和部门利益化，以局部利益压倒整体利益。如在执行地变更协调、社区矫正对象查找、社区矫正对象追逃等工作方面，相互推诿、不支持不配合的情况时有发生。再加上基层法律监督机关“重结果轻过程”的社区矫正法律监督模式或者法律监督缺位，必然导致“内卷”越来越严重。这种关系的协调往往需要通过行政关系协调，如果是跨行政区划，这种协调难度将加大。

三、社区矫正机构受制于被“话语权”，产生工作“内卷化”效应

（一）执行活动的复杂性导致社区矫正机构处于两难境地

从社区矫正工作十多年实践来看，全国各地应该都属于探索阶段，虽然探索出

很多好的管理方法，但是从工作实际看，社区矫正面临工作人员、经费保障不足，部门间工作衔接不顺畅等问题，《社区矫正法》和《社区矫正实施办法》各项条文不可能涵盖社区矫正执行过程中所有情形，甚至部门与部门之间出现个案沟通的情况普遍存在，导致执行过程处于两难境地。甚至有些地方在问责问题上简单化处理，只要社区矫正有再犯罪的情况，不论实际情况和因果关系，就追究社区矫正工作人员渎职责任。社区矫正机构及工作人员面临“话语权”不在自身，而完全在纪检部门、法律监督机关的不利地位。因此，社区矫正执行机构为防止被“话语权”，不敢轻易尝试创新也不愿意创新，在实践中体现为低水平的相互模仿和复制工作制度、工作模式。

（二）随意性的问责和监督造成社区机构人员谨小慎微

在执行过程中过分强调矫正方案规范性，矫正档案、谈话记录和工作台账的完整性；刻意强调工作“留痕”，把留痕材料作为工作成果；对矫正教育工作的要求上，片面强调台账建立率、社区矫正对象见面率、重点社区矫正对象谈话率、个案矫正覆盖率，以及总结报告与重新犯罪率的多少等。在社区矫正对象个案处理中，不结合实际情况，“凡事”找依据，“凡事”见上级指示，不敢也不愿意做决定，甚至相关会议必须录音录像，相关检查谈话必须录音录像。正是这一问题的存在，使得社区矫正工作低效率、无价值地重复，严重偏离了社区矫正的目标追求。

四、社会力量参与度不够，导致社区矫正工作精力“内卷”

社区矫正工作是专门机关与社会力量相结合，依赖社会力量共同参与的一项工作。社区矫正工作的工作重心在社区，要广泛依靠社会力量的参与。依照《社区矫正法》的立法精神，政府只是社区矫正工作的“主管”和“主导”者，路线方针和政策的制定者，资金的供给者和社区矫正工作成效的评估验收者。①

（一）社会力量参与度低，对社区矫正机构考验加大

《社区矫正法》不仅大力倡导和规范社会力量参与社区矫正工作，而且希望社会共同承担社会治理责任，社会力量应站在社区矫正工作的前台，成为社区矫正工作最强大的推动者。社会力量的发育依赖成熟的社区环境，社会经济越发达，社区环境越成熟，以社会组织、社会团体等为代表的社会力量才会分布越广泛、种类越齐全、专业越完备。但现实情况是社会力量发展并不健全。《社区矫正法》倡导社会力

---

① 连春亮：《社区矫正工作面临的现实矛盾与破解路径》，载《天津法学》2021年第2期。

量参与社区矫正的制度设计是建立在理想化基础之上的，是以社会力量的发育成熟为前提的。但是，目前我国社会力量的整体发育水平存在着结构性和功能性缺陷。从社区矫正的社会实践来看，社会力量参与社区矫正不仅存在着资金的不足，更重要的是具有专业化水平的专业资源匮乏，即使有足够的资金支撑，也难以购买到专业社会组织的专业化服务。

（二）社会力量的专业化程度低，社区矫正实用效果不佳

实践中，社会组织和社会团体中的从业人员良莠不齐，待遇水平低，缺乏真正具有专业化水平的高素质人员。社会力量提供的服务质量低质化，长期在低水平层面运作，社会信誉度不高。从自贡市区县实践结果来看，自贡市部分区县尝试通过政府购买服务的形式，引入社会力量参与社区矫正工作，但达不到预期效果，只是补充了社区矫正工作而已。

（三）公益性社会团体和社会组织少，缺乏参与社区矫正的积极性、主动性

在社会组织、社会团体等社会力量发达的国家和地区，非营利性和公益性的社会组织、社会团体等是主导力量，活跃于社会生活的各个领域。从我国目前的社会力量整体构成来看，大多是营利性社会组织和社会团体，这就导致这些社会力量发挥不够。

综合以上因素，本来高度依赖社会力量的一项社会性工作，变成完全由社区矫正机构委托乡镇街道司法所的1—2名非专业的社区矫正工作人员，那么工作的实际更多是停留在完善资料，完成日常性走访、调查、报到等日常工作，形成应付式监督管理，走过场式的教育帮扶，形成另一种社区矫正对象与社区矫正工作人员相互配合的“时间消耗”，这与立法初衷具有较大差距。

五、社区矫正“内卷化”破解路径

（一）强化组织领导，形成社区矫正独特体制机制体系

社区矫正工作作为社会治安综合治理工作的重要环节，离不开党委、政府的组织领导和支持，要形成一条以党委、政府统一领导，司法行政部门牵头组织，公检法等相关部门协调配合，基层司法所具体实施，社会力量广泛参与的社区矫正工作体系。特别是县乡党委、政府应建立社区矫正委员会，充分发挥社区矫正委员的作用，对工作中的重要情况及时通报，对重大问题共同研究决定。

（二）深化理念转型，不断完善法律规制和理念塑造

首先，是社区矫正理念的转型，由以严格监督管理为中心转向以矫正教育和社会帮扶为中心。其次，在《社区矫正法》的规范下，社区矫正工作由原先的以政策规范和行政规章为依据，转变为以法律法规和行政规章为依据，遵循法律原则和立法内在精神，将社区矫正工作规范于社区矫正的法治化建设之下。再次，明确教育帮扶的法定目标。《社区矫正法》第1条规定了社区矫正的目标是推进和规范社区矫正工作，保障刑事执行工作，提高教育矫正质量，促进社区矫正对象顺利融入社会，预防和减少犯罪。从社区矫正对象矫正教育的过程来看，从入矫教育到矫中教育、解矫教育，每个阶段都要创制不同的矫正教育情景；从矫正教育的内容来看，要围绕“顺利回归社会”的目标，强化心理健康教育、行为规范矫正、法治精神教育、社会适应教育、人际关系教育、公民意识教育等；从矫正教育的方式看，可采取针对性的集中分类教育、个性化的个案矫正教育、多样化的网上教育等。[①] 随着现代信息技术的发展和广泛应用，矫正教育的情景模式将会更加智能化。

（三）注重规范引导，丰富社会力量的模式建构和培育

社会力量作为社区矫正工作的主导力量，要使其在社区矫正工作中发挥重大作用，就需要依据社会的经济发展水平、文化教育状况、社会成员的素养等情况，培育社区矫正所需要的专业队伍，构建适合社区矫正的社会力量参与模式。一是政府主导，号召发动社会力量参与社区矫正工作的参与方式。政府以购买社区矫正服务或者购买服务项目的形式和提供专业服务的社会团体、社会组织等社会力量签订服务合同，专业组织依据合同要求完成双方约定的服务内容。二是积极发挥基层组织作用，在基层组织的主导下，发动社会组织、社会公众、社会团体等社会力量参与社区矫正工作，运用自己的优势资源，为社区矫正对象提供服务的参与方式，组织社区内的社会团体、社会组织、社区人员，以社会志愿者形式参与社区矫正工作。三是与社会企业、非营利组织、社会团体等相关机构，按照双方达成的协议，形成一定的权利（权力）义务关系，共同为社区矫正工作提供支持的参与方式。如广泛发动社会企业在政府的资助下建设经营社区矫正基地、技术培训基地等，对吸收社区矫正人员的企业给予一定政策和税收支持等。

---

① 王琼等：《行刑社会化（社区矫正）问题之探讨》，载《中国司法》2004年第5期。

浅谈社会支持理论在社区矫正实践中的应用

魏 斌*

《社区矫正法》的施行标志着我国社区矫正工作进入了一个新的发展阶段。法律出台后颇为引人关注的一条，就是有关“请假”的条款①，该条款体现了《社区矫正法》注重保护人权的价值取向，受到了社区矫正对象的热烈欢迎，发挥了积极的社会效果。但值得注意的是，实践中也出现了一些“入矫即请假”，甚至“未入矫即请假”的极端案例，令基层实践者感到困惑、棘手。对“请假”条款的掌握离不开对社区矫正法整体价值导向的把握，应确保“请假”条款适用成为利于矫正的一种方式，而不应异化为逃避矫正的漏洞。矫正形式越灵活，越需要实践层面理论搭建的完整贴合，以构建起严格规范的制度保障和行为规范，确保矫正目的更好实现。基于此，本文尝试以社会支持理论的角度对社区矫正实践进行分析和构建。

一、对《社区矫正法》中“矫正”的理解

正如《中华人民共和国社区矫正法释义》前言中说的那样，社区矫正法规定了基本制度框架，并留下了广阔的空间，有赖于广大社区矫正工作者本着正确的理念，不断探索、丰富和完善，也为将来总结实践经验，进一步完善社区矫正法提供支持。②

围绕矫正质量的提升，《社区矫正法》既提出了更加宽松的监管，也提出了更加精准的矫正。与该法第 27 条相匹配的是，监督管理和教育帮扶等章节，分别规定了分类管理、个别化矫正、个别化帮扶、实行日常考核奖惩等大量条款，以保障社区矫正目标的实现。基于此，在罚当其罪已经成为社会共识的今天，矫当其行是社区

* 魏斌，山东省滕州市司法局法治调研科科员，国家二级心理咨询师。

① 《社区矫正法》第 27 条第 1 款规定：“社区矫正对象离开所居住的市、县或者迁居，应当报经社区矫正机构批准。社区矫正机构对于有正当理由的，应当批准；对于因正常工作和生活需要经常性跨市、县活动的，可以根据情况，简化批准程序和方式。”

② 王爱立、姜爱东主编：《〈中华人民共和国社区矫正法〉释义》，中国民主法制出版社 2020 年版，第 2 页。

矫正工作开展的内在伦理。笔者认为，更高水平的矫正需要以下三个方面的工作。

（一）更加科学的调查评估

从字面的意思来说，调查，是指为了解情况而进行的考察；评估，是指对方案进行评估和论证，以决定是否采纳。狭义的调查评估专指矫正前社会调查评估。广义上的调查评估则还应当包括矫正过程中的考核和矫正结束后的鉴定。社区矫正工作中的调查评估主要服务于以下目的，确认什么样的人适用社区矫正，对每个社区矫正对象区别施加何种手段，以及对社区矫正对象矫正成效的一种结论。目前调查评估的主要短板有主观性强、规范性不足，评估工具缺乏，调查评估人员专业能力培养不足等。

（二）更加精准的矫正手段

进行矫正是社区矫正的核心，更是社区矫正能够成立的原点。《社区矫正法》第3条明确规定："社区矫正工作坚持监督管理与教育帮扶相结合，专门机关与社会力量相结合，采取分类管理、个别化矫正，有针对性地消除社区矫正对象可能重新犯罪的因素，帮助其成为守法公民。"公共资源总是有限的，面对庞大的社区矫正对象数量，对不一样的个人采取同样的矫正手段，不仅没有必要，而且没有社会效益。在科学评估的基础上，根据个人情况，进行精准的资源投放，实现心理矫治、关系修复和犯因消除，也就成为矫正实践的应有之义。目前，矫正手段的主要短板有社会资源运用不充分，矫正手段不专业，绩效评价不到位等。

（三）更加透明的社会监督

社区矫正作为一种相对福利性质的政策，必须回答的问题是社会正义与社会安全如何平衡，而不能用一种不为人知的方式来进行社区矫正。实现社会监督的主要障碍在于如何进行个人信息与隐私保护。在《社区矫正法》中，除未成年人的特殊保护外，关于社区矫正对象的信息保护的规定为第26条第2款："社区矫正机构开展实地查访等工作时，应当保护社区矫正对象的身份信息和个人隐私。"这是为了防止社会对社区矫正对象的歧视。为此，必须从社区矫正工作的需要出发，构建起既满足公开又实现保护的合理区间。笔者认为，可以从以下几个方面破题：一是夯实矫正小组成员责任，实现对社区矫正对象的有效监督；二是强化社区矫正机构职能，实现目标与手段的匹配，并及时进行案例公示；三是探索受害人的申请监督制度，满足受害人对犯罪人的监督需求。

二、基于一种理论

“徒法不足以自行。”随着社区矫正工作实践的不断深化，法律与实践之间的空隙越来越受到大家的关注。法律是宏观的阐述，依法执行则需要细微的目标；法律是高度抽象的实践，宣传推介则需要鲜活的例证。《公共政策分析》一书中指出，政策在付诸实施时应该已具有清晰的目标，可供执行人员遵循①，这就迫切需要有一种理论工具，既时刻彰显社区矫正工作的价值导向，引导工作创新方向，又能够对工作任务“大变小、小变细、细变实”，分解为可执行的目标群，实现工作的规范化运行。

马克思主义认为，“人的本质是一切社会关系的总和”。为此，笔者认为，社会支持理论契合《社区矫正法》的立法目的，并能够较好地诠释社区矫正工作。

（一）社会支持理论的概念

社会支持，是指个体通过与环境中人物的互动所建立的一种关系网络，个体能从中获取情绪情感支持，能够缓解心理压力，提高自身对环境的适应能力和对变化的应对能力。社会支持理论有三个维度，主要是主观支持、客观支持和对支持的利用度。主观支持是社会支持对个体内在的情感需要的支持，是对其主观感受的干预，直接影响到个体心理发展的一部分支持。客观支持是对个体物质上的、生理上的需求的满足，包括财力的帮助、物力的提供等客观的能首先满足个体生存需要，间接支持其情绪情感正常稳定的方面。对支持的利用度即个体在危机中是否能够很好的利用社会支持并感到满意。个体对社会支持的利用度越高，越能够从中获益，使身心状态有健康的保障。

最早将社会支持理论应用于法学领域的是1994年美国学者卡伦发表的《作为犯罪学组织性概念的社会支持》一文，他在文中认为“个体有侵犯他人权益的犯罪冲动，所以需要社会外部力量予以惩戒与干预；个体也有利他及接受和给予支持的潜力，所以需要引导且发挥这种机能。当给予和接受支持的潜力得以实现时，犯罪的危险性就会降低”，并提出了14条社会支持有利于减少犯罪的理由。我国学者也认为，个人与社会的联系可以阻止个人进行越轨和犯罪，当这种联系或纽带薄弱时，个人就会无约束地随意进行犯罪行为②。

---

① 陈庆云主编：《公共政策分析》（第二版），北京大学出版社2011年版，第171页。

② 吴宗宪著：《西方犯罪学史》，法律出版社2006年版，第386页。

（二）社会支持理论的适合性

1. 社会支持理论是高度人性化的理论

社会支持理论将围绕个人受到的支持分为社会支持和反社会支持两个大的部分，对个人的失范（违反社会规则乃至犯罪）进行阐释。同时充分相信个人的主观能动性，认为可以通过改善和修复社会支持，来实现人的良性发展，这与社区矫正立足于个人构建矫正的精神是一致的。

2. 社会支持理论是能够被评价的理论

评价是衡量和推进工作的应有之义，社会支持理论非常有利于评价工作的开展。主要表现在：（1）因素可评价，从主观因素、客观因素、对社会支持利用度三个方面建立模型，可以对社区矫正对象实现精准“画像”，充分体现个人的优势和短板。（2）变化可评价，较为简单易懂的评价模型，可以达到主客观相互印证的效果，便于对社区矫正对象实现日常评价，并充分发现矫正需要。（3）工作可评价，有利于围绕矫正需要，精准投放工作资源，并对矫正目标的实现情况进行有效评价。

3. 社会支持理论是具有发展性的理论

一方面可以有效衔接以往工作，目前社区矫正工作中所探索的社会工作、心理矫治、循证矫正、小组工作等很多创新实践，都可以纳入社会支持的理论体系中完成阐释和提升，有利于帮助引导社会组织等确立自身工作目标，有效支撑矫正目的。另一方面可以有效促进工作创新，社会支持理论倡导利他主义和群体对个体的文化融合与社会帮扶，符合我国集体主义的文化基因，也符合我国当前自治、法治、德治的基层治理实践。有助于将社区矫正融入高效能社会治理中，最终达到以治理社会的方式来治理犯罪、预防犯罪的目的，进而实现更高水平的社区矫正工作。

（三）社会支持系统在社区矫正工作中的应用

实践中，社区矫正工作主要分为矫正前工作、矫正中工作和矫正后工作三个大的阶段。其中矫正前工作，主要是指调查评估、作出决定等工作。矫正中工作，主要是指矫正机构动员社会力量帮助个人的矫正工作。矫正后工作，主要是指解除社区矫正后，对个人继续做出的帮助、服务等工作。目前大家对矫正中工作探讨较多，对矫正前工作和矫正后工作探讨相对不足。

在此，使用社会支持理论对社区矫正工作内容进行再分析。矫正前工作，应当是充分证明个人“值得”被矫正，证明过程则从个人主观意愿（知罪悔罪、愿意矫正）和客观支持条件（有住处、有收入、有人关心、能够在不再犯的情况下获得生存）等加以支撑，以便从根本上夯实矫正根源。矫正中工作，应当是在矫正机构的统筹下，充分发挥社会资源的支持作用，改善或修复个人社会支持，提高个人自信度，即从手段上提升矫正实效。矫正后工作，应当是在解矫后的有序衔接，对仍需要各种扶助帮助的个人，采取安置帮教措施，继续跟进，扩大社会良性反馈，即从服务上扩大矫正影响。

1. 矫正前工作的构建

矫正前工作主要确认犯罪人有良好的“可矫正性”，更深一层的意思是充分向犯罪人、受害人、他们的家人及社会宣示犯罪的代价，获得社会的理解。从实质来说，就是认真做好适合矫正的相关评估，包括但不限于：个人罪行恶意、个人悔罪情况、个人进行矫正的意愿、受害人谅解情况、矫正中的社会支持情况（包括经济收入、居住条件、家人支持等）。从形式来说，要在决定前即确定个人知晓矫正的意义且愿意进行矫正，并应主动提供证明自己具有被矫正资格的积极因素。这一过程中，家庭也可以努力证明自己能够提供积极支持的因素等。

以现有社区矫正对象类型中占比最大的缓刑犯为例。首先，要加强适用社区矫正前的知识普及工作，避免让犯罪人、受害人产生误解。最容易出现的误解即社区矫正等于“没事儿”，等于“放出来了”。其次，要树立社区矫正适用前的个人悔罪意识及主动接受矫正意识。个人悔罪及主动接受矫正是社区矫正适用的基础，悔罪中呈现的罪由可以为确定矫正需要提供支撑。同时，犯罪人需要为自己的可矫正性提供佐证及承诺，这些将作为社区矫正中可以援用的资源。最后，要完善社区矫正适用的宣告程序。法庭审判是最具有权威性的表示，笔者认为在判决中对个人社区矫正中的权利义务进行明确的告知，更加有利于社区矫正工作的顺利进行。而不是犯罪人在法庭被“放出来了”，又在基层司法所接受入矫宣告，重新接受在刑教育。

这一阶段达成的目标是：在犯罪人主观方面，通过参与讨论自己是值得矫正的，并为之努力争取，充分认识自身存在的问题，增强悔罪意识，通过认识自己身边的正面支持因素，增强矫正意识。在客观方面，通过充分的前期工作，为下一步矫正奠定良好基础，提供有效资源，有利于个别化处遇的建立和促成与受害人和解。

2. 矫正中工作的构建

矫正中工作主要努力方向是积极充实社区矫正工作的工具库和资源链，促进个人的社会支持系统对个人提供有力支撑。围绕这个目标，可以采取心理疏导、社会救济、慈善帮扶、就业安置、社区服务、邻里守望等各种具体的手段。任何一种政策都面临着资源有限性的问题，政策执行目的的实现离不开有限资源的精准投放。围绕个别化处遇的要求，矫正中工作需要扎实做好以下几个方面的工作：首先，根据矫正前获知的社区矫正对象情况，分析矫正需要，确立矫正目标。可以帮助个人主动确立自身目标，并监督实现。其次，围绕社区矫正对象，构建社区矫正小组执行矫正目标，缓解个人因犯罪与家庭的紧张关系，动员个人、家庭及其社会支持系统的优势资源提供坚实支撑，并找出致罪因素，投放工作力量。最后，定期围绕社区矫正对象社会支持系统运行情况，进行有效性评估，对出现社会支持系统明显失灵的，采取“有事干预”等社会工作。对于社区矫正对象社会支持明显不良或恶化的，予以重点关注。对社区矫正对象行为失范的，及时惩戒。

结合《社区矫正法》第28条第2款规定①，基于社会支持系统构建的日常评估考核有助于解决以下实践问题。比如，有的社区矫正对象小错不断、大错不犯，无法惩戒，也无法有效施加影响；有的社区矫正对象回到社会后仍然混迹于原有不良伙伴身边，现有的提醒谈话没有力度；有的社区矫正对象因父母常年不在家，爷爷奶奶无力管束；有的社区矫正对象有家不回；有的家庭认为将社区矫正对象“弄出来”已是仁至义尽，不愿再承担彼此间的义务，反而将社区矫正对象推向比监狱还要恶劣的境地等。

这一阶段达成的目标是：围绕处于开放环境中、不断变化着的社区矫正对象，构建起有效的社会支持系统，完善支持因素日常评估，既针对已有的矫正需要施加帮助，也及时发现处理不断出现的新问题，以矫正资源的精准有效投放，确保分类管理、个别化处遇落到实处。

3. 矫正后工作的构建

社区矫正工作从开展初始就面临一个问题，即“社区矫正对象矫正期满，而矫正目标未完全实现，怎么办?”在西方刑罚史上，曾因此探索出不定期刑罚的尝试，这无疑是不符合罪刑法定精神的。笔者认为，尽管刑罚不能够无限期延长，但帮助却是可以延伸的，可以以此为基础，不断完善矫正后安置帮教工作。目前工作中的做法是所有的社区矫正对象解矫后全部列入安置帮教对象。从实践来看，并不是所有的社区矫正对象都有必要列管为安置帮教对象。如果在解矫结束进行鉴定后，实行对需要帮助的继续列入安置帮教对象，而对不需要帮助的应当不列入安置帮教对象，这更加有益于确保资源投放的精准性。

这一阶段达成的目标是：通过对前期矫正工作的总结，为社区矫正对象解除矫正作出鉴定，并提供下步建议。对矫正期满矫正目的仍未完全达成的，根据个人意愿，及时转化为服务，采取多种形式，继续提供教育帮扶。

三、展望

在依法治国大背景下，《社区矫正法》为社区矫正工作的发展擘画了宏伟蓝图，对基层实践者提出了更高要求，实现更加有效的矫正，需要健全社区矫正学科建设，

① 《社区矫正法》第28条第2款规定：“对社区矫正对象的考核结果，可以作为认定其是否确有悔改表现或者是否严重违反监督管理规定的依据。”

充实完善理论，构建培训体系，不断提高社区矫正工作水平。

在蓬勃的实践创新过程中，我们还应当注意，社区矫正作为刑事执行政策，必须有所坚持。首先，必须满足正义的朴素要求，不能从严厉的“一关了之”走向宽纵的“一放了之”，应该有力捍卫罚当其罪、矫当其行的底线，促进实现轻轻重重的刑事政策。其次，更要锚定矫正的根本目的，从消除社区矫正对象可能重新犯罪的因素和改善修复个人社会支持两个方向入手，帮助犯罪人更好地融入社会，以达到预防和减少犯罪的根本目的。最后，必须强化公平的基本遵循，构建起科学客观、便于操作的全过程评估体系，体现社区矫正成效，积累社区矫正经验，为更好地实现社区中矫正、融入社会治理奠定良好的基础。来路可鉴，前路可期，社区矫正作为一种既有深厚法制传统，又能充分体现新时代新理念并蕴含广阔创新和发展空间的新生事物，其创新实践必然会成为我国法治建设的一抹亮色。

论我国社区矫正制度下的矫前准备

熊　鑫*

我国于2002年引入社区矫正制度后，在社会治理与刑罚完善上发挥了重要作用。但由于功能更新和要求变高，社区矫正对象数量也进一步增长，矫正质效提升进入瓶颈期，以往的日常矫正机制成为刑事执行制度的薄弱环节，原因之一在于对待矫前准备的重视度和功能认知不够，导致各自为政，无法最大化利用现有司法资源，进而导致“水土不服”“纸面服刑”等矫正低效失效问题。现有的研究也多偏向中观的规范性研究，如着眼于分级准备和入矫过渡的研究①，入矫评估和矫正设备的研究②以及从心理学角度考虑入矫工作的准备与展开③等，关于具体机制和准备工作的系统开展则涉及较少，更多地将入矫局限的视为一项人员和档案的交接程序，而非一项涉及多方力量、多个层次的系统性准备。这就需要系统树立矫前准备的概念，做好矫正前人员、技术、社区、法制的准备，帮助实现从“合法矫治”到“有效矫正”、从“管得住”到“矫得好”的转变。

一、理论探讨：社区矫正的嬗变与入矫展开

作为一种面向特定类型人的社会管理制度，一般都遵循着理论先行于实践的道路。而社区矫正衍生至今，背后理论支撑也从最初轻刑化人本主义和犯罪预防的基础上衍射至行刑社会化、刑事一体化、风险控制与系统管理等多个方面。基于其节点重要性，无论是出于犯罪预防、系统风控还是社会复归的目的，入矫作为矫正理论与实践接轨的第一步，反馈出两者问题冲突的同时，也与相关理论实践的修正发展息息相关，入

---

* 熊鑫，杭州铁路运输检察院，研究方向为诉讼法学、犯罪学。

本文系“新《社区矫正法》背景下我国的矫前技术准备实证研究”创新项目阶段性成果，项目号sculaw20200131。

① 何显兵、廖斌：《论社区矫正分级处遇机制的完善》，载《法学杂志》2018年第5期。

② 金华市婺城区人民政府课题组：《社区矫正制度完善研究——以浙江省金华市婺城区的实践为样本》，载《法治研究》2017年第2期。

③ 吴宗宪：《论未成年人社区矫正中的心理学工作》，载《预防青少年犯罪研究》2018年第1期。

矫准备也就在此基础上结合时代背景和新进政策进行进一步的完善并展开。

（一）社会转型时期下社区矫正的理论根据

1. 社区矫正与犯罪预防

犯罪预防可以说是矫正开展的最初目的，同时经受了“矫治无用”的考验，从单纯的观察矫正人员再犯率到对比“有犯罪前科或高危犯罪危险”但未接受矫正的人员再犯率，实证研究发现同类型人员在接受矫正后再犯率明显下降并长期稳定在0.2%以下，[①] 所以至今防止再犯仍是矫正有效的一个重要参考指标。而考虑到标签效应与社会复归因素的影响，在矫正过程中针对犯罪动因要素的修正是有效矫正的关键点，单纯的惩罚除了威慑之外对防止重新犯罪已力有未逮，分类矫正与精细化管理，教育与监管并重，才是未来主流发展方向。这在我国《社区矫正法》正文所规定的“促进社区矫正对象顺利融入社会，预防和减少犯罪”相符合。[②] 因为犯罪现象与个人行为本质上都是一种社会关系的现实映射，同时结合犯罪情景理论跟犯罪预防环境设计理论（CPTED），犯罪的发生是社会因素与个体因素的综合作用而形成，即便是一个没有前科的普通人，在特定情境下动因刺激并具备犯罪能力时也可能做出犯罪行为。而社区作为基本的地缘单位，见证并承载了绝大部分犯罪的发生，如盗窃、诈骗、故意伤害等。

矫正项目在针对性的准备并适用后是可以对大部分犯罪参与主体起到正向作用的，但是在现实中矫正效果却并未完全达到预期。尤其是性犯罪，即便是接受矫正再犯率也较高，尤其是营利性目的较强的引诱容留介绍卖淫罪，其同名类罪再犯率和本罪再犯率分别为49.33%和45.49%。[③] 这说明现有矫正工作并没有完全打破原有性犯罪人的越轨认识和行为模式。国外在接纳犯罪人进入矫正复归环节后，针对性地提出了性犯罪记录的特殊前科制度，进行区别于一般犯罪的登记申报、权利限制、信息公开和证据对待[④]。我国《社区矫正法》也规定了“针对性地消除社区矫正对象可能重新犯罪的因素”，但如何将法条落实成法治，并上升形成一套不断完善逻辑自洽的运行制度，确是矫正实务中道路构建的关键步骤，这就是做好系统矫正准备需要解决的方向问题。社区矫正所针对的便是监狱剥离正常社会状态后，重返社会时个体层面在面对社会犯罪情境的抗性和社区社会层面减少犯罪情景和消解犯罪根源的问题。循

---

① 张凯：《检视与推进：我国社区矫正制度深化路径之探讨》，载《河北法学》2017年第2期。

② 详见《社区矫正法》总则第1条、第3条。

③ 田刚：《性犯罪人再次犯罪预防机制——基于性犯罪记录本土化建构的思考》，载《政法论坛》2017年第3期。

④ 英美法系中的特殊前科规定：“如果被告是性犯罪，当前性案件的审理中可以借鉴之前案底，而且可以将其采纳作为相关证据。” See David. J. Karp, *Evidence of Propensity and Probability in Sex Offense Cases and other Cases*, CHI. -KENT. L. REV, Vol. 70, p. 15 (1994).

证矫正和实证研究的经验也证明了矫正工作的有效性，作为犯罪预防和社区治理的发力点之一，社区社会环境的改善与个人行为模式的转变也就隐含于矫正准备目标之中。

2. 社区矫正与行刑社会化

建立在标签理论和交叉感染效应基础上的行刑社会化，更多地体现了对传统监禁刑的反思，其内容包含行刑社会化与社会刑两大方面。而社会化又具体可以分为行刑场所、行刑主体、行刑内容的社会化，社会刑则包括社区服务刑、禁止令和其他社会性刑罚等。同时以社区矫正作为承载方式的行刑社会化更多的是作为手段，而并非目的，首先它的存在目的在于避免和削弱机械性监禁刑的弊端，防止交叉感染、社会剥离和犯罪标签污名化的影响进一步扩大，消减其再犯危险，帮助有过犯罪行为的人复归社会，进而修复被犯罪所破坏的人际信任和社会关系，获取社区内的社区认同、安全感以及凝聚力，体现修复正义和提升社会安全系数。但既然是社会化行刑，除了法治建设上社会刑的考量完善，在入矫准备上第一要体现刑罚特点与人文精神，但依据《社区矫正法》第9条、第28条规定，我国基层司法所只有被委托的日常监督教育权，没有强制执法权限，其行刑主体就涉及矫正用警的设置准备和权责约束。其次就是做到刑罚执行上与监狱的衔接①，除了矫正人员及档案交接问题上防止漏管托管情况发生之外，还包括监狱的假释前适矫调查问题（各地监狱机关多以罪名罪实以及服刑表现为标准，极少甚至不涉及社会关系）以及矫正执行地的确定问题和社区公众认知问题②等。第二是注重社会力量的参与，从志愿者和社会工作服务者的团队建设、社会资金捐助渠道的畅通与监督、社会服务的政府购买相关问题、大学高校法律援助力量的接入到社区基层自治性力量、家庭和单位的参与，都需要有一定的依托借助。

3. 社区矫正与刑事政策

首先社区矫正的适用推广是我国刑事政策执行的产物。从重罪严打到如今宽严相济原则下的恢复性司法和刑罚一体化政策，策略方向的改变也引起刑事执行方式的变迁。联合国预防犯罪与刑事法委员会于2004年讨论通过的《关于在刑事事项中采用恢复性司法方案的基本原则》将恢复性司法定义为“采用恢复性程序并寻求恢复性结果的任何方案，并可以刑事司法制度的任何阶段适用”，③ 所以在实践中恢复性司法并没有一个统一明确的标准和范式，在实施恢复性计划的世界各国和地区里，也都是立足于本地的司法传统和实践理念，以恢复而非惩罚为目标，关注犯罪人、受害人以及社区三方主体的恢复，承担责任的形式也从监禁剥夺转向赔偿、道歉悔

---

① 骆群著：《社区矫正专题研究》，中国法制出版社2018年版，第36—42页。

② 张大维、杨灿：《社区矫正公众认知与社区矫治体系建设》，载《上海城市管理》2018年第2期。

③ 参见王瑞山：《论社区矫正的恢复性选择与路径创新——以〈社区矫正法〉的实施为契机》，载《犯罪研究》2020年第2期。

过以及社区服务。[①] 就传统文化而言，对恢复性矫正的适用亦有体现。民间的诉后私了、宗法责任以及“两造”调解（注重加害方、被害方及相关人员的过程参与和意见表达），少数民族如彝族的“德古”“头人”调解与家支感化，壮族的裁决“罚众”，在寨老、都老、乡老的牵头下，召开长老会议或者村民大会要求当事人承受罚金、具结悔过以及罚工的责任。[②] 所以综而述之，恢复性司法精神下的社区矫正在本土化的过程中，其功能不仅限于对国家法治秩序的恢复，还涵盖了对被害人、社区关系以及社会秩序的恢复。

其次是刑罚一体化问题，作为贯通处刑与行刑的有机体系，我国社区矫正有处刑与行刑分阶发展、行刑体现修复矫治和惩罚分控功能的特点。[③] 正如贝卡利亚所说，刑罚意味着施加痛苦，但刑罚的有效性并不在于其惩罚的严峻，而在于它责任承担的及时且不可避免[④]——所以在入矫之初就需要贯彻这样的精神，做到矫正的粗中有细，“层”进“层”出。粗是指以法条为底线，大方向、大原则不能随意变更和逾越；细是指兼备人文关怀和社区温暖，针对受矫个体织起细密柔韧的大网，通过个性定制的精细化矫正，不让矫正对象走向犯罪的深渊；层进层出则是指要做到入矫与解矫的分类分层分级管理，有序进入后顺利受矫复归，入矫顺利后续难度就大为降低，因此矫前准备做到系统全面也就十分必要。

4. 社区矫正与风险社会

风险社会背景下，在基于犯罪防控目的的刑事司法领域，因为由危险向风险的关注转变，将对犯罪人个人人身危险性的处遇与矫正移向事前的犯罪风险预警、事前的风险应急处理及事后的风险控制，从而实现刑罚个别化和犯罪行为中心论之间逻辑的协调。[⑤] 就整体而言，风险社会背景下社区矫正主要面对三大风险，分别是面向矫正本身的项目无效低效风险，面向矫正对象的矫后越轨再犯风险，以及面对受害人与社区社会的社会关系撕裂风险，并依次对应矫正阶段、解矫后阶段以及矫正全程。另外对应成型的，则是司法效益精算化下针对矫正风险类型设置的矫正项目与模块。

基于风险的多样性和复杂性，社区矫正工作需要做好风险谱系治理，即结合风险评估 RNR“风险—需求—响应”范式，做好预测、防控、修正的矫正项目准备工作，这也是循证矫正的核心原则。根据新刑罚学理论提出“少数人犯多数罪”观点，

---

① 吕欣：《恢复性司法在中国——以民间法为视角》，载《民间法》（第五卷），山东人民出版社 2006 年版，第 236—241 页。

② 吕欣：《恢复性司法在中国——以民间法为视角》，载《民间法》（第五卷），山东人民出版社 2006 年版，第 242 页。

③ 李川：《修复、矫治与分控：社区矫正机能三重性辩证及其展开》，载《中国法学》2015 年第 5 期。

④ ［阿塞］И. М. 拉基莫夫著：《犯罪与刑罚学》，王志华、丛凤玲译，中国政法大学出版社 2016 年版，第 224—225 页。

⑤ 参见熊鑫：《风险社会背景下算法的构建及司法运用研究》，载《四川行政学院学报》2020 年第 4 期。

在被沃尔夫冈（M. Walfgang）等人的费城青少年团伙犯罪研究、怀特（J. D. Wright）等人的重罪监禁犯研究以及兰德公司（Rand Corporation）研究报告的“有选择剥夺”项目（Selective Incapacitation）所证实后[①]，对矫正对象的动态管理都需要进行审查评估并进行分类，即实现风险分控上的识别预警、事前消减、即时应控和事后救济，这些需要在入矫前做好策略和组织的准备。

5. 社区矫正与系统工程

如前所述，无论是出于技术准备、司法效益还是社会治理的考量，社区矫正作为一个多方参与的社会反应过程，都需要有系统治理的观念。就社会治理而言，宏观上需要考虑国家制度设置的现况与预期目标，在制度和法条的设计方面规范保障各方力量参与的顺位与秩序，防止“国进民退”和管理失控等制度性问题产生。[②] 中观上注重系统治理与节点防控，形成新一代正义修复、规范矫正与风险防控的谱系治理，使社区矫正在既定工作轨道上发挥其功能。微观上做好矫正项目准备，需要在入矫前准备展开，了解基本矫正需要，组建对应的心理、行为矫治、就业帮扶等矫正模块，从而打开局面为后续工作展开奠定基本的框架走向，最终形成“外控内矫社会复归”的联动局面。

而在司法效益和技术准备的角度，则都绕不开信息数据利用、部门分工协作以及资金后勤三大主题，并分别对应技术、人员组织以及资金方面的筹措准备。一方面社区矫正的资源成本只有监狱执行的十分之一，[③] 在司法资源有限的前提下社区矫正已有了“能耗”较低的先发优势，但同时也对自身工作效率效益提出了更高要求；另一方面在大数据时代下，社区矫正人员的个人生物信息、历史行为轨迹以及网络记录都与其公民身份联系甚至对应绑定，产生的洪量数据流远远超出正常人脑的处理量，所以矫正机构面对越来越多的矫正对象进入，管理难度越发提升。截至 2019 年 11 月底，我国境内累计接受社区矫正对象更是突破 478 万，每年新接收社区矫正对象超 50 万，现在册正接受列管的达 126 万，建立起 66.2 万个矫正小组。[④] 现有的矫正信息系统难以满足内部日常管理监督和外部衔接协作的需要，这就应当响应新社区矫正法的规定，从人员、组织、资金以及技术四个方面入手，做好全方位升级优化现有矫正系统的系统准备。

矫正问题说到底也是一个社会治理问题，与就业、教育息息相关。以四川省为

---

① 翟中东著：《中国社区矫正制度的建构与立法问题》，中国人民公安大学出版社 2017 年第 1 版，第 81—82 页。

② 连春亮：《第四届海峡两岸暨香港澳门社区矫正论坛综述》，载《犯罪与改造研究》2018 年第 1 期。

③ 王顺安：《社区矫正：现代刑罚人道文明的重要体现》，载《光明日报》2019 年 12 月 15 日，第 7 版。

④ “司法部：全国累计接受社区矫正对象已达 478 万”，http://www.chinanews.com/gn/2019/12-28/9045849.shtml，最后访问时间 2020 年 8 月 11 日。

例，根据四川省监狱管理局就服刑人员假释后重新犯罪的调研统计，① 在假释后两年内重新犯罪人员占再犯人员总数的54.93%，社区矫正工作的实际完成度不高，其中文化程度、经济收入双低群体占再犯人员总数的78.14%以上，47.85%以上的社区服刑人员具有赌博吸毒史；41.65%的人员法律意识薄弱甚至极度缺乏法律意识，认知能力未完成纠偏；55.17%的适矫人员缺乏生存技能，不适应就业市场需求，同时因社保政策原因不能享受相关社区福利，再加上社区环境与原生家庭环境的影响，抑制再犯罪的社会要素不满足，导致矫正质效不高。这些数据表明，基于犯罪预防的需要，社区准备在矫正时就要将安置帮教、认知纠偏与社区支持等工作的节点提前纳入考量，并在标准化的基础上有针对性地设立矫正方案。

二、路径构建：功能兼顾、位置前置与环境嵌入

我国社区矫正工作中出现诸多问题，都与矫正准备紧密相关，而要构建起以矫正为突破点的中国特色刑事执行制度，则必须有针对性地进行矫正路径准备，从而突破原有的功能障碍和环境限制，使得社区服刑人员顺利度过矫正阶段，更好地满足刑事政策、个体生存和社会和谐的要求。

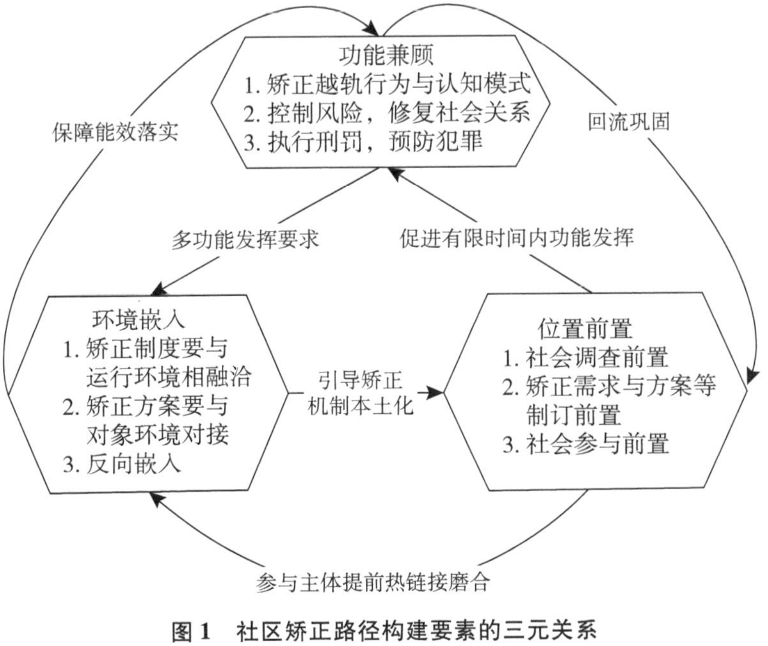

图1　社区矫正路径构建要素的三元关系

① 参见四川省监狱管理局课题组：《四川省刑释人员重新犯罪问题探析》，载《犯罪与改造研究》2020年第5期。

（一）功能上兼顾矫正、惩治与风控

总的来说，维持保有基本约束力的惩罚功能、强化风险控制与复归功能准备，需要细化分类矫正，完善司法分流；明确奖惩标准，保证惩治威慑；获取社会支持，实现矫正质效。规范入矫标准与分级分类处遇，而分类分层矫正在入矫前就应该做好入矫原因、人身危险性、犯罪类型和性别、年龄、特征等分类准备①，如刑罚种类一项还应加入对是否经历过监禁刑、是否被开具禁止令等因素的考量。

新刑罚理念下死刑废除的推行，有期徒刑和财产刑被大量替代适用，同时刑罚的报应性亦有时限要求，犯罪人在接受完惩罚后依旧会回归社会。即便无法寻求所有公民的满意，矫正也需要在报应与宽宥之间寻求一个平衡点，坚持分类矫正就需要做好“插入的司法分流工作”准备（Minimization of Penetration），将没有通过矫前风险评估的犯罪人留在监狱，再通过矫正实现剥离效应和司法高效。

而风控主要针对适矫人员和社会民众两个层次。一方面，重视入矫程序中矫正宣告的作用，尤其是针对拟假释人员，实践表明，当他们从封闭的监狱系统中再次回归社会时，除了区别于平常人的受训状态和行为模式之外，不少人的认知里便以为自己是“彻底解放”了，减少因“矫正”的浅薄认知带来的再犯风险。另一方面，避免刑罚整体功能被看成一件廉价的全能武器，面对犯罪人随时肆意取用，其目的仅仅是通过行为控制防止不希望的行为发生，这会导致刑罚与刑法的快速贬值，而这种惩罚主义的立法在控制犯罪的同时又会在不经意间制造犯罪，并滋生更多未来犯罪的高风险源。2006 年的抽样调研结果显示，我国东部地区居民对社区矫正大体呈接纳态度，但随着新技术和新机制的引入，社区态度和环境是否发生转变仍是未知数。即便社区矫正对象所犯罪实对社区造成了一定危害，社区也应当为了使其得到更好的矫正效果而接纳他们在社区中服刑，并承担相应的风险代价。所以，在我国，目前矫正准备仍需要重视舆论与思维的引导，进一步消弭风险。

在维持发挥社区矫正的风险分控功能后，还应保有其基本约束力的惩罚功能。这就需要明确奖惩标准与措施，完善违规惩罚措施。虽然在《社区矫正法》及各地相关实施办法中都有对矫正对象的日常报告、会客外出和特别禁止等相关规定，但关于违规情节轻重的认定标准却十分模糊。从江苏省 N 市司法局公布的数据来看，在 2020 年 7 月后发生的 25 起“不假外出”类违规案例中，该市司法局 68%的下属矫正机构给予矫正对象公开训诫处罚，剩余 32%的下属矫正机构对矫正对象作出了警告处罚，其中出现了多起“同案不同判”的情况，社区矫正对象也因此对矫正公

---

① 侯习敏、肖乾利、彭瑶：《四川省农村地区社区矫正模式研究——基于四川省绵阳市、宜宾市的实证分析》，载《宜宾学院学报》2016 年第 1 期。

正性产生了质疑。造成这一问题的主要原因便是社区矫正的违规惩罚措施较粗放，惩罚标准不够明确，毕竟刑罚的根基在于公正而非单纯的严厉。

（二）结构上将部分矫前准备工作前置

优化原有结构，将准备工作适当拆分前置，保证在限定时间内可以完成效度要求，类似的做法如美国“起始的司法分流”形式（True Diversion）、澳大利亚的“未成年人警察警告”（Adolescent Police Cautioning）等，将标准矫正项目①和解悔过工作以及社会调查工作，在宣判或者假释后、入矫前做好一应筹备工作，降低社区排斥和后期工作难度。

1. 社会调查评估前置

社会调查评估工作在矫正实务中尤为关键，因为其面向的刑罚执行方式不同，具体侧重点和执行机关也有所差异。比如，面对不同服刑类型，其管理机关设置的立功奖励、日常自由度也应有所区别，从而激发受矫正对象的受矫积极性。内容上可尝试将谅解情况纳入适用（缓刑假释等）前调查评估内容，将是否对社区矫正对象制订赔偿方案以及后续赔偿情况跟踪等与被害方关系修复工作，作为制订矫正方案的重要参考。而程序上，《关于适用认罪认罚从宽制度的指导意见》规定未收到调查评估报告的，法院审理亦可照常宣判，法院采信率这其实就极大地伤害了矫前社会调查的工作积极性和应用潜力。所以不妨将“审前社会调查”的范围前移至社会调查至审查批捕环节甚至侦查环节，在日本针对预计将被施以社区刑罚的未成年犯罪人员，在正式进入司法程序时便着手进行适矫的社会调查。② 最后，基于成本考量，可尝试购买或引入第三方的调查与审计服务，国内如双流区检察院引入的公益性社会调查。

2. 提前了解需求，制订标准化矫正方案

如表 1 所示，犯罪的形成发生是社会关系及个体的综合作用。这就需要我们认识犯罪形成的基本规律，了解社区、被害方以及犯罪人三方需求，在社会民意调查基础上进行社区刑罚偏好、公益劳动提供空间和组织发育程度的标识分类，做好社区矫正机构、社区志愿者以及入矫人员家庭的联结准备；在被害方损害分类（社会评价、经济损失、精神损害等）的基础上了解救济需求与和解条件，搭建被害人保护协会；以及在人身危险性评估和再社会化矫正需求基础上进行矫正项目准备，最后在矫正方案制订纳入被害人修复机制的同时加快将后续案例总结、理论提炼的工

---

① 参见翟中东著：《社区性刑罚的崛起与社区矫正的新模式》，中国政法大学出版社 2013 年版，第 236 页；周敏华主编：《循证矫正浙江探索》，浙江大学出版社 2016 年版，第 83—87 页。

② 林子坚：《域外社区矫正制度辨析及对我国的启示》，载《法学论坛》2015 年第 4 期。

作进行①，将风险刑法、犯罪预防与社区矫正结合考量，合理纳入高校智库与民间意见，并模块化要素化，最后形成大法治框架下的标准化矫正方案，可以灵活拆解的同时提高普适性和优化空间。

表 1　犯罪因素与再犯的关系分析

犯罪因素	类别划分	犯罪率与再犯罪率	矫正备注
居住地域	城市地区	较低	社工力量和技术力量基础较好，需要得到进一步开发
	农村地区	较低	村委会与宗亲家庭成员成为主要社会力量
	城乡接合部	较高	
家庭背景	单亲家庭	较高	家庭力量是社会支持的重要组成部分
	非单亲家庭	较低	
	长期留守	较高	留守儿童家庭占据农村地区未成年人犯罪的40%，而城市打工家庭约占城区未成年人犯罪的10%，二者甚至超过离婚家庭在所在地区家庭总数中的占比②
个人不良记录	有辍学经历	较高	同龄人社交圈的友伴同质化现象，在未成年人阶段尤为明显，初犯年龄在10岁至18岁时再犯可能较高③
	斗殴等暴力行为记录	较高	矫正需要突破犯罪亚文化圈的越轨影响
	性犯罪史	极高	2002年法国监狱报告显示24%的囚犯为强奸犯，而瑞典20世纪末的调查显示其重新犯罪率超6%，也印证了这一点。④
	吸毒史	高	
	家暴史	较高	认知行为项目矫正和心理矫治需要同步进行
	酗酒史	高	同上

① 参见刘强、许端蓉、沈小倩：《南通市社区矫正损害修复的探索与思考》，载《犯罪与改造研究》2018年第12期。

② 参见刘艳红、李川：《江苏省预防未成年人犯罪地方立法的实证分析——以A市未成年人犯罪成因和预防现状为调研对象》，载《法学论坛》2015年第2期。

③ 参见程潮主编：《社区矫正工作评估：理论与实践》，社会科学文献出版社2019年版，第143—145页。

④ 参见翟中东：《危险评估与控制——新刑罚学的主张》，载《法律科学（西北政法大学学报）》2010年第4期。

续表

犯罪因素	类别划分	犯罪率与再犯罪率	矫正备注
工作技能（是否有稳定工作）	有稳定工作与技能	较低	
	无稳定工作与技能	较高	从就业指导、培训以及过渡性就业帮扶与生活保障等多方面预案准备
性别差异	男性	较高（以四川省 Z 县为例，266 名社区服刑人员中有男性 236 人，占比达 89%①）	与男性相比，毒品类犯罪中，女性受年龄、民族、离婚经历、涉毒行为后果的知晓率等影响，赌徒心理预期高于男性；其犯罪行为亦具备隐蔽性、欺骗性、团伙性、被动依附性等突出特征，矫正工作中应做好性别敏感区分③
	女性	较低（但同时研究证明，受矫女性中有遭受身体与性的虐待史、焦虑或抑郁障碍以及自杀发生率的，更容易再次犯罪，其犯罪性质与烈度也有所上升②）	
个人情感与社交倾向	内倾型、多血质型与反社会型人格	较高	结合心理矫治和艺术矫正，锻炼社交技巧，重塑合格社交人格

3. 社会参与前置

社会参与的提前实现，需要通过法律赋权、程序设置以及专项保障促成社会辅助力量的介入前置，提前入场联合各方突破矫正准备的难点。要以损害修复为理念，以循证矫正为方法。如江苏省社区矫正准备的发展脉络，正是通过加强社区矫正中

---

① 参见曹华、侯习敏：《农村社区矫正问题分析及其完善——基于四川省绵阳市 Z 县的实证分析》，载《四川文理学院学报》2019 年第 2 期。

② C. Brendan Clark, Sarah A. Reiland, Jacob D. Armstrong, Ryley Ewy, Karen L. Cropsey. *Characteristics Associated with a History of Physical and Sexual Abuse in a Community Corrections Sample* [J]. Substance Use & Misuse, 2020, 55 (3), 512-518.

③ 参见刘婷：《369 例涉毒犯罪人员群体特征性别比较的实证分析》，载《中国药物依赖性杂志》2018 年第 5 期。

心和基层司法所的建设，维持被害人保护协会、基金会等社会机构的通畅运行，加快培育发展类似“被害人保护协会”的专业型、购买型社会组织，能够独立参与政府购买服务、承接社区矫正教育帮扶专业性、项目化任务，同时前置样本收集环节，联合打通大学、科研机构、公益组织以及国家机关的数据衔接节点，运用大数据技术对矫正群体数据进行提炼与即时处理，在以四大修复机制（被害人与社区修复、犯罪人修复、规范修复和社会关系修复机制）基础上带动社会力量构建完善社区矫正损害修复的五大成果库（样本案例库、评估指标库、修复方案库、规范汇编库、循证数据库），进一步修正原有算法模型，以科技带动各地区矫正工作的交流互助与进一步提升，最终在有效矫正的基础上构造促成共建共治共享的社会治理格局。

（三）矫正本土化与环境嵌入

环境嵌入来源于社会嵌入性理论，最早由美国学者格兰洛维特引入社会学领域，讲求行动者行为嵌入社会关系网络之中，既不可能脱离社会背景进行决策行动，也不能成为规则的奴隶，应在社会关系制度的具体的动态过程中追求目标的实现。① 作为引介进入的舶来品，矫正制度要与运行环境相融洽结合，不能“真空”运行，矫正模式与社区环境及社会准备形成良性互动，就是要展现中国特色，巩固社会根基，发挥传统力量与本土法治资源，做好包括矫正认知、矫正接纳与矫正参与等方面的社区准备，分别在新契约法治型社区已形成的城市地区，和旧差序格局类社区街道尚存的城乡接合地带、农村地区都建立好对应的社会支持网络，形成一个改良模式与本土法治资源的适应循环。

1. 宏观上走中国式矫正道路

大的文化环境嵌入，要挖掘儒家文化的“息讼”理念的合理部分以及传统法中的调解修复技巧，对应传统文化孝悌爱国、克己修心、明规倡导的阶梯性目标，② 以人为本，因人施教，将民俗德礼与现代知识相结合，在对统一文化习惯的认同基础上加入现代矫正理念，借助并发挥传统文化的强大感染力，在人情差序格局受到冲击，商品契约社会秩序逐步建立的转型期，唤醒并重塑社区社会守望相助的实践模式，将国家对个人的单向矫正工作转化并部分分担给社区社会，接手改造接纳的矫正任务，借助律令法条之外的力量巩固矫正效果。域外犯罪控制策略走的也是这样一条殊途同归的道路，如美国通过深度调查、专家论坛、脱口秀以及新闻舆论甚至用被害人名字进行法案命名等方式来营造出一种普遍的“集体被害人”情绪，形成强烈的同仇敌忾心理印象，从而激发放大公众的犯罪预防的责任感和危机感，在联

① 田兴洪著：《社区矫正中的社区参与模式研究》，法律出版社 2017 年版，第 303 页。

② 刘静巍、刘文臣：《新时代矫正领域引入中华优秀传统文化的创新应用》，载《中国监狱学刊》2020 年第 3 期。

结社区、监狱、公益组织与矫正机构等公私规训场所的基础上形成一个守望相助的有机团结社会。①

2. 微观上矫正方案与对象环境对接嵌入

因为人有一个动态变化的过程，在经历完整司法过程和再社会化后，每个人都会因为自身的独特经历与社会环境而对矫正、犯罪、法律以及对社会产生不一样的认知看法，既包含正向的也可能产生负面的内容。所以在矫正期间，矫正方案的环境嵌入更多是应对服刑人员产生的新变化。应当在原本标准化的矫正小组、矫正模块和矫正方案参考指标（如年龄性别、犯罪类型与背景、不良前科、家庭环境、个人能力、认识行为模式等）之外，依据分类矫正和个别化矫正原则，根据已发生变化的动态因素对社区服刑人员加以分类分级，也方便在一段时间的监督观察后，在后续矫正方案中纳入新变量，从而对标准的风险评估量化表尽可能进行参考指标和权重的针对性删改调整，做到最大限度的契合。

分类适矫，方案设计需要注重心理、就业安置帮教以及家庭关系等方面的矫正需要。据实务部门实证研究，并以浙江省部分地区假释入矫人员与浙江省乔司监狱第八分监狱在押的拟入矫人员两大类群为样本的矫前教育期望调查，技能与就业培训、心理辅导和家庭情感指导稳居矫正需求的前三②，具体如表 2 所示。

表 2　矫前教育期望调查

教育内容	个案数	百分比
技能培训	78	20. 86%
心理健康辅导	59	15. 78%
求职创业知识	55	14. 70%
现代生活常识	55	14. 70%
家庭情感指导	47	12. 57%
政策法规指导	40	10. 69%
医疗保健知识	27	7. 22%
其他	13	3. 48%
总计	374	100%

---

① 葛磊：《当代美国犯罪控制策略体系及其借鉴——两极化刑事政策解构》，载《中外法学》2020 年第 1 期。

② 浙江省乔司监狱课题组，应霆：《罪犯刑释前过渡保障机制研究——以社会融入为视角》，载《中国监狱学刊》2020 年第 3 期。

社区矫正中再社会化需求也具有层级之分，其中以假释人员为最高，监外执行人员最低。而针对未曾经历社会关系剥离和犯罪标记的矫正对象，日常矫正并不妨碍他们的相对开放自由的社会生活状态，可以正常申请公民的社会救助、社会保险和法律援助等，而稳定的社会关系和心理状态可能就意味着并不存在太高的后续安置帮扶需求，工作可以侧重在矫正法制教育等方面。况且不论是从基层矫正机构的司法资源、人员配比情况，还是从“违法犯罪者不应因其越轨行为而获得比守法公民更好的就业机会、社会福利等超国民待遇”的公正角度考虑，矫正方案的制订都应适当考虑其后续程序的衔接。

例如，针对未成年矫正对象的逆反与身份认同心理，调整训诫科目，加入更多的柔性社交项目活动；针对老年矫正对象的固化认知，出现不理解科技与法律的行为，如因为不会使用智能手机而无法在线打卡或参加活动、不了解相关法律规定而违法领取养老金等，就可以增加更多的科普教育、普法教育，防止矛盾激化产生冲突；针对女性适矫人员则针对其性格特质，增加更多的情感心理矫正内容。而模块方面，如本来自西方循证矫正的项目干预环节，进行本土化改造之后，也更容易取得社会和矫正参与人员的支持。例如，四川省的正念矫正，又如浙江监狱联合地方矫正机构在认知行为干预项目之外提出了艺术矫正项目与歌曲讨论项目，以文艺创作交流为媒介对社区服刑人员进行干预，并在降低抑郁和自杀倾向、暴力与反社会人格倾向等方面取得了不错的效果。①

3. 反向嵌入志愿者服务

最后尝试反向嵌入志愿者服务，达到自助者天助的效果。即借助同为矫正对象的群体特性基础，不断选取先进的社区服刑人员作为榜样，使其以志愿者身份再出现在社区视野中，通过现身说法，讲述自身的经验教训、矫正感悟和矫后成效，使后进服刑人员在身份认同的基础上看到矫正的优势和生活的希望，激励带动后进服刑人员配合矫正工作展开，并形成一个良性的矫正文化“圈子”，以点破面，防止社区服刑人员社交圈的隔离化与防御化，既能缓解目前社会力量相对薄弱的局面，补充矫正工作的志愿服务力量，也能侧面提升社区居民对矫正工作的正面印象和认知。

三、系统准备：从技术、社区到制度的谱系治理

在路径的基础上形成系统准备，不光需要从矫正内部结构优化的角度出发，更需要结合矫正外部社会因素建立起矫正准备的谱系，包含矫正管理技术维度、矫正环境维度以及矫正制度与主体规制维度等，借助全面观察与多维度进路进行谱系综

---

① 参见周敏华主编：《循证矫正浙江探索》，浙江大学出版社2016年版，第88—132页。

合治理，从而形成贯穿矫正全域的连续性系统工程。

（一）技术方面

1. 技术的进步不仅带来矫正管理的便利，也使得分类量化矫正真正获得了实现的可能

不管是技术平台与算法（钉钉平台打卡+在矫通电子监管），人身危险性评估量表以及心理矫治动态量表计算方法（如 SCL-90）进行心理健康临床症状自评量表制作，“自助矫正亭”等自助矫正设施的准备（兼顾选点、保密性、智能性和专业性）以及智慧矫正实务平台研发（实现保密技术、电子沙盘可视化技术、电子定位围栏预警智能化），或是存档互通无纸化与统管大数据平台的建设，还是发挥区块链的“零知识证明”功能，从技术层面提出当前司法实践及社会治理中信息共享问题等，都需要重视科技带来的力量，总结优化上升成矫正通用工具，做好矫正的技术准备。

2. 提升公益劳动设置技术

公益劳动作为社会刑罚的变种，其教育性和修复性大于惩罚性。但当下国内因缺乏合适的劳动场所，局限于公共道路、敬老院等场所，教育性和公众认可度不高。同时，因为公益劳动缺少固定场所，导致社区服刑人员归属感和成就感降低，以及因劳动时间的安排不够合理产生时间冲突，教育培训与劳动实践未能有机结合等问题，必须提升公益劳动的预构设计，做到思想教育与法德教育相结合、集中教育与个案矫正相结合、理论学习与案例介绍相结合、技能培训与劳动实践相结合。① 如《监狱社会化》一书中所提及的早期劳改制度的平等相处与创造性工作都体现了行刑社会化的智慧与效果。就劳动教育改造的成效来说，可以很直观地感受到劳动形式设置、劳动的共同参与、技术参与门槛、劳动需要差异、成果激励等要素，无疑是下一步改良劳动设置技术、提升公益劳动效果的重要参考。

（二）社区方面

1. 犯罪预防环境设计

犯罪预防环境设计理论（CPTED 理论）发展至今已经衍生出第三代理论，即通过对社区自然、社会环境的预设构建，形成“实体技术+社会关系”的联通网络，将社区打造成守望相助、交流畅通的地缘单位。具体而言，分为物质层面的软硬件设施搭建，机构机制层面的社区矫正组织与社区辅助机构建设，以及社会环境层面的和谐社区建设，在商业社会构建新型稳定的“差序格局”。首先，对可能发生犯罪的

---

① 盛伟：《杭州市临安区：“协同共治四结合”的社区矫正实践》，载《中国社会报》2020 年 7 月 20 日，第 4 版。

场所进行巡逻监控，消除犯因诱发的监控盲区；其次，利用好宣传栏、公告栏、业主微信群以及社区内 LED 灯箱等线上线下设备，推广矫正理念与犯错弥补等矫正有益的观点案例，提高社区认可度与矫正接纳度。

2. 社区宣传与准备

面向矫正处遇的社区建设是一个长期复杂的系统性工程，涉及社区组织、社区认同、社区意志、社区公共性等结构要素的恢复与重建。① 受经验主义误导，我们习以为常的重刑主义传统也发生了许多改变。事实上，我国社区公民对待死刑和社区矫正的看法，也早已不如 20 世纪末那样众口一词，这也可以从刑事政策制定的风向转变看出。毕竟，民众对刑法的宽严偏好常常成为刑事政策决策的重要依据。从北大社科研究中心（CFPS）的家庭跟踪调查项目研究成果来看，我国居民整体目前刑法偏好为 0. 36，并未有明显的重刑重法偏好。② 而重刑的由来则是与居民的自认本地经济收入、个体沮丧感、对干部信任度、社会满意度等系数相关，而这些指数明显偏消极的人群更容易对轻刑化下的社区矫正政策产生抗拒甚至厌恶心理，这也是社区矫正宣传工作继续推进的难点之一。因此，对症下药，对其进行有针对性的人群画像、问题分解以及多层次应对成为矫正准备的关键性工作之一。

（三）法制方面

1. 完善矫正前程序法律规定

（1）提前明确评估意见报告性质

因其重要性，社会调查在湖南、江西两省试点时便被明确规定为矫正前必经程序。评估报告作为矫正实践中的重要依据③，与调查时限和档案流通交接紧密相关。同时应在法条中明晰评估报告的法律地位、证据定位以及量刑参考效力如何，是单次量刑证据、特殊品格证据（可以作为下次犯同类罪时适用）还是辅助性鉴定报告。而在《关于适用认罪认罚从宽制度的指导意见》中只是模糊规定其是“裁判的重要参考”，既非“依据”也非“渊源”。根据《社区矫正法》第 28 条的规定，对社区

① 哈洪颖、马良灿：《试论社区矫正的社区根基及其遭遇的发展困境》，载《探索》2014 年第 1 期，第 160—165 页。

② 白建军：《法学研究中的实证发现——以刑事实证研究为例》，载《政治与法律》2019 年第 11 期，第 2—15 页。

③ 《福建省社区矫正实施细则（试行）》第 19 条规定，调查评估意见可以作为起诉、判决、裁定或者决定是否适用社区矫正的重要参考依据。规定比较详细的如《吉林省关于对拟适用社区矫正的被告人、罪犯社区影响调查评估的暂行办法》第 4 章（第 23 条至 26 条）规定了调查评估意见的采信及工作衔接问题，其中第 23 条规定，委托机关在审理和审查过程中，应当充分考虑司法行政机关的意见，将社区影响调查评估报告作为能否适用社区矫正的重要参考依据，作出对被告人或罪犯适用社区矫正的判决、裁定或决定。

矫正对象的考核结果，可以作为认定其是否确有悔改表现或者是否严重违反监督管理规定的依据。那么，社会调查报告是否能扩大解释为条文中的“考核结果”？事实上，社区矫正机构出具的调查评估意见因为内容涉及犯罪事实影响、家庭社会背景、个人历史表现、未来可能禁止令事项、被害人以及社区态度意见等内容，对检察院是否作出捕诉决定、法院是否处以实刑有着十分重要的参考作用。

（2）确定矫正执行地

矫正执行地在新《社区矫正法》中被规定为社区矫正对象的经常居住地，但实务中执行起来却存在问题，原因主要在于各地规定的实施细则不一。其中就牵涉到所谓的“居住地”确定问题。应该统一经常居住地的确立时间，否则便会出现“幽灵人”或者“四维人”现象。实证研究发现，不少犯罪人经常居住地或户籍地较为偏远或难以确定，尤其是在跨区域执法的情况下，各地方经常居住地的确定标准不一，从6个月到1年不等。实践中就出现了社区矫正对象多地管辖或者“三不沾”的尴尬局面。通过明确经常居住地，统一经常居住地的确定标准，针对劳务务工人员等跨区域流动人口，以及跨区划矫正部门的流动接收，犯罪后接受社区矫正的易管理性都大大提高。

2. 检察监督制度配套建设

现实中，我国境内常常出现基本行政区划和现实地理区域内人口分布的错位分离，进而出现了一些“老大难”“三不管”地带，这对矫正工作日常施行和检察监督提出了更高要求。

首先，基于跨区域巡回法庭的启发，跨区域的一体化矫正监督就应运而生，通过设立专门联络员、紧急共事平台、巡回检察机制和定期学习研讨会，利用检察内部局域网、机要通道和“云矫正”平台进行紧急的服刑人员数据、刑罚执行情况通报，推进信息互通和协同执法机制形成，从而实现多地多边的一体化矫正监督体系。现实中也已开始有试点案例，如上海嘉定、江苏昆山、太仓三地检察机关探索建立的“嘉昆太”一体化模式于2020年9月成功建立并推行。

同时，铁路运输检察院等专门检察院与原有事业单位剥离后进一步改革，不再局限于铁路相关案件，加上随之而来的检察大部制改革，专门检察院归属地方检察系统管辖，检察监督力量进一步被释放。比如，上海铁路运输检察院等日常办案范围已经扩及除普通刑事、民事案件外的公益诉讼，而这股检察力量同样可以尝试运用于社区矫正工作的监督中。此外，贯彻落实定期抽查机制、联席会议制度、情况通报制度，并开展减刑、假释、暂予监外执行的专项监督等，从而以制度约束行为，以法条规章护航矫正顺畅进行，防止“纸面服刑”或“不减不放”等违法行为的发生。

其次，针对检察监督的刚性缺陷，应当提升检察建议文本内容的规范性、可行性，结合新进法律规定及刑事政策进行释明说理，从而给予司法行政部门及下属矫正机构一个程度对象分明、操作方面较明确的实施路径，同时进行类案检察建议的归类、总结和制发，聚焦受矫对象权利保障、矫正权力规范等敏感问题，适当举行检察公开听证，听取社会力量、犯罪人、被害人三方诉求与浮亏，视问题的轻重缓急和舆论关注度进行分级，发出书面的纠正违法意见、检察建议与口头纠正，并联合纪委监察委对条件符合证据明确的“为令不尊”行为启动侦查调查程序，完善刑事执行制约的监督体制。

最后，做好社区矫正一体化平台建设，尤其是社区矫正证件管理系统，在针对个体及法人机关进行身份释明与权威信服时，一套完备合法的矫正工作证件，将直接的帮助检察监督工作进一步展开。而参与社区矫正的检察官、工作人员、社会工作者等主体，分类别统一持证上岗、亮证执法，也能在一定程度上保障权责明晰和程序上的公正性。

综上，因近现代的人权概念融入社会主义刑罚观后，其矫正理念与我国刑事政策相契合，我国引入社区矫正制度并加以创新发展。经由商品经济和过往屈辱历史的冲击，在熟人社会向契约社会转型的近百年历史过程中，我国也在积极重建社会秩序。并于承继传统乡邻和谐大同理念的基础上，推动治理重心向基层下移，努力重构情、礼、法三者关系，推动社会参与和社会支持，以恢复性司法、道德文明建设和社区警务战略等为切入点进行诉源治理，从而打通司法诉讼和诉外纠纷多元解决机制的关节，以社区为基本地缘单位构建起法治社会、和谐社会的基础。而其中入矫解矫作为矫正领域进出入管理的关节，尤其是入矫作为传统刑罚执行、矫正工作和社会复归的第一道关口，现实承接公检法、监狱和社会组织多方力量，矫前准备工作作为一道多项目多主体的系统工程，复杂程度并不亚于任何一个社会生态系统。其理论更是涉及犯罪、矫正与刑罚关系以及各自的概念涵摄，需要具备跨学科视域和实证研究、田野调查的方法，扩大各方主体参与程度，畅通信息交流与意见表达，不断在循证矫正的基础上吸纳教训经验，并结合本土人文法治传统加以证伪梳理，才能真正捋清各自的法律定位，发挥其社会功能，做好矫前技术、社区和制度的准备也便属于题中之意。

在场与缺场：司法社工在司法场域中的行动策略分析

杨雪琳*

与传统司法工作完全以行政监管的思路不同，现代司法工作以“恢复性司法”理念著称。责任、恢复和回归是恢复性司法的基本理念。主张犯罪人自愿承担责任而非依靠监禁和刑法；恢复因犯罪而中断的与被害人、家庭、社区和社会的关系；促成犯罪人与被害人、社会的和解，重新获得社会的信任，帮助犯罪人重新回归社会。恢复性司法正义观强调以人性化的关怀使犯罪人真心悔悟，通过其社会关系的恢复实现司法正义。这与司法社会工作以协助服务对象解决问题，促进服务对象与社会的联系，获得社会的信任，帮助其重新融入社会，防止再次犯罪的发生，最终实现“助人自助”的目标是契合的。

然而，纵使目标一致，司法领域长期发展出一套实践逻辑，社会工作作为一个独立的专业，在长期发展中也形成了适用于自身的行动逻辑。司法社会工作要求的社会工作进入司法领域，必然要在一定程度上调整原有的行动逻辑和规则，以适应和妥协，达到嵌入和融合。基于这种融合的复杂性特征，本文选取场域理论作为理论范式，将司法社会工作场域视为一个“官方场域”与“民间场域”双重场域并存的融合场域。

法国学者布迪厄将场域定义为一个网络关系系统，主要是指在各种位置之间存在的客观关系的一个网络，或者一个构型，是由不同社会位置之间联结而成的客观关系的网络。场域在实践的作用下形塑着惯习，为资本提供运作空间。惯习受制于场域的结构和历史，在实践过程中遵循特定场域的规则和逻辑。在社会工作场域，社会工作者形成了一套适用于其运转规则的资本、惯习和策略。进入司法场域后，新的场域重构他们的惯习和认知，使其调整行动策略，以适应新的场域逻辑。

一、司法社工在司法场域的惯习冲突

司法社工在专业领域形成了一套社会工作的思维方式和工作方法。社会工作的

* 杨雪琳，硕士研究生，研究方向为司法社会工作。

专业惯习就是形成的以社会工作的视角和思维来考虑社会问题，分析社会现象，用社会工作的价值观、理论和方法来服务有需要的人。具体来说，就是以服务的理念，帮助社会中的弱势群体去增强他们获得更好生活的能力，促进其与环境更好地适应与协调。在经过一定的经验积累或理论学习后，接触过这一知识的群体看待世界、解决问题的方式自动会被社会工作助人、利他价值观所影响和改变，大多表现出以价值为取向而不是以利益为取向。

在司法场域中，政府拥有强大的资本权力，司法局、司法所位于司法场域的关键位置，他们的资本和位置决定了其在场域中的主导地位。司法社工作为一个外来者身份想要进入司法场域，在自身资本力量不够强硬的情况下，只能改变自身原有惯习以适应和服从司法场域的运行规则，才得以生存下去。于是，司法社工在司法场域中面临三类惯习冲突。

（一）司法社工与政府：专业惯习与权力惯习

政府作为购买方，主要目标在提升社会治理，遵循的是管理主义逻辑。管理主义注重效率和效益，注重目标和结果的可测量，常采用技术治理的手段。量化是突出政府绩效的重要措施，也是彰显其权力的重要手段。评估体系中严格量化各项指标，最终的评估结果以分数呈现。机构不再关注项目过程中的问题及改变，而关注自己得了多少分以及这个分数是否能保住项目。评估标准、内容、结果悬浮于司法社工的日常工作。在专业服务中，开展个案节数的多少是要视服务对象的情况而定的；服务对象的抗逆力是否得到提升是无法准确测量的。以人为中心的活动与标准化的数字之间是无法严密贴合的。那么，专业惯习与权力惯习之间就出现了冲突。

（二）司法社工与司法所：专业惯习与行政惯习

司法所在社区矫正工作中的职能有两项——监督管理与教育帮扶，其重点在于监督管理，实行监管原则。在开展社区矫正工作的过程中，司法所主张以流程化的程序对社矫对象进行监管，以行政惯习主导。而司法社工在开展工作时，将社区矫正人员视为服务对象，坚持服务原则，致力于以专业化的服务去帮助他们。于是，专业惯习与行政惯习之间出现冲突。

（三）司法社工与服务对象：专业惯习与本土文化惯习

在中国本土文化的语境里，向外人求助始终没有被纳入人们面临困难时的第一选择，这为社工开展工作带来了障碍。社区矫正对象不同于一般的社会工作服务对象，他们不是普通意义上的弱势群体。相反，他们可能是某个领域的“佼佼者”。他们大多是经济类犯罪，且多是高智商人群。他们在犯罪前后的生活环境大都是没有发生变化的，工作生活变得稍微麻烦一些（社矫对象受到很多限制），但对其原有的社会支持系统并不会有太大的破坏。在这样的情况下，以司法社工现有的能力和资源，很难对其产生作用。他们与其寻求社工帮助，还不如找自己的关系网更有效。所以，他们一般无法从社工那里得到一些实质性的帮助，也不会寻求社工帮助。

二、司法社会工作的三种行动策略

司法社工在司法场域面临一系列习惯冲突，应对多种权力的支配，“苦不堪言”。机构为了获得资源生存不得不想方设法应对项目和评估。司法社工项目的目标和结果在权力的对抗中发生了背离。原本是以服务对象为中心，帮助其更好地融入社会的项目，却变成了政府宣扬绩效的工具和机构维持生存的砝码。二者各取所需，并潜在达成一致，将司法社工项目的服务对象抛之脑后。在机构争取到项目后，又产生一系列“变通”和反常行为，如“目标替代”“弄虚作假”“博弈”等。项目内卷化越来越严重，项目也变得越来越难得。但专业能力并没有通过项目得到提升，社会工作在司法领域的专业地位并没有通过政府购买服务得到强化。

评估作为项目开始、进行与结束的重要标志，是分析司法社工在项目进行过程中的行动逻辑的重要依托。本文以评估为临界点，研究司法社工在评估前、评估中、评估后的行为，厘清司法社工在整个司法项目过程中的行动逻辑和行为策略。

场域的结构及其主体的权力与资本决定着场域的运行规则，新进入主体所拥有的资本的数量和结构决定其是否有能力与原有主体相抗衡。抗衡的结果决定其是坚持原有的惯习还是改变自身惯习以适应新场域的规则。司法社工在自身资本不足以与司法场域抗衡的情况下，发展出一套应对项目评估的策略。具体表现为：评估前，专业惯习的缺场；评估中，专业惯习在场；评估后，专业惯习再次缺场。

（一）评估前：专业惯习缺场

评估前，司法社工进入司法所开展司法社会工作。此时司法社工在未完全了解整个社区矫正的前提下，其工作主要是司法所交付的行政性工作，如被安排做一些整理档案、文书资料的工作。一方面，社工刚进入这一场域时，其地位的高低由司法所工作人员的重视程度决定。在不了解专业社会工作的前提下，司法所工作人员对于司法社工能力只能通过其毕业院校或既往工作经历评判，进而决定交与社工工作任务的多少与轻重。就司法所而言，与其说是需要社工，不如说是需要人才，需要人手。另一方面，正是由于司法社工的学历不高，专业水平不足，在短期内无法提供出色的专业社会工作服务。为了保证基本工作不出错，完成行政性的工作成了司法社工首要目标和重点，专业惯习在司法场域中出现了缺失的情况。

（二）评估中：专业惯习在场

司法社工项目的评估中对服务成效的评估主要针对的是专业服务，司法社工在项目过程中所做的是监管和服务，甚至是以监管为主，专业服务为辅或没有专业服务。在应对评估时，不得不使专业惯习暂时在场。将社会工作专业服务融合在行政监管中。“暂时在场”表示专业术语、专业方法仅体现在评估材料中，而并不体现在司法社工的日常工作中。司法社工加班加点准备评估材料，将社会工作理论与方法生搬硬套堆在社矫对象的矫正方案中，构造出一个又一个个别化矫正服务项目。而在实际中，司法社工所做的只是监督社矫对象完成矫正期间所需的材料，象征性地了解其家庭情况、生活现状等，除此之外，并没有提供其他的专业服务。机构在清楚司法社工现状的情况下，帮助其想出一系列使专业惯习在场的方法。虽然评估未能促使专业惯习真正在司法场域落地，但至少在一定程度上促使司法社工在准备评估材料时思考怎样将专业服务与行政工作进行融合，一定意义上体现了专业惯习的在场。

（三）评估后：专业惯习再次缺场

评估结束后，司法社工又回到了司法所的日常监管工作中，处于思维水平很低的一种状态。社工大致可分为三种层次，其中大多数人并未因评估发生变化。第一层次是工具人式，即按照司法所的吩咐工作，不考虑专业服务，纯做行政事务，甚至忘记自己的社工身份；第二层次是具备一定的专业意识，意识到自己是社工，在日常工作中强调自己专业身份的存在，但做法不一定专业，专业能力不强；第三层次是专业司法社会工作者，能平衡好行政工作和专业服务，会在日常工作中、细节中留意自己的专业身份，用专业方法开展专业服务。现实情况中，能达到第三层次的司法社工少之又少，更多的人处于第一层次或第二层次。他们忘掉了专业惯习或本来就不具备专业惯习，在司法所充当一个工具人式的帮手，继续按要求完成各方交给的任务，以生存为目标，暂缓专业理想。专业惯习在评估后再次缺失于司法场域。

三、司法社会工作中的逻辑碰撞

政府和司法社会工作组织两者间产生的张力，使得司法社会工作在开展过程中发生了多重逻辑碰撞。司法社会工作者在评估的不同阶段采取的不同策略，就是多重逻辑碰撞的结果。

（一）公权力逻辑与草根逻辑

司法本身代表公权力遵循“监管”逻辑与司法社会工作本身代表民间草根遵循“服务”逻辑之间产生了碰撞。一方面，司法工作是在体制内进行的具有严肃性、授权性和正式性的司法活动。体制保障司法活动的公平正义、赋予其合法性；另一方面，司法社会工作是民间草根组织，不代表公权力，缺少公民合法性授权。于是就产生了矛盾：司法社会工作是司法的组成部分，但司法社工不是公务员，他在从事这一公务活动时具备相应权力吗？社会工作组织作为民间机构在开展司法社会工作时，如何具备维护司法公平正义的资质？为何民间组织可以承担司法社会工作这一重任而不是司法其他部分的重任呢？司法社工出现工作失误时，责任主体如何划分？更进一步讲，权力部门遵循自上而下的“监管”逻辑，草根组织遵循自下而上的“服务”逻辑。司法社会工作者在司法社会工作中，到底应该遵循“监管”逻辑还是“服务”逻辑？司法权“监管”逻辑下的强制性与民间组织“服务”逻辑下的自决性产生冲突。在一项权力性活动中，民间力量扮演着何种角色？由此产生了第一重逻辑碰撞。

（二）行政性逻辑与专业性逻辑

第二重逻辑碰撞在于，广义的政府短期内行政目标和专业性之间产生的矛盾。一方面，司法工作遵循行政性逻辑，追求目标和效率，对于工作时间和工作任务有严格限定；另一方面，专业司法社会工作需要遵循专业规律，不能急于求成。在考虑司法本身目标的基础上，更多地着眼于社会工作的理论与实践。在开展工作的过程中，要从服务对象的具体角度及其规律出发。所以就产生了行政性要求的时间达标与专业性要求的效果达标之间的矛盾。司法部门出于行政目的，要求司法社会工作组织在特定时间达到特定目标，但司法社会工作由于其专业属性无法在客观上达到此种行政目标，甚至基于专业角度考量，对于短期目标的追求从长远看需要付出更大的代价。

（三）他组织逻辑与自组织逻辑

第三重逻辑碰撞在于，自组织与他组织之间的逻辑碰撞。政府对司法社会工作组织进行他组织必不可少，而司法社会工作组织作为民间组织期望自组织。首先，司法是维护社会公平正义的防线，司法部门通过关注、管理甚至介入司法社会工作组织的活动，保证其在司法规范框架下活动，保证司法公平、正义，维护司法的公权力。从民间组织角度来看，这是一种他组织状态。而承担司法社会工作的社工机构，是从事民间活动的非政府组织。虽然其经费来源于政府购买的项目，但作为民间组织，总是希望寻找自身的独立性，去挣脱管理，寻找自己的成长空间。于是就产生了他组织和自组织、介入和挣脱介入之间的逻辑碰撞。

司法社工在从事司法社会工作时处于不断的逻辑碰撞中，使其在“司法所工作人员”和“司法社工”的双重身份中来回切换。在日常工作中扮演着“司法所工作人员”的角色，在评估时切换至“司法社工”的身份。如何界定司法社工的工作界限，明确司法社会工作的专业边界，是当前司法社会工作研究亟须解决的问题。

二、落实总则要求：总体实践情况

预防减少社区矫正对象重新犯罪实证分析和实践探索

安徽省司法厅课题调研组*

为贯彻落实《社区矫正法》关于“推进和规范社区矫正工作，保障刑事判决、刑事裁定和暂予监外执行决定的正确执行，提高教育矫正质量，促进社区矫正对象顺利融入社会”这一目标任务，加强社区矫正治理体系和治理能力现代化建设，维护社会和谐稳定。本课题组通过调查研究，以重新犯罪刑事判决书信息为基础进行实证分析（统计了322份A省籍社区矫正对象重新犯罪的裁判信息），归纳梳理出一系列与重新犯罪相关的因素，作为研究假设。同时，设计了社区矫正对象重新犯罪个案调查问卷，分别从犯罪分子的“个人基本情况”“矫正期间表现”“重新犯罪情况”“矫正期间的管理情况”四个方面展开调查，并通过座谈听取基层工作人员意见等，从而掌握了322份个案研究数据。通过研究分析，力求从实证角度掌握影响社区矫正重新犯罪的关键性因素，为未来提高犯罪预防的针对性、设置行之有效的干预措施提供指导。

一、近五年A省社区矫正对象重新犯罪现象分析研究

（一）2017年至2021年重新犯罪数据和占比

从2017年1月至2021年6月的数据统计（表1）看，全省社区矫正对象重新犯罪的共有322人，重新犯罪率为0.09%。

---

* 课题调研组成员：夏月星，安徽省司法厅副厅长、一级巡视员；任少军，安徽省司法厅社区矫正管理处处长；殷本明，安徽省司法厅法治调研处处长；施文斌，安徽省司法厅社区矫正管理处二级主任科员；郭琪，安徽警官职业学院教师。

表 1　A 省社区矫正对象重新犯罪情况统计

项目 年度	在册人数	列管人数	重新犯罪人数	重新犯罪率
2017 年	34637 人	65560 人	89 人	0. 13%
2018 年	31971 人	63788 人	94 人	0. 15%
2019 年	30786 人	59953 人	48 人	0. 08%
2020 年	31883 人	44304 人	22 人	0. 04%
2021 年	34615 人	64562 人	69 人	0. 11%

从 2020 年开始，A 省依法严格社区矫正对象外出管理，对违反法律法规和监督管理规定的社区矫正对象及时作出处理，重新犯罪率逐年降低。这也驳斥了认为《社区矫正法》颁布后，监管措施及手段少了，社区矫正对象更难管理了的错误观点。其实，《社区矫正法》对社区矫正对象的监督管理手段有很多，关键是思想上重视、管理上加强，使各项措施得以有效运用。

（二）2017 年至 2021 年重新犯罪情况结构性分析

1. 被判处管制、宣告缓刑、假释和暂予监外执行的社区矫正对象重新犯罪情况

从图 1 可以看出，被判处缓刑的社区矫正对象重新犯罪的有 293 人，占重新犯罪人数的 91%，在四个类型社区矫正对象中人数最多，需要在今后的工作中进一步加强对缓刑社区矫正对象的日常管理。

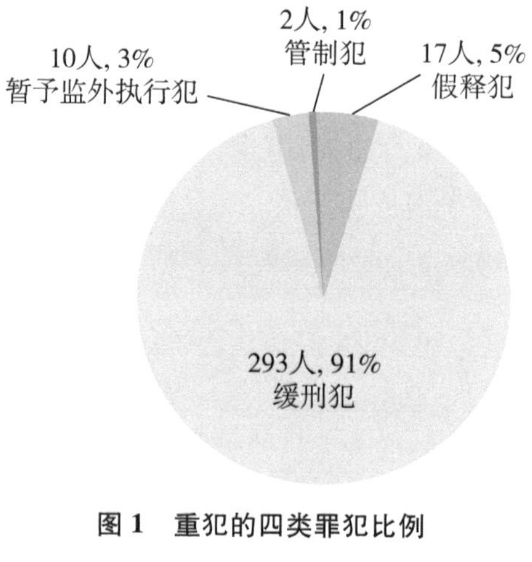

图 1　重犯的四类罪犯比例

表 2　A 省社区矫正对象重新犯罪情况统计

年度	重新犯罪	管制		缓刑		假释		暂予监外执行	
	总数	人数	占列管比例	人数	占列管比例	人数	占列管比例	人数	占列管比例
2017 年	69	0	0	59	0.10%	5	0.19%	5	0.42%
2018 年	89	0	0	84	0.14%	3	0.10%	2	0.18%
2019 年	94	1	0.20%	87	0.14%	4	0.25%	2	0.18%
2020 年	48	1	0.17%	43	0.08%	4	0.26%	0	0.00%
2021 年	22	0	0	20	0.05%	1	0.11%	1	0.11%
合计	322	2	0.06%	293	0.10%	17	0.18%	10	0.19%

从表 2 可以看出，与列管总人数比较，暂予监外执行、假释社区矫正对象重新犯罪比例较高，分列第一位、第二位，重新犯罪的可能性比较大；缓刑罪犯基数庞大，即使重新犯罪率低于前述两类犯罪，仍然需要重点关注，结合特性进行分类矫正、针对性矫正。

2. 社区矫正对象重新犯罪类型及罪名情况

在本次调查中，我们对社区矫正重新犯罪人员因为何种罪行被判处社区矫正，以及因为何种罪行重新犯罪进行了统计，并从不同角度展开了分析。

第一，从入矫时罪名角度分析。研究结果发现，在被调查的 322 名重新犯罪人员中，入矫时的犯罪罪名所占数量排在前四位的依次为盗窃罪（60 例）、故意伤害罪（36 例）、诈骗罪（35 例）、寻衅滋事罪（30 例），50%的社区矫正对象重新犯罪时都是这四类犯罪分子，且都属于故意犯罪。这说明在入矫接收之初，有必要重点关注和严格监管因这四类罪行入矫的社区矫正对象，他们具有较高的重新犯罪风险，尤其是盗窃罪，重新犯罪的可能性最大，人数最多。对这些故意犯罪的社区矫正对象日常要严格教育，加强监管，这些人主观恶习程度深，重新犯罪的可能性大。

第二，从重新犯罪罪名角度分析。研究结果发现：2017 至 2021 年 6 月底，全省社区矫正对象重新犯罪 322 人，其中重新犯罪时犯诈骗罪的 64 人，犯盗窃罪的 58 人，犯危险驾驶罪的 56 人，犯寻衅滋事罪的 30 人，犯开设赌场罪的 24 人，犯聚众斗殴罪的 24 人，犯交通肇事罪的 14 人，犯强奸罪的 11 人，犯非法拘禁罪的 8 人，犯抢劫罪的 7 人，犯故意伤害罪的 7 人，犯贩卖毒品罪的 4 人，犯故意杀人罪的 3 人，犯其他犯罪的 12 人。

社区矫正对象入矫后，重犯人员重新犯罪的行为，多集中在：诈骗罪、盗窃罪、危险驾驶罪，寻衅滋事罪，占到 70%，且都是故意犯罪，说明在考虑社区矫正对象重新犯罪的倾向和可能性时，这四类罪行需要重点关注，加强管理并予以专门针对性的法制教育。

第三，从重犯人员个案角度分析，因同一罪名重新犯罪的案例，以盗窃犯为最多，占到 66.67%，其后为诈骗罪占 57.14%，开设赌场罪占 45%，寻衅滋事罪占 20%，说明这四类犯罪类型的社区矫正对象较为顽固，在行为矫正方面需要重点关注（见表 3）。另外，值得注意的是，入矫时所占比例达到第二位的犯故意伤害罪的社区矫正对象中，同样因故意伤害而重新犯罪的仅 1 人，可以推测，此类罪行的再犯风险可能呈较低水平，或可期在现今社区矫正执行和监管教育过程中，对此类罪行的矫正效果处于较高水平。

表 3　A 省社区矫正对象同一罪名重新犯罪情况统计

入矫时罪名	案例数	同罪再犯案例数	同罪再犯率	备注
盗窃罪	60	40	66.67%	
故意伤害罪	36	1	2.78%	
诈骗罪	35	20	57.14%	
寻衅滋事罪	30	6	20%	
交通肇事罪 *	27	4	14.81%	* 另有 8 人危险驾驶
开设赌场罪	20	9	45%	

第四，以犯罪类型划分不同罪名，调查发现重新犯罪多集中在财产类犯罪，高达 120 例社区矫正对象因侵犯公民财产安全而重新犯罪，在财产类犯罪中，盗窃罪、诈骗罪的社区矫正对象重新犯罪率最高，人数最多；其后为交通肇事类犯罪、暴力型犯罪，重犯比例也较高；而职务犯罪的重新犯罪率为 0，可见丧失犯罪能力后此类犯罪不易再次发生。

表 4　A 省社区矫正对象重新犯罪类型统计

罪名	财产类犯罪	交通肇事类犯罪	暴力型犯罪	涉黄、赌、毒犯罪	职务犯罪	其他
人数	120	68	67	39	0	28

3. 社区矫正对象重新犯罪的犯罪地（原执行地/跨省市县）

全省社区矫正对象重新犯罪 322 人，其中在执行地犯罪 224 人，占比 69.6%；在执行地以外犯罪 98 人，占比 30.4%。执行地以外犯罪的人中，盗窃罪 23 人（占比 39.6%），诈骗罪 15 人（23.4%），危险驾驶罪（交通肇事罪）15 人（占比

21.4%），寻衅滋事罪 8 人（占比 26.7%），强奸罪 6 人（占比 54.5%），开设赌场罪 5 人（占比 20.8%），聚众斗殴罪 4 人（16.7%），故意杀人罪 1 人（占比 33.3%），故意伤害罪 1 人（占比 14.3%），其他犯罪 20 人。由此可以看出，一是重新犯罪在原执行地较多，占比较高；二是重新犯罪在外地以强奸罪、盗窃罪、故意杀人罪、寻衅滋事罪、诈骗罪为主，比例较高。

表 5　A 省社区矫正对象重新犯罪地情况

总数	原执行地犯罪人数	原执行地以外犯罪人数	其中		
			本市跨县区人数	本省跨市人数	跨省人数
322	224	98	54	12	32

4. 社区矫正对象重新犯罪性别情况

随着社会经济和社会结构的变化发展，犯罪群体的构成以及犯罪行为的特征发生了分化与调整，但在性别差异方面，并未发生显著变化。有证据显示，男性与女性在遗传、激素、神经和心理方面存在一系列差异，并对犯罪行为等问题的发生具有影响。男性比女性表现出更多、更严重的攻击行为，更显著的行为控制和自我调节困难，更大的行为矫正难度等。① 在本次调查中发现，有 96%的社区矫正重新犯罪人员为男性，仅 4%为女性。

另外，我们对 14 名女性社区矫正对象重新犯罪具体情况进行了统计，因同一罪名重新犯罪的有 8 例，占比 57.14%，其中，盗窃罪、诈骗罪、容留他人吸毒罪分列第一、第二、第三，因此，需要加强对此类人员的管理。女性社区矫正对象犯罪时间多为白天，占比 71.43%，夜晚犯罪占比 28.57%，这表明不仅要在工作时间内加强管理，还要运用信息化手段对其夜间活动进行跟踪查访。此外，女性社区矫正对象犯罪发生地多为城市，占比 57.14%，这与当前人口流动频繁有密切的关系。

表 6　A 省女性社区矫正对象重新犯罪情况统计

年份	女性社区矫正对象在册人数	女性社区矫正对象重新犯罪人数
2017 年	4205	3
2018 年	4337	3
2019 年	4552	4
2020 年	4830	2
2021 年	4842	2

① 亚历克斯·皮盖惹主编：《犯罪学理论手册》，吴宗宪主译，法律出版社 2019 年版，第 25—26 页。

5. 社区矫正对象重新犯罪多发年龄情况

在个体年龄与犯罪原因研究方面，犯罪学的发展理论①（Developmental Theory of Crime）最具代表性，他们发现，随着年龄的增长，个体犯罪风险随之下降。根据犯罪发展理论及国内外的其他研究，25 岁及以下重犯率最高。26—35 岁的人身危险性相对较低，36—59 岁的服刑人员各方面比较成熟，可塑性较低，有一定的人身危险性。60 岁及以上的服刑人员由于年龄偏大，犯罪的条件受到较多的限制，所以人身危险性较低。

我们在本次调查中发现，社区矫正重新犯罪行为与社区矫正对象年龄之间呈负向关系，基本与犯罪学发展理论的研究发现吻合；而由于社区矫正重新犯罪的特殊性，大多数重新犯罪行为集中于青少年晚期（20—39 岁），且多发于 30—39 岁年龄段（见图 2）。这一类重犯人员心智发展趋于稳定，因此可塑性较低；同时，结合本次统计中的学历分布情况，我们发现 20—39 岁的重犯人员，不仅身处个人发展的重要时期，还面临着受文化程度限制的发展环境（文化程度普遍较低），其发生风险性越轨行为或反社会行为的可能性高于其他年龄阶段，具有相对较高的人身危险性。

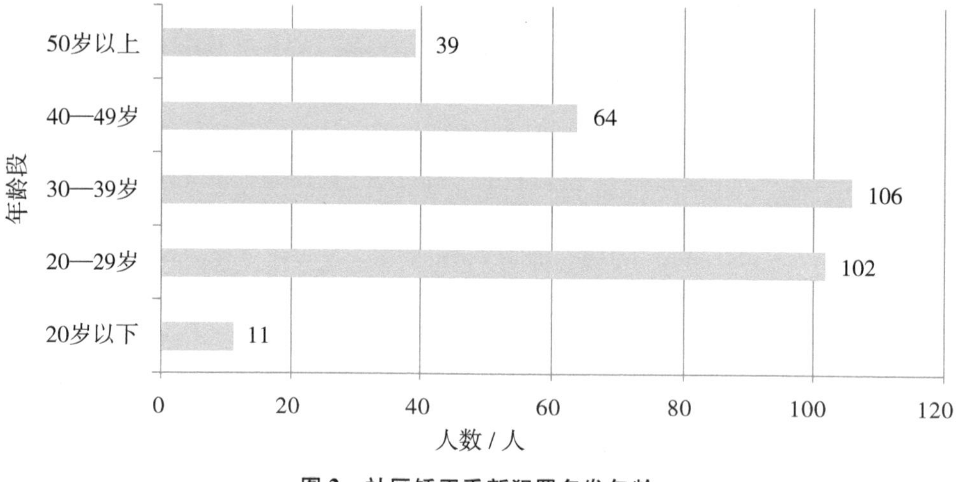

图 2　社区矫正重新犯罪多发年龄

未成年人社区矫正对象是社区矫正管理的特殊群体，在此次调查研究过程中，我们对这部分群体也进行了重新犯罪情况统计。2017 年 1 月至 2021 年 6 月，全省未成年社区矫正对象重新犯罪 24 人，占重新犯罪人数的 7.45%，其中，聚众斗殴罪、寻衅滋事罪分列第一位、第二位，这两类犯罪占比达 62.5%，需要对此类犯罪给予

① 曾赟：《逐级年龄生平境遇犯罪理论的提出与证立——以重新犯罪风险测量为视角》，载《中国法学》2011 年第 3 期。

重点关注。另外，未成年人社区矫正对象重新犯罪时间多发生在夜间，占比 75%，这反映了日常管理的漏洞，因此需要在夜间管理上采取一定的手段。

表 7　A 省未成年社区矫正对象重新犯罪情况统计

年份	未成年人社区矫正对象在册人数	未成年人社区矫正对象重新犯罪人数
2017 年	474	2
2018 年	576	10
2019 年	490	9
2020 年	423	3
2021 年	389	0

6. 社区矫正对象重新犯罪时间情况

本次调查中发现，322 例中有 125 例、占 38.82%的社区矫正重新犯罪人员在入矫半年内就发生了重新犯罪，而且社区矫正对象发生重新犯罪的比例，随着社区矫正期间的延长而呈现显著下降趋势，具有明显的时间规律，这一趋势说明了两个问题：其一，更多犯罪发生在入矫前期，尤其是半年以内，在社区矫正初期阶段加强监督管理的强度和教育矫正的频率是必要且合理的；其二，社区矫正的执行及其时间的推进、程度的加深，可能确实对社区矫正对象的重新犯罪问题有着良好的干预作用，对于预防犯罪具有积极效果。

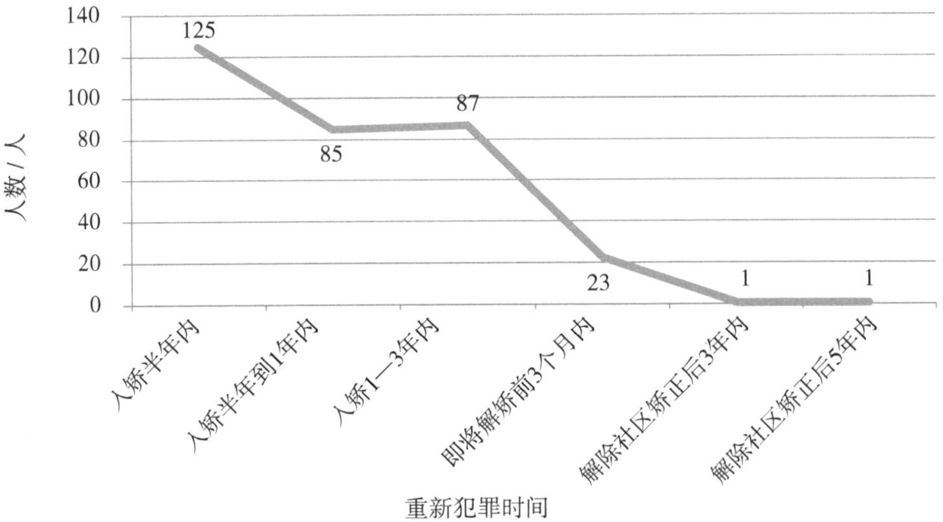

图 3　重犯人员重新犯罪时间

从上图可以看出，入矫半年内重新犯罪的人数最多，占重新犯罪总数的三分之一以上，另外是入矫半年到一年内和入矫 1—3 年内，解矫前 3 个月内也还有一定的人数，解矫后 3 年至 5 年内重新犯罪人数最少。因此，可以得出以下结论：社区矫正对象在入矫后到解矫前都有重新犯罪的可能，即便在解矫前也不要放松监管；社区矫正对象在入矫半年内的要严格监管，加强教育；解矫后的社区矫正对象重新犯罪率最低。

7. 社区矫正对象重新犯罪人员的工作及收入情况

如果有稳定的工作，那么社区矫正对象更倾向于为了保持社会尤其是单位对自身的评价，而感受到一定的约束并且保持谨慎。在面对可能发生重新犯罪的情境时，出于理性选择理论，即认为犯罪是个人对犯罪的利弊得失理性抉择的结果，社区矫正对象会倾向于用更加保守、温和的方式来解决问题。

数据调查显示，无业、临时工或工作不够稳定的重新犯罪社区矫正对象总体上较工作稳定的社区矫正对象重新犯罪风险更高，但是是否有工作、工作类型是否稳定，并不能够对重新犯罪风险产生显著影响。重新犯罪人员中经济拮据者 233 名，占 72.36%，且工作不稳定者居多。因此，社区矫正对象经济收入多少及稳定情况是影响重新犯罪的诱因之一。

8. 社区矫正对象重新犯罪人员文化程度情况

受教育的程度与重新犯罪人员自身的素质有较大的相关性，影响着其产生犯罪行为的可能。在一定程度上，较高的文化程度和较好教育背景，不仅保证个体成长教育环境较为平稳健康、交往圈子少见边缘人群，也使其在判断能力和法律认知能力方面具备优势。

在本次调查中发现，社区矫正重新犯罪人员初中及以下文化程度的占绝大多数，其中初中学历最多，超过总数的一半（见图 4）。这一类重新犯罪人员文化素质不高、缺乏谋生技能，且大多过早进入社会，缺乏清晰的判断能力，更容易发生重新犯罪行为。

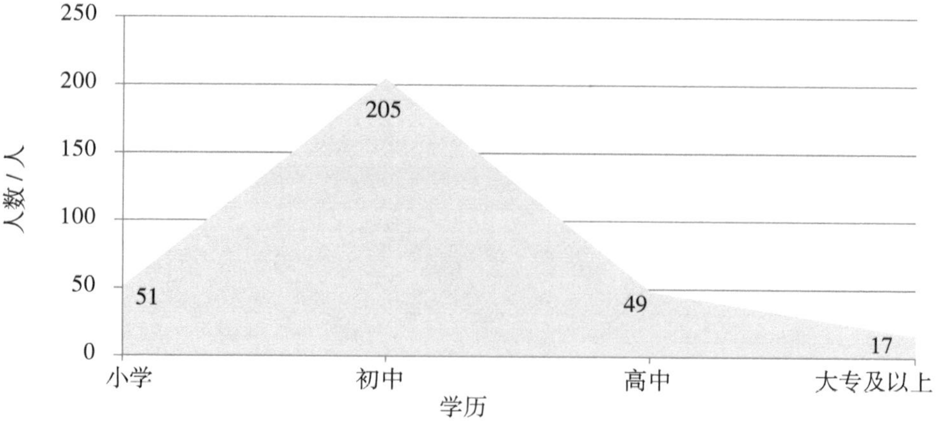

图 4　重犯人员文化程度构成

二、社区矫正对象重新犯罪原因具体分析

犯罪学家指出，犯罪现象是一定的犯罪原因的外在展现和结果状态，因此“犯罪原因”正是我们对一部分人的特定社会形态（犯罪行为的发生）所作出的各种相关因素的搜集、再现和分析。犯罪学一般认为犯罪原因主要有个体、社会、文化和自然原因。①

（一）社区矫正对象重新犯罪的个体分析

据相关文献解释，所谓犯罪的个体原因，是指触引、促发行为人实施犯罪行为的生物、生理、心理特质与观念结构等主体的内在素质及其相互关系。② 之所以研究犯罪的个体原因，是因为大量研究显示，即使在同等环境下（自然、社会与文化环境），不同的个体仍然呈现出了完全不同的行为模式，他们在是否犯罪、犯罪的类型问题上，存在巨大差异。可见，研究犯罪现象有必要重点关注个体因素。

1. 成瘾性与犯罪原因分析

成瘾性一般分为人的生理依赖和心理依赖，对于犯罪个案的研究发现，一些犯罪行为人似乎对于某种越轨行为有着不可遏制的向往，③ 如毒品类犯罪（吸毒成瘾者）及因赌博造成的一系列犯罪等，都与成瘾性有关。又如，盗窃罪中的惯窃，2017 至 2021 年 6 月底，A 省社区矫正对象重新犯罪 322 人，其中犯盗窃罪者人数排在第二；因同一罪名重新犯罪的案例，也以盗窃犯为首，占到 67.2%，目前此类犯罪行为呈现出显著的延续性，且犯罪原因多样，已不仅仅局限于经济困难等常见动机，可能还应考虑存在成瘾性。

2. 需要、动机与犯罪原因分析

犯罪现象研究有必要考虑个体在需要、动机等方面的心理因素。从社会角度来看，部分个体有基于社会贫富差距产生的需求，为满足个体的相对被剥夺感而进行犯罪；从个人角度来看，可能存在刺激心理和侥幸心理，并希望该行为不被发现、有意逃避法律惩罚。④ 比如，诈骗罪，这些人自信有过人的犯罪技巧和反侦察能力，相信司法机关无法侦破其犯罪行为，进而能够逃脱法律的制裁。研究结果发现：2017 至 2021 年 6 月底，A 省社区矫正对象重新犯罪 322 人，其中诈骗罪 64 人，重新犯罪人数排在第一位。

---

① 许章润主编：《犯罪学》，法律出版社 2007 年 7 月第 3 版，第 163 页。
② 许章润主编：《犯罪学》，法律出版社 2007 年 7 月第 3 版，第 258 页。
③ 许章润主编：《犯罪学》，法律出版社 2007 年 7 月第 3 版，第 283 页。
④ 许章润主编：《犯罪学》，法律出版社 2007 年 7 月第 3 版，第 282 页。

3. 法律意识与犯罪原因分析

法律意识的缺失是引发犯罪的重要因素。在法律规范不断扩张的情况下，一方面使得过去缺乏法律调节或规范不够完善的领域，开始逐步有了法律来规范人们的行为，具有良好的社会意义；另一方面使得每个公民都需要不断学习才能满足实际生活的需要，很多人可能因为认识能力不足、规范意识差等原因，还无法很快地认识、了解并遵守这些法律规范。① 如危险驾驶罪，本次研究结果发现：2017 年 1 月至 2021 年 6 月底，A 省社区矫正对象重新犯罪的 322 人中有危险驾驶罪 56 人，重新犯罪人数排在第三。当前道路交通领域的法律规范及要求已经较为完备，仍然存在大量的犯罪现象，其原因应当从社会公民的法律意识角度考量。

4. 个性与犯罪原因分析

一些心理学家认为，几乎所有犯罪行为都可以运用心理和情感结构中的个性反常来加以解释。个性特征的缺陷往往容易反映出个人无法适应社会需求的现象，甚至导致犯罪。② 个性特质中，如有些犯罪人员平常就具有好斗好胜、争强斗狠的心性，容易因此发生过激行为，步入犯罪的行列。研究结果发现：2017 年 1 月至 2021 年 6 月底，A 省社区矫正对象重新犯罪的有 322 人，其中犯寻衅滋事罪的 30 人、聚众斗殴罪的 24 人，重新犯罪的人数分别排在前第四位和第五位。从重犯人员个案角度分析，因同一罪名重新犯罪的案例，犯寻衅滋事罪的占 42.6%，排在第三位。

5. 价值观与犯罪原因分析

“贪利”已经成为现代社会中犯罪人非常常见的犯罪动机和目的。对于金钱的追逐已经成为犯罪行为的主要驱动力。③ 本次研究发现：2017 年 1 月至 2021 年 6 月底，A 省社区矫正对象重新犯罪 322 人，犯诈骗罪的 64 人，犯盗窃罪的 58 人，犯开设赌场罪的 24 人，分别排在第一位、第二位和第五位。从重犯人员个案角度分析，因同一罪名重新犯罪的案例，盗窃罪占到 67.2%，开设赌场罪 54%，诈骗犯 31.3%，分别排在第一位、第二位、第四位。

6. 犯罪主观因素与犯罪原因分析

本次调查结果显示，有 81% 的社区矫正对象重新犯罪行为是故意犯罪，占绝大多数，这些人主观恶习程度高，有必要加强对其犯意的发觉（见图 5）。在另一项因素的调查中，我们统计了社区矫正对象重新犯罪风险的信息来源，多为工作人员观察和其客观矫正表现，这说明两个问题：一是未来更有赖于社区矫正工作者在管理中关注社区矫正对象的犯意，他们是社区矫正对象的关键接触者和重新

① 许章润主编：《犯罪学》，法律出版社 2007 年 7 月第 3 版，第 295 页。

② 许章润主编：《犯罪学》，法律出版社 2007 年 7 月第 3 版，第 285 页。

③ 许章润主编：《犯罪学》，法律出版社 2007 年 7 月第 3 版，第 291—292 页。

犯罪风险的首要发现者；二是重新犯罪风险虽然可以得到有效察觉，但在此之后予以的干预措施可能存在不足之处，值得关注并进行对策研究。另外，在风险察觉上，矫正小组反馈及其他群众举报的比例较少，在功能发挥方面还有更大的空间。

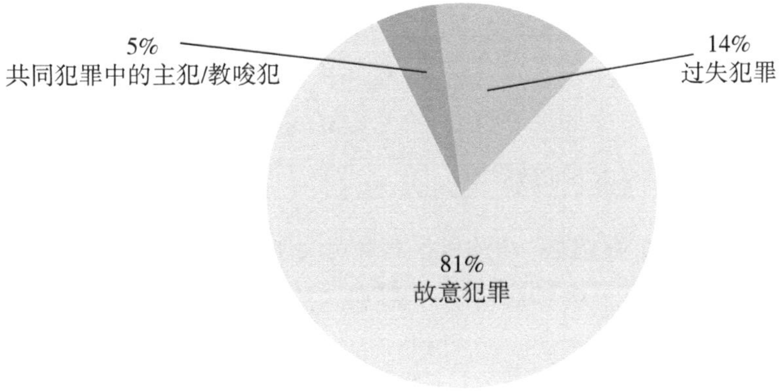

图 5　重新犯罪的主观方面

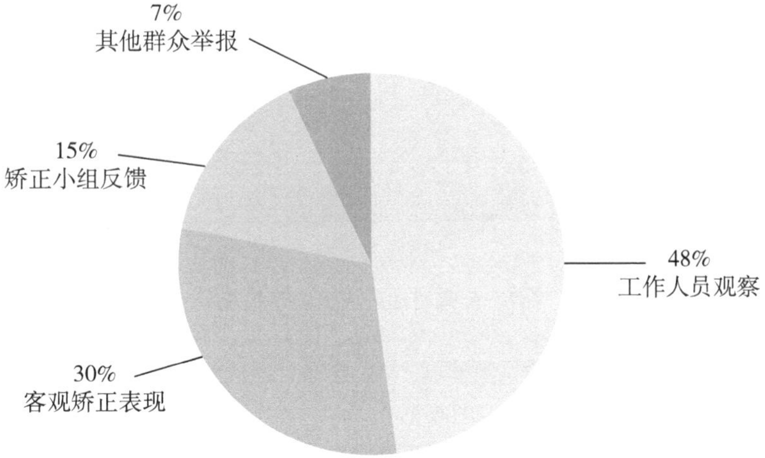

图 6　重犯风险的发现来源

（二）社区矫正队伍建设分析

1. 专职人员数量与社区矫正工作不适应

全省社区矫正机构专职工作人员 286 人，社区矫正对象 32063 人（男性 26752 人，女性 5311 人），专职工作人员与社区矫正对象数量比例为 1∶112。其中，省级机构共 6 人，排名全国靠后；市级机构共 41 人，平均每个机构 2.56 人，个别市仅有 1 人，人员极为紧缺；县级机构 239 人，平均每个机构 2.98 人，与社区矫正对象数量形成鲜明对比。

表 8　A 省社区矫正机构建设及人员配备情况

机构级别	机构数量	专职人员数量	每个机构平均专职人员数量
省级	1	6	——
市级	16	41	2.56
县级	108（含 4 个功能区）	239	2.98

全省 1533 个乡镇（街道）司法所，共有司法所工作人员 2492 人，平均每个所 1.63 名，与司法部每个司法所配备 3 人的标准还有较大的差距。

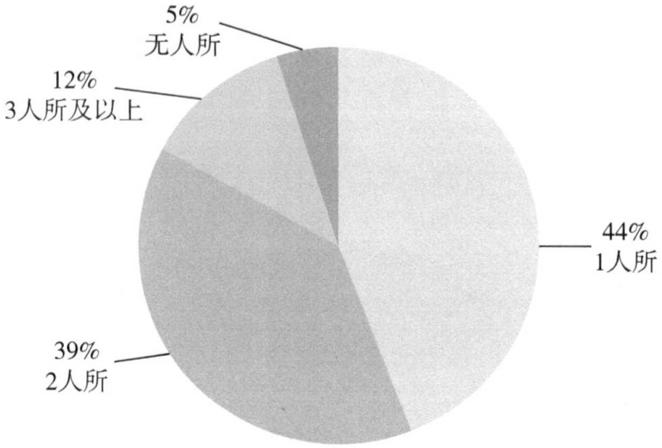

图 7　A 省司法所人员配备情况

2. 专职人员年龄结构与社区矫正工作不适应。经统计，作为具体实施社区矫正工作的县级机构队伍中，人数最多的年龄段为 41 岁至 50 岁的人员，共 75 人，占比 32%；而且本应是中坚力量的 30 岁至 40 岁以下的人员 63 人，占 26%；30 岁以下的人员仅有 43 人，仅占 18%。

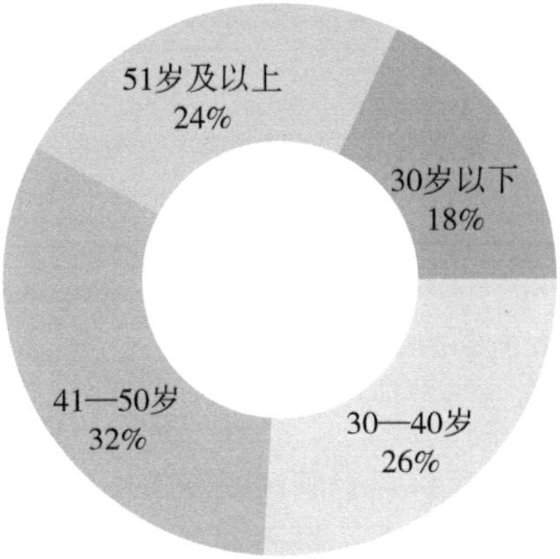

图 8　A 省县级社区矫正机构人员年龄分布

3. 专职人员素质与社区矫正工作不适应

全省社区矫正机构专职工作人员中，具备法律专业背景的 177 人，占比 61.9%。但与社区矫正相关联的专业很少，其中，社区矫正专业 1 人、教育学专业 5 人、心理学专业 5 人、社会学专业 1 人，占比仅为 4.2%，专业人才十分稀缺，社区矫正工作的专业化需求还有很大缺口。

表 9　A 省社区矫正机构专职工作人员专业构成情况

专业	省级机构	市级机构	县级机构
法学	2	24	151
社会学	0	1	1
教育学	1	0	0
社区矫正	0	0	1
其他	3	16	77

4. 管理体制机制与社区矫正工作不适应

全省共有司法所 1533 个，其中，1225 个司法所人、财、物由县（市、区）司法局负责；240 个司法所一般人员、编制、工资由县（市、区）司法局负责，福利及工作经费由乡镇（街道）负责；67 个司法所业务上仅由县（市、区）司法局指导，人、财、物全部由乡镇（街道）负责；1 个司法所没有编制部门的正式批文。司法所复杂的隶属关系，与其承担的职责不适应，与社区矫正执法的统一规范要求不相适应。

表 10　A 省司法所管理体制情况统计

司法所数量	管理体制			
	属于派出机构	属于双重管理	属于业务指导	其他
1533	1225	240	67	1

（三）社区矫正监督管理问题分析

监督管理是社区矫正基本任务之一，是社区矫正机构督促社区矫正对象遵守有关法律、行政法规和司法行政机关监督管理规定的最基础的工作。加强社区矫正对象的监督管理，是做好社区矫正工作、提高教育矫正质量的必要前提，是预防和减少社区矫正对象脱管、漏管和重新犯罪的重要手段，更是维护社会治安、构建平安 A 省的本质要求。

1. 思想认识上不够重视

社区矫正作为非监禁刑事执行活动，承担着维护国家政治安全、保障人民安居乐业、促进公平正义的重要使命，既要体现惩处违法犯罪活动的法治威严，又要有效保护人民群众合法权益。实践中，少数单位和同志政治站位不高，安全稳定首位意识不强，对安全稳定形势的严峻性、复杂性认识不足，思想上麻痹松懈，执行监督管理措施打折扣。此外，对《社区矫正法》精神的理解有偏差，没有平衡好依法监督管理与尊重、保障社区矫对象合法权益之间的关系，认为实施严格的监督管理，会对社区矫正对象正常工作和生活造成影响，过度强调社区矫正对象权益的保障，不愿管、不敢管，对社区矫正对象“放之任之”。

2. 日常管理上不够严格

一是外出管理制度执行不严。个别地方在审批社区矫正对象申请外出时，没有严格按照法律规定的理由、证明材料、权限和程序执行，存在扩大审批范围、外出期限、越权审批等情形，外出期间电话通信、实时视频等监管措施落实不到位，销假不及时等。二是信息化核查不精准。手机定位频次低、定位精准度不高、人机分离现象普遍，对社区矫正对象活动轨迹掌握不精确。比如，在 2020 年政法队伍教育整顿期间，通过公安机关智能化核查，核查社区矫正对象总数 33673 人，其中，核查出违法违规外出 2497 人次，占总人数的 7.4%，核查脱管 6 人，暴露出日常管理工作中还存在不少漏洞。（见表 11）

表 11 2020 年 A 省社区矫正对象违法情况

项目 数量	核查情况		处理处罚情况		
	核查总数	核查出违法违规外出数量	给予训诫	给予警告	提请治安处罚
合计	33673	2497	750	717	70

三是违法违规行为处理不及时。对社区矫正对象违反法律规定或者监督管理规定的，依法给予相应处理，是维护刑事执行工作公平公正、警示社区矫正对象服从管理的前置性工作。在实践中，有的工作人员对法律规定把握不准，没有按照规定及时作出训诫、警告、提请治安管理处罚，或者提请撤销缓刑、撤销假释、对暂予监外执行收监执行。有的工作人员担心处理后涉及社区矫正对象收监执行，会有大量的协调工作，有畏难心理。

3. 制度落实上不够到位

防止社区矫正脱管和重新犯罪，关键是监管制度的有效执行。近年来，司法部和省司法厅出台了不少监管方面的制度，也多次召开会议，进行专项活动和检查，目的就是推动这些制度的真正落实。但是仍然有少数地方发生社区矫正对象脱管漏管和重新犯罪案件，一个主要原因就是没有严格落实规章制度，甚至有令不行、有禁不止。一是把制度建设和执行制度当成两回事，即制度归制度，执行归执行，导致把制度当成摆设而执行不力的现象时有发生。二是法治观念不强，对上级制定的制度规定不加强学习，对容易发生对监管安全的风险认识不足、重视不够，工作中有应付检查的现象。三是对制度落实情况的监督检查不力，监督检查工作机制没有真正建立，检查工作的针对性不强，相应处罚机制缺乏，通过检查发现问题、补齐短板的作用不够。

4. 矫情研判上不够深入

加强矫情分析研判，是掌握社区矫正工作情况，预防和减少社区矫正对象脱管和重新犯罪，维护社区矫正安全稳定的重要手段。近年来，各级司法行政机关通过组织召开会议的形式，对社区矫正矫情进行分析研判，在一定程度上防范了安全隐患的发生，但也存在一些问题。比如，矫情分析内容不明确，过多地注重问题现象和定性分析，很少进行定量分析，对问题本质及规律性的动向研究不够，分析的内容不够全面，很难提出有针对性的防范举措；矫情的组织形式不科学，没有明确的频次、参加人员，形式大于内容，没有通过研判解决实质性的问题，矫情分析质量不高。

5. 隐患排查上不够全面

隐患排查活动是司法行政机关每年都要开展的一项重要活动，但在实践中还存在隐患排查工作不够扎实，部署安排不够具体，排查整治不够彻底等问题，对排查出的一些隐患和漏洞，没有认真分析原因，制定针对性的整改措施，只解决了表面问题，深层次问题并没有得到真正的解决，还在反复地发生，甚至越来越严重。比如，×县的社区矫正对象程某某，因私自外出被公安机关给予治安管理处罚一次，但工作人员没有排查出其私自外出的原因，也没有及时制定针对的防范措施，程某某后来多次私自外出非法集资，导致 27 名投资人受损并报案，涉案资金总额达 670 余万元，造成极其恶劣的影响。

（四）社区矫正科技保障问题分析

社区矫正“技防”手段落后，智能化、智慧化程度不高，无法实时掌握社区矫正对象动态信息，容易造成虚管弱管，甚至脱管情况发生。

1. 未实现一体化应用

目前基层使用的有两个系统，一个是社区矫正对象定位管理系统，另一个是社区矫正信息管理系统。两个系统根据 2012 年社区矫正实施办法进行开发设计，《社区矫正法》出台后，相关流程、工作要求都有很大调整，已不能适应实际工作需要。基层工作人员重复登录系统进行操作，相关数据资源未实现集约化和一体化应用。

2. 智能化应用程度低。

存在数据录入量大、同步更新不及时、智能化程度低、系统之间关联性差、应用不能实现移动化等诸多问题。定位管理系统目前使用的地图为原国土资源厅提供的免费地图，存在位置标注少、更新不及时、智能化程度不高等问题。

3. 外部数据协同应用少

社区矫正管理系统目前仅对接了各市社管平台，没有接入视频督察、雪亮工程，以及与公安、法院、检察院、民政、人社等外部信息资源，无法与相关部门进行数据共享，形成“信息孤岛”。跨部门互联互通存在诸多障碍，不能全面及时掌握社区矫正对象动态，影响了协作配合和管控措施落实。

三、对策和建议

预防和减少社区矫正对象重新犯罪是一项政治性、政策性、法律性都很强的系统工程，事关平安 A 省建设，事关社会和谐稳定，必须严格落实党中央及省委关于平安 A 省建设的决策部署，坚持“人民至上、生命至上”的工作理念，从维护广大人民群众根本利益的高度出发，清醒认识社区矫正对象管理工作存在的风险隐患，进一步加强统筹协调，强化部门协作配合，加强工作指导督促，全力做好预防和减少社区矫正对象重新犯罪管理工作。

（一）进一步加强综合治理

在我国，预防犯罪是整个社会的共同责任，动员整个社会力量是社会治安综合治理的一个基本内容和要求。各级党委政府应当把预防和减少社区矫正对象重新犯罪纳入加强基层治理体系和治理能力现代化建设之中，控制犯罪行为实施所需要的或者可能利用的外部条件，发现和制止犯罪行为的实施，健全落实社区矫正对象这一重点人员管控责任体系，压紧压实属地和相关部门源头稳控责任，切实把风险化解在萌芽状态、初始阶段。严格落实省司法厅、省民政厅联合制定的《安徽省村（居）民委员会依法协助社区矫正工作的意见》，健全完善村（居）民委员依法协助的工作内容，完善协助工作程序，加强经费保障和业务培训，进一步增强乡镇（街道）平安建设能力。

（二）进一步明确工作权责

健全完善社区矫正工作责任体系，制定出台《安徽司法行政系统社区矫正权责清单》，进一步明确省、市、县三级社区矫正机构和司法所社区矫正执法权力和责任，进一步细化社区矫正执法程序，进一步完善执法流程，增强法律法规的操作性。此外，明确社区矫正机构违法或者不当行使职权所应承担的法律责任和追责情形。通过健全权责清单，推进社区矫正工作公开化、阳光化、法治化，加强执法监督，规范执法行为，提升工作责任心，尽职履责。

（三）进一步加强矫情分析

严格落实《安徽省社区矫正矫情分析办法》，规定省、市、县三级社区矫正机构和司法所矫情分析会议的频次、参加人员、重大矫情报告等，明确监管安全形势和发生问题的规律、社区矫正对象存在的风险隐患、社区矫正工作人员履职情况等基本分析内容，界定省市县三级社区矫正机构及司法所分析内容侧重点，定期或不定期排查工作中存在的最突出问题、最明显短板，真正把短板补齐，把漏洞堵住，把基础夯实，提升预测预警预防能力。

（四）进一步加强管控教育

任何犯罪都是人所实施的一种反社会行为。预防犯罪是一项专门工作，这就决定了在对社区矫正对象犯罪管控中只能是重点人员控制。社区矫正机构要严格执行《安徽省社区矫正对象分期分级分类管理办法》，对于具有不良习性并且已经实施违法行为的社区矫正对象，特别是犯有诈骗罪、盗窃罪、危险驾驶罪、寻衅滋事罪、开设赌场罪、聚众斗殴罪、交通肇事罪等人员，列为重点管理对象，实施有针对性的管控教育措施。

（五）进一步加强矫治工作

在刑事执行过程中对犯罪人进行矫治，是预防重新犯罪的一个重要环节，是发挥刑事特殊预防功能的基本途径。一是要加强心理矫治，这是防止社区矫正对象再次犯罪的重要途径。因此，在日常管理工作中，要加强心理健康辅导，建立健全社区矫正对象心理健康档案，利用心理测量量表等开展心理健康测试，对有需求的人员实施危机干预措施。二是加强习性矫治，特别是对具有重新犯罪现实危险性的人员实施心理干预，特别是加强对惯犯（如盗窃罪中的惯盗）的干预，减少重新犯罪率。

（六）进一步发挥惩罚作用

惩罚具有预防犯罪功能，没有实际的惩罚，刑罚的威慑力量便会被束之高阁，刑罚的预防功能就不可能真正发挥。所以说，社区矫正惩罚性依然是必要的，这是犯罪的代价。惩罚体现了国家对其危害社会行为的否定性评价，从而安抚受害人，使社会生活有序，仅用善良来拯救罪恶是对社会的不公平，也是对受害者的二次犯罪。为此，对违反法律法规和监督管理规定的社区矫正对象要根据情形，分别采取训诫、警告、提请治安处罚，提请撤缓、撤假和收监措施。

（七）进一步发挥科技作用

技术预防虽然不能消除犯罪产生的原因，但是通过运用现代科学技术防范手段可以及时发现犯罪、阻止犯罪、制服犯罪人的活动，能够减少犯罪的发生率和成功率，对于减少犯罪的发生率和成功率是极为有用的。因此，要把信息化与社区矫正工作业务深度融合，大力推进智慧管理平台和智慧矫正中心建设，实现数据一体化、管理智能化、互联移动化、指挥可视化的工作目标，形成覆盖全面、智能应用、信息共享的管理新模式，提升社区矫正智能化、智慧化管理水平。

（八）进一步理顺工作体制

大力推进社区矫正机构建设，健全完善社区矫正机构与司法所的委托关系，理顺社区矫正管理体制。探索社区矫正队建制建设模式，在县（市、区）社区矫正机构普遍建立的基础上，探索在乡镇（街道）设立若干社区矫正中队，配备一定数量的专职工作人员，由县级社区矫正机构统一管理、统一调度，将社区矫正工作从司法所剥离，真正实现社区矫正工作专人、专职。

（九）进一步加强队伍建设

队伍是社区矫正工作顺利实施的基本保证。加强专职工作力量配备，通过增加政法专项编制，增加县级社区矫正机构和司法所专职人员数量，确保每个县级社区矫正机构专职工作人员不少于4人、司法所专职人员不少于3人。加强队伍专业素质建设，组建一支以政法编工作人员为主的职业化、专业化的队伍，在招录新的社区矫正执法人员时，将具备法律、教育学、社会学、心理学等相关专业的人员纳入社区矫正队伍。完善激励保障机制，制定专职工作人员管理办法和职业纪律标准，建立职业晋升、评比表彰、工作容错机制，为不同岗位人员设定不同的专业层级，统一服饰、标识、工作制度和工作证件。

河北省高质量实施《社区矫正法》的实践与思考

乔新月*

《社区矫正法》的颁布实施，对于促进社会和谐稳定、节约国家刑事执行成本，推进平安中国、法治中国建设，促进司法文明与进步具有重要作用，对于实现社区矫正工作规范化、精细化、信息化，以及推进国家治理体系和治理能力现代化建设具有重大意义。推动社区矫正工作高质量发展，必须把思想和行动统一到《社区矫正法》上来，积极适应新要求、新理念，实现高质量发展，为全面建设社会主义现代化国家、推进国家治理体系和治理能力现代化贡献社区矫正力量，承担社区矫正工作职责使命。本文通过对2016年至2020年河北省社区矫正工作进行分析和研判，提出高质量实施《社区矫正法》的对策。

一、河北省2016年至2020年社区矫正工作主要数据分析

河北省社区矫正工作深入学习贯彻习近平新时代中国特色社会主义思想和社区矫正工作批示精神，扎实落实司法部、省委省政府决策部署，全面加强党对社区矫正工作的领导，依法设立由副省长任主任、省编办等16个部门为成员的社区矫正委员会，发挥统筹协调指导作用，紧守安全底线，强化制度建设，抓实规范执法，提升教育质量，夯实基础保障，全力做好首都政治“护城河”。全省累计接收社区矫正对象160911人，解除131299人，目前在册39612人，未发生社区矫正对象重大恶性再犯罪案件，144431名“大墙外”的社区矫正对象成为守法公民，顺利融入社会，为维护全省社会和谐稳定作出了积极贡献。

（一）年度列管社区矫正对象人数情况

根据《社区矫正术语》（中华人民共和国司法行政行业标准SF/T 0055—2019），列管人数是指“上个期间末在册社区矫正对象数量与本期间内新接收的社区矫正对象人数之和”，能够反映全年实际管理的社区矫正对象数量情况。2016年至2020年，

---

* 乔新月，河北省司法厅党委委员、副厅长，省戒毒管理局局长。

年度列管人数分别为64777人、67036人、68687人、75228人、73352人，年度增加分别为2259人、1651人、6541人和-1876人（受新冠肺炎疫情影响），前四年基本呈逐年上升趋势。

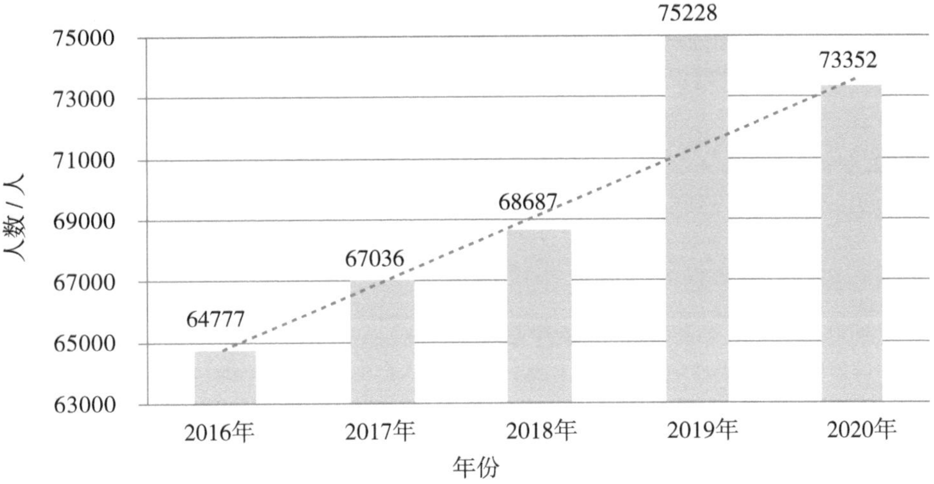

图1　2016年至2020年年度列管人数变化图

（二）年度社区矫正对象类别占比情况

社区矫正适用范围是被判处管制、宣告缓刑、假释和暂予监外执行的罪犯。2016年至2020年，管制、假释、暂予监外执行社区矫正对象占比逐年下降，缓刑社区矫正对象占比稳步提升。

表1　2016年至2020年四类社区矫正对象人数和占比情况

年份	年末在册人数	管制人数	管制占比	缓刑人数	缓刑占比	假释人数	假释占比	暂予监外执行人数	暂予监外执行占比
2016年	41687	560	1.4%	39645	95.1%	548	1.3%	934	2.2%
2017年	41566	414	1.0%	39989	96.2%	306	0.7%	857	2.1%
2018年	41565	348	0.8%	40104	96.6%	351	0.8%	762	1.8%
2019年	44031	357	0.8%	42676	97.0%	239	0.5%	759	1.7%
2020年	38981	230	0.6%	37877	97.2%	238	0.6%	636	1.6%

（三）年度主要犯罪类型占比情况

按照犯罪类型，社区矫正对象中危害公共安全类、破坏经济秩序类、侵犯公民人身权利类、侵犯财产类、妨害社会管理秩序类罪犯占全部罪犯人数的90%左右。2016年至2020年，以盗窃为代表的侵犯财产类、以寻衅滋事为代表的妨害社会管理秩序类犯罪占比相对稳定；以醉酒驾驶为代表的危害公共安全类犯罪占比从19.5%增加到26.7%，增幅为36.9%；以诈骗为代表的破坏经济秩序类犯罪占比从8.4%增加到12.3%，增幅为46.4%；以故意伤害为代表的侵犯公民人身权利类犯罪占比从32.3%减少到22%，降幅为31.9%。

（四）年度主要犯罪类型占比情况

按照犯罪类型，社区矫正对象中属于危害公共安全类、破坏经济秩序类、侵犯公民人身权利类、侵犯财产类、妨害社会管理秩序类罪犯占全部罪犯的90%左右。2016年至2020年，以盗窃为代表的侵犯财产类、以寻衅滋事为代表的妨害社会管理秩序类犯罪占比相对稳定；以醉酒驾驶为代表的危害公共安全类犯罪占比从19.5%增加到26.7%，增幅为36.9%；以诈骗为代表的破坏经济秩序类犯罪占比从8.4%增加到12.3%，增幅为46.4%；以故意伤害为代表的侵犯公民人身权利类犯罪占比从32.3%减少到22%，降幅为31.9%。

表2　2016年至2020年主要犯罪类型占比情况

年份	年末在册人数	危害公共安全	占比	破坏经济秩序	占比	侵犯公民人身权利	占比	侵犯财产	占比	妨害社会管理秩序	占比
2016年	41687	8120	19.5%	3503	8.4%	13447	32.3%	5476	13.1%	6423	15.4%
2017年	41566	8491	20.4%	3839	9.2%	12690	30.5%	5251	12.6%	6620	15.9%
2018年	41565	9258	22.3%	3964	9.5%	12343	29.7%	5085	12.2%	6754	16.2%
2019年	44031	11294	25.7%	4405	10.0%	11631	26.4%	5436	12.3%	7380	16.8%
2020年	38981	10424	26.7%	4793	12.3%	8568	22.0%	5208	13.4%	6969	17.9%

（五）年度性别占比情况

从2016年至2020年，男性社区矫正对象占比从92.2%下降至87.7%，女性社区矫正对象占比从7.8%上升至12.3%。

表 3　2016 年至 2020 年性别占比变化情况

年份	年末 在册人数	男性社区 矫正对象人数	男性占比	女性社区 矫正对象人数	女性占比
2016 年	41687	38434	92.2%	3253	7.8%
2017 年	41566	38155	91.8%	3411	8.2%
2018 年	41565	37753	90.8%	3812	9.2%
2019 年	44031	39277	89.2%	4754	10.8%
2020 年	38981	34191	87.7%	4790	12.3%

（六）年度警告情况

警告是对违反法律法规或者监督管理规定的社区矫正对象的一种处罚措施。2016 年至 2018 年，年警告人次均在 2000 左右，2019 年增长至 2544 人次，2020 年 7 月 1 日，《社区矫正法》实施，增加了训诫作为程度更轻的处罚措施，警告人次降至 1531。

表 4　2016 年至 2020 年警告情况

年份	年度列管人数	年度警告人次	年度警告率
2016 年	64777	2161	3.34%
2017 年	67036	2072	3.09%
2018 年	68687	2128	3.10%
2019 年	75228	2544	3.38%
2020 年	73352	1531	2.09%

（七）年度再犯罪情况

年度再犯罪率，是指年度社区矫正对象再犯罪人数占年度列管人数的比例。2016 年至 2020 年，年度再犯罪率分别为 0.093%、0.107%、0.079%、0.082%、0.070%，呈逐年下降趋势。

表 5　2016 至 2020 年社区矫正对象再犯罪情况

年份	年度列管人数	年度再犯罪人数	年度再犯罪率
2016 年	64777	60	0.093%
2017 年	67036	72	0.107%
2018 年	68687	54	0.079%
2019 年	75228	62	0.082%
2020 年	73352	51	0.070%

（八）年度收监执行情况

年度收监执行率，是指年度社区矫正对象收监人数占年度列管人数的比例。2016 年至 2020 年，年度收监执行率保持在 0.28%至 0.39%之间。

表 6　2016 年至 2020 年年度收监执行情况

年份	年度列管人数	年度收监执行人数	年度收监执行率
2016 年	64777	180	0.28%
2017 年	67036	189	0.28%
2018 年	68687	222	0.32%
2019 年	75228	290	0.39%
2020 年	73352	229	0.31%

二、河北省高质量实施《社区矫正法》的主要成效与问题挑战

从 2016—2020 年，特别是《社区矫正法》颁布实施以来河北省社区矫正工作的总体情况来看，全省社区矫正工作取得了一定成效，但也存在着制度体系不够完善、机构队伍建设薄弱等问题。下文重点以推动《社区矫正法》实施的主要成效为基础，着重对贯彻落实《社区矫正法》实践中反映出来的问题、挑战予以分析，以明确新发展阶段社区矫正工作高质量发展的目标和方向。

（一）河北省高质量实施《社区矫正法》主要成效

《社区矫正法》颁布实施以来，河北省社区矫正工作深入学习贯彻习近平新时代中国特色社会主义思想和对社区矫正工作批示精神，扎实落实司法部、省委省政府

决策部署，坚持党建先行，紧守安全底线，强化制度建设，抓实规范执法，提升教育质量，全力做好首都政治“护城河”，为维护全省社会和谐稳定作出了积极贡献。

1. 职能作用有效彰显

紧紧围绕京津冀协同发展、雄安新区建设、冬奥会筹办等中心任务，发挥社区矫正职能作用。深化京津冀社区矫正区域执法协作，不断破解一体化体制机制障碍，紧紧围绕服务雄安新区及冬奥会筹办，开展隐患排查整治、扫黑除恶、边控通报备案与交控等专项行动。

2. 机制制度日趋完善

成立各级社区矫正委员会 1495 个，省、市、县级社区矫正委员会实现全覆盖，构建并完善了党委政府统一领导，司法行政机关组织实施，相关部门密切配合，社会力量广泛参与的领导体制和工作机制。推进社区矫正制度立改废，推动出台社区矫正对象考核办法、实施细则等规范性文件和台账档案，健全监地协作、安全管控、规范执法、出境管控等工作机制。

3. 学习宣传不断加强

联合省法宣办印发学习宣传贯彻社区矫正法实施方案，纳入各单位年度学习计划。召开全系统学习宣传社区矫正法视频会议，举办社区矫正法专题宣讲报告会，围绕社区矫正法实施一周年开展“我与社区矫正”主题征文、研讨等系列活动，利用电台、电视台、报纸、两微一端等媒体平台，举办有奖答题、新闻发布会、场所开放日，印发资料、摆放展板、展播视频等形式，强化学习宣传、营造氛围，累计发放资料 8.9 万余套，有奖答题 53.7 万余人次，实现社会面、全系统、工作人员和社区矫正对象四个全覆盖，夯实了法律实施基础。

（二）河北省高质量实施《社区矫正法》的问题挑战

1. 社区矫正工作的制度体系仍需完善

2020 年 7 月 1 日《社区矫正法》正式施行，为社区矫正工作实践提供了法治保障和法律依据，推动了社区矫正法治进程；《社区矫正法实施办法》配套出台，为工作提供了重要支撑。截至目前，省、市、县级社区矫正委员会基本全覆盖，在统筹协调和指导全省社区矫正工作方面发挥了重要作用。但是，根据社区矫正执法检查督查及座谈发现，在社区矫正调查评估居住地的认定，出境通报备案主体的确定，暂予监外执行工作管理监督、保证人未尽保证义务的责任规定，女性暂予监外执行对象故意多次怀孕逃避收监、社区矫正机构对病情复诊不能作出有效认定等很多细节方面，缺乏有效可操作性的规范，制约了社区矫正工作规范开展。

2. 社区矫正机构队伍建设相对薄弱

轻刑化是人类进一步走向文明的体现，也是时代发展的迫切需求。社区矫正正是我国宽严相济刑事司法政策的具体体现，对预防和减少重新违法犯罪，最大限度地增加社会和谐因素，建设平安中国、法治中国具有不可替代的作用。2019 年相比 2018 年，增幅为 9.5%；2020 年相比 2016 年，增幅为 13.2%，有些县（市、区）在册社区矫正对象基数很大，截止到 2020 年年底，全省大于 500 人的县（市、区）有 7 个，300—500 人的县（市、区）有 45 个，全省社区矫正机构设置进展不一，名称职责不一，基层司法所政法专项编制干部人均管理 11 名社区矫正对象和 50 名刑满释放的安置帮教对象，监管总量持续增加，监管压力逐年增大，专职人员人力资源紧张与集中精力专职专业做好社区矫正工作的矛盾十分突出。

3. 社区矫正对象犯罪构成日趋复杂

近年来，我国社区矫正对象犯罪构成呈现出年轻化特征，在思想、文化、性别等领域呈现出多元化特征。五年来，河北省的社区矫正对象中，危害公共安全类、破坏经济秩序类犯罪占比快速增长，侵犯公民人身权利类犯罪占比显著降低。危害公共安全类犯罪已经取代侵犯公民人身权利类犯罪，成为占比最高的犯罪类型，占所有犯罪类型四分之一以上。同时，盗窃、抢劫、贩毒等特定犯罪矫正对象，从其犯罪性质来看重犯率较高，且监管难度大。女性社区矫正对象比例不断增高，且女性非法吸收公众存款罪、诈骗罪、盗窃罪等侵财类犯罪始终保持高位，犯罪对象“特指性”更加明显，多针对家庭成员、恋人、邻居等熟人实施，既具有所有矫正对象共有的普遍性问题，又有不同于男性矫正对象的特殊性。

4. 社区矫正对象分类管理和个别化矫正需求日益增强

社区矫正对象类别构成稳中有变。2016 年至 2020 年，缓刑社区矫正对象的主体地位更加突出，占比从 95%增长至 97%，增幅为 2.1%。女性社区矫正对象占比持续提高。2016 年至 2020 年，女性社区矫正对象占比从 7.8%增长至 12.3%，增幅为 57.7%。以醉酒驾驶为代表的危害公共安全类犯罪占比从 19.5%增加到 26.7%，增幅为 36.9%；以诈骗为代表的破坏经济秩序类犯罪占比从 8.4%增加到 12.3%，增幅为 46.4%；以故意伤害为代表的侵犯公民人身权利类犯罪占比从 32.3%减少到 22%，降幅为 31.9%。根据裁判内容和社区矫正对象的犯罪原因、犯罪类型、犯罪情节、悔罪表现等情况，制订有针对性的矫正方案，实现分类管理、个别化矫正的需求更加迫切。

5. 社区矫正对象预防重新再犯罪不容忽视

2016 年至 2020 年，列管人数显著增加的不利条件下，年度收监执行率保持在 0.28%至 0.31%之间，年度警告率除 2020 年受法律实施影响外，保持在 3.09%至 3.38%之间，均维持相对稳定，且年度再犯罪率从 0.093%逐年下降至 0.07%，表明社区矫正工作质量稳步提升。预防和减少再犯罪是社区矫正法立法目的，加之河北特殊区位，拱卫首都安全，预防社区矫正对象再犯罪是重大政治使命要求，一刻不能放松。

6. 社区矫正对象收监难仍待破解

《社区矫正法》分别规定了对社区矫正对象违法违规行为给予训诫、警告、治安管理处罚、应提请收监的情形，属于社区矫正对象违法违规应受到的惩处。2016 年至 2020 年，依法对 436 名社区矫正对象给予训诫，对 10436 名社区矫正对象给予警告处分，对 92 社区矫正对象名给予治安处罚，对 1110 名撤销缓刑、假释、被暂予监外执行的社区矫正对象决定收监执行，起到了打击一个、教育一片的效果。但因刑事收监、收押及监禁刑的法律法规及其他各种规定较为散乱，且有些规定比较模糊，导致一些社区矫正对象因患有严重疾病、抚养未成年子女及赡养父母等直系亲属、自伤自残等情况无法收监，破解刑罚“执行难”已成为社会系统工程，亟须立法予以规范和明确。

三、河北省高质量实施《社区矫正法》的对策思考

全面实施《社区矫正法》，必须发挥党领导社区矫正工作的强大制度优势，全省上下协调联动，有关部门密切配合和社会各界大力支持，共同推动这项伟大事业不断取得新进展、新成效。

（一）强化制度优势，提升社会治理效能

深入学习贯彻习近平总书记重要讲话和对社区矫正工作的重要指示精神，深入学习贯彻习近平法治思想，将全面实施《社区矫正法》融入服务保障京津冀协同发展、雄安新区建设、冬奥会筹办等重大国家战略和国家大事等重大政治任务，置于推进社会治理现代化的大局中认识和把握，当好首都政治“护城河”；坚持用法治思维与法治方式指导与引领社区矫正工作，扎实落实《河北省社区矫正工作“十四五”发展规划（2021—2025 年）》，积极推进出台地方性法规，将河北省社区矫正工作条例纳入全省立法计划预备项目，联合省公检法出台社区矫正法实施细则，规范部门职责、强化部门衔接、细化考核内容、量化考核标准，构建规范社区矫正工作制度体系，实现监管、教育、奖惩相互贯通；完善暂予监外执行制度，解决暂予监外执行收监难等问题，统一规范、定分止争，不断提高和深化河北省社区矫正工作水平。

（二）强化机构建设，提升执法主体能力

社区矫正执法主体适格，是依法规范开展社区矫正工作的前提。《社区矫正法》第 9 条规定，县级以上地方人民政府根据需要设置社区矫正机构，负责社区矫正工

作的具体实施。2021年5月31日召开的全国司法行政系统贯彻《社区矫正法》经验交流电视电话会议指出，福建、山西、上海、北京、江西、海南、重庆、贵州、云南、甘肃、宁夏、黑龙江等20个省（区、市）司法厅（局）和新疆生产建设兵团司法局积极作为，采取单独设立、在司法厅（局）或其内设机构加挂牌子方式，普遍建立起具有独立执法主体资格的社区矫正机构。目前，全国省、市、县三级社区矫正机构建成率分别达到67%、58%、48%。因此必须依法加强顶层设计，加强社区矫正机构建设，统一名称、职责，确保社区矫正执法主体合法，制定和规范司法行政机关、社区矫正机构、司法所在社区矫正工作中的权责清单，明确执法权限，确保社区矫正工作依法开展。

（三）强化队伍建设，提升依法履职水平

持续巩固党史教育学习和政法队伍教育整顿活动成果，大力落实《中共河北省司法厅委员会关于加强社区矫正工作领域党风廉政建设 促进公正廉洁执法的指导意见》，教育引导社区矫正工作人员增强“四个意识”，坚定“四个自信”，做到“两个维护”。大力加强专业社区矫正工作队伍建设，充分利用司法行政系统内政法专项编制，通过选拔、招录、调剂、轮岗等方式，配齐配强社区矫正专门工作力量，履行监督管理、教育帮扶等执法职责；实施社区矫正标准管理，建立落实市、县两级司法局和司法所社区矫正刑事执行权力清单以及社区矫正对象义务清单，强化规范执法履职；深化刑罚执行一体化，健全完善监狱戒毒单位和社区矫正机构沟通协调、资源共享、衔接配合、人才交流和协同共建工作机制，持续推动监狱戒毒派驻警察参与社区矫正；完善执法监督制度，落实执法公开制度，开展减刑、假释、暂予监外执行专项执法检查，及时纠正执法偏差，确保公正严格规范执法，多管齐下，努力打造一支政治过硬、业务过硬、责任过硬、纪律过硬、作风过硬的社区矫正“铁军”。

（四）强化分类管教，提升管理教育质量

以开展社区矫正对象“零再犯罪”县创建为载体，推动建立社区矫正前调查评估、入矫初人身危险评估、矫正中阶段矫正效果评估、解矫前总体矫正质量评估“四段式”社区矫正风险评估制度体系，依据评估结果及时调整社区矫正对象的教育管理措施，实施分类管理、个别化矫正；健全完善重点人、危险驾驶、交通肇事等各类社区矫正对象分类教育工作方案，因人制宜实施分类、分级、分段管理，落实个别化矫正，做到动态等级化管理；拓展教育的教化功能和公益活动的技能培训与损害修复功能，创新“菜单式”公益活动、学习教育和职业技能培训，深化心理矫治和心理危机干预，打造社区矫正管理教育新型体制机制；加强重点社区矫正对象管理教育，重点做好长期保外、女性等暂予监外执行等社区矫正对象管理，注重对未成年社区矫正对象实施分类管理和个性化教育，努力提升矫正质量和效果，彰显司法文明。

（五）支持社会参与，提升教育帮扶水平

社区矫正工作是社会治理体系的重要组成部分，社会力量参与社区矫正工作，是非监禁刑事执行的应有之义，既有利于优化配置资源，又有利于在社会的参与和监督下，彰显司法文明。支持引导社会组织参与，加快推进政府购买社区矫正服务，依托高校、企业等优势资源，打造多元化社区矫正基地，探索社区矫正协会建设；充分发挥矫正小组、村（居）民委员会等基层组织监督帮教作用，形成全方位、多元化、多层次社会组织参与体系；建立健全社区矫正社会工作者工作保障机制，完善志愿参与激励机制；建立健全社会保障机制，继承和发扬“枫桥经验”，推广“五老帮教”“彩虹计划”等品牌，拓展社会力量参与的深度和广度，深化综治网格员、协管员帮教力度，引入慈善机构、志愿者等民间力量参与，解决暂予监外执行罪犯子女等近亲属无人照料导致的无法收监等难题，既体现人文关怀，又维护法律权威，彰显我国社区矫正非监禁刑事执行制度的最大优势。

（六）强化科技支撑，提升管理教育效率

完善顶层设计和整体规划，以“智慧矫正中心”创建为驱动，加快推进“智慧矫正”体系建设。借力大数据分析技术、人工智能、互联移动技术、物联网等技术，加快升级省建社区矫正智能平台，推动实现全省社区矫正工作数据一体化、管理智能化、互联移动化、指挥可视化；推动省建社区矫正工作一体化平台与综治“雪亮工程”和公安“天网工程”对接，大力推动与人民法院、检察院、公安机关等有关部门信息化联网工作，实现业务协同、互联互通，提高文书传输、社区矫正对象边控通报备案及交控等各执法环节效率；运用人工智能技术，加大对自助矫正系统、社区矫正对象智能分析评估系统、移动应用系统、心理测评系统、远程教育等社区矫正智能化应用，推动社区矫正工作更加精细、智能和高效。

浅析社区矫正法实施的若干问题

李东东*

社区矫正在我国是一项既有深厚的历史渊源，又充分体现新时代中国特色社会主义法治理念和社会治理现代化理念，具有广阔创新发展空间的刑事执行制度。2019年12月28日，《社区矫正法》经第十三届全国人大常务委员会第十五次会议表决通过，在2020年7月1日正式实施，标志着我国社区矫正工作开启了法治化新阶段。

在刚性刑事执行中凸显宽的方面，彰显柔性治理，是《社区矫正法》重要的立法特点。《社区矫正法》以“刑事执行”定性社区矫正，而不是用“刑罚执行”，一字之差，影响很大。工作理念、原则、措施和标准等都需要因之调整，对“管制、缓刑、假释和暂予监外执行”的四类罪犯称呼，也从“社区服刑人员”变为“社区矫正对象”。刑罚最基本的属性是惩罚性和强制性，我国长期坚持的基本刑事政策也是宽严相济。四类社区矫正对象被处以刑罚，体现了刑事执行严厉、惩罚性的一面；把罪犯放在社会上执行社区矫正，又体现了其宽柔性。社区矫正既是刑事执行活动，又兼有社会工作的性质，不是在社会上建设新型“监狱”，而是推进和实现国家治理体系和治理能力现代化的重要制度。

一、秦皇岛市在学习、推进和实践社区矫正法的积极探索

2007年，秦皇岛市北戴河区作为全国第二批试点社区，矫正工作开始运行。2010年，在全市全面推开这项工作。河北省社区矫正工作现场会于2011年在北戴河区召开，对秦皇岛市社区矫正工作经验进行了总结推广。2013年1月，秦皇岛市被评为全省社区矫正工作先进单位。2019年，秦皇岛市有社区矫正工作者被评为全国社区矫正机构先进个人。在司法部和省司法厅的关心和支持下，在秦皇岛市委、市政府的正确领导及相关部门的重视支持下，秦皇岛市的社区矫正工作稳步迈进，走出了具有秦皇岛特色的社区矫正发展之路，在维护社会安全稳定方面作出了积极贡献。截至2021年6月底，全市累计接收14898名社区矫正对象，累计解除矫正13366

---

* 李东东，河北省秦皇岛市司法局社区矫正中心副主任。

人，在册 1532 人。再犯罪率始终低于 0.1%，既体现了社会主义法治制度的优越性，又切实提升了人民群众的安全感、幸福感、获得感。

《社区矫正法》实施后，秦皇岛市重点加强了以下几项工作。

（一）巩固社会治理基础

秦皇岛市在社会治理视角下，首先坚持社会主体的多元化，具体包括国家机关、民间组织、社会团体、社会工作者和社会志愿者。通过积极引导社会各方面力量和公民个体参与其中，让社区矫正工作实效性、社会性更强。更充分地将政府有限资源利用在建设公共财政、完善基础设施、维护社会秩序、平衡各方利益等方面。其次是确保矫正场所的特定性，即将社区矫正对象置于社区之中，对其进行再社会化矫治。犯罪行为的本质，是一个社会个体在处理社会关系时出现偏差导致的结果，将这个特殊个体，重新放置于社区环境下，通过多元化的社会主体，并利用多种措施和各方面资源对其进行管教和帮扶，有利于其更快更好地向合格的社会人转变。

（二）提高社会参与度

《社区矫正法》颁布后，秦皇岛市坚持目标导向，按照“谁执法、谁普法”的责任制要求，购发《社区矫正法》单行本、《〈中华人民共和国社区矫正法〉释义》，编发社区矫正法宣传品、制发社区矫正法律制度汇编，统一发放至各级司法行政机关和有关部门、基层人民群众。发挥宣传普法主渠道作用，开展社区矫正法宣传周、宣传月和网络答题等活动，参加网络竞答 16494 人次，切实增强学习宣传实效。以疫情防控参与社区执勤时机，积极组织送法进社区，联合市电视台法制民生栏目，拍摄《聚焦社区矫正法》专题宣传片，普法宣传有色有形。利用网络、微信、报纸、抖音、快手等新媒体平台，广泛学习宣传实施《社区矫正法》，营造了全社会理解、支持社区矫正工作的浓厚氛围。

（三）推出有效培训举措

把深入学习贯彻《社区矫正法》作为秦皇岛市司法行政系统的一项重要政治任务，掀起全市尊法学法守法用法热潮。制订全市学习宣传贯彻方案，市司法局党组先后召开多次会议，开展《社区矫正法》专题学习研讨交流。建立市、县交叉互检制度、每天读法打卡制度、网络学习通报制度，组织社区矫正工作骨干先学先考先用，广大市级社区矫正工作者带头学法用法，引导全系统人人学法懂法用法尊法。举办全市司法所长培训班，邀请中国政法大学教授和省司法厅副厅长授课辅导，进一步增强全系统依法执法能力，全面提高社区矫正工作人员的业务素质和能力。

（四）强化部门协同

秦皇岛市在全省率先成立以市委常委、政法委书记担任主任，市政府副市长、市公安局长担任第一副主任的市级社区矫正委员会，3个县区成立以县区党委副书记、县区长担任主任的社区矫正委员会，4个县区成立以县区委政法委书记担任主任的社区矫正委员会；设立市级社区矫正评审委员会，对县区逐级上报的案件，集体研究讨论后备案，高规格的顶层设计逐步突显工作成效。联合市人民检察院开展执法检查、调研，努力提升基层工作人员的执法、办案能力。各级司法行政机关采取不同形式，主动联合人民法院、人民检察院、公安机关、监狱管理机关进行分析研判，全面做到社区矫正各执法环节公正、公平、公开，每一起案件都经得起人民和历史的检验。

二、《社区矫正法》实施以来面临的问题分析

《社区矫正法》实施后，仍然面临着法律适用中的一系列问题，这些问题已经不同程度地影响了社区矫正工作实施的质效，应当引起高度重视。

（一）专门社区矫正机构在设置上刚性不足

按照《社区矫正法》规定，地方各级人民政府根据需要设置社区矫正机构，“根据需要”的提法，导致专门社区矫正机构的设置的形式、时间，都呈现出较大的差异。按照《社区矫正法》有关要求，社区矫正机构是负责社区矫正工作具体实施的专门主体，目前普遍由司法行政机关内设机构委托司法所实施社区矫正工作，并以司法行政机关的名义与人民法院、人民检察院、公安机关进行社区矫正执法衔接，较不符合法律的精神要义。

（二）在制定社区矫正法细则上面临不少困难

《社区矫正法》《社区矫正法实施办法》为社区矫正工作提供了重要依据和遵循，根据法律规定，社区矫正对象“遵守国务院司法行政部门关于报告、会客、外出、迁居、保外就医等监督管理规定”，同时，作为规范全国社区矫正工作的实施办法，在衔接、教育、帮扶等一些执法环节也不能兼顾各地需要，亟须各地根据实际制定出台自己的实施细则，受上位法制约、各部门影响，在制定实施细则的实践中仍然面临突破《社区矫正法实施办法》难、落细难等诸多问题。

（三）在推进社区矫正工作上抓手不够有力

《社区矫正法》《社区矫正法实施办法》从工作流程、人员管理、纪律要求，到

社区矫正对象的考核管理、各类表格的填写都进行了统一规范，但这些制度规定要完全适用实际，还必须在工作实践上下功夫。比如，审前调查方面，认罪认罚制度明确了公安机关、人民检察院、人民法院等都可以委托机关，委托社区矫正机构进行调查评估，造成基层社区矫正工作人员的重复劳动。又如，矫正方案问题，要对社区矫正对象的特点及犯罪的原因等进行全面分析，考虑其工作经历、教育背景、心理需求、精神状况及个人成长经历等，应当有针对性地采取不同的社区矫正监管措施，实践中社区矫正方案内容死板，不灵活，个别化矫正在落实上还需要增加力度。再如，在社区矫正实施过程中，经常出现司法行政机关陷入“单打独斗”的窘境，如《社区矫正法》第35条第1款规定：“县级以上人民政府及其有关部门应当通过多种形式为教育帮扶社区矫正对象提供必要的场所和条件，组织动员社会力量参与教育帮扶工作。”由于该规定刚性不够，考核机制不够健全，有的职能部门对这项全新的工作不熟悉、不了解，存在着配合不到位的情况。

（四）社区矫正专业化队伍建设十分薄弱

《社区矫正法》第10条规定：“社区矫正机构应当配备具有法律等专业知识的专门国家工作人员，履行监督管理、教育帮扶等执法职责。”在实际工作中，由于受司法行政系统的编制限制，负责社区矫正工作的人员经常身兼多职，加之司法行政机关干部老龄化等问题，导致社区矫正工作队伍建设相对滞后。

三、推进社区矫正工作高水平发展的思路

（一）加快推进设立专门社区矫正机构和队伍

社区矫正机构已经成为我国社区矫正工作领域最关键的概念，准确地理解法律核心要义及社区矫正机构的含义、内容，对于准确理解、有效实施《社区矫正法》，推进社区矫正工作的高水平发展，都具有重要价值。

1. 明确社区矫正机构的称谓

社区矫正机构基本运行机制的关键，是社区矫正机构的具体称谓。社区矫正机构是法律明确规定的一类工作机构的称谓，而不是具体称谓，为方便社区矫正工作的正常开展，还必须确立社区矫正机构的具体称谓，并且要处理好其与相关部门之间的关系。

2. 建立规范的社区矫正机构

从我国的实际情况来看，在建立社区矫正机构的过程中，不可能为新建的社区矫正机构大量增加人员编制；社区矫正机构的部分人员编制，必须通过司法行政部

门内部挖潜等途径加以解决。因此，在确定社区矫正机构的名称和处理与相关机构的关系时，可以考虑采取将县级司法局内设的社区矫正管理局、社区矫正执法大队作为广义的具有执法资格的县级社区矫正机构。在县级社区矫正机构加挂社区矫正管理局、社区矫正执法大队牌子。在县级社区矫正机构中，可以有不同身份的社区矫正工作人员。一是社区矫正管理局、社区矫正执法大队的主要成员应当是具有政法专项编制的工作人员；二是社区矫正中心的主要工作人员可以是事业编制、社会工作者或者志愿者。

（二）加快推进社区矫正社会工作者队伍建设

《社区矫正法》第 11 条规定："社区矫正机构根据需要，组织具有法律、教育、心理、社会工作等专业知识或实践经验的社会工作者开展社区矫正相关工作。"这是一项总括性规定，仅明确了从事社区矫正相关工作的社会工作者需具备的专业能力。要支持和引导社区矫正专职社会工作者参与，应当对其法律地位、任职资格、基本职责和激励保障等予以明确规定。

1. 应当明确社区矫正专职社会工作者的法律地位，统一归属于司法行政机关管理

专职社区矫正社会工作者是一支非常重要的力量，承担着大量的社区矫正非执法类工作，是社区矫正执法工作人员的重要辅助。同时，社区矫正专职社会工作者可以发挥专业所长，运用社会工作方法对社区矫正对象进行个别化矫正，提供心理辅导和干预。这些都是社区矫正社会工作者所具有的、而社区矫正执法人员无法替代的专业优势。建议进一步明确社区矫正专职社会工作者与社区矫正对象的最低比例，配备一定数量的专业社区矫正社会工作者队伍，最大限度地发挥其在社区矫正工作中的重要作用。

2. 应当明确社区矫正社会工作者的任职资格、基本职责和激励保障

社区矫正是一个专业性强的工作领域，面临着较大的机遇和挑战，要求社区矫正社会工作者必须具备一定的专业能力和素养。一是明确该岗位人员的任职资格，应当具备社区矫正、社会工作或者心理学等相关职业资格和专业知识基础；同时应当遵守爱国、保密、担当等职业道德。二是明确其所参与的工作必须是社区矫正中的非执法类工作，包括教育学习、公益活动、心理咨询、职业培训和帮扶救助等内容。三是健全完善社会工作者参与社区矫正的机制，综合考虑工作量、工作年限、教育程度、相关专业水平等因素，落实工资正常增长机制，激发其参与社区矫正工作的积极性。

（三）整合社会力量参与社区矫正工作

1. 充分发挥党委政府统筹协调领导体制和工作机制的作用

在巩固充实专职社区矫正执法队伍基础上，广泛动员社会组织、社会志愿者等

各种社会力量参与。这就需要大力推进各级社区矫正委员会建设，定期或不定期地召开委员会全体会议、委员会议及专题会议，整合民政、人社、财政、共青团和妇联等部门资源，加强部门间的信息沟通、反馈，建立完善的信息交流平台，为社会组织参与社区矫正工作创造良好的政策、社会环境，激发工作活力，提升工作效果。

2. 建立健全参与社区矫正社会组织的培育发展基础体系

完善社会组织参与社区矫正工作的管理体制、适当放宽准入条件和简化登记程序等方式，统筹利用现有的社会组织孵化基地、街道社区服务中心、社区服务站、社区矫正机构等公共服务资源，在准入、立项、设施使用、经费保障、信息共享等方面为社会组织参与提供便利。引导其对符合条件的社区矫正对象开展教育培训、就业指导等非执法类事项，最大限度地解决矫正对象回归社会后可能面临的现实困难，帮助其重拾生活信心、增强社会责任感和遵纪守法意识。

3. 加大对社会力量参与社区矫正工作的宣传展示力度

在《社区矫正法》贯彻实施的大背景下，通过报纸、电视、网站、微信、微博等多种渠道让大多数人了解“什么是社区矫正”“如何进行社区矫正”，进一步对社区矫正工作及相关法律法规、制度进行宣传。通过建立社区矫正法宣传周或者社区矫正场所开放日等常态化制度，向群众展示社区矫正机构的工作场所、环境，让社会各界更多地了解社区矫正的内容、目的和意义；通过对社区矫正过程中出现的优秀执法人员、社会工作者、社会组织等先进模范的表彰，让社会各界更多地认识、理解、支持与协助社区矫正工作。

《社区矫正法》实施过程中面临的问题及其研究

魏 玮*

一、社区矫正制度在我国的历史沿革

我国自2002年在上海等地开始实行社区矫正试点，随后最高人民法院、最高人民检察院、司法部、公安部颁发《关于开展社区矫正试点工作的通知》，确定上海、北京、江苏等六省市为第一批试点区域，至此社区矫正这一刑罚执行方式开始在全国普遍实行。2012年开始实施的《刑法修正案（八）》首次将社区矫正写入刑法，真正从法律意义上明确了社区矫正的刑罚性质，具有里程碑意义。为适应社区矫正的具体实施，2012年1月10日最高人民法院、最高人民检察院、公安部、司法部联合颁布《社区矫正实施办法》，社区矫正逐步走上规范化道路。

2019年12月28日中华人民共和国第十三届全国人民代表大会常务委员会第十五次会议通过《中华人民共和国社区矫正法》，自2020年7月1日起施行。《社区矫正法》作为我国第一部全面规范社区矫正工作的法律，它的颁布及实施，全面总结、提炼了17年来社区矫正工作改革、发展、创新所取得的成果和积累的经验，进一步确立了社区矫正制度的法律地位和基本框架，强调了社区矫正工作要坚持监督管理与教育帮扶相结合的原则，体现了专门机构、部门与社会力量相结合的原则，明确了坚持依法管理与尊重和保障人权相统一的原则。在完善社区矫正制度、推进社区矫正工作高质量发展，健全我国刑事执行制度、推动国家治理体系和治理能力现代化，深入贯彻落实全面依法治国基本方略、保障公正司法等方面都具有重要意义。

2020年7月1日施行的《社区矫正法实施办法》作为与《社区矫正法》配套的规范性文件，认真贯彻落实党的十九届四中全会提出的加强系统治理、依法治理、综合治理、源头治理，坚持依法治国、依法执政、依法行政共同推进的要求，坚持和完善共建共治共享的社会治理制度，构建基层社会治理新格局，解决司法实践中的突出问题，为社区矫正工作提供了有力的法治保障。

---

* 魏玮，内蒙古乌海市司法局社区矫正执法支队支队长。

二、《社区矫正法》实施过程中面临的问题

（一）法律规定笼统，缺少抓手

《社区矫正法》第2章第9条规定，县级以上地方人民政府根据需要设置社区矫正机构，负责社区矫正工作的具体实施。这样笼统、含糊的规定容易产生误解，不利于社区矫正工作的开展。一是是否地方人民政府认为不需要就无须设立社区矫正委员会？就不指导本行政区域的社区矫正工作？二是对社区矫正委员会设立的标准没有统一规定。有的社区矫正委员会主任是当地市委书记，有的是政法委书记，有的是副市长、公安局局长等。由于没有硬性的规定，导致在实际工作协调中各部门推诿扯皮。三是社区矫正机构未成立，但工作仍需开展。从程序上讲某些社区矫正工作的开展不合乎《社区矫正法》之规定。若出现问题谁为社区矫正工作者负责？机构未成立，司法局无权委托司法所开展一些工作，机构成立后工作还是靠司法局社区矫正部门来做，谁来监督社区矫正委员会履职，基层司法所不作为、不敢作为，社区矫正支队、大队工作人员少，工作量大。四是《社区矫正法》规定了司法所受社区矫正机构的委托开展相关工作。但各地区社区矫正机构即使成立，到底哪些事项该委托司法所，哪些事项不该委托，没有明确的规定。这使得司法局在实际工作推进上显得相当尴尬。

《社区矫正法》第3章至第7章涵盖了社区矫正决定和接收、监督管理、教育帮扶、解除和终止、未成年人特别规定方面的内容，但因《社区矫正法》具有创建性、纲领性和前瞻性，确定基本框架的同时，条款规定留有余地，为各地制定细则预留了弹性空间，所以落实到具体工作上缺乏可操作性。《社区矫正法实施办法》作为与《社区矫正法》同步配套的规范性文件，虽然内容进一步细化，但在实践中依然存在盲点和空白。基层推进日常监督管理工作更多的是依靠本地出台的社区矫正实施细则，然而一些地区社区矫正实施细则跟进不及时，再加上缺少上级部门的指导，导致部分基层社区矫正工作者对流程和规定吃不准，在监管工作中束手束脚，举步维艰，延续以前的工作方法，遇到与《社区矫正法》相抵触的状况时，在原有工作基础上做“减法”，有损执法严肃性。

例如，《社区矫正法》第18条规定：“社区矫正决定机关根据需要，可以委托社区矫正机构或者有关社会组织对被告人或者罪犯的社会危险性和对所居住社区的影响，进行调查评估，提出意见，供决定社区矫正时参考……”在实际调查评估过程中，对被告人或罪犯情况分析不好掌控，社会危险性不知如何界定，在调查评估的内容上，仅仅局限于从公安局派出所或居（村）委会对被评估人所犯的罪名、主观

过错、犯罪后的态度进行简单的概括。由于没有有力的抓手，不能准确了解到被告人的性格、过去的经历、人际关系以及走上犯罪道路的原因等，使得评估获取的信息内容简单。调查评估意见反馈社区矫正决定机关后，因法律明确规定起参考作用，社区矫正决定机关往往不尊重评估意见。以内蒙古乌海市为例，2018 年至今，评估意见未采纳情况达到 64 件，导致一些累犯、精神病人、无生活来源之人成为社区矫正对象，造成极大监管困扰。这不仅浪费了司法资源，而且打击了社区矫正工作人员的工作热情。如果评估与不评估结果都一样，社区矫正决定机关对调查评估建议不予采纳，那么所谓的调查评估只是走个过场而已。

又如，《社区矫正法》第 5 章第 35 条第 1 款规定："县级以上地方人民政府及其有关部门应当通过多种形式为教育帮扶社区矫正对象提供必要的场所和条件，组织动员社会力量参与教育帮扶工作。"由于没有硬性规定和要求，各成员单位履行职责的考核机制不健全。在社区矫正工作开始阶段，有的职能部门对这项全新的工作不熟悉、不了解，存在着配合不到位或者配合比较勉强的情况。在社区矫正对象实施矫正的过程中，存在着社区矫正各项工作全部由司法行政一家来"唱独角戏"的窘境。

（二）监管思维普遍存在误区

相较于以往，《社区矫正法》对监督管理工作内容作出了很大的调整，减少了一些硬性指标，如不再对"两个八小时"任务作出规定，取消了"社区服务"，并对定位等监管措施加以限制，实践中需要社区矫正工作者转变工作理念，减少规定动作，一方面有利于尊重和保障社区矫正对象的合法权益，规避了一定的刑事风险，另一方面有利于把广大社区矫正工作者从繁重固化的工作中解放出来，更加科学合理地开展矫正工作，帮助社区矫正对象修复和恢复正常的社会关系。但是一些社区矫正工作者仍存有以管为主、严防死守的惯性思维，认为管得住才能矫得好，不出事什么都好说，出了事说什么都没用，害怕缺少管理措施造成脱管、漏管，一旦出了问题，纪检监察机关、检察机关倒查、追责，轻则定性为不履行社区矫正工作职责，重则定性为失职、渎职、玩忽职守，工作上的包袱减轻了，心理上的负担反而更重了。

（三）日常管理标准不统一

《社区矫正法》第 4 章第 34 条规定："开展社区矫正工作，应当保障社区矫正对象的合法权益。社区矫正的措施和方法应当避免对社区矫正对象的正常工作和生活造成不必要的影响……"对于社区矫正机构而言，不必要的工作影响容易把握，不必要的生活影响如何把握，是否必要由谁来界定？社区矫正对象的合法权益怎样保障？

在日常报告管理中，社区矫正对象应当按照有关规定和社区矫正机构的要求，定期报告相关情况。但目前各地区之间关于报告的规定存在差异，同样是实行普管的社区矫正对象，有的司法所要求每周固定时间集中到司法所打卡、签到、上交书面报告，方便开展集中学习教育和工作留痕；有的司法所结合实际情况要求社区矫正对象分批次到司法所报到，有的司法所要求两周报到一次，有的司法所则要求“周听声，月见面”，每周打电话报告情况，每个月到司法所报到一次。不同的标准容易导致社区矫正对象进行横向比较，出现心理落差，进而产生抵触情绪，造成监管困难。

（四）手机定位使用方式存疑

《社区矫正法实施办法》第 37 条已经明确提出手机等设备不属于电子定位装置，社区矫正机构可以运用手机定位等方式掌握社区矫正对象的活动情况。目前一些地区对社区矫正对象全员、全覆盖使用手机定位以进行实时监控，要求社区矫正对象从入矫开始便办理定位相关手续，定位手机要随身携带，24 小时开机，不能人机分离。但是采用这种管理方式，从本质上讲与使用电子定位装置区别不大，而且不够灵活。例如，某些单位某些时段要求禁止携带手机等电子设备进入相关区域，社区矫正对象面对来电核查却无法及时接听回复，造成不必要的紧张，而现实状态是社区矫正对象只是正常进行工作，但也违反了禁止人机分离的规定。目前对于如何科学合理地使用手机定位开展信息化核查才能贯彻《社区矫正法》精神，实时定位、全员定位会不会让手机成为另一种手环，仍存在争议。

（五）外出申请两头为难

外出申请一直受到社区矫正对象的重点关注，《社区矫正法》放宽申请范围后，很多新入矫的社区矫正对象到司法所报到后，便以法条为依据申请外出。即便政策作出了调整，外出申请依然困难重重。

一是审批过于严格。《社区矫正法实施办法》第 26 条指出，社区矫正对象外出的正当理由是指就医、就学、参与诉讼、处理家庭或者工作重要事务等。由于重要事务的范畴难以界定，部分司法所对于因家庭或工作原因外出的申请审批过于严格，甚至一律驳回，采取紧闭“闸口”的做法，对外出严加控制，防止混乱，规避风险。

二是审批周期长。社区矫正对象外出一般应当提前 3 天申请，司法所要求其递交相关证明材料，上报县级社区矫正机构，根据上级指示协调相关人员核实社区服刑人员材料真实情况，将信息反馈至县级社区矫正机构，再经开会研究批准，全部流程走完，往往超过 3 天，社区矫正对象行程通常会被耽误。《社区矫正法实施办法》第 27 条指出，申请外出时间在 7 日内的，经执行地县级社区矫正机构委托，可以由司法所批准，但部分司法所不愿“做主”，无论申请时间长短均上报，而频繁上报既考验着社区矫正对象的耐心，容易引发矛盾，也占用了一定的司法资源，延长了审批周期，费时费力。

三是特殊情况无法协调。一些社区矫正对象因危险驾驶罪被判处拘役一个月，缓刑两个月，进入社区矫正监管范围。个别矫正对象还未办理入矫手续就拿出单位要求其赴外地培训两个月的证明材料或医疗手术预约证明，准备履行请假手续。就社区矫正对象而言，不按要求参加培训可能丢掉养家糊口的工作，不及时接受手术就可能失去治疗最佳时机。就社区矫正机构而言，准予请假将面临无从建立矫正方案、无法实施有效监管，不能确保矫正效果；不准予请假确实影响到社区矫正对象的正常工作生活。

三、完善《社区矫正法》实施建议

（一）加强社区矫正机构建设

社区矫正法明确规定，社区矫正机构依法独立行使职权，社区矫正机构工作人员和其他参与社区矫正工作的人员依法履行监督管理、教育帮扶等执法职责受法律保护，确立了社区矫正机构的法律地位和执法主体资格。

一是从法律特征分析，依据《社区矫正法》规定，社区矫正机构完全具备机关法人的所有属性和法律特征：（1）机关法人主要从事国家行政管理活动；（2）机关法人的设立取决于宪法和法律的规定；（3）机关法人的经费由国家预算拨给；（4）机关法人不得从事商业经营；（5）机关法人包括立法机关、行政机关、军事机关和司法机关。

二是从职能定位分析，《社区矫正法》对社区矫正机构的职能定位进一步优化。司法行政机关职能进一步明确，“主管”代替“指导管理、组织实施”，《社区矫正实施办法》赋予的职能“指导”交由社区矫正委员会行使，“组织实施”交由社区矫正机构行使，司法所的工作任务则由“承担日常工作”设计为受社区矫正机构的委托“承担相关工作”。《社区矫正法》第16条规定：“国家推进高素质的社区矫正工作队伍建设。社区矫正机构应当加强对社区矫正工作人员的管理、监督、培训和职业保障，不断提高社区矫正工作的规范化、专业化水平。”本条法律规定表明社区矫正机构具备国家机关的属性。

三是从权力设置分析，《社区矫正法》赋予社区矫正机构的相应权力。《社区矫正法》第23条、第27条、第28条，分别规定了社区矫正机构对社区矫正对象具有管理权；离开所居住的市、县或者迁居，具有批准和决定权；对社区矫正对象的表现具有考核奖惩权。第 40 条规定了择优购买社区矫正社会服务权。

四是从法律地位分析，《社区矫正法》从政法机关职能分工，确立了社区矫正机构法律的地位。一是工作分工。《社区矫正法》第 8 条第 2 款规定："人民法院、人民检察院、公安机关和其他有关部门依照各自职责，依法做好社区矫正工作。人民检察院依法对社区矫正工作实行法律监督。"二是法律文书送达分工。《社区矫正法》第 20 条规定："社区矫正决定机关应当自判决、裁定或者决定生效之日起五日内通知执行地社区矫正机构，并在十日内送达有关法律文书，同时抄送人民检察院和执行地公安机关。社区矫正决定地与执行地不在同一地方的，由执行地社区矫正机构将法律文书转送所在地的人民检察院、公安机关。"第 33 条第 2 款规定："人民法院应当在收到社区矫正机构的减刑建议书后三十日内作出裁定，并将裁定书送达社区矫正机构，同时抄送人民检察院、公安机关。"三是工作状态分工。《社区矫正法》第 32 条规定："社区矫正对象有被依法决定拘留、强制隔离戒毒、采取刑事强制措施等限制人身自由情形的，有关机关应当及时通知社区矫正机构。"

综上所述，社区矫正机构的法律地位和执法主体资格可以由司法部予以确认，为基层社区矫正工作正常开展奠定基础。

（二）加强社区矫正制度建设

《社区矫正法》第 8 条规定，国务院司法行政部门主管全国的社区矫正工作。司法部作为全国社区矫正工作的主管部门，对全国范围内开展的社区矫正工作负有主管职责，包括制定社区矫正工作的方针、政策和规范性文件；拟定社区矫正工作发展规划、管理制度；制定社区矫正对象需要遵守的有关报告、会客、外出、迁居、保外就医等监督管理规定；出台相关政策鼓励支持社会力量参与社区矫正工作；推进高素质的社区矫正工作队伍建设；支持社区矫正机构提高信息化水平；监督检查社区矫正法律法规和政策的执行情况；指导各地方司法行政部门依法开展社区矫正工作等。

（三）加强社区矫正工作者队伍建设

社会力量广泛参与是社区矫正区别于监禁矫正的显著特点。在工作力量上，既要有专职执法队伍，又要广泛动员社会工作者、志愿者、社会组织等各种社会力量。这就需要党委政府发挥好统一领导机制的作用，增设社区矫正工作人员编制，定期或不定期地召开社区矫正工作联席会议、充分调动社会各方面资源、依靠基层组织和社会力量联合开展社区矫正工作。

要保障和加强基层司法所队伍建设，切实按司法所现有编制配齐、配强司法所专职工作人员。聘用和配备社区矫正专职工作者，负责做好对社区矫正对象的监督管理、教育、档案资料的收集管理等日常工作。购买具有一定法律政策水平的社区矫正志愿者服务，对社区矫正对象实行跟踪监督管理和情况收集反馈等相关工作。要切实保障经费投入，将社区矫正工作人员经费、行政运行经费、办案业务经费、业务装备经费等纳入财政预算，并真正落到实处。加大对社区矫正工作者培训力度，不断提高其法律政策水平、专业知识水平和从事矫正工作的能力。

（四）加强社区矫正教育基地、就业基地的建设

在社区矫正工作中，要坚持监督管理是基础，教育帮扶是核心的工作理念。《社区矫正法》第42条规定，社区矫正机构可以根据社区矫正对象的个人特长，组织其参加公益活动，修复社会关系，培养社会责任感。《社区矫正法》的最终目标是促进社区矫正对象顺利融入社会，预防和减少犯罪。所以今后社区矫正工作的重心要由监督管理向人文化关怀转变。要抓好社区矫正建设社区矫正基地、就业基地是提升教育帮扶工作水平的重要途径，也是社区矫正对象融入社会的桥梁和纽带。将符合条件的社区矫正对象安置在社区矫正基地，不仅能最大限度地减少他们回归社会后无业可就的现实困难，而且可以帮助他们树立信心、重建自尊、增强社会责任感，培养自律意识和法治意识。

（五）加大社区矫正宣传力度，努力提高社会力量的参与度

社区矫正是一项综合性很强的工作，需要社会各方面的支持和参与，要积极通过新闻媒体等多种宣传途径，加大对社区矫正工作的正面宣传，向人民群众宣传有关社区矫正工作的性质、内容、目的和意义，赢得群众对社区矫正工作的理解和支持，消除群众对社区矫正对象担忧和不安的心理，以便使社区群众、社会团体组织进一步认识了解社区矫正工作在促进社会和谐稳定中具有的重要作用，扩大社会影响面，增强社会影响力，争取社会各界的认同和支持，进而主动关心、支持、参与社区矫正工作。大力营造社区矫正的良好氛围。

海南省中部少数民族地区社区矫正工作现状研究

——以海南省五指山市为例

曹　莎*

一、五指山市社区矫正对象的基本情况

（一）从矫正类型上看

五指山市现有社区矫正对象65人，矫正类别有缓刑和假释，其中，缓刑64人，假释1人；矫正类型有寻衅滋事罪、滥伐林木罪、故意伤害罪等26种。其中，“暴力类”犯罪的较多，包括寻衅滋事罪、故意伤害罪、抢劫罪等25人，占比达到近38.5%。因五指山市地处海南中部，森林资源发达，“破坏环境资源”类的犯罪也比较多，包括滥伐林木罪、非法毁坏国家重点保护植物罪、非法狩猎罪等15人，占比约23.1%。（详见表1）

表1　五指山市社区矫正对象类型统计

矫正类型	人数	矫正类型	人数
寻衅滋事罪	13	过失致人死亡罪	1
故意伤害罪	8	非法买卖枪支罪	1
滥伐林木罪	6	信用卡诈骗罪	1
盗窃罪	5	走私珍贵动物制品罪	1
交通肇事罪	3	拒不支付劳动报酬罪	1
组织考试作弊罪	3	串通投标罪、非法采矿罪	1
开设赌场罪	3	抢劫罪	1
非法毁坏国家重点保护植物罪	2	非法制造枪支罪、非法狩猎罪	1

* 曹莎，海南省五指山市司法局社区矫正管理中心主任。

续表

矫正类型	人数	矫正类型	人数
危险驾驶罪	2	非法经营罪	1
非法制造枪支罪、非法狩猎罪	2	非法制造枪支罪	1
聚众斗殴罪	2	非法狩猎罪	1
受贿罪	2	故意毁坏财物罪	1
非法采伐、毁坏国家重点保护植物罪	1	非法出售珍贵、濒危野生动物罪	1
合计：65			

（二）从矫正对象的文化程度来看

根据统计，目前五指山市的在册人员 65 人，文化程度普遍不高，其中大学学历 7 人（含专科 4 人和本科 3 人），约占 10.77%；高中学历 8 人，约占 12.30%；初中学历 27 人，约占 41.54%；中专学历 9 人，约占 13.85%；小学学历 13 人，约占 20%；文盲 1 人，约占 1.54%。初中及以下学历人员 41 人，约占 63.08%。文化程度与对法律法规的掌握程度有一定的内在关系，一般来讲，文化程度越高，其法律掌握知识越丰富，法律意识也较强。

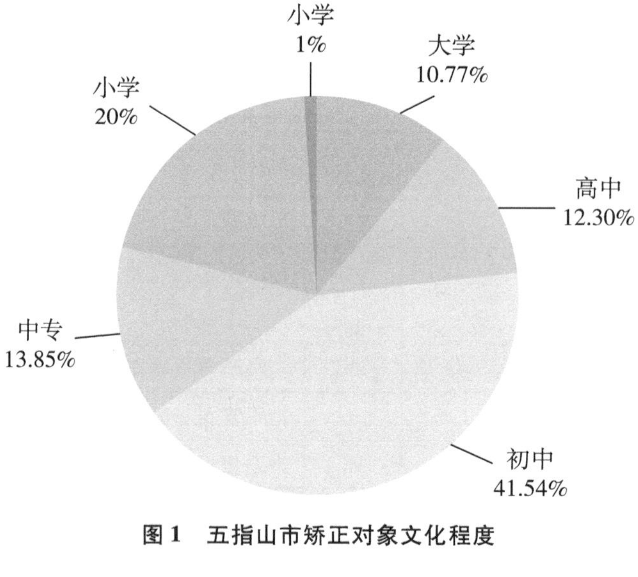

图 1　五指山市矫正对象文化程度

（三）从矫正对象的年龄来看

按虚岁算，65名社区矫正对象中，年龄最大的60岁，年龄最小的17岁，平均年龄为40.5岁。其中，18岁以下的2人，占3.08%；19—29岁13人，占20%；30—39岁16人，占24.6%；40—49岁17人，占26.15%；50岁及以上17人，占26.15%。年龄是工作人员进行小组矫正的一个重要考察指标，年龄阶段不同，矫正方法也有所不同。

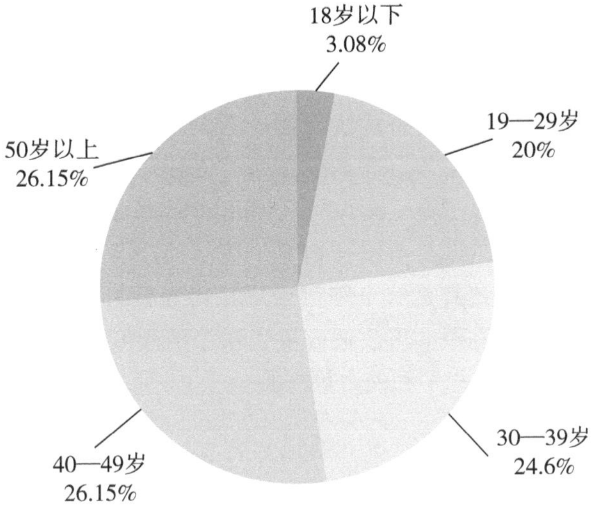

图2　五指山市社区矫正对象年龄统计

（四）从矫正对象的心理状态来看

根据社工机构根据对五指市65名社区矫正对象的家访情况做出的排查统计来看，绝大部分社区矫正对象心态较好，情绪稳定，与邻居、家人相处和谐，尤其是生活在乡村中的社区矫正对象，受到判刑的影响并不是很大，基本上没有影响到日常生活。但仍有9名社区矫正对象存在心理障碍以及认知障碍，并存在生活、技术、文化等方面的困难，导致其难以融入社会，这9名社区矫正对象需要重点关注和帮扶。

（五）从矫正对象对法律法规的了解程度来看

根据社工对社区矫正对象的家访情况来看，绝大部分社区矫正对象对法律法规的了解程度极低，更有一批社区矫正对象属于法盲，根本不知道自己的行为触犯了法律，主要包括滥伐林木、危险驾驶、非法制造枪支、非法持有枪支弹药、组织考试作弊、寻衅滋事等行为。甚至有部分社区矫正对象认为自己的行为是在帮助别人，并没有牟利的主观意愿，他们根本没有将自己的行为与法律挂钩，充分体现了其法律知识的空白。但也有一部分社区矫正对象是知法犯法，主要包括行贿、受贿、诈骗、贪污等罪行，他们通常学历较高、工作稳定、事业小有所成。

二、五指山市社区矫正工作存在的问题

（一）社区矫正工作人员队伍的矫正专业化程度普遍不高

从五指山市司法局及司法所的情况来看，缺乏具有法学、教育学等学科背景的社区矫正工作人员。社区矫正只是司法所常规工作之一，司法所另外还要承担法治宣传、人民调解、社会治安综合治理等多方面的任务和工作。在开展社区矫正工作中，大多只是开展一些例行工作，诸如社区矫正对象每月一次的例行报到、书面思想汇报、法律法规学习讲座以及组织打扫卫生等活动，但是在提供个别教育、心理辅导、团体辅导等活动，尤其是对个别重点矫正对象制订个性化矫正方案的时候，工作人员的矫正专业化程度根本无法适应矫正对象的现实需要。因此，提升司法工作人员的社区矫正专业知识水平和能力势在必行。

（二）社区矫正中的人文关怀不够突出

目前开展的社区矫正工作更多地体现了“有法可依，有法必依，执法必严，违法必究”的依法治国理念，对社区矫正对象的管理也是根据法律法规的要求来进行，因而，社区矫正浓厚地体现了惩罚、威慑的特点，这对社区矫正对象的行为和心理起到了极大的约束力和震慑力，也极大地降低了社区矫正对象再犯罪的可能性。但由于司法工作的行政化，导致工作人员过多地将社区矫正视为法律法规所规定的惩罚手段，其执行方式也是按照法律法规的要求执行。工作人员本来用心用情地去帮助矫正对象，但在执行中，依然被法律法规所程式化，工作人员的矫正帮扶行为就难以体现出人文关怀。双方之间的地位已呈现事实上的不平等，使得再多的人文关怀也显得微不足道。

工作人员在某种程度上是法律的执行者，其身份具有特殊性，对其身份会比较敏感。大部分社区矫正对象将司法工作人员与公安、刑警、检察院对等，他们对社区矫正的认知严重不足，司法工作人员在矫正帮扶工作中的正常活动也会让他们产生“接受惩罚”的错误意识，在这种意识之下，矫正对象是被动地接受矫正，而不是积极主动地去改变自己，存在较强的抵触心理，甚至一些社区矫正对象听到“社区服刑”“矫正”等语言时，心里就发怵。

（三）教育的针对性和实效性不够

目前虽然每个月都能开展一次集中教育，但教育矫正形式和内容还不够丰富。从2018年以来，已探索开展了爱国主义教育、中华传统文化教育、法治专题教育、警示教育、心理健康教育等多种教育，但效果并不是很突出，主要是课堂式的宣读教育，针对性和互动性并不强，而且大部分社区矫正对象受学历、文化知识所限，对教育内容不甚理解。

（四）对社会资源的利用不足

社会力量被司法机关视为社区矫正不可忽略的重要力量。但五指山市的社区矫正工作一直是由司法局承担，并没有引入任何社会组织和机关团体来参与对社区矫正对象的矫正帮扶，甚至连社区的介入帮扶措施都极少，社区、居委会也极少对矫正对象进行家访。2018年，五指山市第一次引入社工机构和高校社工专业师生来对社区矫正对象进行有针对性的矫正帮扶，明显取得了突出的效果，极大地提升了矫正帮扶的质量。但总体来看，五指山市对社会组织、社会团体、社会志愿者、社区的发动和利用极其不足。

三、对社区矫正工作发展的意见建议

（一）进一步加强社工帮扶矫正的力度

司法矫正工作和矫正社会工作有着巨大的共同性，共同服务于社区矫正对象，共同致力于解决社会问题，共同推动国家社会治理的前进，在司法部门人手不足、专业化程度不高、矫正工作推动和创新难以有效进行的时候，可以购买社会服务，按照“政府主导推动，社团自主运作，社会多方参与”的整体规划思路，将社区矫正项目委托给社工机构或高校社工专业，利用他们的专业性来大力推动社区矫正的发展，进一步提升社区矫正工作的质量，这也是司法部门转变工作思路、提高行政效率的最佳选择。

（二）加强对司法工作人员队伍的专业化培训

由于司法部门工作人员属于公务员编制，统一招考，工作人员的专业背景不一，很难以在一定时间内形成较为成熟的矫正帮扶理念，也很难以在短时间内熟练地掌握矫正社会工作的方法和技术，但司法部门矫正工作人员常常需要介入社区矫正对象的整个帮扶过程中，这就要求其熟练掌握系统、完善的矫正帮扶方法和技术。因此，可以通过邀请社会工作专家和社工机构资深社工来对司法部门业务工作人员进行培训，使其得以定期进行专业学习，不断提高业务能力和水平，不断提升社区矫正工作的效率。

（三）实行分类教育，进行精准矫治

《社区矫正法》中明确提出要“采取分类管理、个别化矫正，有针对性地消除社区矫正对象可能重新犯罪的因素，帮助其成为守法公民”等相关要求，在开展社区矫正教育帮扶工作中，可根据犯罪类型和犯罪原因有针对性地开展分类集中教育；根据矫正时间采取分段教育。抓好以认罪悔罪为主的入矫初始教育、以规范行为为主的常规教育和以回归社会为主的解矫教育；同时，也可根据具体的年龄对未成年人社区矫正对象开展“一对一”的个别化教育。

（四）整合社会资源，营造有利于矫正对象的社会氛围

很多社区矫正对象面临一些的最大困难是不被社区民众所接纳。一些矫正对象曾经人前风光无限，成为社区矫正对象之后，由于社区民众常常对其敬而远之，甚至歧视、排斥，使其心理失衡进一步加剧，从而影响矫正的进度和效果。因此，一大重要任务就是整合社区资源，通过报纸、电视、网络、海报等多种途径进行宣传，让社区民众提高对矫正社会工作的认知，转变社区民众对矫正对象的认识，进而接纳和积极支持矫正对象，在社区形成有利于矫正对象的社会氛围，从而提升矫正的效果。

县域视角下的社区矫正实践及思考

——以烟台市福山区社区矫正工作为例

李家盛*

烟台市福山区社区矫正工作始于2012年8月。自《社区矫正法》颁布实施以来，福山区秉承弘扬求真务实精神，向规范要战力，向社会要警力，推动了全区社区矫正工作健康发展。截至目前，全区累计接收社区矫正对象1249人，累计解除社区矫正对象1020人，现在有矫社区矫正对象173人，未发生一起失职责任事故。

一、福山区贯彻落实《社区矫正法》的工作实践

（一）打造“三驾马车”，夯实社区矫正规范化根基

1. 借风筑巢，打造“精细化”的矫正机构

一方面，加强社区矫正委员会建设。2020年9月，经区编办核准，在福山区委全面依法治区委员会下设立了福山区社区矫正委员会。2021年8月，根据社区矫正工作需要，全区8个乡镇全部设立镇街社区矫正委员会，实现了社区矫正委员会全覆盖。另一方面，加强社区矫正平台建设。2018年12月，借助福山区爱心志愿服务中心，投资40余万元，建成了福山区社区矫正中心。中心整体面积逾800平方米，在功能设置上突出平台实体化、工作实战化要求，设有“一厅一中心六室”8个功能室。同时，累计投入200余万元，高标准打造了8个镇街社区矫正分中心，场地面积全部达到200平方米以上。

2. 对症下药，打造“职业化”的工作队伍

针对基层执法力量薄弱问题，积极协调区委、区政府财政支持，采取多种方式，配齐配强社区矫正工作队伍。目前，全区8个司法所现有在编工作人员14人，专职社会工作者16人，丝雨志愿者112名。针对执法思维意识和行为习惯的养成，我局

---

* 李家盛，烟台市福山区司法局社区矫正工作科长。

采取以干代训、专题讲座、脱产学习、技能培训等方式，不断强化责任意识、规则意识、风险意识、证据意识等执法意识培育，大力加强执法思维和行为习惯的养成。针对社区矫正职业特性，2016 年，我局总结提炼出了“忠诚守则，崇法崇严；以人为本，致真致新”精神文化，凝聚社区矫正职业认同和行业归属。

3. 悉心整饬，打造“标准化”的工作体系

2021 年，为进一步推进和规范全区社区矫正工作，1 月对 2017 年制定的《福山区社区矫正工作规程（试行）》进行了重新修订并在全区试行。经过半年推行，于 7 月正式下发执行。新规程共计四万两千余字，规定了调查评估、人员接收、档案管理等 8 大规程，对各项事务流程、工作内容、执法标准进行了系统、精细、明确规定，解决了工作实践中的突出问题，便于实际操作。同时，统一制发了社区矫正各类工作文书共 20 类 92 种 166 份，确保了全区业务文书及社区矫正对象卷宗样式统一、记录准确完善、管理科学规范。7 月，我局又制定下发了《福山区社区矫正执法证据收集指导性意见》，对 12 种常见社区矫正执法案件，以不同社区矫正监管行为分类，按照不同奖惩处置方式，就其证据收集、固定、审查、判断和运用等方面进行全面、具体、直观的工作指导，保证了执法事实清楚、证据确凿充分、标准统一规范、程序合法有效。

（二）推行“拿来主义”，推动社区矫正社会化实施

1. 加强协作，“请进来”落实监管执法措施

针对社区矫正衔接配合存在的问题，区司法局联合区公安分局、检察院、法院联合制定下发了《关于加强社区矫正、安置帮教工作衔接配合管理的实施意见（试行）》，构建起配合有力、畅通有序的工作衔接配合机制，收监执行率 100%。与区公安分局建立联合督查机制，在特殊时期、特定时段，经常性联合公安分局对社区民警、基层司法所社区矫正走访情况、执法监管情况进行专项督查，确保了社区矫正对象不脱管、不失控。与区检察院建立联合执法检查机制，每两月开展一次联合执法检查，对检查中发现的问题，及时督导整改，确保了社区矫正执法规范到位。安排烟台监狱驻福山民警，每天开展定位信息核查工作，及时查处违反社区矫正监管规定行为。2021 年，全区共查处社区矫正违规行为 16 人次，提请撤销缓刑建议并收监执行 2 人，同时对工作存在疏漏的 4 名工作人员进行了教育谈话。

2. 借势而为，“全民志愿”提升教育矫正质量

2016 年以来，借助福山区委、区政府全民爱心志愿行动，开展社区矫正“丝雨”志愿服务行动，借助志愿者的专业、特长优势，进行情感疏导、志愿教育、微心愿帮扶及社会宣传，提供“邻里守望式”志愿服务，并带动社区矫正对象融入社会、服务社会。5 年来，共设立教育矫正基地 7 处，就业培训基地 3 处，爱心帮扶基地 2

处，社区服务基地12处，实现了社会资源的互利、共赢。把星期三设立为社区矫正日，组织司法所统一开展社区矫正集中教育活动。区社区矫正中心从2019年8月起，借鉴监狱入出监区教育方式，对新入矫社区矫正对象开展为期一个月的入矫教育活动。入矫教育采取每周一次、每次一主题方式，以不同方式轮流组织“新舟”社区矫正认知、“新生”认罪悔罪、“警笛”警示矫正、“雨霁”社会适应等主题教育活动。截至目前，共开展各项主题教育60余场次，教育新入矫社区矫正对象350余人次，效果显著。

（三）坚持“两条腿走路”，逐步开启“智慧矫正”新时代

1. 立足实际，精准发力，构筑“智慧矫正”建设“亮点”。为提高社区矫正监管效率，近年来，我局立足于服务实战、服务基层，不断推进“智慧矫正”建设。2014年，利用烟台市移动手机定位监管系统，实现了对社区矫正对象全天候监管。2016年，购置了人脸识别指纹考勤机，并实现了数据联网考核和远程数据监管。2017年，福山区政法信息平台开通，打破了公、检、法、司等部门间的信息共享壁垒，构建起跨部门、跨领域的一体化业务协同平台。2018年，区监管指挥中心接入治安监控探头1000余个，实现了手机定位监管与公安“天网”的互联互通。2019年，在公安机关技术支持下，把重点社区矫正对象的手机IMES（手机串号）、MAC地址及电话号码全部收集起来，实现了精准重点管控。2020年，与深圳润安科技发展有限公司合作，搭建起全网络业务操作平台；投入10万元，采购了人体信息采集、扫描笔、云摄像等智慧设备，并对原执法车辆进行了智慧改装，与平台进行了智慧连接，实现了信息输入智能化；社区矫正对象实行矫正App报到，每天两次人脸识别打卡，实现移动智能监管。

2. 立足发展，多维探索，推动“智慧矫正”建设“升级”

根据我区前期智慧矫正中心建设情况和山东省智慧矫正平台功能安排，以及今后社区矫正业务发展需要，福山区拟投资120万元，着重继续采购智慧装备并进行设备接入，向司法所延伸，推进“智慧矫正”更新换代。为便捷社区矫正对象自助报告，购置立柜式自助矫正终端2台，柜面式自助矫正终端9台，实现对报到登记、日常报告、集体教育、个别教育、公益活动等信息的自动录入，请销假、执行地变更等申请的自助办理及云端查询。针对危险驾驶罪等常见易发类犯罪社区矫正对象，以及涉毒、涉枪、涉爆、涉黑涉恶、涉邪教类犯罪的社区矫正对象，购置VR教育系统2套，进行个别教育。对部分拒不服从监管的社区矫正对象，购置电子定位装置30部，加强监督管理。基于省厅远程视频督察系统，在司法所业务功能室安装具备人脸识别功能的摄像头、拾音器等，由区社区矫正中心及领导，对各所社区矫正业务开展情况进行远程视频督察、调度和指挥。

二、当前社区矫正面临的困境

（一）社区矫正法律配套不完善，影响社区矫正的有序开展

虽然《社区矫正法》及《社区矫正法实施办法》对社区矫正作出了规定，但因只属原则性、框架性规定，并未涉及社区矫正具体实务，缺乏可操作性，远不足以对社区矫正提供法律支持和保障。我省虽然制定了《山东省社区矫正实施细则》，但受限于法律层级，虽然明确了社区矫正的执行主体、工作流程、执法权限等具体实务，但因法律效力的困扰，其执行力尚需各部门的协调配合，容易导致矫正监管措施的脱节，影响社区矫正的顺利执行。另外，因司法行政机关无强制权力，在其他部门的支持力度不够时，社区矫正人员对矫正监管措施抱着无所谓的态度，使社区矫正形同虚设，严重影响其严肃性、规范性和权威性。

（二）社区矫正队伍专业化不够，影响社区矫正工作效果

根据《社区矫正法》的规定，社区矫正机构应当配备具有法律等专业知识的专门国家工作人员，履行监督管理、教育帮扶等执法职责。但是，从福山区及周边县、市、区来看，首先，各区、市社区矫正机构未成立，目前的社区矫正机构，更多地着眼于社区矫正委员会等综合协调机构，难以进行整体队伍建设。其次，当前各地的社区矫正工作基本上仍按照原有模式由司法局承担社区矫正事务。而司法局编制有限，工作人员身兼多职，加之社区矫正工作者老龄化日趋严重，导致矫正工作队伍建设薄弱，心有余，而力不足。最后，现有社区矫正工作者的思维意识和行为习惯，与社区矫正执法不相适应，不能达到规范执法、有效执法的需要。

（三）社区矫正工作标准不统一，影响刑事执行严肃性

社区矫正属于刑事执行，严肃、严谨是社区矫正工作的生命和根基。由于《社区矫正法》及其配套法律法规不完善，各地在贯彻落实《社区矫正法》过程中，自行根据自身实际，制定出台相关的实施细则、工作办法等，导致工作标准不一。教育帮扶等落实授权性规范措施上的百花齐放，尚属接受范围，但在落实义务性规范措施乃至涉及社区矫正对象人身权利上的执法标准的千差万别，则严重损害了社区矫正刑事执行的根本属性。

（四）社区矫正宣传力度不够，未形成有效的社会合力

由于没有广泛向社会宣传与发动，只有监管、执法等部门掌握，社区百姓不了

解社区矫正工作的具体内容、目的、意义，不理解社区矫正工作人员的工作性质、方式、方法。有些社区工作人员和社区志愿者在实施社区矫正的具体工作时，对社区矫正人员进行走访、调查，安排其进行社区服务、参加法律知识学习等活动，但由于社区居民对社区矫正这一新生事物不了解，对接受社区矫正的犯罪人普遍存在防范心理，认为他们会给自己正常的生活带来负面影响，因此难以取得社区矫正人员及社区居民的全面配合，使得矫正工作难以开展。

三、对规范社区矫正工作的思考

（一）关于规范社区矫正机构设置问题

针对当前工作实际及机构改革潮流下设置独立的社区矫正机构较为困难的情形，笔者认为，可以根据现有工作模式，依托现有司法行政机关框架设置，其中省、市司法行政机关主要承担社区矫正管理、指导、监督职能，县级司法行政机关主要承担社区矫正执行职能。同时，社区矫正机构设置，既要考虑社区矫正机构的统一管理，又要考虑到不同层级机构的职能差异，还要考虑县域司法行政机关的职能发展。为此，笔者建议，社区矫正机构应统一规划为社区矫正局。社区矫正局可以在省级司法厅独立设置，在市、县司法局挂牌设立。其中，县级社区矫正局与司法局合署办公，利用司法局现有职能科室设置相关职能。比如，办公室（综合科）负责综合保障，社区矫正科（室、股）负责监管执法，法制宣传科负责矫正教育，基层科负责警务督查，司法所负责日常矫正。从福山区的实际来看，仅仅依靠社区矫正管理办公室和司法所来从事社区矫正，不仅力有不逮，也难在司法局机关内部形成工作合力。

（二）关于统一社区矫正标准的问题

为彰显社区矫正的刑事执行属性，确保社区矫正工作严肃、严谨，笔者建议司法部尽快制定社区矫正工作规则，作为《社区矫正法》及其实施办法的配套规范和政策措施，以社区矫正实操问题为导向，及时做好相关政策解读，形成可以遵循的制度条文，争取做到法律法规体系上的整齐划一。对各项配套制式材料做重新设计规划，适应新时期新要求。引导广大基层工作者学习并全面应用新制度、新规范，更新监督管理模式，切实保证社区矫正工作成效。

（三）关于明确收监执行条件问题

《社区矫正法实施办法》对建议撤销缓刑、撤销假释及收监执行的条件，采取列举式和概括式，进行了规定。其列举式的做法，为社区矫正执法带来了便利，但其概括部分，却给社区矫正机构提请收监执行建议带来了难题。从近一年的情形来看，各地对如何理解和认定“其他违反法律、行政法规和监督管理规定，情节严重的”，出现了较大的分歧。自2013年以来，福山区共办理建议收监执行案件23件，除2件系脱离监管外，其余全部系违反其他法律、行政法规导致，还有3起被治安管理处罚的行为，未认定为“情节严重”。因“其他违反法律、行政法规和监督管理规定，情节严重的”情形并未明确。为解决该问题，2018年，福山区按照立法精神，结合部门职责分工，规定社区矫正对象具有下列情形之一的，构成“其他违反有关法律、行政法规”终止矫正的“情节严重”情形：“（1）被行政拘留（司法拘留）十日以上的；（2）被决定社区戒毒（强制隔离戒毒）的；（3）有两次及以上违反有关法律、行政法规行为的；（4）有其他法律、行政法规规定情节严重情形的。”从近年执行来看，成效明显。

社区矫正制度的困境及完善研究

刘 欢*

依法对符合条件的罪犯实行社区矫正，促其在社区开放环境下顺利融入社会，有利于减少羁押、避免交叉感染、节约行刑成本，是法治文明和社会进步的体现；有利于缓和社会矛盾、预防和减少犯罪、维护社会和谐稳定，提高社会治理体系和治理能力现代化水平。①

在我国社区矫正是一个既有深厚法制传统，又充分体现新时代法治理念和社会治理理念，具有广阔创新和发展空间的刑事执行制度。社区矫正工作开展以来，特别是《社区矫正法》全面贯彻落实以来，我国社区矫正人均执行成本只有监狱的十分之一，社区矫正期间社区矫正对象的再犯罪率只有 0.2%，取得了良好的法律效果和社会效果。②

虽然在社区矫正工作方面取得了一定成绩，但是也遇到了一些常见的执法问题。这不仅影响到社会和谐稳定，而且制约着社会治理现代化。当前对《社区矫正法》实施以来存在的问题及其解决办法的研究仍显不足，站在基层社区矫正执法工作者的视角上研究问题的学者更是少数。因此，笔者在前人研究成果的基础上，在深学笃行《社区矫正法》和《社区矫正法实施办法》等法律法规后，就社区矫正制度存在的困境进行深入分析并提出创新性举措，以期为推进和规范社区矫正工作贡献绵薄之力。

一、实践中存在的问题

（一）社区矫正工作中存在的执法难点

社区矫正在我国是一种非监禁的刑事执行制度，要求工作人员在调查评估、工

* 刘欢，湖南省郴州市桂东县司法局沙田司法所所长。

① 王爱立、姜爱东主编：《〈中华人民共和国社区矫正法〉释义》，中国民主法制出版社 2020 年版。

② 王爱立、姜爱东主编：《〈中华人民共和国社区矫正法〉释义》，中国民主法制出版社 2020 年版。

作衔接、监管教育等各个阶段都需认真负责。长期以来，社区矫正工作一般都是司法行政部门唱“独角戏”，这不利于依法对社区矫正对象开展监督管理和教育帮扶。推动新时代社区矫正工作需要大力推进“智慧矫正”建设，当前部分司法行政部门特别是司法所还存在着专业设备配置不全或配备齐全但不会使用的问题。《社区矫正法》在制度建设过程中，还存在着难以确定执行地等现实问题。

（二）社区矫正各部门衔接配合不顺畅

社区矫正工作虽由司法行政部门主管，但在实施过程中与相关行业部门均有密不可分的关系。在实际工作中，常因工作衔接不到位而增加了工作难度。一是司法行政部门在对拟适用或者提请适用社区矫正的当事人进行调查评估时，原本承诺在家接受调查评估的当事人却在工作人员不知情时突然被公安机关逮捕归案，导致无法顺利开展调查评估，浪费工作时间。当委托机关已作出调查评估委托函但因未及时发送或邮寄不畅造成延误送达时，急需出具评估意见的司法行政部门就会为了尽快完成任务而简单地开展调查评估工作。二是社区矫正对象因行为不端被公安机关处罚、拘留、逮捕，当公安机关未及时告知、抄送法律文书时，司法行政部门会到处寻找社区矫正对象，这不仅浪费了行政资源，也增加了执法人员的工作压力。三是社区矫正信息化发展程度参差不齐，导致各地社区矫正执法单位之间缺乏紧密的协调联动，影响了社区矫正工作的全面发展。

（三）社区矫正工作队伍建设有待完善

开展社区矫正的主要目的是矫正社区矫正对象的心理和行为，通过矫正促进其认识自己、提升素能并顺利融入社会。因此，在确保社区矫正工作人员具备相应的执法地位和较高的业务素质的同时，更需保证人员配备充足。当前社区矫正工作中存在司法所工作人员专业水平不高、人员配备不足、人才流失严重、工作任务繁重和司法所在社区矫正工作中的定位不清晰等问题，故迫切需要加强基层执法队伍建设。

（四）社区矫正工作专项经费保障不足

从开展社区矫正工作的实际情况来看，当前我国大多数县、市、区的社区矫正工作经费主要依靠各级政府的临时性拨款和司法行政部门工作经费的自行调剂。一方面，大多地方使用经费的具体方式为县司法局拨款至（乡）镇人民政府，由（乡）镇人民政府负责具体收支，而承担社区矫正工作的司法所却无单独执法经费可供使用。当前司法局拨给（乡）镇政府的经费大多是以政法专项编制公务员在所数量为依据，而一人编制所在基层又普遍存在，这种矛盾的出现导致办公经费严重不足。

另一方面，各地社区矫正对象正在普遍增多，导致社区矫正工作的授课教材、入户走访、宣传培训等所需费用也在不断增加。由于地方财力有限，无法保证专项经费支出，上级安排的日常工作难以充分落实。社区矫正工作基本停留在监管层面，无法实现预期的教育目标，更谈不上守正创新。

（五）教育帮扶制度重点建设不受重视

社区矫正工作的高质量发展应坚持监督管理和教育帮扶相结合，要帮助社区矫正对象尽快顺利回归社会，更应注重教育帮扶的实施效果。遗憾的是，目前受委托的司法所通常以谈心谈话、请示报告、学习法律知识、组织公益性劳动等方式机械性地开展教育帮扶工作。由于缺乏对教育帮扶制度重点建设的重视，司法所开展教育帮扶的内容也非常简单、普遍、重复，社区矫正工作基本上只停留在文字矫正上，以致难以有效实现矫正目的，更谈不上创新教育帮扶的方式方法。

二、原因分析

（一）社区矫正制度仍需健全

一是由于社区矫正工作长期被忽视以致各级各部门都认为社区矫正是司法行政部门的一家之事，甚至有些政府工作人员都不知道什么是社区矫正，更不用说协调配合工作了；二是一方面《社区矫正法》赋予司法行政部门的处罚手段在创设了训诫后就基本保持了《社区矫正法实施办法》的种类，这导致工作人员开展执法工作时捉襟见肘；另一方面行政处罚权中的罚款和拘留只能由公安机关作出，在社区矫正对象违法违规时司法行政部门只能提请公安机关依法处理，这会让社区矫正对象认为执法人员没有权威。三是当前我国社区矫正专项经费有限且国家尚未建立健全电子设备采购相关制度，导致电子设备成套采购不规范，缺乏统一规划标准，以致社区矫正信息化建设相对滞后。四是当前一些人民法院在确定社区矫正执行地方面有着固定的思路，基本上是将被调查评估对象的出生地确定为执行地，这不利于社区矫正对象的生存和发展需要。

（二）政法机关角色定位不准

推进社区矫正是一项复杂的系统工程，需要多部门开展联合执法，细化和分配具体任务和目标，共同发挥作用。因此公安机关、人民检察院、人民法院、司法行政部门应依照各自职责，依法做好社区矫正执法工作。当前《社区矫正法》只是初步确立了司法行政部门与其他政法机关等国家力量合作的基本框架，但没有详细阐述相关措施，这不利于社区矫正工作的具体实践。《社区矫正法》对政法机关的职责权限虽然进行了适当划分，但由于缺乏实践性论证，一些内容还存在含混模糊、权责不明的现象，这导致在调查评估、交付接收、收监执行等重要环节，仍不可避免出现信息不通、衔接不畅、反应滞后等问题。

（三）执法主体法律地位模糊

《社区矫正法》颁布以前，司法所是社区矫正的日常工作机构，承担着社区矫正的所有具体工作。但《社区矫正法》并未对此予以确认，而是规定司法所根据社区矫正机构的委托，承担社区矫正相关工作。那么在具体运作中，社区矫正机构与司法所之间的关系如何定位，“委托”关系如何落实，不具有相应执法权的司法所工作人员如何维护法律权威性，这都需要认真思考并最终进行定位。当前司法所还存在着工作人员少、分配任务重、分工不明确等普遍现象，在此情况下司法所仍要承担辖区综治维稳和（乡）镇人民政府中心工作，这就更难以保证社区矫正的监督管理和教育帮扶全面落到实处。

（四）依法矫正认识程度偏低

社区矫正工作开展至今仍存在着实施时间较短、立法相对滞后和法宣力度不够等问题，这就导致多数地方党委政府对司法行政部门依法履行社区矫正职责的认识还停留在多年前“司法所管住在辖区里服刑的罪犯就好”这一浅显层面，认为社区矫正就是管好罪犯不再重新犯罪罢了。但是在国家大力推行社区矫正工作的形式下，司法所监督管理的社区矫正对象越来越多，组织的教学活动越来越丰富，教育帮扶的措施更应多种多样。然而，由于缺乏必要的工作经费，相关工作往往无奈停止，难以推动工作创新。尽管上级司法行政部门也会积极申请资金，但由于多年来对社区矫正认识上的偏差，地方党委政府很少设立专项资金以供正常使用。

（五）教育帮扶模式相对简单

长期以来重监督管理轻教育帮扶的工作现状，使得司法所在开展教育帮扶工作时只需简单地“照本宣科”完成规定动作即可，也使得上级司法行政部门很少甚至不愿主动创新教育帮扶模式。尽管《社区矫正法》强调了对社区矫正对象回归社会前教育帮扶的重要性，但目前亦尚无具体的教育帮扶措施可供执行。由于现有模式相对简单，缺乏创新发展，全面落实教育帮扶效果很差，甚至存在恶性循环的可能性。当前一些司法行政部门仍以不出现收监执行来认定矫正效果，导致社区矫正对象不能真正感受到组织的温暖，难以感恩政府和社会，甚至重新犯罪。

三、健全完善社区矫正制度的对策建议

（一）深化执法规范化建设

1. 成立社区矫正委员会

《社区矫正法》充分尊重基层首创精神，创造性地规定地方人民政府根据需要设立社区矫正委员会，负责统筹协调和指导本行政区域内的社区矫正工作。[①] 社区矫正是一项系统工程，需要社会各方的共同努力。为促进社区矫正工作高效发展，地方各级司法行政部门要主动向党委政府报告立法精神，积极推动社区矫正委员会的成立。通过成立社区矫正委员会，形成党委政府统一领导、司法行政部门具体负责、相关部门协调配合、社会力量广泛参与的工作格局；[②] 通过成立社区矫正委员会，使各级党政主要领导认识到司法行政部门执法手段有限、执法权威不足的现状，从而促进各级领导重视社区矫正执法，促进法律法规的完善，赋予执法者更多权利。

2. 提升执法信息化水平

《社区矫正法》一方面总结和吸收了我国各地运用现代科学技术开展社区矫正的典型经验做法，另一方面将国家支持社区矫正机构提高信息化水平写入了总则，为运用现代信息技术加强对社区矫正对象的监督管理和教育帮扶提供了法律依据。积极探索“智慧矫正”新模式，构建“大平台共享、大系统共治、大数据慧治”的“智慧矫正”新格局。推进“智慧矫正”建设，是促进社区矫正工作规范化、科学化、智能化发展的迫切要求。一是实现数据分析融合。研究开发覆盖全国所有县、市和司法行政部门的智能矫正综合平台，构建国、省、市、县、乡五级互联互通综合平台。依托各省政务服务系统建立本省社区矫正大数据中心，推动公、检、法、监狱等部门业务数据与社区矫正大数据中心对接，形成社区矫正大数据的有机整体。二是实现人工智能融合。充分利用语音识别、生物特征识别、人脸识别和机器深度识别技术，支持各类社区矫正服务的智能化应用。三是实现互联移动融合。研发移动执法终端（矫务通）、社工终端（协矫通）、社区矫正对象管理终端（在矫通）三种社区矫正应用程序，并同步接入智能矫正综合平台，实现数据的实时交互应用，实现“掌上工作，指尖管理”的移动管理模式。通过建设指挥中心大屏幕、办公电脑中屏幕、手机小屏幕“三屏展示”系统，满足社区矫正业务移动化、全天候、全覆盖的要求。四是实现物联网融合。集成物联网、通讯感知等技术，将社区矫正场

---

① 王爱立、姜爱东主编：《〈中华人民共和国社区矫正法〉释义》，中国民主法制出版社 2020 年版。

② 王爱立、姜爱东主编：《〈中华人民共和国社区矫正法〉释义》，中国民主法制出版社 2020 年版。

所监控设备、门禁设备、音视频录播设备、人脸指纹考勤机、高分辨率电表、自助学习机、语音智能机器人接入移动执法终端、定位监控终端，实现信息数据的传输和远程控制管理，并从大数据中采集相关信息，实现信息设备与采集信息的集成，形成社区矫正物联大网络格局。

3. 依法规范执行地确定

社区矫正在哪里实施，以何种原则确定执行地，它直接影响着社区矫正的顺利开展，更关系到社区矫正对象的生活和工作，是社区矫正过程中必须解决的问题之一。因此《社区矫正法》确定社区矫正的执行地为社区矫正对象的居住地，社区矫正决定机关在决定社区矫正时，应当确定社区矫正的实施地。社区矫正工作的目标是促进社区矫正对象顺利融入社会，消除重新犯罪的因素，帮助其成为守法公民，预防和减少犯罪。确定目标是对具体开展社区矫正工作的指导，各项社区矫正工作要以监督、引导、帮助社区矫正对象回归社会为出发点和落脚点。因此社区矫正决定机关在确定社区矫正执行地时，应当坚持原则性和灵活性相统一，综合考虑矫正案例和社区矫正对象的具体情况，以有利于社区矫正对象接受矫正、更好地融入社会为原则，科学确定社区矫正执行地，切忌“一刀切”，必要时还可以听取社区矫正对象本人对于执行地的意见，作为确定执行地时的参考。① 各地在制定实施细则时亦应细化居住地的固定住所和固定生活来源的认定标准，增强其在具体业务工作中的可操作性。

（二）细化衔接配合管理工作

1. 加强调查评估的衔接配合管理

在开展委托调查评估工作时，委托机关和公安机关在知道或者应当知道当事人近期可能会被逮捕时则可以提前告知被委托机关，防止被委托机关因不明缘由而浪费工作时间。委托机关应当在规定时间内发出调查评估委托函，并附送与案件有关的法律文书。在条件允许时委托机关可以提前电话告知被委托机关，从而防止因邮寄不畅等问题导致文书迟延到达。委托机关应当在调查评估委托函中明确记载犯罪嫌疑人、被告人、罪犯及其家属等有关人员的姓名、住址、联系方式、案由以及委托机关的联系人、联系方式等内容。②

2. 加强交付接收的衔接配合管理

一方面，社区矫正机构应当依法接收社区矫正对象。社区矫正决定机关在作出

---

① 王爱立、姜爱东主编：《〈中华人民共和国社区矫正法〉释义》，中国民主法制出版社 2020 年版，第 101 页。

② 《最高人民法院、最高人民检察院、公安部、司法部关于进一步加强社区矫正工作衔接配合管理的意见》（2016 年 9 月 22 日）。

社区矫正决定时已经根据相关原则明确了社区矫正执行地，社区矫正机构应当依法接收，如对于跨省异地交付执行的，执行地社区矫正机构应当依法接收，不得再推诿、扯皮。另一方面，社区矫正机构应当为社区矫正对象核对办理登记手续。这就要求社区矫正工作人员在接收社区矫正对象时，核实社区矫正对象的身份信息、核对相关法律文书的送达情况并最终办理接收登记、建立档案。在此过程中对文书不齐的，及时通知交付机关补齐文书；发现社区矫正对象没有在规定的时间内报告的，要及时向社区矫正对象本人、家属成员、所在社区等单位和个人联系了解，并向决定机关、检察机关通报情况。司法行政部门要做好证据收集固定，经三日以上查找不到的应及时书面通知公安机关协助查找，并根据相关规定和矫正对象漏管情形给予相应处置。

3. 加强收监执行的衔接配合管理

最高人民法院、最高人民检察院、公安部、司法部应根据《社区矫正法》制定出台操作性强的全新实施意见，统一工作开展标准，细化具体工作流程，明确在羁押过程中各单位各部门需要承担的责任及享有的相应权利。只有这样才能尽可能地防止各机关互相推诿、扯皮。公安机关、人民检察院、人民法院要明确在收监执行过程中各自贯彻落实《社区矫正法》中应尽的职责，把本职工作做好。对需要撤销缓刑、假释等适用社区矫正的案件，要明确县级司法行政部门移送的措施、方式、程序，以及协助公安机关的范围和方式。要全面依托社区矫正监督管理平台，充分利用现代科技手段、提高社区矫正信息化水平。要尽快加强收监执行方面的“智慧矫正”建设，成立由人民公安、人民检察院、人民法院、司法行政等部门共享的信息交互平台，用以及时掌握社区矫正对象的活动轨迹、出入辖区状态、有关身份证件以及违法犯罪信息，从而防止社区矫正对象脱管漏管或重新犯罪。

（三）强化社区矫正队伍建设

1. 选拔招录一批专业的社区矫正工作人员

各地要建立职业准入门槛，选拔招录一批具有专业知识、符合工作需要的社区矫正工作人员。一是高等教育院校增加社区矫正专业。开展社区矫正工作需要工作人员具备一定的法律素养，更需要工作人员能够适应信息化、专业化、职业化发展的需要，因此要从源头培养具有法律专业知识和综合素养的复合型社区矫正人才。二是上级适当考虑增加政法专项编制。当前社区矫正处于落细落小阶段，工作任务成倍数增加，各级司法行政部门和地方人民政府应当开展专项专题调研测算，加强与编制部门的沟通协调，争取各级编制部门支持，充实专门国家工作人员编制数量。三是充分用好现有政法专项编制。有空缺的编制要及时录用补充具有法律、教育、心理、社会工作等专业背景知识的人员，同时要让执法警力下沉，缩减机关工作人员。四是建立社区矫正社会工作者队伍。通过多种方式建立社区矫正工作者队伍，保证各司法所均有专门执法工作人员和专职执法辅助人员。五是应当积极探索统一社区矫正专门国家工作人员服装、执法标识，从而提升社区矫正执法权威。①

2. 加强社区矫正工作人员业务培训

努力建设一支高质量的发展型社区矫正工作队伍，要加强对社区矫正机构和社区矫正工作人员的培训和指导。一是司法部应当出台指导意见明确司法所可以接受社区矫正机构委托的事项，以及依法应当承担社区矫正工作的职责和享有的相应执法权力。二是通过业务培训，不断提高社区矫正工作人员的业务素质和业务技能，确保社区矫正工作人员依法履行职责。一方面要通过行业专题培训、集体交流讨论、深入调查研究等方式，组织社区矫正委员会、社区矫正机构和司法所人员学习贯彻有关法律法规、工作会议和文件精神，系统指导和开展社区矫正工作，提高工作人员的业务能力和执法水平。另一方面要加强村（居）民委员会干部培训，使其协助做好社区矫正工作。要通过网络聊天、以会代训、个别辅导等方式就基层村干如何协助做好社区矫正工作进行行业指导，从而为社区矫正工作在基层的更好运用和发展提供理论保障。

3. 充分鼓励和发挥社会力量的作用

根据《社区矫正法》的规定，国家鼓励和支持企业事业单位、社会团体、志愿者等社会力量依法参与社区矫正工作。一是要扩大社会力量参与社区矫正工作，要建立健全以社区为平台、以社会组织为载体、以社会工作者为支撑的联动机制，协调社会组织、社会工作者、志愿者的参与，村（居）委会、司法所等多方力量参与社区矫正工作。二是要杜绝或减少司法所人员抽调、借用和长期包村驻点等情形。司法行政部门要结合本地实际，联合多部门研究制定相关制度措施，明确社会力量可以参与调查评估、参加矫正小组、提供教育帮扶活动以及为社会组织参与社区矫正工作提供必要的财政保障等工作。通过社会力量依法参与社区矫正，可以使社区矫正对象更容易接受和配合矫正的实施。社会人士通过平等心态和换位思维方式开展工作更有利于促进社区矫正对象向善向上，最大限度地降低社区矫正对象的警惕性，使矫正效果更好。

（四）优化财政投入保障机制

1. 加大政府财政支持力度

社区矫正是严肃的刑罚执行活动，需要必要的经费保障。如果经费得不到保障，社区矫正工作就难以顺利开展。因此《社区矫正法》第 6 条规定，各级政府应当将

---

① 司法部对十三届全国人大三次会议第 9023 号建议的答复（2020）。

社区矫正经费列入本级政府预算。各地应将社区矫正经费列入同级财政预算予以保障，应统筹社区矫正和司法行政其他基层业务经费保障，通过进一步加大对司法业务经费的投入，提高社区矫正经费保障水平。由于各地经济情况存在差异，建议省级财政统筹考虑各地区社区矫正对象数量、经费保障等情况，安排必要的资金，对社区矫正对象流入数量较多的地区给予支持和补助，以解决异地矫正的难题。居委会、村委会和有关社会组织依照法律规定协助社区矫正机构开展工作需要的必要经费也应当按照法律规定列入地方政府的财政预算，由本级政府予以保障。

2. 支持政府购买社会服务

当前我国司法所大多属于县司法局派驻至（乡）镇开展基层司法行政工作的正股级建制所，没有独立开户和管理工作经费的权限。因此县级以上司法行政部门应当考虑通过政府购买开展社区服务、提供心理矫治、创业就业指导、社会帮扶救助等形式协助配合社区矫正工作人员对社区矫正对象建立工作档案、组织学习劳动、开展教育帮扶等非执法类日常工作。通过政府购买社会服务的形式开展非执法类日常工作将有效缓解司法所力量不足、工作人员不专业等瓶颈问题，有助于全面完善基层社区矫正工作的监督管理和教育帮扶等一系列工作。

3. 积极拓宽社会捐助渠道

社区矫正制度的经费应以政府财政投入为主，其他多种渠道为辅。其他渠道主要是指以公益基金、慈善捐赠、个人认缴的形式筹集资金。此外，鼓励全国社会工作者、志愿者、行业协会工作者通过线下和线上帮扶等“献爱心”方式帮助社区矫正对象积极向社会筹集资金。一方面，地方政府可以通过鼓励企业援建社区矫正场所、捐赠专项经费和有关法律书籍等，促使爱心企业享受特殊优惠的经营政策。对于积极安置社区矫正对象的爱心企业，更可以在减税降费等方面享受国家扶持。另一方面，政府可以通过向社会工作者、志愿者、行业协会工作者免费提供技能培训、颁发荣誉证书等方式方法，鼓励爱心人士从多方面帮扶社区矫正对象。通过多渠道筹集款物不仅可以改变社区矫正专项经费不足的现状，还可以帮助社区矫正对象顺利融入社会。

（五）实化社区矫正教育帮扶

1. 教育矫正制度化、规范化、多元化

依法对社区矫正对象进行法治和道德教育，有利于增强其法治观念，提高其道德素质。社区矫正机构和司法所应当制订教育矫正工作年度计划和季度实施方案，建立教育矫正专门台账资料，规范开展教育矫正工作。开展教育矫正工作，要做到五个结合：一是专门机关与社会力量结合。关键是要把专门机关和社会力量有机结合起来，发挥各自的优势和长处，相辅相成，形成合力，做好社区矫正工作，实现社区矫正的目标。二是分类教育与分段教育结合。一方面应当根据社区矫正对象的犯罪类型、矫正类别、悔罪意识、现实表现、思想状况、心理特点、再犯罪风险等情况划分教育类别，根据同类社区矫正对象的共同问题和共同需求，有针对性地安排教育方法和内容，进行分类教学。另一方面要根据社区矫正对象在矫正期间不同阶段的心理行为特点和教育需求，分析总结不同矫正阶段教育矫正的规律特点，分段开展有区别的教育矫正。三是主题教育与专题教育结合。根据国情省情、时政热点每季度确定一个教育主题，组织社区矫正对象开展思想政治和法律法规的专题学习教育。四是个案矫正与心理矫正结合。要坚持“分类教育、因人施矫”的个别矫正模式，通过开发矫正个案软件，自动生成个性化矫正方案，切实做到“一把钥匙开一把锁”。要通过政府购买服务，引入专业社会力量开展心理矫治，从思想上消除犯罪根源。要创新开展行为规范教育，增强社区矫正对象的遵规守纪意识。五是线上与线下相结合。在线上要积极探索社区矫正“自助矫正”新模式，依托自助教育平台，社区矫正对象可以自主选择时间和内容开展在线学习、自助学习和虚拟现实学习，同时要依托视频教育系统，通过远程直播、课件录播等方式同步开展远程视频教育，为社区矫正对象提供便捷、高效的线上教育服务。在线下要开展主题教育和专题教育系列讲学活动，通过宣讲榜样力量和观摩红色场地培育社区矫正对象的奉献感恩精神，通过四德教育（社会公德、职业道德、家庭美德、个人品德）促使社区矫正对象树立正确的三观，并顺利回归回报社会。

2. 用真心动真情帮扶社矫对象

落实政府主导、社会参与、家庭支持的帮扶机制，帮助社区矫正对象重新融入社会，增强社会责任感。一是政府有关部门应制定本行业具体帮扶政策清单，并由司法行政部门工作人员负责对接办理。因此司法所工作人员要在制订社区矫正对象矫正方案的过程中，通过谈心谈话了解社区矫正对象当前存在的“急难愁盼”问题，能当场帮助解决的现场处理，需要衔接其他部门的主动对接妥处；要在社区矫正对象入矫后主动了解其学习、工作和家庭等情况，对于想学习专业技能的社区矫正对象安排其参加各类技能培训，使其掌握一技之长；对于无业、待业的社区矫正对象帮助其参加现场招聘会和网上应召会，促进其稳定就业；对于家庭困难的社区矫正对象帮助其依法办理低保和临时性救助款等；要在社区矫正对象服刑期满后继续做好安置帮教工作，一方面要依法继续加强对帮教对象的监管教育，另一方面要真心帮其解决遇到的困难和问题。二是鼓励社会团体、社会组织、爱心企业等社会力量积极参与教育帮扶工作，为社区矫正对象在创业就业和捐资赠物上提供一定的帮助。三是通过现场走访和电话联系等方式主动联系社区矫正对象的近亲属，通过向他们解释法律法规、传达政策利好、通报在矫情况等来消除他们的思想顾虑，减轻他们的心理负担，从而真诚接纳和全面帮扶社区矫正对象。

3. 加强教育帮扶的统一规划管理

做好教育帮扶工作是社区矫正对象重新融入社会的关键，因此教育帮扶工作应当有统一的目标要求、过程指导、评价验收标准。在教育方面，首先，建议司法部制定主题教育学习教育总体安排。其次，各省、市司法行政部门结合地方工作情况与专业媒体合作，制定一系列与主题相关的教学视频和教材。最后，基层司法行政部门将针对不同犯罪主体、不同矫正类型和不同监管阶段所需明确学习目标，制订学习计划，保质保量地完成学习任务。在帮扶方面，明确各级各部门根据社区矫正对象对于推荐工作、法律咨询、心理辅导、技能培训、社会救助等不同的帮扶需求提供必要的帮扶措施。教育帮扶工作的顺利开展，直接影响到社区矫正对象是否脱管漏管甚至重新犯罪。因此，各级政府要强化教育帮扶工作综治考核，完善考核激励机制，落实教育帮扶职责，引导社区矫正工作有效开展。

基层社区矫正工作现状、困难及对策的思考

——以W市J区为例

李书依*

2020年7月1日正式施行的《社区矫正法》明确将社区矫正性质由刑罚执行转变为刑事执行。刑事执行，是指执行机构对发生法律效力的刑事判决、刑事裁定或暂予监外执行决定事项予以实施的活动。根据《刑事诉讼法》和《社区矫正法》等有关规定，社区矫正机构主要负责对被判处管制、宣告缓刑、假释和暂予监外执行的罪犯实行社区矫正。① 与传统的监禁刑不同，社区矫正是将社区矫正对象放置于正常的社会环境中，通过多种形式的监督管理与教育帮扶，消除其思想上行为上的不稳定因素，避免其重新走上犯罪道路，帮助其正常回归社会。

一、J区社区矫正工作开展现状

（一）工作基本情况

J区司法局自2005年开始成为第二批社区矫正全国试点，2016年9月8日，J区社区矫正工作管理局成立，成为J区司法局直属机构，依法实施社区矫正的各项职能。2005年至今，J区累计接收社区矫对象3359人，累计解除社区矫正3062人。

近年来，J区社区矫正机构严格执行《社区矫正法》《社区矫正法实施办法》等法律法规，认真履行监督管理、教育帮扶职责，实现了管得住人、矫治得好的目标。

（二）社区矫正对象基本情况

社区矫正对象人数每个时期都会因入矫、解矫而发生动态变化，遂以2021年4月为例进行数据分析。J区该月在册社区矫正对象293人，新接收社区矫正对象34人，解除矫正28人，在册的293人中缓刑267人、管制2人、假释7人、暂予监外执行17人。

---

* 李书依，武汉市江岸区司法局科员。

① 王军：《如何做好社区矫正工作——以Q市为例》，载《中国监狱学刊》2021年第1期。

从性别来看，J 区在册社矫对象中男性 238 人，约占 81.2%；女性 55 人，约占 18.8%。

如表 1、表 2 所示，从年龄来看，J 区在册社矫对象中 18 至 45 岁的占大多数；从犯罪类型来看，J 区在册社矫对象中，危害公共安全类犯罪、破坏经济秩序类犯罪、侵犯财产类犯罪、妨害社会管理秩序类犯罪占比较大。

表 1　2021 年 4 月 J 区在册社区矫正对象年龄情况

年龄	18 岁以下	18 至 45 岁	46 至 60 岁	60 岁以上
人数	1	186	81	25
占比	0.34%	63.48%	27.65%	8.53%

表 2　2021 年 4 月 J 区在册社区矫正对象犯罪类型情况

犯罪类型	危害公共安全罪	破坏经济秩序罪	侵犯公民人身权利罪	侵犯财产罪	妨害社会管理秩序罪	贪污受贿罪	其他
人数	74	58	33	47	57	21	3
占比	25.26%	19.80%	11.26%	16.04%	19.45%	7.17%	1.02%

（三）工作流程

1. 调查评估

根据《社区矫正法》的规定，社区矫正决定机关根据需要可以委托社区矫正机构或者有关社会组织对被告人或者罪犯的社会危险性和对所居住社区的影响，进行调查评估，提出意见，供决定社区矫正时参考。《刑法修正案八》也对实施社区矫正之前的调查评估作出过相应规定：对犯罪分子判决缓刑时，应当将对所居住社区没有重大不良影响作为适用条件，对犯罪分子裁定假释，应当考虑其假释后对所居住社区的影响。调查评估是法院、监狱和社区矫正机构就社区矫正对象进行衔接的一项重要前置性工作。

截至目前，J 区接受法院、监狱和公安的委托，共出具 63 份审前调查评估意见书。在接到决定机关委托时，社矫机构会组织工作人员对罪犯的居住地进行核实，确认居住地址无误后，对其同住亲属进行走访，联系居住地所在社区、街道准确了解其日常表现及方便了解其在居住地一贯表现，对社区是否存在负面影响。在这一过程中，社矫工作人员也进一步加强了与罪犯家属及所在社区、街道的联系，方便后续联合多方力量对其进行监管，降低脱管、漏管的风险。

2. 监督管理

为解决社区矫正对象日常报到的集中安排和日常管控问题，J 区采用“远程点检”的模式。每周固定时间利用远程视频点检系统对下辖司法所社区矫正对象实时点检。在日常管控工作中，J 区社区矫正机构安排专人每日通过手机、手环定位追踪，随时掌握社矫对象活动区域，及时报告处置。在《社区矫正法》未对外出事由及返程销假等作出细致规定的情况下，结合省级规范性文件及工作实际进一步细化请销假审批流程，全区社矫对象外出统一由区社矫机构审批。节假日及重点时段、重要时期，对重点人员实行“包人定案”管理，组织工作人员上门走访，建立一人一表，联合相应主管部门，采取有针对性的管控教育矫治措施。此外，J 区分别在社矫中心和下辖司法所安装了社区矫正对象指纹面部报到管理系统终端，利用此系统真实记录社区矫正对象的日常报到、教育学习、社区服务、个别谈话情况，他人无权代替签到，系统显示均为社区矫正对象真实报到情况，初步实现了移动式跨空间监管。

3. 教育帮扶

根据社区矫正对象不同犯罪类型、文化程度等情况，有针对性地安排日常学习内容。在《社区矫正法》颁布实施后，将其纳入社区矫正对象教育学习内容，确保社矫对象熟悉掌握法律、遵守法律。社区矫正日常监管中坚持每周线上线下问卷调查了解掌握矫正对象行为和思想动态；每月定期组织矫正小组进行走访谈话，及时掌握重点对象家庭及社会关系动态；每周定期开展学习教育，组织社区矫正对象填写扫黑除恶调查问卷，每月对社区矫正对象开展扫黑除恶教育谈话，将谈话内容如实完整地列入矫正对象案卷月度谈话记录，全面掌握社矫对象矫正期间心理及生活状态。

此外，J 区社区矫正机构落实《社区矫正法》，认真履行社区矫正教育帮扶职责，将心理矫正融入社区矫正全过程，聘请第三方专业机构协助开展心理咨询、心理教育、心理危机干预以及未成年社区矫正对象心理帮扶项目等工作。尤其是在新冠肺炎疫情期间，考虑到社区矫正对象无法进行线下心理咨询，J 区社矫中心联合心理咨询公司开通心理在线援助平台，通过线上一对一辅导及时发现、疏导社区矫正对象的负面情绪。总之，J 区社区矫正机构多方位帮扶与教育有效帮助社区矫正对象重构心理健康、家庭关系、人际关系，更好地回归社会。

二、J 区社区矫正工作中存在的问题

（一）新旧法衔接

自《社区矫正法》颁布实施以来，基层社区矫正工作按照新法的规定运行，其中自然会涉及以往的社区矫正法律法规和新法存在诸多变化而导致的工作思路及方

法转变滞后的问题。

以J区以往实施的社区矫正工作管理细则为例，对于社区矫对象分类管理，新旧法规定的分类标准、管理措施、管理类别、过渡安排等存在诸多差别。在新旧法衔接过渡时间段，基层社矫工作人员对这些差别无法快速把握，可能导致同一个县级社区矫正机构下不同司法所适用法律的不统一，这也对社矫对象的统一管理造成了一定阻碍。

此外，以往各省对社矫对象外出事由规定得较为详细，新法与实施办法出台后，外出事由较于以往体现出更有利于社矫对象工作生活的特征。然而正是由于这种宽缓边界模糊，反而让社矫机构在审批时难以把握。新法规定外出事由只要属于正当理由就应当批准，实施办法将正当理由限定在就医、就学、参与诉讼、处理家庭或工作重要事务。由此，对于社矫对象提出的不在此法条囊括范围内，但又属于正当理由的外出申请，社矫机构在审批时如何把握便成为难题。以上海为例，2020年8月出台的《关于贯彻落实〈中华人民共和国社区矫法实施办法〉的实施细则》将此种情形进一步细化，规定外出事由中的家庭或工作重要事务一般是指结婚、离婚、本人或配偶生育；涉及本人的仲裁等确需本人参加；春节、清明期间探亲祭祖；近亲属婚假、病重、亡故，确需本人外出处理；生产经营或工作需要，确需本人外出处理。这种较为详尽又凸显人性化管理的实施细则让社矫工作能够在规范内运行。

（二）社矫队伍专业性不足，经费保障有待加强

一般而言，社区矫正工作队伍构成以司法行政干警为主，社区矫正专职社工为辅助，上级司法行政机构派戒毒警常驻，协助进行社矫对象谈话训诫等监管。下辖各司法所负责社区矫正工作的队伍由所长、干警、专职社会工作者构成。

社区矫正机构的专职工作人员拥有社区矫正执法权限，依法履行社区矫正各项职能。按照人员配备标准，J区应当配备38名社区矫正工作人员、21名专职社工，但目前因各种现实原因人员配备均未达到该标准。J区17个司法所目前平均每所仅有1名到2名工作人员，却需要承担几十名社区矫正对象的日常监管工作。除保证每名社区矫正对象按时报到参与集中学习教育外，还需要定期对重点对象进行走访，对有困难的社矫对象进行帮扶，工作量不可谓不大。超负荷运作所带来的监管隐患不容忽视，在技术条件尚未成熟的情况下，仅凭人力监管，人员管控的压力不小。

此外，社区矫正相关法律法规均规定要对社区矫正对象进行法治、道德等教育，为他们提供教育、心理辅导、职业培训、社会关系改善的帮扶。实际情况中，部分社区矫正工作人员缺乏法律专业素养，尤其是专职社工大多并非法律专业，在对社矫对象进行法治教育时就显得力不从心。心理咨询与社会关系重构的帮扶内容更是对社区矫正工作者自身素养提出了较高的要求。就基层司法所而言，一般除了承担社区矫正对象的监管帮扶工作之外，还需要负责本街道或本社区内的人民调解、法律援助、刑释人员的安置帮教等多项工作。无论从数量还是质量上来看，目前基层

司法所的人员配备在如此庞大繁杂的需求面前都有些单薄。

社区矫正工作实效离不开国家经费的支持与保障。日常监督管理方面，J 区大力发展智慧社矫来弥补人工不足的缺陷，同时也让监管更智能化。发展智慧社矫离不开硬件设备与软件系统，比如职能办公设备、智慧矫正终端、定位设施、移动执法终端等，社矫平台的搭建，数据存储与传输的云端系统建设等。若无经费支撑，智慧社矫终究是空中楼阁。目前 J 区已经建成符合国家标准的社区矫正中心，拥有智慧矫正终端、人脸识别仪等设备，但目前在系统的对接上还存在不顺畅的问题。

在日常监督管理和教育帮扶中，手机手环定位、集中学习教育、开展就业就学培训、走访等工作环节都需要经费的保障。目前 J 区在社区矫正专职社工的薪酬保障上无法满足其需求，在招聘高素质社会公益性岗位人才上存在困难。

（三）部门协调机制尚未健全

在日常监督管理中，社矫机构需要帮助社矫对象认识违法犯罪行为、重构人际关系社会关系，让他们能够以全新的面貌回归社会。而帮扶安置之所以可以顺利进行，离不开跨部门通力协作，譬如司检联合等。社区矫正帮扶机制的建立健全是司法行政部门同其他各相关部门以及社会团体组织的共同参与和相互协作的过程，单靠社区矫正机构一方力量无法取得理想效果。目前社区矫正的帮扶教育工作堵点实际上在于社矫机构本身人力财力不足，而其他相关部门、组织之间无法逾越机制的独立性，阻碍了协同机制最大限度地发挥联合帮扶的作用。由于各部门具有相对独立性，使得部门之间的衔接机制还有待完善，如对社矫对象的职业技能培训就需要社区矫正机构、民政部门、社会保障部门的通力合作。这一协作机制的不完善导致无法顺利为社矫对象提供优质就业、就学等方面的帮扶。

三、对策与建议

（一）健全实施细则

自《社区矫正法》实施以来，多地结合自身社区矫正工作实际出台了实施细则，如上海、河南、福建、山东等地。实施细则中对新《社区矫正法》中规定较为宽泛模糊之处进行了进一步细化。例如，上海市的实施细则就对调查评估规定了具体的方式，对于基层社矫机构而言，法条操作性增强，也有利于工作程序的规范化，确保评估意见的客观公正。对于外出审批，该细则明确规定社矫对象单次请假外出目的地一般只能为同一市县，避免外出多地而给监管造成不便，降低社矫对象脱漏管的风险。河南省实施细则中对于《社区矫正法实施办法》中销假的时限作出规定，要求社矫对象在返回执行地后 24 小时内到社矫机构或受委托的司法所办理销假。对于心理矫正，河南省的实施细则单独辟出章节，详细规定社矫机构职责及心理矫正流程规范。

经过一年的社区矫正工作实践，新法优势凸显，与此同时也存在许多需要进一步完善优化的地方。上述地区出台的实施细则存在诸多可借鉴与推广之处。部分地区尚未结合新法与自身社矫工作实际出台细则，不妨博采众长，针对各地细则的优势，分析自身特点，进一步完善本地区社区矫正实施规范。当然，在新法实施过程中出现的问题也进一步促进了法律自身的完备，在总结各地区实施问题的共性后，对于新法不妨以司法解释等形式进一步填补漏洞。

（二）建立专业队伍，强化业务培训

自《社区矫正法》实施以来，J 区将该法纳入社区矫正工作队伍业务培训，取得了一定成效。为提升培训效果，笔者建议将培训制度化，形成长效机制。每个季度组织社矫工作人员学习法律法规，学习典型案例，举办知识比武。在每月执法检查中，县级社矫机构与司法所形成档案评查良性互动。在业务能力过硬的同时，社矫工作人员也需时刻牢记纪律、作风过硬。结合目前 W 市普遍实行的驻局检察官制度，加大对社区矫正执法的同步监督，举办检察官开讲，强化社矫工作人员责任意识、廉洁意识。此外，社区矫正工作队伍中有一部分是由志愿者与社工组成的，其中部分社工在专业水平上无法达到新法提出的要求。笔者建议在保障薪酬待遇的前提下，采取分级考核制度，通过日常工作考核与年度考核的成绩定级，从薪资待遇上拉开差距，促使其主动提升专业素养。可在一定范围内实行社矫专职社工职业资格考试并发放证书，增强职业专业度，提升准入门槛。

（三）完善部门协作机制

目前，J 区在 W 市的统一部署下，已有抽调的监狱、强制隔离戒毒所干警派驻。在 J 区的社区矫正监督管理工作中，监狱派驻警察能够运用自身职能，对社矫对象开展训诫谈话、警示教育以及入户走访等。由于新法明确社区矫正工作者并非警察身份，部分地区也并未配置统一制服，在执法过程中会存在威慑力不足的问题。派驻警察的加入有效解决了此问题，社区矫正对象不服从社矫机构管理的可能性降低。此外，多地建设社区矫正中心的同时设置驻局检查室，检察院派员监督社区矫正日常工作，规范工作流程，确保刑事执行的权威。

应当看到这种工作机制的新尝试带来的优势，但也需避免流于形式。部分派驻干警对社区矫正法了解不足，工作方式陈旧，积极性不够。制度化的工作机制能够从本源上解决上述问题，通过制定派驻干警工作规范，明确工作职责、联合委派单位形成共同考核机制，增强工作积极性。加强司检协作，定期召开社区矫正工作联席会议。

新时代社区矫正问题研究

——海南自由贸易港建设背景下的社区矫正问题研究

符　尹*

2005年至今，海南省社区矫正工作从无到有、从有到精，从人工监管到科技警力全天候、全覆盖，尤其是在2018年9月海南省地方机构改革启动后，重新组建的司法行政机关充分发挥“一个统筹”的作用，内聚外合，综合发力，把社区矫正工作统筹到法治国家、法治政府、法治社会一体建设实践中去，用制度规范社区矫正工作中涉及主体、职责、程序、奖惩和经费等方面的全过程，进一步健全和理顺社区矫正执行体系和工作机制，实现司法行政工作跨越式发展，以更高标准加快推进海南自由贸易港建设。但在实践中，社会公众重刑思想犹存、乡村群众抵触监外服刑人员、社区矫正机构运转效率较低、队伍架构不合理及部分措施流于形式等情况也成为制约社区矫正工作发展成熟的瓶颈。

一、目前开展社区矫正工作中存在的问题

（一）主观方面

1. 重刑思想犹存，刑罚观念严重滞后

在我国刑事司法活动中，重刑思想犹存，海南建省时间较晚，社区矫正制度的群众接受程度也不高，当地社会公众甚至大部分的公职人员都普遍认为，刑罚就意味着监禁，惩罚罪犯的唯一途径就是让他们在监狱里进行劳动改造，而让罪犯在社区里正常生活、工作、自由行动，即便他们严格遵守社区矫正的相关规定，群众不理解也会产生不安全感。这不仅不利于纠正社区矫正对象的错误行为，还会让社会公众丧失对司法工作的信任，使法律权威受到质疑。

---

* 符尹，海南省劳动人事争议仲裁院。

2. 抵触情绪强烈，无法积极主动参与

随着当前自媒体的发展与普及，社会治安方面的众多负面新闻在公众心中留下了挥之不去的阴影，生活中对待陌生人都提防三分，更何况是大家都深恶痛绝的罪犯。尤其是在海南的乡镇，农村群众更容易产生抵触社区矫正工作的心理，认为罪犯能在社区里服刑都是关系案、人情案等司法腐败的结果。但是农村又是一个实打实的人情社会，在对拟适用社区矫正的被告人、罪犯的社区调查评估（以下称“调查评估”）的过程中，征求被调查人对被告人、罪犯是否适用社区矫正的意见时，迫于对社交人情的妥协，被调查人无一例外同意被告人、罪犯在监外服刑，但在承担监管、帮扶社区矫正对象的义务、责任方面，基本上持坚决反对的态度，一旦对被告人、罪犯实施社区矫正，邻里之间就会互相议论、提防社区矫正对象，在日常生活中也带着歧视的眼光，不利于社区矫正工作的开展。以海南省 W 市 C 司法所 2021 年 4 月开展的 2 起社区调查评估为例，在向被告人的邻居（也是同村村民）调查被告人的情况，询问其对被告人拟适用社区矫正的意见时，基本上没有人对此表示反对，但是询问被调查人是否同意在被告人社区矫正期间对其进行监督、帮扶时，包括村委会干部在内的 6 名被调查人均持反对态度。

（二）客观方面

1. 机构“设”而不“转”，执行力度大打折扣

根据《社区矫正法》和《最高人民法院、最高人民检察院、公安部、司法部关于印发〈社区矫正法实施办法〉的通知》，县级以上地方人民政府根据需要设置社区矫正机构，负责社区矫正的具体实施。司法所根据社区矫正机构的委托，承担社区矫正相关工作。但实际上大量工作是由司法所承担。以海南省 W 市 C 司法所为例，目前所内有 3 名工作人员，除要承担人民调解、刑释解教以及法制宣传等 5 项司法行政工作外，镇党委、政府还将综治、禁毒、信访等涉及当地政法领域的 8 项工作完全交由司法所完成。可见，作为基层政法组织“两所一庭”重要组成部分的司法所，不仅要履行自身司法行政机构的工作职责，还要完成基层党委（政府）交办的具体工作任务，而基层党委（政府）交办的任务数量远超过司法所的业务工作。在现有情况下，要求其充分发挥司法行政机构优势，承担标准更高、要求更严的社区矫正工作，司法所只能是疲于应付、不堪重负，不能如预期设想那样高效运转，矫正质量也因此大打折扣。

2. 人员“少”且不“精”，矫正工作困难重重

社区矫正是一项专业性较强的工作，涉及法律、思想政治教育、社会工作、心理辅导等综合方面的知识，因此，在实际工作中需要具有高素质的人才参与到工作

中去。[①]《社区矫正法》第 9 条第 2 款规定“司法所根据社区矫正机构的委托，承担社区矫正相关工作”、《司法部关于〈进一步加强乡镇司法所建设的意见〉》（司发通〔2014〕71 号）中规定“司法所应当由 3 名以上人员组成”，而现行基层司法所由司法局和乡镇（街道）双重管理，司法所工作人员不仅要发挥包括社区矫正、普法治理在内的 9 项职能，还要具体负责乡镇（街道）驻村（点）、综治、信访、禁毒等政法工作，同时参与当地的中心工作。实践中，尤其是乡镇的司法所普遍存在空编、少编、人员流动性大、待遇落实难和基础条件差等情况，此时还要考虑配齐配强社区矫正工作人员，更是难上加难。2013—2018 年，海南省宣告缓刑人数呈现出大幅度增长趋势（详见表 1）[②]，2013—2018 年海南省招录公务员人数呈负增长（详见表 2）[③]，就很好地证明了人员缺位情况的严重程度。

表 1　海南省 2013-2018 年宣告缓刑人数统计

时间	2013	2014	2015	2016	2017	2018（1-7 月）
人数	1522	1365	1620	1816	2335	1139
增长率	—	-10.31%	18.68%	12.1%	28.58%	—

表 2　海南省 2013-2018 年招录公务员人数统计

时间	2013	2014	2015	2016	2017	2018
人数	2166	2102	1938	1583	2093	1883
增长率	—	-2.95%	-7.8%	-18.32%	33.22%	-10.03%

以 W 市为例，按照市编制办的文件精神，每个司法所至少有 2 名政法专项编制人员，但就目前的情况来看，无一司法所能按照要求配齐专项政法编制的人员，且还有 3 个司法所处于空编状态，以 C 司法所为例，目前所内有 3 名工作人员，仅 1 名政法专项编制人员，且只有其具备法学知识背景，而 3 名工作人员均要从事驻村、综治、信访、禁毒等工作，这也造成社区矫正工作难以顺利开展。

3. 评估“泛”却不“实”，社区矫正面临窘境

《社区矫正法》第 18 条规定：“社区矫正决定机关根据需要，可以委托社区矫正机构或者有关社会组织对被告人或者罪犯的社会危险性和对所居住社区的影响，进行调查评估，提出意见，供决定社区矫正时参考。居民委员会、村民委员会等组织应当提供必要的协助。”但实践中，一方面，该制度设计存在调查方式单一、内容死

① 陈庆：《社区矫正判前调查评估制度探析》，《中北大学学报（社会科学版）》2013 年第 2 期。

② 陈良艳：《海南省社区矫正管理问题与对策研究》，海南大学 2018 年硕士学位论文。

③ 网络数据汇总。

板、缺乏数字与科学分析，欠缺具体的评估指标和可操作的规范，工作人员在进行调查评估的过程中遇到很多困难均难以得到实际解决等问题，直接影响评估报告的真实性与合理性；另一方面，对被告人、罪犯是否参照评估报告适用社区矫正的主动权掌握在人民法院手中，给社区矫正工作带来难度。

4. 制度“立”而不“行”，矫正措施流于形式

目前的社区矫正制度中基本涵盖了定期报到、思想汇报、集中学习、谈话教育、公益劳动、家庭走访和请销假制度等内容，但在具体操作过程中，由于基层司法所承担着繁重的工作任务，同时场地、经费、人力资源严重缺乏，社区矫正的日常工作仅体现为报到、谈话，心理辅导缺少必要的人力与物力资源，家庭走访无法定期进行，集中学习和公益劳动的时间和效果基本上得不到有力保障，故此，对社区矫正对象只能做到基本的“控制”，而无法实现真正意义上的“矫正”。

5. 科技“用”而低“效”，科技警力越用越少

虽然海南省已经利用科技手段对社区矫正对象进行了全天候、全覆盖监管，但很多社区矫正工作者过分依赖传统的办公手段，对社区矫正计算机系统不熟悉、不擅长，错误使用信息化监管措施的情况常有发生，部分地区和单位在工作过程中依旧要求使用与信息化平台内容相同的纸质文件材料，导致工作低效和浪费，增加工作负担，未能有效运用大数据进行监管。同时，随着《社区矫正法》的颁布实施，原先使用的电子手腕监控装置被弃之不用，向科技要警力的进程也开始举步维艰。

二、深入推进社区矫正工作的建议和对策

（一）准确定位社区矫正工作

一是社区矫正归属于非监禁刑，是一种刑罚制度而不是一种采取刑罚理念，在社会刑罚文化的发展和演变历程中，刑罚是社会对犯罪迫不得已采取的手段，使用非监禁措施替代监禁刑罚显得更加重视对人权的保护，这既是刑罚社会化思想的产物，也是刑罚理念的升华和提高，应当确认其在新时代司法行政刑罚执行体系中的核心作用，但不应当脱离刑罚的制度实践去思考；二是社区矫正是监外刑罚执行措施，体现了刑法的谦抑性以及刑罚轻刑化的趋势，一直以来基层司法行政机关（基层司法所）忠实履行着社区矫正的工作职责，但不能因监管主体是传统的行政机关就将社区矫正等同于政府部门的依法行政、行政执法，必须在实践中贯彻落实社区矫正刑罚执行理念与措施；三是社区矫正是社会化的刑罚执行机制与监禁刑有着外观化的不同，社区矫正需要“政府+社会”的运行模式，且“社会”部分要发挥主要作用，才符合国家积极创新社会治理体系的宏伟目标，故充分宣传社区矫正作为

非监禁刑罚的作用与地位，充分发挥外部监督与社会参与，健全新时代司法行政刑罚执行体系，才有利于罪犯回归社会，回归正常的生活。

（二）完善立法体制，加大宣传力度

加快完善社区矫正法制体系，统筹修缮现行相关法律法规，为社区矫正体系化、实操化提供完备、统一的法律依据。由政府加强对社区矫正的法制宣传，开展普及社区矫正知识的活动，支持、引导非政府性质相关组织的组建和工作，逐渐扩大社会的参与程度。充分利用网络、电视、广播、报刊等新闻媒介，从正面加大对社区矫正工作的宣传力度，提高社会公众的认可度，澄清社会对社区矫正工作的认识误区，让社会公众进一步了解我国开展和落实社区矫正工作的长远目标和积极意义，同时要宣传社区矫正对象在矫正期间所做的有利于社会发展、地区稳定的事迹，扩大社会影响面，增强社会影响力，以此获得更多的社会支持。通过深入群众，发挥群众的作用，帮助社区矫正对象重建社会网络，为其赢得亲人、朋友的支持，为其重新融入社会创造条件，逐步提升社区矫正对象的社会资本。

（三）理顺基层司法所的关系

一方面，加强司法所规范化建设，理顺司法所与当地党委、政府之间的关系，充分发挥司法所的九大职能，做到参与但不全面负责当地党委、政府的政法工作，切实做到为司法所“减负”。另一方面，借鉴其他省市的可行做法，探索由市司法局垂直管理司法所的方式，让司法所能全身心地投入基层司法行政工作当中，充分发挥社区矫正机构的作用。

（四）加强社区矫正工作力量配备

社区矫正工作既是一项严肃的刑罚执行活动，又是一项广泛的社会参与活动。司法行政机关作为社区矫正工作的法定授权实施机关，其自身的公职人员是开展社区矫正工作的主要力量与坚实的资源基础，应当在人员数量、素质上给予保障和加强，一方面要充分吸收更多的社会志愿者参与到社区矫正工作当中来，协助开展对社区矫正对象的监管、帮教工作，另一方面还要借助专业的社会工作者的力量，通过招募、聘请等多种方式，将具有心理学、犯罪学、社会学等相关学科知识和工作经验的人员纳入社区矫正工作队伍中，为社区矫正对象提供心理辅导、生活帮扶和就业指导等帮助，从而达到矫正教育社区矫正对象的目标。最后要落实社区矫正工作培训制度，通过开展定期和不定期的培训，组织交流、参观和学习等多种形式，逐步提升社区矫正工作队伍的业务知识和能力水平，为全面、扎实开展社区矫正工作提供保障。

（五）健全调查评估工作机制

1. 明确调查制度的法律地位

尽管人身危险性测定的不确定性是刑事近代学派最为人诟病的问题之一，但不可否认的是，行刑社会化是刑事司法发展的世界趋势，对于犯罪人人身危险性及社区行刑风险性的测定成为一项日益重要的工作。[①] 根据实际情况制定拟适用社区矫正的社会调查评估机制，作为开展社区矫正工作的前置程序，要求对所有拟适用社区矫正的被告人、罪犯都要进行调查评估，明确调查评估的主体、内容、标准和必要流程，明确调查评估作为适用社区矫正的重要参考和依据，树立调查评估制度在刑罚执行法体系中的法律地位，从而避免调查评估流于形式，使调查评估工作真正走上规范化、制度化的轨道。

2. 明确调查评估的内容

调查评估作为人民法院是否对被告人、罪犯适用社区矫正的重要参考，对调查评估的内容应当作出规范性、明确性的规定。明确调查走访的对象应当包括被告人（罪犯）本人、家属、邻居、被害人及其家属，调查走访的区域应当覆盖被告人所在单位、户籍地及经常居住地的社区组织、被告人户籍地及经常居住地的派出所等。在调查内容方面应当侧重了解被告人、罪犯的家庭情况、生活环境，社区群众对被告人、罪犯的评价和对其适用非监禁刑罚措施的看法，以及被害人及其家属对案件发生过程的陈述、对被告人的谅解程度。同时，应注重听取派出所或当地其他职能部门的意见，对其再犯可能性进行分析评估。

3. 建立保密制度

为保证调查评估得出的结论经得起推敲，防止个人隐私受到侵犯，避免工作人员、被调查人遭到打击报复，需建立保密制度。一是在调查评估过程中，应严格按照保密的程序进行，避免泄露相关工作信息；二是受委托机构开展调查评估时，应严格按照委托的范围和内容，根据规定的程序进行，不能肆意扩大范围或变更被调查对象，调查评估所获得的情况和结论更不能向当事人或他人透露；三是委托机关不得向被告人（罪犯）及其家属等人透露关于调查评估的相关信息，从而保障调查评估工作能够正常有效地开展。

4. 建立保障措施

在落实调查评估各项措施后，应当建立和健全后续的保障机制，防止在开展调查评估过程中出现弄虚作假的情形。一是要对开展调查评估的人员进行保护，对因透露、泄露调查评估相关信息导致工作人员、被调查对象等相关人员遭到威胁恐吓

---

① 陈庆：《社区矫正判前调查评估制度探析》，载《中北大学学报（社会科学版）》2013 年第 2 期。

或者人身伤害的，应严肃追究相关责任人员的法律责任；二是严肃查处拒不配合调查评估工作、故意做虚假陈述和出具虚假报告的行为；三是明确人民法院与社区矫正机构建立衔接和信息互通，检察机关依法监督调查评估工作的机制，避免调查评估流于形式，确保评估报告的真实性，为调查评估工作提供制度保障。

（六）规范社区矫正执法，提高社区矫正质量

1. 建立专门的社区矫正队伍

通过组建专门的社区矫正队伍，规范社区矫正执法行为，加强社区矫正工作力量。一方面要扎实推进司法所规范化建设，建立专业人员的引进机制，通过聘用、身份授权和委托执法等方式，招录监狱、公安、学校等部门的退休干部及下岗待业人员中的优秀者，进一步充实社区矫正工作力量，确保有专职人员从事社区矫正工作；另一方面要继承和发扬“枫桥经验”，依靠当地群众，充分发挥人民群众的监督作用和参与作用，采取“政府主导、社团运作、社会参与”的模式，鼓励、支持各种社会力量（尤其是具备社会学、教育学和心理学等知识背景的人员和组织）参与到社区矫正工作中；最后，要探索成立一支由县级以上司法行政机关直接管理的社区矫正执法队伍，对出现不服管教、司法所管理不到位和容易重新犯罪等情况的社区矫正对象，及时按照法律法规进行查处，树立法律威信。

2. 建立制度监管措施

通过落实制度矫正，实现对社区矫正对象的矫治监管过程。一方面要规范工作流程，明确工作职责，对社区矫正具体工作作出详细规定，进一步细化司法行政机关（基层司法所）的社区矫正工作职责，理顺工作关系。另一方面要统一规范社区矫正工作台账、档案及信息数据管理，整理社区矫正对象的法律文书，建立矫正档案，做到档案齐全、台账完整，定期上报社区矫正对象报到、思想汇报、集中学习教育、家庭走访等情况，利用信息管理系统做到动态管控。最后要严格落实奖惩制度，执行严管、普管和宽管的规定，对有重大立功、符合减刑条件的社区矫正对象，应及时提出减刑建议，对为社会作出贡献的社区矫正对象，应及时通报表扬，对不服管教、不知悔改的社区矫正对象，应及时给予警告处罚或提请收监。

3. 多举措并举，提高矫正质量

根据实际情况，通过多方配合协作，运用多种方式方法，开展社区矫正工作，达到矫正教育的目标。一方面，在立法体系上，进一步将社区矫正刑罚执行规范涵盖于社区矫正法体系中，这样有利于规范社区矫正工作的运行，提高矫正质量。另一方面，在协调配合、交流合作方面，进一步加大社区矫正机关与监狱机关之间的高效协作力度，定期组织社区矫正工作者到监狱学习改造、教育罪犯的先进经验和做法，定期抽调监狱干警到社区参与矫正工作。最后在矫正评估机制建设上，对矫

正的内容、方式、质量和效果确定可操作性的标准，在开展社区矫正工作中，根据不同阶段的评估结果，制订相应的矫正方案，结合社区矫正对象的自身特点，重点从道德教育、法制教育、心理健康教育等方面调整矫正措施，通过多种措施促使社区矫正对象尽早回归社会。

（七）完善新时代社区矫正治理体系

1. 全面落实“一个统筹、四大职能”工作格局

海南省机构改革后，司法行政机关法定职责的调整和变化，为社区矫正刑罚执行提出了新的要求，虽然在实践当中，工作重心出现转移，但整体的职能对创新社区矫正工作的优势更加明显。充分依靠全面依法治省办、全面依法治市办的作用，在行政立法、行政执法、刑事执行以及公共法律服务过程中将“监外执行<监禁执行”转变成为“监外执行≥监禁执行”，充分借助“一个统筹”的东风，充分发挥“四大职能”优势，全面提升新时代司法行政刑事执行措施的影响力，全面系统性打造海南自由贸易港社区矫正监管模式。

2. 发挥“枫桥经验”优势，统筹城乡社区矫正工作一体化发展

城市社区的矫正工作已经形成一套成熟的体系，但城市的经验无法克服农村的“乡土性”，熟人社会的生活模式是对健全新时代农村社区矫正治理体系的最大阻碍，要把握全国一盘棋的思路，充分调配城市司法行政资源，运用乡村振兴战略和扶贫政策，发挥基层党组织的战斗堡垒作用与村组自治组织的优势，解决人员不足、经费短缺、组织保障不到位的问题，确保社区矫正工作在广大农村地区不滞后、不虚设、不变形。

3. 充分运用“互联网+”模式构建虚拟社区矫正体系

各行业在探索创新模式时，都在不同程度地尝试“互联网+”模式，随着数据时代的发展，社区矫正工作也要凭借科技手段，通过互联网技术构建虚拟社区矫正体系，搭建中央与基层（纵向）对接平台、农村与城市（横向）交流平台、社区矫正监管平台，开设网络辅导，远程协作，全天候监督，充分解决社区矫正对象学习教育内容简单、心理矫治专业人员匮乏、地广人稀监管困难的问题，发挥“多兵种协同作战”优势。

4. 向科技要警力，完善智能矫正模式

与通信部门、网络科技企业合作，运用北斗定位技术，克服定位精准度不高，人机分离的现实缺陷；落实“刷脸”“指纹”技术，完成实时记录和考核，避免因监管人员失职腐败造成“脱管、漏管”的问题；开创 App、公众号，落实无纸化监管教育措施，实时掌握社区矫正对象的生活、心理，实现监管者与被监管者的“零距离”互动，全方位、多角度分析研判犯罪风险的发生，进行必要的预先管控。

5. 探索人民矫正员制度，健全外部监督机制

借鉴人民陪审员制度、人民检察监督员制度、纪委监委人民监督员制度，改变司法行政机关自我评价、自我考核、自我监督体制，探索在司法行政机关主导下，通过设定条件向全社会公开选聘、选调，并经培训上岗，对社区矫正开展动态监督，实时、全面、准确地向省级社区矫正管理部门、人民检察院反馈基层社区矫正工作实况，协助处理突发事件，科学评估矫正效果，跟踪、调查社区矫正对象重返社会的生活状态。

（八）探索建立海南自由贸易港社区矫正模式

1. 拓宽多元化主体参与社区矫正治理路径

一是社区矫正机关应当充分借鉴PPP模式（Public-Private Partnership），稳步建立健全社会力量参加社区矫正的工作机制，不断强化制度保障，加速形成社会资本、社会组织等元素融入社区矫正的格局；二是各级政府要进一步深化“放管服”改革理念，在社会治理的框架下，充分发挥市场作用，不过分干预市场体系，促使政府和社会力量构建起平等的合作共赢关系，在开展社区矫正工作过程中发挥各自领域的优势，相互促进，相互补充，真正实现“政府掌舵，社会划桨”的协作局面；三是社会力量要形成行业自律，落实自我监督、自我考核、自我评估的动态管理，形成互相监督、相互促进的局面，并提高自身参与能力和社会影响力；四是通过多种多样的普法方式将社区矫正知识转变为群众的常识，让更多的群众理解、支持并主动参与到社区矫正工作中，解决社区矫正社会帮扶的瓶颈问题。

2. 实现大数据背景下社区矫正信息化治理

一是充分利用科技优势改进工作方式，提高工作质效，通过数据化办公（如人面识别、指纹签到等），优化监管模式，避免资源浪费；二是建立健全社区矫正信息数据库，在各级矫正管理部门形成全天候不间断的信息传输状态，通过科技化手段（如App、定位设备等）随时连接工作人员、社区矫正对象，覆盖人员交接、教育帮扶、心理评估、就业考核、信息核查等各个环节；三是用好大数据对矫正工作、矫正对象进行实时分析研判，建立健全人民矫正员制度，动态调整监管的方式方法，形成横向协作、纵向联动的监管合力。

结语

社区矫正是改正罪犯行为错误，帮扶罪犯顺利回归社会的非监禁刑罚执行活动，体现了现代法制文明的成果，有利于全面贯彻党的刑事政策，充分整合社会资源，合理配置行刑资源，有效缓解监狱经费困难、警力不足、监所拥挤等问题。经过十

几年的实践操作，我国的社区矫正制度积累了一定的工作经验，但是，现阶段我国社区矫正工作仅局限于刑罚执行方式，矫正措施过于单一。因此，在全面推进社区矫正工作的过程中，关键是要敢于直面问题，勇于担当作为，始终坚持党对司法行政工作的绝对领导，继续在实践中发现问题、解决问题，认真总结经验，加强理论研究，借鉴国内外社区矫正的成功经验，紧紧围绕“一个统筹、四大职能”工作布局，积极适应人民群众在民主、法治、公平、正义、安全、环境等方面日益增长的要求，积极探索提高矫正质量的新途径、新方法，早日建立起符合我国国情、体系完善的社区矫正制度，不断增强人民群众的获得感、幸福感和安全感。

社区矫正机构及工作人员配置调查与思考

李 程*

自2020年7月1日施行《社区矫正法》以来，北京市西城区司法局作为主管和牵头实施部门，遵循“5.12司法部全国电视电话会议”精神，严格落实北京市司法局的统一部署和要求，重点做好《社区矫正法》学习宣传、执行衔接及实务调研工作，以确保各项工作有序进行。目前，贯彻实施《社区矫正法》整体工作平稳，执法程序性工作顺畅。特别是对西城区历年来矫正机构设置、人员配备、组织保障等方面的管理机制进行了梳理，研究探讨现行组织机制建设与《社区矫正法》实施前成熟、配套的管理模式相衔接，抓好社区矫正机构建设、专兼职队伍建设及指导司法所委托执法工作，形成切合实际的工作设想，以促进全区社区矫正工作上台阶、谋发展。

一、《社区矫正法》实施前西城区社区矫正组织机构及人员配置情况

2004年4月20日，西城区启动社区矫正工作试点，在区委、区政府的坚强领导下，在上级业务主管部门的精心指导下，构建了党委、政府统一领导，司法行政部门组织牵头、相关部门协调配合、司法所具体实施、社会力量广泛参与的社区矫正组织保障体系，形成了具有首都中心城区特色的社区矫正管理模式。

（一）区域社区矫正协调议事机构设置及变更情况

2004年社区矫正试点之初，成立了西城区社区矫正工作领导小组及其办公室，由主管副区长任领导小组组长。2009年7月，根据北京市统一部署，为加强党的领导，严密部门协作，决定将社区矫正工作领导小组与安置帮教工作领导小组合并，重组为区综治委矫正帮教工作协调委员会及其办公室，由区委副书记、政法委书记任主任，主管副区长任常务副主任。2012年5月，根据首都综治委专项工作管理的要求，变更为区综治委特殊人群专项组及其办公室，由主管副区长任专项组组长，

* 李程，北京市西城区司法局局长。

区司法局牵头矫正帮教工作小组，并承担特殊人群专项组及办公室日常事务。2019年因综治委体制改革，特殊人群专项组及其办公室停止工作。

（二）区域社区矫正机构设置、职责分工及人员配置情况

西城区司法局社区矫正科作为内设科室，负责组织实施和管理指导全区的社区矫正工作，具体执行社区矫正对象监管程序性工作，同时承担全区社区矫正议事机构日常事务。街道司法所承担属地社区矫正对象日常监督管理工作。西城区阳光中途之家属于非参公事业单位，主要负责社区矫对象的集中教育、公益劳动、心理辅导、社会适应性指导等专业性教育矫正工作；区阳光社区矫正服务中心属于民政部门注册的民办非企业单位，主要接受委托，负责组织引导全区社会力量参与社区矫正活动、牵头对司法所矫正协管员及社区兼职社工的业务培训。中途之家和矫正服务中心均为区司法局隶属和主管的独立机构，工作上接受区局业务科室指导。

二、现阶段全区社区矫正机构设置及人员配置出现的新情况和新问题

《社区矫正法》在强调保障刑事判决、刑事裁定和暂予监外执行正确执行的同时，对矫正组织机构设置、执法主体资格、委托司法所承担相关矫正工作、部门协同配合及社会力量参与等问题，提出更高的要求和标准，基层执法与管理都面临着考验和挑战。通过梳理分析现阶段全区社区矫正工作整体情况，在执法环节和履职方面出现以下情况和问题。

（一）西城区阳光中途之家工作人员执法主体身份问题

2011年全市相继组建区级阳光中途之家，主要承担分类教育、心理辅导等专业性教育帮扶工作和接受区司法局社区矫正科指派的相关工作。西城区阳光中途之家为区财政全额拨款公益一类事业单位，编制10人。2015年5月，中途之家人员工资纳入区域事业单位大规范，但部门体制管理未纳入参公管理，工作人员仍为人力社保局管理的职员。《社区矫正法》确定的职责法定和执法主体法定资格，使中途之家工作人员执法主体身份的合法性成为亟待解决的问题。

（二）街道管理体制改革中司法所职能改变情况

《社区矫正法》实施前，从机构管理体制上说，全区15个街道司法所在人事管理上隶属街道，但司法所体制内工作人员属专项政法编制，隶属市、区司法局，实行双重领导和管理，在体制上仍视同为司法局的派出机构性质是毋庸置疑的。随着街道管理体制改革的不断深入，特别是2020年1月1日《北京市街道办事处条例》

的实施，司法所工作人员专项政法编下沉街道，从人事管理和机构框架设定上看，司法所成为街道内设部门，纳入街道平安建设办公室，成为牵头地区依法行政工作的主责部门，与街道相关部门共同承担地区社会综合治理工作。社区矫正是非监禁刑事执行，不能等同于一般意义上的社会公共事务管理的行政管理活动，由于工作职能重心和行政隶属关系的转变，司法所超负荷运转，接受社区矫正机构的委托，协助监督管理矫正对象的专职工作人员无法实现专岗专用、专司其职的问题日渐突出，同时，社区矫正机构委托事项范围、监管执行标准等缺乏统一执行口径和标准，导致社区矫正工作质量下滑，都是现阶段基层执法面临的问题。

（三）专职司法社工主责部门隶属管理权限问题

专职司法社工①作为专职社会力量，其主要职责是协助区司法局、司法所开展非执法类矫正帮教工作，同时，按照区委政法委的要求，承担全区综治大数据平台特殊人群中社区矫正和安置帮教“两类”人员的信息数据录入更新任务，在夯实基层基础工作中发挥了积极的作用。由于专职司法社工参与社区矫正工作要求专业性强、岗位匹配度高，特别是《社区矫正法》专章专条明确社会力量参与矫正的法律地位，因此，全区专职司法社工不属于下沉社区统筹管理使用的范围，但在管理上仍沿用“街管、街聘、街用”的管理模式，用工单位司法所落实日常岗位管理。但在全区承担社会力量统筹管理改革试点中，因专职司法社工性质不属于北京市社会工作者编制内，导致全区专职司法社工无法纳入街道社工统筹管理，队伍人事管理、业务管理均由司法所“一肩担”，各街道管理形式、待遇亦存在差异，队伍中党员、团员组织关系无法落地，无法参加会工组织，导致出现管理机制对内对外不畅的尴尬局面。

（四）居委会作用发挥和社会组织专业性社区矫正项目开发均不充分

尽管刑法、刑事诉讼法、社区矫正法赋予了基层社区居委会对管制、缓刑、剥权等非监禁刑的监督管理职责，北京市民政局、中共北京市委组织部联合印发的《关于进一步开展社区减负工作的意见》（京民基发〔2016〕105号）规定社区依法协助政府工作13类28项主要事项的“社区治安综合治理”类中，明确了社区协助社区矫正机构做好社区矫正工作。由于社区工作站从事社区矫正的工作人员多为兼

---

① 根据北京市司法局与首都综治委、教委、民政局、财政局、人力社保局及社会办等七部门联合印发的《关于进一步加强社会力量参与社区矫正和安置帮教工作实施办法（试行）》（京司发〔2017〕71号），在西城区委政法委和区政府的统一部署和支持下，经多方协调，2018年12月30日与原区综治办、区民政局、区财政局、区人力资源和社会保障局、区社会办等六部门联合签发《北京市西城区社区矫正和安置帮教专职司法社工招录工作实施意见》，2019年1至2月，按照“街管、街聘、街用”的原则，区司法局与各街道联合面向社会公开招录社区矫正和安置帮教专职司法社工，通过笔试、面试及政审等招录38名专职司法社工，派驻到区司法局业务科室和街道司法所从事社区矫正和安置帮教工作，实行专岗专用。

职，工作人员流动性大，更换频繁，虽然区司法局建立了完善的社工培训机制，从2017年至2020年连续四年对社区工作站社工进行全覆盖岗位职能培训，但作用发挥程度仍参差不齐。对于专业性分类教育、心理矫正及社会适应性辅导项目的引入和开发论证不到位，缺乏针对性和科学性，导致工作相对滞后，需要在下一步工作中进一步整改。

以上问题，从全面贯彻实施《社区矫正法》的角度衡量，无论是在组织保障还是机制建设方面都需要加强和完善。

三、研究解决现阶段西城区社区矫正机构组织设置问题的设想

《社区矫正法》实施前，西城区社区矫正工作机构在全市中属于机构设置比较齐全、人员配置相对规范、职责分工明确、管理机制健全的。为此，固化实践中业已形成的完整的、可复制的组织管理经验，科学合理地组建《社区矫正法》实施后社区矫正机构和配置专职工作人员，可以达到事半功倍的效果。

（一）学习掌握《社区矫正法》机构设置基本脉络

《社区矫正法》第8条、第9条明确规定了社区矫正组织机构框架：司法行政机关是社区矫正的主管机关，负责指导管理工作；社区矫正委员会是议事协调机构，由法院、检察院、公安机关、司法行政等相关部门及群团组织组成，负责区域统筹协调工作；社区矫正机构是专门执行机构，负责具体实施社区矫正；司法所根据社区矫正机构委托，协助社区矫正机构监督管理属地社区矫正对象。

（二）厘清矫正机构设置应注意遵循的三个原则

在设置区级社区矫正机构组织框架中应遵循以下三个原则：第一，社区矫正是法定刑事执行，是刑事诉讼的一个重要环节，机构设置应充分考虑其职能与权限，遵循与公安机关、检察院、法院具体执行侦查、起诉、审判部门对等的原则；第二，社区矫正行政管理与执行适当分离（监督与管理）的原则；第三，社区矫正工作主体的法定主体资格的合法性。

（三）把握区、街两社区矫正委员设置的着力点

北京市在社区矫正试点伊始，就建立了市、区、街道三级由党委政府领导、司法行政部门组织牵头，相关政府职能部门及区域群团组织参与的议事协调机构，遵循一定的议事规则，解决区域内矫正相关事宜。与之呼应建立的部门联动、个案会商制度均较为成熟和完善。为此，在区、街道组建两个层级的社区矫正委员会，条

件成熟，基础扎实。考虑区情区位的特殊性，为加强党对社区矫正工作的领导，区级社区矫正委员会及其办公室可设置在全区依法治区委员会司法工作小组，在区委政法委直接领导下，区司法局承担委员会及办公室日常工作事务。

（四）设置可组织运行的社区矫正专门机构框架

第一，由司法行政主管机关授权司法局内设科室承担，实行行政领导负责制。第二，以区司法局内设科室社区矫正科为基础设立地区社区矫正专门执行机构，设置为副处级单位，组织实施社区矫正工作。根据职责和执法需要，内设综合管理、矫正执法、教育帮扶、专案管理、矫务督察、信息装备、人事警务 7 个部门。第三，街道司法所：社区矫正机构委托方式可在司法所设立矫正工作站（点），执行司法所长负责制，工作人员由司法所所长、专职司助及援矫民警、专职司法社工组成。第四，区司法局非参公事业单位阳光中途之家更名为“社区矫正中心”，承担专业性社区矫正教育帮扶工作。

（五）扶持和设计社区力量参与社区矫正的组织平台

《社区矫正法》第 11 条规定了组织社会工作者①参与社区矫正工作的专业标准。西城区阳光社区矫正服务中心是 2006 年 6 月通过所在地区民政部门正式注册登记的全区唯一一家专门从事社区矫正工作的 4A 级民办非企业单位。2011 年北京市各区阳光中途之家陆续成立后，原阳光矫正服务中心面临职能断档。结合地区实际，扶持和设计中心职能成功转型，接受地区矫正机构委托，承担对全区专职司法社工进行业务指导和培训，同时承担对社区工作站从事社区矫正工作的兼职工作人员的岗位培训，成为组织社会力量参与社区矫正的工作平台。据统计，近三年西城区年度受理列管社区矫正对象均在 300 余人，由于专职司法社工的加入，区司法局矫正机构、街道司法所工作超负荷情况得以缓解。

四、理顺社区矫正工作人员配置及管理中协调解决问题的对策

（一）用足用好现行政策拓宽问题解决渠道

解决西城区阳光中途之家工作人员执法主体身份问题，可根据《中共中央关于深化党和国家机构改革的决定》和《中共中央关于深化党和国家机构改革方案》的

---

① “社区工作者”是指社区矫正机构通过招聘、公开购买服务或者项目委托等方式，开展社区社会工作服务的人员。参见王爱立、姜爱东主编：《〈中华人民共和国社区矫正法〉释义》，中国民主法制出版社 2020 年版。

精神，比照我局内设部门法援中心的管理模式，调整为参公事业单位管理，以解决执法身份掣肘问题。针对地区专职司法社工队伍隶属管理问题，通过区政府办开展“该不该、能不能、怎么办”堵点问题大调研活动，报送专职司法社工队伍管理存在的问题，争取到相关职能部门的支持，解决了司职司法社工不下沉街道的问题，纳入部分街道试点，并在实施过程中研究推动专职司法社工规范化管理，为专职司法社工专岗专用和提升队伍专业化水平提供了保证。同时，鉴于专职司法社工作为社区矫正的辅助性工作主体的法律地位，按市、区相关文件要求，按照相应程序报批后统筹组织各街道补录招齐专职司法社工，派驻各司法所参与司法行政工作，以缓解基层司法所人员紧缺的局面。

（二）对委托司法所承担社区矫正相关工作进行科学论证

社区矫正对象监管根基在街道和社区，《北京市民政局、中共北京市委组织部关于进一步开展社区减负工作的意见》（京民基发〔2016〕105号）是社区履行社区矫正辅助性工作的政策保障。司法所在多年的工作实践中积累的诸多成功经验及坚实的群防群治基础，成为基层社会面防控的重要环节。《社区矫正法》确定社区矫正的两大任务是监督管理和教育帮扶，执行属地管理是落实教育帮扶的基础；多元化的工作队伍配置保证了基层一线专门工作人员专业化、规范化建设的要求，并且《北京市司法局关于进一步规范司法所工作职责加强新时代司法所建设的指导意见》（京司发〔2021〕58号）明确将司法所承担社区矫正机构委托管理工作纳入新时代司法所“十大职责”之一。因此，社区矫正机构委托司法所执行社区矫正工作必须在顶层设计上充分考虑委托职责范围、程序执行标准、监督管理与责任认定等因素，科学论证，以确保顺利执行。

（三）加强和完善援矫民警管理的意见建议

《社区矫正法》明确规定要坚持“专门机关与社会力量相结合”的原则，为多元化社区矫正工作人员配置及专业性的保障指明了方向。援矫民警参与社区矫正工作是北京市社区矫正工作的创举和特色模式，司法所社区矫正工作的执法程序性工作均由援矫民警和专职司法助理共同承担，10多年来，为北京市的社区矫正工作发展发挥了积极的作用。从《社区矫正法》的立法精神和社区矫正事业的长远发展来看，援矫民警从事社区矫正工作严密了监矫刑事执行一体化的衔接，但在队伍管理上仍需要从管理体制和机制上加以调整和完善。

（四）抓好专业社会组织的培育孵化和社会力量参与的项目设计

依托中途之家的平台作用，加大区阳光社区矫正服务中心的扶持力度，在教育矫正方面，通过政府购买服务，引导有资质的专业性机构设计集中教育精品课程、适当引入专业速记机构参与个案矫正等项目的开发，在社会适应性辅导、实践帮教等环节实施“介入性教育帮扶”，促进管理对象在社会环境中的自我完善，凸显社会化、专业化教育矫正的效果。

（五）抓好社区矫正专业化队伍培育工作

《社区矫正法》明确工作主体执法资格和专业素养，确定了社会力量参与社区矫正的途径和要求，在强化社区矫正工作队伍革命化、正规化、专业化、职业化方面提出了队伍建设的新标准和新要求。建立健全社区矫正机构绩效考核机制和社区矫正专兼职队伍的培训机制，设定科学的矫正专业考核指标体系，强化职业保障，完善激励机制，着力提升组织落实能力、沟通协调能力、教育矫正能力、应急处置能力，努力打造一支政治过硬、业务过硬、责任过硬、纪律过硬、作风过硬的社区矫正工作队伍，推进社区矫正可持续发展。

三、执行人员

湖南省推动村（居）民委员会协助开展社区矫正工作的实践与思考

侯迁广　张庆桐*

制度优势是一个国家的最大优势。2020年7月1日起施行的《社区矫正法》，是世界上第一部由国家立法机关制定的有关社区矫正的专门性法律，其中正式确立了村（居）民委员会［以下简称村（居）］协助开展社区矫正工作的法律制度，充分体现了我国国家制度的显著优势，具有鲜明的中国特色。为把社区矫正制度优势转化为治理效能，推动社区矫正工作高质量发展，加快推进基层社会治理现代化，湖南省近年来积极探索村（居）协助开展社区矫正工作的方法路径，取得了明显成效。目前，全省协助开展社区矫正工作的村（居）达1.9万个，占村（居）总数的66%。《社区矫正法》实施以来，村（居）协助调查评估1.46万件，村（居）人员安装使用协矫通App 1826人，参加矫正小组2.34万个，协助组织公益活动3.9万人次，协助开展教育帮扶3万人次，协助落实财物帮扶价值3.63万元，参加矫正宣告1.2万场，进行社区评议3638件，报告社区矫正对象异常情况713次。

在依法实践和深入推进的过程中，有关困难和问题也不断凸显出来，需要深刻把握其背景考量，按照法律所锚定的方向，精准施策，切实发挥村（居）协助开展社区矫正工作的重要作用。

一、背景与考量

《社区矫正法》共有5个条文涉及村（居）协助开展社区矫正工作的有关制度，涵盖经费保障、协助对象、矫正小组、协助重点等内容，为各地特别是基层社区矫正机构组织村（居）协助开展社区矫正工作提供了基本遵循和制度保障。在《社区矫正法》规定的各种社会力量中，村（居）是一支遍布城乡、扎根社区、熟悉社区矫正对象的独特力量。新形势下，加强村（居）协助开展社区矫正工作是贯彻落实

* 侯迁广，湖南省司法厅社区矫正管理处（省社区矫正管理局）处（局）长。张庆桐，湖南省司法厅社区矫正管理处（省社区矫正管理局）三级主任科员。

《社区矫正法》的必然要求，也是基于以下几个方面考量。

（一）推动社会治理重心向基层下移

党的十九大报告指出，要加强社区治理体系建设，推动社会治理重心向基层下移。社区矫正是加强和创新社会治理的重要领域。社区矫正工作重点在县、乡，共建、共治、共享的社会治理格局主要在基层汇聚。正确开展社区矫正工作应当把握和坚持社会治理重心下移的理念。与监禁刑罪犯不同，社区矫正对象生活、工作在村（社区），他们重新融入社会的问题和可能重新犯罪的风险往往产生于所生活、工作的村（社区）。作为城乡“细胞”的村（社区）贴近社区矫正对象，能够最直接、最敏锐地察觉社区矫正对象存在的问题和需要，也是帮助社区矫正对象消除各类问题、满足各种需要的重要依靠。依托村（居）广泛汇聚共治力量，筑牢社区矫正工作基础，是推动社会治理重心向基层下移的重要落脚点。

（二）推进城乡社区建设与治理

《刑法》中的“宣告缓刑对所居住社区没有重大不良影响”“对犯罪分子决定假释时，应当考虑其假释后对所居住社区的影响”，以及司法部等六部委《关于组织社会力量参与社区矫正工作的意见》中的“各级民政部门要将社区矫正工作纳入社区服务体系建设规划，指导村（居）协助、参与社区矫正工作”等规定均表明，在安全影响及其管控方面，社区矫正机构与村（社区）是法定攸关方。社区矫正对象有较大可能对社区有不良影响，如果社区建设和社区治理水平较低则不利于消除这种不良影响；但社区矫正的良好效果会促进社区建设和社区治理的提升，社区建设和社区治理水平较高则可以促进社区矫正对象顺利融入社会，减少社区安全风险。村（居）协助开展社区矫正工作就是管控社区安全风险的过程。简言之，将社区矫正工作纳入村（社区）建设范畴，不仅是社区矫正的需要，也是村（社区）建设与治理的逻辑使然。

（三）开拓社会力量参与社区矫正新空间

以湖南省为例，通过政府购买服务等方式组织社会工作者参与社区矫正，囿于财力及社会组织发展相对落后，推行并不均衡，在一些地方甚至异化为解决再就业问题的一个途径。全省社会志愿者组织也未普遍发育壮大，志愿者较少实质性地参与社区矫正工作。在其他社会力量中，村（居）是《宪法》及有关法律规定的村（居）民自我管理、自我教育、自我服务的基层群众性自治组织，也是村（社区）法定的“头”和社区建设与治理的关键力量，具备协助开展社区矫正工作的基础条件和显著优势。在《社区矫正法》规制下建立健全支持政策，助推村（居）发挥社会力量“牛鼻子”作用，将能激发村（居）协助开展社区矫正工作的广阔潜能，优化社会力量参与社区矫正格局。

（四）预防和减少犯罪

社区矫正工作点多、线长、面广，尤其是以山地、丘陵地形为主的湖南省，存在社区矫正对象居住分散、县级社区矫正机构工作人员配备不足、司法所工作力量薄弱的问题，社区矫正对象管理难度大。基于现实条件和社区矫正目的，让社区矫正对象更多、更直接地接受村（居）的监督帮教，通过村（居）协助修复受损的社会关系，实现与社区和谐共处，是顺利融入社会的重要途径。同时，充分发挥村（居）“地近人熟、便于监督”的优势，让村（社区）相关人员协助、配合司法所开展社区矫正工作，打通社区矫正工作的最后一公里，将社区矫正工作的触角和工作力量延伸到村（居）一线，可以有效缓解基层社区矫正工作人员短缺的局面，实现日常监督帮教工作的无缝衔接，并达到及早发现和规避社区矫正对象不良苗头性问题和异常情况的目的，预防和减少重新犯罪的发生。

二、探索与实践

湖南省以推动《社区矫正法》落地生根为契机，坚持顶层设计与基层探索相结合，创新五大举措，精心开展村（居）协助做好社区矫正工作试点，通过试点探索了路子，积累了经验，实现了新的突破，为推动村（居）依法协助做好社区矫正工作提供了切实可行的方案。

（一）试点先行，树立样板

经验来自一线，早在2017年5月，长沙市高新区便根据实践需要，在麓景社区成立了矫正工作站，开启了相关探索。但是，全省在制度和实践结合层面尚无成熟和可资借鉴的样板。为发挥“试验田”“排头兵”作用，2020年年初，湖南省先后部署长沙市芙蓉区、高新区、开福区等6个县市区开展村（居）依法协助做好社区矫正工作试点，分别下发试点通知和试点方案，要求试点单位在搭建协助平台、明确协助职责、规范协助流程、创新协助模式等方面结合实际探索。各试点单位均出台了实施方案，稳步务实推进试点，取得了良好成效，如长沙市高新区形成了“党建引领、社会参与、需求牵引、融入社会”的居民委员会协助社区矫正工作“麓景模式”等。

（二）加强指导，示范带动

试点期间，省司法厅、省民政厅有关负责人多次赴试点单位调研指导，省司法厅派员蹲点督导，深入试点一线，对试点村（居）反映的工作人员认识不足、增加了工作负担、协助事项不明确、经费未落实、社区矫正对象不能理解配合等问题，均逐一认真研究，提出解决思路和办法。省社区矫正管理局在全省社区矫正机构负责人培训班专题介绍试点思路和试点情况，邀请深耕该领域研究的长沙理工大学田兴洪教授巡讲相关理论，组织全体参训人员到试点单位考察学习，迅速掀起了学习、研究、实践村（居）协助社区矫正的热潮，有效带动了全省推广试点经验做法。

（三）总结经验，逐步完善

各试点单位边摸索、边总结、边完善，形成了切合各自实际的协助模式，如长沙市高新区的社区引入专业社会力量开展精准协助，将智慧矫正建设延伸到社区；衡阳市珠晖区在全区的村（社区）设立社区矫正工作站，统一了工作站的设施设备等。各地社区矫正机构及其工作人员逐步深化了对村（居）协助开展社区矫正工作的认识，从中提炼出 6 大项协助事项和 3 项流程，基本厘清了存在的困难、需要落实的保障条件，以及如何建立协作关系等问题。

（四）聚焦目标，抓住关键

为增强有关政策制定的针对性、科学性和指导性，省社区矫正管理局组织各试点村（居）有关工作人员、社会力量等座谈交流，围绕协助做好社区矫正工作深入探讨、凝聚共识，认为重点是抓实几个关键：抓工作内容融入，将协助工作有机融入村（社区）建设与治理体系；抓矫正小组履职，村（居）落实专人加入矫正小组，切实履行小组成员职责；抓工作方法创新，村（居）工作人员充分运用平等、非歧视、接纳、温情、引导、解难等“社区工作方法”办理协助事项；抓协助资源整合，发挥组织者、协调者和“发动机”作用，聚合村（社区）资源力量协力帮教社区矫正对象等。

（五）积极协调，健全机制

试点经验成熟后，省司法厅着手研究起草实施意见，积极与省民政厅协调对接，将出台有关文件纳入省社区矫正委员会议事日程，列入省社区矫正委员会第一次全体会议议题。在省民政厅的有力支持下，2020 年 12 月 31 日，省司法厅、省民政厅联合印发了《关于村（居）协助做好社区矫正工作的实施意见》，将试点经验上升为全省适用的制度成果。同时，为推进《意见》落地，省司法厅把有关工作列入社区矫正业务和乡村振兴考评内容，持续跟进工作进展，不断完善工作机制，着力构建社会力量参与社区矫正工作新格局。

三、困难与问题

尽管湖南省在村（居）协助开展社区矫正工作的实践中取得了一些成果，但与全面铺开还有很大距离，其中的困难与问题仍十分突出，需要认真总结分析并研究解决。这些困难与问题主要包括三个方面。

（一）执法理念偏差

社区矫正作为恢复性司法理念的产物，在我国发展时间并不长，很多执法工作者对其社会属性和内在的社会参与需求认识不足，习惯“套用”监禁刑执法模式，对社区矫正对象注重依靠执法力量“管得住”，忽视借助社会力量“矫得好”。主要表现在两个方面：一方面，社区矫正机构未足够重视发挥村（居）的作用，也欠缺组织村（居）参与社区矫正的方法措施；另一方面，相比于社区矫正对象的增长，专职社工队伍等专业社会力量的增加十分缓慢。社会力量尤其是村（居）在参与社区矫正方面的短缺，使对社区矫正对象的教育帮扶难以达到理想效果，不利于预防和减少犯罪的发生。执法理念的问题在一定程度上是没有顺应现代社会治理多元共治、上下互动的理念所致，从而没有真正构建起问题联治、工作联动、平安联创的社区矫正治理格局。

（二）体制机制不畅

由于村（居）协助开展社区矫正工作的法律制度建立时间不长，因此与落实该制度相关的学习宣传培训、配套制度建设、协作机制建立、必要条件落实、工作流程规范、督导检查等措施尚在探索起步阶段，效果并未显现。比如，有关制度较为笼统，村（居）在“该怎么协助”的问题上无所适从；各地没有对乡镇（街道）和村（居）有关人员进行广泛的动员和培训，也没有建立相应的考核管理机制；村与社区在资源、场所、硬件、工作人员素质等方面差距较大，二者之间的参与领域、效果、前景差异明显等。体制机制性问题在一定程度上是村（居）协助开展社区矫正工作力度不深、广度不够的根本原因。

（三）经费保障缺位

财政部、司法部现行有关文件规定的社区矫正工作经费开支范围并未包括村（居）协助所需的经费，明显不符合《社区矫正法》第6条的规定要求。相应的，湖南省有关文件也未明确对村（居）协助开展社区矫正工作予以经费保障，导致地方在相关经费投入上缺乏政策依据，实际上难以将其纳入预算管理并建立长效机制。

在目前县级地方财政收支普遍偏紧的情况下，更增加了有关经费保障的难度。在经费管理方面，如何用好专项经费以调动村（居）协助的积极性则是一个全新课题，需要尽快建立完善有关制度予以规范。

（四）依法参与不足

社会公众和村（居）等社会力量对社区矫正还存在很多模糊认识，尤其是对《社区矫正法》规定的社会力量参与社区矫正的内容没有达到应有的认识程度，远未在理念上、行动上将其视为公众参与社会治理的领域和完善社区治理的内容，对社区矫正的参与度仍然较低。村（居）等参与度低，既表明了推动村（居）参与社区矫正具有广阔空间，又反映了社区矫正机构、司法所在协调、组织与其无直接隶属关系的村（居）协助开展社区矫正工作上的现实困难。实际上，基层社区矫正机构、司法所并不能简单依靠“指令”去要求村（居）协助，只有在体制机制上综合发力，才能打开村（居）协助开展社区矫正工作的局面。

四、对策与展望

法律的生命在于实施。法律实施越有力，社会治理就越有效。从某种意义上说，把村（居）协助开展社区矫正工作的制度优势转化为基层治理效能，是一个知行合一的过程，需要负有法律实施义务的各方面主体的依法参与、全程参与、有效参与，发挥好法律指引方向、规范实践、监督执行的重要作用，做到一体推动、一体落实。具体来讲，需要从机制、经费、资源、优势等方面持续系统施策并展现效果，以确保法律得到遵行，基层治理效能得到提升。

（一）完善机制

村（居）协助开展社区矫正工作的重点在县、乡、村之间，关键在于形成稳定有效的协作关系。在组织领导方面，地市和县市区应根据有关规定精神，因地制宜出台落实举措和实操办法；积极争取当地政法委等支持，并发挥乡镇（街道）联系指导村（居）的中枢作用。在宣传动员方面，县市区应加大对司法所的专题培训；司法所应面向村（居）干部进行具体的宣讲指导。在健全制度方面，应加快建立健全推动村（居）协助开展社区矫正工作急需的制度，如部门联动制度、经费保障管理制度、协作流程制度、协助业务制度、考核评价制度、学习培训制度等，以适应《社区矫正法》施行后的新形势、新要求。通过依法健全体制机制，让法律在有力的执行中产生实效。

（二）落实经费

联合财政部门尽快修订社区矫正经费保障政策，明确将村（居）协助开展社区矫正工作所需的经费列入本级政府预算，纳入社区矫正工作经费开展范围，规定具体开支项目，并建立经费管理制度。有条件的地方可以探索推行“费随事转”①，由县级社区矫正机构委托司法所进行一般性事项完成评价和日常经费拨付管理。对长期稳定协助开展社区矫正工作的村（居）治保主任、综治专干等人员，可以探索实行定期定额补助制度，进一步激发其协助的积极性。

（三）整合资源

村（居）较强的社会动员能力十分契合社区矫正工作对于社会力量的需求。因此，参照村（居）公共法律服务工作点、人民调解委员会等模式，在村（居）探索建立社区矫正工作站等平台，并建立各项规章制度，使协助工作实体化、专门化、规范化和长效化，是保障村（居）协助开展社区矫正工作的重要基础。未建立有关平台的村（居）可以明确专人对接社区矫正工作。村（居）可以依靠相关平台和人员具体承办协助社区矫正工作事项，聚合村（社区）有关资源力量对社区矫正对象进行监督帮教。

（四）显现优势

村（社区）是一个地域范围内村（居）民的共同体，犹如一个大家庭。村（居）与辖区群众联系广泛、互动频繁，其协助开展社区矫正工作具有执法人员和其他社会力量不可比拟的优势，更容易唤醒社区矫正对象的公民意识。同时，村（社区）的公共事务和活动较多，如果村（居）经常性地组织社区矫正对象投身公共事务、参加公益活动，将是其修复社会关系和培养社会责任感的有效方式。县级社区矫正机构、受委托的司法所可以组织村（居），对社区矫正对象在矫正期限内自始至终给予关注、帮教和监督，让其感受到社区的包容和温暖，避免其被边缘化，使其回归社区，实现再社会化。而社区硬件、队伍、制度、文化、社会动员能力等建设的不断加强，将促使社区优势更加显现，并实现提升协助社区矫正工作效果和促进社区事业发展的双重目的。

① “费”是指村（居）协助开展社区矫正工作所需的经费。

《社区矫正法》视域下社区矫正对象社会支持系统的调查研究

金 越 郑 艳*

一、问题提出

《社区矫正法》于2019年12月28日审议通过，自2020年7月1日起施行。这意味着我国社区矫正工作在法制化、制度化、规范化道路上进入了新的发展阶段。社区矫正的最终目的是帮助社区矫正对象顺利融入社会，预防和减少犯罪，能否实现这一目标受到诸多因素影响，其中社区矫正对象社会支持系统的强弱程度会对矫正效果产生重要作用。良好、稳定的社会支持对其教育矫正能起到积极的正向作用。反之，会对其回归社会有着消极的负向影响，甚至会引发重新犯罪。《社区矫正法》第2章专门对“机构、人员和职责”从法律层面进行了规定，对各方矫正力量依法参与社区矫正工作给予鼓励、支持。这些来自社会各界和不同群体的社会力量都是社区矫正对象可以利用和挖掘的社会支持资源，是其重新融入社会的内在需求和重要支撑。

《社区矫正法》施行后的1年时间里，社区矫正工作中社会支持的现状、支持力度及矫正对象的需求感受如何，以及在追求普适性社会支持基础之上，不同社区矫正对象在社会支持需求上存在着怎样的差异性是我们要去探究的，可以为社区矫正工作者后续为矫正对象梳理并构建有效的社会支持系统、开展精准矫正提供参考依据。基于此，本文将通过分析研究社区矫正对象社会支持系统的现状及其支持类型要素，帮助社区矫正工作者及社区矫正对象在社区矫正过程中有目的、有方向地利用优势视角挖掘有效支持要素资源，构建适用于社区矫正对象的社会支持系统，帮助其顺利回归社会。

---

* 郑艳，浙江警官职业学院社区矫正研究中心主任，副教授。金越，浙江警官职业学院社区矫正专任教师，讲师。

二、研究思路

（一）样本概况

本研究采用定量研究方法，以随机抽样的形式面向浙江省湖州市、金华市两地社区矫正对象共发放问卷 1669 份，有效收回问卷 1661 份。所调查对象的基本信息见表 1。

表 1　社区矫正对象样本基本信息表

自变量		频次	百分比（%）
性别	男	1369	82.42
	女	292	17.58
生育情况	已育	1287	77.48
	未育	374	22.52
户籍情况	城镇	775	46.66
	农村	886	53.34
家庭收入（元）	2 万以下	274	16.50
	2 万—5 万	410	24.68
	5 万—8 万	373	22.46
	8 万—15 万	289	17.40
	15 万以上	315	18.96
矫正类型	管制	42	2.53
	缓刑	1424	85.73
	假释	88	5.30
	暂予监外执行	107	6.44
年龄	最大：70　最小：16		

自变量		频次	百分比（%）
婚姻状况	已婚	1249	75.20
	未婚	412	24.80
就业情况	已就业	1265	76.16
	未就业	396	23.84
居住情况	自有	1218	73.33
	租房	355	21.37
	借住	88	5.30
教育情况	小学及以下	225	13.55
	初中	701	42.20
	高中	431	25.95
	大学	266	16.01
	大学以上	38	2.29
矫正期限	3 个月以下	48	2.89
	3—6 个月	107	6.44
	6—12 个月	302	18.18
	1—2 年	674	40.58
	3 年及以上	530	31.91

（二）研究维度

关于社会支持的研究已较为丰富，诸多学者对其在社会交往、生存质量、病患康复等多个领域的作用进行了论证，充分说明社会支持系统在改善个人心理行为、社会适应等方面有着积极的作用。而调适个人心理行为特征也是社区矫正的目标所在，由此可见，两者之间具有一定的耦合度，探究论证社会支持在社区矫正工作中的作用显得尤其有意义。但以往关于社区矫正的研究更多聚焦在法律层面、队伍建设、本土化实践等方面，针对社区矫正与社会支持的融合研究相对较少。基于此，本研究首先要明确对社区矫正对象而言其所能拥有社会支持的具体维度，即社会支持的类型划分。

根据对以往社区矫正对象社会支持的研究总结，对于社会支持类型的划分，不同的学者有不同的标准，总体来说可以分为以下几类：第一，两分法。比如，金碧华①将社会支持归纳为正式支持与非正式支持两个层次，对社区矫正对象社会支持现状进行了分析；姬莉平②则采用精神支持与物质支持两个层次分析社区矫正对象的社会支持网络。第二，三分法。庞荣③、杨柳④等学者均基于肖水源社会支持评定量表将所研究的社区矫正对象的社会支持分为客观、主观和支持利用度三个维度；郑永君⑤团队则将社会支持分为工具性支持、情感性支持和支持利用度三个维度，以定量的方法对青少年社区矫正对象的社会支持及其增权机制进行研究。类似的还有张大维⑥团队从工具性支持、情感性支持和信息性支持三个维度评量社区矫正对象对社会支持需求的现状。第三，四分法及其他。章友德⑦对社区矫正对象研究从社会、社区、家庭及个人支持四维度的划分；还有魏成⑧从六个领域来研究青少年社区矫正对象社会支持。

基于上述文献总结，本研究结合前期实践调研、社区矫正对象目前所处的实际社会环境，以及《社区矫正法》所涉及的社会力量等诸多因素考量，将主要采用三分法中的“工具性支持、情感性支持和支持利用度”这种划分类型，对社区矫正对象社会支持维度进行再次操作化。其中工具性支持包含经济物质、社会保障、教育

---

① 金碧华：《支持的过程——社区矫正假释犯的社会支持网络研究》，法律出版社2014年版，第122—172页。

② 姬莉平：《社区服刑人员的精神支持网络探析》，载《山西师大学报（社会科学版）》2008年第2期。

③ 庞荣：《青年社区服刑人员社会支持水平测量与构建》，载《中国青年研究》2016年第7期。

④ 杨柳、邓容容：《社区矫正对象社会支持状况的调查研究——以上海市宝山市为例》，载《社会工作与管理》2017年第4期。

⑤ 郑永君：《青少年社区矫正对象的社会支持及其增权机制》，载《青年探索》2017年第2期。

⑥ 张大维、邢敏慧：《社区矫正对象社会支持需求评量与精准供给——基于W市351名对象的调查》，载《上海城市管理》2019年第4期。

⑦ 章友德、李光勇：《社区服刑人员社会支持系统调查研究》，载《华东理工大学学报（社会科学版）》2015年第2期。

⑧ 魏成、王炜、张丹：《社会工作介入青少年社区矫正探析》，载《内蒙古农业大学学报（社会科学版）》2016年第5期。

学习、心理辅导、职业技能、人际关系、工作机会、公共服务八个方面；情感性支持包括家人、朋友、邻里、社区矫正工作者、社会组织工作者、街道办、居委会工作者对其的接纳、倾听、理解与尊重；支持利用度包含其遇到烦恼、困难时会选择的倾诉方式、求助方式以及自身矫正期间的社会活动参与度等。

三、结果分析

（一）结论1：在工具性支持上，发展性支持要高于生活性支持，不同的性别、就业情况以及居住情况在支持获得上具有一定差异性

1. 工具性支持的总体情况

工具性支持，是指提供财力资助、物质帮助或所需服务等，又称为具体支持或有形支持，根据支持功能性上的差异又将其分为生活性支持与发展性支持①，前者包括经济物质、社会保障、工作机会，后者包括剩余五个要素。根据表2所列的调查数据分析发现，社区矫正对象的工具性支持总体一般（工具性总支持为2.956，约等于中间值3），其中发展性支持的获得要高于生活性支持。

表2　社区矫正对象工具性支持情况表

变量	中位数	平均值	标准差
经济物质	1	1.881	1.232
社会保障	2	2.518	1.447
教育学习	4	3.926	1.013
心理辅导	4	3.424	1.229
职业技能	3	2.622	1.305
人际关系	3	3.090	1.253
工作机会	3	2.807	1.360
公共服务	4	3.381	1.184

2. 工具性支持的个别化分析

具体来看，社区矫正对象在社区矫正过程中获得教育学习、心理辅导、公共服务的支持是位于前三位的，且均明显高于中间值。这与《社区矫正法》第5章“教

① 张大维、邢敏慧：《社区矫正对象社会支持需求评量与精准供给——基于W市351名对象的调查》，载《上海城市管理》2019年第4期。

育帮扶”中所规定的部分工作任务相匹配，说明社区矫正对象在这三项上所获得的支持较多，教育帮扶相应的工作完成度较高。但是，社会保障、经济物质的支持相对较弱，尤其是经济物质，有 59.06%的社区矫正对象从未获得过经济物质上的支持。此外，职业技能与工作机会两项指标低于中间值 3，这也需引起注意。

为更准确地分析这几项指标，我们做了更进一步的相关分析，通过表 3 可以发现，经济物质的获得与其家庭收入有着显著的负相关关系，也就是说，家庭收入越高的社区矫正对象其所获得的经济物质支持越少。这一结论符合社区矫正帮困扶助的本质要求，对有需要的对象提供必要的经济物质帮助，以满足其最基本的生活性需要。

表 3　社区矫正对象家庭收入与经济物质相关分析表

	经济物质
家庭收入（每年）	-0.099**

* $p<0.05$ ** $p<0.01$

通过表 4 可以发现，不同就业状况对于职业技能、工作机会的支持呈现出显著性，意味着已就业和待就业的社区矫正对象在上述两项支持的获取上显示出差异性。具体通过百分比来看，待就业的从不或极少获得职业技能支持的要明显高于已就业矫正对象。同样的，待就业的从不或极少获得工作机会支持的也要明显高于已就业矫正对象。这一结果需引起进一步思考，是因为已就业的社区矫正对象是通过职业技能培训以及工作机会提供从而实现了就业，还是因为社区矫正工作实践在提供这两项支持过程中未能做到精准帮扶，这是后续需注意的。虽《社区矫正法》第 5 章中也规定了职业技能培训、工作岗位提供等内容，但其前提是为有需要的对象提供必要的帮扶，而非普惠性的社会服务。因此，社区矫正工作中，在工作机会、职业技能培训等方面提供帮扶时要更具针对性，将有限的资源用在真正有需要的社区矫正对象上，才能真正意义上帮助其融入社会。

表 4　社区矫正对象就业状况与职业技能、工作机会卡方分析表

变量		就业状况（%）		X^2	p
		已就业	待就业		
职业技能	从不	26.80	31.82	29.419	0.000**
	极少	15.89	23.74		
	有时	28.06	26.52		
	经常	18.50	12.88		
	总是	10.75	5.05		

续表

变量		就业状况（%）		X^2	p
		已就业	待就业		
工作机会	从不	25.38	26.26	71.894	0.000**
	极少	11.23	23.48		
	有时	25.69	32.07		
	经常	22.61	11.87		
	总是	15.10	6.31		

* $p<0.05$ ** $p<0.01$

最后，通过对社区矫正对象的各项基础信息指标与工具性支持八项指标逐一分析发现（表5），除了上述已经提及的注意点，性别以及居住情况（自有、租房、借住）的不同分别在经济物质、心理辅导、职业技能、工作机会以及社会保障、人际关系、公共服务上显示出显著的差异性。通过具体百分比来看，女性社区矫正对象在上述相应的四项支持上的获得均低于男性。拥有自有房产的社区矫正对象在社会保障、人际关系以及公共服务上的支持获得均高于租房、借住的社区矫正对象。由此，社区矫正工作在提供支持帮扶时，要在性别以及其居住情况上加以注意，一是要消除差异性对待，一视同仁；二是要有针对性地支持，以满足实际需求。

表5　社区矫正对象与工具性支持各项指标的相关分析表

	经济物质	社会保障	教育学习	心理辅导	职业技能	人际关系	工作机会	公共服务
性别	-0.088**	-0.031	-0.026	-0.081**	-0.066**	-0.043	-0.086**	-0.054*
婚姻状况	-0.004	0.039	0.020	0.016	0.007	-0.048	-0.010	0.018
生育状况	0.007	0.045	0.012	0.011	0.019	-0.054*	-0.003	0.019
就业状况	-0.028	-0.063*	-0.022	-0.048*	-0.114**	-0.057*	-0.133**	-0.031
教育情况	-0.054*	0.054*	0.072**	0.062*	-0.007	-0.041	-0.041	0.044
户籍情况	0.056*	0.032	-0.042	0.010	0.049*	0.057*	0.073**	0.031

续表

	经济物质	社会保障	教育学习	心理辅导	职业技能	人际关系	工作机会	公共服务
居住情况	0.023	−0.079**	−0.022	−0.024	−0.059*	−0.092**	−0.060*	−0.098**
家庭收入	−0.099**	0.025	0.071**	0.040	0.045	0.026	0.023	0.061*
矫正类型	0.038	0.007	−0.026	−0.009	−0.001	−0.017	0.000	0.006
矫正期限	−0.051*	−0.026	0.087**	0.026	−0.039	−0.009	−0.024	0.015

* $p<0.05$ ** $p<0.01$

（二）结论2：在情感性支持上，总体需求均得到支持，但不同性别、教育程度以及家庭收入在支持获得上有所差异

1. 情感性支持的总体情况

情感性支持，是指给予情感方面的关心与关怀，以使社区矫正对象感到精神上的慰藉和温暖，① 细分为接纳、倾听、理解、尊重四个方面。通过表6来看，社区矫正对象整体的情感性支持较好，社会接纳度较高，在倾听、理解、尊重等方面，家人、朋友、邻里、社区矫正工作者、社会组织工作者、街道办、居委会成员等都给予了其较高的情感支持。其中，家人以及社区矫正工作者给予的情感支持都是最高的。

表6 社区矫正对象情感性支持情况表

变量	中位数	平均值	标准差
是否有人有意疏远	2	2.061	1.169
社区成员不愿共用公共设施	1	1.705	1.005
家人倾听你的烦恼	3	3.124	1.181
朋友、邻里倾听你的烦恼	3	2.793	1.213
社区矫正工作人员倾听你的烦恼	3	3.220	1.194
社会组织工作人员倾听你的烦恼	3	3.135	1.226
街道办、居委会成员倾听你的烦恼	3	3.031	1.244

① 张大维、邢敏慧：《社区矫正对象社会支持需求评量与精准供给——基于W市351名对象的调查》，载《上海城市管理》2019年第4期。

续表

变量	中位数	平均值	标准差
家人对你的理解	4	3.844	1.066
朋友、邻里对你的理解	4	3.564	1.105
社区矫正工作人员对你的理解	4	3.850	0.982
社会组织工作人员对你的理解	4	3.734	1.048
街道办、居委会成员对你的理解	4	3.682	1.097
家人对你的尊重	4	4.261	0.894
朋友、邻里对你的尊重	4	4.128	0.935
社区矫正工作人员对你的尊重	4	4.224	0.891
社会组织工作人员对你的尊重	4	4.168	0.920
街道办、居委会成员对你的尊重	4	4.143	0.951

2. 情感性支持的个别化分析

通过表7、表8社区矫正对象各项基本信息与情感性支持各项指标的相关分析发现，在接纳上，性别显现出最明显的显著性差异，即不同性别的矫正对象在社会接纳上有不同的对待。通过进一步的检验，结果显示男性社区矫正对象的社会接纳度要低于女性矫正对象。在倾听上，教育情况与倾听支持呈现显著的正相关关系，即教育程度越高的社区矫正对象越容易被倾听，这也反映了在实际生活工作中，教育程度较低的社区矫正对象容易被忽略，更少的人愿意去倾听他们。在理解、尊重上，家庭收入水平的不同导致在情感支持上有显著差异，且呈正相关关系，即家庭收入水平越低的社区矫正对象越不容易被人理解和尊重。因此，在矫正过程中不要忽视了对男性以及教育程度较低、家庭收入水平较低人员的情感支持。

表7　社区矫正对象与情感性支持各项指标的相关分析表1

	接纳		倾听				
	有意疏远	共用设施	家人	朋友邻里	矫正工作者	组织工作者	街道居委会
性别	−0.103**	−0.090**	0.044	−0.027	−0.043	−0.027	−0.046
婚姻状况	0.025	0.017	0.021	0.053*	0.035	0.040	0.033
生育状况	−0.007	−0.004	0.041	0.074**	0.036	0.045	0.050*
就业状况	−0.016	−0.007	0.008	0.008	−0.007	−0.026	−0.025

续表

	接纳		倾听				
	有意疏远	共用设施	家人	朋友邻里	矫正工作者	组织工作者	街道居委会
教育情况	0.034	0.002	0.105**	0.068**	0.108**	0.098**	0.101**
居住状况 1	-0.007	0.010	0.010	0.002	-0.001	-0.003	-0.015
居住状况 2	0.036	0.005	-0.029	-0.026	-0.010	-0.026	-0.025
家庭收入	-0.027	-0.086**	0.071**	0.075**	0.035	0.045	0.054*
矫正类型	-0.020	0.006	0.034	0.012	0.010	0.001	0.008
矫正期限	0.009	-0.034	0.020	-0.019	0.009	0.002	-0.010

* $p<0.05$ ** $p<0.01$

表 8　社区矫正对象与情感性支持各项指标的相关分析表 2

	理解					尊重				
	家人	朋友邻里	矫正工作者	组织工作者	街道居委会	家人	朋友邻里	矫正工作者	组织工作者	街道居委会
性别	0.030	0.000	0.025	0.016	-0.013	0.051*	0.036	0.031	0.045	0.015
婚姻状况	-0.078**	-0.051*	-0.044	-0.054*	-0.046	-0.101**	-0.049*	-0.046	-0.046	-0.041
生育状况	-0.054*	-0.031	-0.059*	-0.046	-0.027	-0.080**	-0.042	-0.056*	-0.044	-0.039
就业状况	-0.024	-0.045	-0.025	-0.048*	-0.049*	-0.070**	-0.072**	-0.047	-0.050*	-0.044
教育情况	0.064**	0.032	0.027	0.059*	0.052*	0.040	0.053*	0.023	0.028	0.050*
居住状况 1	-0.020	0.016	0.023	-0.002	0.008	-0.013	0.000	-0.003	-0.013	-0.016
居住状况 2	-0.068**	-0.069**	-0.020	-0.039	-0.049*	-0.083**	-0.092**	-0.030	-0.040	-0.046
家庭收入	0.141**	0.148**	0.081**	0.098**	0.108**	0.179**	0.185**	0.113**	0.113**	0.117**
矫正类型	0.021	-0.021	0.003	-0.009	-0.003	0.011	-0.019	-0.026	-0.009	-0.014
矫正期限	0.049*	0.025	0.069**	0.047	0.035	0.072**	0.073**	0.057*	0.049*	0.043

* $p<0.05$ ** $p<0.01$

表 9　不同性别社区矫正对象与接纳程度的分析表

	性别（平均值±标准差）		t	p
	男（n=1369）	女（n=292）		
是否有人有意疏远	2.12±1.18	1.80±1.10	4.393	0.000**
社区成员不愿共用公共设施	1.75±1.02	1.51±0.89	4.017	0.000**

* $p<0.05$　** $p<0.01$

（三）结论 3：在支持利用度上，家人及社区矫正工作者是最为重要的支持力量，整体社会活动主动参与度较高。但婚姻情况、生育情况以及教育程度的不同会有所影响

1. 支持利用度的总体情况

支持利用度，是指对周边支持的利用程度以及参与活动情况。通过表 10 分析发现，社区矫正对象在遇到烦恼时，32.99%的人会选择只向家人倾诉，有 31.79%的人会向社区矫正工作者倾诉，还有 14.21%的人不会向任何人倾诉。当遇到困难时，有 44.07%的人会向社区矫正工作者求助，26.31%的人只向家人求助。由此可见，家人与社区矫正工作者是社区矫正对象遇到问题时最为重要的支持力量。而社会组织、街道办/居委会是社区矫正对象最少选择的两种支持方式。

表 10　社区矫正对象在支持利用度上的频数分析表

变量		频次	百分比（%）
遇到烦恼，选择的倾诉方式	不向任何人倾诉	236	14.21
	只向家人倾诉	548	32.99
	向朋友、邻里倾诉	291	17.52
	向社区矫正工作人员倾诉	528	31.79
	向社会组织工作人员倾诉	21	1.26
	向街道办、居委会成员倾诉	37	2.23
遇到困难，选择的求助方式	不向任何人求助	153	9.21
	只向家人求助	437	26.31
	向朋友、邻里求助	250	15.05
	向社区矫正工作人员求助	732	44.07
	向社会组织工作人员求助	25	1.51
	向街道办、居委会成员求助	64	3.85

此外，社区矫正对象对于社区矫正机构、社会组织以及社区街道所组织的活动参与度都较高，主动积极参与的社区矫正对象分别占 80. 19%、74. 11%、74. 47%。

2. 支持利用度的个别化分析

通过表 11 对社区矫正对象支持利用度的分析发现，社区矫正对象的婚姻状况、生育状况对其在遇到困难时选择的求助方式上有所差异，未婚的社区矫正对象向家人求助的比例高于已婚的，向社区矫正工作者求助的比例低于已婚的；未育的社区矫正对象向家人求助的比例高于已育的，向社区矫正工作者求助的比例低于已育的。

表 11　社区矫正对象支持利用度的相关分析表

	遇到烦恼，选择的倾诉方式	遇到困难时，选择的求助方式
性别	−0. 050*	−0. 014
婚姻状况	−0. 042	−0. 105**
生育状况	−0. 053*	−0. 100**
就业状况	−0. 024	0. 021
教育情况	−0. 007	−0. 047
居住状况 1	0. 045	0. 019
居住状况 2	−0. 028	−0. 029
家庭收入	0. 016	−0. 011
矫正类型	0. 042	−0. 052*
矫正期限	0. 002	0. 006

* $p<0.05$ ** $p<0.01$

通过表 12 对社区矫正对象社会活动参与度的分析发现，教育情况的差异对其参与社会活动的主动性会有显著的影响。因此，矫正机构、社会组织以及社区街道在设计相关活动时，要考虑到社区矫正对象教育情况不同这一影响因素。

表 12　社区矫正对象社会活动参与度的相关分析表

	矫正机构组织的活动	社会组织组织的活动	社区街道组织的活动
性别	−0. 009	−0. 019	−0. 019
婚姻状况	0. 026	−0. 011	0. 004
生育状况	0. 040	−0. 003	0. 013
就业状况	0. 003	0. 030	0. 016
教育情况	−0. 049*	−0. 077**	−0. 068**

续表

	矫正机构组织的活动	社会组织组织的活动	社区街道组织的活动
居住状况 1	0.000	0.008	0.025
居住状况 2	0.036	0.034	0.034
家庭收入	−0.025	−0.025	−0.003
矫正类型	0.029	0.046	0.033
矫正期限	−0.026	−0.008	−0.003

$^{*}p<0.05$ $^{**}p<0.01$

四、优化建议

（一）支持维度上：做强已有社会支持系统，吸纳更多优质社会力量

本研究在确定社区矫正对象社会支持参与主体维度以及调查问卷设计过程中，主要基于前期的行业实践调研，以及社区矫正对象的真实社会环境，细化出家人、朋友、邻里、社区矫正机构、社会组织以及街道、社区等目前真实参与社区矫正工作中的主要主体维度。通过上述调查分析可见，已有的社会支持系统较多依赖于家庭成员、社区矫正机构这两个核心主体，其他社会支持主体发挥的作用并不明显，尤其是社会组织与居委会。结合前期调研以及《社区矫正法》中所明确提出的鼓励支持参与社区矫正工作的社会力量，应当在目前已有基础之上，充分发挥社区矫正委员会的作用，挖掘更多优质、有效的社会资源加入其中。

社会组织发展应当更加专业化、规范化，提升社区矫正对象对其认可度。在已有社会支持系统中，社会组织作为提供专业的社会服务、参与社会治理的一支重要力量，有着天然优势。同时，《社区矫正法》中也明确鼓励社会组织在社区矫正对象教育、心理辅导、职业技能培训、社会关系改善、提供就业岗位等方面提供必要的帮助。实际上，社区矫正对象对其利用度是最低的。因此，社会组织在不断扩大发展的同时，应当更加注重其专业能力的提升，从组织文化、人员素养、项目质量、培训督导等多个方面加以强化，用组织自身的专业性获取社区矫正对象的认可。而社区矫正机构以政府购买服务的形式让社会组织以专业角度参与协同治理，也应当从准入、监管、评估等全过程考核社会组织的参与绩效，从而真正发挥其支持作用。

居委会、村委会可以发挥空间距离、社区文化、社区资源等优势，增加社区矫正工作的参与度。《社区矫正法》第 12 条规定了村委会、居委会依法协助社区矫正

机构做好社区矫正工作。但在调查结果中，社区矫正对象对其利用度较低，仅高于社会组织。村委会、居委会有着区别于其他社会力量的天然优势，与社区矫正对象生活在同一空间之中，掌握着第一手资料，更便于了解矫正对象的日常生活与行为表现，也更具有相近话语体系、文化体系下的沟通优势与改造优势。因此，村委会、居委会应当充分认识并发挥自身独特优势，唤起更强的共同体意识，利用更广泛的社区资源，参与到社区矫正工作中。

实现上述两者及其他社会力量的有效参与，离不开社区矫正委员会的呼吁、统筹与协调。《社区矫正法》第 8 条第 3 款规定设立社区矫正委员会，其目的就是考虑到社区矫正是一个系统工程，需要在各级党委政府的统一领导下开展工作，需要人民法院、人民检察院、公安机关和司法行政机关通力协作配合，需要财政、教育、卫生、民政、人力资源和社会保障等相关部门的积极支持，需要社会力量的广泛参与。同时，考虑到社区矫正对象群体的复杂性，委员会的组成应当更具包容性，可以由法院、检察院、公安、监狱、教育、民政、财政、人社、卫生等参与社区矫正工作的有关单位组成，也可以根据需要将工会、共产主义青年团、妇女联合会、未成年保护组织等社会团体或组织纳入委员会①。这样也是对调查中显现的性别、就业情况、居住情况、教育程度等不同因素在社会支持中的差异性的回应，在一定程度上，有对口部门能够给予有效支持。

（二）支持内容上：探索“1+X+Y”的社区矫正支持模式

在对社区矫正对象社会支持系统进行初步搭建优化之后，探索开发优质过硬的社会支持内容是整个支持体系的内核所在。只有支持的内容是必要的、可行的，社区矫正对象才能从中获得正向积极的支持。结合上述现状调查分析及社区矫正实践情况，尝试提出“1+X+Y”的社区矫正内容支持模式。

“1”为《社区矫正法》中规定的内容。《社区矫正法》中所规定的相关支持内容是社区矫正工作必须保质保量地完成的基础性支持。这些支持内容是根据社区矫正对象这一群体的共性特征与需求高度提炼的，有着适用于社区矫正对象的普适性特征，具有现实意义。同时，《社区矫正法》中所规定的支持内容均属于本研究中的工具性支持，实践证明社区矫正对象的帮扶需求在发生转变，其发展性需求优先于生活性需求。因此，在实现规定内容过程中，更注重教育学习、心理咨询、职业培训、人际关系、公共服务等发展性支持帮扶。而这些内容的实现要打破以往偏说理式、说教式的工作模式，尝试用情景式、启发式等更具沉浸感更以社区矫正对象为中心的形式开展。

---

① 邹屹峰：《〈社区矫正法〉实施前后社区矫正工作对比分析》，载《中国司法》2020 年第 4 期。

“X”为具有当地优势性或迫切性的支持内容。在明确社区矫正对象法定内容的共性支持之后，充分挖掘开发当地具有优势资源或迫切需求的支持内容会让社会支持的作用事半功倍。譬如，浙江省某地的乡贤文化在当地非常具有影响力，那么将乡贤纳入支持体系，为社区矫正对象提供必要的支持，尤其是情感性支持，更如春风化雨，润物无声。又如，当地经济类犯罪的社区矫正对象占比较大，那在矫正支持提供时围绕这一特点设计有效内容。实现这部分支持内容，在充分调动支持系统的同时，不要忽略了社区矫正对象本身的优势资源，善于发现该群体的长处，挖掘具有代表性、说服力的当地矫正示范力量。用优势视角进行教育帮扶，既能充实矫正内容，丰富教育形式，又能表达接纳、培养自信，是情感性支持的一种体现，更是矫正力量的有益补充，达到多赢效果。

“Y”为社区矫正对象个体所需的支持内容。根据《社区矫正法》分类管理、个别化矫正的要求，社区矫正机构根据社区矫正对象个体性别、年龄、心理特征、健康状况、犯罪原因、犯罪类型、犯罪情节、悔罪表现等情况制订有针对性的矫正方案，除了上述两个支持内容之外，还提供其个体所需的支持内容。个别化的矫正帮扶尤其要善于强化利用亲情帮扶的力量，无论是在工具性支持还是情感性支持上，亲情帮扶都是最具可持续性、最能呼唤矫正对象自身矫正内在驱动力的一种帮扶形式。此外，根据上述调查结果，不同性别、教育程度、居住情况以及家庭收入水平等各方面因素对其支持系统的影响，尝试引入社会工作中“个案管理”工作方法。它有别于单纯个案矫正的概念，更尊重个体差异性，更强调系统运作和过程评估，尤其是面临多重问题的社区矫正对象时，通过联结协调各方社会支持力量获得资源提供合理、全面的教育帮扶，关注每个社区矫正对象个别矫正的帮扶质量，聚焦其社会支持系统运行的有效性，以满足特定个体的复杂需求。

（三）支持方式上：精准矫正是社区矫正发展的本质要求和必然趋势

要想真正意义上实现社区矫正对象顺利融入社会，在做好监督管理的同时，教育帮扶显得尤为重要。而教育帮扶必须秉持因人施矫的原则，才能发挥其最大的作用。《社区矫正法》中也多次提到了分类管理，个别化矫正的要求。那么，方式选择是矫正支持内容真正落地的实现手段，而精准矫正是社区矫正发展的必然选择①。

就当前社区矫正发展阶段以及社区矫正的实践能力而言，做到根据每一个信息要素进行完全分类不太具有可行性，也没有太大的现实意义。因此，现阶段精准矫正的提供可以采取“主要分类矫正，重点个案管理”的泛精细化支持方式，在矫正支持内容上做细、做优、做强，兼顾不同层次的社区矫正对象需求。结合调查结果

---

① 马柏伟：《全面提升省域社区矫正治理体系和治理能力现代化水平》，载《中国司法》2020 年第 7 期。

来说，矫正工作可以根据性别这一主要特征进行分类教育帮扶，根据性别的不同在工具性支持与情感性支持上都应当有所差异性，而对待就业、家庭收入低等社区矫正对象则再重点关注，给予针对性的职业技能培训，工作岗位提供等，同时也要改变社会的标签化认知，营造接纳、理解、尊重的社会良性矫正氛围。但随着信息化发展，大数据手段在社区矫正中的运用，相信泛精细化矫正支持不久必然走向精准化矫正支持。

动员社会力量参与社区矫正的实践与思考

——以深圳市福田区社区矫正为视角

邹天强　玉光吉*

社区矫正作为行刑社会化思想和罪犯再社会化思潮发展的选择，社会力量的广泛参与成为社区矫正工作健康开展的必然趋势和内在要求。我国自2003年开展社区矫正试点工作起，就十分重视社会力量的作用，特别是党的十八届三中全会首次提出“社会治理”理念后，社区矫正工作开始从“管理”走向“治理”，并逐步成为社会治理重点领域，而社会治理的特点是“党委领导、政府负责、民主协商、社会协同、公众参与、法治保障、科技支撑”，社会力量的参与特征越发显著。此外，无论是《关于组织社会力量参与社区矫正工作的意见》的印发，还是《社区矫正法》的颁布实施，社会力量的作用都得到充分肯定，已成为健全我国社区矫正制度、提高教育矫正质量、落实社区矫正任务、预防和减少犯罪的客观需要。

在这样的背景下，为贯彻落实社区矫正相关法律政策，在深圳市司法局的精心指导和大力支持下，深圳市福田区积极推动社会力量健康有序参与社区矫正，取得了较好的工作成效，同时在总结经验中积极思考，对实践中发现的问题提出解决建议，并寻求突破，先行先试。

一、动员社会力量参与社区矫正的福田经验

（一）明确社会力量的渐进性参与

吴宗宪教授认为，“在社区矫正工作中所说的‘社会力量’，是指在社区矫正工作中可以利用的社会人力、组织和设施、技术、资金等总称。社会力量也可以称为‘社会资源’。在这些可以利用的社会力量中，社会人力具有核心的地位”。[①] 此外，社会力量参与的内容包含协助日常管理、心理矫正、教育学习、公益活动、职业技

---

* 邹天强，深圳市司法局处长。玉光吉，深圳市春雨社会工作服务社，社工督导，中级社会工作师。

① 吴宗宪：《社会力量参与社区矫正的若干理论问题探讨》，载《法学评论》2008年第3期。

能培训、就业帮扶、支持系统建设、社区营造等方面。

由此，社会力量的多元性和参与内容的广泛性，加上社区矫正的本土化是一个逐渐成熟的发展过程，从而决定了社会力量的参与需要循序渐进，不可能一开始就引入所有的“社会力量”，参与所有的社区矫正事务。因此，福田区自开展社区矫正工作以来，一直强调社会力量参与的渐进性，即借助国家大力支持社会工作发展的契机，首先引入“社工”参与日常管理和教育，在积累一定经验和发现更多需求的基础上，以点带面，逐步扩大到“心理咨询师、律师、志愿者”等社会人力，以及整合“辖区企业、教育基地、资金”等更广泛的社会力量，逐步构建共建、共治、共享的社区矫正新格局。

（二）岗位设置与项目服务双管齐下

一方面，针对社区矫正对象人数增多，工作人员却无相应增加，且基层司法行政部门任务繁重的情况，福田区通过设置社工岗位，并公开择优向社会组织购买社区矫正社会工作服务的方式，充实基层力量，有效缓解基层工作压力；另一方面，根据社区矫正对象的实际需求，为提高教育矫正的针对性和质量，更好促进社区矫正对象融入社会，预防和减少犯罪，福田区采取“项目服务”的形式提供“精准矫治”，即通过整合社会服务机构、心理咨询机构、律师事务所、义工联等社会力量，分别实施了心理健康、教育学习、公益活动、家属能力建设、“一人一故事”社区矫正连环画等精准服务项目，从而以“项目化”的高效方式满足了社区矫正工作发展的需求。而通过“岗位设置与项目服务”双管齐下，既很好地解决了社区矫正人力资源不足的问题，又不断提高了社区矫正工作的专业化、精细化和社会化水平。

（三）探索构建社会力量服务体系

新时代，为进一步推动社区矫正工作健康开展，福田区积极总结多年服务经验，由分散到整体，从单独到系统，将零散的服务内容连接起来，使各类社会力量主体能够发挥所长，从而逐步构建起微观、中观和宏观的社会力量服务体系。

1. 从微观处，着重心理和意识建设

针对社区矫正对象的心理健康这一微观层面，引导心理咨询机构，引入心理测评系统，以“心理危机干预三级机制”为基础，构建从普惠到个别化的心理服务体系，即针对每一名新入矫的社区矫正对象进行心理测试和评估，根据不同心理健康状况采取不同的矫正措施：针对一般的社区矫正对象，采取心理辅导与教育的形式，普及心理知识，提升自我调节能力和心理健康水平；针对具有攻击倾向和深陷不良情绪的社区矫正对象，提供个别化的心理咨询与治疗，协助他们转变偏差认知和行为，提升改变动机和能力，从而更好地解决在社区矫正过程中遇到的各种问题和挑战；针对具有精神病性心理问题和神经症的社区矫正对象，由于这类社区矫正对象的心理问题十分严重，仅仅通过心理咨询并不能解决问题，因此采用药物治疗和心理治疗相结合的方式，在稳定病情基础上提供个别化的心理矫正服务。①

此外，为增强社区矫正对象的法治观念，提高其道德素质、悔罪意识和社会责任感，福田区以教育学习为平台，综合社区矫正对象的思想状况、心理和法律需求、犯罪原因及类型等，结合广东省社区矫正“每月一主题”教育学习计划，一方面，广泛邀请心理咨询师、社工、律师等力量开发课程，为社区矫正对象提供法律法规、心理健康、传统文化、思想道德等方面的教育；另一方面，整合全市各类教育基地资源，如禁毒教育基地、交通安全教育基地、法治公园等，组织社区矫正对象参观学习，取得较好教育效果。

2. 从中观处，构建家庭和社会支持系统

针对社区矫正对象的家庭成员（监护人）对社区矫正工作的认识和支持度不足，参与能力不够，甚至可能会包庇或隐瞒社区矫正对象的行为问题等情况，福田区引入深圳市春雨社会工作服务社，争取福田区社会建设专项资金支持，以项目服务的形式，实施开展“爱·明白”家能站项目。项目通过家庭辅导、工作坊、主题讲座、编印家属手册等形式，提升家庭成员学习社区矫正和自助助人知识的主动性，获得“爱”的心理能量，“明白”自己的责任和义务，从而拥有持续的能力帮助社区矫正对象做出改变。项目创新了“政府+社工+家庭”三位一体帮扶机制，有效填补了矫正小组中家庭成员赋能培训的“空白”，对优化矫正小组运行，完善社会力量参与社区矫正工作，进而健全社区矫正制度、落实社区矫正任务起到了积极作用。②

此外，在日常监督管理和教育帮扶过程中，积极引入义工资源，鼓励和引导社区矫正对象充分利用公益活动平台，以及自身的工作平台，完善现有或重新建立新的健康的社会支持系统，主动为自己顺利融入社会创造良好条件。

3. 从宏观处，营造良好社区氛围

针对当前还有很多社会力量对社区矫正不熟悉、不接纳，社区矫正在“增强社区居民的法律意识和社会责任感，预防犯罪，维护社会稳定”方面的目的也还没得到很好实现的情况，福田区和春雨服务社以“从矫正中来，到群众中去”的新思路，打造社区矫正普法宣传品牌项目——“一人一故事”，通过改编社区矫正对象的真实事迹，以我国优秀传统文化符号“连环画”的艺术表现形式讲述社区矫正故事，宣传社区矫正和法律知识。从效果来看，于社区矫正对象，累计惠及超过500名社区矫

① 深圳市司法局：“福田区建立心理矫治新措施——心理危机干预三级机制”，http://sf.sz.gov.cn/xxgk/xxgkml/gzdt/content/post_2995432.html，最后访问时间2021年8月28日。

② 刘丹青、王思洁、化赟：《福田区司法局首创社区矫正人员家属赋能培训》，载《深圳晚报》2018年4月17日，第B02版。

正对象及其家人，99.4%的社区矫正对象认为连环画有助于展示社区矫正对象的自我潜能和形象，有助于提升他们的改变能力和信心；于社区居民，通过社区宣传活动派发的连环画，极大提升了社区居民对社区矫正及相关法律的认知和理解，进而支持社区矫正工作开展，有效推动“社区矫正和普法宣传”“社区矫正对象和社会力量”之间的有效互动和联结，为营造全社会理解支持社区矫正工作的良好氛围奠定坚实的群众基础。

二、动员社会力量参与社区矫正存在的问题

（一）社区矫正的社会基础仍然薄弱

作为一项将符合法定条件的罪犯放在社会上监督管理和教育帮扶的制度，社区矫正在我国已经开展了18年，在深圳也已有15年，但社区矫正的社会知晓率仍然偏低。笔者曾在2020年进行过一项有关社区矫正的社会调查，回收的175份问卷中，仅有21.1%的人对社区矫正较为了解；37.7%的人表示听说过，但不是很了解；41.2%的人则表示没有听说过。由此，因为以往的社区矫正工作主要精力都是放在社区矫正对象的监管方面，忽视了实施这项制度的社会性，即需要充分利用各种社会资源、整合社会各方面力量共同参与，久而久之，便将社区矫正工作局限在或等同于“社区矫正对象监管工作”的固定思维，导致社区矫正的社会宣传力度不强，进而缺乏坚实的社会基础，不仅不利于动员更多社会力量参与社区矫正，还使得社区矫正对象和社会大众无法进行有效互动，增进相互理解，“标签效应”难以得到改善，进而影响社区矫正对象顺利融入社会。

（二）社区矫正的参与主体不足

一是社区矫正的参与主体单一，局限于社工、心理咨询师、律师、义工等几方力量，企事业单位、学校等主体参与十分有限，而企事业单位在就业帮扶、学校在教学与研究方面具有天然优势；二是参与主体的稳定性不足，究其原因，既是由于深圳的人员流动性强、消费高和主要参与主体（社工）收入较低所致，也是由于服务项目到期后需要招投标，容易出现人员变动，还与社区矫正领域的“高责任低成就”有关，而这些不稳定因素直接影响服务的延续性和经验积累；三是参与的深度不足，由于参与主体受教育背景、专业素养、工作任务等方面的限制，很多人员参与一段时间后，出现对工作越来越熟悉，但似乎陷入“原地踏步”，甚至倦怠的困局，而无法通过经验总结和反思，进行工作创新和政策倡导，极大地影响了社区矫正的深入开展；四是参与主体的法律知识储备不足，除律师外，大部分的社会力量

没有接受过系统的法律知识培训，使得在开展严肃的社区矫正工作过程中难免出现不严谨，甚至出现法律风险的情况，不利于社区矫正工作开展。

（三）部分社会力量的定位不清晰

社区矫正工作包含监督管理与教育帮扶两大核心内容，承担改变罪犯和保护社区的双重责任，鼓励和引导社会力量参与社区矫正，正是基于教育帮扶的需要，以实现监督管理与教育帮扶之间的平衡，更好促进社区矫正对象融入社会，预防和较少犯罪，维护社会稳定。但由于受工作人员不足，以及考虑到社区矫正对象重新犯罪问题涉及方方面面，使得工作中难免出现“外松内紧”的情况，即借社区矫正理念中“回到社区改造”的松，行“重监管、轻教育”的紧，而这一情况导致部分社会力量参与社区矫正的定位不清晰。例如，社工，其在参与社区矫正工作中，出现“配合监督管理的行政性工作过多、自身应发挥的教育性功能不足”的矛盾现象；又如，社区矫正对象家庭成员，其作为矫正小组重要成员之一，需要履行相应职责，但生活中又是社区矫正对象的亲人，有些甚至是家人犯罪的受害者，使得自身在社区矫正工作中的位置感模糊，无法有效参与社区矫正工作。

（四）社会力量参与平台不足

笔者在2020年进行的一项有关社区矫正的社会调查中发现，经过相关解释，越来越多的社区居民表现出对社区矫正制度和社区矫正对象持积极态度，很多人表示如果有需要，他们愿意为社区矫正对象适应并顺利回归社会提供帮助，但由于受管理理念、经费、参与路径等因素影响，目前只能为社工、心理咨询师、律师等具有一定专业教育背景的人员搭建参与平台，而更多的社会力量有效参与社区矫正工作的途径仍十分有限。

三、动员社会力量参与社区矫正的对策和机遇

（一）加强社会宣传，坚实群众基础

1. 注重宣传途径的多元性

笔者进行的社会调查发现，社区居民了解社区矫正的途径依次为：社区宣传；报纸、杂志、书籍；网络；电视电影；亲友；广播等。由此，虽然《社区矫正法》中无明确提出开展社区宣传的要求，但无论是从工作实践，还是从调查结果来看，社区宣传无疑仍是提升社区居民认知度的重要途径；此外，随着移动互联网技术的成熟与发展，不仅人们的阅读习惯随之改变，社区的概念也发生了变化，网络社区

已悄然形成，新媒体宣传逐渐成为重要的宣传方式。因此，创新线上和线下的宣传形式，以进一步提升社区矫正宣传的覆盖面和有效性，应成为未来社区矫正的一项重要工作。

2. 注重宣传工作的针对性

社会力量包含不同的主体，如社会服务机构、心理咨询机构、律师事务所、义工联、企事业单位、学校、自然人等，他们对知识的需求、接受知识的方式、快慢程度，以及参与社区矫正工作的内容都有所异同。因此，除普及社区矫正相关概念外，还需要开展有针对性的宣传工作，如针对社会服务机构等专业性组织，需要宣传社区矫正工作内容和合作空间，以吸引更多专业人员参与进来；针对企事业单位，则需要宣传社会责任感和财税优惠政策，以提升参与积极性；针对自然人，则还需宣传法律知识，以增强法律意识和社会责任感，预防和减少犯罪。

3. 注重培养理性的意识

当前，我国正在全面推进依法治国，加快建设社会主义法治国家，而随着新媒体和自媒体的兴起和发展，越来越多的法律案件直接呈现在社会公众面前，案件的处理结果也直接影响公众对法治建设的感受。但由于社会公众受自身法律意识、重刑主义观念和网络氛围的影响，在表达自己对案件及判决结果的关注时容易以“个人观念”替代“法治观念”。而社区矫正作为一种非监禁刑事执行方式，是法治中国建设的重要方面，我们在开展社区矫正宣传时，不可避免地会遇到持不同态度的社区居民。

因此，在进行社区宣传时，对于可能出现的“标签效应”，一方面，我们首先要认识到犯罪确实需要承担成本，社区居民对社区矫正对象的排斥或标签，乃是犯罪需要承担的成本之一；另一方面，我们也需要澄清，“人谁无过？过而能改，善莫大焉”，对于愿意做出改变的社区矫正对象，社区居民的接纳与支持是促进其顺利融入社会，预防和减少犯罪的重要因素。如此，我们就有可能平衡好社区居民对社区矫正的不同声音，提升社区居民对刑罚制度和社区矫正的理性认知，更好推进社区矫正顺利开展。

（二）搭建参与平台，明晰主体定位

在坚实社区矫正群众基础的过程中，需要考虑不同主体的参与条件、途径和内容等要素，并根据这些要素，按照有利于转变政府职能、有利于降低服务成本、有利于提升服务质量和经济效益的原则，搭建不同的参与平台，以促进社会力量健康有序参与进来。例如，针对专业性较强的服务，可以通过公开择优购买服务的形式，邀请具备相关资质的机构或单位参与；针对层群众性自治组织（居委会），则以委托形式参与；针对社区居民，强调以身作则运用法治思维的同时，畅通义工服务的渠

道参与；针对社区矫正对象家庭成员或监护人，以日常监督和亲情感化形式参与等。此外，在推动不同主体、通过不同平台参与社区矫正工作过程中，需要注意及时进行经验总结和提炼，编印不同主体工作手册或标准文件，从而明晰各个主体在社区矫正工作中的角色与定位。

当前，福田区开始进行“社区矫正法务官”试点工作，聘任一批具备国家法律职业资格的人员，专职从事社区矫正工作，承担社区矫正法律文书审查、执法合规审核、执法行为监督、制度机制建设、社矫对象教育训诫等工作职责。① 这一创新性举措，不仅有效搭建了法律工作者参与社区矫正工作的平台，而且对这一主体的工作范围进行了明确，为规范社区矫正各项工作、防范法律风险、探索法律工作者参与社区矫正工作的路径奠定了良好基础，也会为其他社会力量明晰自身职责，有序参与社区矫正工作树立良好典范。

（三）加强队伍建设，保障工作稳定

搭建平台仅为社会力量解决了参与社区矫正的途径，社区矫正毕竟是一项严肃的刑事执行活动，社会力量在参与过程中需要具备相应的知识和工作素养，并遵循严谨的工作程序。因此，对相关主体进行必要的管理、监督、培训和保障等势在必行，如针对社会服务机构等专业性组织，需要加强绩效管理、工作督导、专业知识培训和团队建设，以及相应的安全、福利、成就、晋升等保障；针对义工队伍，需要规范注册与日常管理，加强社区矫正相关知识培训，强调保密的重要性，并给予应有的荣誉和地位等。而通过加强队伍建设，对于保障工作的专业性、稳定性和延续性，对于更好地进行经验总结和工作创新具有非常重要的作用。

当前，借助《深圳市关于提升社会工作服务水平的若干措施》实施的契机，福田区以新标准加快推进购买社区矫正社会工作服务，以更好的福利保障吸引更优秀的社工人才参与社区矫正工作，从而打造更加专业和稳定的工作队伍，为进一步激发社工活力和带动更多社会力量有序参与社区矫正工作创造良好条件。

---

① 伊宵鸿、邓芳：《来了！深圳首批社区矫正法务官》，载《深圳晚报》2021 年 8 月 20 日，第 A11 版。

四川省社会力量参与社区矫正的困境与出路浅析

马丹婷*

2020年7月1日《社区矫正法》正式实施，标志着我国社区矫正工作进入了全新的阶段。《社区矫正法》的一大亮点就是明确社区矫正要坚持专门机关和社会力量相结合，鼓励和引导社会力量参与社区矫正，充分发挥社会力量在参与社区矫正中的重要作用。尽管四川省在社会力量参与社区矫正上作出了一些实践，也出台了相应的政策文件鼓励和支持社会力量积极参与社区矫正，但是四川省社会力量参与社区矫正依旧面临不少困难，在一定程度上影响和制约了四川省社区矫正的健康发展。

一、社会力量参与社区矫正工作的必要性

（一）社会力量参与社区矫正概述

社区矫正是我国贯彻宽严相济刑事政策，推进国家治理体系和治理能力现代化的一项重要刑事执行制度。根据《社区矫正法》的规定，我国对被判处管制、宣告缓刑、假释和暂予监外执行的罪犯实行社区矫正，其目的是“保障刑事判决、刑事裁定和暂予监外执行决定的正确执行，提高教育矫正质量，促进社区矫正对象顺利融入社会，预防和减少犯罪”。针对这部分罪行相对较轻、社会危险性不大、再犯罪可能性较低的罪犯，对其适用社区矫正相较于传统监禁刑具有显著的优势，既能够实现刑法的惩罚性，更重要的是能够帮助罪犯顺利融入社会，预防和减少犯罪，达到维护社会和谐稳定的良好效果。

也就是说，社区矫正是将罪犯放置于社区环境下，综合运用监督管理、教育帮扶的手段，采用科学的方法，引导其树立正确的人生观、价值观和世界观，激发参与改造的主动性和积极性，消除重新犯罪的潜在风险，帮助其成为守法公民，最终顺利融入社会的过程。这就意味着，社区矫正是和社区、社会、社会公众融

---

* 马丹婷，四川省司法厅社区矫正管理局干部。

为一体的[①]，社区矫正离不开社会参与，社会参与社区矫正主要依靠社会力量。

目前，社会力量参与社区矫正主要包括以下几种类型：一是通过公开招聘，聘用具有法律、教育、心理、社会工作等专业知识或者实践经验的社会工作者开展社区矫正工作。这部分社会工作者主要是参与社会调查评估、作为矫正小组成员参与矫正方案制订和实施、协助社区矫正机构工作人员开展对社区矫正对象的监督管理和教育帮扶；二是通过政府购买服务和项目委托的形式，由专业社会组织承担开展调查评估、组织开展针对社区矫正对象的教育、心理矫治、公益活动、技能培训等具体项目的工作；三是志愿者主动参与，志愿者可以作为矫正小组的成员，也可协助社区矫正机构、社会组织开展教育帮扶、公益活动等；四是基层群众性自治组织、企事业单位和人民团体，利用社区资源、贴近社区矫正对象生活的特点和其他自身优势，协助做好社区矫正工作。

（二）社会力量参与是实现社区矫正目的的重要手段

社区矫正体现了行刑社会化和恢复性司法理念，监督管理是基础，教育矫正是重点，社会适应性帮扶是辅助。社区矫正强调让犯罪人在社区开放环境下，修复和恢复社会关系，与社区和谐共处，与被害人达成和解，重新融入社会，进而恢复正常工作和生活。[②] 大量实践证明，单纯的强化监管并不能从根本上达到改造罪犯的目的，最重要的是对社区矫正对象进行法治、道德等教育，使其增强守法意识和提高道德水平；对社区矫正对象开展心理矫治，对可能产生的重新犯罪风险进行干预和纠正；对有困难的社区矫正对象提供多种手段的帮扶，为其顺利融入社会创造条件，减少社会不安定因素。但我国的社区矫正依旧具有较强的行政性色彩，具有浓重的刑罚主义思路和底线安全管理思维模式[③]，加之社区矫正工作队伍力量薄弱，在日常工作开展中更注重对社区矫正对象的监督管理，对教育帮扶某种程度上稍显力不从心。

在此种基础上，社会力量参与作为补充就显得尤为重要。首先，社会力量能够提供科学化、专业化的服务，有效提高教育质量和帮扶效果。具有专业资质的社会组织或者社会工作者通过心理矫治、法治教育、社会关系辅导、职业技能培训等专业化手段，帮助社区矫正对象更好地恢复社会功能；也有能力针对性个体特殊性，开展个别化矫正，精准施策。其次，社会力量具有贴近社区矫正对象的内心和生活的优势，更容易被

---

① 邓中文、肖乾利：《社区矫正理论与实务研究》（第 2 卷），中国政法大学出版社 2019 年版，第 322 页。

② 王爱立、姜爱东主编：《〈中华人民共和国社区矫正法〉释义》，中国民主法制出版社 2020 年版，第 19 页。

③ 郭伟和：《社工专门化和矫正专业化：如何实现社会工作与社区矫正的有机结合》，载《中国社会工作》2021 年第 10 期。

接受，其实施矫正的目的和效果更容易达成。社区矫正对象可能存在对社区矫正工作人员的对抗和抵触情绪，相较而言，社会工作者、志愿者等在社区矫正对象心理接受上更加平等，更容易获得其信任，尤其是部分有心理负担和心理健康问题的社区矫正对象面对他们有更强烈的倾诉欲望，使得教育和帮扶开展更顺利、效果更好。最后，基层群众性自治组织和企事业单位等则因为最贴近社区矫正对象的日常生活、工作，能够最及时地掌握社区矫正对象的日常动态，利用其对社区矫正对象熟悉的优势，为社区矫正工作提供必要的协助。因此，社会力量参与社区矫正能够充分利用优势资源，实现资源优化配置，是对实现社区矫正目的不可或缺、行之有效的重要手段。

（三）社会力量参与是社会治理体系现代化的重要体现

社区矫正作为一项重要的刑事执行制度，其也是社会治理工作的重要组成部分。全国人大常委会法工委刑法室主任王爱立指出："党的十九届四中全会提出要坚持和完善共建共治共享的社会治理格局，所以依靠群众和社会的方方面面来齐心协力教育矫正罪犯，既是我们'枫桥经验'的重要内容，也是我们国家在社会治理方面好的传统和做法。"① 社会治理体系现代化要求多元社会主体共同参与，从而达到预防和化解社会矛盾、维护社会稳定、保障国家和社会安全、促进社会公平正义、协调社会关系、增进社会和谐、激发社会活力、推动社会进步的目的。

社区矫正对象作为特殊人群，一直都是社会治理的重点和难点。社会力量参与社区矫正，就是要在确保刑罚执行严肃性的基础上，充分发挥社会力量在社会治理工作中的积极作用，调动包括社会组织、社会工作者、基层群众自治组织、人民团体乃至于社区矫正对象亲属、同事等广大人民群众参与社区矫正的积极性，激发社区矫正对象接受教育改造的主动性，有效减少社会对抗，维护社会和平稳定和长治久安。社会力量参与社区矫正是基层社会治理的重要实践，是实现我国治理能力和治理水平现代化的应有之义。

二、四川省社会力量参与社区矫正工作存在的问题及原因

（一）存在的问题

1. 社会参与度低

总体来说，四川省社区矫正社会力量参与度相对较低，社区矫正工作的开展主

---

① 芜湖市司法局："全国人大常委会法工委刑法室主任王爱立：解读社区矫正社区矫正法的立法目的、意义、亮点"，https：//www. wuhu. gov. cn/openness/public/6596371/25624441. html，最后访问时间 2021 年 8 月 30 日。

要依靠社区矫正机构工作人员。

首先，四川省社会力量参与的最主要形式是公开招聘社会工作者参与社区矫正工作，但是实际上每个县级社区矫正机构或者是受委托的司法所能够使用的社会工作者数量也较少，基本为1个至2个，只能满足日常监管工作需要。不仅如此，该部分社会工作者因年龄、工资水平等原因，存在较大的不稳定性，极易导致工作不具有延续性，其能够发挥的教育帮扶作用相对较弱。

其次，基层群众性自治组织、企事业单位参与度较低。目前，在该部分社会力量中，社区网格员是社区矫正工作的主要参与者，主要协助开展走访和部分教育帮扶工作。① 而绝大多数村民委员会、居民委员会仅仅是在参与社会调查、走访中给予一定的配合，参与其他监督管理和教育帮扶工作的主动性较低，且村民委员会、居民委员会自身已经承担着较重的业务工作，客观上也很难分出精力去协助社区矫正机构开展工作，在组织志愿者参与上，村民委员会、居民委员会发挥的作用也有限。此外，企事业单位的参与度或支持度也较低。

最后，社会组织的参与度总体不高。虽然四川省已经通过《四川省人民政府办公厅关于推进政府向社会力量购买服务工作的意见》将社区矫正纳入政府采购范围，部分地区的社区矫正机构也通过政府采购或者项目委托的形式，委托社会组织承担部分教育帮扶活动的组织开展，但是主要集中在经济发展水平较好的地区，其余地区还是主要由社区矫正机构自行开展相关工作。

2. 专业化程度低

目前，四川省社区矫正社会工作者主要有两种：一种是取得了民政部门认可、有专业资质的社工，另一种是社区矫正机构以社会工作者名义公开招聘的人员。在实践中，前一种类型的专业社工数量很少，更多的是后一种，而后一种人员并没有通过专业的资质考试，且受限于年龄、知识水平、专业技能等因素，缺乏社区矫正工作所需的法律、心理、教育等专业知识，这部分社会工作者能力与岗位需求匹配程度低，仅能参与一些辅助性的工作，不能为社区矫正对象提供专业化教育帮扶。

3. 社会组织数量少

专业从事社区矫正的社会组织作为参与社区矫正的重要力量在四川省范围内数量较少，该部分社会组织能够为社区矫正机构提供专业化的服务。但是根据全国社会组织信用信息公示平台②查询数据显示，搜索包含“社区矫正”的社区矫正类社会组织在全国范围内能查询到的有178个，其中大部分社区矫正类社会组织位于江苏、

---

① 鲍宇科、葛白：《社会治理视角下社会力量参与社区矫正问题研究——以浙江省为例》，载《中国司法》2020年第11期，第69页。

② 中国社会组织政务服务平台：https://www.mac.gov.cn/article/fw/gwfw/shzzcx/。

北京、浙江等省（市），登记在四川省内的社会组织仅有 9 个，且呈现出同时承担安置帮教、人民调解等工作的特点；搜索包含“矫正”的社区矫正类社会组织共计 12 个，其中成都市 5 个，宜宾和绵阳各 2 个，南充、广安、甘孜州各 1 个。可见，省内大多数地区缺少专业从事社区矫正的社会组织，社区矫正类社会组织数量和全省范围对专业化组织的需求严重失衡，缺口极大。不仅如此，现有针对罪犯改造和心理矫治类的社会组织也远不能满足对此类服务的需求。尤其是心理类空缺大，大多数社区矫正机构提供心理矫治专业社会组织或者专业人员较少，甚至有的地区根本没有能够提供此类专业服务的机构或者人员，不能满足绝大多数社区矫正对象对心理治疗的需求，部分地区甚至连基础的心理咨询都缺乏专业人员。

（二）产生原因

1. 社会认知观念陈旧

社区矫正对象作为罪犯的社会接受度低，社会公众对罪犯仍旧保持较高的戒备感和警惕性，对社区矫正缺乏认同感，直接导致社会公众不了解社区矫正或者缺少参与社区矫正的积极性。尽管在《社区矫正法》施行后，全省范围内也开展了相应的普法活动，但是总体而言，社区矫正的知悉度和接受度依旧较低，从而导致在社区矫正领域社会公众、志愿者以及企事业单位的参与度不高、积极性不足。

2. 制度体系不够完备

自《社区矫正法》实施以来，四川省已经印发了《四川省社区矫正实施细则》等规范性文件，初步构建了社区矫正制度体系，但对于社会力量参与的制度仍有待进一步完善。目前，省内针对社会力量参与社区矫正的文件是 2015 年 9 部门联合出台的四川省《关于组织社会力量参与社区矫正工作的实施意见》，用于鼓励和促进社会力量参与社区矫正工作。但该文件系《社区矫正法》颁布以前制定实施的，且相关规定较为原则和概括，已经不能够完全适应当前的社区矫正工作。全省范围内有关社会力量参与的教育培训制度、激励机制和考核评估机制等尚有待完善，不能为专业化人才和社会组织的培养和发展提供制度支持。

3. 经费保障不足

关于社区矫正经费保障缺乏动态增长机制，四川省的社区矫正经费标准是 2014 年确定的数额，该数额基数低，随着社会经济的发展，远不能满足当前社区矫正工作开展的需求。根据《社区矫正法》的规定，村、居民委员会、社会组织协助开展社区工作的经费应当由同级人民政府列入财政预算来保障。但该规定较为原则性，尚需在全省范围内由司法行政部门协同财政部门对其进行更明确的规定，该部分经费的保障和落实是限制社区矫正机构吸纳社会力量开展工作的重要因素。

三、四川省社区矫正社会参与的出路

（一）构建完善的制度体系

一是要尽快出台全省范围的社会工作服务标准或者工作规范，通过明确准入资质、社会力量参与范围、服务内容和考核评估标准等，推动社会力量参与社区矫正标准化和规范化发展。目前，四川省也正在制定社区矫正社会服务工作相关标准，为社会力量参与提供规范化的制度依据。

二是制定并落实社会工作者的保障制度，鼓励和支持社会工作者参与社区矫正。提高社会工作者工资与福利水平，建立激励机制，充分保障其职业发展空间和发展前景；建立培训制度，对社会工作者进行定期和不定期的培训，鼓励社会工作者主动参与执业技能培训，考取心理咨询师、社会工作者等专业资质，不断提高自身能力和专业化水平。从而促进社会工作组队伍建设，推动其健康有序发展。

三是完善财政保障制度，建立社区矫正经费的动态保障机制，使社区矫正经费能够适应当前社会经济发展水平，不至于捉襟见肘，制约社区矫正的正常开展。落实同级财政将社区矫正经费列入本级政府预算的要求，足额保障社区矫正工作开展经费。还要推动财政资金通过政府购买服务方式向社区矫正领域倾斜，扩大购买数量及范围。

（二）培育和扶持专业化社会组织

要在四川省范围内大力扶持和发展社区矫正专业化社会组织。社区矫正机构可以根据自身需求，主动培育和孵化社区矫正专业化社会组织，采用项目化、菜单化等形式为其提供项目支持；引导其建立和完善内部制度体系，组建专业化的服务队伍，开发定制化、专业化服务内容。针对新兴的社会组织还要通过落实财政、税收优惠政策，降低其生存成本，提高其生存能力。省内的社会组织也可以主动或者通过社区矫正机构与东部地区等发展较好的社会组织建立联系，加强学习交流，吸收借鉴先进经验，促进自身专业化水平的发展。争取在四川省内尽快培育和孵化出一批具有四川特色、满足四川省内社区矫正工作需求、专业化水平较高的社区矫正类社会组织。

（三）树立协同共治的理念

加强社区矫正普法宣传，提高社区矫正的社会知悉度和理解度，扩大社区矫正参与度。在新媒体时代，应当善于运用新媒体，如微博、微信等，通过短视频、宣传片、科普小课堂等多样化的形式进行宣传。不仅如此，还可以充分利用基层群众性自治组织深入社区、村镇开展普法宣传，充分发挥社区的优势和作用，从而转变社会公众态度，树立参与意识，使社会公众能够主动接受并参与到社区矫正中来。

在社会范围内形成共治理念，引导和推动社会力量主动参与社区矫正，形成合力。社会工作者和社会组织要利用政策支持，加强自身能力建设，提高参与社区矫正的水平；为志愿者拓宽参与渠道，发挥志愿者的主动性，加强对社区矫正的认识，积极参与社区矫正工作；鼓励企事业单位主动承担社会责任，给予企业财税优惠，依法为社区矫正对象，尤其是存在特殊困难的社区矫正对象提供就业机会和就业支持；妇联、共青团等人民团体更要发挥主观能动性，利用自身优势参与社区矫正工作，为社区矫正对象提供融入社会的必要帮助。通过多方合力，主动参与树立协同共治理念，在全社会范围内形成共建共治的社会治理格局，才能更好地推动四川省社会力量参与社区矫正，促进我省社区矫正的良性、健康发展。

社区矫正社会工作的发展及其在社会治理中的价值体现

——以广州市 YX 区司法社会工作项目为例

蔡穗宁　陈镇杰　樊要朋*

一、社区矫正社会工作的概述

（一）社区矫正的缘起

社区矫正是西方国家首先推行的一种刑事惩罚模式，其理念源于 19 世纪末行刑社会化思想。近代学派学者们认识到监狱刑罚的缺陷和不足，提出了非监禁刑罚措施和对罪犯人道的改造，社区矫正便由此发端。①

在我国，长期以来，针对违法犯罪人员基本上是实行一种封闭性的矫正模式——通过监禁刑罚进行的矫正。然而，资源有限的监狱并不能承受超负荷的犯罪，加之监狱的矫正形式较为单一，其矫正效果往往不尽如人意，监狱矫正危机和重犯率依然处于红线。由此，我国社区矫正便在时代的发展和变革中诞生。2002 年 8 月，北京在密云，上海在普陀区曹杨街道、徐汇区斜土街道、闸北区宝山街道，启动社区矫正试点。2003 年 7 月，在京津沪江浙鲁等 6 个省市开展社区矫正的首批试点。2005 年 1 月，增加河北、内蒙古、黑龙江、安徽、湖北、湖南、广东、广西、海南、四川、贵州、重庆等 12 个省（区、市）作为第二批社区矫正试点。2009 年 10 月，社区矫正工作在全国试行。

（二）社区矫正社会工作的概念

“社区矫正社会工作”是指在社区矫正这一刑罚执行和社会福利过程中开展的，运用社会工作专业的知识和方法，帮助社区矫正对象恢复社会功能，促进社区矫正

---

* 蔡穗宁，广州市越秀区司法社会工作项目助理社会工作师。陈镇杰，广州市越秀区司法社会工作项目助理社会工作师。樊要朋，广州市司法矫治协会社会工作师。

① 罗玲、范燕宁：《试论社区矫正社会工作的本土发展》，载《社会工作》2015 年第 5 期。

对象融入社会的职业活动。它特指社区矫正领域开展的社会工作，而进行此类工作的社会工作者可称为社区矫正社会工作者。[①] 随着社区矫正面向全国开展，新的问题也不断出现。有研究者指出，“司法领域的诸多问题需要借助社会工作的专业力量，比如青少年的犯罪问题，只是通过司法程序并不能彻底解决问题”。[②] 单纯依靠监狱矫正或者社区矫正，并不能彻底解决矫正危机和重犯率，因此司法行政机关便尝试引入社会工作专业及社会工作者，协助其对社区矫正对象进行教育和帮扶，提升社区矫正对象的矫正效果，社区矫正社会工作也因此获得发展机遇。

（三）我国社区矫正社会工作发展的政策及法律支撑

2002 年 8 月社区矫正工作在上海市试点，同时引入社会组织（上海市新航服务总站）参与相关工作。2005 年 1 月，“两高两部”印发《关于扩大社区矫正试点工作范围的通知》，指出要“充分运用社会力量和社会资源，发挥社区矫正的特点和优势，加强对社区服刑人员的教育矫正”。2009 年 9 月，“两高两部”印发《关于在全国试行社区矫正工作的意见》，强调“充分利用社会力量有针对性地对其实施矫正，促进其顺利回归和融入社会”。2012 年 1 月，“两高两部”印发《社区矫正实施办法》，其中第 3 条第 2 款规定：“社会工作者和志愿者在社区矫正机构的组织指导下参与社区矫正工作。”2014 年司法部、中央综治办、教育部、民政部、财政部、人力资源和社会保障部六部委联合印发《关于组织社会力量参与社区矫正工作的意见》，强调一是要充分认识社会力量参与社区矫正工作的重要性，二是要进一步鼓励引导社会力量参与社区矫正工作，三是要做好政府已公开招聘的社区矫正社会工作者的保障工作，四是要进一步加强对社会力量参与社区矫正工作的组织领导。

2019 年 12 月 28 日，十三届全国人大常委会第十五次会议表决通过了《社区矫正法》，2020 年 7 月 1 日正式实施，其中第 10 条至第 13 条对参与社区矫正工作的各方主体的职责作了明确规定，鼓励和引导多元社会力量依法参与社区矫正工作，并在第 40 条授权“社区矫正机构可以通过公开择优购买社区矫正社会工作服务或者其他社会服务，为社区矫正对象在教育、心理辅导、职业技能培训、社会关系改善等方面提供必要的帮扶”。这是我国首次以立法的形式明确政府可以通过购买服务的形式引入社会工作参与社区矫正。

---

① 黄艳兰：《我国社区矫正工作的问题探析与制度改良》，西南政法大学 2013 年硕士学位论文。

② 王雨磊、梁雪韵：《从管制走向服务——司法社会治理中的法务分歧与重构》，载《国家行政学院学报》2018 年第 6 期。

二、社区矫正社会工作的发展及创新——以广州市 YX 区司法局司法社会工作项目为例

广州市 YX 区司法局司法社会工作项目，由广州阳光社会工作事务中心承接（以下简称广州阳光）。2013 年 4 月广州阳光承接 YX 区司法局新生驿站项目，随后发展为广州市 YX 区司法局社区矫治与帮扶项目。2016 年，根据《广州市司法社会工作项目体系建设实施方案》的要求，正式开展广州市 YX 区司法社会工作项目。在社会各界的支持和努力下，YX 区的司法社会工作项目初现成效，并探索出具有特色的工作形式。笔者以广州市 YX 区司法社会工作项目为例，从相政策支持、模式探索、手法创新、社会认可四个方面介绍当前项目的发展和创新。

（一）政策逐步完善，工作开展有迹可循

2012 年 1 月，“两高两部”联合制定《社区矫正实施办法》为社区矫正工作在全国依法顺利开展提供了制度保证。同年，司法部统一社区矫正执法文书格式，并联合财政部确保了社区矫正经费来源。在中央的重视和指引下，各地陆续出台相关管理条例。2013 年广东省司法厅印发《广东省司法厅关于社区矫正人员考核及分类管理的暂行规定》，同年，广州市社区矫正办公室印发《广州市社区矫正人员监督管理暂行办法》《广州市社区矫正人员教育矫正工作暂行办法》等一系列监管教育规定。政策条例的完善，使得社区矫正工作有法可依，有迹可循。此外，2015 年 3 月 4 日，经广州市政府同意，广州市司法局印发《广州市司法社会工作项目体系建设实施方案》，部署推进全市社区矫正社会工作。2015 年 8 月 4 日，广州市司法局与市财政局、市民政局联合印发《广州市司法社会工作项目购买服务实施细则》，为加快推进司法社会工作人才队伍建设，增强财政支持司法社会工作的科学性和公正性，完善司法社会工作项目购买程序等提供了明确指引和可靠保证。2019 年 12 月 28 日，《社区矫正法》正式通过，于 2020 年 7 月 1 日正式实施，这有利于提高社区矫正社会工作者的地位，提升对社会工作的认同，促进行业的专业化发展，促使社会工作发挥更大的作用。

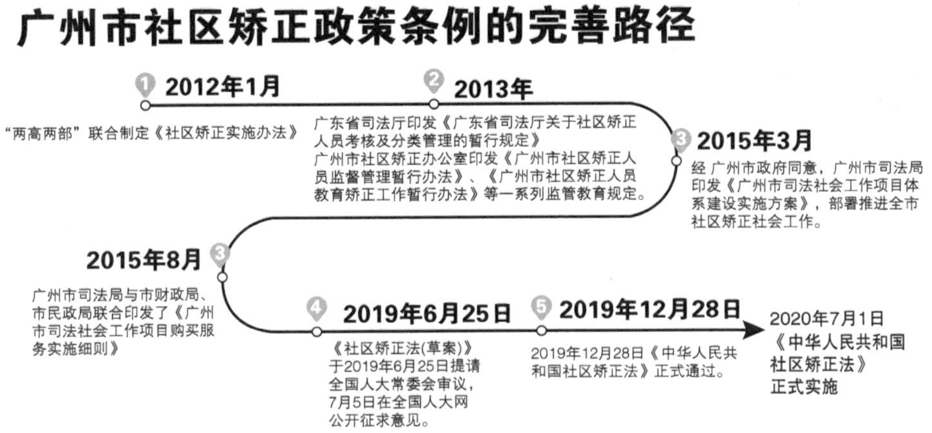

图 1　广州市社区矫正政策条例的完善路径

（二）模式多样化，因地制宜创新服务方式

目前，广州市社区矫正社会工作服务模式，主要以驻点模式和中心模式为主。现今 YX 区司法社会工作项目的服务模式，是由最开始的“纯中心运营”模式演变为“中心运营+司法所驻点”模式，并最后定型为“集中驻点+分散驻点”模式，即 4 名司法社工在区级社区矫正中心驻点工作，其余 11 名司法社工分散到社区矫正工作量较大的司法所驻点工作，让专业化、职业化、规范化的社区矫正社工队伍入驻各街区司法部门。驻点模式驻足于司法行政部门，这样的运作模式调整也带来了相应的成效。

首先，一方面“分散驻点”有利于增加司法社工与社区矫正对象的接触频率，更有利于建立专业的服务关系；另一方面“集中驻点”使司法社工与司法行政机关的沟通交流更密切，有利于构建全方位、多元化的资源网络，与司法行政部门沟通效率高、执行速度快；同时“集中驻点+分散驻点”也有利于相关部门向驻点社工提供开展专业服务的便利条件，规避再犯风险、化解生活危机，提升矫正工作的能力和水平。其次，“集中驻点+分散驻点”的模式使司法社工参与社区矫正的工作范围有所增加，涵盖的内容包括判前社会调查、初始评估、适应性帮扶、制作档案等。最后，“集中驻点”让司法社工可以利用社区矫正中心的场地优势，集中组织社区矫正对象开展社会公德、法律法规、时事政策教育等主题多样、形式丰富的教育学习活动，发现、发挥、发展社区矫正对象在品质、美德和才能方面的优势，强化教育矫正的效果。

（三）工作手法创新，从“心”出发效果显著

经过长时间的发展沉淀，广州市 YX 区司法社会工作项目在介入社区矫正对象的过程中，积极推出方式新颖、切实管用的介入手法，先后推出“大器学堂计划之心理教育”、沙盘游戏和园艺矫治等心理矫治模式，通过关注社区矫正对象的心理情况、思想活动加以干预治疗，纠正其行为模式。其中，“花叙新生”园艺舍，是全国首个社区矫正园艺矫治服务，通过园艺辅导的手段，在社区矫正对象参加园艺植株栽培，园艺技术学习、与社区大众公益合作的过程中，促进社区矫正对象产生社会归属感，形成相互支持，建立人与环境、人与人的最佳关系。旨在通过社区矫正对象之间、社区矫正对象与小组及社会环境之间、小组与社会环境的互动关系，促使社区矫正对象在小组这个共同体的相互依存中得到成长，增强社区矫正对象的社会功能，提升其发展能力，从而改善社区矫正期适应不良以及培养其社会责任、社会参与和社会行动的能力。截止到 2021 年 6 月，项目共对社区矫正对象开展心理测评 506 人次，心理健康教育 800 人次，沙盘治疗 42 人次，园艺矫治 196 人次，心理危机干预 14 人次，个案矫治 275 人次。

（四）社会认可，以“刑”唤“行”融入社区①

社会对社区矫正对象的排斥很多来源于大众对社区矫正对象的不了解，因此要提高社会群众的接纳度，需要提高他们对社区矫正对象的认识。广州市 YX 区司法社会工作项目借助社区矫正对象每月参与公益活动的规定，依托社区，发动整合社会各界力量优势，对社区矫正对象开展社区公益活动服务。社区矫正对象倾注爱心、耐心、暖心、用心、责任心的社区公益活动服务，既让社会温暖升幅，又可培养社会各方的信任，消除自我的焦虑和被排斥感，融入社群、安心生活。联动社工站、长者服务中心、养老院、环卫站等单位搭建“义工供给平台”，让社区矫正对象通过自身的行动融入社区当中，获取社会群众对他们的认可，做到以“刑”唤“行”。有的社区矫正对象主动参与灭火工作，有的艰辛挥汗背老人下楼送医体检，有的为独居老人徒手疏通管道等。新冠肺炎疫情期间，社区矫正对象更是积极参与疫情防控工作，17 名社区矫正对象捐赠人民币 34800 元、献血 400 毫升。截止到 2021 年 6 月，YX 区的社区矫正对象已有 39 人获得社会组织表彰，49 人次获得司法行政机关表扬。

---

① 陈姻静：《以“刑”唤“行”——志愿服务队伍孵化在社区矫正社会工作中的运用》，载《中国社会工作》2018 年第 3 期。

三、社区矫正社会工作在社会治理中的作用与价值

党的十九届四中全会指出，社会治理是国家治理的重要方面。必须加强和创新社会治理，完善党委领导、政府负责、民主协商、社会协同、公众参与、法治保障、科技支撑的社会治理体系，建设人人有责、人人尽责、人人享有的社会治理共同体，确保人民安居乐业、社会安定有序，建设更高水平的平安中国。以上论断勾勒出了新时代中国社会治理的基本原则、基本框架、基本体系，廓清了新时代中国社会治理的政治定位、推进路径、愿景目标与价值关怀。笔者在此原则的指导之下，尝试从宏观、中观、微观三个层面（见图2），结合社区矫正社会工作的实际，探讨矫正社会工作在社会治理中的作用与价值。

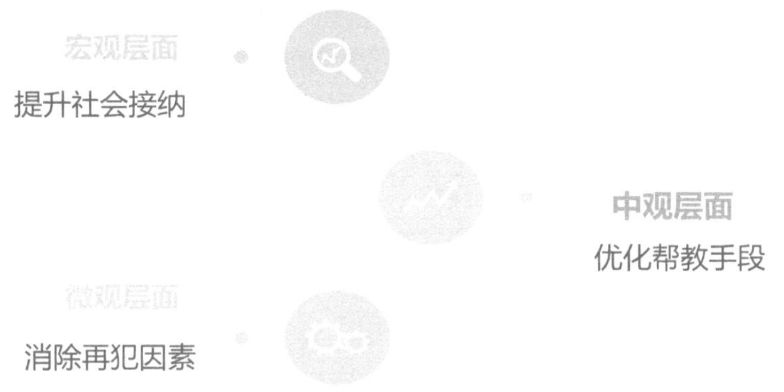

图2 “三观”示图

（一）宏观层面，提升社会接纳

从宏观层面分析，社区矫正对象虽然被责令社区矫正在社区接受监管，但大部分人员并无太大的社会危害性。由于其特殊的社会身份，在社会中依然不被大多数人认可，不了解社区矫正的社会大众甚至会反感和反对他们在社区矫正。社区矫正社会工作的出现，不仅可以帮助司法行政机关对其教育帮扶，还可以加强社会大众对社区矫正对象的认识，使社区矫正对象获得很大程度的接纳。除了可以优化社区矫正对象的监管环境之外，也有利于创造更有利于社会大众和社区矫正对象和谐共处的社会环境，维护社会稳定。

（二）中观层面，优化帮教手段

从中观层面分析，社区矫正社会工作是辅助司法行政机关对社区矫正对象进行教育帮扶，但本质上，社会工作者更多的是以提供服务的理念对社区矫正对象的

心理、行为、认知进行矫正，强调的是社会工作的价值观，包括以人为本、助人自助等。因此，社区矫正社会工作的出现既可以弥补监管部门在监管过程中的力量不足，同时也可以缓解监管部门在社区矫正对象的帮教过程中的压力，分化“帮”和“教”。司法行政人员以“教”带“帮”，社会工作者以“帮”带“教”，充分发挥不同主体和不同社会治理方式的优势和特点，共同保障社区矫正对象顺利度过矫正期。

（三）微观层面，消除再犯因素

从微观层面分析，社区矫正对象在认知、行为或是心理上依然存在一定的不稳定因素，如心存侥幸、心理不平衡等，很可能导致他们再次违法犯罪。从过往的司法实务经验中不难发现，仅仅依靠监管部门的管教，并不能有效消除再犯罪问题。引入社会工作的专业力量参与，通过运用专业的工作理念和服务技巧介入并改变社区矫正对象的错误认知，纠正其行为，舒缓其情绪。社会工作者依据需求评估，根据不同社区矫正对象的不同特点予以帮教，并借助不同的介入手法方法，如“认知行为疗法”“焦点治疗”等，通过沙盘、园艺等方式对社区矫正对象提供帮助，促使其自身变化，进而减少其再犯罪的可能。

四、结语

我国社区矫正社会工作发展至今已经历十多年时间，从一开始的资源匮乏到不断发展创新，建立初步的体系，再到现在《社区矫正法》从立法层面对社区矫正社会工作予以保障。社区矫正社会工作作为协助司法行政机关对社区矫正对象进行教育帮扶的重要辅助手段，在帮助社区矫正对象在行为和心理等层面获得正向的发展，促使其顺利回归社会、融入社会方面发挥着不可或缺的作用。无论是对司法行政机关，还是社会大众抑或社区矫正对象自身，将社会工作引入入社区矫正领域，将有利于消除社矫过程中的不稳定因素，维持社会稳定，使各方的关系更加温和化，让司法社会治理更人性化。

社区矫正工作中发挥本土文化作用的实践与思考

赵江涛[*]

2019年12月28日，《社区矫正法》正式颁布，并于2020年7月1日起实施。《社区矫正法》的实施对社区矫正工作各方面产生了积极影响。《社区矫正法》第11条规定，社区矫正机构根据需要，组织具有法律、教育、心理、社会工作等专业知识或者实践经验的社会工作者开展社区矫正相关工作。第40条规定，社区矫正机构可以通过公开择优购买社区矫正社会工作服务或者其他社会服务，为社区矫正对象在教育、心理辅导、职业技能培训、社会关系改善等方面提供必要的帮扶；社区矫正机构也可以通过项目委托社会组织等方式开展上述帮扶活动，国家鼓励有经验和资源的社会组织跨地区开展帮扶交流和示范活动。社区矫正法对社会工作者的要求和工作内容进行了规定，明确了社会工作者在社区矫正中应该具备的素质和发挥的作用。本文以广州市荔湾区司法社会工作项目的工作为基础，梳理社会工作者在贯彻社区矫正法，参与社区矫正工作过程中的理论和实践经验，为实施司法矫正社工项目提供一些参考。

一、实施背景

（一）地域情况

荔湾区是广州市中心城区，也是国家重要中心城市核心功能区。荔湾区东部与越秀区相连，西北部与白云区水陆相通，西部与佛山市南海区接壤。区域面积59.1平方公里，常住人口89.15万人，下辖22条行政街，191个社区居委会。荔湾区历史上地处广州府城西门外，俗称西关，因“一湾溪水绿，两岸荔枝红”的美丽景致而得名。2021年1—6月，荔湾区社区矫正对象月均在册约180人，月均入矫27人。

---

* 赵江涛，广州市荔湾区司法社工项目督导，中级社工师、二级心理咨询师、广州市社会工作督导、广州市社会工作专业人才和项目管理人才。

（二）荔湾区司法社工的发展现状

《广州市司法局关于印发〈广州市司法社会工作项目体系建设实施方案〉的通知》（穗司发〔2015〕17号）要求在全市以政府购买服务项目的方式，培育专业的司法社会工作组织，建立专门的司法社会工作队伍，承接对社区矫正对象和刑满释放人员的教育矫正、社会适应性帮扶等司法矫治服务工作。荔湾区司法局立足实际情况，深入推进司法社工服务，满足社区矫正对象和刑满释放人员的合理需求，实现社区矫正对象和刑满释放人员平稳回归，自2011年8月起，购买司法社会工作项目，为构建和谐社区提供有力支持。

（三）服务对象情况

从过往资料和2021年度的调查看，荔湾区社区矫正对象存在着以下特点：

1. 男性占比大

荔湾区社区矫正对象的男女比例比较稳定，男性占比较大（本次调查中男性占比78%，女性占比22%；过往资料中男性占比77%，女性占比23%），由此可见，男性的违法并接受社区矫正的可能性比较大。

2. 中青年占比较大

荔湾区的矫正对象中暂未发现青少年及70岁以上的服务对象。年龄方面，本次调查中30—49周岁的占比69%，过往资料中29—45周岁的占比57%，由此可见，中青年占比较大。

3. 文化水平低

从荔湾区的矫正对象的统计数据上面看，大部分矫正对象的文化水平较低（本次调查中48%的矫正对象为初中及以下学历，过往资料中51%的矫正对象为初中及以下学历）。数据表明服务对象的违法犯罪率与文化程度呈反比，即文化水平越低，犯罪率越高。这说明绝大多数社区矫正对象法制观念淡薄，社工在提供相关服务时，可在法制教育方面加大服务力度。

4. 大部分已组建家庭或组建过家庭

荔湾区的矫正对象中大多是均为已婚或离异、丧偶等，有过婚姻（其中本次调查中未婚的占比为21.8%，过往资料分析中未婚的占比为20%），从两次的调查数据中清晰看到已婚的人数占到总人数在2/3以上，因此促成社矫对象改善的重要社会键是“依恋”，即服务对象与家庭成员的关系。

5. 无再犯情况且均为轻型犯罪

根据与购买方的访谈、过往资料分析以及目前掌握的情况分析得知，目前社区矫正对象没有再犯罪的情况发生，从社区矫正对象的犯罪类型上看，排在前两位的是妨害社会秩序罪和危害公共安全罪，目前的在册社矫对象中无重型犯罪的情况出现，此类犯罪更多的是因缺乏法律意识或冲动造成的，因此在服务中需加大关注。

二、需求调查结果

广州市心明爱社会工作服务中心在承接运营荔湾区司法项目后，积极开展工作，以问卷法、访谈法、资料分析法等方法，调查荔湾区社区矫正对象的社工服务需求。

（一）再犯风险分析结果显示休闲和娱乐是重要的再犯风险

根据社矫对象的情况，从社矫对象的再犯风险和服务需求出发，对初始评估的再犯风险因素加以分析，包括犯罪历史，目前矫正情况，教育、工作经历，经济，家庭和婚姻，居住环境，休闲和娱乐，同伴群体，毒品、酒精和药物依赖，情绪和精神状态，罪行态度取向，社会排斥感。共12个维度了解服务对象的再犯风险，为项目的工作提供参考，结果如表1所示。

表1 再犯风险分析

再犯风险维度	极低占比	低占比	中占比	高占比	极高占比	跟进建议			
						缓	轻	重	急
犯罪历史	90.29%	9.71%	0	0	0	√			
目前矫正情况	80.58%	19.42%	0	0	0	√			
教育、工作经历	42.72%	27.18%	24.27%	5.83%	0		√		
经济	32.04%	2.91%	62.14%	1.94%	0.97%		√		
家庭和婚姻	52.43%	16.5%	28.16%	2.91%	0		√		
居住环境	58.25%	14.56%	25.24%	1.95%	0	√			
休闲和娱乐	9.71%	14.56%	44.66%	15.56%	16.5%			√	
同伴群体	67.96%	23.3%	6.8%	1.94%	0	√			
毒品、酒精和药物依赖	95.15%	2.91%	1.94%	0	0	√			
情绪、精神状态	65.05%	18.45%	13.59%	0.97%	1.94%		√		
罪行态度取向	67.96%	11.65%	12.62%	7.77%	0		√		
社会排斥感	80.58%	18.45%	0.97%	0	0	√			

从再犯风险的评估结果看，我区的社区矫正对象的“休闲和娱乐”维度为重要的再犯风险介入点。

（二）社矫对象的表达性需求显示其对文化内容的活动有较高的参与需求

经过调查，发现矫正对象对文化内容有更高的了解期望。本次调查共有 133 名社区矫正对象参加，针对教育学习内容的调查为多选题。其中 89 名社区矫正对象对传统节日文化的普及期望较高，占比达 66. 92%；教育内容选择饮食、文化、风景内容的人数分别为 81 名、95 名、63 名，占比分别为 61. 65%、71. 43%、47. 37%（见图 1）。

表 2　社区矫正对象期望参与的教育学习内容

选项	比例
A. 法律法规普及	70. 68%
B. 家庭关系处理	32. 33%
C. 人际关系处理	48. 12%
D. 缓解心理/情绪压力	51. 13%
E. 传统节日文化普及	66. 92%
G. 亲子间的沟通娱乐	27. 82%
I. 其他	1. 5%
本题有效填写人次	

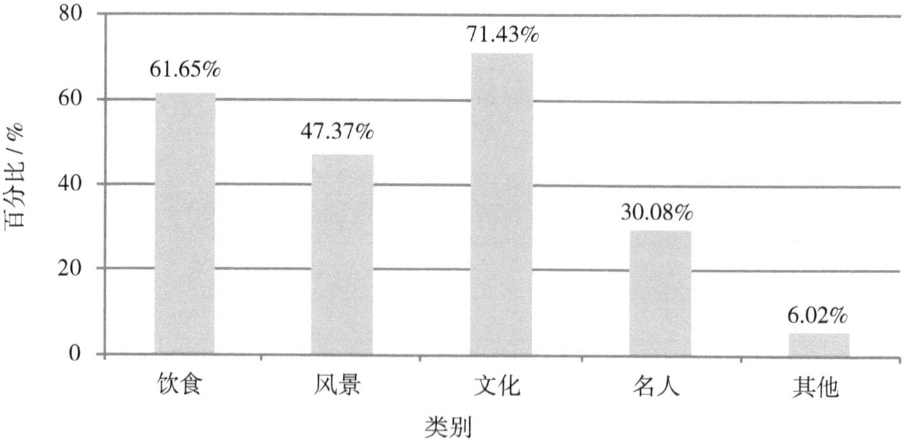

图 1　关于社区矫正对象希望了解哪些方面的调查

三、服务设计

（一）社会键理论的充分运用

赫希在1969年出版的《少年犯罪的原因》一书中，系统论述了一种少年犯罪的社会控制理论（social control theory），又称为“社会联系理论”（social bond theory）。这一理论的基本观点认为，任何人都是潜在的犯罪人，个人与社会的联系可以阻止个人进行违反社会准则的越轨与犯罪行为，当这种联系薄弱时，个人就会随意进行犯罪行为，因此，犯罪就是个人与社会的联系薄弱或受到削弱的结果。赫希在对这些资料进行深入细致的分析后，撰写了《少年犯罪的原因》一书，提出了少年犯罪的社会控制理论。

赫希认为，少年犯罪是个人与传统社会的联系薄弱或破裂的结果。社会联系，是指个人与传统社会之间的联系，这种联系一般通过社会机构体现出来。社会联系由下列4种成分或4个方面组成，包括依恋、奉献、参与、信仰。这些成分或方面可以用来解释少年犯罪产生的原因。①

其中，参与即参加社会传统的活动，如社会娱乐活动、节假日活动、体育运动等。人若用全部的时间和精力参与传统的活动，就不会进行违法犯罪活动。

项目充分运用社会键理论中的“参与”社会键，通过发挥传统文化的魅力，在服务当中增强矫正对象的“参与”社会键的功能，增加其违反犯罪的成本，促进其社会回归。

（二）设计荔湾文化为核心驱动的特色矫正计划

1. 内容概述

围绕“再社会化”的核心，有机结合法治教育和公益活动两项服务内容，通过发挥中国传统文化的魅力、荔湾区的特色文化魅力，以每月的节假日和荔湾的文化特征为索引，结合相关的法律法规设计项目服务。提升矫正对象对社会正向群体的依恋，发挥其参与社会公共服务的积极性，提倡矫正对象奉献的自我实现的感受度，增强矫正对象对社会的道德、法律规范等的尊重，进而促进矫正对象的再社会化。

---

① 吴宗宪：《赫希社会控制理论述评》，载《预防青少年犯罪研究》2013年第6期。

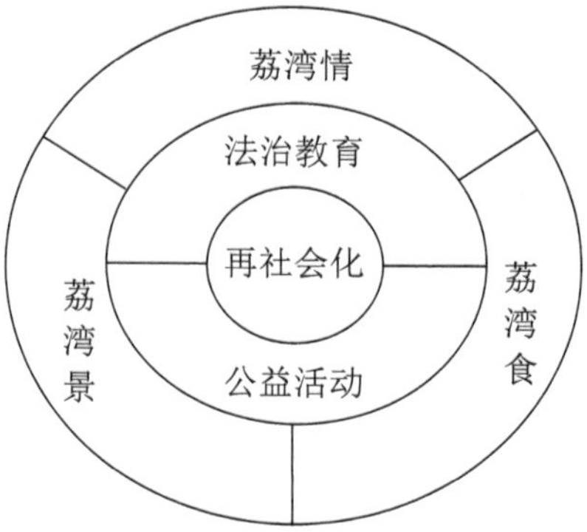

图 2　荔湾区特色矫正计划

2. 主题内容设计

表 3　系列主题内容表

系列	月份	传统节日	荔湾特色	法律法规学习	内容概述
爱护环境月	3月	植树节	荔湾景：生活环境	《环境保护法》	围绕爱护环境，感受社会环保的氛围及社区环境保护的公益劳动，改善矫正对象的思想意识
文明祭扫月	4月	清明节	荔湾景：永庆坊的詹天佑、李小龙故居	《刑法》	围绕缅怀先烈的先进精神和思想，学习《刑法》，引导矫正对象积极改善自我，同时学习文明祭扫的知识，改善矫正对象的思想意识
劳动光荣月	5月	五一劳动节	荔湾情：荔湾区商业发展规划	《劳动法》	围绕学习《劳动法》、带领矫正对象参观正规工厂等活动，进一步带领矫正对象主动宣传劳动法，促进矫正对象依法从事社会劳动
护童友好月	6月	六一儿童节	荔湾景：荔湾湖、西关大屋	《未成年人保护法》	围绕学习《未成年人保护法》，同时带领矫正对象接触患白血病、癌症等疾病的儿童，以矫正对象为主体，积极链接社会资源，满足困难儿童的微心愿，促进社矫人员保护未成年人

续表

系列	月份	传统节日	荔湾特色	法律法规学习	内容概述
学党史，跟党走	7月	建党节	荔湾景：永庆坊的詹天佑、李小龙故居	《中国共产党章程》	围绕学党史、感党恩、跟党走，积极感受中国共产党带领全国人民积极奋斗的历史，引导矫正对象提升感恩意识，促进矫正对象积极、勇敢地面对过往的不足，提升再社会化的信心和决心
婚姻和睦月	8月	七夕节	荔湾食：地域特色美食	《民法典》	围绕学习《民法典·婚姻家庭编》，关注两性的健康交流，同时引导矫正对象在法律义工组织的带领下积极到社区宣传婚姻和睦的知识，提升矫正对象的正向认知
爱国爱家月	9月	中秋节/国庆节	荔湾景：永庆坊	《宪法》	围绕学习《宪法》，组织矫正对象观看爱国电影、唱红歌、家庭温暖或主动表演等主题形式，引导矫正对象重塑积极的家国情怀
尊老敬老月	10月	重阳节	荔湾食：荔湾特色美食	《老年人权益保障法》	围绕学习《老年人权益保障法》，组织矫正对象探访慰问困难长者、开展系列的长者关爱活动等，引导矫正对象遵纪守法、敬老爱老

四、服务实施与成效

紧紧抓住荔湾特色，充分利用节日的文化氛围，带动社矫对象的再社会化，取得了一定的成效，主要包括以下几个方面。

（一）“荔湾食”，增强社矫对象与社会的关系

围绕荔湾的特色饮食文化展开，荔湾司法社工以母亲节为契机，通过让社区矫正对象了解母亲节的意义所在及思考是否了解母亲的相关喜好和消遣方式，并向社区矫正对象介绍早茶文化，荔湾老字号美食等饮食文化、在引导社区矫正对象深入

认识理解母亲的伟大，鼓励社区矫正对象用实际行动感恩母亲外，促使社区矫正对象将亲情转化为改造的动力。

（二）“荔湾情”，增强对社会的认同感和归属感

围绕荔湾的人文情怀展开，引导社矫对象感受荔湾区的文化特征的同时，也进一步去感受在荔湾生活、工作的美好，培养社矫对象的遵纪守法、积极乐观的生活态度。其中包括：（1）荔湾名人：围绕纪念先人、缅怀先烈的主题，向社区矫正对象介绍荔湾区永庆坊的詹天佑、李小龙故居，通过文明祭扫，引导社区矫正对象正确认识和理解中华民族优良传统和革命传统，珍惜现在的幸福生活；（2）荔湾工作：在劳动法的学习过程中，引导社矫对象看到荔湾目前的蓬勃发展，以及现在荔湾就业、创业空间的广阔，引导社矫对象在遵纪守法的情况下，积极投身到荔湾的建设上来。

（三）“荔湾景”，促进社矫对象增强社会责任感

围绕荔湾的景色特点，调动社矫对象对感受荔湾景色展现出来的魅力，从而增强社矫对象爱护荔湾的环境、热爱生活，带动社矫对象的再社会化。其中包括：（1）围绕荔湾特色景点：社工以六一儿童节为主题，除了为社区矫正对象普及未成年人保护法之外，还为社区矫正对象介绍广州市荔湾区博物馆、陈家祠、西关大屋、永庆坊、粤剧博物馆等荔湾地方特色景点，鼓励社区矫正对象带领孩子共同去感受荔湾传统文化，加深对荔湾地方特色文化认识，不仅增强其亲子关系，使孩子受到文化熏陶，同时也增强其对传统文化的认同感，激发社区矫正对象的社会责任感和认同感，弘扬荔湾地方特色文化；（2）围绕荔湾环境：如二月的爱护环境活动，三月的植树节活动，社工带领社区矫正对象在荔湾的区域进行绿化种植和公共卫生的清洁维护，增加社区矫正对象的社会责任感。

五、模式思考

基于社工参与广州市荔湾区的社区矫正工作，初步探索出具有荔湾特色的“一条主线，两项服务，三个特色”的“荔湾 123”社工介入社区矫正的模式。

（一）一条主线

指引导社矫对象再社会化的主线。在整个模式中，“引导社矫对象再社会化”这条主线贯穿整个服务项目，充分发挥“参与”的社会键，目标清晰、计划可执行。

（二）两项服务

指教育与公益活动的相得益彰。在执行项目过程中，将法治教育和公益活动有机结合，在教育社区矫正对象，给予其一定的知识后，进一步引导社区矫正对象将“所学、所思、所感”，转化成行动，以志愿者的身份，发挥积极的作用，并进一步强化社区矫正对象的“所学、所思、所感”，使教育和公益活动有机结合、相辅相成，进而发挥相得益彰的作用。

（三）三个特色

指地域文化特色。社工在前期筹划中，通过查阅文献、访谈、社区漫步等，深入了解广州市荔湾区的“人、文、地、产、景”，总结出“荔湾食”“荔湾情”“荔湾景”的地方文化特色，并进一步结合社区矫正工作内容及社区矫正对象的需求，从关系、归属、责任三个方面展开工作，取得了较好的成效。

浅议社会力量参与社区矫正

朱 杰[*]

社区矫正是当今世界各国刑罚制度发展的趋势，蕴含着人道、文明、宽容、效益的思想和理念，具有强大的生命力和发展前景，已成为各国惩罚和改造罪犯的重要方式之一，并在实践中发挥着越来越重要的作用。社区矫正工作的开展，从微观层面上来说在于矫正犯罪思想行为，控制和预防再次的犯罪行为，帮助矫正对象顺利回归社会；从宏观层面来说则是为了实现社会管理的有序与安全，保障社会发展的可持续性。因此，通过整合国家与社会的多方力量特别是专业性社会组织的参与，积极引进社会工作理念和工作手法与原有的社区矫正对象的监管矫正相互协同，逐步建立专业的、高素质的司法社会工作人才队伍，对于推进社会管理体制创新具有积极意义。

一、社会力量参与社区矫正工作的必要性

2019 年 12 月 28 日《社区矫正法》经十三届全国人大常委会第十五次会议表决通过，于 2020 年 7 月 1 日起正式施行。这是我国首次就社区矫正工作进行专门立法。从此，社区矫正工作有法可依、有法必依。

依据《社区矫正法》的规定，司法行政机关负责指导管理、组织实施社区矫正工作。根据最近实地调查研究加上自身的一些体会，笔者认为，在判决或裁定的期限内，矫正其犯罪意识与行为恶习，促使社区矫正对象尽快、顺利回归社会的目标能否实现，在很大程度上取决于社会力量的参与程度。如果社区矫正一味追求行政化，那么推行社区矫正就意味着政府职能和机构的扩张，或者只是将矫正对象从一个政府部门或一种形式的管理转向另一个部门或另一种形式而已。只有让非政府团体和志愿者逐步发挥主导作用，才有真正意义的社区矫正可言。社区矫正虽然具有刑罚执行的性质，但作为促进矫正对象顺利回归社会的“非监禁刑罚”执行活动，社区矫正不仅仅是刑罚的执行，还有矫正和帮扶的职能，在《社区矫正法》第 13 条

* 朱杰，浙江省杭州市上城区司法局司法协理员。

中即明确指出鼓励社会力量依法参与。如果以片面强调社区矫正刑罚执行的特性或淡化其矫正和帮扶职能，在“重刑”传统的法文化背景下，社区矫正将很难真正承担起实现刑事法效益的重任，因此在现行客观条件下，应充分重视和强调社区矫正的帮扶职能，而这一职能的实现大多要靠社区矫正辅助人员的力量来实现。因此，开展社区矫正工作，应该尽可能多地利用社会力量，包括广泛利用社会人力、组织和设施、技术和资金等资源，广泛利用社会力量参与社区矫正工作，具有彰显社区矫正社会参与特点，节省刑罚执行资源，提高社区矫正效率，促进社区建设等诸多作用。

首先，社区矫正队伍专业化、职业化程度偏低是目前社区矫正工作所必须解决的问题。社区矫正队伍一般是为了应付开展社区矫正工作的需要从其他工作岗位“转岗”或“抽调”而来的。主要表现为基层司法所存在着管理体制不顺、工作力量不足以及队伍素质相对较低的问题。以紫阳司法所为例，目前全所工作人员 4 人，而全区社区矫正对象已达到38 人，同时基层司法所还承担着基层政府的社会综合治理工作。人员编制不足，很难开展好社区矫正工作。而且街道地域范围往往很宽，在大中城市人口流动频繁，基层工作人员缺乏代步工具，管理事务多头，令其很难持续跟踪和全面落实对特定对象的行为督导。加之基层司法行政系统的人员过去没有涉足过执行刑罚的工作，即非监禁刑罚的执行工作，相关法律经验不足，执法水平低，难以适应社区矫正的要求，亦难以满足社区矫正的需要，在《社区矫正法》中也明确要求推进高素质社区矫正工作队伍的建设。

其次，目前及今后一个阶段，尤其是《社区矫正法》颁布后，社区矫正中的“社区”，实际上是以政府组织为基础和核心，基本等同于行政区划的概念。城市社区也就是城市政府基础组织的街道、镇、乡，承担基础的社区矫正职责的社区矫正组织也就是政府基层组织的基层司法所。社区的范围也就是该政府基层组织的行政区划范围。这与“小政府、大社会”的现代政治理念是相悖的。社区矫正与监禁矫正的主要区别之一，就是社区矫正的社区参与性，而目前社区矫正基本仍是纯政府行为，除了社区矫正对象的家庭以外，社区各界对这一类特殊群体的需求和行为督导还缺少关注，社区帮扶志愿人员基数小，部分志愿者不愿意与社区矫正对象结对、帮扶，存在偏见，参与矫正程度较低。

最后，社会力量介入社区矫正，拥有政府行政主体所不具备的先天性优势。专业的社会力量会以一种平等主体的身份帮助矫正对象，通常会更为尊重和体谅矫正人员的感受，工作方法也是互动式、平等性接纳式，是建议性的而非强制性的，更容易使矫正人员接受和认可，减少矫正人员潜在的抵触和戒备心理，往往可以收到良好的矫正效果。

二、社会力量参与社区矫正程度不高的原因

（一）传统法制思想牢固

政府强调社区矫正刑罚执行特性，淡化其矫正和帮扶职能。我国传统上是一个“诸法合一、以刑为主”的国家，自古以来“刑以弼教”就时常被解读为重刑教化；而目前社区矫正作为监禁刑执行机制的逻辑延伸，其社区矫正惩罚特性易把握，因此偏重社区矫正的刑罚性质，强调监管而忽视社区矫正的帮助教育任务。似乎矫正对象不出事、不重新犯罪就万事大吉，在这种指导思想下开展的社区矫正工作，一切围绕“平安”目标，一切基于对矫正对象的控制，根本无暇也无力去实现教育矫正的目标，社会力量更是难以参与其中。

（二）传统保守倾向导致宽容吸纳意识差

受传统“对立思维”和“概括性思维”的影响，普通人因惯于感性判断一个人是好人还是坏人，而将这些曾经犯过罪的人视为“异己”，部分假释人员因忍受不了社会对他们的强烈排斥而重新犯罪的事例也屡见不鲜。

（三）政府方面缺乏社会参与的激励机制

目前，没有建立健全吸纳社会力量参与的政策相关制度，政府的主导作用没有得到充分有效的发挥。社区矫正在我国还是新鲜事物，社区矫正不仅涉及司法领域，而且更多地涉及社会学、人类学、心理学以及公共管理很多学科领域，虽然《社区矫正法》已经正式实施一年，但关于社区矫正的理论与实践上仍在不断探索中，无论是政府还是普通民众都仍需较长的一段时间接纳、认可。

三、社会力量参与社区矫正工作的优势

（一）参与人数多，弥补社区矫正力量的不足

社区矫正的专业力量是由基层各乡镇、街道司法所社区矫正专职干部（以下简称专职干部）和社区矫正社会工作者（以下简称社工）组成。以紫阳司法所为例，全所在册社区矫正对象 38 名，除所长外，司法所配备专职干部 1 人，社工 2 人，专职干部往往要兼街道基层平安办综治、维稳、信访、调解、法治宣传等多条线任务，甚至以兼职任务为主，顾不上社区矫正工作。在这种情况下，面对分散居住的矫正

对象，是很难有效地组织起社区矫正工作的，而社会力量的参与，在很大程度上缓解了专业力量的不足，同时弥补了因社区矫正对象居住高度分散造成的“真空点”。

（二）专业知识强，改善社区矫正队伍知识结构

社会力量工作队伍的组成，包括镇（街道）、村（居委会）的部分工作人员、离退休人员、律师及基层法律服务工作者、教师、医生、企业家、在校大学生和具有一定社会学、心理学、行为科学等相关知识的专业人士。他们来自社会各个阶层的社会团体、社会组织，具有较高的精神素养、知识素养、能力素养。他们的加入，不但可以弥补社区矫正队伍专业知识匮乏的缺陷，而且可以为矫正对象提供更加贴切的帮助和服务，如个案化教育、心理疏导、文化和法律知识劳动专业技能等方面的传授，为社区矫正对象的教育改造提供了智力支持。

（三）角色有优势，柔和社区矫正工作刚性特征

社区矫正对象因违法犯罪受到法律制裁，虽经教育改造，但少数人仍怀有漠视法律，仇视社会，仇视政府的情绪，在处理与政府部门专职人员和各种社会关系时心理上容易产生不平等感和排斥抵触情绪。帮教志愿者均来自民间，因其民间性而有亲和力，与矫正对象一般不存在身份和角色的冲突，更有利于帮助矫正对象解决心理和情感方面的实际问题。不少帮教志愿者与矫正对象居住在同一个社区，彼此之间有着地域、邻居和亲友关系，他们能以平等主体的身份真诚地帮助每一位社区矫正对象，他们通常会更尊重社区矫正对象和体谅他们的感受，工作方法也是互动性、说服性、接纳性、建议性的而非强制性的，更容易使矫正对象接受和认可，减少社区矫正对象潜在的抵触和戒备心理。同时，在政府机构与社区矫正对象之间起到了桥梁和纽带作用。

（四）成本有优势，减少政府对社区矫正的投入

社会志愿者一般具有较好的综合素质，在社区或所属单位有较高的威信，有一定的文化程度，善于做思想工作，热心社区服务，富有爱心，乐于奉献。他们把参与社区矫正工作看成对社（会）区的一种贡献，是一份责任，积极配合专职人员做好社区矫正的各项工作。

三、社区矫正社会化参与度提高的建议

《社区矫正法》正式颁布实施后，在总结前期各地经验和教训的基础上，就社会力量参与社区矫正的方式、途径和领域作出明确规范，以彰显社区矫正社会多方参

与的特点，不断夯实社区矫正的社会化基础。对社区矫正社会化参与度的提高，主要有以下几个方面的建议。

（一）明确社会力量是社区矫正工作的重要基础

社区力量的广泛参与是社区矫正工作的重要基础，也是刑罚执行、刑罚经济化的必然要求。构建社会多方参与社区矫正工作的机制，要抛弃对社区矫正执法性质的机械性认识，为社会力量参与社区矫正工作提供尽可能大的空间。无论从法理上还是从实践上都可以证明，除必须对社区矫正对象采取限制其人身自由或当场抓捕、送监执行等执法活动外，社会组织只要具备相应的能力，就可以参与社区矫正的各方面工作，尤其是日常监管和专业化、个性化的矫正工作，这也是社区矫正执法机构必须依靠社会力量的方面。

（二）明确社会力量是参与社区矫正工作的方式

社会力量参与社区矫正主要体现为以下三种方式。

一是依法依职参与。主要是公安机关、法院、检察机关和政府相关机构依据自己的职能参与社区矫正相关工作。鉴于公安机关、法院和检察机关在社区矫正工作中的重要地位，在《社区矫正法》的第 2 章“机构、人员和职责”中就已经明确其各自职责，对于民政、教育、劳动保障等相关政府部门的职责，则可以在“教育帮扶”一章予以强调。

二是基层居（村）委和企事业单位、社会组织、志愿者等社会力量的参与。《社区矫正法》第 12 条第 1 款规定：“居民委员会、村民委员会依法协助社区矫正机构做好社区矫正工作。”表明社区矫正工作不是居民委员会、村民委员会等的法定主体职责，尽管维护社区安全稳定是居（村）委的一项重要工作内容，相关企事业单位也有维护安全的职责，但并不能因此就认为参与社区矫正工作是其职责所在，要克服路径依赖，使基层自治组织去行政化。在这方面，要着重从挖掘制度的优越性，配合适当的激励措施，确保机制健康长效。另要明确社会志愿者在社区矫正工作中的地位，真正发挥其作用，更重要的是要为之建立适当的经费激励和保障机制。

三是其他社会组织参与。其他各类社会组织，如就业培训机构、心理咨询和诊疗机构、戒毒机构、学校、企业，甚至公民或法人专门为社区矫正设立的监管服务机构等，都可以参与到社区矫正中，都是社区矫正机构潜在的合作伙伴，都可以与社区矫正机构签订服务合同，为社区矫正机构提供相应的服务。其参与的深度与广度，本质上取决于社区矫正机构的实际需求，取决于社区矫正的工作需要。依据《社区矫正法》第 2 章第 11 条的规定，社区矫正机构根据需要，组织具有法律、教育、心理、社会工作等专业知识或者实践经验的社会工作者开展社区矫正相关工作，强调了专业性和实践经验，如戒毒、戒酒、戒赌机构，学历、职业培训机构等，它们不承担监管的任务，只提供专业的服务，承担社区矫正对象的帮扶教育任务，将之融入“精准化”社区矫正体系中，这也是一种授权行为，有法律的明确规定，须在法律许可的范围内操作。

（三）明确社会工作者在社区矫正工作中的独特地位和作用

长期的社区矫正探索证明，社会工作者在社区矫正工作中的作用是不可替代的，社会工作的理念和方法与科学的矫正方法是高度契合的。从长远看，社会工作者不仅仅是矫正机构的辅助人员或文员，而应是一支重要的专业力量，甚至可以作为基础力量，社工完全可以成为社区矫正的工作主体。要做到这一点，首先，必须为社会工作者正名，建立必要的职业准入门槛，防止名称滥用；其次，逐步建立社区矫正的社会工作准则，不断提升这一职业群体的专业化水平和职业伦理标准。社会工作者参与社区矫正的形式应多样化，一方面，要鼓励社区矫正机构招收有社会工作专业背景或相应资历的人员成为政府工作人员；另一方面，通过专业性的社会组织购买政府服务，确保社工全程参与社区矫正工作，从而更好地兼顾专业性和队伍的相对稳定。

（四）明确组织动员社会力量参与矫正工作是矫正机构的重要职责

社区矫正的开放性和社会性势必要求社区矫正机构不能仅仅满足于埋头执法，而要把更多的精力放在组织、动员、协调社会各方力量参与社区矫正工作方面。《社区矫正法》已经明确了这一点，克服目前普遍存在的社区矫正工作简单化、监狱化的倾向，彰显社区矫正开放、多维的特点，同时要求县级社区矫正机构将组织、动员、协调社会各方力量参与社区矫正工作作为自身的重要职责。

（五）明确社会力量参与社区矫正工作的途径

要确保社会力量参与社区矫正工作的成效，行之有效的途径是关键。一方面，明确进一步扩大政府购买社区矫正服务的范围，通过购买服务，逐步推进社区矫正的项目化建设，提高购买服务的科学化水平。另一方面，鼓励建立社会多方支持机制，为社会帮教志愿者参与社区矫正工作提供多种渠道，从而不断夯实社区矫正工作的社会化基础。

四、调查评估

论社区矫正调查评估办案责任制的必要性

吕益民　陈斌斌*

调查评估意见是委托机关作出适用社区矫正决定的重要参考依据之一，既关系到公、检、法、司四大部门执法规范，树立执法部门形象；也关系到被调查人、被害人、社会公众等各方对司法公正的认识。调查评估是把好社区矫正的重要入门关口，对于甄别社区矫正对象，落实“宽严相济”的刑事司法政策，提高社区矫正教育和改造水平具有重要保障作用。

一、调查评估存在的问题

调查评估是一项专业工作，应由专业机构和专业人士操作，《社区矫正法》《社区矫正实施办法》《浙江省社区矫正调查评估办法（试行）》等都明确规定了社区矫正调查评估的程序、内容和办理期限等。笔者在实践中发现，这种理论上的制度设计，因现实条件的限制，导致制度设计和调查实践的契合度不高，从而影响了调查评估的质量。

（一）调查评估程序问题

根据调查相关法律法规，委托机关应当提供被告人（罪犯）的固定居所、固定生活来源等资料，但现实中，很多委托单位以户籍地为兜底，委托前没有核查核实固定居所等资料，导致核查核实固定居所等工作实际上都是由区县司法局和基层司法所操作，既在程序上不规范，有时也延误了调查。此外，部分案件尚处于法定调查期限，但委托机构已提前判决适用社区矫正。

（二）调查评估采信方面问题

在实践中，法院的最终判决或裁定的法律文书，根本没有出现对调查评估采信的情况说明，完全违背了社区矫正系列法律法规的规定，也无助于被委托单位了解

---

* 吕益民，温州市洞头区司法局社区矫正管理科三级主任科员。陈斌斌，温州市洞头区司法局副局长。

情况，以便在今后调查评估中进一步完善。

（三）调查评估保密问题

实践中，委托机关轻易泄露调查评估结论的现象时有发生，造成司法所和工作人员受到冲击，甚至造成人身损害等后果。2020 年 8 月，湖南省郴州市汝城县某乡司法所所长朱某就是因法院泄密，多次受到被告人骚扰乃至被被告人持刀砍伤。泄密情况时有发生，但泄密人员却极少因此受到处分。

（四）调查人员的素质和精力问题

法律规定调查评估可委托社区矫正机构或有关社会组织，实践中调查评估基本上都由司法所承担，但绝大部分司法所人员并不具备专业素质和技能，实际在岗人员数量少，除九项职能外，还要承担所在镇街的综治、禁毒、扶贫、驻村等大量工作。调查人员素质和精力与调查评估专业性要求及工作量严重不匹配，同时部分司法所工作人员主观上不重视，部分地区交通不便，调查走访不到位、调查范围窄、调查不深入、调查内容格式化、方式机械化、方法僵化、浮于表面，缺少辩证分析，形式化比较严重，最终导致调查质量不高。

（五）被调查人员范围及配合问题

法律规定调查评估应当向被告人、罪犯的家庭成员、工作单位、就读学校、辖区公安派出所和所居住的村（居）民委员会、村（居）群众、被害人等调查了解情况。被告人、罪犯的家庭成员，出于本能，往往回避不利条件以争取实施社区矫正；村干部出于老好人心理或惧怕被报复，不敢或不客观提供信息；邻居大都抱着多一事不如少一事的心态，不配合或不愿意提供真实情况；调查工作单位（特别是企业）或就读学校，则往往怕影响其就业就学情况。派出所因其工作特殊性，经办民警经常出警，影响衔接效率，同时派出所出具的在本辖区是否有遗（漏）罪或治安处罚等情况，往往在委托材料里就有表述，因此协商派出所程序大部分纯属多此一举。得到赔偿的被害人，往往已出具谅解书，没有得到赔偿的，往往就会表示反对，因此此类调查没有实质性意义。至于调查经济情况，一则此类情况不好掌握，二则相关单位限于其自身工作职能要求，也不会积极配合，因此调查经济情况比较虚。

（六）追责的不公正

在包括调查评估在内的社区矫正实务中，因社区矫正出事被追责的基本上是司法局特别是司法所工作人员，而其他相关部门人员被追责的极少，上级部门每次监督检查，一旦发现有错误、有瑕疵，基本上都是追责司法局和司法所工作人员，至于相关单位的涉及人员，几乎没有被追责的情况。

二、调查评估存在问题的分析

针对调查评估中发现的上述问题，简要分析如下。

（一）委托单位的不负责和“甩锅”心理及行为

委托机关以户籍地为兜底来进行调查评估委托，轻易泄露调查结论，判决早于法定调查时限等问题，究其实质原因，就是委托单位的工作人员缺乏工作责任心，没有按照法律规定在委托前进行审查，就轻易决定被委托机构，在法定调查期限未满时就轻易作出判决。部分委托机关工作人员将矫正机构的调查结论轻易泄露给相关人员，反映了他们在工作上缺少担当意识和保密意识，将矛盾转移，将风险甩锅。

（二）监督和处罚的不规范

实践中，因社区矫正工作被追责的人员，几乎全部是司法局和司法所人员，特别是司法所人员被追责、被处罚的占有极高比例，这固然有他们自身失职的因素，但相关单位推诿、甩锅，存在让司法行政单位“背锅”的心理和现实行为；检察院法律监督不到位，只盯司法局，忽略法院等单位；与法院、监察等相关部门违规行为履职和处罚不规范等也有关系。

（三）调查制度和调查内容设计角度过于理想化

调查评估设计了一套制度、规定了相关调查内容，理论上无懈可击，很有逻辑性，但有些并不具有现实可操作性，或操作的实际意义不大。比如，对于罪犯（被告人）家属的调查，被调查者往往回避缺点，说好不说坏。对被告人本人的调查，现实中，很多被告人并不会如我们设想的那样如实陈述，很多被告人都是在被实施矫正后，司法所在具体监管中才逐步发现问题。至于调查街坊邻居和村社干部，一则他们出于老好人、少惹事、“事不关己，高高挂起”等心理；二则现在人员流动如此频繁，街坊邻居和村居干部并不能确切掌握情况，更不要说客观提供信息了。

（四）司法行政单位职能弱

司法行政部门职能涉及虽广，但实质上很多职能较虚，法律法规规定很多部门需要积极参与配合调查评估等社区矫正工作，但纸面上是九龙治水，实践中却是一家独揽。比如，对于非法吸收存款罪的罪犯（被告人）的经济状况及债务履行能力，一方面相关部门出于自身的职责和工作要求，对提供相关资料不积极甚至不配合；另一方面调查评估时间也限制了司法所去做更进一步了解。部分村居干部由于社区矫正工作与他们考核关系不大，在配合调查及全面客观提供信息方面并不积极。一旦去就业单位和学校进行调查，由于缺少限制手段，往往容易泄露信息，影响被告人的工作和生活，其中私营企业往往会因此而解除与被告人的劳动关系，学校往往会劝退学生。

（五）司法所人员素质不足

调查评估专业性较强，实践中承担调查任务的司法所工作人员的现状则是专业化素质和技能普遍偏弱，根本不适应专业性较强的调查评估要求，缺乏调查所需的法律和心理等专业知识和技能，较大比例的司法所调查人员社会经验欠缺，缺乏辩证分析能力，最终导致调查内容不规范，缺少针对性，评估结论不准确全面、调查材料不规范。

（六）司法所人员精力不足

正如上文所述，司法所不但承担九项义务，还承担着所在镇街的相当一部分工作，而司法所编制被挪用、人员被借调，在岗人数少，实际上是一人所的占很大比例，造成在矫正调查上精力投入不足。至于招聘的协理员则因种种原因，经常变动，同时往往兼职调解、法宣、综治、维稳等工作，也没有过多精力去参与调查。

（七）人情世故干扰和公职人员干预

中国是一个人情社会，在调查评估过程中，罪犯（被告人）等人往往通过各种途径，借力亲戚、朋友、同事等人情来干扰调查，甚至部分有一定职位的公职人员也对不同程度地干预调查评估。虽然有的干预较为明显，有的干预点到即止，但不管如何，这种来自世俗的人情干扰和来自公职人员的权力干预，往往会影响调查评估结论的客观公正。

三、调查评估办案责任制的必要性

调查评估实践应该以务实管用、简便易行为原则，笔者认为调查评估办案责任制较为可行。

（一）社区矫正机构的办案责任制

面对区县司法局现实情况，在可预见的时间内，想彻底改变司法所人员素质和精力不足等现实问题不切合实际。我们唯有集中力量于一点，确实成立区县社区矫正局或实质意义上的矫正大队建制，彻底改变目前社区矫正局牌子虚挂、一套人马两套牌子和司法所主导调查评估的局面，这就是本调研论文的中心。只有确实给编制、给经费、给车辆，组建熟悉法律法规、社矫制度和刑事政策，掌握心理学、社会学等知识和技能，以调查评估为第一业主（没有调查评估，再兼职从事矫正监管教育）的专门机构负责调查评估，实施办案责任制，确保责任明确、人员专业、统筹有序。在配强专业调查队伍，配足经费，配齐车辆的基础上，实行矫正机构调查办案责任制，倒逼调查人员增强责任意识，对调查内容真实性负责，如出现调查走访不到位、调查范围窄、调查不深入、调查内容格式化、方式机械化、方法僵化、浮于表面，缺少辩证分析，调查质量不高等情况，要根据其错误程度不同，对相关人员实行内部追责。如故意违反法律规定，借调查之机利用“调查评估权”，直接或间接索取收取钱财，为被告人（罪犯）谋取避免囚禁利益；或重大过失导致评估错误并造成严重后果的，依法依规处罚。至于司法所则不再主导调查评估，司法所侧重于负责联系村居干部、家属、被告人、邻居、被害人以及场所等，并配合走访、记录等工作。当然，据于法律规定，司法所长要按规参与最终的案件评审会。

（二）协同单位的办案责任制

本着公平公正的原则，在对社区矫正机构实施办案责任制的同时，相关协同单位也要实行办案责任制。一是规范采信反馈机制。矫正决定机关没有严格执行采信反馈规定，没有在相关法律文书中说明采信情况，检察院要监督到位，对违规现象进行督查督办。二是规范落实保密制度。工作人员故意泄露调查评估意见，造成不良影响的，应当追究相关人员的工作责任，造成严重后果的要追究法律责任。三是规范办案程序机制。委托单位没有履行法定审查，轻易决定被委托机构；在法定委托期限前先行判决。委托单位应当根据检察院的监督反馈和矫正机构的反馈，对相关人员进行内部追责，造成严重后果的，依法依规处罚。

（三）客观实施容错纠错机制

在实行过错责任追究的同时，也要根据具体情况，实行容错纠错制度，特别是因相关单位、村居、被调查人员等不积极配合，不客观详细提供情况等造成调查结论不科学、不客观，造成一般性不良影响的，建议实施容错纠错措施，以避免调查人员因规避责任追究，过度提高矫正适用门槛，进而大量否决适用社区矫正调查结论现象的出现。

（四）分类别调整矫正机构的调查内容

目前的调查评估范围在内容和逻辑的设计上是比较完美的，但完全依此操作有一定难度，有些也缺乏实际意义，建议要因案、因人、因委托机构等不同而异，合理分工，避免一刀切。一是监狱委托的调查评估，基于罪犯在押，此类案件可以省略沟通派出所出具资料等程序；二是当地法院和检察院委托的调查评估，则有关被告人（犯罪嫌疑人）的违法犯罪记录，由委托单位利用其强大的资源自行取证，避免矫正机构接受委托后重复该项工作。当然监狱或外地机构委托的调查评估，对象在本辖区是否有劣迹等证明，矫正机构必须协调沟通派出所等单位后提供。三是特定条件的调查评估，对存在诸如妇女怀孕、哺乳期和重病、重症等法定条件而不被判拘押刑的案件，相关单位要直接依法判决，社区矫正机构可以依法拒绝调查，从而杜绝相关单位不担责和“甩锅”的行为。

（五）有序开展调查评估和评议

接受委托后，由矫正机构办案责任制相关人员审查资料，特别是委托机关经常忽视的经常居住地等材料是否规范，不规范或不应由本地调查等情况要及时联系委托单位。根据案件性质和情况拟定调查重点范围，然后沟通司法所做好人员联系等辅助工作，协调统筹安排现场调查时间。现场走访调查结束后，组织办案责任制相关人员对调查材料进行综合分析，评估确定调查初步结论，最后按规评议，确定调查结论。

（六）切实实施定期培训制度

每年组织开展培训，着力加强法律、心理专业知识以及调查的技巧技能等方面的定期培训，讲解社区矫正最新要求，分析前期矫正调查情况，改正不足，切实提高业务水平和管理能力，保证调查评估的质量。

（七）切实防范干预

实行办案责任制，由矫正机构负责调查，可以在一定程度上避免各种人际关系的干扰和介入，从而影响司法所在开展调解等九项工作职责需要他人配合的一些尴尬，也限制了某些层面的公职人员过问或干预、插手具体案件处理。

完善审前调查评估　推动刑罚顺利执行

董　钰*

一、社区矫正调查评估的概念及意义

社区矫正是与监禁刑相对应的一种刑罚执行方式，是我国刑罚执行体系中不可或缺的一部分。健全社区矫正体制机制，对于避免罪犯交叉感染和深度感染，修复罪犯社会关系，保证罪犯服刑结束后顺利融入社会具有重要意义。

（一）社区矫正调查评估的概念

根据2020年6月18日“两高两部”发布的《社区矫正法实施办法》第14条的规定，社区矫正调查评估主要针对拟适用社区矫正的被告人或罪犯进行调查了解并形成相关意见，以供社区矫正决定机关审判时参考。

（二）社区矫正调查评估的分类

根据现阶段社区矫正的适用对象，社区矫正调查评估主要分为两大类：一是对拟判处管制、缓刑的被告人进行调查评估，因此类调查评估通常发生于法院对被告人作出审判之前，故本文称之为审前评估；二是对符合假释、暂予监外执行和保外就医条件的罪犯进行调查评估，此类调查评估是因罪犯在实际刑罚执行过程中具备适用社区矫正的条件而进行的调查评估，故本文称其为审后评估。本文主要针对完善审前评估进行探讨。

（三）社区矫正审前调查评估的意义

1. 保障司法公正，提高司法公信力

社区矫正调查评估通过调查了解被告人相关情况，判断被告人是否适用社区矫正，以及适用社区矫正后是否会对所居住社区产生重大不良影响，从而为刑事审判

---

* 董钰，内蒙古乌兰察布市察右中旗司法局科员。

提供参考。同时通过第三人（受委托的社区矫正机构或有关社会组织）的客观评价，可以为判决裁定的科学性、合理性保驾护航，在一定程度上限制法官的自由裁量权，更有利于使判决裁定结果被人民群众信服。

2. 兼具司法人性化，促进社区矫正对象融入社会

社区矫正调查评估作为社区矫正的前置程序，更能彰显社区矫正的本质和目的，对于司法兼具公平与人性形象的体现具有重要的促进作用。通过社区矫正调查评估，可以更加深入地了解被告人的特殊情况，最大限度实现“个案正义”，同时从不同侧面让被告人感受“司法温度”，对于其教育矫正、融入社会具有积极作用。

3. 促进矫正衔接，提高矫正质量

通过审前调查评估，可以增进社区矫正机构对拟适用社区矫正对象的了解，为日后适用社区矫正、进行分类管理提供参考和依据。对于拟适用社区矫正对象而言，审前调查评估可以在一定程度上了解社区矫正的适用条件和相关管理规定，提高接受矫正的严肃性，使其更加珍惜监外执行的机会。

二、国内外法律规定

（一）国内法律中社区矫正调查评估的演进

20 世纪 90 年代社区建设的起源和发展在一定程度上催化了我国社区矫正概念的产生。2003 年 7 月 10 日，最高人民法院、最高人民检察院、公安部和司法部下达了《关于开展社区矫正工作的通知》，在 6 个省市进行社区矫正工作试点，这是我国社区矫正工作的萌芽。此次试点重在对社区矫正对象的日常监督和管理方面，明确了人民法院、人民检察院、司法行政机关和公安机关的职责，但尚未提及调查评估评估问题。

2009 年 9 月下发的《关于在全国试行社区矫正工作的意见》，标志着社区矫正工作在全国推广。该意见就指导思想、基本原则、适用范围、日常管理等方面进行了规定，但同样未提及调查评估方面。

2012 年 1 月 10 日公布的《社区矫正实施办法》首次提及社区矫正调查评估的对象以及委托主体等，标志着社区矫正调查评估制度的正式确立。

2019 年 12 月 28 日由中华人民共和国第十三届全国人民代表大会常务委员会第十五次会议通过的《社区矫正法》以正式立法的形式对调查评估进行了规定，标志着社区矫正调查评估制度在我国已逐步成熟。

（二）国外部分法律经验

美国将社区矫正机制引入审前分流程序①。根据审前分流法律制度，若想进行审前分流，被告人需要与起诉机关意思一致，并符合对被害人赔偿损失、进行社区公益劳动等附加条件。待缓刑监督机构对其进行一段时间的监督后，未发现被告人存在再犯罪倾向，则适用审前分流程序。在某种程度上，审前分流等同于缓刑，但在审前分流制度下被告人未经审判故不构成犯罪。此种制度虽然存在诸多风险，但提出的动态观察考验方法和分流制度对于调查评估具有一定的借鉴意义。

日本采用设立保护观察所作为社区矫正最前沿的、具有行政权力的基层单位②。保护观察所内设立保护观察官，保护观察官是兼具心理、教育、社会学等专业知识的复合型人才，主要负责审前调查，对社区矫正对象进行人格测评、制订计划等。通过引进复合型人才，可以在机构队伍建设层面保证审前评估科学、合理。

三、社区矫正调查评估实践中存在的问题

（一）委托调查评估案件冗杂

近年来，基层社区矫正机构接受的委托调查评估案件逐步增多，以某旗县社区矫正机构为例，2017 年至 2021 年 6 月，接受的委托调查评估案件呈缓慢增长态势。（见图 1）

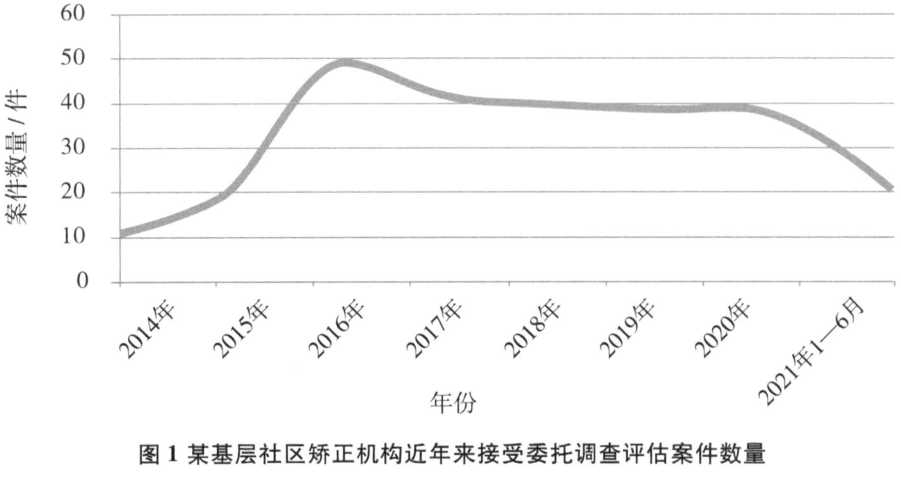

图 1 某基层社区矫正机构近年来接受委托调查评估案件数量

---

① 林子坚：《域外社区矫正制度辨析及对我国的启示》，载《法学论坛》2015 年第 4 期。

② 张荆：《中日两国社区矫正制度建设比较研究》，载《北京联合大学学报》2016 年第 4 期。

以文义解释来理解《社区矫正法》第18条的含义，即社区矫正决定机关根据需要可以委托社区矫正机构和社会组织进行调查评估，当然也可以不委托。而在具体实践中，以某旗县为例，本旗县内法院案件只要符合缓刑、管制适用条件的，大量委托进行调查评估，而旗县外法院尤其是省外法院，存在不委托的情况。

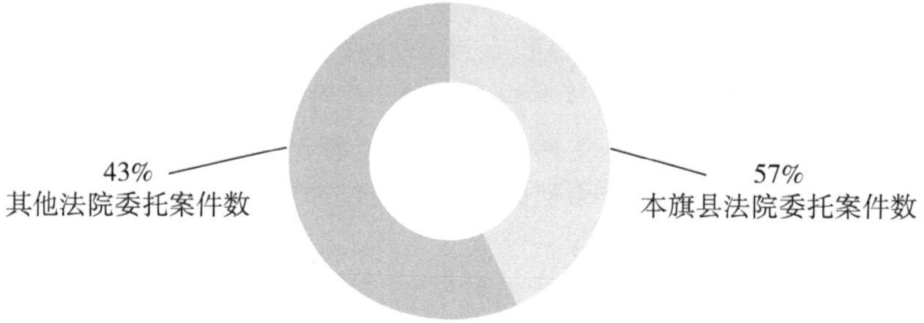

图2 某旗县社区矫正机构受委托案件来源地域占比（2020年）

根据2020年某旗县社区矫正机构接受委托调查评估数据，拟判处拘役缓的案件数量占28.95%，其他案件数量占71.05%。拟判处拘役缓中，涉嫌危险驾驶罪数量占100%，其他数量占0%。涉嫌危险驾驶罪案件中，现居住地与户籍所在地一致的占90.9%，其他占0.91%。

表1 2020年某旗县社区矫正机构受委托案件涉嫌罪名分类表

罪名	危险驾驶罪	交通肇事罪	诈骗类犯罪	非法占用农用地罪	贩卖毒品罪	开设赌场罪	其他
接受委托案件数量	11	3	2	3	5	5	8

从表1数据可以看出，对于部分案件事实简单清楚，犯罪嫌疑人现居住地与户籍地明确，如涉嫌危险驾驶罪拟判处拘役缓的案件，大量委托到基层社区矫正机构，占据社区矫正机构接受委托调查评估案件的大部分。事实上，这些委托调查评估案件通常由社区矫正机构和司法所承担。社区矫正机构专业人员数量少，还面临着人员抽调、借调等问题。以某旗县社区矫正机构为例，社区矫正机构内专项编制2人，实际工作人员4人，其中交通管理专业1人编制在公证处、法学专业1人编制在司法所，剩下的2人中，1人负责社区矫正数据报表工作，同时承担司法所的部分工作。而司法所事务繁多，工作人员数量不足，此外还要进行人民调解、法律宣传等工作，由此造成了基层社区矫正委托调查评估压力巨大、质量不高的问题。

旗县外法院未委托调查评估案件数量占旗外法院判决裁定适用社区矫正案件数

量百分比为33.3%，其中危险驾驶罪占比33.3%，诈骗罪占比33.3%，现居住地与户籍地一致的占比66.6%。

根据以上数据，与危险驾驶罪类案件相对比，涉嫌诈骗类案件案情事实复杂、社会危害性大、存在再犯危险且有具体的受害人，反而没有委托调查评估。这种情况一方面不利于社区矫正机构对其进行个性化监管，另一方面存在其不适用社区矫正的可能性。

更加严峻的情况是，部分法院尚未核实现居住地或仅凭被告人一面之词就直接将判决书等法律文书送至户籍所在地，待户籍所在地核实被告人确实不在本地居住且无近亲属时，社区矫正对象的执行刑期已经开始甚至已经过了一段时间，若在此时接收该社区矫正对象，则该社区矫正对象将面临无人监管、无法为其完善社区矫正档案、无紧急联系人等疏于监管的局面；倘若发回至法院，该社区矫正对象执行刑期已经开始，且根据《社区矫正法》第18条和《社区矫正法实施办法》第12条的规定，社区矫正决定机关可以不委托调查评估、被确定为执行地的社区矫正执行机构应当及时接收。

（二）调查评估主体压力大、顾虑多

在调查过程中，调查评估主体一方面面临着调查评估案件数量多、人员不足的困难，另一方面存在村、居委会配合程度低、社区矫正社会认可程度低的窘境。

除了上述困难，部分调查评估主体还存在“责任畏难”心理。社区矫正调查评估作为刑事审判的参考依据，要求调查过程尽可能全面、细致，评估结论尽可能科学、合理。但在实践过程中，调查评估受到各方面条件的制约，无法做到面面俱到。部分调查评估主体害怕在调查评估过程中形成的调查评估笔录和调查评估意见书不够全面而承担责任，或结论过于肯定与社区矫正对象天然存在的再犯罪可能性相悖，因此存在调查评估积极性较低、调查评估结论模糊等现象，这是造成调查评估质量不高的又一大原因。

（三）调查评估内容、格式缺乏规范

《社区矫正法》中仅对调查评估作了粗略规定，即“对被告人的社会危险性和对所居住社区的影响进行调查评估”，《社区矫正法实施办法》第14条规定对被告人或罪犯的居所情况、家庭和社会关系等六个方面进行调查了解。但其中居住地村（居）民委员会意见和对所居住社区的影响在具体实际情况中存在部分重合，而有的观点提出采用调查问卷的方式了解对其所居住社区的影响，在现阶段与保护个人隐私和保护社区矫正对象不受歧视的原则存在矛盾。而社会危险性这一法律术语本身就具备较为复杂的评价指标，在基层专业人才紧缺的前提下，精确把握社会危险性的概

念及可能性的大小尤为困难。

除了内容上缺乏统一、规范的调查评估指标外，各地调查评估形式也不尽相同。据了解，社区矫正调查评估部分地区以走访为主，通过采用走访谈话的形式形成调查笔录记录被告人相关情况，也有部分地区采用测评表格的方式，较为客观地体现被告人的特征等。在采用单一的调查评估笔录的地区，笔录格式混乱，缺少统一的档案规范标准。

换句话说，缺少对调查评估形式的详细、具体、明确规定或参考，是造成审前调查评估内容、形式参差不齐的主要原因。

四、完善社区矫正审前调查评估

（一）明确调查评估案件类型

缓解基层社区矫正机构压力，让社区矫正机构集中力量对案情相对复杂、评估有难度的案件进行全面、细致的调查评估，一方面可以提高调查评估的质量和效率，为社区矫正决定机关提供更加有效的参考；另一方面可以节约司法行政资源。具体来说，就是要从制度层面规定哪些案件必须评估（如现居住地与户籍地不一致的诈骗类案件）、哪些案件不必要评估（如前文提到的现居住地与户籍地一致的危险驾驶罪案件）。对于剩下的案件，以《社区矫正法》第 18 条为依据，可以选择性地委托社区矫正机构进行调查评估。通过明确调查评估案件类型，实现调查评估前的案件分流。

（二）规范调查评估模式

根据不同地区经济发展水平进行差别式规范。对于以测评表格形式为主、经济发展水平相对较快的地区，可以通过引进数据分析模型对被告人进行调查评估。一种是类似于人力资源管理专业采用的员工胜任力模型，通过走访、谈话等模式，发掘被告人潜在的意识、动机和行为，形成评估分布雷达图直观表现被告人的各项数据，并通过分级来判断适宜社区矫正的指数。另一种是引进区块链。区块链模式的引用可以在很大程度上克服调查评估的主观论断色彩，通过动态的实证数据支撑可以改变以往的“经验主义评估”。区块链通过采集被告人以往的历史数据信息（包括个人征信信息、侦查阶段的悔罪表现等），建立信息评价模型，全方位、多角度地掌握被告人的性格特点、品德操守等①，为“社会危险性”提供客观依据。当然，区块链模式对司法智能化水平、部门衔接配合，以及个人信息保护提出了更高要求。

---

① 梅传强、周鹏程：《论区块链技术在社区矫正制度中的适用》，载《重庆社会科学》2020 年第 11 期。

对于以调查评估笔录为主的地区，可以省为单位规范调查评估笔录格式，划定调查评估范围、细化调查评估内容和对象，提供调查评估参考问题，并将调查评估笔录编入社区矫正对象档案内容，作为制订社区矫正方案的参考。为方便阅读和查询，少数民族地区可以同时采用汉语和少数民族语言记录。

（三）加强队伍建设，建立联席制度

充实基层社区矫正机构专业人才，建立多层级人员队伍结构对于完善社区矫正审前调查评估具有重要意义。在审前调查评估中，不仅需要法律专业人才掌握相关社区矫正法律制度，更需要心理学专业、社会工作专业等人才给予专业的意见，以实现审前调查评估结果具有综合性和科学性。

除此之外，还可以建立调查评估联席会议制度，对情况复杂的案件或适用速裁程序等审前评估时间紧张的案件，可以当面或者远程与现居住地、户籍地或亲属所在地等联系和沟通，确定最有利于被告人接受矫正的地点，在节省时间成本的同时高效地解决评估过程中遇到的问题，实现区域、部门联动。

（四）提高重视程度，反馈采纳结果

进一步强化社会宣传，充分宣扬社区矫正制度的意义，打通社区矫正制度宣传的“最后一公里”，明确各机关单位、参与主体的“任务清单”，提高村、居委会对社区矫正审前评估的重视程度，促进社会主体在社区矫正工作中的热情参与，营造良好氛围。

调查评估主体在明确审前评估重要程度的前提下，增强对审前评估法律地位的认识。社区矫正决定机关对于未采纳的评估意见予以反馈说明，为社区矫正机构自我完善审前评估提供方向。

五、结语

审前调查评估作为社区矫正的重要环节，是社区矫正制度的“基石”。做好审前调查评估工作不仅可以为日后的教育矫正奠定基础，还可以节约司法资源。在当前日常管理和教育帮扶越来越受重视的大背景下，不能让审前调查评估成为社区矫正工作的薄弱点，为此，完善审前评估工作势在必行。

关于社区矫正调查评估规定的探讨

张　勇*

2021年是《社区矫正法》实施一周年，该法的出台进一步确立了社区矫正制度的法律地位和基本框架，真正做到了有法可依。笔者作为监所挂职民警参与地方社区矫正的评估、教育等具体工作已近3年，在社区矫正工作中接触了丰富的案例，亦有幸见证了《社区矫正法》的酝酿和实施。在《社区矫正法实施办法》实践过程中也暴露出认识不到位、执行不规范等问题。本文就社区矫正决定机关对被告人或者罪犯拟适用社区矫正是否需要委托调查评估进行探讨。

一、"可以"调查评估在实践中暴露出的问题

《社区矫正法》第18条规定，"社区矫正决定机关根据需要，可以委托社区矫正机构或者有关社会组织对被告人或者罪犯的社会危险性和对所居住社区的影响，进行调查评估，提出意见，供决定社区矫正时参考"。该法对委托评估作出了规定，即由社区矫正决定机关根据需要决定是否评估，并在《社区矫正法实施办法》中进行了补充说明。那么，社区矫正决定机关在实际操作中，能否切合实际把握调查评估的"可以"?

【案例】

2021年3月16日，凤阳县社区矫正局收到四川省成都市某区人民法院关于周某锋缓刑的执行文书。因判决前法院没有委托调查评估，所以对于周某锋的情况毫无了解。

周某锋的执行通知书是2021年3月8日下达的，经社区矫正局多次联系催促，周某锋于2021年3月29日到凤阳县社区矫正局报到。随后，凤阳县社区矫正工作人员花费了大量精力，仍未妥善解决周某锋个人安置问题。周某锋的具体情况如下。

周某锋，男，1974年×月×日出生，未婚，小学文化，户籍所在地为安徽省凤阳

* 张勇，安徽省合肥监狱第十六监区四级警长，挂职安徽省滁州市凤阳县司法局社区矫正局。

县×镇×队。1994年3月因犯强奸罪被上海市闸北区人民法院判处有期徒刑4年；1997年6月因犯抢劫罪被上海市闸北区人民法院判处有期徒刑4年；2006年8月因犯寻衅滋事罪被上海市南汇区人民法院判处有期徒刑1年3个月；2011年11月因犯盗窃罪被上海市闸北区人民法院判处有期徒刑10个月；2017年6月因犯盗窃罪被上海市杨浦区人民法院判处拘役5个月；2018年9月因犯盗窃罪被上海市普陀区人民法院判处有期徒刑8个月；2020年7月3日因涉嫌盗窃罪被成都市公安局某区分局监视居住，2021年1月21日四川省成都市某区人民检察院起诉书以周某锋累犯、坦白、认罪认罚的量刑情节，建议判处有期徒刑7个月，并处罚金人民币2000元。2021年2月22日，四川省成都市某区人民法院（2021）川×刑初×号判决书判决周某锋拘役6个月，缓刑8个月，并处罚金人民币2000元（罚金未交）。

在收到四川省成都市某区人民法院的执行通知书后，工作人员多次电话联系周某锋本人，周某锋表示自己目前在上海，不能回去，理由有两个：一是自己曾经吞过两根烧烤用的钢针，一根已经通过手术取出，另一根至今还卡在体内，不能手术，因随时都有可能穿孔等情况而需就诊；二是身无分文，没有路费。其间社区矫正工作人员与四川省成都市某区人民法院联系过，对于周某锋吞钢针一事，法院称是其为逃避处罚而为之；其本人叙述为和朋友打赌一时糊涂所致。也许是因为体内有钢针或其他原因，成都市某区人民法院在没有委托调查评估的情况下，判决周某锋缓刑送达户籍地执行社区矫正。

经调查，周某锋于1992年前往上海市，此后不再在凤阳县居住生活，现周某锋在户籍地凤阳县无住房，原来住房也因土地置换被拆除，无亲属。村民不愿将房屋租给周某锋居住（所在乡镇偏远，居住不便于就医），社区对其评价较差，周某锋亦无法提供亲属监护人，故无法建立有效的矫正小组，凤阳县×镇不具备对周某锋实施社区矫正的条件。周某锋入矫后，定位手机经常关机，司法所多次与其联系，对其进行帮教，但其仍然不能保持手机畅通，以手机摔坏、无经济收入为由不配合监管，在个别教育时多有怨言：如果在上海毕竟还有几个朋友可以救济一下，就医也方便，目前回原籍，没有生活来源，也不能从事工作，更没有住所，只能让司法局给予解决。司法局、镇政府帮助其申请的救济金打入了其银行账户，但因为其罚金没有交，被列入失信人员名单，不能取现。

【案例分析】

1. 本案呈现出的问题

第一，周某锋户籍地非其实际生活居住地。周某锋于1992年前往上海市后就没有再在原户籍地居住生活。第二，周某锋常年不在户籍地生活，无亲属、无住房、无生活来源，法院在未委托调查评估、不深入核实的情况下想当然地判回原籍进行社区矫正是不妥当的。第三，从周某锋成长经历可以看出，其有过多次犯罪记录，包括强奸、抢劫、寻衅滋事、盗窃等故意犯罪。第四，周某锋没有自愿缴纳罚金，所以并不符合认罪认罚情形。第五，周某锋如果是因为逃避制裁而吞食钢针，那么就更不应该适用缓刑。

2. “可以”委托评估不能有效约束

《社区矫正法实施办法》第 13 条规定，社区矫正决定机关对拟适用社区矫正的被告人、罪犯，需要调查其社会危险性和对所居住社区影响的，可以委托拟确定为执行地的社区矫正机构或者有关社会组织进行调查评估。当然，对于上述案件，成都市某区人民法院可以委托评估，也可以不委托评估，但像周某锋这种有过多次犯罪记录却没有委托评估，那什么情形才需要委托评估呢？成都市某区人民法院直接判决回原籍进行社区矫正，也许有收监困难原因，但少不了以户籍地兜底而一推了事之嫌疑。因法院没有履行委托评估，导致地方矫正机构对其情况一无所知，工作十分被动。

从以上可以看出，因为法院没有启动委托评估程序，《社区矫正法实施办法》第 6 条中的“人民检察院依法履行以下职责：（一）对社区矫正决定机关、社区矫正机构或者有关社会组织的调查评估活动实行法律监督”也就成为一纸空文。如果社区矫正决定机关自认为或忽视其社会危险性和对所居住社区的影响，那么就存在决定机关不去委托评估。如果社区矫正决定机关不去委托调查评估，存在再犯罪情形的，矫正决定机关有没有责任呢？所谓的对社区矫正决定机关的调查评估活动监督是否也就无从谈起？

一方面强调节约司法资源，简单案件走简易程序，但更应该保证一些案件的法定程序必须走。《社区矫正法实施办法》第 8 条规定，“监狱管理机关以及监狱依法履行以下职责：（一）对监狱关押罪犯拟提请假释的，应当委托进行调查评估”，对于监狱假释案件要求“应当”委托评估，正是出于对再犯罪的可能、社会影响等因素的考虑。那么对于这样有过多次故意犯罪前科的周某峰，难道在判决之前不是“应当”委托评估，而是“可以”评估吗？

《社区矫正法实施办法》第 5 条规定：“人民法院依法履行以下职责：（一）拟判处管制、宣告缓刑、决定暂予监外执行的，可以委托社区矫正机构或者有关社会组织对被告人或者罪犯的社会危险性和对所居住社区的影响，进行调查评估，提出意见，供决定社区矫正时参考；（二）对执行机关报请假释的，审查执行机关移送的罪犯假释后对所居住社区影响的调查评估意见……”所谓社会危险性和社区影响，会因为个人认知的不同而不同，社区矫正决定机关只有在对被告人、罪犯的相关情况有较全面了解的情况下，才能更准确地做出判断。所以《社区矫正法实施办法》不能只做所谓的要求准确判断，而应该有更具体、更严格的执行操作标准，社区矫正决定机关依据评估意见再行判决，所做出的判断也更为准确。那么，面对此类情形，社区矫正决定机关在判决时会更谨慎，也更有责任心。人民检察院依法履行对社区矫正决定机关的调查评估活动实行法律监督也不再是一纸空文。

二、委托评估增加两种“应当”情形

法律中所表述的“应当”和“可以”具有区别：一是法律中“应当”条款规定的法律主体的义务，如果违反将承担相应的法律后果；“可以”表述的是法律主体的权利，是否作出一定的法律行为，由法律主体自主决定，不论其最终选择的是允许范围内的何种行为，都将得到法律的认可、保护。二是法律效力不同。在法律用语中，“应当”的效力比“可以”高。所谓“应当”，是法定的必须如此，如果不如此就是违法，行为效力会受到影响。所谓“可以”，是授权性的规定，基本上可以等同于“有权”。通观《社区矫正法实施办法》，除第8条监狱管理机关以及监狱依法履行拟提请假释的，表述为应当委托调查评估，其他都表述为可以委托调查评估。

笔者认为，对于委托评估应该增加两种“应当”情形：一是对于有犯罪记录的委托评估；二是对于居住地非户籍地的委托评估。

（一）对于有犯罪记录的应当委托调查评估

有犯罪前科和不良记录的故意犯罪，社区矫正决定机关对拟适用社区矫正的被告人、罪犯，应当委托调查其社会危险性和对所居住社区的影响，以及家庭、婚姻等社会关系情况，侧重于对再犯罪和社会危害性的评估。

关于有过犯罪前科和再犯罪的可能，所涉及文章不少，一般来说不外乎以下几个主要原因：

1. 性格使然

所谓“江山易改，本性难移”，即一个人的行为、举止有一个固有的模式。对于脾气暴躁的人而言，他们往往会一触即发，在暴怒的同时，具有攻击性与破坏性。冲动型人格，可能因精神刺激而突然爆发非常强烈而又难以控制的愤怒情绪并伴有冲动行为的人格，主要特征为情绪不稳定及缺乏冲动控制能力。有的人是因环境和教育因素造成性格缺陷。冲动型人格形成人格障碍后治疗较为困难。例如，家庭暴力犯罪，每次家暴后都后悔，但又总是家暴。

2. 谋生手段有限

现在社会竞争很激烈，社会加速度发展，那些回归人员缺乏进入社会的心理准备，面对现实更多的是无所适从，他们大多文化水平低、知识和技能欠缺，再加上当今社会就业形势严峻，因而刑释人员就业更难，导致其无法找到可以谋生的正当工作，加之社会、家庭对其不信任，部分刑释人员重操旧业，重新犯罪。更有某些已经习惯了不劳而获或者尝过这方面甜头的人，可能会在一段时间后再次萌生犯罪的动机，以图迅速在经济上摆脱困境，特别是有盗窃、抢劫前科的刑释人员。

3. 错误的“三观”根深蒂固

教育、生活环境，会让人慢慢形成自己的价值标准和为人处事的行为习惯。社区矫正对象没有正确的世界观、人生观、价值观，往往追求不劳而获，不愿自食其力，习惯坐享其成的生活。重新犯罪的社区矫正对象大多都有一定程度的恶习，主要表现为好吃懒做、贪图享乐、喜欢赌博、经常出入娱乐场所等，一些人甚至染上了毒瘾。在这种生活难以实现的情况下，往往想通过不法手段聚敛钱财，一夜暴富，从而铤而走险。

4. 环境影响依然存在

朋友圈和生活习惯时刻影响个人行为，再犯罪人员基本都有不良的生活习惯和以社会闲散人员为主的朋友圈。刑满释放后，在社会的排斥和歧视下，再犯罪人员会从原来的朋友圈寻求认同，不良生活习惯延续，在罪与非罪的边缘徘徊，很容易再次触犯法律。

5. 存在交叉感染的可能

关押场所交叉感染情况比较普遍。犯罪人员在初次关押时，会产生极端无助情绪，多会听信惯犯的言辞，受到其他罪犯的影响，逐步认同惯犯的思维方式，琢磨如何逃避法律制裁，甚至学习到各种犯罪方法，在出狱后结成团伙再次作案。

刑释人员重新犯罪往往手段更加隐蔽、更加残忍，社会危害性更大。许多恶性案件，包括一些大案、要案，有相当一部分是刑释人员所为。如有过两次盗窃前科的曾某，2020 年 8 月造成 3 死 1 伤；2020 年 3 月盗窃刑释人员郭某，将劝阻其摘口罩的老人殴打致死；震惊全国的摔死女童案罪犯韩某，曾犯盗窃罪被判无期。

从以上主要因素可以看出，有犯罪前科人员，在一定内外因作用下，极易再次犯罪。同时我们也应客观分析，虽然有再犯罪的可能性，但并不是一定会再犯罪。所以，判前应当委托评估，以防止主观臆断，要着重对本次犯罪的性质及犯罪人员的家庭关系、生活状态、经济来源、社区评价等进行评估，特别是家庭关系是否融洽、有无稳定生活来源等至关重要。

（二）对于居住地非户籍地的应当委托调查评估

实际居住地与户籍地不一致的，社区矫正决定机关对拟适用社区矫正的被告人、罪犯，应当委托调查其社会危险性，户籍地和实际居住地的居住、工作、生活，以及对所居住社区的影响。要侧重于考虑矫正对象的工作、生活情况，坚持有利于社区矫正对象接受矫正、更好地融入社会的原则。

1. 户籍地并非实际居住地

《社区矫正法》第 17 条第 2 款、第 3 款规定："社区矫正执行地为社区矫正对象的居住地。社区矫正对象在多个地方居住的，可以确定经常居住地为执行地。社区矫正对象的居住地、经常居住地无法确定或者不适宜执行社区矫正的，社区矫正决定机关应当根据有利于社区矫正对象接受矫正、更好地融入社会的原则，确定执行地。"

社区矫正对象崔某明，1962 年 11 月出生，未婚，小学文化，因危险驾驶罪（酒后驾两轮摩托车）被判拘役 2 个月，缓刑 4 个月（2020 年 6 月 29 日至 2020 年 11 月 28 日）。崔某明自 2000 年至 2020 年在浙江宁波、绍兴等地打零工。决定机关没有委托户籍地进行评估便判决原籍社区矫正。崔某明在户籍地社区矫正局多次电话催促下回来报到，但报到当天就提出马上外出务工，理由是老家房屋年久失修不能住人；在户籍地没有生活来源，一个人已经习惯在外务工生活。其在社区矫正期间情绪不稳，多次希望能实施拘役并因没有生活来源而私自外出。

社区矫正对象周某，1993 年 2 月出生，已婚，初中文化，因赌博罪（互联网游戏币充值赌博）被判有期徒刑 10 个月，缓刑 1 年（2020 年 12 月 4 日至 2021 年 12 月 3 日），周某自 2000 年至 2008 年在浙江读书，2010 年至 2020 年在浙江务工。周某办有浙江省居住证、宁波市社会保障卡，其父母、妻子均在浙江务工。决定机关没有委托户籍地进行评估，判决原籍社区矫正。周某于 2020 年 12 月 29 日矫正报到，2021 年 3 月 3 日变更为在浙江省慈溪市矫正。

以上两个案例中矫正对象有一个共性：户籍地并非实际居住地。户籍制度是计划经济时代的产物，而市场经济需要以实现自由流动为目标的人口管理。随着户籍制度的放开，允许人口自由流动，是实现劳动力要素最优配置的方式，让市场的力量实现最优配置，在流动中找到平衡。人们可以不用守在户籍地，外出生活、务工成为大多数人的选择。有的人常年外出务工，没有固定住所（如案例中的崔某明）；也有的举家外出务工，在异地生活扎根，几乎没有再回过户籍地（如案例中的周某）。所以，《社区矫正法》出台时为适应这种变化，并没有强调所谓的"户籍地"，只在《社区矫正法实施办法》中提到"社区矫正对象应如实提供其居住、户籍等情况，并提供必要的证明材料"。

2. 两个"常态化"问题

在社区矫正工作现实中，常年外出务工的矫正对象被决定机关判回户籍地社区矫正的情况较多。对于户籍地和实际居住地不一致，而执行地在户籍地的，往往存在两个"常态化"问题：一是社区矫正对象请假事由繁多，私自外出占比高。笔者对 2020 年、2021 年上半年以来我县请假在 3 次及以上的社区矫正对象做了统计，请假共 412 人次，去掉 4 人因重病请假 64 次，一年半的时间 3 次以上 348 人次，其中判前在本地生活请假外出的有 112 人次，判前居住地不在本地请假外出的有 236 人次，且主要前往判前居住地区。在 6 月集中整治利用大数据发现，私自出省的大多判前居住地不在本地区。二是社区矫正对象因工作、居所变化等原因需要变更执行地的居高。根据我县 2019 年、2020 年及 2021 年上半年社区矫正对象居住地变更迁出统计，在此期间共有 45 人变更迁出，其中 33 人为判前居住地不在本地，12 人判前居住在本地。

既然社区矫正决定机关对拟适用社区矫正的被告人、罪犯，意在判处其社区矫正，初步判定其社会危害性有限，那么就“应当根据有利于社区矫正对象接受矫正、更好地融入社会的原则，确定社区矫正执行地”。从利于帮扶教育、方便其生活工作出发，征询其实际需求。在《社区矫正法》实际执法过程中，有决定机关还是带着惯有思维，不委托调查评估，就判回原籍进行社区矫正，更没有认真学习吃透法律条款。《社区矫正法》中的社区矫正对象的居住地是指“其经常居住的，有固定住所、固定生活来源的”地区，如果在户籍地既无住所又无生活来源的，而让户籍地兜底，那么就违背了该法律精神。《社区矫正法实施办法》第 12 条规定：“对拟适用社区矫正的，社区矫正决定机关应当核实社区矫正对象的居住地。社区矫正对象在多个地方居住的，可以确定经常居住地为执行地。没有居住地，居住地、经常居住地无法确定或者不适宜执行社区矫正的，应当根据有利于社区矫正对象接受矫正、更好地融入社会的原则，确定社区矫正执行地。被确定为执行地的社区矫正机构应当及时接收。”

很多属于流动人口的社区矫正对象，在户籍地就业机会有限，有的已经在城市工作和生活，在户籍地无住房、无工作、无亲属，回户籍地接受社区矫正切断了其与原来生活圈的联系，也缺乏经济来源。[①] 一些决定机关在审理案件时存在没有详细了解矫正对象的实际需求，或在了解时有误导的情形。如告知矫正对象如果不回原籍接受社区矫正，实际居住地又不接收其进行社区矫正，则其有可能会被执行监禁刑。这使得大多矫正对象放弃在实际居住地接受社区矫正的打算，待判决生效后，有的社区矫正对象迟迟不愿回户籍地报到，更多的人报到时提出需要外出务工生活或提出希望转回实际居住地进行社区矫正。

3. 决定机关未能有效发挥能动性

决定机关应该吃透《社区矫正法实施办法》精神，运用好决定社区矫正执行地权力，但在实际操作中没有依法发挥其能动性。

社区矫正对象刘某，因买卖国家机关证件罪（将自己办理的营业执照及对公账户等材料出售给他人）被判处有期徒刑 9 个月，缓刑 1 年 3 个月，2012 年至 2021 年

① 王爱立、姜爱东主编：《〈中华人民共和国社区矫正法〉释义》，中国民主法制出版社 2020 年版，第 99 页。

一直在浙江省嘉兴市做美发生意。刘某称在判前自己表达了希望在嘉兴市接受社区矫正，但书记员说："先判回老家再说！最好判回老家！"刘某到嘉兴矫正机关咨询，被告之没有当地社保不行。

社区矫正对象张某虎，因妨害公务罪（因等红绿灯时玩手机与协警发生争执），被判处社区矫正，其2002年至2021年在上海做汽车修理生意，并持有公司股份，公司地址在浦东。张某虎在公司附近租房居住，办有上海奉贤区居住证。法院曾考虑让其在上海接受社区矫正，但浦东区矫正机关以其居住证不在浦东为由不同意接收。

《社区矫正法实施办法》第12条第2款规定："社区矫正对象的居住地是指其实际居住的县（市、区）。社区矫正对象的经常居住地是指其经常居住的，有固定住所、固定生活来源的县（市、区）。"可以看出以上两例均满足法律条款，但决定机关没有就此判到实际居住地执行。其实《社区矫正法实施办法》第12条就明确规定"被确定为执行地的社区矫正机构应当及时接收。"但两处决定机关都没有落实好这一条款，而是根据以往思路裁定回原籍社区矫正，同时也没有委托户籍地评估执行地的相关手续事宜。如果社区矫正执行地确定不够合理，一方面会给社区矫正对象的工作、生活造成困扰，不利于回归社会；另一方面也会增加变更执行的申请数量，浪费有限的社区矫正资源。①

4. 户籍地调查评估的必要性

强调户籍地委托评估：其一，可以了解户籍地的居住、生活情况、家庭社会关系情况、社区评价等，避免户籍地没有住房、没有生活来源、没有亲属等。其二，可以了解被评估者和家人的真实想法。在我们接触的案件中，社区矫正决定机关在询问时，犯罪嫌疑人因种种原因或顾虑，不能真实表达自己的意愿。其三，宣传社区矫正法律知识，帮助其正确争取自己的权利。有些社区矫正对象文化程度低或对社区矫正不了解，认为矫正期间还可以在外务工生活。在调查评估的同时宣传好社区矫正法，使社区矫正对象对社区矫正的相关规定、纪律有一个清醒的认识。其四，针对实际情况给予帮助。户籍地在调查评估时根据被评估对象真实想法，给出意见，提供帮助。如实际居住地为执行地需要哪些材料，如何提出自己的合理需求等。上面案例中的张某虎，在办理入矫手续时，工作人员就法律中确定执行地的相关内容进行了解读，在变更执行地方面给予建议，张某虎顺利变更到上海执行社区矫正。其五，减少矫正对象执行地变更数量。没有了解社区矫正对象实际需求，造成矫正对象常常心"野"不能安分，若需要变更执行地，就要请假外出，增加监管风险，同时浪费有限的社区矫正资源。

倘若决定机关"偏向"于原户籍为执行地，那么就更应该委托户籍地调查评估，

---

① 王爱立、姜爱东主编：《〈中华人民共和国社区矫正法〉释义》，中国民主法制出版社，第99页。

才会对社区矫正对象的情况有更全面的了解，判决时才会更慎重。

（三）应当委托调查评估话题的补充

社区矫正是“宽严相济”政策的具体实施，将社会危害性不大的罪犯置于社区内接受矫正，便于其更好地融入社会。如果社区矫正不能便于其生活、工作，甚至连谋生都存在问题，那么势必存在社会危害性。矫正对象不能安心接受社区矫正，想办法找理由请假，或实在不行就私自外出，增加了监管风险。当然，常年在外且没有相对固定住所，在原户籍地有地方安身的，相对而言回户籍地较适合；但如果在户籍地无亲友投靠又无片瓦安身人员，建议决定机关不考虑让其社区矫正，毕竟此类情况少之又少。

笔者认为应该增加的两种“应当”情形，第一种情形是因为有犯罪记录，存在“社区危险性”；第二种情形是根据“更好地融入社会的原则”，便于其工作生活。这里所提的两种“应当”情形，不仅是法院在审判决定前，还包括看守所、拘留所、监狱服刑罪犯拟暂予监外执行委托进行调查评估。对于拟暂予监外执行的主要是身体等原因不能在监所执行监管，常规考虑实施再犯罪的能力可能性有限，但同时也要考虑是否属于“三无”人员——没有住所、没有生活来源、没有监管人，如果是，那么暂予监外执行放置在社区内，会给社区带来负担和隐患。

另外，在笔者接触的案件中，本地被委托评估的可以达到百分之百，其中不乏饮酒、醉驾等危险驾驶罪，这些人大多无违法记录，涉案简单，真正适合实施简易程序，节约司法资源。而户籍地与居住地不一致的案件，从居住地判回原籍执行社区矫正的一些案件，其实应当委托评估，听听户籍地意见和被评估对象的真实想法和需求，全面衡量，真正落实《社区矫正法》精神。

四、结语

我国社区矫正工作从试点到全面推行，已历经 18 个年头。这一路走来取得了一些成就，这与政府各部门协同协作是分不开的，但一些部门在《社区矫正法》实践中重视程度还有待提高，对一些法律内容的落实，还抱有可有可无、可左可右的态度。再加上《社区矫正法》缺少硬性规定，有些部门在实践中配合不足、沟通欠缺，《社区矫正法》的运用不够顺畅等。在贯彻《社区矫正法》，依法开展社区矫正实践过程中，难免会遇到许多新情况、新问题、新矛盾，这就需要国家立法机关不断开展调查研究，进一步完善社区矫正立法，使之更加严密，更加具有可操作性；同时也需要司法行政机关及社区矫正工作者在实践中不断探索和研究，积极向立法机关建言献策，共同推动我国社区矫正法律制度的健全完善。

五、监督管理

社区矫正对象经常性跨市县活动相关规定执行问题初探

徐祖华 *

一、关于问题的提出

2020年7月1日起施行的《社区矫正法》第27条第1款规定："社区矫正对象离开所居住的市、县或者迁居，应当报经社区矫正机构批准。社区矫正机构对于有正当理由的，应当批准；对于因正常工作和生活需要经常性跨市、县活动的，可以根据情况，简化批准程序和方式。"该规定对社区矫正对象外出或者迁居的条件、批准机关、程序和方式等作了明确规定，与《刑法》第39条、第75条和第84条等规定保持一致。该规定的创新性在于对社区矫正对象确因正常工作和生活需要经常性跨市、县活动（以下简称经常性跨市县活动）情形的审批与管理问题作了相应规定，既回应了基层社区矫正治理实践的需要，也充分考虑到了当今社会群体在工作模式和生活方式等方面出现的新情况、新变化和新需求，体现了立法的实事求是精神和法律的人道主义精神，使得社区矫正对象的外出管理措施与方法更具有前瞻性、丰富性和灵活性。当然，该规定的创新性也使得社区矫正外出管理工作特别是涉及社区矫正对象经常性跨市县活动情形的日常监管教育活动更富有探索性、挑战性和复杂性。

2020年6月，最高人民法院、最高人民检察院、公安部、司法部联合出台《社区矫正法实施办法》，在贯彻执行《社区矫正法》第27条规定方面，《社区矫正法实施办法》第29条规定："社区矫正对象确因正常工作和生活需要经常性跨市、县活动的，应当由本人提出书面申请，写明理由、经常性去往市县名称、时间、频次等，同时提供相应证明，由执行地县级社区矫正机构批准，批准一次的有效期为六个月。在批准的期限内，社区矫正对象到批准市、县活动的，可以通过电话、微信等方式报告活动情况。到期后，社区矫正对象仍需要经常性跨市、县活动的，应当重新提出申请。"该规定对社区矫正对象"确因工作和生活需要经常性跨市、县活动"管理问题，在事项审批、动态管理等方面作了相应的细化和程序性规定，但并未涉及

* 徐祖华，浙江警官职业学院副院长、一级调研员，主要研究方向为社区矫正。

“确因工作和生活需要经常性跨市、县活动”情形界定标准等实质性问题，在实际执行过程中产生了许多矛盾困惑和执行难点。

二、关于经常性跨市县活动相关规定执行中存在的困难和问题

笔者在认真学习研究上海、福建、安徽等省、市出台的社区矫正工作实施细则等制度的同时，对杭州、湖州和金华等地的8个县级社区矫正机构办理的10起社区矫正对象经常性跨市县活动案例资料进行了初步研究分析。从总体上看，社区矫正机构在健全制度、完善机制、强化措施、加强监管等方面进行了积极的探索与实践，取得了一定的阶段性成果，为全面依法准确贯彻执行《社区矫正法》和《社区矫正法实施办法》相关规定，进一步做好社区矫正对象外出管理工作探索了方法，积累了经验，扎实了基础，但从中也发现了执行中存在的一些具体问题和风险隐患。

（一）完善制度难

由于缺乏明确的上位法律法规和制度支撑，各地在细化规定、完善制度等方面遇到了困难。从部分省、市出台的社区矫正实施细则等情况看，涉及确因工作和生活需要经常性跨市、县活动的情形界定等问题，大多与《社区矫正法实施办法》第29条规定保持一致，有的在事项审批程序、跨市县活动范围、相关证明材料等方面作了进一步细化。如上海市规定“社区矫正对象确因正常工作和生活需要申请经常性跨市、县活动的，一般应提前一个月向司法所提出书面申请，并提供相关证明材料”。福建省规定“经常性跨市、县活动在福建省行政区域内的，报设区市级社区矫正机构备案；经常性跨市、县活动离开福建省行政区域的，报省社区矫正机构备案。社区矫正对象确因正常工作需要经常性跨市、县活动的，需提供所在工作单位劳动关系、有效的统一社会信用代码证（照）复印件、社会保险、派遣证明材料；确因生活需要经常性跨市、县活动的，需提供生活往来的本人、配偶和子女不动产证明材料。”上述情形，除法律制度支撑不足外，一个重要的原因就在于行刑社会化条件下，如果通过列举等方式界定社区矫正对象“确因工作和生活需要”的情形，制度建设任务与压力都很大，且有一定的风险隐患。

（二）规范执行难

实践中，一个较大的困惑在于如何准确厘清和把握“确因正常工作和生活需要”的情形，与《社区矫正法实施办法》第26条第2款规定的就医、就学、参与诉讼、处理家庭或者工作重要事务等外出“正当理由”情形之间的区别与联系。笔者认为，“确因正常工作和生活需要”实际上已经涵盖了“正当理由”的情形。但在实践中存

在两者之间不相容、无关联等理解误区，把“确因正常工作和生活需要”情形与“正当理由”情形机械地隔离开来，加之受到经常性外出事由的不确定性、鉴别情形的复杂性、日常监管的艰巨性和安全稳定的风险性等诸多因素影响，执行中产生了一定程度的“宁左勿右”思想苗头和“从严从紧”现象，影响了法律制度实施的政治效果和社会效果。同时，有的观点认为“确因正常工作和生活需要”与“正当理由”情形之间，在外出理由、实际处遇、审批程序和监管要求等方面存在“前者宽、后者严”现象，实际执行中存在一定程度的把关不严、措施不力、监管不实等风险隐患。再者，基层反映准确把握经常性跨市县活动的时间与频次存在困难。如浙江某山区县社区矫正对象曹某某以从事农业生产为生，家庭较为困难且无其他技能特长，因本地农田等资源较少，申请赴邻县承包种田。但由于农业生产受时令节气等自然因素影响较大，社区矫正机构对曹某某经常性跨县作业的时间与频次等问题难以把握，给外出审核审批、日常监管等工作带来了一定困难。另外，还有一些经常性跨市县经商办企业活动的审批监管，也存在类似的现象与问题。

（三）风险防范难

由于缺乏全国统一、规范的关于“确因工作和生活需要”情形的界定标准，省与省之间、市县之间、司法所之间甚至是社区矫正机构工作人员个人之间，在具体执行《社区矫正法实施办法》第29条规定过程中，可能在执行外出管理规定的宽严程度等方面产生意见分歧和差异现象，影响区域性的执法统一，造成社区矫正工作发展新的不平衡、不充分、不规范等现象。同时，也极易导致社区矫正机构、司法所及其工作人员自由裁量权过大，留下执法工作隐患和队伍安全隐患。同时，《社区矫正法实施办法》第29条第2款规定“在批准的期限内，社区矫正对象到批准市、县活动的，可以通过电话、微信等方式报告活动情况”。在实际执行中，一方面存在社区矫正对象不如实、不及时报告自己外出活动情况等现象，致使社区矫正机构或者司法所工作人员难以及时、全面、准确地了解和掌握外出社区矫正对象的活动情况及其动态表现；另一方面在社区矫正对象较长时间批准外出和流动状态下，容易导致部分社区矫正机构和司法所工作人员产生麻痹心理、放松警觉，甚至可能出现习惯于或者过度依赖社区矫正对象通过电话、微信等方式报告活动情况的现象，出现监管空白，留下安全隐患。同时，在疫情防控常态化新形势下，社区矫正对象经常性跨市县活动，也给社区矫正机构统筹做好疫情防控与日常监管教育和安全稳定等工作带来了较大压力。

（四）监管教育难

《社区矫正法实施办法》第29条规定“批准一次的有效期为六个月。在批准的期限内，社区矫正对象到批准市、县活动的，可以通过电话、微信等方式报告活动情况”。另外，据有关解释，经常性跨市县活动的范围覆盖全国。在日常工作中，由于经常性跨市县活动一次性批准时间较长和外出活动情况报告方式简单、要求不严等原因，存在部分社区矫正对象借此逃避监督管理和参加日常教育学习活动等现象，一定程度上造成其他社区矫正对象的攀比思想和情绪波动，影响区域内社区矫正活动正常开展和秩序稳定。同时，根据《社区矫正法实施办法》第 28 条第 2 款规定，社区矫正对象外出期间，执行地县级社区矫正机构根据需要，可以协商外出目的地社区矫正机构协助监督管理。从调研来看，部分执行地认为跨市县协调时间紧、手续多、变数大，增加了日常工作量；而外出目的地则担心增加自身监管教育压力，双方之间不同程度地存在积极性不够高、制度执行不到位、异地协管措施不落地等现象和问题。

三、关于执行经常性跨市县活动相关规定需要把握的几个关系

从实际执行中反映的情况和矛盾困惑来看，准确理解和贯彻执行经常性跨市县活动相关规定及其立法精神，社区矫正机构需要重点处理好以下三个方面的关系问题，在确保法律规定得到正确有效执行的同时，依法维护社区矫正对象合法权益，帮助其解决在学习、工作和生活等过程中遇到的实际困难和现实问题，不断提升贯彻执行《社区矫正法》和《社区矫正法实施办法》的政治效果、法律效果和社会效果。

（一）正确理解和把握“正当理由”与“经常性跨市县活动”的关系

《社区矫正法实施办法》第 26 条第 2 款规定的正当理由“五种情形”，具有以下三个特点：一是排他性。必须由社区矫正对象本人到场办理或处理的重要事务或活动，属于他人不可替代的情形，如就学等。二是被动性。情形发生或存在并非社区矫正对象可以预见或者故意而为之的，属于被动应对或处理的活动或行为。三是偶发性。此类情形具有突发性、不可预见性，而且经过批准外出活动或行为，可以在一个较短的时间内消除的，如就医、参加诉讼、处理家庭或者工作重要事务等情形。

对于经常性跨市县活动情形而言，其主要特点在于：一是必需性。社区矫正对象的“确因工作或生活需要”情形在一定时期内客观存在，有些情形可能涉及生存与发展等问题，需要主观努力并且必须应对和处理的相关活动和行为，如需要经常性跨市县作业的客运或货运司机等职业行为，而非外出旅游等非工作和生活所必需为之的活动。二是持续性。该行为或者活动在一个较长的时期如 6 个月内持续或者连续发生或者存续的，需要社区矫正对象经常性、不间断地跨市县作业或者应对处理。三是稳定性。该行为或者活动外出目的地、事由、活动线路、频次等相对固定，有一定的规律性和稳定性，需要社区矫正对象经常性往返于执行地与目的地之间，

动态性、常态化地应对或者处理的活动或行为。如跨市县就学就业且每天返回执行地居住，需经常性跨市县处理公司或企业相关业务以及开展营商活动，等等。综上所述，可以看出“经常性跨市县活动”的主要事由是建立在“正当理由”基础上的，只不过其表现形式更为特殊，由此构成了一个较为全面、系统的社区矫正对象外出管理法律制度体系和监督管理内容。两者在发生频次、所需时间、监管难易程度等方面存在较大差异。从《社区矫正法》第 27 条规定相关表述的逻辑关系也可以得出这样的推论。

（二）正确理解和把握“经常性跨市县活动”与变更执行地的关系

对于变更执行地，《社区矫正法》第 27 条第 2 款规定，因社区矫正对象迁居等原因需要变更执行地的，社区矫正机构应当按照有关规定作出变更决定。从《社区矫正法实施办法》第 30 条第 1 款规定“社区矫正对象因工作、居所变化等原因需要变更执行地的……”中可以看出，当社区矫正对象工作或者居所发生变化时，由对象本人自行决定是否需要变更执行地。目前，有一种观点认为，可以通过变更执行地方式减少或者消除经常性跨市县活动现象，减轻监管压力、确保矫正安全。从法律精神及其相关规定分析，“经常性跨市县活动”是社区矫正对象在现执行地接受社区矫正期间可能会发生的情形。而且，社区矫正对象在现执行地接受矫正必须符合居住地执行条件，也就是说该对象的工作和生活基础在执行地。哪怕是社区矫正对象因工作、居所变化符合变更执行地条件，但其本人没有提出变更执行地的申请，社区矫正机构也不能违规为其办理变更执行地手续。同时，从笔者分析的 10 个具体案件来看，有 7 人在执行地所在的地级市范围内或者虽属其他地级市但与执行地交界的市县活动；有 1 人系货车司机，每日往返执行地与其他市县之间活动，这些对象的共同点在于当日可以实现往返且生活基础均在执行地，此类情形显然不需要变更执行地。因此，上述观点是单纯的安全底线思维和本位主义思想影响使然，既不符合法律规定，也容易形成错误的工作导向，产生执法风险和隐患。

（三）正确理解和把握“经常性跨市县活动”与促进就业、保障合法权益的关系

实践表明，帮助有劳动能力、有就业愿望和需求的社区矫正对象实现就业，是社区矫正机构困难帮扶工作的重点，是促进社区矫正对象再社会化、防范和减少再犯罪现象的重要措施。在上述 10 个社区矫正对象经常性跨市县活动案件中，有 9 人是因工作或就业需要，1 人是因经常性赴省城医院陪护身患重病的孩子的生活需要。可见，工作和就业需要是社区矫正对象经常性跨市县活动的主要原因。从上述 9 名社区矫正对象跨市县工作或就业情况分析，一是经济社会高质量发展带来的发达交

通、便捷工具以及就业环境等，为社区矫正对象实现跨市县就业创造了条件、提供了可能；二是除了当地经济社会发展水平、就业状况以及自身技能或特长所限等因素外，部分社区矫正对象中还可能存在一时难以面对和承受犯罪后产生的环境压力与心理负担，以及不愿或不想被原单位同事或他人获知其罪犯身份等原因，在一定程度上促使其选择跨市县工作或就业；三是部分社区矫正对象确因所在单位工作需要异地就职或者从事经常性跨市县业务往来活动，如有的矫正对象因为自身从事物流业或运输业等需要经常性跨市县活动；四是不排除存在部分社区矫正对象意图通过跨市县工作或就业逃避日常监管的可能性。因此，在实际工作中，一是要坚持以人为本。充分发挥“经常性跨市县活动”相关规定在促进社区矫正对象就业、帮助解决实际困难、维护合法权益等方面的法律保障作用，建立实施社区矫正对象困难帮扶需求定期调查排摸制度，强化“精准帮扶”；加强部门沟通协调，着力推动《社区矫正法》相关法律规定转化为政策措施并落地落实，完善社区矫正工作保障机制；深化社会力量参与，加强就业安置等基地建设，加大职业技能培训力度，积极帮助社区矫正对象实现就近就地就业。二是要坚持制度先行。认真研究和合理界定社区矫正对象外出“正当理由”和“确因工作和生活需要”的具体情形，完善制度依据，提高刑事执行水平。在这方面，安徽省的做法值得学习借鉴。该省的社区矫正工作实施细则以列举方式对社区矫正对象外出的“正当理由”作了较为合理的细化，如“本人就医、结婚、离婚、生育、参加考试等需要离开执行地的；涉本人的仲裁、登记、许可、调解、复议、诉讼等活动确需本人赴外地参加的；法定节假日需离开执行地探亲、祭祖的；本人近亲属婚嫁、病重、亡故等，确需本人赴外地处理的；因生产经营等工作需要，确需本人赴外地处理的，不包括赴外地务工”等。该省在“经常性跨市县活动”方面也作了相应的规定，如“每月至少往返所跨设区的市、县（市、区）三次及以上”；“跨设区的市、县（市、区）活动的出行目的地和出行路线明确、固定，出行时间、频次规律”；“除必须途经外，不包括经常性跨设区的市、县（市、区）活动外的第三地”，等等。三是要坚持科学管理。健全完善社区矫正机构审查审核机制，建立实施“谁审批、谁负责”岗位责任制，严格审查把关社区矫正对象“经常性跨市县活动”目的地、事由、活动线路、频次及相关证明材料，严防弄虚作假等现象发生；加强“智慧矫正”体系建设，完善社区矫正信息化管理平台功能，努力实现外出管理事项审批、通信联络、信息化核查、实地查访、异地协管等各项工作智能化闭环管理，确保矫正安全；健全完善部门衔接机制，充分发挥公安机关、检察机关等职能作用和资源优势，完善法律监督、检查核查等制约监督和协同配合机制，提升外出管理工作水平；健全完善村（社区）等社会力量参与机制，畅通监督管理与教育帮扶“最后一公里”，协助配合社区矫正机构做好外出管理等各项工作。

社区矫正监管形势分析与思考

李全业*

社区矫正对象是指被判处管制、宣告缓刑、假释、暂予监外执行的罪犯，置于社区内服刑，是一种非监禁的刑事执行。社区矫正对象重新犯罪是一个很普遍的社会问题，怎样预防和减少社区矫正对象再犯罪，帮助其顺利融入社会，成为守法公民，是推进国家治理体系和治理能力现代化的重要内容，也是贯彻落实依法治国基本方略的必然要求。近5年来，海东市社区矫正对象再犯罪率有所上升，重新犯罪具有诱因复杂、手段更隐蔽等特点。

一、社区矫正对象基本情况

在社区矫正对象的户籍、性别、民族方面，农村户籍占87.52%，城镇户籍占12.48%；男性占92.87%，女性占7.13%；汉族占55.05%，少数民族占44.95%。在文化程度方面，大专以上学历占13.07%，高中或中专学历占41.58%，初中以下学历占45.35%。在年龄方面，未成年（犯罪时）社区矫正对象占1.19%，19—45周岁的社区矫正对象占68.32%，46—60周岁的社区矫正对象占23.76%，60周岁以上的社区矫正对象占6.73%。在矫正类别方面，管制占0.79%，缓刑占96.83%，假释占0.6%，暂予监外执行的占1.78%。在犯罪类型方面，侵犯公民人身权利罪占39.01%，危害公共安全罪占28.12%，妨害社会管理秩序罪占13.86%，侵犯财产罪占13.47%，破坏经济秩序罪占4.16%，贪污受贿罪占0.79%，渎职罪占0.59%。在社区矫正对象再犯罪方面，截至2021年8月，社区矫正对象再犯罪率呈逐年上升趋势，再犯罪率达0.18%。

* 李全业：青海省海东市司法局社区矫正管理局局长，四级调研员。

二、社区矫正对象重新犯罪的原因分析

（一）个人因素

一是个人性格孤僻，自卑感强，对生活期望值过高，在入不敷出的情形下，导致心理失衡。二是文化素质不高，法律意识淡薄，做事鲁莽，易受社会不良风气影响，导致重新犯罪的发生。三是社会、家庭关爱不够，无一技之长，就业困难，导致重新犯罪。

（二）客观因素

一是政策制度限制。在我国曾因犯罪受过刑事处罚者“不得报考国家公务员，不得担任法官、检察官，不能获得律师执业资格”等。这可视为对服刑人员的一种正式的合法化的社会限制，对社区矫正对象改过自新，重新做人等理想信念方面具有负面影响。二是社会歧视。社会对犯罪人员敏感度过高，各类招聘会或企事业单位招工不愿接纳此类人群，社区矫正对象的社会技能逐步弱化、丧失，职业范围狭窄，就业无门，生活困难，导致仇视社会心理越发强烈。三是矫正质量不高。矫正质量水平高低直接影响重新犯罪率的高低，实践中社区矫正存在以下几个问题：其一，执法不严格。社区矫正工作人员对社区矫正相关法律法规学习运用水平不高，执法不到位、选择性执法，随意执法时有发生，导致社区矫正对象在刑意识、改造意识、服管意识淡薄，执法受阻的事件时有发生，给监管帮扶工作带来较大阻碍。其二，奖惩执行不严明。存在老好人思想，面对社区矫正对象的违规违纪行为，不愿管、不会管、不敢管的现象时常发生，批评、教育、处罚不痛不痒，失之于宽、失之于软的情况不同程度存在，致使社区矫正的权威性和严肃性打了折扣。其三，基层执法力量依然薄弱。我市 94 个司法所，无人所 1 个、1 人所 26 个、2 人所 37 个、3 人所以上 21 个，平均每所 2 人，基层执法力量薄弱和人员的不稳定性直接影响社区矫正效果。其四，社会力量参与度不高。政府购买社会服务引导社会力量参与社区矫正工作力度不大，政府、社会齐抓共管的工作合力还未形成。其五，宣传教育引导效果不明显。日常工作中挖掘典型经验做法不多，特色亮点少，应用典型案例、典型经验、好的做法推动实践的能力不强，宣传教育的影响力不大。其六，心理矫正的水平不高。社区矫正教育的本意就是让矫正对象纠正错误，重新树立正确的人生观、价值观、世界观，矫正因犯罪给社会和个人留下的阴影，使矫正对象回归正常的社会生活轨道。所以，矫正工作贵在矫心，我们要求为每一个矫正对象，都量身定制一套矫正方案，帮助他们寻找问题的根源，引导、帮助他们重新选择解

决问题的正确的方式和方法，确保处理问题时理性思考，依法处理，达到“爱心—尊重—信赖—沟通—改变”的矫正效果。而实践中我们的理念、理论以及专业技能显然没有达到这一要求。

三、预防社区矫正对象再犯罪的对策

（一）探索社区矫正机构与相关部门相结合的工作模式

社区矫正是刑事执行体系的一部分，也是一项综合性很强的工作；且涉及面很广，单靠一个主管部门难以实现社区矫正的目标和任务，公检法司和有关部门必须依照社区矫正法规定的职责，依法行使职权，共同发力，才能保证国家刑事法律的正确执行，保障社区矫正工作的有序开展。一要建立长效的协调议事机构，负责统筹协调和指导本行政区域的社区矫正工作。二要配套社区矫正法出台社区矫正工作相关部门工作制度，实行党委政府统一领导，各有关部门依法履行各自职责的工作体系。三要打造社区矫正共享信息平台，社区矫正工作相关部门依法进行信息共享，推动“数字法治、智慧矫正”信息化体系建设。实践中，司法行政机关是社区矫正工作主管机关，负责指导管理工作；社区矫正委员会是议事协调机构，由法院、检察院、公安、司法行政等相关部门组成，负责统筹协调工作；社区矫正机构是社区矫正的执行机关，负责具体实施社区矫正；司法所是最基层的组织，根据社区矫正机构的委托，协助社区矫正机构监督管理社区矫正对象；人民法院把好入口关，防止对不符合条件的罪犯适用社区矫正；人民检察院依法对社区矫正工作实行法律监督；公安机关依法做好社区矫正工作强制力保障；教育部门可以利用教育资源为社区矫正对象提供必要的文化教育、法治教育课程；卫生部门可以为社区矫正对象开展心理矫治和辅导提供资源；民政部门可以为社区矫正对象提供临时居所、最低生活保障、社会救助等帮扶；人力资源和社会保障部门可以为社区矫正对象开展职业技能培训、给予就业指导。

（二）创新专门机构与社会力量相结合的工作方法

创新专门机构与社会力量相结合的工作方法，充分调动社会力量参与社区矫正，也是国家治理体系、治理能力现代化的必然要求。党的十九届四中全会提出，要坚持和完善共建共治共享的社会治理体系。社区矫正过程中，在国家提供体制基础、秩序保障的前提下，将社会力量、公众力量融入教育矫正罪犯，不仅是教育帮扶社区矫正对象的有益途径，也是国家治理与社会参与有机统一、协调共进的重要体现。实践中要大力鼓励、支持企业事业单位、社会组织、志愿者等社会力量参与社区矫正工作。居民委员会、村民委员会可以引导志愿者和社区群众，利用社区资源，通过多种形式，进行必要的教育帮扶。社区矫正机构可以通过公开择优购买社会服务、项目委托等方式，委托社会组织提供心理辅导、社会关系改善等专业化的帮扶；鼓励有经验和有资源的社会组织跨地区开展帮扶交流和示范活动。共青团、妇联、未成年人保护组织和其他有关社会组织协助做好社区矫正工作。

（三）建立完善社区矫正对象综合评估指标体系

针对社区矫正对象的风险与需要进行评估，科学地制订和调整矫正方案，实现分类管理，为个别化矫正提供准确可靠的依据。评估指标体系主要包括，一是矫正对象的心理测试，建议由专业人员根据矫正对象的心理动态、工作态度、生活方式等通过科学的测试来评分；二是对矫正对象的生活环境进行评估，从家庭环境、经济条件、所处的社区环境、交友状况、个人的兴趣爱好、技术特长等方面进行实际调查评估，并以问卷的形式计算得分；三是根据社区矫正对象所服刑种、犯罪的性质、主观的恶性等因素进行评分；四是根据矫正对象在矫正期间接受监督管理教育帮扶、悔罪表现等情况进行评分。

（四）努力打造高素质的矫正队伍

社区矫正工作队伍是社区矫正工作法治化、制度化的重中之重，推进高素质社区矫正工作队伍建设是实现提高教育矫正质量，促进社区矫正对象顺利融入社会、预防和减少犯罪目标的人才保障，也是推进依法治国的必然要求。建议各级社区矫正机构加强对社区矫正工作人员的管理、监督、培训和职业保障，不断提高社区矫正工作的规范化、专业化水平。

一是强化管理和监督。为了保证矫正工作的正确开展，必须加强对社区矫正工作人员的管理和监督，并且要将这种管理和监督制度化、法律化，在此意义上可以说《社区矫正法》也是社区矫正工作人员的管理法、监督法。对社区矫正工作人员的管理、监督必须反映其本身的工作性质和特点，实行科学管理，从而杜绝社区矫正工作中人情案、关系案等风险的发生，进一步彰显矫正工作的公正性和权威性。

二是做好培训和职业保障。首先要做好培训工作，不断提高社区矫正工作人员的职业素养、职业技能。“用才之基在储才，储才之要在育才”，社区矫正是一项专业要求很高的工作，如果社区矫正工作人员不具备专业知识，难以实现社区矫正工作目标。做好培训工作，不断提高社区矫正工作人员的业务工作能力，让社区矫正工作人员的知识结构不断适应新形势下社区矫正工作需要，是做好社区矫正工作的必备前提。“职业保障”也是做好社区矫正工作的前提和基础，首先要在实体上保障社区矫正工作人员顺利履职，保障其报酬、福利待遇，以及必要的办公场所和办公条件等。其次要在程序上为社区矫正工作提供必要的规范和指引，划清权责界限，避免不当追责。

三是不断提高社区矫正的规范化、专业化水平是国家推进高素质的社区矫正工作队伍建设，社区矫正机构加强对社区矫正工作人员的管理、监督、培训和职业保障的目标，是工作队伍建设的出发点和落脚点。“规范化”使社区矫正工作的全部流程更加科学、合理，实现法律规定的社区矫正工作目标。“专业化”要求提升社区矫正工作人员的业务能力，发挥其专业特长。社区矫正工作重在分类管理、个别化矫正，准确判断致罪原因、发现社区矫正对象回归社会面临的现实困难以及有针对性地采取教育帮扶措施，都离不开专业素养和必要的知识储备。只有在专业判断的基础上，对症施策，才能实现有针对性地消除可能导致社区矫正对象重新犯罪的因素，帮助其成为守法公民的矫正工作目标。社区矫正的规范化、专业化也是维护刑事执行公正性、权威性的内在要求。

总之，矫正对象重新犯罪的原因是多方面的，社区矫正工作要坚持目标导向，促使和帮助社区矫正对象回归社会，成为守法公民；坚持问题导向，着力解决和消除影响社区矫正对象回归社会的各种问题和不利因素；坚持精准矫正和个别化矫正，鼓励和提高社区矫正对象自我更正和自觉回归的积极性、主动性，同时对违反法律规定的社区矫正对象严格依法处理；坚持依法矫正，坚守法治和人权保障底线，保障社区矫正对象合法权益；坚持专业化，持续推进社区矫正工作队伍建设；坚持社会化方向，积极鼓励支持社会各方面共同参与，从而有效预防和减少重新犯罪，为构建平安和谐的社会作出应有的贡献。

北京市西城区社会治理框架下社区矫正管理模式研究

蔡卫华*

“社会治理”是党的十八届三中全会通过的《中共中央关于全面深化改革若干重大问题的决定》第一次以正式文件的形式提出的新概念；党的十九大报告提出要着力打造共建共治共享的社会治理格局，指出“加强社会治理制度建设，完善党委领导、政府负责、社会协同、公众参与、法治保障的社会治理体制，提高社会治理社会化、法治化、智能化、专业化水平”；十九届四中全会再次强调坚持和完善中国特色社会主义制度、推进国家治理体系和治理能力现代化，是全党的一项重大战略任务。社会治理是党在新时期管理国家事务这一课题上明确的新理念、新观点，是在理论拓展上的新境界，更是在实践中作出的新部署，表明政府已从管理与控制的社会管理模式过渡为政府与社会共同对公共事务管理的多元化合作治理，形成社会治理人人有责、人人尽责的局面，努力实现社会共建共治、共享和谐稳定的社会发展环境。

社区矫正是具有中国特色的非监禁刑事执行制度，契合了全面依法治国和推进社会治理创新的时代要求，在维护地区和谐稳定中发挥了积极的作用。以北京市西城区社区矫正工作现状为例，解析社区矫正工作嵌入区域社会治理框架下模式问题，特别是2020年7月1日《社区矫正法》颁布实施后，无论是对政策衔接、制度建设的研究，还是对运行机制和管理模式的探索，对完善地区社会治安防控体系和构建基层社会治理新格局都将具有一定的现实意义。

一、西城区整合、引导社会力量参与社区矫正概况

（一）总体指导原则

西城区社区矫正工作历时17年，形成了适应首都中心城区维稳防控的组织运行模式和执法监督机制。固化和完善现有的成功经验和做法，并做好政策衔接，是确

* 蔡卫华，北京市西城区司法局社区矫正科科长。

保《社区矫正法》《社区矫正法实施办法》等现行法律法规贯彻实施不可或缺的重要环节。

1. 坚持“政府主导，系统治理”

遵循“总体国家安全观”能力建设的目标，紧紧围绕区域“平安建设”规划和要求，把人民群众获得感、幸福感和安全感作为系统综合治理的根本标准，构筑了以区、街两级司法行政部门为组织牵头部门，以社区工作站为社区矫正的工作载体，以阳光中途之家和阳光社区矫正服务中心为教育矫正、心理矫治、就业指导和专业培训的服务平台，以政府职能部门为成员单位的齐抓共管的工作格局。

2. 坚持“属地管理，群防群治”

坚持区、街两级“谁主管，谁负责；谁预警，谁执行”的属地管理原则，以社区为载体，充分发挥基层社区组织群众自治的属性，发动和依靠群众，针对辖区重点场所、重点区域、重点部位和所管对象分布情况，合理部署和配置工作力量，最大限度地挤压预防违法犯罪活动的空间，消除现实安全隐患。

3. 坚持“统筹兼顾，优势互补”

坚持从维护地区安全稳定的大局出发，充分发挥各自的职能优势，在全市率先建立与区检察院、公安分局、区法院、监狱、看守所等多部门联动协作机制，实行“信息共享、职能互补、互助共建”的协作模式。将列管人员中存在风险隐患的重点关注人员纳入地区维稳管控大盘，统筹协调，重点防控。针对涉访涉稳问题，依托区委政法委重大安保会商会、“街道吹哨，部门报到”等联动机制，与各部门加强协作，打破信息共享壁垒，实现联防共治。

（二）西城区社区矫正管理模式的总体特征

从2004年4月20日西城区启动社区矫正试点工作起，在区委、区政府的坚强领导和大力支持下，全区司法行政系统始终围绕执法监管和教育矫正及社会适应性辅导等重点任务，致力于在完善职能部门联动协作、建立适应重大安保维稳机制、聚焦精准矫正效果和质量及注重多元化矫正队伍的建设和培育等方面建章立制，建立了适应区域安全防范的工作制度和机制，逐步形成了具有首都中心城区特色的社区矫正管理模式。

1. 构筑齐抓共管工作格局

确立党委、政府统一领导，司法行政部门牵头组织，相关部门协调配合，司法所具体实施，社会力量广泛参与的社区矫正工作领导体制和工作机制。

2. 建立适应重大安保维稳机制

固化风险排查及整治、突出特殊个案、专案及重点衔接个案的处置、启动战时安保信息报告、电子监管、手机 App 定位监控及重点敏感区域电子围栏设定等管控手段，健全完善应急处置机制，做到防患于未然。

3. 创新矫正管理手段和措施

把握矫前调查、矫中监管、矫正教育等环节的岗位风险，创新教育矫正模式，制订渐进性矫正方案，将分类教育、解矫教育与个案矫正、心理矫正相结合，强化社区矫正对象身份意识、服刑意识、悔罪意识、守法意识、自立意识和奉献意识，实行规范化、精准化、智能化的矫正，教育帮扶社区矫正对象顺利回归社会和家庭，促进了社会和谐稳定。

4. 配置多元化专兼职矫正队伍

配置了区、街、社区三个层面专兼职工作队伍。专职队伍包括司法行政系统政法编制公务员及抽调的监狱干警等执法工作主体。同时，还配置了事业单位职员及专职司法社工等专业辅助人员。矫正兼职队伍主要包含社区工作站兼职承担社区矫正的工作人员、社会志愿者、矫正小组成员等社会力量，为实现群防群治奠定了坚实的基础。

二、西城区社区矫正嵌入区域社会治理框架下的模式

社会治理作为一项系统工程，是政府职能部门、社会组织、企事业单位、群团组织、社区以及个人等多个参与主体通过平等协作、沟通引导等方式，依法对社会事务、社会组织和社会生活进行引导和规范，最终实现公共利益最大化的过程。社区矫正工作是社会治理系统工程的一个重要环节，是根据宪法规定，依据刑法、刑事诉讼法、社区矫正法、监狱法、治安管理处罚法和暂予监外执行规定等法律法规，将判处管制、宣告缓刑、裁定假释或决定暂予监外执行的罪犯置于社区，由政府主导、专门机构组织实施、整合政府职能部门、群团组织和动员引导社会力量广泛参与，依法进行监督管理和教育帮扶，教育、引导社区矫正对象顺利融入社会和家庭的过程，是预防和减少犯罪、维护社会秩序、保障社会稳定的刑事执行制度。将社区矫正嵌入区域社区治理框架下，本质上就是充分整合区域行政资源和社会资源、最大限度地实现群防群治的过程，解析社区矫正运行模式可见一斑。

（一）运行体制

北京市在社区矫正试点运行伊始，就建立了市、区、街道三级由党委政府领导、司法行政部门组织牵头，相关政府职能部门及区域群团组织参与的议事协调机构，遵循一定的议事规则，解决区域内矫正相关事宜。与之呼应建立的公、检、法、司、民政、人力社保、卫健委等部门联动、个案会商制度更是协调配合，各司其职，共同做好社区矫正工作。

（二）监管模式

社区矫正对象监管的根基在街道和社区，《北京市民政局、中共北京市委组织部关于进一步开展社区减负工作的意见》（京民基发〔2016〕105 号）规定性文件是社区履行社区矫正辅助性工作的政策保障。自开展社区矫正工作以来，全区累计接收社区矫正对象 3840 人，逐人建立矫正小组，组成人员包括：司法所所长、司法助理、社区民警、社区工作人员、社区志愿者、治安积极分子及社区矫正对象所在单位、就读学校、家庭成员或者监护人、保证人、亲属等，参与人数多达 26800 余人次，成为共同做好社区矫正对象管理与教育工作的群众基础，更是社会力量参与社区矫正的具体形式之一。

（三）创新机制

运用社会工作原理，主动融入全区社会综合治理体系。一是把“司法行政系统人民调解工作”作为预防社区矫正对象重新犯罪的“一道防线”。将司法行政系统人民调解端口与社区矫正工作对接，全面整合司法所各项工作职能，充分发挥人民调解员专业化解矛盾的优势，配合社区矫正工作执法者，协同完成对一些顽危抗改的社区矫正对象的攻坚克难工作，打造法治宣传、人民调解、社区矫正多维一体的地区综治维稳平台。二是把“市域社会治理现代化试点工作”作为抓好机制建设的平台。明确加强市域内社区矫正对象的服务管理，健全政府、社会、家庭三位一体的关怀帮扶体系，建立区、街道两级相关专业社会组织、社会工作人才队伍，落实安置、教育、矫治、管理以及综合干预措施。三是把党建引领“街道吹哨、部门报到”工作作为抓好部门联动的基础。研判各街道辖区内矫正个案常见的、多发的隐患问题，由街道纳入吹哨范围，明确报到主责部门，根据具体事项明确对应牵头部门，由其统筹协调处置，确定事项处置及问题协调解决流程规范，推动实现事务共商、平台共建、资源共享的工作格局。

三、现阶段社区矫正工作面临的形势和需要重点解决的问题

《社区矫正法》在强调保障刑事判决、裁定和决定正确执行的同时，要求社区矫正从矫正罪犯犯罪心理、行为恶习向教育帮扶倾斜，部门协同配合的标准提高。坚持守正创新，依法、科学、合理地设置社区矫正机构框架和进行人员配置，明确执法规范和标准，搭建多部门联动议事平台，确立社区矫正监督机制，不仅是《社区矫正法》的法定职责规定，更是深入推进地区社区矫正工作的组织保障。

（一）深入推进社区矫正改革创新问题

一是合理搭建地区社区矫正组织机构。明确矫正执行机构职责，理顺机构框架，依法组建全区社区矫正委员会、设置地区社区矫正机构及加强工作队伍建设，进一步完善首都中心城区社区矫正刑事执行框架。二是解决好矫正机构人员配置问题。针对当前地区事业单位改革的有利时机，根据现有矫正事业单位的职责任务，可在政策允许范围内落实区阳光中途之家（区司法局公益二类事业单位）参公管理，以解决执法身份掣肘的困境，缓解行政编制配置不足的问题。在鼓励抽调监狱戒毒民警安心本职、增强“融入西城，奉献西城”使命感及进一步严密监矫刑事执行一体化的衔接等队伍建设工作中，仍需要从管理体制和机制中加以调整和完善。三是解决专职司法社工管理体制问题。鉴于专职司法社工作为社区矫正的辅助性工作主体的法律地位，建议落实主责部门管理权限，理顺管理机制，落实专岗专用。结合地区实际，适时落实配置内专职司法社工的招录工作，加强专职司法社工队伍管理的调研，适应专业化社区矫正发展的需求。

（二）社会力量参与社区矫正项目的设定

《社区矫正法》明确了社会组织及社会力量参与社区矫正的专业要求。社区矫正执法主体的排他性、执法环节的强制性和惩戒性与教育帮扶所的专业性，决定了社会力量参与社区矫正面临着一定的限制性门槛。因此，为专业社会组织“量身定做”的矫正项目成为提升专业化水平和教育帮扶效果的关键环节。同时，明确参与社区矫正工作的各类社会力量的职责定位、任务清单、参与流程，建立社会组织及社会力量与社区矫正机构职责相对清晰、互为补充的工作模式，也是实现社会力量参与矫正服务，实现精准化教育帮扶的基础。

（三）规范矫正专兼职队伍素质建设标准

通过专业培训“三个结合”（阶段工作与专项培训相结合，解读政策和实操培训相结合，实务调研与交流学习相结合），坚持以提升专职队伍“四种能力”（组织落实能力、沟通协调能力、教育矫正能力、应急处置能力）和社工队伍“三基四能一坚守”（以基本知识、基本技能、基本政策法规为主题的培训；能运转工作，能及时按规定程序实施帮教计划，能按规定完整记录、填写档案材料，能启动应急预案；坚守工作纪律和保密纪律）为标准，强化对区、街及社区专兼职工作队伍的培训，提升队伍专业化水平，为实现群防群治奠定组织基础。

浅谈暂予监外执行社区矫正制度

熊　文*

一、我国暂予监外执行规定及与国外法系比较

（一）我国暂予监外执行的法律规定

暂予监外执行，是指对于被判处有期徒刑或者拘役，本该在监狱或看守所服刑改造的罪犯，由于具备法律所规定的特殊条件，不适宜在监禁状态下执行刑罚的，依法适用暂时在监狱外执行刑罚的制度。我国当前暂予监外执行主要是由《刑事诉讼法》进行调适。《刑事诉讼法》第265条规定："对被判处有期徒刑或者拘役的罪犯，有下列情形之一的，可以暂予监外执行。（一）有严重疾病需要保外就医的；（二）怀孕或者正在哺乳自己婴儿的妇女；（三）生活不能自理，适用暂予监外执行不致危害社会的。对被判处无期徒刑的罪犯，有前款第二项规定情形的，可以暂予监外执行……"

（二）德国相关立法

《德国刑事诉讼法》规定："（1）受有罪判决人如果发生精神病，对自由刑的执行应当推迟。（2）前款规定同样适用于受有罪判决人患有其他疾病，执行会对他几乎带来生命危险的情况。（3）根据受有罪判决人所处身体状况，立即执行与监狱的设施不相容的，也可以推迟刑罚的执行。（4）如果受到有罪判决人发生精神病；患有疾病，执行则有可能危及受有罪判决人生命之虞，或者受到有罪判决人身患重病，在监狱或者监狱医院里不能查明或者治疗，并且可以预计病情将要持续相当一段时间的，执行机关可以中断自由刑的执行。"

（三）日本相关立法

《日本刑事诉讼法》规定："受惩役、监禁或者拘留宣判的人处于心神丧失的状

---

* 熊文，湖北省武汉市汉阳区社区矫正工作管理局局长。

态时，依据作出刑罚宣判的法院相对应的监察厅的检察官或者受刑罚宣判人现在地的管辖地方检察厅的检察官指挥，在其状态恢复以前，停止执行刑罚。”“对于受惩役、监禁或者拘留宣判的人，具有以下情形之一时，可以依据与作出刑罚宣判的法院相对应的监察厅的检察官或者受刑罚宣判人现在地的管辖地方监察厅的检察官的指挥而停止执行刑罚。（1）因执行刑罚而显著损害健康时，或者有不能保全其生命的危险时；（2）年龄在 70 岁以上时；（3）怀孕 150 日以上时；（4）分娩后没有经过 60 日时；（5）因执行刑罚有可能产生不能恢复的不利情况时；（6）祖父母或者父母年龄在 70 岁以上，或者患重病或残疾，而没有其他保护他们的亲属时；（7）子或者孙年幼，而没有其他保护他们的亲属时；（8）有其他重大事由时。”

上述德国、日本两国立法都是暂时停止执行刑罚而不是变通执行刑罚的方式，与我国的变通执行有所差异，但在立法宗旨上都是基于人道主义而设置的一种刑罚执行制度。

二、我国暂予监外执行社区矫正对象的特别监管规定

根据《刑事诉讼法》第 269 条的规定，对被判处管制、宣告缓刑、假释或者暂予监外执行的罪犯，依法实行社区矫正，由社区矫正机构负责执行。暂予监外执行社区矫正对象是在社区矫正机构执行刑罚的罪犯，监督管理是社区矫正工作的重要基础。与管制、缓刑、假释罪犯相比，《社区矫正法》和《社区矫正法实施办法》对暂予监外执行社区矫正对象的监管作了特殊而严格的规定。

（一）交付接收环节，强调现场交付接收

《社区矫正法》第 21 条第 2 款、第 3 款规定：“人民法院决定暂予监外执行的社区矫正对象，由看守所或者执行取保候审、监视居住的公安机关自收到决定之日起十日内将社区矫正对象移送社区矫正机构。监狱管理机关、公安机关批准暂予监外执行的社区矫正对象，由监狱或者看守所自收到批准决定之日起十日内将社区矫正对象移送社区矫正机构。”《社区矫正法实施办法》第 17 条第 2 款规定：“暂予监外执行的社区矫正对象，由公安机关、监狱或者看守所依法移送至执行地县级社区矫正机构，办理交付接收手续……”

（二）日常监管环节

除遵守报告自己遵纪守法情况等一般性监督管理规定外，暂予监外执行的社区矫正对象还应当每个月报告本人身体情况，保外就医的，应当到省级人民政府指定的医院检查，每 3 个月向执行地县级社区矫正机构、受委托的司法所提交病情复查情况。

（三）处罚环节

除其他适用警告的情形外，保外就医的社区矫正对象无正当理由不按时提交病情复查情况，经教育仍不改正的，执行地县级司法行政机关应当给予警告。

（四）收监执行环节

《社区矫正法实施办法》对暂予监外执行提请收监作了专条规定，其中第 49 条规定了执行地县级社区矫正机构提出收监执行建议的 8 种情形。第 50 条规定了收监执行的实施程序，区分三种情形：一是人民法院决定收监执行的，由执行地县级公安机关本着就近、便利、安全的原则，送交社区矫正对象执行地所属的省、自治区、直辖市管辖范围内的看守所或者监狱执行刑罚；二是公安机关决定收监执行的，由执行地县级公安机关送交存放或者接收罪犯档案的看守所收监执行；三是监狱管理机关决定收监执行的，由存放或者接收罪犯档案的监狱收监执行。社区矫正决定机关应当在收到收监建议书后 30 日内作出裁定，将裁定书送达社区矫正机构和公安机关，并抄送人民检察院。

（五）对保证人的一定要求

《社区矫正法》及《社区矫正法实施办法》虽没有对保证人作出明文规定，但 2014 年《暂予监外执行规定》第 10 条、第 11 条和第 12 条对保外就医保证人的确定、具备的条件和应当履行的义务有明确规定。保证人应当同时具备下列条件：（1）具有完全民事行为能力，愿意承担保证人义务；（2）人身自由未受到限制；（3）有固定的住处和收入；（4）能够与被保证人共同居住或者居住在同一市、县。罪犯在暂予监外执行期间，保证人应当履行下列义务：（1）协助社区矫正机构监督被保证人遵守法律和有关规定；（2）发现被保证人擅自离开居住的市、县或者变更居住地，或者有违法犯罪行为，或者需要保外就医情形消失，或者被保证人死亡的，立即向社区矫正机构报告；（3）为被保证人的治疗、护理、复查以及正常生活提供帮助；（4）督促和协助被保证人按照规定履行定期复查病情和向社区矫正机构报告的义务。

由此可以看出，有保证人是人民法院、公安机关、监狱管理机关决定、批准罪犯保外就医的重要条件之一。

三、暂予监外执行社区矫正实施过程中的现实困难

（一）社会调查评估率不高

《社区矫正法实施办法》第 5 条、第 7 条分别在人民法院、公安机关依法履行的

职责中，对调查评估作出明确规定：人民法院拟处管制、宣告缓刑、决定暂予监外执行的，可以委托社区矫正机构或者有关社会组织对被告人或者罪犯的社会危险性和对所居住社区的影响，进行调查评估，提出意见，供决定社区矫正时参考；公安机关对看守所留所服刑罪犯拟暂予监外执行的，可以委托开展调查评估。实践证明，社会调查不仅为司法机关决定是否对罪犯实施非监禁刑提供了重要依据，提高适用社区矫正的正确适用率，而且通过社会调查，对拟适用社区矫正的罪犯（被告人）是一次较好的法治教育，对提高他们的认罪悔罪意识，使其服从社区矫正监管具有积极作用。

然而在实际执行中，对暂予监外执行的社区矫正对象开展社会调查率偏低。以笔者工作的所在区为例，目前在册的 315 名社区矫正对象中，有 8 名暂予监外执行社区矫正对象，仅对其中 2 人开展了社会调查，占比 25%；2020 年至 2021 年累计暂予监外执行 19 人，开展社会调查 5 人，占比 26%。实际社区矫正监管中，未经过社会调查的暂予监外执行社矫对象，普遍存在遵守社区矫正规则意识差，监管难度较大，重新犯罪隐患较大的问题。

（二）调查评估意见采信率不高，监管风险较大

根据《社区矫正法实施办法》第 14 条的规定，社区矫正机构、有关社会组织接受委托后，应当对被告人或者罪犯的居所情况、家庭和社会关系、犯罪行为的后果和影响、居住地村（居）民委员会和被害人意见、拟禁止的事项、社会危险性、对所居住社区的影响等情况进行调查了解，形成调查评估意见。结合《刑事诉讼法》第 265 条第 3 款“对适用保外就医可能有社会危险性的罪犯，或者自伤自残的罪犯，不得保外就医”的规定，暂予监外执行的社会调查，除上述调查内容外，更侧重对其社会危险性的评估，同时还需注意调查保证人是否适格。以笔者所在的社区矫正机构工作实践为例，对暂予监外执行的调查程序包括询问罪犯（被告人）、保证人；向公安机关调查有无犯罪记录、遗漏罪、网上通缉等情况，走访社区了解其现实表现，调查犯罪行为的后果和影响；入户调查其居住情况等，结合危险程度评估量表等客观数据，出具翔实报告。如社区矫正对象刘某，因犯贩卖毒品、容留他人吸食毒品等罪被判处有期徒刑 15 年，因患双肺继发性肺结核、慢性肺源性心脏病、病毒性肝炎等多种疾病暂予监外执行。在社会调查中，调查人员发现其有多次犯罪经历，且有吸毒史，对社区不良影响较大，因此社区矫正机构建议不予适用社区矫正，但法院仍裁定暂予监外执行。刘某于 2018 年入矫，社区矫正机构对其进行了经常性法制教育及个别谈话，但此人恶习难改，在 2021 年又因吸食毒品被公安机关决定社区戒毒 3 年，造成较大监管压力。

（三）病情复查及病情鉴定存在难度

要求暂予监外执行社区矫正对象进行定期病情复查和病情鉴定十分必要，可以有效防止其病情恢复后逃避收监问题，更好地维护法律的公正和权威。但在实践中，存在执行上的困难，主要表现在：一是暂予监外执行矫正对象往往因患病生活困顿，难以支付定期病情复查费用及高额的鉴定费用；二是病情复查需在省级人民政府指定医院进行，但指定医院范围较窄，有的矫正对象日常就医医院与指定医院不一致，需重复进行检查，增加了身体负担和经济负担；三是病情复查报告专业技术性较强，作为社区矫正工作人员，从医疗机构出具的各类检验报告中判断其病情是否好转，是否符合暂予监外执行条件存在一定难度。

（四）收监执行难

《社区矫正法实施办法》规定暂予监外执行中，出现因违反社区矫正管理规定、被社区矫正机构警告等情形，由执行地县级社区矫正机构提出收监执行建议。但在实际执行中，社区矫正机构提出收监建议，法院采纳作出收监决定后，负责收押的看守所、监狱往往因该罪犯患病、监所安全等原因而拒绝接收，使社区矫正机构对于是否对其继续监管陷入尴尬的两难境地：如果继续监管无法律依据，而不予监管又会产生影响社会稳定的诸多风险。

（五）执法公信力受到挑战

呈报单位和审批部门易受人情关系的影响。近年来发生的云南孙小果案、内蒙古“纸面服刑”等案件，均暴露出个别监狱管理者、法官在办理减刑、保外就医案件中存在违法问题。某些罪犯为达到个人目的，通过权钱交易贿赂司法执法人员，实现保外就医，他们肆意践踏法律的尊严和公平正义，将暂予监外执行当作逃避监狱服刑的一条捷径，严重亵渎了暂予监外执行这一人道主义法律原则。

四、对加强暂予监外执行监管的几点建议

（一）完善立法

第一，在刑诉法中应增设对暂予监外执行罪犯实行担保制度。在对罪犯保外就医期间保证人的权利和义务作出明确规定基础上，作出对罪犯保外就医期间违反规定的，对未尽义务的保证人追究责任的相应法律规定。

第二，严格完善管理监督机制。制定一个规范暂予监外执行监管、监督工作，

明确公、检、法、司各部门职权、任务、职责范围、工作制度方面的可操作性法规，使暂予监外执行工作能够统一程序、统一标准、统一实施、统一考核。

（二）建立和完善病残鉴定制度

由专门的司法鉴定中心定期对指定医院出具的诊断证明进行甄别，提出定性意见，对符合保外就医疾病伤残范围的加盖鉴定专用章，对存有疑义的提请法医鉴定机构进行复查，并请检察机关同步监督，防止罪犯保外就医过程中的钱权交易、弄虚作假、徇私舞弊等现象发生。

（三）建立病情鉴定救助基金

通过财政拨款、社会捐助等形式，设立病情鉴定救助基金，用于因患病导致生活困难的暂予监外执行社区矫正对象，开展定期病情复查和法医鉴定，并规范该项基金的使用制度，建立监督机制。

（四）加大对暂予监外执行监督力度

第一，拓宽监督渠道。实行内部监督与外部监督、专业监督与社会监督相结合，除检察机关法律监督外，开展暂予监外执行工作的各单位纪检监察部门，也应加强对此项工作的执纪监督。同时，尝试将暂予监外执行决定书比照生效判决文书网上公开模式，登载裁判文书网，接受社会监督、舆论监督，最大限度地避免暗箱操作和“纸面服刑”案件发生。

第二，改变监督方式。监督方式从目前的事后监督改为同步监督，即对适用暂予监外执行时的评审议定、提请报批和审查批准三个环节实行全过程监督，有利于检察、纪检监察部门及时发现问题，及时监督纠正。

第三，加大打击力度。一是对暂予监外执行罪犯再犯罪的，要依法严厉打击；二是对司法人员利用职务之便，违法办理暂予监外执行的犯罪活动，发现一起，查办一起，决不手软，依纪依法严肃处理，涉嫌犯罪的，依法追究其刑事责任，切实防止司法腐败的发生，维护法律公平和公正；三是以2021年全国政法队伍教育整顿为契机，清除害群之马，整治顽瘴痼疾，规范开展暂予监外执行，维护法律的权威和尊严。

（五）针对“不能关押罪犯”建立特殊羁押场所

暂予监外执行制度的初衷是体现法律的宽严相济和人道主义精神，但现实案例中，有些暂予监外执行社区矫正对象，以患病、年老不能收监为护身符，无视社区矫正监管规定，极大地增加了社区矫正监管难度。面对此种情况，社区矫正机构即使提请收监执行，决定机关裁定收监，但监狱或看守所也可能会以《监狱法》《看守所条例》中暂不收押情形为由不予收押，送监难、收监难成为实现法律惩罚功能的一道屏障，给社会带来了严重的安全隐患。因此，笔者建议，加强政府人财物投入，以区为单位建设特殊监所，实现应收尽收，真正遏制“恃病无恐”极端思想，通过法律的强制力和惩罚力促使他们认罪、悔罪，走向新生。在关押的同时，对这类特殊人群，应当体现更多的人文关怀，设立必要的隔离、监测、医疗功能，监管手段也应该予以有针对性的调整，彰显宽严相济的刑罚执行理念。

浅论暂予监外执行人员管理

屈　英*

时至今日，《社区矫正法》已正式施行一年有余。《社区矫正法》实施以来，宽严相济、保障人权、重视社区矫正对象修复融入的立法原则实实在在地保障了社区矫正对象的权益，也标志着我国社区矫正工作进入了新的发展阶段。但在实践中，由于缺乏相关的制度设计和配套措施，使得《社区矫正法》在具体工作落实过程中，难免会出现难以操作的真空地带。作为社区矫正局工作人员，笔者也在组织开展社区矫正监管工作中遇到了一些问题，尤其是在对暂予监外执行人员的监管中遇到一些无奈和羁绊，现就这些问题谈谈浅见。

一、某师社区矫正基本情况

新疆生产建设兵团某师司法局（以下简称某师司法局）下设 1 个社区矫正局（内设机构），工作人员 4 名，组织指导 20 个司法所开展社区矫正工作。自 2012 年开展社区矫正工作以来，累计接收社区矫正对象 2478 人，累计解除 2217 人。目前，某师有社区矫正对象 261 人，其中缓刑 255 人、暂予监外执行 6 人；男性 201 人、女性 60 人；汉族 239 人、少数民族 22 人；就业 225 人、就学 2 人、无业 34 人。在矫的 6 名暂予监外执行人员中，有 2 名是处于哺乳期的妇女，4 名保外就医人员。

某师司法局结合《社区矫正法》及其实施办法，从社区矫正前调查评估、入矫接收、矫正宣告、监督管理、电子定位装置使用、信息核查、外出审批、执行地变更、考核奖惩、撤销缓刑假释、提请收监执行、矫正解除终止等 26 项社区矫正重要环节入手，进一步细化了各环节的工作流程和操作规范，以确保某师石河子市社区矫正工作依法规范运行。截至目前，某师没有发生社区矫正对象重新犯罪和脱管、漏管情况，取得了良好的法律效果和社会效果。

---

* 屈英，八师石河子市司法局社区矫正局局长，二级主任科员。

二、暂予监外执行人员监管存在的问题

（一）保证人制度不健全，致使交付执行前由法院决定暂予监外执行的人员缺乏协助监督的力量

2014 年 10 月 24 日最高人民法院等 5 部门制定《暂予监外执行规定》，其中第 10 条第 1 款规定："罪犯需要保外就医的，应当由罪犯本人或者其亲属、监护人提出保证人，保证人由监狱、看守所审查确定。"第 11 条、第 12 条还规定了保证人的条件和应履行的义务。但该规定没有明确对交付执行前由法院直接决定暂予监外执行人员设定保证人要求，只规定了法院在作出暂予监外执行前应当征求人民检察院的意见。这为现实生活中交付执行前暂予监外执行矫正对象的监管埋下了隐患。以某师矫正对象郑某某为例：郑某某，女，未婚，无固定职业，2017 年 10 月因信用卡诈骗罪被人民法院判处有期徒刑二年，并处罚金人民币 5 万元。2019 年 2 月 25 日，人民法院因郑某某怀孕作出暂予监外执行决定书，并交付实行社区矫正，但未审查确定保证人。郑某某当时已怀孕 9 个月有余，即将生产。父母因怒其不争，拒绝协助监管和提供帮扶，致使郑某某独自租房生活。某师社区矫正局虽为其申请了低保救助和临时救助，暂缓了她的困难，但无业、无收入、无人贴身监管和照顾，养育孩子和维持生活所需的巨大开销仍为其此后再次犯罪埋下了诱因。

（二）女性罪犯利用怀孕产子逃避法律惩罚，法律权威受到严重挑战

2012 年修正的《刑事诉讼法》规定："对于被判处有期徒刑或者拘役的罪犯，怀孕或者正在哺乳自己婴儿的妇女，可以暂予监外执行。"但法律没有对怀孕和哺乳自己婴儿的次数作出相应的规定，致使一些女性罪犯利用怀孕生子来逃避刑罚。某师暂予监外执行人员朱某某因犯组织卖淫罪于 2018 年 12 月被人民法院判处有期徒刑 5 年。由于朱某某正处在怀孕期间，法院决定暂予监外执行，对朱某某实施社区矫正。但朱某某在监外执行期间不断怀孕、哺乳，现已生育 4 个子女（其中社区矫正前生育 2 子，社区矫正期间生育 2 子）。法院为此连续 3 次作出暂予监外执行决定，朱某某直至现在仍在社区矫正。社区矫正期间，社区矫正局、市检察院对朱某某进行法治教育和计划生育政策宣传，但朱某某拒不悔改，仍然多次怀孕生子，利用法律人道主义关怀谋取暂予监外执行，前例郑某某未婚怀孕和本例朱某某多次妊娠逃避法律制裁的情况严重损坏了法律尊严和司法权威。

（三）监管手段有限，部门协作存在真空地带，致使刑事执行成效大打折扣

按照《社区矫正法》规定，社区矫正适用于管制、缓刑、假释、暂予监外执行

四类人员，矫正工作内容和方式就是加强对上述人员的监督考察，但由于法律赋予社区矫正机构的监管权力有限，除日常学习、教育、走访、帮扶等管理职责和提请建议权外，没有更多监管手段。由于现行法律关于暂予监外执行制度缺乏科学的管理监督机制，势必形成公、检、法三机关相互推诿、扯皮的现象，如果相关部门配合力度不到位，很难有效预防社区矫正对象再犯罪。仍以郑某某为例，如前所述，郑某某未婚生子，矫正期间因无家人扶持及本人诈骗成性，为维持优渥的生活，郑某某屡次以借钱、投资、帮助处理交通违章等为由，骗取他人钱财。社区矫正局虽发现其经济收支异常，向公安、检察机关提出协助调查建议，但终因各种原因，未能查证其犯罪事实，直到2021年郑某某社区矫正期满之后，经他人报案才使其罪行被揭发，再次受到法律制裁。

（四）对保外就医和生活不能自理人员病情检查的法律规定太笼统，缺少政策指导，收监判断难度大

《刑事诉讼法》第265条规定了三种可以暂予监外执行的情形：一是有严重疾病需要保外就医的；二是怀孕或者正在哺乳自己婴儿的妇女；三是生活不能自理，适用暂予监外执行不致危害社会的。《社区矫正法》《社区矫正实施办法》也规定，社区矫正机构要定期审查暂予监外执行社区矫正对象的病情复查情况，对暂予监外执行条件消失的人员及时提请收监。但上述法律没有规定社区矫正机构如何判断暂予监外执行条件消失的情况。虽然法律规定社区矫正机构应当及时掌握暂予监外执行罪犯的身体状况以及疾病治疗等情况，每3个月审查保外就医罪犯的病情复查情况。但在现实管理中，社区矫正机构人员本身不具备应有的医疗知识，不可能根据社区矫正对象的病情检查单精准判断矫正对象病情是否符合暂予监外执行条件、暂予监外执行条件是否消失，如若没有专业机关的支持和配合，极易造成暂予监外执行人员收监不及时。

三、完善暂予监外执行管理的设想

（一）从法律的制度设计上，严控暂予监外执行入口关

我国《刑事诉讼法》中的暂予监外执行制度是立法为保障人权而作出的规定，但其不能成为某些人员逃避法律追究、践踏法律尊严的手段。因此，笔者设想从立法源头上完善、限制和规范暂予监外执行适用的条件和审批程序。如对于因怀孕、哺乳而暂予监外执行人员，在给予一次社区矫正保障后，再次以故意怀孕等手段逃避法律责任的，决定机关不再批准暂予监外执行。从法律上设立刑罚中断制度，明

确不将怀孕和哺乳期计入刑罚执行期限，这样既可以保护孩子，也可以督促罪犯打消以恶意方式逃避监禁刑惩处的念头。

此外，还可以通过加大监管场所医疗专项投入，建立专门的监区，统一监管患有传染病、高血压、心脏病、糖尿病等严重疾病但没有生命危险的罪犯，采取服药治疗、加强看护、定期体检等方法改善罪犯身体健康状况，而非一概决定暂予监外执行。

（二）完善暂予监外执行担保制度，确保刑事执行效果

从立法层面明确，决定机关对暂予监外执行的人员，应当责令罪犯提供符合法律规定条件的保证人或者缴纳保证金。参照取保候审的相关规定，确定保证人的条件以及应当履行的保证义务，即监督、帮助和及时报告义务。当被保证人违反社区矫正监管规定或保证人未履行保证义务时，将对保证人进行罚款，严重的将被追究刑事责任。以此杜绝保证人只保不管，使保外就医罪犯失去制约，保外就医之后即成了“自由人”的现象，切实维护法律的尊严及司法公正。

（三）出台配套的规范性文件，明确保外就医和生活不能自理人员的病情鉴定保障

《社区矫正法》虽然确定了暂予监外执行人员监管的基本框架，但由于法律条款规定得过于宽泛，给保外就医、生活不能自理人员病情检测工作的具体落实留下了空白，缺乏具有可操作性和指导性的规范性规定。因此，急需司法部或省级社区矫正机构出台相应的操作细则或指导意见，具体明确暂予监外执行病情检测涉及的司法行政、暂予监外执行决定机关、检察机关、医疗卫生、财政、人社、民政等部门的职责分工、责任边界，参照国家对监狱服刑人员医疗保障标准，将对暂予监外执行人员体检费用开支列入司法行政专项经费予以保障，强化各部门的协调配合，确保社区矫正机构能够及时组织暂予监外执行人员按期体检，及时发现暂予监外执行人员身体康复情况及是否符合提请收监条件，实现暂予监外执行人员管理的科学性、有效性、规范性、及时性。

（四）建立多部门协调联动，健全监外执行监督管理机制

对暂予监外执行罪犯进行管理和监督不仅是社区矫正机构的责任，也是公检法机关、保证人的责任，更是全社会的责任。社区矫正机构要紧紧依靠社会综合治理优势，对暂予监外执行罪犯齐抓共管，形成合力，保障社会稳定。除配强社区矫正机构专门力量外，应和有关执法部门加强协作，形成工作合力。例如，把计划生育部门纳入怀孕妇女的暂予监外执行管理中去，采取政策教育和计划生育措施，使利

用怀孕生子方式逃避收监执行的行为不能实现；与公安机关密切配合，借助公安信息平台，开展轨迹核查、出境管理、应急处置、协作追逃等工作，实现对暂予监外执行人员的智慧管理；通过政府购买服务、公益合作等方式，整合社会资源，吸收教育工作者、律师、心理咨询师等专业组织和人士参与社区矫正工作，实现科学矫正，分类管理；依托社区、企业、家庭等社会资源，建立群众监督帮扶小组，协助社区矫正对象构筑正确的行为模式及和谐的社会关系，帮助其顺利回归社会生活。

（五）深入开展调研，广泛听取意见，完善暂予监外执行管理制度

《社区矫正法》及《社区矫正实施办法》相关规定虽然涵盖了社区矫正监督管理工作各方面的内容，但总体上还只是起到了创建性、纲领性和前瞻性的作用，很多条款规定留有余地，为实践工作留下了弹性空间，致使很多地方在执行尺度、管理方式和操作标准上各有不同，基层社区矫正实践中依然存在盲点和空白。这些都需要依靠本地省级司法行政部门深入基层一线，通过实地走访、座谈交流、查卷调查等方式广泛开展调研，找准和分析基层监管工作面临的难点和症结，在广泛调研和征求意见的基础上，研究问题，改进措施，制定出台规范暂予监外执行监管监督工作，明确公、检、法、司各部门职权、任务、职责范围、工作制度、工作方面的可操作性法规，使暂予监外执行工作能够统一程序、统一标准、统一实施、统一考核。防止和杜绝由于沟通不畅、信息不对称造成的对暂予监外执行人员的脱管、漏管和不规范管理。

“人口大流动”时代社区矫正管理困境及对策探究

叶慧平*

一、背景介绍

2019年12月28日，十三届全国人大常委会第十五次会议表决通过《社区矫正法》，于2020年7月1日施行。《社区矫正法》第17条对社区矫正执行地作出了具体规定，即由社区矫正决定机关确定社区矫正执行地。社区矫正执行地为社区矫正对象的居住地。社区矫正对象在多个地方居住的，可以确定经常居住地为执行地。如果“居住地、经常居住地无法确定或者不适宜执行社区矫正的，社区矫正决定机关应当根据有利于社区矫正对象接受矫正、更好地融入社会的原则，确定执行地”。而在《社区矫正法》颁布之前，我国开展社区矫正工作主要的法律依据是2012年1月10日最高人民法院、最高人民检察院、公安部、司法部联合印发的《社区矫正实施办法》。该办法第5条规定，“对于适用社区矫正的罪犯，人民法院、公安机关、监狱应当核实其居住地……”同时，《浙江省社区矫正工作实施细则（试行）》第4条第1款规定，“社区矫正人员一般实行居住地管辖原则。不能确定居住地的，在户籍地接受社区矫正”。前后对比，关键区别就是确定了居住地执行的原则，并且赋予社区矫正决定机关确定居住地的权力。这样做最大的好处就在于彻底解决了户籍地与居住地的选择难题，从而走出了交付执行难的困境。

近年来，随着我国经济社会的快速发展，人口流动非常活跃，已经呈现出全国性“人口大流动”的空前局面。居住地作为社区矫正执行地是符合现实需要的，是正确的方向。然而，现实生活中仍然会不断产生新情况、新问题。法律、法规、规章等本身又具有滞后性。在明确居住地为执行地的前提下，“人口大流动”依然对社区矫正管理造成了很多影响。

---

* 叶慧平，浙江省杭州市富阳区司法局渔山司法所所长。

二、现实情况及成因分析

在本文中，笔者以杭州市某区为例，将社区矫正工作因“人口大流动”造成的现实情况归纳为以下两种：

（一）狭义的“人户分离”

即社区矫正对象户籍所在地与居住地不一致的现象。简单来说，即社区矫正对象不属于本区县户籍。截至2021年8月31日，杭州市某区外地户籍社区矫正对象有69人，占社区矫正对象总人数的11.3%。出现这种分离的原因通常在于：一是户口未迁出，举家离开户籍地到某个固定的县（区、市）工作、生活并长期定居下来，有房产、稳定工作或经营场所等。二是长期居住在某个固定的县（区、市），但没有买房产、稳定工作或经营场所。三是在多个县（区、市）之间务工的流动人口，暂时居住在某个县（区、市）。

（二）广义的“人户分离”

《社区矫正法实施办法》第12条第2款规定：“社区矫正对象的居住地是指其实际居住的县（区、市）。社区矫正对象的经常居住地是指其经常居住的，有固定住所、固定生活来源的县（区、市）。”由此可以看出，无论是《社区矫正法》还是《社区矫正法实施办法》，都是将居住地的范围划定在县（区、市），社区矫正决定机关确定居住地时也只确定到县（区、市）。而现实中“人户分离”现象亦发生在同一县（区、市）的不同镇街之间，主要可以概括为以下几种情况。

一是人在某地工作生活并长期定居，有购买房产、稳定工作或经营场所，但仍由户籍地司法所管辖。这种情况可能是出于管理需要、个人请求或其他原因。以某区为例，目前在某街道居住生活的社区矫正对象有300多人，占社区矫正对象总人数的50%左右。为了减轻该街道辖区司法所的压力，除外地户籍，区内一般按照户籍所在地来分配管辖司法所。如此操作对平衡各司法所的管理负荷是非常有效的，但人户分离的现象自然就非常突出。二是人虽长期在某地工作生活，但没有购买房产、稳定工作或经营场所等，由户籍地司法所管辖；三是人在同一区县内镇街之间流动的，没有固定的住所、工作，随时都会变换住所、工作，由户籍地司法所管辖；四是因历史政策、拆迁等原因，遗留了一些“空挂户”，即户口挂靠在他人家庭户内或者户口上的地址已经不存在。

三、“人口大流动”引起的社区矫正管理困境

当前，人口全国性“大流动”局面已经形成，大大冲击着公共管理和社会治理的旧有模式，各项改革正经历着阵痛期，作为社会治理的一部分，社区矫正工作亦面临着诸多矛盾与困境。

（一）导致社区矫正各个环节不能顺利开展

一是导致调查评估意见形成不利结论。根据《社区矫正法》相关规定，实施社区矫正前，社区矫正决定机关要委托相关单位开展调查评估工作，形成调查评估结论作为是否执行社区矫正的参考。如果社区矫正决定机关委托居住地司法行政机关调查评估，由于当地相关部门对该人员不熟悉，也很难了解到家庭背景、个性特征、一贯表现等情况，居住地司法行政机关通常不愿意接受委托调查，接受调查后也可能基于司法所管理难、村（居）委员会落实帮教难等意见而作出不建议社区矫正的结论。如果社区矫正机构委托户籍地司法行政机关调查评估，户籍地司法行政机关可能出于该人员长期不居住的原因而拒绝调查评估或者作出不建议社区矫正的意见。二是导致社区矫正对象接收不顺利。人户分离导致社区矫正对象接收不能顺利进行的情形屡见不鲜。比如社区矫正法律文书及相关材料没有及时到达，导致入矫登记等手续不能如期进行。又如，社区矫正对象因婚姻缔结、工作需要等原因将到某地发展，但该地区司法行政机关对接收提出异议，很可能导致该社区矫正对象久久未能办好入矫手续，甚至导致脱管、漏管。三是造成司法所日常管理不方便。主要表现在本县（区、市）户籍的社区矫正对象在被司法所接收后，该社区矫正对象又到接收所辖区以外的其他镇街居住生活或者在不同镇街之间经常性流动，这些都造成了司法所开展工作鞭长莫及的困难局面。

（二）对社区矫正矫治效果产生不利影响

“人口大流动”对社区矫正工作带来的最为突出的影响，便是对其监管工作尤其不利，进而影响到实施社区矫正的矫治效果。一般来讲，社区矫正对象的户籍地是其出生成长的地方，当地司法所、派出所、村（居）民委员会等能更多地掌握社区矫正对象的家庭背景、个性特征、平时表现等情况，为社区矫正工作的开展创造了很多有利的条件。而对于居住地来讲，除长期定居的情形外，当地司法所、派出所、村（居）民委员会等对该社区矫正对象的信息不能全面掌握，对其家庭背景、个性特征、平时表现等方面的了解也十分有限，导致实施矫正方案缺乏针对性，直接影响了矫治效果。

（三）给社区矫正对象服从监管带来不便

与监管相对的是给社区矫正对象服从监管带来很多的不便。例如，社区矫正对象在户籍地所在乡镇入矫，而平时居住生活基本上在城区街道，每月要回到乡镇司法所实地报到、参加教育活动，如果距离上相隔得比较远，按要求每个月又至少到所两次，就会非常不方便。此外，还存在居住变化的情况。例如，一名社区矫正对象入矫之后，因为工作、家庭等原因到另一个乡镇（街道）生活，实际上已经发生了迁居的行为，但目前大多数地区都没有出台县（区、市）内的社区矫正对象迁居管理办法，因而变更同一县（区、市）内的司法所管辖往往很少进行，如果社区矫正对象换地区生活，那就只能在两地之间奔波。

（四）社区矫正对象再犯罪风险增加

上述人户分离对社区矫正的不利影响，都可能导致社区矫正对象再犯罪风险隐患增加。一方面，由于地理距离，人户分离客观上导致司法所不能监管到位，如对社区矫正对象平时的生活、习惯、圈子等不了解，从而对赌博、酗酒恶习或者可能接触对其接受社区矫正不利的人员等情况不能及时发现；另一方面，人户分离使司法所不能实时掌握社区矫正对象的情况，隐患没有被及时发现，亦增加了社区矫正对象再犯罪的风险。如当社区矫正对象有情感或经济上的纠纷时没有被发现，司法所不能及时采取措施疏导化解，一旦发生激烈矛盾，就可能再发生违法犯罪行为。

四、对策建议

（一）探索建立两地社区矫正合作机制

尽管《社区矫正法》明确了执行地为居住地，但这不意味着社区矫正执行与户籍地就毫无关系。户籍地开展社区矫正有很多有利的条件。一般而言，当地司法所、派出所、村（居）民委员会解社区矫正对象的家庭背景、个性特征、平时表现等情况是非常便利且全面的，并且帮扶教育时情感上更加亲近，比相对陌生的居住地更容易达到感化的效果。因而，加强户籍地司法行政机关与居住地司法行政机关的合作非常有必要。社区矫正决定机关应同时向户籍地与居住地采集信息、听取意见，这样能更加全面地评估是否适用社区矫正，确定执行地。当然，户籍地的调查可以简易一些，避免影响审理期限。户籍地司法行政机关与居住地司法行政机关之间建立工作联系，若居住地司法行政机关需要了解社区矫正对象的家庭、性格、表现等情况，户籍地司法行政机关能及时提供。同时，户籍地司法行政机关能配合居住地司法行政机关开展教育帮扶，增强感化效果。总而言之，要积极探索户籍地与居住地可行的合作方式，形成长效合作机制。

（二）探索建立社区矫正信息共享网络

利用科技手段，畅通信息共享渠道，使居住地司法行政机关及司法所能够全方位、及时有效地获得社区矫正对象的信息。加强与公、检、法等部门信息协同，专线连通各部门之间信息，同时建立专门的信息资源库，实现信息共享的目标。

加强与村、社区的合作，建设信息情报网络，如村、社区负责协助社区矫正的村干部以及网格员，能将社区矫正对象的相关情报，包括定期走访了解的情况以及矛盾纠纷、家庭变故等突发情况及时反馈到专门的信息平台。加强与有关部门合作，获取更多、更全面的信息，将社区矫正对象住房、车辆、居住登记等相关信息也纳入信息库。同时，信息的获取必须建立在合法的基础上，切实做好信息安全的技术保障，各部门、基层组织更要切实履行保密责任。

（三）因地制宜解决社区矫正监管不均衡问题

尽管某些情况下不得不由户籍地司法所进行矫正，但居住地司法所在监管帮教上始终更为便利。所以，建议区县内亦按照居住地来分配司法所管理，因地制宜解决社区矫正监管不均衡问题。在某个中心街道居住的社区矫正对象越来越多的情况下，可以根据行政区划、地理位置、实际需求等，在条件允许的情况下，增设司法所分担压力；或者可以增强中心街道司法所的管理力量，加大对司法所人力、物力的支持，由司法所内部划分责任区域，实行分片负责制管理。值得一提的是，有些地区司法行政部门为缓解城区社区矫正对象过多造成的压力，将走访、谈话教育等任务交由社会公益组织进行，笔者认为此举并不可取。社会公益组织的走访谈心不同于司法所的走访谈话，前者是志愿服务，后者是执法，二者在本质上是不同的。所以，公益组织参与社区矫正主要是起辅助作用，不能取代司法所的日常管理。

（四）探索建立区县内社区矫正流动与协作机制

《社区矫正法》及相关规定都规定了县（区、市）之间的迁居制度及程序，而区县内社区矫正对象流动没有可依照的规定。但现实情况中，这种流动又经常发生。社区矫正对象被司法所接收入矫后，因住所、工作等变动到其他乡镇（街道）居住，那么就会造成原来接收的司法所日常管理不方便。所以，应当允许区县内一定程度上社区矫正对象的流动。此外，针对无固定的住所、工作，在区县范围内流动的社区矫正对象，各司法所应当在管理上加强合作。因此，建议制定区县内社区矫正对象迁居办法及相关程序，建立并完善社区矫正流动与协作机制，适应社区矫正实际需求，最终实现良好的矫治效果。

社区矫正执行地认定争议问题浅析

游曼华*

一、社区矫正执行地争议背景

社区矫正机构目前所接收的社区矫正对象来源主要有三种：一是人民法院依法判处管制、宣告缓刑、裁定假释、决定暂予监外执行的；二是公安机关依法批准暂予监外执行的；三是监狱管理机关依法批准暂予监外执行的，其中从人民法院接收过来的社区矫正案件执行地认定存疑的最多。以福州市某区社区矫正管理局为例，自《社区矫正法》于2020年7月1日实施以来，共收到14件社区矫正执行地认定存在争议案件，决定机关为法院的占比100%；无调查评估的占比100%；未核实执行地的占比86%（退返决定法院，决定法院无异议的），执行地认定存在争议的占比14%（已接收，存在跨区监管问题）；跨省市县的社区矫正争议案件占全部争议案件的42.9%，同一市不同区的占比50%，无固定居所占比7.1%。

根据《社区矫正法》第20条和《社区矫正法实施办法》第16条的规定，社区矫正决定机关应当自判决、裁定或者决定生效之日起5日内通知执行地社区矫正机构，并在10日内送达有关法律文书。但实际工作中，福州市某区社区矫正管理局从未在判决、裁定或者决定生效之日起5日内收到过人民法院的通知。部分社区矫正对象来福州市某区社区矫正管理局报到，或者福州市某区社区矫正管理局收到法律文书材料时，判决、裁定或决定生效时间已临近10日甚至已经超过10日。造成社区矫正机构核实社区矫正对象实际居住地的时间紧迫，这时如果经社区矫正机构核实居住地后发现社区矫正对象实际并未居住在辖区内，留给社区矫正机构与人民法院沟通的时间就更紧张。为防止社区矫正对象发生漏管问题，社区矫正机构往往被迫接收实际居住地不在辖区内的社区矫正对象。

---

* 游曼华，福建省福州市鼓楼区司法局司法助理员。

二、社区矫正执行地争议的原因分析

《社区矫正法》第 17 条第 2 款、第 3 款对社区矫正执行地认定较为明确："社区矫正执行地为社区矫正对象的居住地。社区矫正对象在多个地方居住的，可以确定经常居住地为执行地。社区矫正对象的居住地、经常居住地无法确定或者不适宜执行社区矫正的，社区矫正决定机关应当根据有利于社区矫正对象接受矫正、更好地融入社会的原则，确定执行地。"

但是实践中，社区矫正对象无固定居所、不能连续居住 1 年以上、社区矫正对象未如实说明居住情况、社区矫正对象无法提供居住材料、决定机关所在地与社区矫正对象居住地属于不同辖区、决定机关对执行地认定的意义认识不足等多种因素影响着决定机关对执行地的认定结果，导致社区矫正执行地认定争议。比如，户籍地在福州市某区的暂予监外执行对象郑某平，其户籍所住地的房产由已无往来的第一任前妻所住，他长期住在第二任前妻兼保证人田某在福州市其他区所租住的房子里，福州市晋安区人民法院直接判决以户籍地为执行地。现实生活中房东往往不愿把房子租给高龄独居老人，1947 年出生的郑某平在福州市某区也难以租到房子，因此一直处于居住地与执行地错位状况。

此外，有利于社区矫正对象接受矫正、更好地融入社会的原则被滥用也是引发执行地争议的原因之一。只有先满足社区矫正对象的居住地、经常居住地无法确定或者不适宜执行社区矫正的前提，才能根据有利于社区矫正对象接受矫正、更好地融入社会的原则，确定执行地。但实践中部分决定机关无视前提，滥用该条款。比如，实践中经常出现社区矫正对象怕被熟人知道，不愿意在实际工作生活的社区矫正机构接受社区矫正，而在同一个市的其他区临时租房，在社区矫正对象有明确的居住地或者经常居住地的情况下，部分决定法院仍然以社区矫正对象临时租住地为执行地。"怕被熟人知道"这种面子问题显然不能归类于不适宜进行社区矫正的情形，否则人人皆可以此为由随意脱离实际居住地进行社区矫正，这就降低了原则适用门槛，导致执行地与实际居住地脱节，使社区矫正执行地确定的其他相关条款形同虚设，造成执行地与居住地争议。

三、社区矫正机构的处理方式及风险分析

接到存在执行争议的判决、裁定、决定时，社区矫正机构无论采取何种做法都存在争议和风险。

(一) 社区矫正机构接收非在辖区内实际居住的社区矫正对象

有人认为根据《社区矫正法实施办法》第12条第1款规定“被确定为执行地的社区矫正机构应当及时接收”，没有任何条文规定执行地社区矫正机构可以拒收，所以即使存在执行地争议，法院确定的执行地社区矫正机构也必须接收社区矫正对象。

从社区矫正工作实践分析，社区矫正执行地与社区矫正对象实际居住地错位会产生一系列的潜在风险。

一是社区矫正对象的居住地与社区矫正执行地出现跨省、市、县的，社区矫正工作难以开展。社区矫正对象的居住地与社区矫正执行地不在同一辖区的，尤其是跨省、市、县的，会因地理距离过远而给社区矫正集中教育、实地走访、帮扶教育等日常工作开展带来极大的不便，大大增加了监管的时间成本和经济成本。如果社区矫正对象脱管，非居住地的社区矫正机构开展查找工作难度大，不能查访社区矫正对象居所、单位等。错位监管不仅会降低社区矫正的工作效能，不利于保障刑事判决、刑事裁定和暂予监外执行的正确执行，也会影响社区矫正对象接受矫正、融入社会。

二是削弱社会力量，影响社区矫正质量。司法部、中央综治办、教育部等联合发布的《关于组织社会力量参与社区矫正工作的意见》强调，“在社区矫正工作体系和工作机制上，需要依托村居，依靠基层组织。村（居）民委员会是协助开展社区矫正工作的重要力量。村（居）民委员会应当发挥其贴近社区服刑人员日常工作、生活的优势，及时掌握社区服刑人员的思想动向和行为表现，协助社区矫正机构做好社区服刑人员的困难帮扶、社区服务等工作，及时向社区矫正机构反映社区服刑人员情况。”社区矫正对象与执行地社区矫正机构不在同一辖区的，社区矫正执行地的基层群众性自治组织无法参与社区矫正工作，执行地的村（居）民委员会无法掌握其日常表现及家庭情况，也无法向司法所及时反馈社区矫正对象的突发情况，难以提供困难帮扶、社区服务等，不能与社区工作人员及网格人员共同实地走访社区矫正对象。而社区矫正对象实际居住地的基层群众性自治组织因行政管辖原因难以协调。如此，教育矫正质量难以保证，不利于促进社区矫正对象更好地融入社会。

三是公安机关的职责履行存在争议。《社区矫正法实施办法》第7条规定了公安机关的职责，其中第48条、第50条、第51条规定“执行人民法院作出的逮捕决定；被裁定撤销缓刑、撤销假释和被决定收监执行的社区矫正对象逃跑的，予以追捕；对裁定撤销缓刑、撤销假释，或者对人民法院、公安机关决定暂予监外执行收监的社区矫正对象，送交看守所或者监狱执行”职能由执行地县级公安机关履行。法律法规未明确规定“公安机关在社区矫正工作中有对社区矫正对象予以治安管理处罚；到场处置经社区矫正机构制止无效，正在实施违反监督管理规定或者违反人民法院禁止令等违法行为的社区矫正对象；协助社区矫正机构处置突发事件；协助社区矫正机构查找失去联系的社区矫正对象”等职责由执行地公安机关还是实际居住地公安机关履行。所以如果社区矫正执行地与实际居住地发生错位，不同地区公安机关之间也会产生履职争议互相推诿，影响社区矫正工作有序开展。比如，社区矫正日常监管需要公安机构协助核查信息时，部分执行地公安机关会因社区矫正对象非其列管对象而拒绝协助。又如，遇到社区矫正对象自杀、再犯罪等突发事件需要公安机关紧急协助的，因执行地争议引发公安机关之间的履职争议，以及执行地公安机关不在矫正对象实际居住地，奔赴现场耗时长，从而错失了第一行动时间，甚至可能造成严重的社会后果，损害政府公信力。唯有社区矫正执行地与实际居住地一致，才能避免上述风险。

四是社区矫正对象易产生消极情绪，不利于教育改造。对社区矫正对象来说，执行地社区矫正机构距离远，服从社区矫正的时间成本较高，带来工作生活上的不便，使社区矫正对象心理上产生抵触抱怨等消极情绪，不利于社区矫正对象教育改造。

（二）社区矫正机构附证据寄返相关法律文书

另一种观点认为，社区矫正决定机关应当依据《社区矫正法》第 17 条和《社区矫正法实施办法》第 12 条之规定核实社区矫正执行地。没有法律法规规定社区矫正决定机关可以违反《社区矫正法》第 17 条和《社区矫正法实施办法》第 12 条规定认定执行地，所以社区矫正机构自然也不可以接收执行地认定错误的社区矫正对象。因此，核实执行地是社区矫正接收的前提。社区矫正机构经核实决定机关认定的执行地确非社区矫正对象的实际居住地，不利于社区矫正对象接受矫正的，社区矫正机构可以通知决定法院并附证据寄回相关的法律文书，决定法院重新认定执行地。这种做法在实践中为大多数的法院所接受。以福州市鼓楼区社区矫正管理局的社区矫正案件为例，《社区矫正法》实施以来，85.7%的社区矫正执行地争议案件顺利寄返，由决定法院自行纠正错误。

这种做法存在以下风险：一是寄返社区矫正法律文书耗费时间，可能使社区矫正对象不能被按期接收而“漏管”，存在安全隐患。其实法院收到寄返的法律文书后，可以及时重新调整社区矫正执行地及社区矫正期限，以免因执行地认定问题影响后续社区矫正的执行。二是部分决定法院否定社区矫正机构核实的证据，或者认为无论执行地认定是否正确，执行地社区矫正机构都必须接收社区矫正对象，陷入僵持，导致社区矫正执行无法继续推进。

（三）社区矫正机构先接收后变更社区矫正执行地

执行地社区矫正机构先接收存在执行地争议的社区矫正对象后，存在无法变更执行地的风险，使执行地社区矫正机构陷入被动。因为执行地争议非法律明示变更情形，社区矫正对象的工作和居所未发生变动，因此存在新执行地县级社区矫正机构不同意变更的风险。

比如，社区矫正执行地与实际居住地社区矫正机构同在福建省的，因为《福建省贯彻〈中华人民共和国社区矫正法〉实施细则》第24条第6款规定，“社区矫正对象申请变更执行地因工作原因的，需提供所在工作单位劳动关系、有效的统一社会信用代码证（照）复印件、居住证明材料；因居所变化的，需提供本人、配偶和子女不动产证明材料”，但是社区矫正对象在其实际居住地未必有工作单位（如自由职业者）和不动产证明材料（如租赁户），这就导致部分执行地争议无法通过变更执行地将社区矫正对象调整到实际居住地。

先接收后变更的做法手续烦琐，行政成本高，社区矫正对象在执行地入矫期间难以安心接受社区矫正，社区矫正效果大打折扣。

四、执行地争议解决对策

（一）重视调查评估程序

人民法院应充分重视调查评估程序。[①] 根据《社区矫正法》第18条的规定，社区矫正决定机关根据需要，可以委托社区矫正机构进行调查评估。通过调查评估，决定机关可以较为全面了解社区矫正对象的居住、生活来源等情况，提高执行地认定的准确度和合理性，从而从源头上避免执行地争议发生。[②]

我国部分地区已将调查评估作为人民法院的“应当”义务。如上海市出台的《关于贯彻落实〈中华人民共和国社区矫正法实施办法〉的实施细则》第6条第2款规定：“人民法院拟对被告人判处管制、宣告缓刑或决定暂予监外执行的，应当委托社区矫正机构开展调查评估。”

（二）健全执行地争议解决机制

完善执行地争议解决机制。社区矫正对象接收前，社区矫正机构与决定机关发生争议的，决定法院报请上级法院寻求协助，通过上级法院与同级社区矫正机构进行对等交涉，由社区矫正机构指定社区矫正执行地。社区矫正对象接收后，社区矫正机构之间发生执行地争议的，由共同的上级社区矫正机构指定执行地。

---

① 林岚虹：《社区矫正人员执行地确认问题研究》，厦门大学2019年硕士学位论文。

② 顾顺生：《社区矫正执行地争议问题解决思路》，载《人民检察》2015年第11期。

（三）建立社区矫正信息交换平台

《社区矫正法实施办法》第 11 条第 2 款规定社区矫正工作相关部门之间依法进行信息共享，运用现代信息技术及时准确传输交换有关法律文书等，提高社区矫正信息化水平。笔者认为，建立健全全国社区矫正信息交换平台，实现数字化办公，可以大大缩短法律文书等材料在途时间，促进社区矫正交付执行业务协同。在执行地争议中，可以减少法律文书往返浪费的时间，提高效率，从而避免发生漏管。

（四）压实法律责任

社区矫正对象不配合决定机关核实居住地，故意不如实陈述居住情况，挑起执行地争议导致延期入矫的，决定机关可以依据《刑法》第 77 条、第 86 条和《社区矫正法》第 28 条、第 59 条相关规定撤销缓刑、假释；继续接受社区矫正的，决定机关可以延长矫正期限。

人民检察院应该强化法律监督。对执行地争议解决情况全程监督，督促各法定职能部门依法依规履职，促进社区矫正交付执行各环节有效衔接，推动社区矫正交付执行有序开展。①

① 顾顺生：《社区矫正执行地争议问题解决思路》，载《人民检察》2015 年第 11 期。

浅谈《社区矫正法》施行后执法监督中存在的问题及对策

程一平*

《社区矫正法》施行以来所带来的“温度”和工作方式的改变引起了广泛关注和强烈反响，特别是其宽严相济、保障人权、重视社区矫正对象修复融入的特点，决定了广大社区矫正工作者要从更高的维度、更广的角度理解立法意义，梳理执法理念，但是由于缺乏相关的制度设计和配套措施，使得新法在具体工作落实过程中，难免出现磕磕绊绊的情况。立法虽为社区矫正指明了方向，但以往实践中显露出的人才培养与稳定队伍，有针对性的科学矫正，部门之间的协调配合与监督，以及民间对社区矫正理解与积极参与等诸多难点，还需在今后的法律实施中逐一解决，在实践和理论探索中继续摸索、磨合和修正，最终形成了具有中国特色的社区矫正制度。本文中，笔者结合自身参与社区矫正工作十余年的实践，就《社区矫正法》施行过程中显露出的队伍建设问题、社会支持力量不足以及部门之间的协调配合机制不完善等诸多难点，谈谈自己的浅见。

一、当前社区矫正执法监督工作存在的问题

（一）社区矫正主体多元化，部门协同配合机制不完善

《社区矫正法》的出台，从法律层面厘清了社区矫正相关部门的职责任务，衔接配合问题得到了极大改善，同时也给真正意义上履行好社区矫正刑事执行职能带来了新的机遇。但因《社区矫正法》具有创建性、纲领性和前瞻性，确定基本框架的同时留有余地，为各地制定细则预留了弹性空间，所以落实到具体工作上缺乏可操作性。《社区矫正法实施办法》作为与《社区矫正法》同步配套的规范性文件，虽然内容进一步细化，但在实践中依然存在盲点和空白。基层推进日常

---

* 程一平，浙江省杭州市淳安县司法局社区矫正管理科（社区矫正执法大队）科长（大队长），四级主任科员。

监督管理工作更多的是依靠本地出台的社区矫正实施细则，然而一些地区社区矫正实施细则跟进不及时，再加上缺少上级部门的指导，导致部分基层社区矫正工作者对流程和规定吃不准，在监管工作中束手束脚，举步维艰，延续以前的工作方法，遇到与《社区矫正法》相抵触的情况时，在原有工作基础上做“减法”，有损执法严肃性。

1. 社区矫正机构与公安机关合作存在壁垒

就目前来说，社区矫正机构与公安机关之间的协同配合问题较多，如当社区矫正对象违反禁止令或者有违法行为发生时，需要公安机关到场处置；社区矫正对象处于被认定为在逃时，需要公安机关协助追逃；社区矫正对象被撤销缓刑或假释以及暂予监外执行的收监执行等状态都离不开公安机关的协助配合。但基层公安派出所日常工作任务繁重，警力也不够充足，一些工作人员对于《社区矫正法》的内容不了解，导致出现了公安机关的角色和责权不清等问题，由此给社区矫正执法工作带来了很大的阻碍，在一定程度上降低了预防再犯罪的效果。虽说《社区矫正法》规定，对社区矫正对象违法违规后的逮捕、追捕、送交监狱或看守所等执法工作统一由公安机关执行，法定职责明确，但在具体实践中还是存在问题，特别是当决定机关（法院）与执行地公安不在同一地方时，就需要社区矫正机构从中协调。另外，近十年来，公安机关在“天眼工程”的推动下，在犯罪人档案、指纹、DNA，以及行动轨迹等大数据建设上成就显著。根据《社区矫正法》第5条的规定，社区矫正机构应与公安机关协商，依法利用公安大数据平台，进行信息共享，以全面提升社区矫正信息化水平。但在实践中，数据共享始终是一大难题。

2. 人民检察院对社区矫正机构存在监督壁垒

人民检察院依照法定程序行使国家法律监督权，对公安、法院、司法行政机关开展社区矫正工作进行监督，以保障社区矫正工作依法公正地实施，但目前相关法律对人民检察院依法履行社区矫正监督职责的规定过于笼统，如仅规定了“人民检察院对社区矫正机构各执法环节进行法律监督，有发生违反法律及执法规定的行为出具纠正意见和检察建议”。在实践中，各地对社区矫正的检察监督形式不一，甚至出现两个极端，要么只是做表面工作，等于放弃监督；要么监督过度，过分追究社区矫正工作人员因矫正对象再犯罪这一结果的责任，而忽视了对矫正过程各环节执行状况的考察监督。例如，当一个社区矫正对象重新犯罪后，追查社区矫正机构工作人员的责任，这种追究方法是欠科学的。笔者认为，检察机关，包括上级机关应当重点监督矫正实施过程，而不完全是结果。也就是说，要监督工作人员是否按照矫正方案的规定，在各个矫正环节认真履行了监管、教育、治疗、帮扶的职责，当然过程中倦怠、走过场者除外。如果工作人员按照矫正方案认真履行了全过程，即使矫正对象犯罪了，也不应当追究工作人员的责任。

3. 社区矫正信息平台共享机制有待完善

《社区矫正法》第 17 条规定社区矫正执行地为社区矫正对象的居住地，但由于目前没有建立一个公、检、法、司各部门均可以查询的信息共享平台，导致关于社区矫正对象的信息不互通，更新不及时。由于城乡互通发展，人员流动性大，有些社区矫正对象外出务工，居住地一换再换，有些人甚至常年不回户籍地，在很多案件中，司法审判人员因不能掌握最新信息，导致出现矫正对象所判执行地无亲可投、无法落实监护人的现象。同时，信息不互通容易造成社区矫正对象交付执行困难。笔者就曾遇到一个案例，社区矫正对象因短暂婚姻关系将户口迁至某县，但未实际生活过且已离婚多年，后在外地犯罪被判缓刑，在调查评估阶段某县就出具了不适宜意见，但最终法院还是将其判决至该县执行社区矫正，最终该社区矫正对象一直未来报到，且多番查找无果，最后被撤销缓刑收监执行。诸如此类的案件非常容易滋生脱管、漏管问题。

（二）社区矫正工作队伍建设有待提升

从社区矫正工作试点开始，到《社区矫正法》的出台，司法行政机关一直处于同级政法单位中的弱势地位，社区矫正工作中出现的诸多不利因素，亦与此息息相关。法律的出台，是社区矫正管理工作的擎天柱，如果没有顶层设计方面的有力支撑，可能依然会步履维艰。社区矫正工作需要优化资源配置，需要协同作战，如果执法主体资格不对等或者行政级别悬殊，显然不符合《社区矫正法》立法的本意，必将影响法律的有效实施。

1. 专职社区矫正工作人员匮乏

《社区矫正法》的施行与发展，为社区矫正工作发展明确了方向、提供了空间，同时也对社区矫正工作人员数量的增加和质量的提升有了更高层次的要求。我国的社区矫正工作主要由一部分专职的国家工作人员从事。据统计，我国专职社区矫正工作人员数量较以前有所增加，但是社区矫正对象的数量也在不断增长甚至涨幅更高，这就造成了目前专职社区矫正工作人员配比率一直处于较低的水平，从目前所拥有的社区矫正专职人员的数量来看，难以满足实际工作的需要，而想做到精准监督管理更是难上加难。据了解，目前社区矫正工作人员与社区矫正对象的配比不足2%，难以满足人性化管理教育帮扶的工作需要。再者，目前从事社区矫正工作的人员基本上都是司法局内部公务人员，且并非都是法律专业出身的人员，亦非社区矫正方面的专业人才，特别是司法所工作人员结构不合理，年龄老化，知识层次偏低，专业技能欠缺，根本无法满足当下对社区矫正工作专业化的需要，因此要想成立一支专职的、高素质的矫正队伍也是困难重重。以笔者所在县为例，四类社区矫正对象每年的存量有 200 人左右，日常监管帮扶均由司法局下属的社区矫正中心负责组织管理，下属司法所负责具体实施。目前该社区矫正中心工作人员只有 4 名，下属各司法所工作人员亦是寥寥无几，要对全县 200 余名社区矫正对象实施每日监管帮扶，实属不易。

2. 社会工作者的力量亟待加强

针对社区矫正发展阶段所暴露出来的专业人员匮乏这一难题，我国也在积极探索寻找解决方法。就目前来看，能够促进矫正事业发展的最有效的方法就是广泛吸收社会工作者的参与，并且努力创建一支专门服务于社区矫正工作的社会工作者队伍。比如，现有的上海新航社区服务总站和北京的阳光社区矫正服务中心都配备了一支较为完善的社会工作者队伍，他们根据社区矫正机构的需要，从事相关的矫正辅助工作，为社区矫正工作的实施提供自己的力量，作出应有的贡献。受限于地方机构改革，笔者所在的社区矫正中心仅配备了 1 名社区矫正社会工作者参与社区矫正管理，下属司法所的社区矫正社会工作者配备情况也不容乐观，从整体上来说，我国目前社区矫正社会工作者队伍的力量较为薄弱。据统计，全国专职社区矫正社会工作者数量与社区矫正对象增长数量的配比率较低，远远不能满足社区矫正工作的需要。而且，与数量不足相比，更为重要的是社区矫正社会工作者队伍的能力与素质也亟待加强。

（三）社会力量参与社区矫正的“制度瓶颈”

社区矫正中的“社区”不仅是一个空间概念，更是一个群体概念，是指社区居民参与（或参加）对犯罪人的矫正。从社区矫正试点至今，民间参与一直是我们的制度瓶颈。

1. 社会公众对社区矫正缺乏准确认知

社区矫正这一概念对于我国来说是一个舶来品，虽然社区矫正工作发展已有 10 余年，但据统计，我国公民中知道社区矫正工作的为数不多，而真正了解社区矫正工作的更是少之又少，其中不乏一些民众对社区矫正对象“贴标签”，不利于社区矫正对象真正回归社会。社区矫正作为一种全新的刑罚执行方式，蕴涵着刑罚的惩罚性和恢复性之双重价值，但在 10 多年的发展中并没有引起社区居民的重视和了解。可见，社区矫正对象在参加心理疏导、公益活动、职业技能培训、社会适应性帮扶等活动中所能获得的社会力量非常薄弱。社区矫正对象在司法所接受教育矫正的时间，远没有在家和社会的多，社区矫正需要严格而规范地以司法所为主要力量进行，更需要社会公众和家庭成员积极参与，但目前社区矫正仍旧缺少公众积极参与的力量。例如，有一名暂予监外执行的社区矫正对象因盗窃入狱，后因癫痫病被暂予监外执行，在对其进行的整个社区矫正过程中，司法所几乎成了唯一的责任主体。

2. 社区矫正的社会参与未得到全面规范

社区矫正的社会参与是指在社区矫正工作中能够应用的社会人力、组织和设备、技术、资金等的总称。尽管社区矫正工作中社会参与方面经历了长期的有益探索和实践，但仍存在着社会参与力量在社区矫正工作中的作用不清的问题。大多数人认为社区矫正工作必须由专职的国家工作人员来进行，但是随着社区矫正工作社会化水平的提升，有些教育帮扶和监管工作越来越需要社会力量的参与。这些力量来源于社工组织、村委会和居委会、社区矫正对象的监护人、社会志愿者等，但由于现有法律法规没有对此进行完整的权利义务规定，导致社会力量参与度低。

3. 专项工作经费不足以保障社会力量参与

社区矫正的顺利开展要以充足的经费为保障，但目前很多地方的社区矫正经费不能落实或很少，极大降低了工作人员的工作积极性，对开展社区矫正工作极为不利。例如，笔者所在的社区矫正中心，当地政府发放的社区矫正经费标准是社区矫正对象每人每年 2000 元，可是每年各类软件、手机定位等方面的服务开销巨大，剩下的矫正经费难以保障社会力量的参与，有时还需要“自掏腰包”。笔者认为，如果没有充足的矫正经费保障，就很难引入社会力量参与开展社区矫正项目，这也势必会影响我国社区矫正工作的执行效果。

二、加强和改进执法监督工作的对策性思考

开展对社区矫正执法行为的监督，是执法规范化建设的重要内容，也是建设法治政府的必然要求，有利于促进司法行政机关社区矫正执法质量和执法水平的提升，减少执法风险，保证严格、公正、廉洁、文明执法，帮助社区矫正对象顺利回归社会。

（一）优化部门之间的有效配合与监督

在社区矫正日常工作中进一步加大部门之间、单位之间的协同配合力度，通过整合资源、优化职能配置、创新工作机制，形成各部门自我监督与多部门、多条线、多单位协同监督并重的局面。

1. 从制度上协同监管，确保协调配合高效

根据《社区矫正法》第 31 条的规定，社区矫正机构对于违反人民法院禁止令的行为制止无效的，应当立即通知公安机关到场处置。该规定从一定程度上有效制止了违法犯罪的发生，维护了公共安全。《社区矫正法》还规定，对社区矫正对象违法违规后的逮捕、追捕及送交监狱、看守所等执法工作统一由公安机关执行，同时社区矫正机构也需配合公安机关开展相关工作，这就有效避免了公安机关“关门执

法”、社区矫正机构“放任不管”等情况的发生，促使双方共同配合从而顺利完成工作。从制度上对公检法司职责分工与协调配合机制作进一步明确，对社区矫正机构委托司法所开展社区矫正相关工作的具体事项进行了规范和明确，强化与公安机关、审判机关的工作衔接配合，将有利于优化双方协同合作机制，大大缓解各部门之间不作为的现象。比如，明确社区矫正机构 24 小时内查找失联社区矫正对象未果的，应提请公安机关协助查找，公安机关应当派员协助追查，同时定期向县社区矫正机构反馈追查情况等。

2. 注重检察监督矫正工作过程

由于检察机关对社区矫正的法律监督仅停留在对社区矫正机构的法律监督上，并不是对社区矫正机构实施过程的全面监督，因此到了追究责任时就倒查社区矫正机构以及工作人员的具体责任。社区矫正对象本身存在着较大的不确定因素，加之矫正环境较为开放，行动相对自由，社区矫正工作人员即便已经按照规定对其进行监管和教育，也无法保证其不再犯罪。因此，笔者认为要制定与社区矫正法相适应的检察制度，应当对矫正工作实践过程的检察监督规定进行明确和细化，检察机关对于检察监督的内容、工作方法和监督纠正程序等，均应出台相应的细则，笔者认为检察机关应该注重监督矫正实施的过程，而不是只针对结果，如果社区矫正工作人员已认真履行了监管、教育和帮扶等各项职责，在整个矫正实施阶段也从未怠慢和松懈，即使矫正对象再次实施犯罪，也不应当追究工作人员的责任。

3. 建立社区矫正信息共享平台

《中共中央关于加强新时代检察机关法律监督工作的意见》和 2021 年政法领域全面深化改革推进会，都明确要求完善执法司法信息共享制度。2021 年 8 月 9 日，在浙江省委常委会上，省委书记突出强调，全力打通数据壁垒，畅通监督渠道，推进政法领域整体智治。此后，浙江省委以“中共浙江省委文件”的名义，正式下发了认真学习贯彻上述意见的通知，明确重点推进检察机关与公安、法院、司法行政机关、行政执法机关执法信息实时共享机制。全省检察机关要深刻领会、认真落实，积极参与执法司法信息共享这一我省数字化改革重点工程。要以更大的努力和毅力，坚定不移地攻克执法司法信息共享等制约执法严明、司法公正的关键难题，建立社矫对象的信息交换平台，实现社区矫正工作动态数据共享。通过社区矫正对象信息交换平台，推动与人民法院、人民检察院、公安机关互联互通，根据需要查询矫正对象脱管漏管、被治安管理处罚、重新犯罪等情况，共享社区矫正工作动态信息，实现网上办案、网上监管、网上监督。如笔者所在县就与县检察院就信息共享进行了进一步的合作，计划建立统一平台，通过信息化手段，强化“智慧办公”。

（二）鼓励和支持社会力量参与社区矫正

《社区矫正法》共 9 章 63 条，其中涉及社会力量的相关条款有 14 条，分别对村民委员会、居民委员会、社会组织、志愿者、社会工作者等在社区矫正工作中的职责与作用进行了明确规定。为了加强对未成年社区矫正对象的权益保障，社区矫正法结合未成年人特点作了专章规定。

1. 提升社会公众对社区矫正的认知水平

社区矫正执法监督过程离不开村社区的帮助，同时也需要村社区居民的大力支持，因此必须要提升村社区居民对于社区矫正的认知，只有人们对此有所了解，才有可能进一步理解。笔者建议可以组织各种形式的宣传活动，以《社区矫正法》的颁布与施行为切入点深入村居、企事业单位进行宣传，发放宣传资料，利用电视、报刊、新媒体等加大宣传力度，使全社会认识到社区矫正是国家刑罚执行制度的重要组成部分。通过有效的宣传，促进社会公众对社区矫正工作的普遍认同、理解、关心、支持，从而积极参与社区矫正工作，为社区矫正事业发展贡献自己的一份力量。而且不要总盯着传统的与政府合作密切的自治组织，如村委会、居委会，或者群团组织——共青团、妇联等，因为“上面千条线，底下一根针”，他们的工作已很繁忙。社区矫正机构应当扩展视野，培育和发现更多热心矫正事业的社会组织和个人。

2. 落实法律对社会参与的保障制度

社区矫正的实施和发展不能只是依靠社区矫正机构的独立发展，也需要社会力量积极加入。所以，在社区矫正的具体实施过程中，社会力量的作用不可忽视，社区矫正要想达到精准的监管和良好的教育，就需要社会力量的参与和配合。基于社会力量的参与在社区矫正中发挥的重要作用，我国《社区矫正法》规定了“社区矫正工作应该坚持专门机关与社会力量相结合的基本原则”，从而在立法层面规范了社区矫正社会参与的法律地位。这样既可以通过“公开择优购买”的方式，鼓励企业事业单位、社会组织开展技能培训，也保证了在监管过程中监护人和志愿者的参与地位。《社区矫正法》第 6 条规定各级人民政府应当将社区矫正经费列入本级政府预算，这就给予了社区矫正工作吸收社会力量重要的经费保障，也激发了社区矫正社会参与的热情。

（三）推进高素质的社区矫正工作队伍建设

1. 发展和培养国家专职社区矫正工作人员

社区矫正机构中的专职国家工作人员，是社区矫正工作的中流砥柱。为了提高这一工作队伍的整体能力和素质，应该在源头上进行把握，如采用定岗限招的方式，按照国家公务员的招录模式招收人才，保证从事社区矫正工作的专职人员是国家公务人员，且具备一定的法律知识和素养。除此之外，建立合理的升职制度，设置相应的物质和精神奖励，给予他们一定的激励政策，吸引更多优秀的人才加入。社区矫正工作复杂多样，除了需要具备一定的法律能力和素养，也需要具备一定的执法能力和判断能力，而这些技能需要在日常工作中慢慢积累，通过相互沟通、交流以及相关的培训逐步学习和掌握。鉴于社区矫正对象或多或少与在监狱服刑的罪犯具有一定的共通性，因此笔者认为在培训的过程中，应当注重对社区矫正对象的强制性监督措施的深入培训，让社区矫正工作人员清楚地了解具体的惩罚手段和措施，以达到更好的监管效果，预防社区矫正对象再犯罪的发生。

2. 着力建设社区矫正社会工作者队伍

多年来，从事社区矫正工作的专职社会工作者一直比较稀缺，这是目前亟待解决的首要难题。如前文所述，我国社区矫正工作中专职社区矫正工作者的数量极少，远远不能满足社区矫正工作的需要。因此，可以吸收具有法律、教育、心理、社会工作等专业知识的人加入社区矫正社会工作者队伍。虽然目前的社区矫正工作者队伍不够完善，但是我国社区矫正社会工作者的储备力量较强。我国每年都会举行社会工作者职业资格证书考试，通过该考试并持有初级社会工作者和中级社会工作者证书的人数相当可观，如何把这些持证的社会工作者吸引到社区矫正工作中来，成为最为关键的突破口。《社区矫正法》第 40 条规定“社区矫正机构可以通过公开择优购买社区矫正社会工作服务”的操作方法，为社会工作者加入社区矫正队伍开辟了新路径。在实践中，需要结合有关规定，优化具体流程，通过一定的经费保障，鼓励社会工作者自愿参与社区矫正工作，共同维护社会安全稳定。同时也可给予一定的物质和精神奖励，如在日本从事社区矫正的保护司由国家法务大臣委托任命，保护观察官颁发委任状，定期举行国家和地域的表彰大会，对为社区矫正事业做出贡献的民间团体与个人进行命名和表彰。

社区矫正是当今世界文明发展、社会不断进步、刑事政策日趋理性化的重要标志。虽然我们在社区矫正的实践中取得了一定成绩，积累了丰富经验和做法，但也存在一些不足，道路曲折、困难重重毋庸置疑。笔者认为，完善社区矫正工作必须本着“以惩罚为手段，以教育为目的”的原则，合理运用监管手段和正确的执法方式，促使社区矫正对象更好地融入社会，真正实现预防社区矫正对象再次犯罪的根本目的，保障社会长治久安。总而言之，《社区矫正法》的颁布确立了社区矫正的法律地位及基本制度架构，为我国社区矫正未来的发展指明了方向。但在执行法律的过程中，我们还需总结以往的经验教训，突破诸如人才培养、有针对性的科学矫正、部门之间的有效协调与监督、民间力量的广泛参与等难点。

浅谈社区矫正监督管理工作过程中的问题和建议

黄梦梅*

社区矫正是立足于我国基本国情发展起来的具有中国特色的刑事执行制度，是与监禁矫正相对的非监禁刑罚执行制度，是指将管制、缓刑、暂予监外执行、假释的符合法定条件的罪犯置于社区内，由专门的司法行政机关、社区矫正机构和司法所在相关社会团体和社会志愿者的协助下，在判决、裁定或决定确定的期限内，矫正其犯罪的行为恶习和心理，促进其改造为遵纪守法的合格公民，促进其顺利回归社会的非监禁刑罚执行活动。① 2019 年 12 月 28 日，《社区矫正法》经十三届全国人大常委会第十五次会议表决通过，并于 2020 年 7 月 1 日起实施。这是我国首次就社区矫正工作专门立法，我国社区矫正工作迈上了新台阶。《社区矫正法》的颁布实施，标志着我国社区矫正工作从“学习借鉴”完成了“本土化”落地生根，是新时代中国特色社会主义法治建设史上的里程碑，以社区矫正工作为推手，为全面推进国家治理体系和治理能力现代化建设提供了强有力的动力。本文的目的在于，通过笔者在基层司法行政系统中的工作经验，浅谈社区矫正监督管理工作中的问题及建议，分析从《社区矫正实施办法》到《社区矫正法》，社区矫正工作在实践中的变化和社区矫正工作未来发展的趋势。

一、《社区矫正法》在监督管理工作中的意义

（一）确立了社区矫正工作的结构

《社区矫正法》明确了社区矫正工作由党委政府统一领导，司法行政机关为主管部门，公安机关、检察机关、审判机关依照各自的工作职责密切配合，社会力量依法参与的社区矫正工作体系。《社区矫正法》第 9 条规定，“县级以上地方人民政府

---

* 黄梦梅，五指山市司法局一级科员。

① 周逸璇、李晶晶、徐津霞、匡露婷、刘红杏：《大数据分析在智慧矫正监管领域中的运用》，载《司法天地》2020 年 4 月（中）。

根据需要设置社区矫正机构，负责社区矫正工作的具体实施”；“司法所根据社区矫正机构的委托，承担社区矫正相关工作”。详细确定了社区矫正机构为社区矫正工作的实施机构，司法所根据社区矫正机构的委托承担社区矫正相关工作。

（二）规范了社区矫正工作流程

《社区矫正法》对社区矫正执行前的决定和接收，对执行地的确定，审前调查评估的意见，社区矫正决定机关的判处依据、职责及有关文书的送达规定，社区矫正对象报到的时间以及社区矫正机构接收时的职责等作了详细的规定，进一步规范了执行过程中的监督管理和教育帮扶、矫正结束后的解除和终止等工作流程。

（三）以人为本，保护社区矫正对象的合法权益

一是为社区矫正对象的合法权益提供法律保障。《社区矫正法》第 34 条规定：“开展社区矫正工作，应当保障社区矫正对象的合法权益。社区矫正的措施和方法应当避免对社区矫正对象的正常工作和生活造成不必要的影响；非依法律规定，不得限制或者变相限制社区矫正对象的人身自由。社区矫正对象认为其合法权益受到侵害的，有权向人民检察院或者有关机关申诉、控告和检举。受理机关应当及时办理，并将办理结果告知申诉人、控告人和检举人。”第 43 条规定：“社区矫正对象可以按照国家有关规定申请社会救助、参加社会保险、获得法律援助，社区矫正机构应当给予必要的协助。”第 61 条规定：“社区矫正机构工作人员和其他国家工作人员有下列行为之一的，应当给予处分；构成犯罪的，依法追究刑事责任：……（三）体罚、虐待社区矫正对象，或者违反法律规定限制或者变相限制社区矫正对象的人身自由的……”这些规定为社区矫正对象的合法权益提供法律保障，体现了以人为本。

二是不再广泛使用电子定位装置，保护社区矫正对象的个人隐私。电子定位监督，即借助现代技术，采用电子定位方式，实时掌握社区矫正管理对象的行动轨迹、加强监控管理的具体举措。主要以要求社区矫正对象佩戴电子定位腕带的方式，通过后台网络监控等手段，保障社区矫正工作人员第一时间掌握社区矫正对象所在的位置，防范社区矫正对象出现擅自离开执行地等情况。《社区矫正法》实施前，全国多地将电子定位设备广泛使用在社区矫正工作上，截至 2019 年 12 月，全国在册社区矫正对象进行电子定位监管的人数占在册社区矫正对象总人数的比例超过了 80%，部分省市超过了 90%。①

《社区矫正法》第 29 条规定：“社区矫正对象有下列情形之一的，经县级司法行

① 周逸璇、李晶晶、徐津霞、匡露婷、刘红杏：《大数据分析在智慧矫正监管领域中的运用》，载《司法天地》2020 年 4 月（中）。

政部门负责人批准，可以使用电子定位装置，加强监督管理……前款规定的使用电子定位装置的期限不得超过三个月。对于不需要继续使用的，应当及时解除；对于期限届满后，经评估仍有必要继续使用的，经过批准，期限可以延长，每次不得超过三个月……”该条对电子定位装置的使用要求和限制作出了更加明确的规定，不再将使用定位装置作为常态化监控手段，而更加趋向于将其作为社区矫正对象违反有关规定后的一种强化管控的方式。

三是对有正当理由的外出提出应当批准、简化批准程序和方式的要求。根据《社区矫正法》第27条规定：“社区矫正对象离开所居住的市、县或者迁居，应当报经社区矫正机构批准。社区矫正机构对于有正当理由的，应当批准；对于因正常工作和生活需要经常性跨市、县活动的，可以根据情况，简化批准程序和方式……”让社区矫正方式更为人性化。

二、《社区矫正法》在监督管理工作中存在的问题

此次《社区矫正法》的立法总体思路有三个：一是注意处理好确立社区矫正基本法律制度与为今后发展创新留有余地的关系；二是注意处理好社区矫正法与刑事基本法律之间的关系；三是坚持问题导向，注重解决社区矫正工作中的突出问题。

《社区矫正法》自实施以来已历经一年多的实践，各地社区矫正工作模式百花齐放，上海、浙江等地在试点阶段已经拥有社会力量和公益组织共同参与，这就是实施《社区矫正法》的趋势。但在实际工作中，因为立法层面为后续改进工作的“留白”，使得地方对立法理念存在理解偏差，加上各地社区矫正工作区域资源存在差距，导致《社区矫正法》实施过程中或多或少存在“水土不服”“换汤不换药”等问题，主要体现在以下几个方面。

（一）惯用以往的模式完成社区矫正工作，矫正小组没能很好地发挥职能作用

当前部分地区开展社区矫正日常监督管理工作的方式较为单一，仍惯用《社区矫正法》实施前的模式，依赖社区矫正机构和司法所完成，矫正小组没能很好地发挥职能作用。根据《社区矫正法》第25条的规定，社区矫正机构应当根据社区矫正对象的情况，为其确定矫正小组，负责落实相应的矫正方案。根据需要，矫正小组可以由司法所、居民委员会、村民委员会的人员，社区矫正对象的监护人、家庭成员，所在单位或者就读学校的人员以及社会工作者、志愿者等组成。

但在实际工作开展中，如何正确组建起沟通顺畅、配合默契、工作高效的矫正小组，仍然是老大难问题，矫正工作基本由基层司法所承担的问题没有得到根本上

的解决。比如，2020年7月，福建省泉州市安溪县司法局印发了《关于明确县社区矫正管理局委托司法所承担社区矫正相关工作的通知》（安司〔2020〕22号）[①] 将接收社区矫正对象，建立社区矫正档案，确定矫正小组，制订、调整和落实矫正方案，监督管理、实地查访、教育帮扶等工作一揽子委托给辖区内各司法所，与《社区矫正法》实施前并无不同，只是多了一道"委托"手续。这一现象普遍存在，即使《社区矫正法》正式实施，外界仍认为社区矫正工作是司法所的工作职责，导致其参与度不高，矫正小组未能很好地发挥职能作用。由于不明确司法所承担社区矫正工作的职责，如果社区矫正机构委托司法所承担社区矫正工作职责，司法所可以因为人手不足或其他原因而拒绝委托吗？如果司法所接受了委托，就存在着责权利不对等的问题，如果在管理中出现了问题，检察机关能追究司法所工作人员的刑事责任吗？[②]

（二）社区矫正力量配备尚不足

根据《社区矫正法》第23条的规定，社区矫正对象在社区矫正期间应当服从社区矫正机构的管理。根据第24条的规定，社区矫正机构应当……制定有针对性的矫正方案，实现分类管理、个别化矫正。根据第25条的规定，社区矫正机构应当根据社区矫正对象的情况，为其确定矫正小组，负责落实相应的矫正方案。当前，县级社区矫正机构基本属于司法行政部门的内设机构，人员编制配备较少，部分地区只配备一名国家工作人员，以海南省为例，每个市县少则几十名，多则上百名社区矫正对象，使得日常监管和教育帮扶开展举步艰难，导致社区矫正工作迫不得已只能以向下委托的方式进行，由司法所具体承担社区矫正工作，即回到了《社区矫正法》实施前的工作模式，社区矫正工作难有突破和创新。

（三）监管人员与被监管人员数量配比不均衡

如前文所述，目前社区矫正工作基本上仍以司法所为主体来开展，而各个司法所之间，因所管辖区域风俗民情、人口、经济发展情况不一，日常工作量存在很大差异。比如，边远地区的司法所因区域发展较落后、人口少且以纯朴村民为主等原因，调解案件量和安置帮教人数、社区矫正对象较少甚至没有，日常工作量相对城区司法所较少，甚至出现司法所2—3名工作人员管理1—2名社区矫正对象的"多管少"现象，而城区司法所1名管理人员至少管理10名管理对象。实际上，部分司

---

① 安溪县司法局："安溪县司法局关于明确县社区矫正管理局委托司法所承担社区矫正相关工作的通知"，http：//www. Ajax. gov. c/Gk/zfxxgkzl/bmzfxxgk/sfj/zfxxgkml/202008/t20200825_2410165. htm，最后访问时间2021年7月12日。

② 刘强：《我国社区矫正机构设置探析》，载《山东警察学院学报》2020年1月第1期。

法行政部门在分配司法所人员力量时，并未充分考虑实际工作量，而是以“一碗水端平”的方式来进行，使得城区的司法所工作量超出工作人员可承受范围，容易造成管理不到位、档案不完善等问题，不利于对社区矫正对象的监管和教育。显然，将司法所作为基层社区矫正机构不能保证执法人员有合理的工作量，不利于对工作人员进行绩效考核，不能有效体现按劳分配原则，不利于调动工作人员的积极性。①

（四）对社区矫正对象的学习教育不做硬性要求，不利于其完成学习教育

《社区矫正法》第 36 条第 2 款“对社区矫正对象的教育应当根据其个体特征、日常表现等实际情况，充分考虑其工作和生活情况，因人施教”的规定与《社区矫正实施办法》第 15 条“社区矫正人员应当参加公共道德、法律常识、时事政策等教育学习活动”的规定不同，《社区矫正法》对社区矫正对象的学习教育不做硬性要求，而是要求社区矫正机构在拟定学习教育的内容、方式方法、时间安排等方面，要考虑各个社区矫正对象的个体特征、日常表现、工作生活情况等因素，因人施教。在实践中，确实会出现社区矫正对象因工作、生活或个人等原因无法参加学习教育的情况，不利于社区矫正机构开展教育帮扶，不利于社区矫正机构进行监督管理，使得社区矫正对象难以通过接受学习教育达到预防和减少犯罪的成效；更加难以通过提高教育矫正的质量，达到实现帮助社区矫正对象成为守法公民、顺利融入社会，进而预防和减少犯罪、实现社会长治久安的价值追求。

三、意见建议

针对上述存在问题，笔者将从主体、方式等角度浅谈意见建议。

（一）从主体层面

1. 打造专业化的社区矫正机构队伍

《社区矫正法》第 10 条规定：“社区矫正机构应当配备具有法律等专业知识的专门国家工作人员，履行监督管理、教育帮扶等执法职责。”第 11 条规定：“社区矫正机构根据需要，组织具有法律、教育、心理、社会工作等专业知识或者实践经验的社会工作者开展社区矫正相关工作。”第 13 条规定：“国家鼓励、支持企业事业单位、社会组织、志愿者等社会力量依法参与社区矫正工作。”这些条款都说明社区矫正工作不能仅靠社区矫正机构独立完成，而是在社区编织一张大型的社区矫正工作网，由以下力量共同完成：一是各市县应根据实际扩充社区矫正机构队伍，配备具

---

① 刘强：《我国社区矫正机构设置探析》，载《山东警察学院学报》2020 年 1 月第 1 期。

有专业知识的国家工作人员，打造一支强有力的核心力量。二是成立一支社会工作者队伍。可通过“政府购买”等方式公开招聘、招募一批具有法律、教育、心理、社会工作等专业知识或者实践经验的社会工作者开展社区矫正相关工作。也可参考《人民陪审员选任办法》，通过个人申请和所在单位、户籍所在地或者经常居住地的基层群众性自治组织、人民团体推荐方式产生社会工作者开展社区矫正相关工作，由政府完善配套资金。三是组建社区志愿者队伍。针对参与社区矫正的民间力量发展不发达、基础薄弱、亟待培育的问题，政府应鼓励和支持建立与社区矫正相关的志愿者组织。同时，积极吸纳离退休干部、社区干部、法律服务工作者等社会热心人士担任社区矫正志愿者，参与帮教和志愿服务活动。充分调动他们参与社区矫正的积极性，使社区矫正成为他们实现人生价值的平台。① 四是选派监狱民警参与社区矫正工作。监狱民警有着丰富的罪犯改造工作经验，将监狱改造经验合理运用到社区矫正中，协助做好社区矫正对象的日常监管、教育帮扶等工作，可有效提升社区矫正工作整体水平，促进刑罚执行一体化建设。

2. 由市县社区矫正机构统筹安排、合理分配社区矫正工作人员

《社区矫正法》第 9 条规定：“县级以上地方人民政府根据需要设置社区矫正机构，负责社区矫正工作的具体实施……司法所根据社区矫正机构的委托，承担社区矫正相关工作。”一是由市县社区矫正机构统筹安排，根据 1∶8 至 1∶5 的比例合理分配社区矫正工作人员，更有利于开展社区矫正相关工作，很好地缓解在册社区矫正对象和社区矫正工作人员分配不均衡的问题。二是针对一些边远地区的乡镇，司法所工作人员与在册社区矫正对象比例在上述比例以内的，可由市县社区矫正机构委托当地司法所全权负责；若该地区在册社区矫正对象人数多，超过上述比例的，社区矫正机构可适当派遣社会工作者、社区志愿者等，共同完成社区矫正工作。三是居民委员会、村民委员会，所在单位或者就读学校的人员应该指定专人负责，加入矫正小组。矫正小组所有成员应该强化责任意识，落实矫正方案，如矫正小组中的居民委员会、村民委员会的人员，社区矫正对象的监护人、家庭成员，所在单位或者就读学校的人员以及社会工作者、志愿者等应积极参与对社区矫正对象的考核评议和教育活动；矫正小组成员对社区矫正对象走访谈话，了解其思想、工作和生活情况，并以书面的形式向社区矫正机构或者受委托的司法所报告，由社区矫正机构给予一定的补助。

（二）从矫正方法层面

1. 鼓励社会力量参与，开展多形式社区矫正工作

《社区矫正法》第 11 条规定：“社区矫正机构根据需要，组织具有法律、教育、

---

① 梁仕、关艳晖：《〈社区矫正法〉浅析》，载《法制博览》2020 年 6 月（中）。

心理、社会工作等专业知识或者实践经验的社会工作者开展社区矫正相关工作。”第13条规定：“国家鼓励、支持企业事业单位、社会组织、志愿者等社会力量依法参与社区矫正工作。”目前，北京、天津、上海、江苏、浙江、广东、重庆、四川等地在购买社会工作服务方面积累了一定的经验。而其他地方社会组织和志愿者等社会力量相对还比较薄弱，对参与社区矫正服务的兴趣也不大。① 应该多鼓励社会工作者和社会力量参与进来，有创新性、开拓性地开展社区矫正工作。

2. 完善“考核奖惩”制度

虽然《社区矫正法》对社区矫正对象完成学习教育和公益活动不做硬性要求，但是可以通过完善“考核奖惩”制度来增加其参与学习教育和公益活动的积极性。一是细化加分、扣分标准，以季度为周期进行考核。对于积极遵守报到规定、请销假制度，配合社区矫正机构监管，积极参加学习教育、公益活动的行为给予加分；对不按规定报到，不遵守请销假制度，未经批准擅自离开执行地的等行为给予扣分，每季度未对该对象本季度表现进行核算、考核。二是通过每季度末的考核分值进行分类管理，并明确与三种管理类别相对应的管理方式。一般可分为：严管、普管、宽管。综上，可以通过对积极参与学习教育和公益服务的社区矫正对象进行表扬，或以考核加分形式调整管理类别，提升其积极性，以达到更为理想的矫正效果。三是细化“奖励”的条件和结果。一般来说，奖励分为表扬、提出减刑建议两种，惩罚分为训诫、警告、公安机关给予治安管理处罚等，情节严重的可撤销缓刑、撤销假释或者暂予监外执行收监执行。在《社区矫正法实施办法》中，对“惩罚”的各类情形列举详细，且环环相扣，如《社区矫正法实施办法》第35条和第46条，受到社区矫正机构两次训诫仍不改正的可给予警告；因违反监督管理规定受到治安管理处罚或者受到社区矫正机构两次警告，仍不改正的，可提出撤销缓刑建议。《社区矫正法实施办法》虽对“表扬”的情形做了详细的列举，但对于减刑的条件、一般的表扬后续可得到的福利等未作详细说明，这不利于提高社区矫正对象争取表扬的积极性。

3. 构建信息化数据大平台

在实践中，没有了电子定位装置的束缚，有的社区矫正对象会抱有侥幸心理，挑战社区矫正机构的权威，出现未经批准擅自离开执行地的情况。虽然社区矫正机构、受委托的司法所会不定期地采取通信联络、实地查访、突击点验等方式进行监管，但难免会出现“漏网之鱼”。针对上述情况，各地区可构建信息化数据大平台，将该平台定位为“社区矫正工作”平台，对接公安系统，达到数据共享。公、检、法、司在该平台中各司其职。决定前，审判机关根据需要通过平台将“调查评估委

---

① 梁仕、关艳晖：《〈社区矫正法〉浅析》，载《法制博览》2020年6月（中）。

托函”发至司法行政机关，司法行政机关开展调查后给予答复。接收时，由社区矫正机构将社区矫正对象的姓名、身份证号、罪名、原判刑罚期限、执行地等相关信息录入平台。在监管过程中，司法行政机关将被批准外出的人员信息录入平台，若该平台内未获批准外出的人员出现乘车、乘机、住房或者受到治安处罚等情况，可方便社区矫正机构第一时间掌握这些信息，进一步采取有针对性措施，有效防止脱管漏管现象。检察机关可通过该平台进行监督。

党的十九届五中全会指出，到2035年基本建成法治国家、法治政府、法治社会，对法治工作提出了高标准、高要求。而仅凭以司法所为核心的单一力量来推动社区矫正工作，是社区矫正机构建设不完善的权宜之计，是改革的过渡之策，《社区矫正法》的实施，旨在改革并规范社区矫正工作，对应的配套设施也应尽快建立和完善，为实现第二个一百年目标打好法治基础，营造全社会共同参与的浓厚法治氛围。

关于在社区矫正工作中完善禁止令制度执行的几点思考

吴育文*

一、社区矫正禁止令的界定

（一）禁止令的定义

在我国刑法中，禁止令分为管制执行期间的禁止令和缓刑考验期间的禁止令。《刑法》第38条第2款规定：“判处管制、可以根据犯罪情况，同时禁止犯罪分子在执行期间从事特定活动，进入特定区域、场所，接触特定的人。”《刑法》第72条第2款规定：“宣告缓刑，可以根据犯罪情况，同时禁止犯罪分子在缓刑考验期限内从事特定活动，进入特定区域、场所，接触特定的人。”同时，根据《社区矫正法》的相关规定，对被判处管制和宣告缓刑的对象依法实行社区矫正。本文探讨的禁止令是指被宣告缓刑、判处管制的社区矫正对象在缓刑、管制期限内，禁止从事特定活动，进入特定区域、场所，接触特定的人的命令。

（二）禁止令与从业禁止的区别

从业禁止是刑法修正案（九）在刑法37条之后增加的处置措施，适用对象为法院评价其可能再次利用职业便利实施犯罪，或者实施违背职业要求特定义务犯罪的对象。从业禁止与禁止令之间的区别如下：一是适用期间不同，禁止令适用于管制执行期间或者缓刑考验期间，刑罚还未执行完毕，而从业禁止是禁止公民自刑罚执行完毕之日或者假释之日起从事相关职业。二是适用范围不同，禁止令系禁止从事特定活动，进入特定区域、场所，接触特定的人，包括从事相关职业，故而禁止令的范围涵盖从业禁止。三是法律后果不同，违反禁止令规定的，按照《治安管理处罚法》和《社区矫正法》及其实施办法的相关规定进行处罚，对于严重的情况也只能向法院提请收监，而违反从业禁止规定的，由公安机关依法给予处罚，情节严重

* 吴育文，上海市社区矫正管理局选派民警。

的，可以依照拒不执行判决、裁定罪定罪处罚。

（三）禁止令与限制高消费令的区别

《最高人民法院关于限制被执行人高消费及有关消费的若干规定》规定了限制高消费令，适用对象为未按指定期间履行生效法律文书确定的给付义务的被执行人，限制高消费令与禁止令之间的区别如下：一是法律关系不同，禁止令针对的对象是罪犯，只有在刑事领域才存在禁止令，而限制高消费令是因为没有履行给付义务才产生的，主要适用于民事领域。二是适用范围不同，禁止令系禁止从事特定活动，进入特定区域、场所，接触特定的人，包括限制高消费，禁止令的范围涵盖了限制高消费的内容，而且并不局限于上述规定中的高消费行为。三是法律后果不同，正如前文所述，违反禁止令规定的，最多只能提请收监，而违反限制高消费令，情节严重的，可以依照拒不执行判决、裁定罪来定罪处罚。

二、社区矫正禁止令的特点

（一）法定性

禁止令会对社区矫正对象的人身自由进行一定的限制，它的实施必然会影响到公民人身自由权的行使。因此，这就要求法官要严格按照法律规定依照法定程序决定对犯罪分子是否适用禁止令和如何适用禁止令，对没有必要适用禁止令的罪犯不得宣告禁止令或对罪犯适用超出法律规定以外内容的禁止令。

（二）针对性

禁止令是针对被判处管制、宣告缓刑罪犯的具体犯罪情况所采取的监管措施。禁止令所禁止的事项，均应由法官根据不同犯罪分子的犯罪原因、犯罪性质、犯罪手段、犯罪后的悔罪表现、个人一贯表现等情况作出不同的判决，故而禁止令的形式也是灵活多样的，针对性较强。

（三）预防性

禁止令针对的往往是罪犯自身存在的恶习，对其具有震慑作用，加之处罚方式针对性强、措施灵活，正确适用禁止令好比给社矫正对象戴上紧箍，使其自觉规避不良场所、不良人员的诱惑，将矫正对象与可能再次引发犯罪的环境隔离开来，以达到更好地预防和矫正犯罪的目的。

三、当前禁止令执行过程中所面临的困境

（一）社区矫正法律法规关于禁止令的规定较为笼统

《社区矫正法》的正式施行让社区矫正工作有法可依，但其中关于禁止令的规定寥寥无几，仅在第31条规定了社区矫正机构发现社区矫正对象正在违反人民法院禁止令的，应当立即制止；制止无效的，应当立即通知公安机关到场处置。第29条规定了违反人民法院禁止令的可以使用电子定位装置加强监督管理。故而，《社区矫正法》并没有明确规定社区矫正机构应当如何执行禁止令，"社区矫正法没有规定禁止令的执行，使得社区矫正机构在执行禁止令方面处于无法可依的状态，执行效果必然受到严重影响，而禁止令执行效果不理想也一定会影响到社区矫正的执行。"① 与此同时，司法部联合最高法、最高检、公安部共同制定的《社区矫正法实施办法》虽然规定了违反人民法院禁止令的处罚措施，包括警告、治安管理处罚、提请收监等手段，同时也规定了矫正对象应当定期报告遵守禁止令的情况和有关单位协助配合执行禁止令的要求，但就如何有效监管矫正对象遵守禁止令情况规定不明，也没有规定禁止令执行的具体细则，可操作性较差。

（二）部分禁止令内容缺乏明确性和可执行性

有的法官在宣告禁止令的时候比较随意，不考虑在社区矫正过程中能否得到有效执行。例如，对于一些未成年罪犯，法院会禁止其在矫正期间内接触有相关前科劣迹的人员，以免其重新走上犯罪道路。法官的初衷也许是好的，但实践中因为有前科劣迹的人员范围实在太广，无法准确把握。再如，对于酒后驾车的社区矫正对象，法院禁止其在矫正期间喝酒，这对于日常监管而言几乎不可能做到。同时，法律规定本身存在模糊性，如禁止罪犯接触被害人或者特定人群，"接触"的概念到底为何？仅仅是指物理上的接触，还是包括电话联系和通过微信、QQ等社交软件联系在内？这些都需要法律在今后进一步细化。

（三）基层司法所人手紧张

以笔者所在的市辖区为例，全区共有450名左右的矫正对象，共有11个司法所，平均每个司法所要管理40名左右的矫正对象，个别司法所最多要管理80多名社区矫正对象，仅审前社会调查就会耗费大量精力。目前社区矫正工作人手依然不够，每

---

① 司绍寒：《试论〈社区矫正法〉的意义与不足》，载《犯罪与改造研究》2020年第8期。

个司法所包括社工在内只有 3—4 名工作人员对矫正对象进行管理，难度很大，而且司法所不可能将所有精力和人力都放在社区矫正工作上。随着《社区矫正法》的出台，司法所既要对社矫正对象做好监督管理工作，又要落实好各类教育帮扶措施，对监督禁止令的有效执行难免力不从心。

（四）社区矫正监管手段不足

在实践中，社区矫正机构主要通过手机定位和信息化核查的方式掌握矫正对象的活动情况，这也是监督社区矫正对象从事特定活动或进入特定区域、场所的有效手段。随着基站定位技术的发展，手机定位的精度越来越高，但是如何确保社区矫正对象人机一致一直是一个难题。信息化核查无疑是确保人机一致的最好方法，然而考虑到现实情况，目前笔者所在市规定每天上午（6 点—9 点）、下午（12 点—15 点）、夜间（19 点—22 点）三个时间段，社区矫正对象通过手机 App 进行报告，报告采用人脸识别的方式进行。在手机 App 报告完成后，社区矫正对象依然可以在上述时间段以外通过人机不一致的方式来逃避司法所的定位监管，这样司法所便无法准确掌握其真实行动轨迹。而对于禁止罪犯接触特定人群的禁止令，由于通信技术的发展，社区矫正对象与朋友交往更加方便和隐蔽，使司法所对社区矫正对象的交际圈很难监控，社区矫正人员违反禁止令及重新犯罪的风险不断增加。

四、完善禁止令制度执行的建议

（一）适用禁止令对象必须使用电子定位装置

正如笔者所分析的，定位手机是可以做到人机分离的，监管情况并不理想，而加戴定位手环需专业人员才能拆卸，可以及时掌握罪犯行踪。在《社区矫正法》施行之前，司法所原则上会要求对象在入矫之初就佩戴定位手环，然而在《社区矫正法》施行以后，只规定了法定的几种情形下才能对社区矫正对象使用电子定位装置，其中一项便是违反人民法院的禁止令。然而，现实情况是不佩戴电子定位装置很难掌握社区矫正对象的真实活动轨迹，尤其是禁止社区矫正对象进入特定区域、场所的禁止令，通过定位手机进行监管难度颇高。笔者认为，为了使禁止令制度得到有效执行，《社区矫正法》应当规定适用禁止令的对象必须使用电子定位装置，从而达到预防犯罪的目的。

受限于目前的法律规定，对于适用禁止令的对象只能使用手机来进行定位，为确保对象将手机随身携带在身边，除早、中、晚三次手机点名外，应该要求对象不定期通过手机 App 来进行报告或者根据社区矫正对象的活动规律适当增加点名的次数，从而让社区矫正对象无从掌握手机报告的规律，确保人机不分离。

（二）禁止从事特定活动的执行措施

1. 禁止从事相关生产经营活动

对于被宣告此类禁止令的对象，法院或者社区矫正机构应当及时通知有关生产经营活动的登记和主管机关，如市场监督管理局、卫健委等部门，使得矫正对象不能通过相关部门办理营业执照或审批相关事项，已经办理营业执照的，登记机关应该直接予以注销。“实践中对于判处禁止令的内容仅在判决书公开和社区矫正宣告时宣读两个阶段予以公开，由于实践中极少有第三人查阅法院的判决书，社区矫正宣告的参加人员十分有限，因此，禁止令的内容如何为第三方知晓并积极配合社区矫正机构监督刑法禁止令的执行是实践中必须思考的问题。”① 笔者认为，可以考虑在全国范围内设立一个数据共享平台，对宣告禁止令禁止从事相关生产经营活动的矫正对象进行信息化管理，包括社区矫正对象的基本信息、所犯罪名和禁止的相关事项等内容，有关部门和组织可以及时查询了解到相关信息，从而确保矫正对象无法“重操旧业”。

2. 禁止从事高消费活动

对于何为高消费活动，在实践中认定的标准一直有争议。“对于高消费活动有不同的理解，主要是对高消费是以消费主体的承受能力作为判断标准，还是以消费金额或者消费场所的规格、档次作为判断标准存在不同的认识”② 最高人民法院于2015年发布了最新版的《最高人民法院关于限制被执行人高消费及有关消费的若干规定》，其中规定了9种被执行人不得享有的高消费行为，这对于限制高消费禁止令具有很好的参考意义，所以将消费金额或者消费场所的规格作为高消费的衡量标准，在实践中可操作性较强，同时社区矫正机构也可以结合社区矫正对象的生活和工作情况作为判断高消费行为的标准。

笔者认为，对于禁止从事高消费活动的社区矫正对象，社区矫正机构应该了解清楚其收入情况，并向其工作单位进行核实，包括社区矫正对象的工资收入、银行卡账号等信息，矫正对象应当定期将其工资卡银行流水上交司法所，如果出现大额支出和大额取现的记录，矫正对象要向司法所解释，证明其没有从事高消费活动。根据《社区矫正法实施办法》第39条的规定，社区矫正机构根据执行禁止令的需要，可以协调有关的部门、单位、场所、个人协助配合执行禁止令。司法所根据实际情况也可以责令社区矫正对象将其银行卡交由其家属来保管，由社区矫正对象家

---

① 张庆立：《刑法禁止令实践中存在的问题与对策》，载《上海法学研究》2020年第12卷。

② 闵敢：《禁止令执行相关问题探析》，载《安徽警官职业学院学报》2013年第2期。

属协助配合执行禁止令，确保社区矫正对象不能从事高消费活动。

（三）禁止进入特定区域、场所

禁止令中禁止进入的特定场所主要包括夜总会、酒吧等娱乐场所以及中小学、幼儿园等教育机构，从而避免诱发犯罪的因素产生。正如笔者前文所分析的，只有使用电子定位装置才能有效监管矫正对象的行动轨迹，对于此类社区矫正对象更应该加强定位监管。同时，根据《社区矫正法实施办法》的规定，被宣告禁止令的社区矫正对象应当定期向司法所报告遵守禁止令的情况，内容应该包括自己每天工作和生活的区域和轨迹，司法所再将社区矫正对象上交的书面报告和其电子定位轨迹进行比对，确保对象严格遵守禁止令的规定。

另外，经笔者研究，通过手机定位技术，可以观察矫正对象在地图上有无固定停留点，如果发现社区矫正对象经常前往某些固定区域和场所，社区矫正机构应当派员前往现场进行了解。在初步排查的基础上，一旦发现附近有禁止令所涉及的场所如娱乐会所或者学校等机构，工作人员应当把禁止令的内容告知给上述单位，从而帮助社区矫正机构执行禁止令。

（四）禁止接触特定的人

根据相关规定，禁止接触的人主要包括两类，一种是被害人、证人等可能遭受矫正对象犯罪侵害的人，另一种是同案犯等可能诱发社区矫正对象再次危害社会的人。对于第一类人员，由于其受到矫正对象的侵害或指认过矫正对象犯罪，本身对于矫正对象带有恐惧或者排斥的心理，也不希望和社区矫正对象有所接触；而后一类人员往往和社区矫正对象存在某种较为紧密的关系，如同案犯。如今网络通信技术快速发展，人与人之间的交往存在一定的隐蔽性，这给矫正机构的日常监管带来一定难度。

1. 对禁止令中“特定的人”进行告知

笔者认为，对于此类禁止令的执行，除了对矫正对象的日常活动加强监管以外，矫正机构还应当对禁止令当中“特定的人”进行告知，最好和其签订书面的协议书，要求其协助矫正机构执行好禁止令，并且在征求“特定的人”允许的情况下，将其家庭住址和工作地址报告给矫正机构。通过手机定位技术，一旦发现矫正对象的行动轨迹靠近上述地址，工作人员会及时和“特定的人”联系，使其做好防范，如果矫正对象违反规定和特定人员接触，包括通信联系在内，特定人员应当及时向社区矫正机构反映。

2. 动员社会力量积极参与监督禁止令执行

社区矫正机构应当和各类社会基层组织加强沟通和合作，吸引广大群众参与到禁止令的执行过程当中来，通过街镇、派出所、村居委、学校、工会等单位和个人的配合，对适用禁止令对象的人际往来进行了解和监督，一旦发现矫正对象违反规定和“特定的人”接触，鼓励有关组织和个人及时向社区矫正机构举报，在适用禁止令对象的身边构建一张社会全方位监督的大网。

五、结语

从《刑法修正案（八）》创设禁止令制度到现在已有 10 年，然而尚未有一部国家层面的法律来规定禁止令的具体执行。《社区矫正法》及其实施办法虽然规定了禁止令的执行主体和处罚措施，但没有制定禁止令执行的具体制度，监管措施也比较乏力，在实践中带来了很多问题，刑事禁止令制度的发展依然任重道远。笔者相信，随着依法治国战略的推进和刑事执行制度的完善，禁止令的适用和执行将越来越科学化，禁制令制度终将发挥其价值功效。

《社区矫正法》实施之难点

——如何分类管理

项泽峰　余淑娟*

《社区矫正法》是在总结多年来社区矫正实践经验的基础上，充分体现宽严相济、个别化矫正的智慧成果。它为下一步开展社区矫正工作提供了法律指引，体现了社区矫正工作理念的科学转变，是构建社会治安防控体系的有力抓手，也是推进国家治理体系和治理能力现代化的有效举措。创新发展“精准矫正”体系，分类管理，强化教育，实现个别化矫正，也就成了贯彻落实《社区矫正法》的必然要求。

一、分类管理的法律依据

《社区矫正法》第 3 条规定了社区矫正工作的基本原则和工作目标：“社区矫正工作坚持监督管理与教育帮扶相结合，专门机关与社会力量相结合，采取分类管理、个别化矫正，有针对性地消除社区矫正对象可能重新犯罪的因素，帮助其成为守法公民。”其中对社区矫正工作的工作方式提出了“分类管理”原则。

第 24 条对分类管理作了概括性的规定：“社区矫正机构应当根据裁判内容和社区矫正对象的性别、年龄、心理特点、健康状况、犯罪原因、犯罪类型、犯罪情节、悔罪表现等情况，制定有针对性的矫正方案，实现分类管理、个别化矫正。矫正方案应当根据社区矫正对象的表现等情况相应调整。”

二、分类管理的现实意义

我国自 2003 年开展社区矫正试点工作以来，一直十分重视分类管理，是因为实施分类管理在社区矫正工作中具有重要的现实意义，笔者认为主要体现在以下几点。

一是有助于维护社区矫正工作大局稳定。实施分类管理，旨在通过对不同危险

* 项泽峰，龙泉市司法局上垟司法所副所长、四级主任科员。余淑娟，中共龙泉市委党校委员会干部。

等级的社区矫正对象采取不同的监管措施，突出每位社区矫正对象的管理重点，有效提高管理措施的科学性、针对性，有效降低社区矫正对象重新犯罪率，维护社区矫正工作大局稳定。试点以来，我国社区矫正对象重新犯罪率至今一直保持在0.21%以下的低水平，分类管理制度所起的作用不可否定。

二是有助于促进社区矫正对象融入社会。社区矫正工作的工作目标就是“帮助社区矫正对象成为守法公民”，实施分类管理，旨在根据其矫正类别、个体特征、日常表现等实际情况实施分类教育、分类帮扶，结合政治教育、法治教育、道德教育等教育方式以及职业技能培训、修复社会关系等帮扶手段，达到促进社区矫正对象融入社会的工作目标。

三是有助于合理分配社区矫正执法资源。实施分类管理，旨在通过政府公开择优购买社区矫正社会工作服务或其他社会服务，充分利用社会资源，在一定程度上缓解基层司法行政机关“人少事多”的矛盾，提高工作效率，减轻工作压力。

三、分类管理的实施情况

（一）监狱分类管理的实施情况

社区矫正对象分类管理，是监狱罪犯分类管理制度在社区矫正领域的延伸。笔者认为，有必要分享监狱对于罪犯分类管理的一些举措和方法。

在监狱里，对于罪犯的分类管理，主要采取两种分类。

一是根据罪犯性别、刑期、危险程度等进行监狱层面的分类管理。如男女罪犯分开、长刑期和短刑期分开、不同罪名之间分开、高中低危险程度分开，等等。由此，就出现了男犯监狱与女犯监狱，长刑期监狱与短刑期监狱，高、中、低度戒备等级监狱等。目前，还没有实现按照不同罪名来设定监狱。

二是根据改造表现情况不同在同一监狱内进行分类管理。正常情况下会对罪犯按照宽管、普管和严管来设立等级，不同等级的待遇是不一样的，也就是常说的分级处遇管理制度。宽管罪犯在日常改造生活中，会比普管和严管罪犯享受更多的权益和待遇。如宽管罪犯一个月可以给家里打三次电话，而普管罪犯能打两次，严管罪犯只能打一次等。

从这里可以看出，监狱的主要做法是先根据一定标准从监狱层面进行分类管理，再在同一监狱根据不同改造表现情况进行分类管理，形成两个维度的分类管理制度标准。

（二）社区矫正分类管理的实施情况

分类管理在各地的社区矫正实践中，普遍体现为“分级管理”，其基本方法是：

按照一定的标准，将全体社区矫正对象的人身危险性分为三个不同的等级（北京分为A、B、C三级，上海分为一级、二级、三级，其余地方多数分为宽管、普管、严管三级），然后对不同等级的社区矫正对象实施不同的管理措施，即分级处遇；在执行过程中，可以根据社区矫正对象的具体表现适时调整其管理等级。

各地对社区矫正对象实施分级管理的做法，普遍借鉴北京、上海的经验。北京市作为第一批社区矫正试点地区，在2004年就开始了对社区矫正对象实施分类管理的实践探索，并于2005年4月制订了《社区服刑人员分类管理分阶段教育实施方案（试行）》，在全市范围内推行分类管理工作。上海市也于2005年1月制定了《上海市社区服刑人员分类矫正暂行规定》，并在2007年作了修改。

《社区矫正法》及《社区矫正法实施办法》实施后，从上海、福建、山东等地新颁发的规范性文件来看，分级管理的方法得以继续沿用，只不过有的地方根据法律规定对分级处遇措施做了一些修改，但也有的地方基本上没有改动，其原因可能在于不同地方对法律相关规定的理解不同。2020年8月颁发的《河南省社区矫正工作细则》，取消了以前"严管、普管、宽管"三个管理级别的分级方法，将社区矫正分类管理设计为重点管理、普通管理两种管理类型，但从内容上看，其实质仍是分级管理，只不过将三级改为二级。

实践中，有的地方除对社区矫正对象采用分级管理方法外，同时还规定了针对"重点人员"的管理措施，即根据一定的标准将部分社区矫正对象确定为重点人员并采取特别的管理措施。在笔者看来，这些地方的文件中虽然没有明确提出"普通人员"的概念，但所谓"重点人员"其实是相对"普通人员"而言的，这种分类标准关注的还是社区矫正对象人身危险性的大小，与上述分级管理并无实质性差异。

概言之，从2003年开始试点至今，分级管理方法一直是社区矫正分类管理的主要形式。

四、分类管理的实施难点

分类管理是一项非常复杂且专业性很强的工作，分类标准的科学性需要在实践中不断探索，分类管理的实际效果也需要接受实践反复检验。与西方发达国家相比，我国社区矫正的发展历史比较短暂，制度建设和实践经验都存在不足；加之监狱工作与社区矫正工作存在差异，在分类管理方面并不能提供成熟的、可供直接借鉴的经验。因此，我国社区矫正分类管理工作尚存在一定的欠缺，主要体现在以下几个方面。

（一）管理措施有限，形式较为单一

1. 管理措施有限

除2011年的《刑法修正案（八）》对管制、缓刑罪犯增加的禁止令规定外，目前《社区矫正法》及其配套规范性文件对四类社区矫正对象规定的管理措施基本相同，主要为实践中存在已久的手机定位、电子定位装置两项管理措施，同时赋予社区矫正机构享有自由裁量权的管理措施又非常有限，致使分类管理的区别性处遇难以充分体现，导致主观上社区矫正机构对探索分类管理的动力不足。

2. 形式较为单一

当前的社区矫正工作中，最直接且能够对社区矫正对象产生较大影响的分类管理，一般是通过将社区矫正对象分为不同等级进行管理，并对每种管理等级规定不同的受矫义务。以浙江省为例，对于分类管理的标准较粗略，仅仅是严格管理与普通管理这样较为简单的划分，主要依据是否新入矫、月度考核情况、再犯罪风险评估结果等进行分类，唯一最能体现两种管理等级下不同区别性监管处遇的便是请假制度。这样的分类管理制度，形式较为单一，缺乏进一步细分的科学判断，并且对于如何制定分类管理标准也没有定论，导致整个工作随意性大，容易产生漏洞。

（二）人员力量存在不足，专业水平不强

1. 人员力量不足

笔者从司法部2018年司法所工作会议资料了解得知，全国共有司法所40417个，所均工作人员只有3人，其中政法专项编制仅有1.4人，“一人所”近1.7万个，约占司法所总数的42.06%。从浙江省2020年相关资料了解得知，全省共有经编制部门行文设立的司法所1360个，共配备专职司法所工作人员5844人，所均工作人员约4.3人。以笔者所在的龙泉市为例，司法所现有工作人员33人，其中政法专编8人，负责着19个乡镇（街道）的司法行政工作，除街道所和中心所外均为“一人所”，占比高达57.9%。由此可见，基层司法所力量明显不足。此外司法所除承担社区矫正工作外，还要承担人民调解、法治宣传等职责，工作压力、任务十分繁重，难以精准高效地开展分类管理。

2. 专业水平不强

一方面，目前在司法所从事社区矫正工作的工作人员虽大部分有大专以上文化程度（如浙江省数据显示大专以上文化程度占96.13%），但实际上很多干部并不是法律、心理学等专业或者专业水平并不高，日常工作凭经验办事的居多；政府购买的社会工作者服务，由于待遇偏低，难以招聘到专业水平较高的人才，而且由于人员流动性较大，不利于工作经验的积累和业务水平的提高，导致整支队伍专业素质

难以提升。另一方面，政府每年预算的工作经费，除维持社区矫正工作的常规性开支外，难以有更多的经费去通过择优购买其他专业性社会服务来补充完善分类管理，打造精准矫正。

（三）工作思维局限，效果有待商榷

笔者认为，目前社区矫正机构普遍存在工作思维局限的特点，现阶段实施的分类管理，更多体现在分类下的“监管”而不是分类下的“教育和帮扶”，实际上更像是一种奖惩措施。第一个月实施严格管理，目的是通过高强度的管理措施让社区矫正对象认识到社区矫正是一项严肃的刑事执行活动，能够对其生活和行为产生实实在在的影响，从而约束其行为，使其自觉服从管理，不敢再恣意妄为。随后根据表现设定不同的处遇，则是为了告诉社区矫正对象，如果其服从管理，矫正机构就为其调整为较轻的矫正义务；如果其不服从管理，则要调整为更加严格的矫正义务。这样的分级管理其实是把社区矫正措施本身从监督考察手段和教育帮扶措施变成了一种惩罚，如何矫正只取决于社区矫正对象的表现，而与决定机关决定适用的矫正类别和个体特征全无关系。可想而知，“一刀切”的分级管理制度并不能促进社区矫正对象更好地融入社会。

五、分类管理的探索性建议

（一）深化顶层设计，进一步探索拓展监督管理措施

社区矫正机构拥有管理措施自由裁量权的制度空间，是完善分类管理的前提。相比试点初期，我国社区矫正分类管理的制度空间已经有所拓展，但这些管理措施仍然不能满足各地完善分类管理制度的实践需要，笔者认为，在下一步完善时可以考虑从以下几个方面进行。

1. 扩大电子定位装置的适用范围

目前《社区矫正法》对可以使用电子定位装置的情形规定了“违反法院禁止令、无正当理由未经批准外出、违反监督管理规定被给予治安管理处罚”等五项内容，但从实践当中的监管情况来看，经评估再犯罪风险大、心理波动大的对象，也很有使用电子定位装置的必要性。因此，建议再次修订《社区矫正法》时，应当扩大电子定位装置的适用范围，将经评估再犯罪风险大、心理波动大的对象也纳入其中。

2. 赋予各地社区矫正机构自由把控监管措施的空间

如《浙江省社区矫正对象奖惩考核办法（试行）》规定，社区矫正机构、司法所应当根据社区矫正对象的管理等级，实行相应的监管处遇。严格管理的社区矫正

对象，每周通过电话或者社交软件等方式报告一次、每半月当面报告一次；普通管理的社区矫正对象，每半月通过电话或者社交软件等方式报告一次、每月当面报告一次。这种监管措施存在明显的僵化特征，导致社区矫正机构在监管过程中无自由调整的空间，缺少应有的力度，不利于更深层次制定分类监管处遇。因此，笔者建议，各省的社区矫正机构在制定规范性文件时，应考虑赋予社区矫正机构自由调整监管措施的空间，如浙江省对严格管理的社区矫正对象的监管处遇可修改为“每周至少通过电话或者社交软件等方式报告一次、每半月至少当面报告一次”，如此更有利于各地在分类管理制度实践中实行不同的监管处遇调整。

（二）创新工作理念，进一步优化分类管理制度标准

各地社区矫正机构在实践中应根据《社区矫正法》第 24 条之规定，结合裁判内容和社区矫正对象的不同现实情况，创新工作理念，进一步探索各种形式多样、针对性强的分类管理制度标准，提高监督管理和教育矫正的质量和结果。笔者建议，可以以裁判内容为基础，以再犯罪风险和心理评估结果为核心，构建纵横结合的社区矫正分类管理体系。

1. 以裁判内容为基础

《刑法》《社区矫正法实施办法》对缓刑、假释罪犯规定了不同的撤销条件，《刑法诉讼法》《社区矫正法实施办法》对暂予监外执行罪犯也规定了不同的收监执行的条件，说明按裁判内容分类，能最大限度地体现出不同对象接受社区矫正的法律性差异。因此，建议各地社区矫正机构在制定有关规范性文件时，也将裁判内容作为一级分类标准，区别对待四类对象，强化四类对象的分类意识，如在“严管、普管、宽管”三级监管处遇的前提下，假释、暂予监外执行罪犯只能调整到普管，除非此两类对象在矫正期内受到表扬一次及以上方可调整至宽管。

2. 以再犯罪风险和心理评估结果为核心

在裁判内容分类的基础上，合理运用再犯罪风险评估结果和心理评估结果，作为整个分类管理体系的核心标准，赋予每个对象不同的监管处遇，如经评估再犯罪风险大、心理波动大的对象，应当按照严管监管处遇执行，因为预防社区矫正对象在矫正期间重新罪犯、维护社会稳定，是监督管理工作最直接、最根本的任务。这从监狱根据危险程度分为高、中、低度戒备等级监狱的分类标准也可以看出。

3. 以不同的维度标准为辅助

在之前两级分类的前提下，再按不同的维度标准进行纵横结合的分类管理，至于要分多少次，应该由社区矫正机构结合实践需要进行探索优化，笔者在此不作具体细化。

目前笔者了解到，《广西壮族自治区社区矫正工作细则》针对分类管理，便规定

了根据裁决内容和社区矫正对象的犯罪类型、矫正类别、矫正阶段、再犯罪风险等情况，进行综合分析和风险评估，划分不同类别，采取不同管理措施。笔者认为，广西的做法值得各省社区矫正机构参考，但在矫正类别上的分类还不够细化，也未结合心理评估等情况，建议还可进一步优化。

（三）强化队伍建设，进一步提高社区矫正规范水平

对不同的对象实施不同的监管处遇，需要一定的专业知识和经验技巧，因此，强化社区矫正工作队伍建设是社区矫正工作法治化、专业化、规范化的重中之重。而目前我国基层社区矫正机构长期、普遍存在“人少事多”的事实，难以满足分类管理制度下实行专业分工的需求，因此笔者建议：

1. 规范机构运行机制，完善队伍硬性条件

一方面，县级全面设立社区矫正执法大队，突出执法工作主体地位，规范社区矫正机构运行机制，乡级层面根据矫情和域情实际需要，对执法力量相对单薄的司法所进行资源整合与力量集中，建立乡镇（街道）执法中队，并将政法专项编制干部下沉到基层，以此减少“一人所”“二人所”所占比例，充实司法所人员力量。另一方面，社区矫正机构可以在今后招聘录用社区矫正社会工作者时，优先考虑已经取得社会工作初级以上职业资格证书的人员；之前已经聘用的，则需在一定时间内取得社会工作职业技能等级证书，未取得的，由社区矫正机构根据实际情况决定是否续聘。此外，还要鼓励政法专项编制干部、社区矫正社会工作者考取律师职业资格证书、心理咨询师证书等，以此改善队伍硬件条件。

2. 保障队伍待遇晋升，健全岗位培训机制

一方面，社区矫正机构要参照社会工作者薪酬标准逐步建立薪酬等级体系和职级体系，建立健全一级、二级、三级社区矫正社会工作者岗位，打通社区矫正社会工作者的职业发展通道，明确社区矫正社会工作者的职业待遇和晋升渠道，从而有效提升队伍的待遇，毕竟留得住人才能做得好工作。另一方面，社区矫正机构要常态化、综合化开展培训，可以通过与政法院校合作，聘请专业人士教授法律、犯罪学、管理学、心理学等方面知识，加强对综合素质的培训，提升社区矫正队伍职业化、专业化工作水平，提高社区矫正工作人员帮助社区矫正对象再社会化的深层次预防性矫正能力。

（四）落实经费保障，进一步整合利用社会优质资源

1. 在“有偿”服务上下功夫

《社区矫正法》第40条第1款规定：“社区矫正机构可以通过公开择优购买社区矫正社会工作服务或者其他社会服务，为社区矫正对象在教育、心理辅导、职业技

能培训、社会关系改善等方面提供必要的帮扶。”这说明在一些社区矫正机构力量较为薄弱、专业性不强的领域上，社区矫正机构是可以通过公开择优购买社会服务的。因此，笔者建议，各地应当在以再犯罪风险和心理评估结果为核心的分类管理制度标准下，落实经费保障，将经费用在刀刃上，加大对再犯罪风险和心理评估类社会服务的政府购买力度，形成一套较为完善的再犯罪风险和心理评估体系，作为社区矫正机构实施分类管理的基础保障。

2. 在“无偿”资源上做文章

社区矫正机构在“有偿”择优购买服务的基础上，还应该坚持整合利用社会优质资源，通过与其他单位、社会组织合作和公开招募志愿人士等形式，将检察院、法院、公安、公益性社会组织、资深教师、党员律师、普法志愿者等主体纳入社区矫正队伍之中，聚集社会力量，为分类管理后的分类帮扶和教育贡献专业力量，形成多元力量深度参与、共同构建社会参与支持社区矫正的大格局。

缓刑判决作出后、生效前犯罪人违法行为法律适用探析

——以社区矫正中的刑事变更执行为视角

张雨田*

社区矫正在我国是一项年轻的、蓬勃发展的刑事司法制度。从2003年开展试点，2005年扩大试点、2009年全国试行，到2013年形成第一部社区矫正法草案送审稿，经过广大社区矫正工作参与者的不断实践探索、总结经验，《社区矫正法》终于在2019年12月获得通过，回应了社区矫正实务界的关切。笔者是一名社区矫正机构工作人员，对社区矫正法给实务工作带来的改变和保障有切身的感受。例如，在刑事变更执行环节，立法前由于缺少强制措施，给上网追逃、收监执行工作带来诸多困难。《社区矫正法》创造性地增设了对于被提请撤销缓刑、假释的社区矫正对象可以决定逮捕的规定，很好地解决了这个问题。社区矫正在我国实践时间不长，实务人员普遍对难点问题研究不深。对于刑事变更执行，在社区矫正全面试行之前，一般只有社区矫正对象重新犯罪，才由审理新罪的法院撤销缓刑、假释，而对社区矫正对象违法违规行为通过提请程序予以撤销的实践很少，理论界对此研究也极少，实务中仍存在疑难案件难以直接适用法律的问题。笔者通过运用刑法解释方法并参照最高人民法院案例，对一起较为典型的案例展开探讨、分析，以期抛砖引玉，对实务有所裨益。

一、问题的提出

陈某因与他人结伙盗窃电动车，犯盗窃罪，于2021年6月30日被F市法院判处有期徒刑7个月，缓刑1年，缓刑考验期自2021年7月13日起至2022年7月12日。2021年7月13日，法院核实陈某居住地后，确定F市为陈某的社区矫正执行地，送达法律文书通知F市社区矫正管理局对其执行社区矫正。随后，F市社区矫正管理局电话联系陈某，却发现陈某被行政拘留。经核实，陈某被宣告缓刑后，又于2021年

* 张雨田，福建省福清市社区矫正管理局科员。

7月10日和同案犯结伙盗窃电动车，次日被公安民警抓获。被盗电动车数额未达到刑事立案标准，公安机关对其处以行政拘留13日。

陈某的违法行为发生于缓刑判决作出后、生效前，即法院确定的缓刑考验期之前，不能直接适用刑法关于撤销缓刑的规定。

此类案件在现实中时有发生，司法实践中对此有不同观点。

第一种观点认为，陈某的违法行为不是发生在缓刑考验期内，根据罪刑法定原则，从有利于行为人解释适用法律的角度出发，不能适用刑法撤销缓刑的规定。

第二种观点认为，虽然陈某的违法行为不是发生在缓刑考验期内，但其刚被宣告缓刑就再次盗窃，盗窃的手段、地点、同伙与前案高度一致，说明其不思悔改，主观恶性深，社会危险性大，相较于在缓刑考验期内违法，情节更加恶劣。若其行政拘留期满后重获自由，很可能再次对社会造成危害，不宜继续在社会上接受矫正。从缓刑制度立法目的的角度出发，通过合理解释刑法，适用撤销缓刑的规定并不违反罪刑法定。可以由社区矫正机构向法院提请撤销缓刑。

第三种观点认为，陈某在被宣告缓刑后出现违法行为，可以表明陈某适用缓刑前就具有社会危险性，属于《刑事诉讼法》规定的“有新的证据证明原判决、裁定认定的事实确有错误，可能影响定罪量刑的”，原审对其适用缓刑是错误判决，故应当通过审判监督程序撤销缓刑。陈某的违法行为不是发生在缓刑考验期内，即不属于在社区矫正期间违法，因此不能由社区矫正机构对其提请撤销缓刑。

笔者同意第二种观点，下文对此展开分析。

二、问题的实体部分：刑法解释方法的运用

法律具有滞后性，立法者难以预见法律实施后所有的现实可能。法律由文字表达，法律用语力求简短，追求稳定，文字本身包含了核心含义和外延含义，决定了法律用语具有抽象性，不可能详尽叙述各种类型的犯罪，因此留给了司法人员不同的理解空间。要克服法律的滞后性就必须对法律进行解释，刑法解释有助于正确理解刑法规定的精神，有利于实现刑法的公平正义价值。刑法学中的解释方法包括文理解释、扩张解释、缩小解释、当然解释、目的解释、体系解释、反对解释、补正解释等①。

---

① 本文关于解释方法的释义主要参考以下著作：张明楷：《刑法学》，法律出版社2021年版，第33—51页；柏浪涛：《刑法攻略·精讲卷》，中国民主法制出版社2019年版，第3—8页；蔡雅奇：《蔡雅奇讲刑法之精讲》，中国商务出版社2021年版，第5—10页。

（一）通过“举轻以明重”的当然解释寻找解释的方向

当然解释，是指刑法虽未明确规定某一事项，但依据形式逻辑、规范目的及事物属性的当然道理，对两个性质相同、程度不同的事项进行比较，将该事项解释为包含在已有的、最接近的规定适用范围之内①。当然解释包括在论证出罪时“举重以明轻”（重的行为都无罪，轻的行为更应无罪），在论证入罪时“举轻以明重”（轻的行为都是罪犯，重的行为更应是犯罪）。

本案中陈某在判决作出后、生效前（法院确定的缓刑考验期前）犯罪，已有的、最接近的刑法规定就是在缓刑考验期内违反法律，情节严重的，应当撤销缓刑。解释时应将此行为与这一规定进行比较。比较后不难得出结论：陈某刚被宣告缓刑数日就违法，相较于在缓刑考验期内违法，违法行为距离此前的犯罪行为及有罪判决时间间隔更短，故性质更恶劣，情节更严重，社会危险性更大，也就更应当撤销缓刑。这样的比较结论符合一般民众的法感情和朴素正义感、价值观。

但在司法工作中不能简单以民众的朴素价值观作为判断依据。法律要倾听民众的呼声，但要超越民众的偏见。由于刑法实行罪刑法定原则，故在适用“举轻以明重”的当然解释时，不能简单地以案件事实更加严重为由追究行为人的刑事责任，而要求案件的事实符合刑法规定的各个要素。所以，当然解释追求解释结论的合理性，但并不必然符合罪刑法定原则。

通过以上论述，使用当然解释推导的结果是，将在缓刑判决作出后、生效前违法纳入在缓刑考验期内违法的规定范围内。这便扩张了“在缓刑考验期内违反法律”这一刑法用语的含义，随之涉及扩张解释。若能验证适用扩张解释的合理性，也就验证了本案所比较的“在缓刑判决作出后、生效前违法”与“在缓刑考验期内违法”属于性质相同的事项，那么当然解释的结论便符合罪刑法定。是否符合违法情节严重这一要素，本文不再另行论述。

（二）通过文理解释、目的解释验证扩张解释的合理性

扩张解释，是指超出被解释规定的字面含义或日常含义范围对刑法规范作出解释，以使其符合刑法的真实含义。刑法用语的文字都有其核心含义和外延含义，在核心含义范围外、外延含义范围内所作的解释就属于扩张解释。例如，将盗窃罪中的“盗窃金融机构”解释为包括盗窃使用中的运钞车、自动取款机，属于扩张解释。是否作出扩张解释，必须考虑处罚的必要性。对于一个行为而言，其处罚必要性越

---

① 王星光：“刑事司法中举轻以明重的滥用与规制”，https：//www.chinacourt.org/article/detail/2019/09/id/4426635.shtml，最后访问时间 2021 年 10 月 9 日。

大，将其解释为犯罪的可能性也就越大。扩张解释是对刑法用语通常含义的扩张，但不能超出刑法用语可能具有的含义，否则便属于违反罪刑法定原则的类推解释。

类推解释，是指违背刑法目的和公民可预知性，逾越刑法用语含义，将法条的内容不当扩大到“相类似”的规定，这里的扩大程度不仅超出了文字的核心含义，也超出了文字的外延含义。例如，将强奸罪中的“妇女”解释为包括未成年女性在内的所有女性属于扩张解释，而解释为包括男性在内的所有的“人”，显然超出了文字可能具有的含义，属于类推解释。

要验证本案适用扩张解释是否符合罪刑法定原则，必须通过另外两种解释方法——文理解释、目的解释予以论述。因为在决定采取哪一种解释方法时，文理解释、目的解释具有决定性意义。

1. 文理解释的运用

文理解释，是指根据刑法用语的含义及其通常使用方式阐述刑法含义的解释方法。文理解释的根据主要包括词语的含义、语法、标点。文理解释对验证解释合理性的决定性在于：所有的刑法解释都要从法条的文理开始，而且不能超出刑法用语可能具有的含义，凡是超出刑法用语可能具有的含义的解释都是违反罪刑法定原则的，即使符合刑法条文的目的，也不能被采纳。

本案涉及刑法用语“在缓刑考验期内违反法律”，核心问题是对“缓刑考验期”进行解释，论证“缓刑考验期”这一词语能否包含缓刑判决作出后、生效前这一期间。刑法规定缓刑考验期从判决确定之日起计算，那么何谓判决确定之日？“判决确定之日”一词的含义具有笼统性、模糊性。在刑法和刑事诉讼法中，判决作出、判决宣告、判决送达、判决生效、判决执行均有明确的定义，均可以产生一定的法律后果，而判决确定缺乏明确定义，法律后果随之不明确。

司法实践中，一般将缓刑判决确定之日解释为判决生效之日。但这只是一种普遍做法，或者说是一种通说观点、学理解释，不属于有权解释，并没有国家立法机关或最高司法机关的成文解释予以确认，学界对缓刑判决确定之日如何理解也有不同意见。虽然最高人民法院于1964年9月19日作出的《关于判处徒刑宣告缓刑上诉后维持原判的案件其缓刑考验期应从何时起算的批复》同意缓刑考验期从二审终审判决发生法律效力后起算，但该批复作出之时，刑法还未颁布，批复对刑法不具有解释作用。《中华人民共和国刑法释义与适用》释义所谓判决确定之日即判决发生法律效力之日①，该释义是具有官方色彩的学理解释，但不属于立法解释。

刑法规定管制、拘役、有期徒刑的刑期均从判决执行之日起算。对于何时开始

① 王爱立主编：《中华人民共和国刑法释义与适用》（上册），中国民主法制出版社2021年版，第233页。

执行，《刑事诉讼法》规定判决和裁定在发生法律效力后执行。而对于缓刑考验期的起算时间却使用“判决确定之日”的表述，产生的效果与管制、拘役、有期徒刑等真正意义上的刑罚刑期起算时间的含义不同。这一用语的不同带来了含义的不同，也就不能从文意上断定缓刑考验期是从判决生效之日起计算。这里也部分涉及体系解释。

刑法用语选择了“确定之日”，而非“生效之日”，缓刑考验期便可以在通说观点的基础上具有外延含义，可以不限于判决生效之后的期间。所以，从文理的角度讲，判决作出之时，判决书已经签发，定罪量刑等判决内容已经确定，可以被“判决确定之日”这一用语包容。可以将缓刑考验期解释为：在犯罪人被适用缓刑后考验其是否具有社会危险性的期间。故将缓刑考验期解释为包含缓刑判决作出后、生效前的期间，没有突破“缓刑考验期”这一刑法用语可能具有的含义，不会超出民众对于该用语的理解预期。

在不违反文理解释的前提下，可以进一步探究立法目的，进行目的解释。

2. 目的解释的运用

目的解释，是指根据刑法规范的目的，阐明刑法条文真实含义的解释方法。在解释刑法时必须考虑刑法最终要实现何种目的（保护何种法益），进而得出符合该目的的合理解释。目的解释对验证解释合理性的决定性在于：在对一个法条可以做出两种以上的解释结论时，只能采纳符合法条目的解释结论。

本案适用的是撤销缓刑的法条，需要考虑的便是缓刑制度的目的，包括缓刑的适用与撤销。缓刑是对符合法定不致再危害社会条件的罪犯附条件不执行刑罚的制度，是宽严相济刑事政策的体现。适用缓刑的条件包括犯罪情节较轻、有悔罪表现、没有再犯罪的危险、对所居住社区没有重大不良影响等，体现了司法对犯罪人在社会上不再具有社会危险性的积极评价，适用的是刑事政策“宽”的一面，实现了刑法对确有悔改表现的犯罪人的特殊预防目的。撤销缓刑的条件包括在缓刑考验期内犯新罪，违反法律、行政法规或监督管理规定、禁止令，情节严重等，体现了司法对被适用缓刑后的犯罪人在社会上出现了社会危险性，不适合继续在社会上接受矫正的消极评价，适用的是刑事政策“严”的一面，实现的是刑法对不悔改的犯罪人的特殊预防目的。

缓刑的适用与撤销作为犯罪人往返监狱与社会的“进出口”，在对犯罪人适用监禁刑与非监禁刑之间实现了一种动态调整，即判处刑罚前可以选择监禁或非监禁，在判处刑罚后可以再次选择监禁或非监禁，可谓是动态的宽严相济。合理地使用缓刑的适用与撤销可以充分实现刑法的特殊预防目的。在对犯罪人适用缓刑前，司法人员只能根据判决作出之前的情况判断其社会危险性，无法顾及判决之后的情况。适用缓刑之后，对于社会危险性的判断就只能从判决作出之后开始进行，即社会危险性判断的起始时间是判决作出之后，故撤销缓刑的规定在判决作出之后就可以开始适用。这样才能使得缓刑的适用与撤销实现无缝衔接，否则社会危险性判断将出现“空档期”，破坏宽严相济政策的动态性，也就无法充分实现刑法的特殊预防目的。

可见，要充分实现缓刑制度的特殊预防目的，缓刑考验期应当从缓刑判决作出之后起算，将“判决确定之日”解释为判决作出之日更为合理。在必要时，可以将通说观点作为用语核心含义，通过扩张解释将“缓刑考验期”这一刑法用语的外延扩张至包含判决作出后、生效前这一期间。当然，如此解释必须以该缓刑判决最终发生法律效力或者终审判决、裁定维持缓刑的适用为前提，即符合实质的“判决确定”（这一扩张解释的“判决确定”可以视为形式上的“判决确定”），否则这一解释便失去了实质基础。

本案中，陈某及其同案人在缓刑判决后未提起上诉（在陈某被行政拘留期间，法院听取了其申辩，保障了其在羁押期间的上诉权），检察机关未抗诉，该判决已生效，并交付执行。故对陈某在缓刑判决作出后、生效前的违法行为适用撤销缓刑的规定，属于对缓刑考验期通说观点的扩张解释，而不属于类推解释，不违反罪刑法定原则。

（三）其他需要阐述的问题

1. 并不反对关于缓刑考验期的通说观点

笔者通过以上论述所要表达之意并不是主张修改法律或者出台司法解释，明确缓刑考验期从判决作出之日起算，而是根据扩张解释的处罚必要性原则，以“举轻以明重”的当然解释作为解释理由，在确有必要时对缓刑考验期的一般含义（通说观点）予以扩张。

司法实践中对于缓刑考验期从何时起算有诸多观点。通说观点认为应当从判决生效之日起算，理由是确定的意思就是不可更改，而判决只有生效之后才是不可更改的。有观点认为应当从判决作出之日或者宣告之日起算，理由是判决书签发或者判决宣告后，判决内容就已确定，同时，如此计算才能够避免缓刑罪犯在判决生效前违法犯罪无法处理的漏洞。还有观点认为应当从交付社区矫正机构执行之日起算，理由是刑事诉讼法规定判决和裁定在发生法律效力后执行，而缓刑属于对拘役、徒刑的一种执行方式，同时，这样的计算方式与管制、拘役、徒刑的相关规定形成一致，有利于维护法律的统一性，也有利于充分对罪犯进行矫正。①

① “缓刑考验期的起算日期究竟从哪一天开始计算？”，https：//mp. weixin. qq. com/s/jyUGm3ekiyTcr0R84bgYqg，最后访问时间 2021 年 10 月 8 日。

笔者认为，刑法对于缓刑性质的界定偏向于刑罚的裁量，社区矫正也没有最终被定义为刑罚执行，根据刑法的含义和司法实践中缓刑罪犯交付执行程序的实际情况，对于司法实践而言，通说观点仍是一种折中的、比较合理的意见。

2. 关于进入二审程序案件的问题

陈某一案未进入二审程序，采用扩张解释，相较于通说观点，其缓刑考验期向前推进了十余日，仍可以认为扩张没有超出合理限度。另外需要解释的是，陈某在缓刑考验期结束前就被撤销缓刑，缓刑考验期没有全部实际执行，故扩张解释并没有不合理地延长缓刑考验期。

但如果案件进入二审乃至发回重审，一审判决作出后至终审判决或裁定生效经过的时间可能相当长，甚至超过最终确定的缓刑考验期。例如，甲因犯某罪，于2021年1月5日一审判处拘役3个月，缓刑4个月。宣判后，甲提出上诉，案件历经了二审发回重审，终审判决于2021年7月10日生效，维持了一审判决。甲于2021年7月5日违法，并且情节严重。甲的缓刑考验期是4个月，而违法之时距离一审缓刑判决作出之日已经过了6个月。这种情况下，以一审判决作出之日作为缓刑考验期起算时间，违法行为不能被扩张解释为发生在缓刑考验期内。从实质上讲，可以认为行为人已经过了最终判决确定的考验期且没有出现社会危险性。而至于终审后再确定考验期对其实行社区矫正，实质上的“缓刑考验期”已远远超过判决确定的缓刑考验期，这可以认为是对于一审宣告缓刑后终审维持缓刑适用的罪犯（尤其是未上诉的罪犯）在刑事诉讼程序上的一种不利设计，也有观点对此提出质疑①。

适用扩张解释不能超出合理限度，这是扩张解释与类推解释的重要边界，扩张后实质意义的缓刑考验期不能超过判决确定的缓刑考验期。这一问题在进入二审程序的案件中有进一步探讨的空间。

三、问题的程序部分：程序正义的要求

前文论述了就实体而言，该案可以适用撤销缓刑的规定。但在程序上能否找到合法路径，还需要进一步探讨。程序正义与实体正义同样重要，甚至可以认为，从保障人权角度出发，在实体正义与程序正义发生冲突而难以兼顾的情况下，应当坚持程序正义优先②。就本案而言，可以探讨的撤销缓刑程序有两种：一是由法院或检察院提起的审判监督程序；二是由社区矫正机构向原审法院提请的撤销缓刑程序。

---

① “缓刑考验期限的确定之日”，https：//www. chinacourt. org/article/detail/2003/12/id/96044. shtml，最后访问时间2021年10月8日。

② 樊崇义主编：《刑事诉讼法学》，法律出版社2020年版，第39页。

（一）审判监督程序的可行性

刑事诉讼法规定法院和检察院发现生效判决在认定事实上或者在适用法律上确有错误，可以提起审判监督程序，启动再审。显然，提起审判监督程序的理由是原审判决在认定事实上或者在适用法律上确有错误。根据《最高人民法院关于适用〈中华人民共和国刑事诉讼法〉的解释》第457条规定的启动再审的情形，结合本案案情，只有认为符合“有新的证据证明原判决、裁定认定的事实确有错误，可能影响定罪量刑的”情形或者有其他理由认定原审适用法律错误，才能认定原审判决有误。

刑事诉讼中的证据是定罪量刑的依据，是一种事实判断，如判断犯罪行为是否客观存在。而是否适用缓刑是对犯罪人社会危险性的判断，是一种价值判断，而非事实判断。即使犯罪人在判决前就出现违法行为，也仅能认定其存在违法的事实，并不必然得出其具有危险性的判断结论。故本案能否适用关于证据的规定本身就有待商榷。

若认为本案可以适用关于证据的规定，根据《最高人民法院关于适用〈中华人民共和国刑事诉讼法〉的解释》第458条的规定，“新的证据”包括：原判决、裁定生效后新发现的证据；原判决、裁定生效前已经发现，但未予收集的证据；原判决、裁定生效前已经收集，但未经质证的证据……可见所谓“新的证据”可以是新发现、新收集、新质证的证据，但不是新产生的证据。所有原判决据以定罪量刑的证据均必须是在判决生效前就已经存在的证据，否则就违反了基本的判断逻辑。本案中，陈某的违法行为发生于判决后，显然不能用于原判决的定罪量刑，不属于“新的证据”。原审判决根据其在判决之前的相关情况作出判断，认为可以适用缓刑，并无不当，没有理由认为原判决适用法律错误。

既然不能认为原审判决在认定事实上或者在适用法律上确有错误，本案就无法通过审判监督程序撤销缓刑，应当寻找其他路径。

（二）社区矫正机构提请程序的可行性

《社区矫正法实施办法》规定，社区矫正对象符合撤销缓刑情形的，由执行地同级社区矫正机构提出撤销缓刑建议。本案通过扩张解释将缓刑考验期的含义扩大，便可以适用社区矫正对象在缓刑考验期内违法的处置程序，社区矫正机构提请撤销缓刑的“射程”随之延伸。虽然陈某还未报到，但法院依照《社区矫正法》的规定，在判决生效后，将F市认定为陈某的执行地，送达文书，交付F市社区矫正管理局执行。F市社区矫正管理局被依法确认为陈某的社区矫正执行机关，此时陈某虽然被羁押，但仍属于应当由F市社区矫正管理局执行的社区矫正对象。可以认为本案在本质上与社区矫正对象在判决生效后（进入缓刑考验期后）、到社区矫正机构报到前发生违法行为并无区别，故F市社区矫正管理局可以对陈某启动撤销缓刑程序。

四、最高人民法院案例的参考

前文就本案进行了理论分析，笔者又查阅了最高司法机关发布的相关案例，最终在《人民法院案例选》（2018年第2辑）中找到了一个可供参考的案例——黄某危险驾驶案。

（一）基本案情

黄某因犯危险驾驶罪，于2015年7月9日被广州市越秀区人民法院判处拘役2个月，缓刑3个月，并处罚金人民币3000元。同日23时许，黄某在广州市天河区再次醉酒驾车被民警查获。2016年8月1日，广州市天河区人民法院对黄某再次醉酒驾驶的行为作出判决：黄某犯危险驾驶罪，判处拘役1个月，并处罚金人民币1000元；撤销广州市越秀区人民法院对黄某犯危险驾驶罪，判处拘役2个月，缓刑3个月，并处罚金人民币3000元的缓刑部分，决定执行拘役3个月，并处罚金人民币4000元。一审判决后，黄某提出上诉。2016年12月1日，广州市中级人民法院作出终审裁定：驳回上诉，维持原判。

（二）裁判要旨

该案的裁判要旨指出：对于在缓刑上诉期内（原审缓刑判决尚未生效）又犯新罪的情况，应当参照适用《刑法》第77条的规定，依法撤销缓刑，实行数罪并罚。

（三）案例注释

该案的案例注释指出：被告人犯新罪虽然不是发生在缓刑考验期内，但其在被宣告缓刑当天就犯新罪，社会危害性明显大于在缓刑考验期内犯新罪，其行为不符合适用缓刑的法定条件，当然应当撤销缓刑。理由有四点：一是从立法本意出发，行为人已不具备适用缓刑的实质条件（不再具有社会危害性）；二是一审判决无误且未生效，该案不适用审判监督程序撤销缓刑；三是立法具有滞后性，虽然该案不符合刑法关于撤销缓刑的时间要件，但符合事实要件即实质要件，事实要件和时间要件相比较，事实要件才是实质要件，是撤销缓刑的根本理由，故参照适用《刑法》第77条符合正当性原则；四是参照适用《刑法》第77条并不违背罪刑法定原则。

（四）参考路径

黄某案与陈某案有两点不同：一是实体部分，黄某是在缓刑判决生效前犯新罪，陈某是在缓刑判决生效前违法；二是程序部分，黄某案由审判新罪的法院撤销缓刑，陈某案只能通过社区矫正机构向原审法院提出撤销缓刑的建议，由原审法院撤销缓刑。虽然两案有所不同，但核心法理是一致的，黄某案对于陈某案具有参考、指导意义。

1. 实体部分

关于犯新罪和违法的问题。无论是适用缓刑的犯罪人犯新罪还是违法，撤销缓刑的依据均是其在被宣告缓刑后不遵守法律，出现了社会危险性，评价的核心问题并无不同。黄某犯新罪，虽然涉及数罪并罚，但撤销缓刑的逻辑不是数罪并罚后不能适用缓刑，而是先撤销缓刑再实行数罪并罚，所以仍然适用的是撤销缓刑的规定，而非数罪并罚的规定。

关于时间要件的问题。陈某案通过扩张解释，将缓刑考验期这一刑法用语的外延含义扩大，论证该案符合撤销缓刑的时间要件。而黄某案则认为即使不符合缓刑考验期这一时间要件，只要具备社会危害性这一实质要件，撤销缓刑就不违反罪刑法定原则。陈某案撤销缓刑的理由较黄某案更为充分，换言之，黄某案能够适用撤销缓刑为陈某案适用撤销缓刑提供了有力的支撑。

2. 程序部分

黄某案与陈某案均不适用审判监督程序。刑事审判监督程序是纠正生效裁判错误的程序，对于生效裁判没有错误或者裁判尚未发生效力的情况，不能通过审判监督程序予以撤销。黄某的犯罪行为与陈某的违法行为均发生于判决作出之后，并不能认为原审判决作出之时其不符合适用缓刑的条件，不能认定原审判决有误。

综上，笔者认为通过社区矫正机构提请程序对陈某撤销缓刑是可行的路径。该路径最终也得到了F市法院、检察院的认可，陈某被撤销缓刑。

五、思考

（一）关于刑法解释学与社区矫正

英国法学家梅因说：“法律一经制定就已滞后。”法律是对过去经验的总结。而人类社会日新月异，新的司法案件层出不穷。法律无法涵盖所有的现实可能性，也不能朝令夕改，必须以固定的文字持续相当长时间。法律的稳定性决定了法律在客观上存在滞后性。

我国法学教授张明楷说：“法律不是嘲笑的对象。”法律必须被信仰，依靠修改法律来适应社会生活是不现实的。法律人的重大任务是解决生活变动的要求和既定法律的字面含义之间的矛盾。这一重大任务就是解释法律。①

社区矫正的立法进程充分体现了法律是人类社会生活的智慧结晶。但智慧结晶同样是对过去经验的总结，存在滞后性。《社区矫正法》施行以来，仍然有新的、纷繁复杂的情况发生。即便是早已出现的问题，社区矫正法也不一定能够予以回应。例如，被采取刑事强制措施的社区矫正对象应如何执行矫正以及矫正期满后如何处置，《社区矫正法》及其实施办法因受制于《刑法》《刑事诉讼法》，未能予以明确。

实践中，笔者也常常听到一些批判的声音，但与其消极批判，不如积极钻研和探索刑法解释学在社区矫正实务中的运用。同时也应当认识到，仅通过学习和运用《社区矫正法》不足以解决问题。例如，在陈某案的办理过程中，有观点提出《社区矫正法》第28条第1款规定，社区矫正对象违反法律，应当视情节给予撤销缓刑等惩处，没有规定必须是在缓刑考验期内违反法律，该条文可以从文理角度给撤销缓刑提供依据。但是，对《社区矫正法》的解释显然不能与《刑法》的规定相抵触，单纯对《社区矫正法》进行解释难以得出合理结论。

社区矫正实务人员应当学习《刑法》《刑事诉讼法》等与《社区矫正法》密切衔接的法律，将社区矫正置于整个法律体系之中，运用体系思维、解释原理去验证：虽然“法律一经制定就已滞后”，但“法律不是嘲笑的对象”，更不会留下“漏洞”给犯罪分子可乘之机。

（二）关于社区矫正与预防犯罪

《社区矫正法》第1条将预防和减少犯罪作为社区矫正的立法宗旨。笔者认为，社区矫正预防犯罪的作用应当同时通过两个方面的途径实现：一是对不具有社会危险性、具有矫正可塑性的社区矫正对象，通过监督管理和教育帮扶，帮助其成为守法公民；二是对出现明显社会危险性、难以教育矫正的社区矫正对象，依法提请撤销缓刑、提请假释、对暂予监外执行的收监执行，防止其再次危害社会。

在当前的现实背景下，第二种预防犯罪的途径应当得到足够的重视和运用。虽然法律赋予了社区矫正监督管理和教育帮扶的功能，但通过分析近年来的社区矫正对象重新犯罪案例，我们应当对重新犯罪问题与社区矫正作用有一个客观的认识。

应当认识到诱发社区矫正对象重新犯罪的因素是复杂多样的。在社区矫正对象个性方面：部分社区矫正对象行为习惯差，自制力差，难以约束自己，纠正不良习惯；文化程度低，法律意识淡薄，对法治道德教育的接纳吸收能力差。在社区矫正对象所处环境方面：部分社区矫正对象无固定职业，或者长期在容易诱发打架斗殴、

① 张明楷：《刑法格言的展开》，北京大学出版社2013年版，代序。

吸毒赌博等违法犯罪的环境工作；脱离家庭，独自生活，或者家庭关系不和谐，家庭成员起不到监督帮教作用；长期和好逸恶劳、追求刺激、逞强好斗或者喜欢投机倒把、自作聪明的社会闲杂人员来往。即使社区矫正对象自身没有犯罪的主观恶性，在不良的环境中也难以避免受外界影响引发犯罪。

应当客观认识到社区矫正对于预防犯罪的作用有限。在执法队伍方面，人少事多，人员不稳定，队伍专业素质不高是普遍存在的问题，即使有专业性的指导意见和工作方案，也缺少足够的力量和专业的人员予以落实。在矫正制度方面，《社区矫正法》施行后，矫正措施更加人性化，制度向教育帮扶的性质倾斜，报告、教育、公益活动以及实地查访的频率、时长普遍减少。尤其是定位措施的大面积取消，使得掌握社区矫正对象活动情况、现实表现的手段更加贫乏，监管和教育的强度明显不足。而再犯罪的社区矫正对象一般都存在深层次的问题，或是恶习难改，或是生活环境病态，都是长年累积的结果，仅通过至多每月数次教育的矫正频率、至多五年的矫正期间，难以实现质的转变。一些学者和实务人员发表了优秀的作品，从社区矫正工作人员的预见和控制能力、社区矫正和犯罪危害结果的因果关系等方面，论证社区矫正预防控制重新犯罪的作用有限，不能随意因社区矫正对象再犯罪追究社区矫正工作人员的刑事责任。①

如前文所述，对犯罪人社会危险性的评价应当贯穿社区矫正适用前后，社区矫正制度把守着犯罪人往返监狱与社会的“进出口”，对犯罪人适用监禁刑或非监禁刑发挥动态调整机能。在社区矫正制度中承担“进出口”角色的主要是缓刑和假释，通过适用缓刑、假释把危险性小的或者危险性降低的罪犯从看守所、监狱“放出来”，鼓励罪犯改过自新，修复社会关系。通过撤销缓刑、假释把危险性升高的罪犯“关进去”，给予罪犯应有的惩处，维护社会安定。撤销缓刑、假释等刑事变更执行措施对于预防重新犯罪、保护社会法益具有重要的意义。

笔者在实践中感受到，司法人员对于嫌疑人、被告人、罪犯等自己部门的司法对象常常带有“入罪、从严”的思维，而对其他司法部门的对象一般不带有这种思维。笔者也时常质疑其他司法部门的办案思维。但反观笔者自身，或许也存在这种思维。换位思考，这只是角度和立场的不同。应当承认，司法人员对自己司法对象的社会危险性及不法行为的法益侵害性有着更全面、更深入的认识。这并不意味着孰对孰错，也正因站位的不同，才实现了相互制约，犹如“控、辩、审”的站位不同。这种思维只要在法律的框架内，也契合我国积极主义刑法观，就有利于对社会

---

① 但未丽：“社区矫正执法人员玩忽职守罪认定偏差与匡正”，https：//mp. weixin. qq. com/s/8ioWpSIIdpF5wrvE8ADNPw，最后访问时间 2021 年 9 月 10 日；孙重光、李红彬：“玩忽职守罪因果关系认定标准研究——以社区矫正领域与其他领域的比较为视角”，https：//mp. weixin. qq. com/s/2kBNd4vSOkc69esO44SR_A，最后访问时间 2021 年 10 月 8 日。

法益的保护。

笔者并不是主张前文提到的第二种预防犯罪途径的重要性高于第一种。社区矫正与监禁矫正分别对应了刑事政策的宽与严，宽严相济的刑事政策应当辩证统一地适用。法律永远是一种平衡的艺术。社区矫正实务人员应当善于综合评判社区矫正对象的社会危险性与矫正可塑性，善于综合运用教育帮扶和刑事变更执行手段。对于大部分可以矫正的对象循循善诱，因材施教；对少部分，如本案陈某之类不收监难以预防再次危害社会的对象，在适用法律时适度扩张，在给予惩处时适当从严，以实现《刑法》和《社区矫正法》应有的特殊预防目的。

六、教育帮扶

《社区矫正法》实施背景下教育帮扶的现实困境探析

赵 茜 赵 霖*

2019年12月28日，《社区矫正法》正式通过，2020年7月1日起正式施行。《社区矫正法》是我国社区矫正领域的首部专门性法律，完善了我国社区矫正法律体系，对于推动社区矫正工作的规范化、专业化、法治化具有关键意义。

此次《社区矫正法》的一大变化，是将原社区矫正基本任务中的“教育矫正”与“社会适应性帮扶”等两项任务合并为“教育帮扶”，并提出“监督管理与教育帮扶相结合”的社区矫正工作方针，明确了“教育帮扶”作为社区矫正两大基本任务之一的地位。新颁布的《社区矫正法》中，也有许多关于教育帮扶的具体条款。例如，总则第3条确立了“分类管理、个别化矫正”的原则，奠定了个体化、专业化教育帮扶的基础；设有“教育帮扶”专章，提出了包括法制、道德教育、职业技能培训、就业指导、学历教育等多种内容与形式的教育帮扶；在新加入的“未成年人社区矫正特别规定”专章中，包含专门针对未成年社区矫正对象的教育帮扶规定。例如，《社区矫正法》第52条第1款规定“社区矫正机构应当根据未成年社区矫正对象的年龄、心理特点、发育需要、成长经历、犯罪原因、家庭监护教育条件等情况，采取针对性的矫正措施”等。

《社区矫正法》的出台，填补了我国社区矫正法律体系缺乏高层次立法的空白，融合了我国社区矫正十数年的实践经验，是推动我国社区矫正工作的关键一步。不可否认的是，由于现实条件的复杂多变，在《社区矫正法》的实施过程中，在社区矫正的实践情境下，存在许多现实困境。本文聚焦我国社区矫正中教育帮扶工作遇到的现实困境，全面分析并提出可能的解决意见。

一、教育帮扶中基层单位的困境

依据《社区矫正法》第8条第3款、第9条第2款等规定，县级以上地方人民政府根据需要设立社区矫正委员会，负责统筹协调和指导本行政区域内的社区矫正工

* 赵茜，鲁东大学教育科学学院讲师。赵霖，通讯作者，烟台市司法局社区矫正工作科副科长。

作；而司法所根据社区矫正机构的委托，承担社区矫正相关工作。可见，《社区矫正法》承认司法所为社区矫正的基层执行单位，承担社区矫正的主要日常工作。事实上，在社区矫正试点的初期，司法所就被认定为社区矫正的基层执行单位。据2011年的统计数据，当时全国共有34112个司法所正在开展社区矫正工作①，这就形成了我国社区矫正的“司法所模式”。

社区矫正的“司法所模式”形成于社区矫正的中国化实践，凝聚着本土化实践的智慧。然而，随着实践的逐步深入，“司法所模式”的一些弊端也逐渐显露。首要就是司法所层级太低，人员和资源配备难以顾及社区矫正的各项任务。特别是对于社区矫正的教育帮扶职能，不仅需要专业的矫正队伍，涵盖法律、教育、心理、社会工作等多个专业领域，还需要协调各种社会力量的参与。目前，司法所人员缺乏，经费缺乏，权限较小，工作量大且涉及面广，仅承担社区矫正监督管理任务，做好重点人员管理，维护安全稳定，就已经占用了大量工作时间和精力，因而很难担负起有效教育帮扶的重任。

在这种情况下，一些社区矫正工作深入的省市开始探索，将教育帮扶由司法所承担的模式，转变为由县级司法局主要负责，由司法所辅助。江苏省和浙江省是较早开展这种“县级司法局”模式的省份。如江苏省从2011年开始就尝试由县级司法局社区矫正部门与司法所合作负责社区矫正工作，并在县一级全部建立了社区矫正管理教育服务中心，与县司法局社区矫正部门合署办公。县级司法局及以上的司法系统具有更充足的资源配置与更强的资源调配能力，更适合承担教育帮扶等专业化要求较高的职能。目前来看，这是我国社区矫正中教育帮扶深入发展的一种趋势。《社区矫正法》第五章确定了县级以上地方人民政府及其有关部门应当为教育帮扶提供场所、条件、组织动员社会力量参与教育帮扶，这实际上是为教育帮扶的“县级社区矫正机构模式”提供了法律上的可行性。然而，教育帮扶从“司法所模式”到“县级社区矫正机构模式”的“提级管理”路径转变仍需持续的实践探索。《社区矫正法》实施后，县级矫正机构必然要在开展部门协同、引入社会力量、组织购买服务方面开展更多的工作。

二、教育帮扶中工作人员的困境

从《社区矫正法》的规定与目前我国社区矫正的实际情况看，社区矫正工作者大致可概括为专门国家工作人员（社区矫正机构工作人员）、社区矫正社会工作者和社区矫正社会志愿者三类。专门国家工作人员，一般包括社区矫正机构、司法所的

---

① 姚建龙等著：《矫正学导论：监狱学的发展与矫正制度的重构》，北京大学出版社2016年版，第277页。

在编公务员，一定数量的监狱、戒毒、派驻干警等；社区矫正社会工作者一般包括政府公开招聘的，或采用“政府购买服务”方式委托社工机构派出的社会工作者；社区矫正社会志愿者包括村、居委会工作人员、学生、社区居民等。社区矫正工作人员有专职和非专职之分，在编公务员，以及政府招聘的社工和一些社区矫正专门机构在编人员都属于专职的社区矫正工作者；而绝大部分社工、社会志愿者都属于社会参与力量，并非专职。据统计，我国社区矫正工作人员已超过10万人。[①] 即便如此，在《社区矫正法》实施的新背景下，我国现有的社区矫正工作人员在进行教育帮扶时也面临一定的挑战。

首先，教育帮扶中社区矫正工作人员面临角色冲突的挑战。《社区矫正法》第10条规定：“社区矫正机构应该配备具有法律等专业知识的专门国家工作人员（以下称社区矫正机构工作人员），履行监督管理、教育帮扶等执法职责。”可见，这些工作人员承担综合性职能，既负责监督管理，又承担教育帮扶方面的职责。这种综合性职能也带来角色上的冲突，他们既是执法者，又是社会工作者和咨询师。对于执法者来说，法律的威严促使他们要保持严厉、权威的形象，而对于社会工作者和咨询师来说，首要是与工作对象建立起平等、关爱、尊重、相互信任的关系。如何在这两种形象中有序转换，平衡监督管理与教育帮扶两大职能，是困扰社区矫正工作者的难题。在教育帮扶个体化、专业化要求不断提高的今天，引入专业的社会力量来承担教育帮扶任务，是解决这一角色冲突问题的根本途径。

其次，教育帮扶中社区矫正工作人员面临专业能力不足的困境。现阶段社区矫正的专职队伍主要由司法行政机关的公务员、司法所工作人员和各处抽调的司法干警组成，可见队伍具有鲜明的执法特征。但社区矫正工作队伍中具有教育、心理、社会等相关专业知识与实践经验的专职人员极为缺乏。根据河南省司法厅的统计，在县（市、区）司法局从事社区矫正的工作人员中，具有大专以上学历的法律专业人才仅占34.8%，司法所则为32.2%，其他具有教育学、心理学背景的人就更少。[②] 社区矫正工作人员的专业化水平不高，往往限制他们有效地履行教育帮扶职能，存在教育帮扶内容与形式滞后、与矫正对象的实际需求脱节等问题，致使教育帮扶效果差，而这也成为目前制约我国社区矫正目的实现的一大阻碍。例如，广东省曾经报告未成年社区矫正对象再犯率高于总体再犯率的情况，原因之一正是基层缺乏熟悉未成年人身心特征的社区矫正工作人员，使得教育帮扶方式简单、流于表面，难以真正获得未成年社区矫正对象的认同。[③] 目前我国已经认识到这一问题，并采取了

---

① “全国社区矫正机构2800多个社区矫正工作者超10万人”，http：//www.sohu.com/a/218527929_660595，最后访问时间2021年8月13日。

② 高贞主编：《社区矫正执行体系研究》，法律出版社2017年版，第93页。

③ 司法部社区矫正管理局编：《全国社区矫正教育管理工作实践》，法律出版社2016版，第97页。

一系列解决办法。其一，通过培训提高现有社区矫正工作队伍的专业化水平，包括开展心理咨询技能培训，培养具有心理咨询师资质的社区矫正工作人员等。其二，提高社区矫正工作队伍的门槛，招募充实专职工作人员。例如，河北省近年通过各种方式为司法所充实公务员 800 多人，其中 64%为法律类专业人才，86%为本科以上学历。① 政府也通过公开招募社会工作者的方式，吸引和招募专业人员加入社区矫正的专职工作队伍，但从基层实践来看，社区矫正社会工作者配备率处于较低水平，发展不平衡，待遇偏低可能导致招募人员专业化水平不高、流动性大。

最后，教育帮扶中社区矫正工作人员面临人手不足、负担过重的压力。目前，司法所的社区矫正人员仍非常缺乏。2014 年的统计数据显示，全国司法所从事社区矫正的编制内工作人员 79207 人，平均每所 1.9 人，不足 2 人。② 正如数据所显示，司法所中“一人所”的情况在我国非常普遍，相当一部分司法所甚至都无法保证有一人专职负责社区矫正。从社区矫正工作人员与社区矫正对象的比值来看，河北省社区矫正执法人员与社区服刑人员的比值约为 1∶11，而江苏省的这一比值为 1∶18，③ 并且这一比值在各省的统计中相差很大。河北、江苏都是我国较发达、社区矫正实施较好的省份，而中西部一些欠发达省份的现状则更加不容乐观。目前，我国社区矫正服刑人员迅速持续增长，社区矫正的专职人员却没有明显增加，这就造成社区矫正基层单位特别是县级司法局、司法所工作压力过大，这必定会影响教育帮扶的落实与效果。要对社区矫正对象施行符合实际情况、因人施教的个别化教育帮扶，无疑需要更充足的人员与资源配备。应尽快通过司法专项编制配置，公务员招录、调任，社会招聘等方式，扩充社区矫正，特别是教育帮扶专业工作队伍，以配套达到《社区矫正法》的相关要求。

三、教育帮扶中社会参与机制的困境

《社区矫正法》第 3 条明确提出了社区矫正工作要“坚持专门机关与社会力量相结合”的指导方针。社区矫正必须依靠社会，特别是其中专业化、个别化程度很高的教育帮扶职能，仅靠专门机关的力量很难成功实施，必须将专门机关与社会力量有机结合起来，发挥各自的特长与优势，互为补充，才能最终实现社区矫正的根本目的。这一指导方针也体现在《社区矫正法》的诸多具体条款中，如《社区矫正法》第 13 条规定，“国家鼓励、支持企业事业单位、社会组织、志愿者等社会力量依法

---

① 司法部社区矫正管理局编：《全国社区矫正教育管理工作实践》，法律出版社 2016 版，第 14 页。

② 高贞主编：《社区矫正执行体系研究》，法律出版社 2017 年版，第 90 页。

③ 司法部社区矫正管理局编：《全国社区矫正教育管理工作实践》，法律出版社 2016 版，第 12 页、第 48 页。

参与社区矫正工作"；第40条第1款规定"社区矫正机构可以通过公开择优购买社区矫正社会工作服务或者其他社会服务，为社区矫正对象在教育、心理辅导、职业技能培训、社会关系改善等方面提供必要的帮扶"等，事实上都是鼓励社会力量，特别是具有专业技能的社会组织与个人，通过各种形式参与社区矫正工作。

事实上，我国社区矫正的社会基础并不广泛。长期以来，社会各界对社区矫正对象的罪犯身份，大多持消极畏惧、避之唯恐不及的态度，更有人认为矫正罪犯是国家和政府的事情，与社会无关。直至2014年我国多部委联合发布《关于组织社会力量参与社区矫正工作的意见》之后，社区矫正中的社会力量参与才真正得到重视与推广。目前，我国社会力量参与社区矫正的现状为地区间很不平衡，一些经济发展水平较高的省市，其社区矫正的社会参与度明显好于其他地区；而在很大一部分地区，社区矫正仍以政府绝对主导的模式运行，社会组织缺席，社工群体专业化、职业化程度不高，志愿精神不足等是制约其发展的重要因素。从一些省份的数据来看，社会适应性帮扶次数其实是在逐年下降，由于近年来社区矫正工作知晓率逐步提高，舆论风险和监管力度增大，在机构不健全、人员经费有限的情况下，不同程度存在重监管、轻帮扶的现象。因此依托社会力量提高社区矫正工作质效、提升社会帮扶水平必然成为社区矫正发展的一条必由之路。

社区矫正的"上海模式"是社区矫正实践中率先探索结合社会力量的典型模式。上海自2004年就开始探索"政府出资购买社区矫正社会服务"的做法，并形成了以"政府主导，社团自主运行，社会多方参与"为总体思路的社区矫正"上海模式"，在这种思路之下，又形成了日常管理、教育学习、心理矫正、公益劳动、帮困解难五大基本工作内容。① 早在2004年，上海市民政局就批准建立了民办非企业、非营利性质的上海新航社区服务总站，其按照社团章程自主运行。上海市社区矫正办与新航总站签订《政府采购服务合同》，新航总站根据合同的规定，组织社工参与和协调社区矫正机构对社区服刑人员进行教育转化、帮困解难、生活指导、心理咨询等工作，并接受市矫正办的指导、考核与评估。② 社区矫正的上海模式，广泛动员社会力量，积极引入社会参与，在专门机关与社会力量结合的机制与内容上都进行了先进探索。

北京市朝阳区2008年建立了中国首家针对社区矫正对象和刑释解教人员等"两类"人员的阳光中途之家，对社区矫正对象和刑释解教人员进行教育、培训、救助和过渡性安置，以提高他们的社会适应能力，帮助其顺利回归社会。③ 作为社区矫正

---

① 朱久伟、姚建龙主编：《上海市青少年社区服刑人员教育矫正的理论与实践》，法律出版社2012年版，第181页。

② 王顺安：《社区矫正理论研究》，中国政法大学2007年博士论文，第93页。

③ 安文霞：《"阳光中途之家"制度研究》，载《研究生法学》2014年第1期。

"北京模式"的核心亮点，北京市阳光中途之家建立的初衷是广泛结合社会资源，缓解用于行刑的行政、财政压力。因此，在最初设计阳光中途之家时，就将其定义为"民间非盈利组织"，由朝阳区政府出资为主，多方筹集资金为辅，将采取民间机构运作，司法局监督指导的方式展开工作。[①] 然而，在实际工作中，阳光中途之家从设计之初的"民间组织"完全变为隶属于政府的"事业单位"，其运行方式、制度均是典型的政府行政模式，这背离了其建立的初衷，究其原因是缺乏能完全承担起组织管理与矫正职能的社会力量，政府在不得已的情况下只能接管。

我国实行社区矫正的目的之一是解决刑罚执行成本过高的问题。但在运行过程中，由于缺乏社会参与或社会参与机制不成熟等问题，往往又回到了"行政成本—行政收益"的老路上，社会力量并未真正融入。可以说，我国社区矫正面临着"国家强大，社会缺席"的现状。然而，随着社区矫正对象逐渐增多，我国也将面临更大的监管压力。因此，在《社区矫正法》颁布的背景下，必须坚决贯彻"专门机关与社会力量相结合"的社区矫正方针，鼓励专业社会力量参与，健全优化社会力量参与社区矫正的工作机制；探索政府采购服务的新路径，对于能够提供优质有效教育帮扶服务的社会组织和个人，要给予政策扶持与财政支持；在适当范围内，可以建立试点，尝试市场化的运行模式，以吸引更多的专业机构与个人参与其中，提供更多专业、高效的教育帮扶服务，降低社区矫正执行的社会成本。

① 袁京：《朝阳区"阳光中途之家"6月启用》，载《北京日报》2008年4月19日，第6版。

当教育帮扶遇见党史教育

——社区矫正教育帮扶道德教育思路探究

李永和*

社区矫正是《社区矫正法》规定的对被判处管制、宣告缓刑、假释和暂予监外执行四类对社会危害较轻的罪犯，采取非监禁性的矫正措施，促使其回归社会的一种新的刑事执行方式，随着刑罚观念从“报应刑”向“教育刑”转变而产生。其中，教育帮扶是做好社区矫正工作的核心和重中之重，但在实践过程中呈现出只培养谋生手段，帮扶其改善物质生活条件而缺少对社区矫正对象进行思想道德教育的现象，没有从根本上消除其犯罪心理。随着《社区矫正法》的出台，“社区矫正机构根据需要，对社区矫正对象进行法治、道德等教育，增强其法治观念，提高其道德素质和悔罪意识”成为社区矫正教育帮扶工作的重要特征。而“党史教育”是当下全民思想政治教育的最新关键词，是历史教育、政治教育，更是洗礼人心的思想道德教育。习近平总书记指出，“学好四史，永葆初心、永担使命”“在党史学习教育中要做到学史明理、学史增信、学史崇德、学史力行”。党史是我们思想的源头活水，是我们信仰、信念、信心的由来。从表面上看，社区矫正教育帮扶与党史教育本身难以产生交集，前者是对社区矫正对象刑罚执行的一种方式，后者是具有历史学属性的政治教育，但从本质来看，两者都属于对人的教育，都以塑造人的正确思想为主要目标。两者的目标具有同质性，存在内在的联系，因此具备将两者有效结合，建构社区教育帮扶路径的条件。

当前，党史教育正朝着纵深发展，社区矫正教育帮扶也随着《社区矫正法》的正式实施从物质层面的教育帮扶走向精神根源层面，不仅可以消除其犯罪心理，还可以帮助其树立正确信仰、信念、信心。本文拟从教育学、社会学相关理论出发，详细论述社区矫正教育帮扶与党史教育结合的基础，结合当前社区矫正教育帮扶工作的实际，提出社区矫正教育帮扶与党史教育结合的新思路，围绕《社区矫正法》的实施进行反思，并展望社区矫正教育帮扶与党史教育结合之后的未来图景，以期

---

* 李永和，重庆市酉阳土家族苗族自治县司法局社区矫正局副局长。

为社区矫正教育帮扶工作提供一个新思路。

一、社区矫正教育帮扶与党史教育结合的基础

社区矫正教育帮扶是国家司法机关对社区矫正对象进行教育管理，消除社区矫正对象可能重新犯罪的因素，促使社区矫正对象尽快适应社会的工作。社区矫正教育帮扶与党史教育相结合并非自然演进，而是与《社区矫正法》的正式施行及贯彻习近平新时代中国特色社会主义思想等有关。鉴于此，本文将从教育、现实两个层面探究社区矫正教育帮扶与党史教育结合的基础，以期揭示两者结合的内在机理。

（一）教育层面：党史学习教育为社区矫正教育帮扶提供理论保障

习近平总书记指出，“在党史学习教育中要用好这些红色资源，组织广大党员、干部重点学习党史”“做到学史明理、学史增信、学史崇德、学史力行，做到学党史、悟思想、办实事、开新局”。[①] 党史教育正在逐步向着全民化发展，营造了全民学党史、用党史的社会环境。同时，在党史学习教育中还强调要利用红色资源，到红色圣地实地感受红色精神，赓续红色血脉，其实质便是物质环境文化育人。可见，环境育人在党史教育中是非常重要的教育方式。此外，还要重视英雄人物所展现出来的伟大精神的引领作用，习近平总书记在中共中央政治局第三十一次集体学习时强调，每一个历史事件、每一位革命英雄、每一种革命精神、每一件革命文物，都代表着我们党走过的光辉历程、取得的重大成就，展现了我们党的梦想和追求、情怀和担当、牺牲和奉献，汇聚成我们党的红色血脉。[②] 根据班杜拉的社会学习理论，人们可以在学习党史的过程中，对英雄人物进行观察学习，模仿英雄人物的崇高行为，进而理解其规则原理，进行创造组合，从而树立自身与英雄人物相契合的理想信念和行为。

《社区矫正法》施行后，强调社区力量参与教育帮扶工作，利用社区矫正对象日常工作、生活贴近社区的优势，着力营造良好的社会环境去影响社区矫正对象，消除其犯罪心理，促使其积极融入社会。如《社区矫正法》第 38 条规定：“居民委员会、村民委员会可以引导志愿者和社区群众，利用社区资源，采取多种形式，对有特殊困难的社区矫正对象进行必要的教育帮扶。”第 39 条规定：“社区矫正对象的监护人、家庭成员，所在单位或者就读学校应当协助社区矫正机构做好对社区矫正对

---

① 新华网：“习近平参加内蒙古代表团审议”，http：//www. xinhuanet. com/politics/leaders/2021-03/05/c_1127174574. htm，最后访问时间 2021 年 8 月 5 日。

② 习近平：“用好红色资源 赓续红色血脉 努力创造无愧于历史和人民的新业绩”，http：//dangshi. people. com. cn/n1/2021/0627/c436975-32141617. html，最后访问时间 2021 年 8 月 7 日。

象的教育。”同时，《社区矫正法》第33条第1款规定：“社区矫正对象符合刑法规定的减刑条件的，社区矫正机构应当向社区矫正执行地的中级以上人民法院提出减刑建议，并将减刑建议书抄送同级人民检察院。”这些奖励机制，是为了让社区矫正对象能够向优秀的对象学习，见贤思齐。因此，党史教育为社区矫正教育帮扶的新思路提供了教育理论保障。

（二）现实层面：习近平新时代中国特色社会主义思想的新要求

社区矫正对象是指被判处管制、宣告缓刑、假释和暂予监外执行的罪犯，都有着不同程度的犯罪心理。究其根本，这些犯罪心理除了受物质等外在因素的影响之外，更多的是表现在社区矫正对象理想信念的缺失、道德观念的崩塌等内在因素的影响。物质决定意识，意识反作用于物质，只有从内外两方面对社区矫正对象进行教育帮扶，才能实现消除其犯罪心理，提高道德素养，使其重新融入社会的目标。当前，由于《社区矫正法》实施不久，各地司法行政机构的社区矫正工作仍处于探索阶段，社区矫正工作人员“重监管”“轻教育”的现象还普遍存在。在《社区矫正法》“教育帮扶”一章中，也仅仅明确了教育帮扶条件、人员和物质帮扶内容，如《社区矫正法》第37条、第41条明确提出要帮助社区矫正对象实现再就业，培训职业技能。对于社区矫正对象的道德教育所提较少，只有第36条第1款：“社区矫正机构根据需要，对社区矫正对象进行法治、道德等教育，增强其法治观念，提高其道德素质和悔罪意识。”这就导致了社区矫正工作人员虽然有法可依，但由于自身素质不高、教育帮扶模式不健全等诸多条件的限制，在社区矫正教育帮扶过程中对社区矫正对象进行的道德教育较少，只能尽其所能从就业、技能培训等方面进行相对片面的、单一的低效帮扶。这也从侧面印证了加强对社区矫正对象的道德教育，帮助其重立理想信念、重塑道德观念是一个亟待解决现实问题。

党史是中国共产党人的精神血脉，更是全体人民的精神源泉，开展党史教育，是一场深刻的思想洗礼。习近平总书记指出：“无论过去、现在还是将来，对马克思主义的信仰，对中国特色社会主义的信念，对实现中华民族伟大复兴中国梦的信心，都是指引和支撑中国人民站起来、富起来、强起来的强大精神力量。”① 目前，党史教育已成为思想政治教育的又一关键词，全民党史教育正在如火如荼地进行，将社区矫正教育帮扶与党史教育相结合是将社区矫正教育帮扶质量上升到一个新阶段的重要途径，党史将是社区矫正对象重立理想信念、重塑道德观念的精神力量。

---

① “习近平：在庆祝改革开放40周年大会上的讲话”，http：//www.gov.cn/xinwen/2018-12/18/content_5350078.htm，最后访问时间2021年8月10日。

二、社区矫正教育帮扶与党史教育结合的思路

社区矫正教育帮扶在《社区矫正法》施行后，其工作重心从对社区矫正对象进行“监管”转变成“教育”，从以往的“矫正”转变成“帮扶”，教育帮扶的主体也由“社区矫正工作者”转变成“社区矫正对象”，这一系列的变化意味着社区矫正教育帮扶工作从“被动”转向“主动”。在社区矫正教育帮扶中，更强调社区矫正对象对于帮扶工作的主动建构。由此可见，社区矫正教育帮扶与党史教育的结合应从社区矫正对象对于党史的主动建构入手，通过学习党史，激发其内在动力，协助其树立内在信仰；而后，营造人人学党史、用党史的社会环境，促使其进行观察模仿学习；最后，建立交互小组，积极参与社会活动，融入社会。通过学党史、悟党史和用党史，来反作用于技能培训、就业等教育帮扶内容。

（一）主动建构，认知重组

1. 建立党史学习制度

社区矫正对象党史学习制度是社区矫正教育帮扶与党史教育结合的基础，由于《社区矫正法》并没有硬性规定社区矫正对象的教育学习时间，只要求在对其进行社区矫正教育帮扶工作时，要充分考虑到社区矫正对象的工作和生活情况，不能影响社区矫正对象的工作生活。所以在建立党史学习制度时，应从减少线下的党史学习，增加线上学习内容并建立时时可学的线上平台等方面入手。同时，由于社区矫正教育帮扶工作的主体从社区矫正工作者转变成社区矫正对象，社区矫正工作者只起主导作用。在建立党史学习制度时，应注重激发社区矫正对象的内在动力，而不是建立简单的奖励机制、搭建交流平台等硬性规定。在党史学习评价方面，也不能停留在写心得、背党史等单一输出层面，更多的应该是进行实地调研，用实证调研的方式进行系统评价。在学习内容方面，应因材施教，根据其所犯罪名、自身特征和生活环境等个性化选择党史的相关内容。如针对经济条件不好的社区矫正对象，多增加一些党史中艰苦奋斗的内容；针对曾有过破坏集体财产的社区矫正对象，多增加一些党史中因保护人民财产而牺牲的英雄的内容等。

2. 协助进行认知重组

利用党史教育进行社区矫正教育帮扶，实质上是让社区矫正对象在党史学习的过程中，用党史中的崇高精神和哲学观替代以往的犯罪心理和错误的世界观、人生观、价值观，进行认知重组，矫正行为恶习，进而更好地融入社会，最终达到预防和减少犯罪的效果。根据认知学习主义的观点，对社区矫正对象进行认知重组需要经过 8 个阶段。首先是激发社区矫正对象学习重组的动机，在这一阶段就需要社区

矫正工作人员对其进行沟通、评估，让其意识到自身的问题及成因。其次，由社区矫正对象和工作人员共同对问题及成因进行分析，探讨解决办法，以激发其动机。最后，在获得、保持、迁移等阶段，应由社区矫正工作人员提供必要的条件，加强对党史学习的监督。如提供党史学习实践的机会，让社区矫正对象参与社会公益活动，有认知迁移的可能等。加涅认为，“值得注意的是动机的强化主宰着人类的学习，因为学习动机阶段所建立的预期，此刻在反馈阶段得到了证实。①”社区矫正工作人员还要注意及时反馈，在社区矫正对象完成党史学习后，给予正向引导，帮助其树立正确的三观和信仰。

（二）营造环境，模仿学习

1. 营造“红色”的社会生活环境

社区矫正就是在社区对矫正对象进行教育矫正，促进其顺利融入社会，预防和减少犯罪再发生的一种监外执行制度。相较于监狱，社区矫正最大的特点就在于社会力量的广泛参与。《社区矫正法》规定，社区矫正对象所在地区的村（居）基层组织、周围的亲友邻居、自身的家庭成员和单位应共同参与到社区矫正的工作中，要加强环境对社区矫正对象的正面影响。周围良好的社会生活环境对社区矫正对象的道德塑造能够通过各种社会情感起到一定的引导作用。社区矫正教育帮扶与党史教育结合，应利用当前的党史学习热潮，在社区矫正对象所处的地区，给社区矫正对象营造“红色”的社会环境。如在社区开展讲好红色故事的活动，开展党史知识竞猜，与有关单位合作推动人人学党史、人人讲党史新局面的形成等。同时，习近平总书记强调，要用好红色资源，赓续红色血脉。社区矫正工作人员应协同相关单位深入挖掘本地红色资源，利用社区矫正对象身边的红色环境来进行党史教育。有条件的社区矫正机构还可带社区矫正对象到红色圣地实地感受，用红色圣地的物质精神进行教育，真正让党史中所蕴含的精神信念深入社区矫正对象心中，并生根发芽，树立起有助于矫正对象走向新生活的坚定信仰。

2. 学习先进榜样，进行模仿学习

习近平总书记在多个场合都提到，要多向英雄模范人物学习。“我们党就是靠着千千万万具有高度政治觉悟的先进分子无私奉献，才赢得了一场场艰苦卓绝的斗争。”② 党史教育很大一部分是要我们汲取榜样的精神力量。在班杜拉的德育模式——社会模仿模式中，也强调对他人的观察学习。他认为，任何学习都可以通过观察他人行为及其结果而实现。观察者可以在学习先进榜样的过程中，获得先进榜

---

① 王振宏、李彩娜主编：《教育心理学》，高等教育出版社 2011 年版，第 152 页。

② “习近平：推进党的建设新的伟大工程要一以贯之”，http：//www.gov.cn/xinwen/2019-10/02/content_5435960.htm，最后访问时间 2021 年 8 月 11 日。

样的精神力量，综合不同的行为特点，形成与先进榜样精神行为相符的独特风格。在社区矫正教育帮扶工作中，社区矫正工作者应积极号召社区矫正对象向英雄人物学习，营造学习英雄人物的条件和环境。如深挖本地英雄人物，打造英雄人物宣传专栏等。同时，还可以在社区矫正对象群体中发现表现较为优秀的人物，并对其进行宣传，以激发辖区内社区矫正对象的积极性。学习党史或身边的先进榜样人物，有利于正确引导社区矫正对象，积极融入社会，树立正确的三观，消除犯罪心理。

（三）积极参与，树立信仰

1. 建立交流互助小组

所谓交流互助小组，是指在社区矫正对象之间，在社区矫正教育帮扶人员与社区矫正对象之间建立起的党史交流小组、困难互助小组，旨在真正将社区矫正对象放在与社区矫正教育帮扶人员同等的位置之上，充分考虑社区矫正对象的主体性，在融入社会的过程中有一个缓冲地带。《社区矫正法》规定，村（居）自治组织、家庭成员、社区矫正工作者等要参与到对社区矫正对象教育帮扶的工作中。根据班杜拉的交互决定论，个体、环境和行为是交互影响的，让社区矫正对象时时刻刻处在被动顺从接受的地位，不能有效地开展教育帮扶，也不能有效地学习党史重塑道德观念，对社区矫正效果的意义不大。为了让社区矫正对象达到更好的教育帮扶效果，深入系统学习党史，需要组建地位对等的交流互助小组。同时，在交流互助小组中，还应由社区矫正教育帮扶工作人员组织党史交流活动，让党史中所蕴含的精神深入人心。并通过交流互助小组对党史学习成效进行评价和反馈，对于表现优秀的社区矫正对象依法进行奖励。

2. 积极参与社会活动

习近平总书记强调，学史力行是党史学习教育的落脚点，要把学史明理、学史增信、学史崇德的成果转化为改造主观世界和客观世界的实际行动。同理，社区矫正教育帮扶和党史教育相结合，根本的落脚点也在于社区矫正对象积极参与社会活动，积极融入社会、回馈社会。《社区矫正法》第 42 条也规定，组织社区矫正对象根据个人特长，参加公益活动，以修复社会关系，培养其社会责任感。在组织社区矫正对象参与社会活动时应注意，一是要充分考虑社区矫正对象的个人特长和实际情况安排合适的社会公益活动，不能采取强制性措施，更不能“一刀切”；二是要注意参与社会公益活动是为了修复社会关系，组织开展的社会公益活动不能过于形式化，要让帮扶对象参与到活动的筹备和展示过程中，体现其自身价值，缩小与社会集体的距离，而不只是作为旁观者观看一场公益活动。参与社会活动，一是社区矫正对象自我实现要求的满足；二是践行党史，学史力行，积极联系群众，在劳动中树立自身信仰；三是让周围的人看到社区矫正对象的付出和改变，得到社会认可，进而更好地融入社会。因此，社区矫正教育帮扶与党史教育的结合，重在学史力行。虽然《社区矫正法》没有强制性要求社区矫正对象参加公益活动，但社区矫正工作者还是应当提供参加公益的平台，积极组织社区矫正对象参与到公益活动中来，让社区矫正教育帮扶与党史教育更加深入地结合，进一步提高社区矫正质量。

三、社区矫正教育帮扶与党史教育结合的反思与前瞻

在《社区矫正法》施行一周年之际，大量实践表明，在社区矫正教育帮扶工作中，强调了对社区矫正对象物质上的帮扶和技能上的教育，但对于道德教育的开展还有待加强。社区矫正教育帮扶与党史教育结合，是对社区矫正对象道德教育的有益补充，是开展社区矫正教育帮扶工作的一种新的思路。从社区矫正教育帮扶与党史教育结合的初步实践来看，社区矫正教育帮扶已经呈现出社区矫正对象道德水平明显提高、融入社会的内在动力明显增强，主体、帮扶、主导等角色定位更加明确的新转变。当然，此种思路尚处在实验和探索阶段，只是一个初步的思路，还存在诸多问题值得进一步探讨。

（一）反思

前文所提社区矫正教育帮扶与党史教育结合的思路，主要从党史教育的思路出发，结合社区矫正教育帮扶的相关内容和要求，提出了社区矫正对象党史教育模式。在该思路中，虽然强调社区矫正对象的主体性，但是对于社区矫正工作人员的帮扶作用体现不明显。同时，该思路仅仅注意到利用党史对社区矫正对象进行道德教育和实践，没有将党史教育深入就业、培训等社区矫正教育帮扶内容的其他方面，不够全面。由于该思路尚处在实验和探索阶段，社区矫正教育帮扶与党史教育结合的思路不够系统，对于实践路径的探究不够深入。

（二）前瞻

当社区矫正教育帮扶遇见党史教育，社区矫正工作者面临党史教育与社区矫正教育帮扶两方面的挑战。作为一种新尝试、新思路，尽管存在较多问题，但二者结合有助于社区矫正质量的稳步提高。在结合过程中，可以从两个角度进行突破。一是强化社区矫正教育帮扶的社会基础。可以加强社会人员的党史教育培训；加大党史的宣传力度；提高社区矫正工作人员的党史素质；从党史教育角度细化对社区矫正对象的考核体系。二是从党史教育角度，实施个性化教育。可加强对社区矫正对象的评估，从身份、年龄、职业和所犯罪类别等方面对社区矫正对象进行全面的需求评估，精准投放党史学习内容，使党史教育更精准、有效；建立档案袋式的评估

制度，根据社区矫正对象的实际情况，适时更换相关内容，提高矫正教育质量等。随着《社区矫正法》的施行，对于社区矫正教育质量的要求也越来越高，从以往的要管好转变为要教好。在这样的大趋势下，社区矫正教育帮扶与党史教育结合能够从根本上消除社区矫正对象的犯罪心理，促进其顺利融入社会。因此，社区矫正教育帮扶与党史教育结合将会是未来社区矫正工作的重要内容之一。

社区矫正对象的个别化教育矫正

王　卉*

社区矫正对象的个别化教育矫正是一种以社区矫正对象个体特征为基础实施评估、分类、管理和教育矫正的矫正模式，是自20世纪90年代以来西方国家兴起的一种科学的矫正模式。个别化教育矫正强调因人施教，立足社区矫正对象每个个体的矫正与发展，强调矫正工作的针对性和系统性，能够切实提高社区矫正效果。① 随着我国《社区矫正法》的颁布实施，加之社区矫正事业发展的现实需要，对社区矫正对象的个别化教育矫正不仅仅是一种重要的教育矫正手段，更是一项重要的社区矫正工作原则。

一、个别化教育矫正的理论基础

（一）刑罚执行个别化理论

作为一种非监禁的刑罚执行方式，社区矫正同样蕴含着我国刑罚执行个别化的基本理念和要求。

刑罚执行个别化要求在犯罪事实的基础上，充分考虑犯罪人的成长经历、生活环境、个性特征以及年龄、性别等个体因素，以把握其犯罪的具体原因和正确评价其人身危险性，从而针对不同的行刑对象施以不同内容和不同方法的教育和改造，以期最大限度地实现刑罚所追求的价值目标。② 显然，刑罚执行个别化是量刑个别化的继续和深化。量刑个别化和刑罚执行个别化均源于刑罚个别化理论。

刑罚个别化的思想，可以追溯到古罗马时期。刑罚个别化作为一项原则最早于1869年由德国刑法学者沃尔伯格提出，它是刑事实证学派反对刑事古典学派所主张的罪刑相适应原则的结果。在刑事古典学派看来，人的意志绝对自由，人在行为时

---

* 王卉：武汉市社区矫正工作管理局法制科副科长。

① 周振想：《论刑罚个别化原则》，载《社会科学战线》1990年第2期。

② 王婧：《人身危险性理论的反思与发展》，载《法制与经济》（中旬刊）2009年第8期。

的理性能力是平等的，犯罪的差异表现为行为的客观危害，因此适用刑罚时只能以行为给社会造成的客观危害为尺度；刑事实证学派则从主观主义刑法理论出发，主张行为决定论，否定人的意志自由，认为犯罪是行为人的生理、心理状况与其所处的社会环境相互作用的结果。由于不同的人生理、心理条件并不相同，犯罪表现出的人身危险性也就存在差异。“这样一来，我们便把以前没有弄清楚的一个概念，即犯罪人的社会危险状态的概念，提到了首要的地位，用危险状态代替了被禁止的一定行为的专有概念。换句话说，孤立地看，所犯的罪行可能比犯这种罪的主体的危险性小。如果不注意主体固有特征，而对犯这种违法行为的人加以惩罚，就可能是完全虚妄的方法。”① 刑事实证学派的拥护者普林斯的这段话反映了实证学派对人身危险性的高度重视。由于人身危险性是通过犯罪人的各种人格因素表现出来的，具有个别性的特征，因此实证学派主张量刑时应以反映犯罪人的人身危险性大小的个人情况而非犯罪行为给社会造成的客观危害为标准的个别化原则。

刑罚个别化原则考虑具体犯罪人不同的个人情况而在量刑时予以区别对待，以更有效地教育改造罪犯从而预防其重新犯罪，这无疑是相当合理、进步的。但是实证学派在提出该原则之初过于片面强调人身危险性而忽视甚至否定犯罪行为的客观、现实危害，则又极易导致量刑擅断。有鉴于此，现代资产阶级刑法学者所主张的刑罚个别化原则基本上是以承认行为责任原则作为基础的。这实际上也是实证学派理论向古典学派理论的折中。

这一原则对 20 世纪以来的各国刑事法律制度产生了重要影响。在立法方面，不再以犯罪的状态为分类标准，而以犯罪人为分类标准，如分为惯犯和偶犯、改造可能和改造不可能等；在司法方面，不再以犯罪损害的大小为量刑轻重的标准，而以行为人的反社会性或危险性的大小为标准；在行刑方面，其刑罚应随犯罪者反社会性程度的变化而适当伸缩。对于不宜处以监禁的犯人，则给予缓刑或感化教育、强制治疗、保护观察等处分。刑罚个别化原则与罪刑相适应原则有着极为密切的联系。罪刑相适应原则与刑罚一般预防紧密相连，刑罚个别化原则与刑罚特殊预防紧密相连，二者相互联系，相互区别，不可偏废。一般说来，刑罚个别化出于功利的目的，应预防未然之罪的需要而设置，与狭义的罪刑相适应，反映了刑罚适用的两种不同要求。

社区矫正作为一种以预防犯罪为终极目的的刑事执行制度，对社区矫正对象的个别化教育矫正显然是在刑罚个别化理论的孕育之下诞生的。

（二）宽严相济的刑事政策

宽严相济刑事政策，是党中央在构建社会主义和谐社会新形势下提出的一项重

① ［苏］特拉伊宁著：《犯罪构成的一般学说》，中国人民大学出版社 1958 年版，第 22—23 页。

要政策，也是我国的基本刑事政策，贯穿于刑事立法、刑事司法和刑罚执行的全过程。它对于最大限度地预防和减少犯罪、化解社会矛盾、维护社会和谐稳定，具有特别重要的意义。所谓“宽”，是指宽大、宽缓和宽容，可分为两种情形：一是该轻则轻，二是该重而轻。该轻则轻，是指对轻微犯罪应当处以轻缓的刑罚。这既是罪刑均衡原则的题中之义，也是刑罚公正的要求；该重而轻，是指所犯罪行较重，但被告人具有坦白、自首或者立功等法定和酌定情节的，法律上应予从宽处理，判处较轻的刑罚，体现的是刑法对于犯罪人的攻心和感化作用。所谓“严”，包括严格和严厉。严格，即刑事法网严密，严格追究刑事责任；严厉，即判处较重刑罚，当然是该重而重，而不是指不该重而重或者刑罚过重。所谓“济”，是指救济、协调与结合之意。宽与严之间应当具有一定的平衡，互相衔接，形成良性互动。从执行刑罚的角度来说，宽严相济的基本含义就是“宽其所宽、严其所严”，应从罪犯是否有悔过表现、主观恶性及人身危险性的大小出发，对不同改造表现的罪犯和不同情况的罪犯区别对待，不搞“一刀切”，同时实现提高教育改造质量和预防控制犯罪的目标。①

与刑罚执行个别化理论一样，宽严相济的形势政策同样是基于犯罪和犯罪人的多样性、复杂性特征的客观存在，结合我国构建社会主义和谐社会的现实需求而制定的，作为非监禁刑事执行方式，社区矫正就是这一刑事政策的现实表现。

二、个别化教育矫正的法律依据

个别化教育矫正是贯彻落实《社区矫正法》的应有之义。我国《社区矫正法》第 3 条规定：“社区矫正工作坚持监督管理与教育帮扶相结合，专门机关与社会力量相结合，采取分类管理、个别化矫正，有针对性地消除社区矫正对象可能重新犯罪的因素，帮助其成为守法公民。”第 24 条规定：“社区矫正机构应当根据裁判内容和社区矫正对象的性别、年龄、心理特点、健康状况、犯罪原因、犯罪类型、犯罪情节、悔罪表现等情况，制定有针对性的矫正方案，实现分类管理、个别化矫正。矫正方案应当根据社区矫正对象的表现等情况相应调整。”根据该法规定，社区矫正工作应在实施集中教育矫正的基础上，重点关注社区矫正对象每个个体的特征和需要，对症下药，采取有针对性的个别化矫正措施，努力消除其社会危险性，在惩罚罪犯的同时实现更高级的社会预防，由点到面形成刑事执行的系统化，维护整个社会的稳定和谐。

---

① 徐宗新：《我国刑法对人身危险性理论的新应用——兼论〈最高人民法院关于贯彻宽严相济刑事政策的若干意见〉》，载《法治研究》2010 年第 8 期。

三、个别化教育矫正的现实需要

（一）个别化教育矫正是提高教育矫正质量的现实需要

社区矫正对象客观上存在差异性，这是不争的事实，即使是同一罪名，又会因其性格、心理、家庭环境、受教育程度、职业能力等各个方面有所不同，即他们在犯罪原因和社区矫正需求上存在千差万别，这就需要在入矫时即对社区矫正对象进行科学的风险评估和分类，在矫正中期应根据风险变化值对矫正措施进行相应的调整，以弥补集中教育粗放式矫正的不足。由此可见，个别化教育矫正充分体现了我国社区矫正工作试点以来逐步向更精细化、更科学化方向迈进，社区矫正技术日益成熟，矫正质量不断提高。

（二）个别化教育矫正是提高社区矫正工作者素质能力的契机

个别教育矫正涉及的社区矫正技术门类众多，有思想疏导、心理咨询、违规行为识别、知识传授等，涉及的知识体系繁多，有教育学、心理学、社会学、犯罪学等。社区矫正工作者面对每一个社区矫正对象、在个别教育的每一个环节，都需要制订有针对性的矫正方案，并对矫正措施及效果及时进行总结和调整，这对提高社区矫正工作者职业素养和工作能力，提高教育矫正质量，都具有重要意义。

四、个别化教育矫正存在的问题及对策

（一）问题

1. 对个别化教育矫正工作不够重视

长期以来，社区矫正工作多以集中教育为主，个别化教育矫正只是作为一种补充，理论界缺乏对个别化教育矫正的深入系统研究，个别化教育矫正缺乏成熟的理论指导，各地做法五花八门，大多是摸着石头过河，对其矫正方法的科学性、矫正效果没有客观规范的评价。究其原因，一是部分工作人员对开展个别化教育矫正存在消极应付心理，认为个别教育难操作、见效慢、难考核，相对于集中教育，领导看不见，不容易出成绩；二是部分工作人员对个别化教育矫正存在畏难情绪，认为人手少、资源缺、专业知识技术储备不足，无法面对十几名或几十名甚至几百名社区矫正对象单兵作战，心有余而力不足，实际效果也不理想，个别化教育矫正时常

停留于表面，没有发挥真正的作用。[①] 由于上述原因，个别化教育矫正在实际工作中由于主客观原因长期被弱化，也大大消减了社区矫正应有的功能，背离了社区矫正“以人为本”的基本价值。

2. 个别化教育矫正形式单一粗放

目前在社区矫正工作中，个别化教育矫正形式多以谈心谈话为主，一是社区矫正对象违规违纪时对其错误思想和行为进行批评教育或训诫；二是当社区矫正对象发出求助需求时，工作人员被动仓促应付，流于形式或敷衍了事，难以解决根本问题。对个别化教育矫正停留在“依靠工作经验”，缺乏有前瞻性的系统化设计，矫正过程的可控性差，比较随意，对矫正结果的预见性低，难以实现对社区矫正对象的精细化管理。

（二）对策

1. 转变教育矫正理念，正确定位个别化教育矫正

随着社区矫正的发展和完善，社区矫正工作目标已由“对社区矫正对象的有效管控和改造”升级为“有针对性地消除社区矫正对象可能重新犯罪的因素，促进社区矫正对象顺利融入社会，帮助其成为守法公民”，对社区矫正对象不仅要管得住、还要管得好。[②]《社区矫正法》的颁布实施，更是以法律的形式将“个别化矫正”规定为社区矫正工作必须遵循的基本原则，对社区矫正对象的教育矫正由粗放型到精细型的转变具有重要意义。同时，随着个别化教育矫正的深入，要取得好的矫正效果离不开与社区矫正对象的互动，应充分调动社区矫正对象的积极性，激发社区矫正对象在社区矫正中的参与和配合，发挥自我矫正、自我修复的能动性。

2. 科学制订矫正方案是实施个别化教育矫正的前提

矫正方案的制订应至少考虑两点：一是多维度地分析评估社区矫正对象，包括犯因性问题分析评估和需求分析评估。犯因性问题分析评估即从社区矫正对象犯罪成因入手，找出症结。社会学认为人的行为受到生理、心理和社会三个因素的影响，因此应从其生理、心理和社会三个维度分析社区矫正对象犯因性问题，并找出导致其犯罪的最重要因素。需求分析评估即从回归社会的角度分析社区矫正对象现有社会能力，并为其更好地适应社会环境提供教育帮扶。需求评估主要包括职业技能发展评估、教育需求评估。二是方案的制订应因人因时。矫正方案应针对社区矫正对象的个体特点，根据评估结果来制定，同时方案的设计还要考虑社区矫正对象所处的矫正阶段，不同的矫正阶段有不同的教育矫正任务。在入矫阶段的主要任务是使

---

① 刘朝霞：《社区矫正教育矫正方法研究》，载《法制博览》2015 年第 36 期。

② 贡太雷、姜旭东：《“个别化”社区矫正实践中的问题与对策》，载《广东青年职业学院学报》2014 年第 8 期。

社区矫正对象认罪伏法、遵守监管规定、尽快适应社区矫正；矫正中期的主要任务是消除社区矫正对象的犯因性问题，并立足其需求发展社会能力；解矫前期的主要任务是恢复和发展社区矫正对象的社会能力，使其解矫后能重新融入社会。①

3. 发展完善矫正项目是落实个别化教育矫正的关键

矫正项目是个别化教育矫正的载体，个别化教育矫正本质上是根据社区矫正对象存在的问题安排其参加有针对性的矫正项目，所以个别化教育矫正质量的提高有赖于矫正项目的开发和完善。

（1）思想教育的项目多样化

思想教育是社区矫正对象教育矫正的核心内容，思想教育可以设置三种内容：基础内容、必学内容、选学内容。基础内容是所有社区矫正对象应该掌握的通识性知识；根据社区矫正对象不同问题设置必学内容；结合社区矫正对象的不同需求设置供其自由选择的学习内容，每个项目又可采取集中学习、小组活动讨论和完成矫正作业等多种形式，根据矫正需要随时切换，有固定的学习时间、学习计划和学习作业，将一般教育与个别化教育有机结合，不同社区矫正对象根据其思想犯因性问题为其选择不同的思想教育项目。

（2）职业教育的项目市场化

根据就业市场需求，结合社区矫正对象的个体特征、社会能力和求职意向为社区矫正对象“量体裁衣”进行职业规划，在此基础上协调有关部门和单位，依法对社区矫正对象开展职业技能培训、就业指导，并进行职业跟踪，建档分析评估社区矫正对象回归社会能力、矫正项目实施效果，使教育矫正落地生效。

（3）团体心理矫正项目和生活技能项目社会化、专业化

团体心理矫正项目和生活技能项目是社区矫正对象回归社会保证其生活质量的不可或缺的部分，团体心理矫正项目可以根据社区矫正对象的共性问题来设置，如同一种罪名的可以实施相同的心理干预和治疗；生活技能项目有认知项目、情绪控制项目等，可以根据社区矫正对象的问题差异性来设置。这些项目专业性强，必须由具备专业知识的人员来实施，因此在现有资源的基础上，应加大社会组织的培育力度，完善社会力量参与机制，借智借力研发项目，通过反复实践形成相对成熟的固定项目，避免随意性，提高教育矫正实效。

4. 社区矫正工作队伍专业化建设是个别化教育矫正的保障

矫正方案的设计和矫正项目的实施都需要高素质专业化的社区矫正工作队伍，要做好个别化教育矫正工作就必须加强这支队伍的专业化建设。

---

① 崔会如、张文俊：《刑事法律修改背景下社区矫正工作的变化与调适》，载《中国监狱学刊》2017年第1期。

（1）加强社区矫正工作人员专业技能培训

社区矫正工作手段日益精细化，对社区矫正工作人员提出了更高的要求，既要懂法学，更要懂心理学、社会学、教育学，而从目前的社区矫正工作队伍现状来看，社矫正工作人员多是半路出家，带有司法行政工作的思维惯性，有些工作人员对刑法知识知之甚少，更谈不上心理学、教育学、社会学等相关知识的储备，因此在实际工作中多偏向于行政执法，疲于应付，靠经验办事，离社区矫正这种刑事执行工作的要求还存在一定差距，加之编制缺、人员少，社区矫正专业人才比较匮乏，极大影响了教育矫正质量。鉴于此，笔者建议尽快推行社区矫正职业准入制度，选拔录用具有一定社区矫正专业知识的人才，逐步补齐社区矫正工作专业性不强的短板，实现《社区矫正法》设置的既定目标；同时，在现有人员的基础上，分批分层加大培训力度，夯实专业技能，实现工作队伍向专业化的过渡。

（2）成立社区矫正项目研发团队，促使教育矫正向纵深发展

整合现有社区矫正工作队伍，联合专业性强的社会组织或高校专家学者，共同成立若干矫正项目研发团队，深入基层一线开展调研和实践，成熟一个项目固化一个项目，使个别化教育矫正逐步实现专业化、系统化和可控化；对于做得好的项目可以成立专门的工作室，发挥领头羊的作用，将个别化教育矫正常态化。

论“个别化矫正”工作中存在的问题及对策

李廷战*

《社区矫正法》第3条规定：“社区矫正工作坚持监督管理与教育帮扶相结合，专门机关与社会力量相结合，采取分类管理、个别化矫正，有针对性地消除社区矫正对象可能重新犯罪的因素，帮助其成为守法公民。”“有针对性地消除社区矫正对象可能重新犯罪的因素，帮助其成为守法公民”是社区矫正工作的目的，而“个别化矫正”是手段、是措施、是方法。本文将从“个别化矫正”的必要性、存在问题和对策三个方面进行阐释。

一、个别化矫正的必要性

个别化矫正是新时期党和国家对社区矫正工作提出的新要求，也是贯彻宽严相济刑事政策、提高社区矫正质量的本质要求，个别化矫正的必要性可以从以下几个方面来理解：

（一）社区矫正对象复杂性的需要

社区矫正对象复杂性可以从三个方面来理解。首先，社区矫正对象文化层次悬殊。以杭州市某区为例，社区矫正对象中有博士、硕士，也有小学文化水平的人员甚至文盲。把文化层次差异特别大的社区矫正对象集中起来开展统一教育很难达到预期效果。实践中，社区矫正集中教育受到较大限制，一般为入矫教育、解矫教育、时事政策教育、普及法律知识教育等。其次，社区矫正对象的矫正期限与所处矫正阶段各不相同。缓刑考验期最短两个月，最长5年，假释和暂予监外执行的社区矫正期限从几个月到几年、十几年。对他们教育矫正，期限长的可以从长计议，期限短的只能速战速决。社区矫正对象所处的矫正期也对教育的形式和内容提出不同的要求。入矫教育以身份意识和法律常识教育为主；在矫教育以个别化矫正、有针对性地消除再犯罪因素为主；解矫教育以社会适应性帮扶教育为主。再次，社区矫正

---

* 李廷战，浙江省杭州市拱墅区司法局，三级主任科员。

对象的性别、年龄、心理特点、健康状况、家庭情况、工作经历、社会交往、犯罪原因、犯罪类型、犯罪情节、悔罪表现等情况千差万别，每个人的教育需求和适宜的教育方法都不相同。个别化教育，考虑到社区矫正对象的不同特点，因人施教、因事施教，能够做到对症下药，更有针对性。社区矫正对象的复杂性决定了个别化矫正的必然性。

（二）实现社区矫正目的的需要

衡量社区矫正质量的一个重要指标是社区矫正对象再犯罪率。再犯罪率有两种统计口径，一是统计社区矫正对象在接受社区矫正期间的再犯罪率；二是统计社区矫正对象在接受社区矫正期间和解除社区矫正之后的再犯罪率。自社区矫正试行以来，社区矫正对象在矫正期间再犯罪率一直维持在 0.2%左右，社区矫正取得了良好效果。第二种统计口径，统计周期长、难度大，目前还没有一个明确的数据。接受矫正期间，社区矫正对象处于被监管、被教育过程中，他们一般会有清醒的身份意识，知道再犯罪的严重后果，重新犯罪的因素暂时被抑制住了，而在解除社区矫正之后，遇到特定的情境可能重新犯罪。仅仅抑制社区矫正对象的重新犯罪因素并没有实现社区矫正的目的，只有把重新犯罪因素彻底消除，让社区矫正对象顺利回归社会，成为守法公民，才真正实现了社区矫正目的。因此，社区矫正应当着眼于“消除”而不是“抑制”社区矫正对象可能重新犯罪的因素。衡量社区矫正质量当以第二种统计口径为依据。社区矫正对象可能重新犯罪的因素千差万别，只能一把钥匙开一把锁，因人施策、因人施矫，采取个别化矫正措施，这是实现社区矫正目的的必然选择。

（三）贯彻宽严相济刑事政策的需要

宽严相济刑事政策是指对刑事犯罪区别对待，做到既要有力打击和震慑犯罪，维护法制的严肃性，又要尽可能减少社会对抗，化消极因素为积极因素，实现法律效果和社会效果的统一。为此，让罪行轻微、认罪悔罪、对社会没有危险的罪犯在社会上服刑，是宽严相济刑事政策的体现。社区矫正自 2003 年试点以来，社区矫正对象人数逐年增长，我国目前在册社区矫正对象有 70 万人，社区矫正期间社区矫正对象的再犯罪率只有 0.2%，社区矫正取得了较好的法律效果、政治效果和社会效果。其实，宽严相济的刑事政策还应贯穿于社区矫正执行过程中。社区矫正对象有管制、缓刑、假释、暂予监外执行四种类型；社区矫正期限从两个月到几年甚至几十年不等；社区矫正对象犯罪原因、犯罪类型、犯罪情节、悔罪表现等情况也各不相同。忽视社区矫正对象的种种差异，一视同仁、不加区别地实施社区矫正，是对宽严相济刑事政策的无视。为此，我们要在社区矫正执行过程中贯彻宽严相济刑事政策，在对社区矫正对象综合评估的基础上制定有针对性的矫正方案，实行差别化的矫正措施，该严的严，该宽的宽。另外，从宽到严体现多层级差异：“宽”中有层次，“严”中也有层次。

二、个别化矫正存在的问题

《社区矫正法》实施以来，社区矫正工作开创了新的局面：社区矫正监督管理更加规范、社区矫正工作力量得到加强、社区矫正中心及司法所硬件建设明显改善、社区矫正对象的合法权益获得有力保障。但是工作中也存在着短板——个别化矫正工作推进缓慢，甚至停滞不前。主要原因有以下几个方面。

（一）两种思维根深蒂固

一是行政思维根深蒂固。社区矫正工作试点前，公安机关负责对缓刑、假释、暂予监外执行等罪犯的监督管理。2009 年开始，司法行政部门主管社区矫正工作，至今只有短短十几年的历史。司法行政部门以行政管理为主要工作，作为刑事执行的社区矫正工作只是其所有职责中的一小部分。承担社区矫正工作任务的也是司法行政部门的普通公务员，没有警察身份，人员跨科室跨单位流动性较大。在这种形势下，行政思维成为社区矫正工作的主要思维模式，一时难以改变。二是重刑思维根深蒂固。历史上，中国是一个刑罚畸重的国家。新中国的刑罚制度在某种程度上延续了传统的重刑思想，与西方社会相比，我国的死刑数量仍然偏多。重刑思维在社区矫正领域还有很大的影响力：强调社区矫正属于刑罚执行的一种方式，刑罚具有严厉性、惩罚性；社区矫正对象就是罪犯，必须绝对服从监管，不然就给予惩罚。在这两种思维支持下，社区矫正工作中监督管理越来越强，个别化矫正越来越弱。

（二）专业力量严重匮乏

教育本身是一项极其复杂的社会活动。学校教育一般依据年龄和智力因素采取分级分层教学，班级教学是其主要形式。相对于学校教育来说，社区矫正更加复杂，社区矫正对象不宜采取分级分层矫正，无法组成合适的班级，个别化矫正是其主要形式。随着社区矫正对象人数逐年增长，个别化矫正需要一支数量可观的专业人才队伍。目前，体制内外专业性人才极其匮乏。首先，体制内专业人才匮乏。司法行政部门承担社区矫正工作以来，为社区矫正岗位招录了一批具有法律专业知识的公务员。这批公务员具有丰富的法律知识和出色的行政管理能力，可以胜任社区矫正监督管理工作，但是不具备个别化矫正所需的教育学、社会学、心理学相关专业知识。其次，社会组织专业力量不强。为了让专业的人做专业的事、弥补社区矫正工作专业力量的不足，各地纷纷采用政府购买社会服务的方式将社会组织引入社区矫正工作，尝试着将教育矫正这一项重要内容交给专业的社会组织来做。从目前情况来看，社会组织在中国还处在初始发展阶段，自身需要一个长期发展完善的过程，社会组织的专业化程度明显不高，教育矫正的效果差强人意。

（三）工作推进难度极大

首先，综合评估难。个别化矫正建立在对社区矫正对象综合评估的基础上。这需要收集大量的个人信息，并对信息进行去伪存真、去粗取精的筛选工作；还需要建立一套评估系统，既要科学有效，又要易于操作，实现信度和效度的统一。社区矫正对象的人生阅历、心理特征、犯罪情况、成长经历、家庭背景、受教育程度各不相同，对他们作出科学有效的评估相当复杂。

其次，个别化矫正实施难。这表现为三个方面：一是个别化矫正工作量大，司法所人手紧缺，无法安排专人从事此项工作；二是技术含量高，个别化矫正需要综合运用教育学、心理学、社会学等专业知识，一般工作人员无法胜任该项工作；三是顽瘴痼疾去除难。社区矫正对象在社会化过程中，身上长了“毒瘤”。这些“毒瘤”形成时间长、原因复杂，许多已经固化为人性的一部分。工作人员即便发现他们身上的“毒瘤”，也未必能在社区矫正期间根除。

再次，工作成效显现难。十年树木，百年树人。学校教育的成效一般通过考试成绩或者升学率来显现，社区矫正的个别化矫正工作成效，要靠统计社区矫正对象回归社会后再犯罪率来显现，统计周期长。这是大家不愿在个别化矫正上投入大量人力物力财力的主要原因。

（四）考核机制不健全

目前社区矫正工作的考核，集中在社区矫正对象监督管理、社区矫正中心和司法所软硬件建设等容易量化的方面。考核对社区矫正工作有较大的促进作用：社区矫正监督管理越来越规范、越来越严格；智慧社区矫正中心建设迈上新台阶；司法所人员配置、办公场地有了明显改善；社区矫正对象的合法权益得到保护。个别化矫正这项重要工作由于成效难以直观显现，很难设计量化考核指标。个别化矫正成为社区矫正工作考核的盲区，偶尔列入考核也缺少区分度，考不出真实成绩。个别化矫正需要投入大量人力物力财力，不考核往往就没有人愿意花力气去做，短板效应越来越明显。在这种考核机制影响下，社区矫正监督管理工作不断加强、个别化矫正工作更加弱化，一强一弱对比鲜明。

三、加强个别化矫正的建议

（一）转变观念，深刻把握社区矫正内涵

社区矫正制度建立在对监狱矫正反思的基础上，是贯彻国家宽严相济刑事政策的重要制度安排。社区矫正将罪行较轻、认罪悔罪、对社会没有危害的罪犯置于社区中进行教育矫正，体现了我国宽严相济刑事政策“宽”的一面。在惩罚和教育的两项职能中，监狱矫正偏重惩罚，社区矫正偏重教育。重刑思维在社区矫正领域没有“市场”。工作人员在实施社区矫正过程中只有摒弃固有的重刑思想，才能准确把握社区矫正制度，工作中才不会产生以命令、服从、惩罚为主要表现形式的粗暴作风。另外，社区矫正是执行刑事判决、刑事裁定和暂予监外执行决定，具有刑事执行的性质，与行政管理有着本质不同。做社区矫正工作需要具备刑事执行思维，以“有针对性地消除社区矫正对象可能重新犯罪的因素，帮助其成为守法公民”为社区矫正工作的立足点和出发点，采取“分类管理、个别化矫正”。监督管理是个别化矫正的前提和保障，服务并服从于个别化矫正，不能以监督管理代替个别化矫正。

（二）加大投入，培育专家型人才队伍

其一，招录专家型公务员。为教育矫正，特别是“个别化矫正”设置专门性工作岗位，面向社会招录具有教育学、心理学、社会学、刑法学背景并且热心社区矫正工作的专业人才，设定5年到10年的服务期，防止人才流失。其二，盘活现有人才资源。梳理、登记本系统中具备教育学、心理学、社会学等专业知识的公职人员，建立个别化矫正人才资源库。鼓励引导专业性人才从事社区矫正工作，承担起个别化矫正的任务，在年度考核、资金福利、职级晋升等方面给予优先。其三，加强业务培养。立足长远，制订个别化矫正人才培训中长期计划。形成以在岗培训为主、脱岗培训为辅、个人自学相结合、形式多样的培训方式。选取一批年富力强、法律知识深厚、愿意承担个别化矫正任务的工作人员作为培训重点，力争用三到五年的时间把“外行”变成“内行”。

（三）整合资源，稳步推进个别化矫正

整合社区矫正资源，在人、财、物上向个别化矫正倾斜，建立从评估到实施一整套完备体系，稳步推进个别化矫正。首先，建立科学评估机制。在入矫三个月内，通过心理测评、摄入性谈话、犯情研判、走访调查、背景分析、行为观察等全面收集社区矫正对象相关信息，分析研判社区矫正对象身上可能存在的再犯罪因素，进

行全面科学评估，制定个别化矫正方案。其次，开展个别化矫正试点。以县（区）为单位开展试点，抽调专人组成个别化矫正工作组，各司法所设立一名联络员。定期召开个别化矫正工作推进会，分析形势、研究问题、交流经验、传授方法、部署工作。个别化矫正工作组负责全县（区）个别化矫正工作协调、制定相关工作制度和评估方案、指导司法所和社区矫正小组开展个别化矫正工作，对再犯罪风险等级高的社区矫正对象开展个别化矫正等工作。

（四）合理评价，为个别化矫正留足空间

监督管理工作做了多少，效果如何，可以通过量化的方式来显现，让人一目了然。而个别化矫正的效果一般需要几年、十几年才能直观显现，考核周期长、难度大。长期以来，监督管理一直是社区矫正工作考核的“宠儿”，个别化矫正备受冷落。在这种考核机制的影响下，个别化矫正工作被挤压、发展空间相当有限，短板效应越来越明显。为了从根本上扭转被动局面，必须建立完善个别化矫正工作考核机制。一是考核社区矫正对象改好率。以问卷、走访、谈话、观察等为主要方式，对社区矫正对象在解除矫正期间进行评估。对照社区矫正对象入矫期间的评估结果，分析研判社区矫正对象的改好率和个别化矫正效果。二是对个别化矫正工作进行评估。评估司法所和矫正小组有没有普遍开展个别化矫正工作、个别化矫正有没有体现因人施矫、方法措施是否到位。这种评估主要以检查台账、听取汇报的方式进行。三是统计社区矫正对象解除矫正后的再犯罪率。监督管理旨在抑制重新犯罪因素，个别化矫正旨在消除重新犯罪因素。社区矫正对象解除矫正后的再犯罪率是衡量个别化矫正质量的重要指标。设计科学合理的考核指标和考核方案，提高个别化矫正在社区矫正工作评估中的权重，对尽职尽责，勇于探索，在个别化矫正工作中表现突出的工作人员给予表彰和奖励。

实践与探索：社区矫正教育帮扶相关问题

王玲玲*

社区矫正是一种不使罪犯与社会隔离并利用社区资源教育改造罪犯的方法，是所有在社区环境中管理教育罪犯方式的总称。2020 年 7 月 1 日，《社区矫正法》正式实施，该法是我国首部全面规范社区矫正工作的法律，在完善中国特色社会主义刑事执行制度，推进国家治理体系和治理能力现代化水平方面发挥着重要作用。该法要求监督管理与教育帮扶相结合，有针对性地消除社区矫正对象可能重新犯罪的因素，帮助其成为守法公民。开展社区矫正帮扶工作，加强社区矫正教育，督促社区矫正对象悔过自新，帮助其重新适应社会，既是社区矫正工作的重要任务，也是评估矫正工作质量和检验社会效果的主要依据。目前，司法助理员在西湖区司法局矫正科的业务指导下，理论结合实际，积极探索社区矫正教育帮扶工作有效开展的方法与途径。

一、社区矫正教育帮扶的概念与功能

（一）社区矫正教育帮扶的概念

《社区矫正法》首次明确提出了教育帮扶的概念，旨在利用多种形式，对矫正对象进行法治、道德等教育，激发其内在道德素质和悔罪意识，消除可能重新犯罪的因素，充分体现了保障人权、因人施矫、修复融入等现代刑罚执行精神。《社区矫正法》第 35 条明确规定：“县级以上地方人民政府及其有关部门应当通过多种形式为教育帮扶社区矫正对象提供必要的场所和条件，组织动员社会力量参与教育帮扶工作。有关人民团体应当依法协助社区矫正机构做好教育帮扶工作。”这为有关部门、人民团体开展社区矫正对象的教育帮扶工作提供了法律依据。

---

* 王玲玲，浙江省杭州市西湖区司法局，司法助理员，四级主任科员。

（二）社区矫正教育帮扶的功能

社区矫正教育帮扶的功能，主要体现在以下两个方面：

一是改造功能。文化水平低、法治意识淡薄是矫正对象犯罪的重要原因，社区矫正教育帮扶通过有针对性的教育使社区服刑人员在思想上有所悔悟，真正让其接受通过教育感化，重返社会，也教会他们一定的文化知识、生产技能，提高其谋生的能力。要在此基础上做到“帮”、“教”并重，在强化日常监管教育的同时，注重人文关怀，通过采取生活救助、就业帮扶、安置住处与医疗救助等措施，挽救和帮助社区矫正对象，解决其实际问题，有利于让他们回归正常的社会关系和社会生活当中，成为健康、积极的社会成员。

二是安全功能。作为特殊的社会群体，社区矫正对象具有正常社会化之弱势和重新违法犯罪之强势的两维性。社区矫正对象因其罪犯的身份受到社会的歧视与排斥，被迫边缘化，容易走向重新犯罪的道路。教育帮扶能从思想、心理、技能、就业、社会关系修复等方面给予社区矫正对象支持，以使他们正常社会化，让其不会因为歪曲的心理状态或者难以融入社会而陷入生存困境，降低他们重新违法犯罪的可能性，从而起到维护地区稳定的作用。

二、本地区社区矫正教育帮扶工作情况

为加强对社区矫正对象的教育和帮扶工作，西湖区深入贯彻落实《社区矫正法》以及司法部《关于加快推进全国“智慧矫正”建设的实施意见》，坚持“依法管理、帮教结合、注重实效”的工作思路，利用矫正智慧化优势推动教育帮扶，同时不断建立完善与其他相关部门的联动机制，积极摸索有效工作模式。

根据本地区社区矫正对象的现实情况，主要从教育学习、适应社会、心理矫治、经济帮困、重新就业、家庭关系六个方面开展对社区服刑人员的帮扶。

（一）教育学习方面

开展“学思想、学党史、学法律、学技能，做合格公民”修心教育活动。一是爱国主义教育。充分运用本地的红色资源，依托党史馆、五四宪法馆、朱德纪念馆等红色基地，制订红色教育计划，深入开展爱国主义教育、理想信念教育、革命传统教育。二是遵纪守法教育。通过组织社区矫正对象开展参观监狱、集中警示教育、线上学习《社区矫正法》等系列学习活动，提高社区矫正对象的守法意识。三是职业技能教育。积极建立矫正人员就业安置基地，秉承“不嫌弃、不歧视、不纠缠过去的犯罪”的原则，为需要就业的矫正人员提供就职岗位，开展多元化、基础性的

培训，以提高职业技能，适应岗位要求。

（二）适应社会方面

矫正对象在接受社区矫正初期，会产生社会适应障碍的问题，这个问题在假释人员身上尤为突出。主要有三个方面的问题会困扰他们：一是落户问题，矫正对象因为住房搬迁等原因落户困难；二是住房问题，因为离婚、父母不接纳或者房屋动迁等原因出监后无处可居；三是社会关系不顺，矫正对象因犯罪致家庭破裂、父母排斥、朋友断交、他人歧视，社会关系带来的社会资源无法利用，在困难时无法及时获得亲友帮助。针对这一情况，社区矫正工作人员对其开展落户、居住、修复社会关系方面的帮扶。一是落实户口。在取得亲属的同意后，将社区矫正对象的户口落到亲属住所，或者让其成为集体户口；二是落实住处。利用资源优势，在符合条件的情况下帮助矫正对象申请廉租房；三是重建社会关系网络。组建矫正人员的帮教志愿者小组，吸纳多种力量如居委会或村委会干部、企业负责人、亲友、同事等构建社区矫正对象社会关系网络，从关心矫正对象的工作、生活着手，给予矫正对象及其家庭关爱和帮扶，提高矫治成效。

（三）心理矫治方面

社区矫正对象主要存在自卑孤僻、易怒、仇视社会等心理问题，因此，需要完善社会心理服务机制，建档立卡、筛选摸排、分级分类，做到风险评估常态化，心理辅导专业化。与专业心理辅导团队心聆护航团队合作，依托杭州市第七人民医院的心理专家为矫正对象开展专业化的心理测评与心理辅导。线上线下协同，提供心理干预及建议，结合社区矫正对象有无犯罪危险性人格的个性化特征，量身定制并适时调整优化心理矫治方案。社区矫正工作人员通过积极交流感想，加强心理疏通，尽量为矫正对象营造一种宽松的环境。日常谈话特别注重方式方法，始终保持尊重的态度，摒弃一味说教，而是采取帮助、互助的方式，充分与矫正对象共情，取得其信任。通过组织培训的方式使矫正对象学会释放压力、愤怒管理、冲突解决、社会交往的技巧，让他们学会调节自己的情绪，解决因压力造成的心理问题。

（四）经济帮困方面

矫正对象经济困难主要有三种原因：一是本身经济比较困难，犯罪前后都很贫困；二是假释人员出狱后一时难以找到工作而陷入经济困难；三是其他原因，如身患疾病无钱医治陷入贫困。具体表现为基本生活无保障，出狱后无地方居住，无钱看病，无力承担对子女、对家庭的责任等。社区矫正机构设立社区矫正帮扶专项基金，建立基金募集机制、基金定向启用机制、基金监管机制，对生活困难、家庭遭遇重大变故的社区矫正对象及时开展帮困救济工作。积极协调有关部门为陷入经济困难的社区矫正对象提供最低生活保障，符合低保申领条件的第一时间为其办理相关手续，避免其因生存困境重新走上犯罪道路。

（五）重新就业方面

部分社区矫正对象文化程度较低、缺乏劳动技能，还有部分矫正对象不愿从事一些工资低或者体力劳动类的工作，或者存在好逸恶劳、不劳而获的思想。社区矫正对象难以就业会增加其重新犯罪的概率。鉴于此，社区矫正机构积极建立矫正人员就业安置基地，秉承“不嫌弃、不歧视、不纠缠过去的犯罪”的原则，为需要就业的矫正人员提供就职岗位。同时，开展多元化、基础性的培训，提高矫正人员职业技能，以适应岗位要求。

（六）家庭关系方面

家庭关系的恶化甚至瓦解对社区服刑人员重新犯罪有着重要影响。有研究表明，增加犯罪人与子女的通话次数有助于降低犯罪人违规行为次数，婚姻状况的维持有助于降低男性犯罪人的违规行为次数。社区矫正工作人员根据社区矫正对象面临的不同家庭关系问题开展有针对性的教育帮扶，通过定期走访、观察家庭成员交往方式，开展家庭治疗，建立良性家庭互动模式，缓解紧张的家庭关系。例如，帮助因为犯罪导致离婚的矫正人员寻找对象并组建家庭，让其获得家人的关爱。

三、社区矫正教育帮扶面临的困境

（一）社会质疑公正性问题，导致帮扶工作群众支持不够

社区矫正机构对社区矫正对象所遇问题或困难予以及时关注并尽可能地帮助解决，在社会上引起了一些不良反响。部分矫正人员所在地群众不理解，认为既然是犯罪的人，就是触犯了国家法律、给社会带来了一定危害的人，为何政府部门还要对其实施照顾，优先解决生活和就业问题，而这些照顾普通公民却享受不到。例如，有群众认为年纪较大的人的工作都解决不了，还帮助这些罪犯解决工作问题，社会公正性便不复存在，如此做法破坏了刑罚的报应与公正价值观念。

（二）相关配套机制不完善，导致教育帮扶工作遭遇“瓶颈”

社区矫正对象教育帮扶工作涉及司法、公安、人力资源与劳动保障、财政等多

部门，需要各部门通力合作、齐抓共管，顺利完成帮扶教育各项目标。例如，社区矫正对象的就业培训和就业安置需要人力资源与劳动保障部门的参与，临时救济需要民政部门的支持等。而现实情况是只有司法行政部门在承担工作，其他部门没有充分参与到这些工作中，导致很多帮扶工作不能有效开展且都带有随意性，从而为社区矫正对象再犯罪留下隐患。

（三）工作指标体系未能构建，导致教育帮扶工作缺乏科学性

建立帮扶工作指标体系是社区矫正帮扶工作得以科学化与标准化的前提。目前，在心理矫治方面，我们能通过采用再犯罪风险评估系统等专业心理测试，对矫正对象的再犯罪风险进行客观评价，分析出导致矫正人员危险性的主要因素，根据评估结果开展有针对性的心理辅导。但是在经济、就业、居住、社交等其他方面就缺乏相应的评估体系，尤其是缺少对教育帮扶工作开展效果的评估，衡量其是否符合社区矫正对象的合理期望。缺少教育帮扶工作的指标或指标无法量化，在制订具体帮扶方案时，就没有检查机制和检验考核措施，教育帮扶活动的效果也就难以保证。

（四）可利用社会资源紧张，导致教育帮扶工作供求不相匹配

帮扶工作是由社会主导的一项系统性工程，需要社会方方面面共同参与才有可能取得良好效果。目前教育帮扶工作以政府为主导，缺乏社会力量的参与，社会帮扶志愿资源存在人数不足、经费紧张等问题，社区矫正人数增加与社会帮扶资源不足的矛盾日益突出。人力资源方面，缺乏既懂心理咨询原理与技能又懂社区矫正对象心理问题解决的专业人员，同时社会学、教育学等方面的人才更加缺乏。社区矫正志愿者队伍建设存在不稳定、不专业、缺乏工作机制等问题。经费保障方面，救助生活困难的社区矫正对象、聘请高素质的具有社区矫正心理学、教育学、社会学等方面专业知识和技能的社会工作者，存在经费不足、场地缺乏等问题。从就业方面来看，整个社会的就业压力本来就很大，社区矫正对象这个特殊群体的就业则更加困难。

四、社区矫正教育帮扶工作促进对策

（一）转变“重刑”思想，全力营造教育帮扶氛围

在我国的传统刑罚观念中，“重刑主义”一直占据主导地位。现代刑罚越来越显现出谦抑性和人道性的趋势。刑罚的谦抑性要求司法者应该少用甚至不用刑罚而达到有效预防和控制犯罪的目的。刑罚人道性则要求在刑罚执行过程中，尊重罪犯人

格尊严，不体罚虐待罪犯，保证罪犯所享有的各种法定权利，切实关心其日常生活并给予相应的物质保证。与传统监禁刑相比，社区矫正更能体现刑罚谦抑性和人道性的特点。在追究社区矫正对象刑事责任、给予惩罚的同时，更多地应该负有教育、挽救、帮助其重新融入社会的责任。因此，有必要将“重刑主义”思想转变为“帮扶救助”理念，使社会公众明确社区矫正教育帮扶是国际刑罚人道化、人性化的发展趋势，体现了以人为本的理念，有利于提高罪犯改造质量，减少社区矫正对象重新犯罪，促进他们顺利回归社会。在今后的工作中，要加强宣传教育，充分利用电视、广播、报纸、网络、短信、微信、微博、社区宣传橱窗等融媒体平台进行社区矫正教育帮扶工作宣传，增进社会公众对社区矫正及志愿服务知识的了解，激发社会公众参与社区矫正教育帮扶的热情，从而为社区矫正教育帮扶工作的开展，社区矫正对象的成功改造营造一个良好的社会氛围。

（二）完善相关体制机制，确保教育帮扶有效开展

首先，要建立起广泛吸纳社区人力、物力资源的三层立体社区矫正教育帮扶机构网络。第一层是社区矫正教育帮扶工作的专门主体。县级以上地方人民政府及其有关部门通过多种形式为教育帮扶社区矫正对象提供必要的场所和条件，组织动员社会力量参与教育帮扶工作，社区矫正机构具体负责实施。第二层是社区矫正教育帮扶工作的协助主体。包括为社区矫正对象提供法律道德、心理咨询和矫正等方面的专业协助。他们是通过协议的方式与社区矫正机关形成长期稳定的合作关系，为社区矫正工作提供心理学、社会学、就业知识的专业协助的机构和个人。第三层是社区矫正帮扶工作的志愿主体具有社会责任感、自愿为社区矫正工作提供相关教育、就业安置等无偿服务的社会组织和社区志愿者。要重点培育基层组织，充分发挥社区居委会、居民小组在帮助社区矫正对象改造方面的作用，为社区矫正机构将工作重心从管理转向“帮、教、管”相结合提供条件。通过组建社区矫正教育帮扶网络，实现地区资源共享，实现政府主导下的社区矫正机关与专业机构、人员的合作关系，由专业机构提供服务，社区矫正机关按劳付酬，实现双赢的局面。其次，要健全和完善社区矫正教育帮扶联动机制。积极发挥社区矫正委员会成员单位和社会力量的作用，利用各单位专业优势方向，建立由公安民警、基层党员干部、退休教师、大学生等社会各界各行业人员组成的社区矫正工作志愿者队伍，建立严格的人员培训、管理、考核制度，将教育帮扶工作纳入相关部门考核体系，健全管理机制，稳定工作队伍，确保教育帮扶工作的有效实施。最后，要改革社区矫正对象就业制度，推进重新就业帮扶。可以尝试全部或部分取消社区矫正对象的犯罪记录，促进其就业。为避免犯罪记录对矫正人员造成负面影响，建议未成年人的犯罪记录不计入个人档案，尝试有区别地将一些矫正人员的犯罪记录全部去掉或部分去掉，并完全恢复他

们的公民权。

（三）构建教育帮扶工作指标体系，促进教育帮扶科学标准化

开展社区矫正对象帮扶工作的直接目的是预防重新犯罪，促进他们顺利回归社会。在研究社区矫正对象教育帮扶工作指标体系构建时，需要充分运用犯罪学与社会学理论。在现有的社区矫正对象重新犯罪风险评估指标体系中的指标基础上，适当引入第三方专业评估机构独立获取数据进行核对，确保科学性，形成客观指标。结合主观评价，构建全面反映社区矫正对象教育帮扶工作内容的教育帮扶指标体系。守法状况方面指标包括：正确认识犯罪危害、正确看待社区矫正、承认罪犯身份、真诚忏悔犯罪行为、积极减轻犯罪危害、矫正期内没有重新再犯罪、没有被处以行政拘留或者司法拘留、被司法行政机关警告处罚情况、被司法行政机关轻微违规处罚情况。社会适应方面指标包括：同事关系、同学关系、邻里关系、家庭关系、就业意愿、就业规划能力、就业技能水平、经济收入水平、储蓄余额、理财收入、消费结构、村（居）委会及社区矫正机构提供的临时生活救助、亲友对其经济支持、个体对自身经济状况的主观评价。道德素质方面指标主要包括：价值观排序、社会现象正确分析能力、道德知识掌握情况、自我责任感、家庭责任感、社会责任感、日常道德行为表现、被评定的见义勇情况、负面道德评价记录。心理方面体指标包括：智力发展程度、自我认知情况、社会认知情况、适应环境力、挫折承受力、接受他人意见批评能力、共情能力、心理行为符合年龄特征情况。

（四）加强社会资源整合力度，倡导社会志愿力量参与

首先，社区矫正机构应加大协调力度，争取各级党委、政府的重视和支持，努力在人、财、物、装备和基础设施保障等方面创造条件，解决基层司法所社区矫正工作经费，确保工作正常开展。将社区矫正经费列入专项财政预算，并建立动态增长机制。同时，通过制定相关的法律法规，建立社区矫正帮扶工作合理的激励与奖励制度、社会志愿力量与政府机构的沟通制度、志愿者受到伤害的保障制度等，以此为社会志愿力量提供必要的物质与精神上的支持。其次，要鼓励资金充足、社会资源丰富的市场组织和民间组织加入社区矫正对象教育帮扶中来，如建立矫正人员再就业基地，开展就业技能培训等。对建立基地并发挥显著作用的各类机构尤其是企业给予表彰，政策优惠倾斜落到实处；对组织社区矫正教育帮扶表现优秀的社工、志愿者以及所在基地的工作人员等予以表彰奖励，从而调动社会各界支持配合教育帮扶工作的积极性。最后，要向社会公众宣传社区矫正对象教育帮扶工作，宣传社会公众参与社区矫正的重要性，使他们认识到投身于社区矫正对象帮扶中的作用，增强他们的主动性与责任感。

总之，对社区矫正对象进行教育帮扶是一项系统工程，需要全社会方方面面的共同参与，需要动员和聚合社会各方资源。我们要适时转变观念，创新社会管理模式，增强管理效能，从有利于人的全面发展的角度，多角度、多途径深化落实教育帮扶工作措施，不断创新和丰富教育帮扶的内容，社区矫正工作定会出现新的局面，社区矫正工作也将在社会管理创新，提升人民群众的获得感、幸福感和安全感中发挥更大的作用。

七、特殊群体社区矫正

严重精神障碍社区矫正对象管理救助之困境与思考

徐明军　黄能科*

引　言

案例一　H省S市大祥区社区矫正对象车某（患有精神障碍），因与被害人刘某发生矛盾生怨，假释出狱后决意对刘某实施报复。为筹集路费和锻炼杀人胆量，2015年9月8日晚，车某将保险公司员工李某骗至家中杀害。9月10日，车某携凶器到达刘某店铺将刘某及其妻子捅杀后逃离。随后车某被公安机关抓获。

案例二　2016年8月8日凌晨，H省L县社区矫正对象李某（患有精神障碍）因感情纠纷，在该县某廉租房住宅小区内将受害人李某杀害，致梁某受伤，作案后李某畏罪自杀未遂，被公安机关当场抓获。

自2003年社区矫正工作开始试点以来，我国社区矫正制度在实践中迅速铺展。然而，在规范和实践快速发展的过程中，一些困难和问题逐渐暴露，例如对严重精神障碍社区矫正对象的管理救助工作该如何开展。根据原国家卫生计生委公布的数据，截至2018年年底，全国已登记在册的严重精神障碍患者已达599.4万人。① 其中，因犯罪接受社区矫正的人员数量也在不断增加，成为影响社区安全稳定的一个重大隐患。以上是严重精神障碍社区矫正对象在社区矫正期间肇事肇祸的典型案例。可以看到，相较于普通严重精神障碍患者，该类社区矫正对象暴力倾向更明显，主观恶性更强，一旦无法得到有效预防和控制，可能会给人民群众的生命财产安全造成严重伤害和巨大损失。在实践中对该类人员的管理救助却存在不少困难和隐忧：严重精神障碍犯罪人适用社区矫正是否合理正当？管理救助机制和措施是否健全有效？诸如此类的问题严重考验着我国社区矫正工作水平。本文将试图对严重精神障碍社区矫正对象的管理救助问题，作以下几个方面的探讨，以期对我国社区矫正工

---

* 徐明军，湖南省社区矫正管理局副局长。黄能科，湖南省社区矫正管理局主任科员。

① “世界精神卫生日 全国登记在册的严重精神障碍患者599.4万人”，https：//news. china. com/socialgd/10000169/20191010/37188759. html，最后访问时间2021年8月2日。

作的进一步发展有所助益。

一、思辨：严重精神障碍犯罪人适用社区矫正之理据

严重精神障碍犯罪人适用社区矫正之理据何在？相较于传统自由刑，对于严重精神障碍犯罪人而言，社区矫正有何优势？这是本文首要考虑的问题。为此，本文将从刑法理论、刑事执行和医学三个维度对严重精神障碍犯罪人适用社区矫正的理论依据进行探讨。

（一）刑法理论维度：刑罚功能的多重性

刑罚对罪犯的功能是多重的，它不仅仅限于对罪犯施以惩罚，还包括个别鉴别、剥夺或限制再犯能力、感化、个别威慑和改造。[①]《监狱法》第3条规定：“监狱对罪犯实行惩罚和改造相结合、教育和劳动相结合的原则，将罪犯改造成为守法公民。”这充分说明，我国的刑罚立场并不仅在于惩罚，还注重对罪犯的改造。然而，改造并非对相似案件进行相似处理，法国学者安塞尔认为：“对犯罪人的处罚，必须与其个体的人格相符，以便其更快地复归社会。”[②]《监狱法》第39条规定：“监狱对成年男犯、女犯和未成年犯实行分开关押和管理，对未成年犯和女犯的改造，应当照顾其生理、心理特点。监狱根据罪犯的犯罪类型、刑罚种类、刑期、改造表现等情况，对罪犯实行分别关押，采取不同方式管理。”显见，刑罚应当充分考虑不同罪犯的特殊性，我国的立法者也已充分认识到不同个体的生理、心理状况对矫正过程和效果的现实意义。因此，对严重精神障碍患者这一社会特殊弱势群体发动刑罚权的同时对其开展个别化矫正是符合我国刑罚执行理念的。

（二）刑事执行维度：传统刑罚手段收效甚微

传统刑罚以惩罚为主要导向。在此导向下，法律是以理性人作为逻辑假设的前提，以理性角色为基础制定出来的：每个人都能够理性评估自己的利益得失，并以此作为决定自身行为的标尺，基于理性抉择和趋利避害的本能，人们会慎重做出自己的行为，最大可能地回避违法犯罪，刑罚的社会防卫效果和威慑功能得以充分显现。而人们一旦触犯了法律，刑罚所施加的痛苦也会成为矫正行为人恶性心理的有力良方。严重精神障碍患者显然不属于理性人的范畴，病情严重程度、生理缺陷犹如一道道关卡阻碍了传统刑罚的社会防卫效果得到最大限度的发挥，使得传统刑罚

① 邱兴隆：《撩开刑罚的面纱——刑罚功能论》，载《法学研究》1998年第6期。

② 董淑君著：《刑罚的要义》，人民出版社2004年版，第50—51页。

对严重精神障碍患者力不从心。

此外，从表面上看，以剥夺罪犯人身自由为基本内涵的“监禁刑”减少了其再次危害社会的风险。然而，服刑人员在完全封闭的监禁场所内、在与社会完全隔离的孤立状态下、在层层武装看守和严密的警戒中，过着完全丧失自由的被动他律生活。封闭、他律、被动的监狱生活与自由、开放、多元的社会生活之间存在明显脱节，这从根本上制约了罪犯服刑后复归社会的成效。米拉多曾经说过：“监狱使人发疯，在巴士底和比塞特尔发现的那些人都已痴呆。”① 可见，在监狱封闭的环境中长期生活，正常人都可能成为精神障碍患者，更何况患有严重精神障碍的犯罪人。因此，对于严重精神障碍犯罪人的改造，传统监禁刑罚显然并不理想。

（三）医学维度：精神疾病治疗的需要

与普通疾病多表现为躯体病症不同，精神疾病大多表现为感知、情感和思维等精神活动的紊乱与异常，继而直接影响患者的心理状况和辨认控制能力。② 其发病机理大致可分为生物学因素和心理、社会因素，前者包括遗传、神经发育异常、环境和感染等，后者则包括应激性事件和人格特征。③ 在精神障碍的状态下，行为人可能因自我界限和现实检验的受损，做出缺乏意志的犯罪行为。④ 相较于正常罪犯，精神障碍犯罪人表现出更为明显的生物学、遗传学等因素影响下的病态，而非主观恶性。在法律推定的理想状况中，理性人的主观恶性是可能通过传统刑罚予以矫正的，但精神障碍犯罪人发病之诱因却很难在监狱或强制医疗机构中被剔除，这正是传统刑罚对精神障碍犯罪人矫正缺失之处。“心病还需心药医”，对精神障碍犯罪人的处置，不能仅仅停留在对犯罪行为的惩罚和主观恶性的矫正上，还应当注重对精神疾病的治疗、对患者的安抚和对社会的融入。因此，对严重精神障碍犯罪人的矫正需要执行机关、医疗机构和社会公众的共同参与。

二、审视：严重精神障碍社区矫正对象管理救助的困境及隐忧

对于严重精神障碍犯罪人而言，社区矫正无疑为其在监狱和强制医疗之外开辟

---

① ［法］米歇尔·福柯著：《疯癫与文明》，刘北成等译，生活·读书·新知三联书店 2007 年版，第 212 页。

② 《精神卫生法》第 83 条第 1 款、第 2 款规定：“本法所称精神障碍，是指由各种原因引起的感知、情感和思维等精神活动的紊乱或者异常，导致患者明显的心理痛苦或者社会适应等功能损害。本法所称严重精神障碍，是指疾病症状严重，导致患者社会适应等功能严重损害、对自身健康状况或者客观现实不能完整认识，或者不能处理自身事务的精神障碍。”

③ 郝伟等主编：《精神病学》，人民卫生出版社 2009 年版，第 5—9 页。

④ 林明杰等主编：《法律犯罪心理学》，双叶书廊有限公司 2004 年版，第 7 页。

了第三条路。但是，无论是精神状况还是矫正恢复能力，严重精神障碍社区矫正对象都与正常社区矫正对象有较大区别，这为该类人员的管理和救助埋下了隐患。

（一）沟通协调机制体制不完善

严重精神障碍社区矫正对象的管理救助工作涉及综治、司法行政、公安、卫生计生、民政、人力资源与社会保障、残联等多个部门之间的协调和沟通。根据《社区矫正法》第8条第2款的规定，人民法院、人民检察院、公安机关和其他有关部门依照各自职责，依法做好社区矫正工作。而许多地方仅靠司法行政机关的力量进行协调，力度远远不够。实际工作中，由于部门间的沟通衔接不力，对严重精神障碍社区矫正对象常出现漏查、漏报现象，对患者筛查、诊断、登记报告、危险性评估等工作覆盖面和随访率较低，且存在盲点，高风险人员甄别不力，动态管控缺失。

（二）防控措施及管理体系不健全

目前对严重精神障碍社区矫正对象的监管尚未建立较为完善的防控体系。司法实践中，基层司法行政机关接收的社区矫正法律文书往往缺失精神情况鉴定文件，摸底排查、档案移交等工作常常出现脱节现象，且目前对精神障碍患者的危险性评估缺乏统一标准，排查难度高，工作人员仅能依靠走访调查、凭借工作经验做出判断，致使司法行政机关难以如实统计精神障碍社区矫正对象底数，也难以及时、准确、全面掌握他们的基本情况。同时，对该类人员的管理难度极大，例如定位难，相较于一般社区矫正对象，难以通过电子定位装置和信息化核查方式达到监管目的；难以完成社区矫正日常要求，《社区矫正法实施办法》规定，社区矫正对象应按照有关规定和社区矫正机构要求，定期报告遵纪守法、接受监督管理、参加教育学习、公益活动和社会活动的情况。然而，严重精神障碍社区矫正对象，无论是在定时报告、递交思想报告方面，还是在集中学习、社区服务方面，都难以正常完成，且部分精神障碍社区矫正对象及其亲属常常存有抵触情绪。发现突发性事件时，很难依靠目前有限的管控措施达到防控效果，导致对该类人员矫正功效不足而问题频仍。

（三）救治救助和帮扶措施不到位

精神疾病治疗周期长、见效慢、费用高、易复发，许多家庭无法长期承担高昂的治疗费用。相关法律法规中，虽然对该类群体的城镇居民基本医疗保险、新型农村合作医疗、城乡居民大病保险、社会救助政策已有规定，但依然需要司法行政机关主动与相关部门协调衔接。另外，据原国家卫生计生委疾控局负责人介绍，截至2015年底，全国共有精神卫生服务机构2936家，开设床位数43.3万张；截至2016年底，全国精神病科执业医师共有3.1万名，护士4万人，相较于599.4万严重精神障碍患者，精神卫生医疗、康复机构、床位及精神卫生专业人员严重不足。[①] 这加剧了严重精神障碍社区矫正对象管理救助的难度。

（四）社会误解难以消除

对严重精神障碍犯罪人开展社区矫正属于自发领域而非法律强制领域，这就意味着，社会对于严重精神障碍犯罪人的容纳只能是一种自愿行为。[②] 然而，人们对于精神障碍患者的历史态度和处置几乎从未改变，无非怜悯、恐惧、排斥、监禁和救治。精神障碍患者总是被理性人群体假想为玷污社区的因素，更何况是严重精神障碍犯罪人。再加上媒体和舆论往往出于迎合公众猎奇心理或博眼球的目的对该类人员肇事肇祸案件进行大肆报道和传播，甚至夸大其词。种种原因，导致公众形成了精神障碍患者更容易实施暴力犯罪的思维偏差。这种深刻的社会误解给严重精神障碍犯罪人社区矫正工作的推动带来了负面影响，即公众很难对这项工作产生认同感，社区也很难主动接受和容纳这一特殊群体的存在。这使得对严重精神障碍犯罪人开展社区矫正工作陷入两难。

三、进路：对严重精神障碍社区矫正对象管理救助的几点思考

对严重精神障碍犯罪人开展社区矫正，意味着他们不再处于正常人的对立面，也意味着国家对他们的改造不再通过强制性物理措施或机械性程序来进行。然而，对严重精神障碍犯罪人开展社区矫正并不等于放弃了社会防卫的意旨，相反，我们应当采取更加审慎的态度，对其进行更为密切的观察和管控。同时，要通过宽容、耐心和理性，充分给予他们理解、协助和照顾，尊重他们的尊严和权利，努力提升其人格，治疗其病症。

（一）建立健全协调联动机制，形成管控施治合力

严重精神障碍社区矫正对象是社会特殊群体，对其管理服务涉及筛查诊断、社区管控、社会面查控、家庭监护、强制治疗、社会安置等多方面内容。要对其开展良好的管理服务，必须依靠综合治理的方式和手段，联合综治、卫生计生、公安、民政、人力资源和社会保障、司法行政、残联等多部门密切协作、互联互通、齐抓共管。要充分发挥综合治理优势，结合各单位职责，制定政策措施，细化目标任务，强化衔接配合，深化责任追究，切实防止脱管漏管。要健全和完善舆论引导工作机

---

① “中国在册严重精神障碍患者人数达 581 万”，https：//www.cn-healthcare.com/article/20180127/content-499722.html，最后访问时间 2022 年 7 月 20 日。

② 宋远升：《行刑社会化视角下精神病犯罪人的处遇》，载《犯罪研究》2015 年第 4 期。

制，严格落实国发办〔2013〕68号文件要求，对于严重精神障碍社区矫正对象肇事肇祸问题，要主动引导舆论，严格依据权威信息准确适度报道，切实防止恶意炒作和不实报道，减少负面影响。

（二）完善风险评估和预防机制，适时掌握动态信息

风险评估是预防严重精神障碍犯罪人再次犯罪的前提，也是衡量其能否复归社会的重要依据之一。司法行政机关在接收严重精神障碍社区矫正对象或发现疑似严重精神障碍社区矫正对象时，要及时向当地卫生计生部门通报人员信息，并定期对社区矫正对象开展筛查，收集可疑线索，切实摸清底数。同时，重点做好该类人员的信息甄别、登记报告、诊断和危险性评估。经评估后发现存在安全隐患的，要及时采取措施予以排除或改进；发现确实不适宜社区矫正的，应当及时建议决定机关予以收监执行或强制医疗。

（三）推行重点管理机制和管控举措，切实提高预防能力

全面推行一人一策的重点管理机制，对严重精神障碍社区矫正对象，成立由监护人、司法所工作人员、村（居）委会干部、社区医生、社区民警、综治（民政）协管员、残疾人联络员组成的矫正小组，制定管控矫正方案，指导帮助监护人履行监护责任，实时掌握其动态基础信息。基层司法行政机关要将确诊的精神障碍社区矫正对象纳入严管对象，落实日常走访、个别教育、定期汇报、动态研判等措施，在特定敏感时期可适当缩小日常活动范围，对请假和变更居住地等申请事项严格审批。要拓展社区介入，做好严重精神障碍社区矫正对象治疗管控社区辅助工作，使社区成为严重精神障碍社区矫正对象治安防控工作落实的最微单元。①

（四）构建精准防治帮扶体系，助力和谐社会建设

对于危险性评估3级以上应当住院而未住院治疗的严重精神障碍社区矫正对象，司法行政机关应进行逐一梳理并送定点医院收治到位，并定期与收治医院联系，了解相关情况。经治疗达到临床出院标准的，司法行政机关接到收治医院通知后，要及时携监护人（保证人）接回并办理相关移交手续，同时配合基层医疗卫生机构将其纳入健康管理。做好城镇居民基本医疗保险、新型农村合作医疗、城乡居民大病保险、医疗救助等制度衔接，实现对该类人员基本医疗保险全覆盖。对符合最低生活保障条件的该类人员，要积极协调民政部门及时纳入低保；对不符合低保或特困人员供养条件但确有困难的，通过临时救助等措施帮助其解决医治和生活困难。加

---

① 陈慧君、王沁荔：《精神病人的社区治安防控》，载《武汉公安干部学院学报》2013年第2期。

强对重点人员的救助，对严重精神障碍社区矫正对象，应全部资助参保参合，并对其中的贫困人员给予门诊和住院医疗费用救助。特别困难的，县级司法行政机关应向当地党委政府报告，将其救治费用纳入地方财政予以解决。

（五）重视社区矫正队伍建设，着力提高工作水平

除法律专业人才之外，可适当吸纳精神卫生医疗服务人员和心理学专业人员加入社区矫正工作队伍。强化业务培训，通过邀请法学、精神卫生、心理学和社会学等专家学者授课、实地观摩、案例分析等方式，全面提升社区矫正工作者法律、心理学、精神病学、社会学等业务知识水平和工作能力。对精神障碍社区矫正对象管理救助的过程中，要指导社区矫正工作者不断更新管理服务理念和方法，注重人文关怀和心理疏导，注意语言的亲情化。管理交流过程中，要细心揣摩对方心理，耐心控制对方情绪，善于分析研判、随机应变，杜绝矫正对象失控事件发生。

毫无疑问，社区矫正的治疗作用对精神障碍犯罪人意义非凡。然而，在人类文明发展的进程中，精神障碍患者一直被标注和描绘成一个“怪异”的有别于一般人健康状况的独特群体。[①] 由正常人构成的社区对这群特殊人群存在着不同程度的排斥反应，这成为精神障碍犯罪人社区矫正陷入复杂困境的渊薮。在立法“瓶颈”、理念缺失、社会误解、专业化不足等多重藩篱的阻隔下，对精神障碍犯罪人开展社区矫正工作还有很长的路要走。

---

① N. 斯诺、W. J. 奥斯汀：《社区矫正制度：社区心理健康的道德平衡法》，唐邹意译，载《法治湖南与区域治理研究》2011 年第 3 期。

关于做好女性对象社区矫正工作的几点思考

戚紫薇*

随着社会经济日益进步，人们生活水平不断提高，中国特色社会主义进入新时代。在此背景之下，社区矫正工作重心也从“管得住”向“矫得好”转型。在实践中，女性矫正对象所占比例较少，顺利度过矫正考验期难度较小，但特色经验做法不多。如何做好女性社区矫正对象针对化、个性化矫正，从而切实提高社区矫正质量值得探讨。

一、女性对象社区矫正现状

（一）基本情况

以笔者所在区为例，2020 年 9 月，全区在册社区矫正对象 391 人，其中男性 327 人，女性 64 人，男女比例约为 5：1。2020 年 1 至 9 月，洪山区对违规社区矫正对象给予训诫 15 人次，其中男性 14 人次，女性 1 人次；给予警告 8 人次，其中男性 8 人次，女性 0 人次；向人民法院提请撤销缓刑建议 3 人次，其中男性 3 人次，女性 0 人次。

（二）数据分析

以笔者所在地区 2020 年 9 月在册的 64 名女性矫正对象为样本。

1. 按年龄结构分

表 1　2020 年 9 月洪山区女性社区矫正对象年龄构成

年龄	18 岁以下	18 至 45 岁	46 至 60 岁	60 岁以上
人数	0	44	17	3
占比	0%	68. 75%	26. 56%	4. 69%

* 戚紫薇，武汉市洪山区司法局科员。

2. 按文化结构分

表 2　2020 年 9 月洪山区女性社区矫正对象文化程度

学历	初中及以下	高中或中专	大专及以上
人数	20	24	20
占比	31.25%	37.50%	31.25%

3. 按犯罪类型分

表 3　2020 年 9 月洪山区女性社区矫正对象犯罪类型

罪名	危害国家安全罪	危害公共安全罪	破坏经济秩序罪	侵犯公民人身权利罪
人数	0	9	13	6
占比	0%	14.06%	20.31%	9.38%

续表

罪名	侵犯财产罪	妨害社会管理秩序罪	贪污受贿罪	渎职罪	其他
人数	22	12	2	0	0
占比	34.38%	18.75%	3.13%	0%	0%

（三）矫正特点

从实践来看，女性社区矫正对象在接受社区矫正的过程中，大多能够严格遵守《社区矫正法》及实施办法等相关规定，按时到司法所报到、按期汇报思想、积极参加学习教育和公益活动等活动，未经审批擅自外出、无正当理由失联等违反社区矫正监管规定的情形极少。总体看来，社区矫正在监督管理方面较为顺利。

但是女性社区矫正对象，在社区矫正的过程中，也显示出了一些问题：一是心理压力较大。从所提交的思想汇报、与社矫工作人员的交流谈心可以看出，女性矫正对象或多或少具有各种心理压力，包括社会层面压力（如就业限制）、人际交往层面压力（如外界看法）、家庭层面压力（如地位缺失）、个人压力（如悔罪自责）。二是对未来感到迷茫。从调查问卷和心理小测试看出，部分女性矫正对象对于以后的生活目标，没有清晰的定位与打算，反而处于困顿期。三是思维模式较为保守、行动实践能力较低。从参加所组织的学习活动与公益活动的情况来看，女性矫正对象更倾向于听从要求、按部就班地完成布置的一般性任务。这些都表明对于女性矫正对象而言，社区矫正工作的提升空间在于教育学习方面，尤其是心理层面。

二、女性矫正对象特点分析

（一）刑事犯罪原因

一是文化程度不高，女性矫正对象或因历史原因与传统观念原因，学历多为高中、中专及以下，尤其是20世纪80年代之前出生的，初中及以下学历的较多。这使她们一方面对于法律没有深入的认识，不知法、不懂法，部分矫正对象不知道所为是犯罪①；另一方面阅历较少，如对于一些传销类的局不了解，易被“洗脑”带偏，加之贪小便宜的个性，容易“误入歧途”。二是女性受生理结构与激素水平的影响，易产生情感性犯罪②。女性特有的生理特点，使其情绪较男性而言处于一个相对多层、多变的状态，当不良情绪上升时，可能会容易实行犯罪，如因为虚荣心而盗窃、诈骗，或因为情感上感到受伤转而实施暴力等。

（二）社区矫正过程

女性矫正对象存在思维保守、行动力不足的特点。经过法院的刑事判决，绝大多数人都会产生悔罪心理，对于女性矫正对象而言，大多数人思维会更加谨慎，投射到行动上就是较为保守。在社区矫正过程中，少数女性矫正对象能够根据自身条件，发挥优势、挖掘潜力，积极参与不做硬性规定但较有意义的矫正活动，如湖北省社区矫正工作管理局组织的“中华魂”主题专项教育活动演讲比赛、武汉市社区矫正工作管理局组织开展的“内视观想”体验活动等；但大多数女性矫正对象处于“不做就不会错”的思想状态，对于常规活动按时按要求参加，如洪山区社区矫正工作管理局组织的每月集中点检活动按时参加、武汉市社区矫正工作管理局组织的“周四有约”云课堂学习按时签到。这反映出女性矫正对象倾向于安稳度过矫正期，但如此一来社区矫正对于其行为及心理的塑造效果其实并不理想。

（三）外界风气因素

一是社会风气，根深蒂固的传统观念认为女性应该行事规矩、贤良淑德，对于经法院判决有罪的女性不够宽容。如在就业方面，女性相较于男性而言机会较少，

---

① 马宏：《金钱观视野下的女性社区服刑人员教育矫正》，载《法制与社会》2017年第22期。

② 佟向杰：《女性社区矫正对象的特殊性及社会工作的介入》，载《全国商情（理论研究）》2011年第14期。

在有犯罪记录后，就业会受到更多限制，女性矫正对象由此产生就业压力与经济压力。二是家庭环境，部分情感犯罪的女性矫正对象在家庭中的地位不高、话语权不多，因不良情绪而冲动犯罪后，面临更加没有尊严的家庭地位，加之女性在感情上更为细腻、脆弱的特点，因此而产生焦虑与压力①。三是人际交往，女性一般比男性在感情上更为细腻、脆弱，往往寄托于更多情感与精力的沟通交流，当自己经刑事判决后，对于自己犯的事实，还是心有芥蒂，不能完全接受，在与外界交往过程中，也担心会被议论、成为舆论话题，心理压力较大、心理负担较重。

三、女性对象社区矫正有效措施

第一，整合律师、心理学教授、大学生志愿者等资源，持续开展丰富多样的社区矫正教育活动与公益活动。在社区矫正过程中，针对部分女性矫正对象文化程度不高、社会阅历较少、法治意识薄弱等特点，应多开展相关教育活动；针对其自信心缺失、对生活热情降低、与工作人员交流存有隔阂等问题，应多开展相关公益活动。一是开展普法宣传及法治教育，在依法治国大环境下，让女性矫正对象对法律有更多了解与认知，在法治社会不至于成为“法盲”，面对生活中出现的矛盾纠纷与涉法问题，有基本的鉴别力，避免产生因不知法、不懂法而再犯罪的风险。二是邀请专家、学者宣讲中华传统文化，如习近平总书记谈家风的精神内涵、《论语》等经典名著相关知识，通过深入浅出的讲解，在弘扬传统文化的同时，让文化水平并不高的矫正对象也能理解简单而深刻的为人处世道理。三是邀请志愿者结对开展帮矫活动，如三八节日时邀请妇联干部与女性矫正对象进行交流座谈，会后组织近景郊游活动，让女性矫正对象进一步强化社会责任感、集体观念、纪律意识的同时，在团体中倾诉心声、感受温情，与大自然交流，点燃对生活的热情；洪山区利用“大学之城”的环境优势，每年邀请组织大学生志愿者开展有针对性的帮矫活动，通过引入社会力量，让工作人员与矫正对象之间的关系不再刻板生硬，拉近彼此距离，朝气蓬勃的大学生志愿者能感染女性矫正对象，让她们更乐于接受教育与帮助，为顺利解除矫正回归社会进一步奠定基础。

第二，坚持行为矫正与心理矫治相结合，在共情中改变认知，在疏导中重塑心灵。通过矫正期间的报到谈话、思想汇报、走访谈话等，关注女社区矫正对象的心理健康状态及近期思想变化，及时开展有针对性的帮扶。如此前一名女性矫正对象因为犯罪被原单位开除，后求职无果，经济压力下产生轻微抑郁倾向，经邀请心理学专家疏导后，重拾信心，找准新的自我定位，重新学习技能，成功就业。另一名

① 王骏：《新时期女性犯罪原因论》，载《鄂州大学学报》2004 年 1 月第 11 卷第 1 期。

女性矫正对象因家庭原因内心郁结，青春期的儿子不愿上学沉迷游戏，工作繁忙的丈夫常常出差在外，一家三口那段时间常爆发争吵，家庭几乎破碎，经针对性调整矫正方案并请心理学教授开展一个疗程的心理专案矫治，对其本人、其丈夫和儿子分别、共同开展心理疏导，帮助一家人互相理解，矫正对象也逐渐走出阴霾。总之，由于行为受到意识的指导，在矫正过程中，在法律法规、社会公德、职业道德、家庭美德、个人品德等内容教育的基础上，重视心灵沟通与疏导，平时注重心理健康服务，必要时做好心理危机干预，针对每名女性矫正对象的生活状况、较大情绪波动、思想危机、心理障碍等，有针对性地进行心理个案矫治，及时提供针对性帮扶，做到由内而外的帮矫，帮助女性社区矫正对象克服心理障碍，重建健康心理，重塑健全人格，提升矫正的质量效果。

第三，坚持帮困解难与就业指导相结合，从帮眼前到扶长远，从扶上马到送一程。社区矫正工作是一项关乎“质”甚于“量”的工作，社区矫正的根本目标是防止矫正对象再犯罪，社区矫正考验期只是短短一段期限，而这也意味着社区矫正的工作任务就是要将这段期限内产生的积极影响尽可能延长，在矫正对象解矫后依然能形成常态化、深远的影响。这要求我们的工作不能局限于逢年过节的走访和物资慰问、疫情防控期间的生活物资救助，还需要我们帮助矫正对象寻求“稳定”的生活状态。矫正对象由于就业困难，产生经济困难，生活处于一种不稳定的状态，就可能会萌发再犯罪的想法，出现重新犯罪风险，因此在社区矫正期间，提供就业指导、就业技能培训就尤为重要。对于女性矫正对象而言，除生活条件较好、家庭不需要其外出就业的外，部分人在经过法院有罪判决后，本已处于缺乏自信的脆弱、敏感状态，再一遭受就业困难打击，容易对生活失去信心，思想上没有重获新生的导向，行为就容易出现偏差。社区矫正机构作为司法行政机关，除要做好女性矫正对象知识教育、心灵疏导工作外，还应当关注女性矫正对象就业需求，发挥作用，与民政、人力资源等相关部门沟通联调，形成合力，为女性矫正对象开展就业技能培训、就业指导；同时，根据矫正对象个人性格特点调整矫正方案，积极鼓励就业，适时给出建议，帮助女性矫正对象从客观上消除不稳定的风险，实现经济与生活上的稳定，真正顺利解除矫正，走向新生。

第四，结合实践，健全女性对象的矫正工作机制。《社区矫正法》针对未成年人的身心特点，制定了一系列特殊规定，编制成独立章节，纳入法律范畴，是对个性化矫正的有力推进。对于女性矫正对象的社区矫正，也要加大与时俱进的力度，随着形势的发展变化，面对实践中出现的新情况、新问题、新矛盾，与好的经验做法，要积极调研、探索创新，将有利于女性社区矫正的经验做法形成法律制度，健全长效机制，促进社区矫正事业的健康蓬勃发展。

四、结语

《社区矫正法》正式施行，其局已开、其势已成，对各类矫正对象的社区矫正工作经验进行探索总结，是为社区矫正质量成效“起飞跳跃”的“深蹲助跑”，也是社区矫正事业长期健康发展的“砥柱支撑”。在女性对象的矫正工作中，重心要从“监管为基”转为“教育引领”，心理健康教育与就业培训指导是值得关注的两大环节，若能健全相关政策机制，将进一步助力矫正质量的不断飞跃。

未成年人社区矫正环境构建探究

沈东权　沈　鑫　何浩斐*

未成年人相较于成年人具有心理发育不成熟，接受社会教育的程度和社会经验的积累不充分，难辨是非善恶，自我控制力较差等特点。因此，对未成年人群体开展社区矫正工作的方针也应有所不同。《未成年人保护法》第113条规定了对未成年人犯罪教育应采取的“教育、感化、挽救”三大方针，笔者认为，为了提高未成年人的社区矫正质量，就必须要构建良好的社区矫正环境，特别是要做好社会环境的选择、家庭环境的协调、矫正环境的完善、不利因素的避免这四项工作。笔者试以杭州市某区未成年人社区矫正工作的实践经验为参考，分析未成年人社区矫正环境的构建内容和主要方式，从而探索未成年人社区矫正工作的发展方向和落实途径。

一、未成年人社区矫正社会环境的选择

（一）选择合适社会环境的重要性

基于一般犯罪理论，人的成长环境与犯罪行为之间有着密切的关联。尤其是心理、生理均尚未成熟的未成年人，受到成长环境因素的影响会更大①。以实践为例，杭州市某区司法局管理的社区矫正对象李某（化名），因犯盗窃罪被判处有期徒刑一年，缓刑一年。李某父母在其幼年时离异，年幼的他由爷爷奶奶抚养长大，在农村老家学习生活。从初三开始，李某接触并结交了一些社会人士，在这些人的引诱下，李某迅速地走向堕落，染上了抽烟喝酒的坏习惯。2019年的某一天，李某首次实施了盗窃行为，因其未成年，公安机关并未对其执行行政处罚。两个月之后，李某在朋友的怂恿下，到江苏再次实施了盗窃行为，盗窃金额达到1万多元。在检察院审查起诉后，法院就李某能否适用社区矫正委托某区司法局开展了调查评估。在调查

---

* 沈东权，浙江省杭州市上城区司法局党委委员，二级调研员。沈鑫，浙江省杭州市上城区司法局社区矫正科科长。何浩斐，浙江省杭州市上城区司法局社区矫正科科员。

① 秦飞、高章水：《未成年人犯罪预防相关实证研究》，载《上海公安学院学报》2021年第1期。

评估过程中，调查评估小组对李某的矫正环境进行了综合的评估，认为如其在农村老家接受社区矫正，在相同的社会环境和监护情况下，李某极有可能再次发生犯罪行为。而如其在杭州接受社区矫正，一方面，其母亲长期在杭州工作，在愧疚心理的驱动下可能会加强对儿子的监管；另一方面，李某也能远离此前的社交圈，在新的居所寻找到新的人生目标，交到新的朋友。通过对李某的矫正环境进行综合评估，结合其他再犯罪风险因素的调查，最终向法院出具了认定其在杭州适用社区矫正的结论。目前，李某的矫正已临近结束，在矫正期内未发生违法违规行为。对于未成年人而言，模仿同龄人的行为是一种非常普遍的现象，如果使未成年人在一群耽于享乐、不务正业的朋友的陪伴下成长，再多的处罚也未必能使其意识到自己行为的不当，只有为未成年人选择一个合适的社会环境，才能让社区矫正工作事半功倍。

（二）社会环境选择的主要工作方式

社会环境的选择，本质上就是执行地的决定。根据《社区矫正法》的相关规定，执行地的决定是社区矫正决定机关的职责，社区矫正机构理论上是不能干预的。但是，考虑到未成年人社区矫正工作的特殊性，在浙江省高级人民法院、浙江省人民检察院、浙江省公安厅、浙江省司法厅联合下发的《浙江省社区矫正调查评估办法（试行）》的第4条规定中，将未成年人适用缓刑的情形作为必须开展调查评估的情形之一。笔者认为，之所以强调调查评估的重要性，很大的程度上就是为了让执行地县级社区矫正机构对未成年人所在社会环境进行评估，从而尽量为未成年人选择一个有利于其成长的社会环境。

在杭州市某区社区矫正工作实践中，针对社会环境的选择，一方面，对未成年人的社会环境积极开展调查评估，通过对其社会关系、成长经历、犯罪前科的综合考量，对其在本辖区内的社会环境进行评价；另一方面，与委托开展调查的检察院和法院保持沟通，通过线上联系、线下座谈等形式，就其社会环境情况及时交换意见，确保未成年人可以在社会环境更佳的执行地执行社区矫正。

二、未成年人社区矫正家庭环境的协调

（一）家庭环境协调的重要性

未成年人的家庭环境，主要指的是社区矫正对象的监护人情况。社区矫正法中涉及监护人的条款有6条，监护人作为与社区矫正对象生活上最接近，最了解某个性的教育帮扶人员，对社区矫正工作的重要性毋庸置疑。根据社区矫正法的相关规

定，普通矫正对象监护人的义务主要是协助社区矫正机构开展矫正工作和教育工作，而未成年人的监护人还需在此基础上履行抚养、管教等义务。在未成年人的成长过程中，家长的教育对其性格的形成有着极大的影响，一般而言，未成年人屡教不改，在犯罪的道路上越走越远，往往都与其家庭因素密切相关。

以实践为例，某区司法局管理的两名社区矫正对象，虽然具有较高的学历，但是赌博成瘾，为家人带来了沉重的经济负担，这两人性格的形成都与家庭密切相关。社区矫正对象杨某，其父母是国家公务员，平时工作压力大，很少有时间陪伴儿子，在这种亏欠心理的作用下，夫妻二人对儿子非常溺爱，对其有求必应，杨某在这样孤独自由的环境中，形成了贪图享乐、目无法纪的性格，最终染上了赌博的恶习。另一名矫正对象朱某情况则与杨某恰恰相反。朱某的母亲对其管教非常严格，朱某的父亲性格软弱，对其母亲严厉的管理方式无可奈何。在其母亲的限制下，朱某完全没有经济支配能力，社交生活也无法开展，随着时间的流逝，朱某对金钱的渴望不断加深，并在大学期间迷上了赌博，从此便再也回不了头。尽管法律上只提到了未成年人监护人的抚养和管教义务，但事实上，在提供生活保障的基础上，监护人更重要的是帮助未成年人形成健康的人格和良好的习惯，为其漫长的人生道路打好基础。

（二）家庭环境协调的主要工作方式

协调未成年人的家庭环境，主要是为了确保未成年人的家庭环境同时符合三个要求：一是能够保障未成年人的日常生活，提供稳定的生活保障；二是能够较好地履行教育管理的义务，使未成年人形成健全的人格；三是家庭对社区矫正工作持配合态度，未成年人本人和其家长信任社区矫正机构。为了实现这三个要求，在实践中，必须做好以下三方面的工作。

一是做好未成年人监护人的确定工作。未成年人的社区矫正监护人和其民法上的监护人未必是同一人，社区矫正机构根据未成年人的年龄、心理特点、成长经历、犯罪原因等具体情况，对监护人的日常管教能力、性格特征、教育方式、陪伴时间、经济能力等方面综合考虑后，结合未成年人本人和监护人双方的意愿确定合适的监护人人选。

二是做好未成年人家庭内部的协调和对监护人的教育工作。未成年人日常的教育工作主要由监护人开展，其他家庭成员根据自身能力配合做好相关的教育和矫正工作。通过对监护人的思想教育和方法教育，使监护人思想上加强重视，并采取科学有效的方式对未成年人进行性格培养和习惯养成。

三是取得未成年人的信任，为监管教育工作的开展做好铺垫。未成年人涉世未深，对陌生人有着天然的抗拒和抵触心理。社区矫正工作人员作为监管者，与社区矫正对象的身份之间又有着天然的隔阂。为了消除这层隔阂，真正做到教育入心、监管入行，就需要通过长时间的沟通来加强彼此之间的了解，构筑信任的纽带。

三、未成年人矫正环境的完善

（一）矫正环境完善的主要含义

所谓的矫正环境，主要指的是以司法行政机关为主的政府机关以及社会力量等参与到未成年人教育帮扶工作中的组织和个人。根据社区矫正法的相关规定，参与到社区矫正工作中的主体可以分成三类，第一类是专门机关，包括司法行政机关、人民法院、人民检察院、公安机关以及其他有关的政府部门；第二类是社会力量，包括企、事业单位以及社会组织；第三类是社区矫正志愿者。矫正环境的完善，笔者认为，主要包括两个方面的要求：一是构建社区矫正相关政府部门之间的沟通联系渠道，保障未成年人正常行使就业、就学等权利，做好突发事件的应急处置工作；二是组建专业化、职业化的教育帮扶队伍，由具备法律、教育、心理和社会工作等专业知识或者实践经验的社会工作者参与到未成年人的社区矫正和教育帮扶工作中。

（二）矫正环境完善的主要方式

笔者认为，完善矫正环境需要从机构建设和队伍建设两个方面着手。首先，依托社区矫正委员会，打通各个政府机关之间的沟通渠道，通过社区矫正委员会的统筹协调功能确保社区矫正工作的执行畅通无阻。以某区为例，某区社区矫正委员会的成员单位有15家，包括政法委、法院、检察院、公安局、司法局、教育局、民政局、财政局、人力社保局、市场监管局、卫健局、医保局、总工会、团区委、妇联，基本覆盖了社区矫正对象权益保障所需，通过明确成员单位职责，定期召开联席会议等方式，社区矫正委员会的统筹协调功能基本得以实现。其次，通过政府购买服务和职业技能培训，聘请法律、教育、心理、社会工作等方面的专业人士参与到社区矫正工作中，协助做好未成年人的心理辅导、思想教育等工作。对于社区矫正工作队伍，一方面要加强职业技能培训，提高教育和监管工作水平；另一方面要提高队伍门槛，筛选具有相关专业知识的人员作为社区矫正工作人员，确保社区矫正工作依法开展，教育工作确有成效。

四、未成年人社区矫正不利因素的避免

（一）不利因素的主要内涵

《社区矫正法》第54条规定，对于未成年人的身份信息和档案信息应当予以保密，除司法机关办案需要或者有关单位根据国家规定查询外，档案信息不得提供给任何单位或个人。相较于成年人，未成年人更容易受到他人非议的影响。正是为了防止“罪犯”这一标签对未成年人的成长造成不必要的负面影响，《社区矫正法》等法律法规才会对未成年人的信息保护提出特别的要求。在矫正工作中，通过保护未成年人的信息，可以有效避免不利因素的影响。

以实践情况为例，杭州市某区一名社区矫正对象陈某，因强奸罪被判处缓刑，并在缓刑开始后重新回到学校读书。对于社区矫正机构来说，此时就需要做出一个决定——是否要将陈某的犯罪信息告知学校。经过综合分析后，一方面，根据《社区矫正法》第56条的规定，未成年社区矫正对象的就学权利受到保护，学校不会因此而将其劝退；另一方面，应当保障学校的知情权，并与学校做好社区矫正工作的协同配合。考虑到这两方面因素的影响，该区社区矫正机构将陈某的犯罪信息告知给学校负责人，并与学校协商了后续的矫正方案。最终，学校与社区矫正机构达成了一致的意见，在允许陈某正常参加学习的基础上，由学校与社区矫正机构之间定期就陈某的教育工作进行交流，学校保证不会将该信息告知其他学生，从而确保陈某的社区矫正工作能够顺利开展。

（二）避免不利因素影响的主要问题和处理方式

《社区矫正法》的规定作为信息保密的原则性规定，体现了立法的方向，但在实践中，由于没有相关的规范文件，信息保密的要求难以得到具体的落实，存在身份信息的涵盖内容不明确以及档案信息可查询单位不明确等问题。

首先，未成年人的身份信息涵盖的内容不明确。根据《民法典》第1034条的规定，个人信息指的是能够单独或者与其他信息结合识别特定自然人的各种信息，包括自然人的姓名、出生日期、身份证件号码、生物识别信息、住址、电话号码、电子邮箱、健康信息、行踪信息等。但是，在这一条规定中，并没有提到未成年人的犯罪情况是否属于个人身份信息。如果将犯罪情况视为身份信息，那么未成年人就学的学校，以及其工作的单位，都不能获取其犯罪的相关信息；而如果将犯罪情况视为档案信息，那么就存在有关单位查询其犯罪信息的可能性。笔者认为，仅凭未成年人的犯罪信息，无法直接识别特定的自然人，且犯罪作为刑事执行记录的一部

分，将其视作档案信息更为合理。从实践来看，犯罪信息也有被特定机关获取的必要。根据《社区矫正法》第12条之规定，社区矫正对象所在单位或者就读学校有协助开展社区矫正工作的义务。如果社区矫正对象所在单位或学校对其犯罪情况完全不了解，那协助义务自然无法履行。因此，社区矫正对象的犯罪信息应当视为档案信息的一种，在符合条件时可以告知有关单位或就读学校。

其次，档案信息可查询单位不明确。根据《社区矫正法》的规定，有关单位可以根据国家规定查询档案信息。法律将查询的依据设定为国家规定，留下了很大的解释空间。比如，社区矫正委员会的成员单位，这十余家机关组织作为依法参加社区矫正工作的单位，理应能获取未成年人的档案信息，但如果将未成年人信息扩散到如此大的范围，无疑会产生一定的风险。

最后对于未成年人的信息保护，真正的困难之处就在于如何厘清保密和告知之间的界限。笔者认为，这一界限的划分应当以是否会创设不必要的风险为考量依据，如保密会导致矫正工作无法正常开展，或者会对社会造成不必要的风险，那么就不应当予以保密；如告知会对未成年人的成长造成极大的不良影响，会给未成年人带来不必要的风险，那么就应当保密。

五、对未成年人教育矫正环境构建工作原则的思考

未成年人的社区矫正执行对于社区矫正工作整体而言，有着特殊的地位和特殊的要求。一般而言，社区矫正工作的原则是监督管理和教育帮扶并重，但对未成年人开展社区矫正工作时，原则上以教育帮扶为主，监督管理为辅。正因为对未成年人的教育工作要求极高，在现今社区矫正机构人员力量薄弱，经费保障不足的情况下，更加凸显出一个合适的教育矫正环境的重要性。笔者认为，除了上文所提到的环境构建的具体工作之外，实践中难免会遇到更多复杂的困难和问题，这些问题难以一一列举，需要司法行政机关的工作者根据相关工作原则，结合具体实际予以处理。结合工作实践，笔者认为，未成年人的社区矫正工作主要有四条原则。

一是执法为先。虽然法律规定对未成年犯罪应以教育为主，惩罚为辅，但笔者认为，这并不是说刑事执行的力度就可以因此而放松。所谓的惩罚为辅，是相对于教育为主而言的，也就是说，在正常的刑事执行的基础上，对于未成年人，社区矫正机构需要在教育工作上投入更多的精力，要加强教育的力度而非减轻监管的力度。如果因为未成年人的身份就对其网开一面，反而不利于对其犯罪行为的矫正和教育。

二是善于借力。未成年人的心理特征较为复杂，非专业人士在开展教育工作中，不仅会错误理解其想法观念，也无法将正确的观念灌输给未成年人。社区矫正机构要善于借力，通过社会力量和专家志愿者的参与，确保教育工作开展到位。

三是畅通渠道。从起诉到审判再到执行的过程中，政府部门之间要畅通沟通渠道，通过数据共享、意见互通等形式确保未成年人的社区矫正执行落实到位，教育到位，改造到位。要保障未成年人的合法权益，特别是就业就学权益不受侵害，使其在融入社会的过程中不会因犯罪而受到不必要的刁难。

四是强化家庭教育。未成年人的成长不可能完全依靠社区矫正机构，更多的教育工作依靠的是其家庭，未成年人如果得不到良好的家庭教育，那么社区矫正机构组织的教育学习就会事倍功半。通过对家长的引导，加强其思想重视程度，指明教育方向，确保家庭教育落到实处，使未成年人在一个积极向上的环境中健康成长。

未成年人犯罪社区心理矫正检察监督工作中的问题与对策

陈金荣*

未成年人犯罪社区矫正是世界各国法律界共同关注的一个重要话题，也是我国构建和谐社会的一个重要课题，社区矫正作为与监禁矫正相对的行刑方式，是保障社会稳定的一项基础性工作，也是帮人、育人实现“灵魂再塑”的社会系统工程。《社区矫正法》于2020年7月1日起施行，这是我国首次就社区矫正进行专门立法。心理矫正作为犯罪矫正的重要内容有专门规定与要求，怎样在社区矫正组织协作下就未成年犯罪人犯罪心理进行矫正，特别是检察机关怎样在社区服刑心理矫正中行使好监督检察职能，成为亟待探讨的课题。

一、未成年人社区心理矫正背景

随着人类社会法制的不断昌明，19世纪末西方国家行刑改革浪潮迭起，社区矫正作为受行刑社会化思潮影响而产生的一种刑事处罚制度备受追捧。近代法学派的学者认为传统的监狱刑罚有害于犯罪人健康人格发展，希望通过非监禁方式的刑事处罚对犯罪人进行人格改造。通常认为最早是1876年美国纽约州制定了社区矫正立法，而现代社区矫正概念源于“二战”后以法国著名法学家安塞尔（Ansell）为代表的新社会防卫论所倡导的非犯罪化和非刑罚化，以及由此引申的行刑社会化思想。①

长期以来，我国各地就社区心理矫正开展了各种形式的有益探索，《社区矫正法》第1条开宗明义：推进和规范社区矫正工作的目的，是保障刑事判决、刑事裁定和暂予监外执行决定的正确执行，提高教育矫正质量，促进社区矫正对象顺利融入社会，预防和减少犯罪。第2条就社区矫正的对象为被判处管制、宣告缓刑、假释和暂予监外执行的罪犯作了依法规定。

---

* 陈金荣，国家二级心理咨询师，河南省新郑市人民检察院二部主任、检察官，全国青少年维权岗主任。

① 卢建平著：《刑事政策与刑法》，中国人民公安大学出版社2004年版，第11页。

“未成年人”是一个法律上的概念，是指将符合社区矫正条件的未成年人放置于社区，由司法机关在相关社会团体或者民间组织以及社会志愿者的协助下，在判决书、裁定书或决定书确定的期限内，矫正罪犯的行为恶习和犯罪心理，从而避免监禁刑可能带来的交叉感染等副作用，以促进其顺利回归社会的一种非监禁刑罚执行制度。① 未成年人犯罪社区心理矫正属于社区矫正的重要部分，未成年犯罪人是社区矫正制度关注的特殊群体。对未成年人本身来说，犯罪有着极其严重的负面影响，对其以后的发展，无论是身体上还是心理上的挑战都是巨大的。当其犯罪后，会面对来自各方面的压力，恶意的警告会加重其对社会的不满和厌恶，善意的劝告甚至是安慰也都可能会加重其内心的愧疚和不安，出现心理畸形的情况也是无法避免的，于是内心更加矛盾，更加难辨是非，因此更加难以融入社会，更加难以敞开心扉，甚至会有交流障碍，难以像正常人一样生活。在这样的情况下，如果实行传统的监禁矫正，真能保证他们能够正常成长、发展，不会报复社会，形成再犯罪吗？心理障碍又会影响行为和生理，因此，社区心理矫正对于未成年人犯罪改造必不可少。

二、社区心理矫正中成年人与未成年人的区分

我国未成年人社区矫正工作已开展多年，虽然国内的法律法规中没有与成年犯的惩处措施进行区分，但成年犯的惩处措施并不适用于未成年人社区心理矫正工作。《社区矫正法》明确规定对未成年人的社区矫正，应当与成年人分别进行。社区矫正机构应当根据未成年社区矫正对象的年龄、心理特点、发育需要、成长经历、犯罪原因、家庭监护教育条件等情况，采取有针对性的矫正措施。

（一）年龄

就未成年人社区心理矫正而言，区别于成年人的第一特征就是年龄。首先，《未成年人保护法》第2条中明确提出，未成年人即为年龄未超过18周岁的所有公民；其次，《刑法》第17条提出，年龄超过16周岁的公民在构成犯罪行为时必须承担相应的刑事责任，介于14周岁至16周岁之间的罪犯应对特定的8项罪名承担法律责任，介于14周岁至18周岁之间的犯罪分子可对其从轻惩处，由于年龄不满16周岁不予刑事惩处的，应要求其监护人严加管教，在迫不得已的情况下也可交由司法机关管教；最后，《最高人民法院关于审理未成年人刑事案件具体应用法律若干问题的解释》第1条提出，未成年人刑事案件即为犯罪嫌疑人被指控犯罪时的年龄介于14周岁至18周岁之间的刑事案件。基于年龄的限制，适用社区心理矫正的未成年人

---

① 周国强著：《社区矫正制度研究》中国检察出版社2006年版，第2页。

少。我国法律将社区矫正定位为刑罚执行方式之一，对象仅限于判处管制、宣告缓刑、假释和暂予监外执行的罪犯。

（二）可塑

社区心理矫正的重点在于对社区矫正对象的改造和完善，使他们能有正确的认知，而不是注重处罚和报复，一切改造都是为了心理构建和行为约束，使社区矫正对象向着更好的方面改变，使社区矫正对象的人格完整化，使社区矫正对象能够实现再社会化，即当他们再次回归社会的时候，没有胆怯，能够坦然面对，心理健康，能够积极向上。比利时犯罪学者凯特勒在研究未成年人犯罪时曾说“年龄是影响犯罪的最大因素之一”。未成年人发生违法犯罪行为与其所处年龄阶段的生理发展、心理变化有很大关系。在每一个未成年犯罪人的内心一定都是非常矛盾的，犯罪后带着对社会的持续不满，夹杂着自己内心的愧疚和不安。出于对其身心健康和人格发展的考虑，不宜采取监禁性刑罚措施。

（三）趋向

未成年犯罪人本身的特殊性要求在处理过程中贯彻恢复性司法，恢复性司法旨在恢复犯罪对被害人和社区造成的损害，力求修复犯罪行为人与社会之间的关系，这与各国处理未成年人违法犯罪所遵循的保护、教育的刑事政策取向是一致的。我国法律对未成年人违法犯罪处罚，在《预防未成年人犯罪法》《未成年人保护法》《刑法》《刑事诉讼法》及相关司法解释中都明确要求以“教育为主、惩罚为辅”，教育、挽救、感化原则在刑罚执行过程中则体现为对未成年罪犯非监禁刑罚执行的社区矫正。《联合国少年司法最低限度标准规则》即《北京规则》明确指出：“除非在别无任何其他适当办法时，不得把少年罪犯投入监狱”“应充分注意采取积极措施，这些措施涉及充分调动所有可能的资源，包括家庭、志愿人员及其他社区团体以及学校和其他社区机构，以便促进少年的幸福，减少根据法律进行干预的必要，并在他们触犯法律时对他们加以有效、公平及合乎人道的处理”。国际社会对青少年犯罪处置的主流早已趋向非刑事化、非监禁化和轻刑化，社区心理矫正正是这一趋向的集中体现，通过增强未成年违法犯罪人与受害者、社区的交流与联系，使其一方面意识到自己行为的危害性，另一方面有利于身心发展和自身改造保持与社会发展同步。

三、我国未成年人社区心理矫正制度的现状与不足

（一）我国未成年人社区矫正的法律依据完善过程

过去对未成年犯罪人进行社区矫正的法理依据是《监狱法》，其中没有明确提及

未成年犯罪人的心理矫正项目，仅提出了原则性刑罚改造内容，没有操作细则。司法部 2005 年颁布司发通〔2005〕27 号《关于预防青少年违法犯罪工作的实施意见》明确提出："结合社区矫正工作试点，加强对社区服刑人员实行分类管理和分类教育，积极探索适合未成年服刑人员特点的社区矫正管理办法，全面掌握未成年社区矫正人员各方面的情况，结合实际制定有针对性的教育改造计划和措施，确保社区矫正的效果。"2011 年通过的《刑法修正案（八）》第 2 条、第 13 条、第 17 条规定，判处管制、缓刑、假释的犯罪分子，在其考验期限内，实行社区矫正内容，是我国首次将社区矫正纳入法律，使社区矫正有了法律依据。2012 年修订的《刑事诉讼法》增加了暂予监外执行的罪犯和由社区矫正机构负责执行的内容。2019 年颁布了《社区矫正法》不仅意味着将社区矫正正式纳入法律体系，对行政法规、部门规章以及地方性法规的实施具有指导意义，而且在刑罚执行方式中，将逐渐占据越来越重要的地位。

从目前的实际情况来看，我国社区心理矫正的法律法规还不够完善，与其配套的规章制度仍无操作规范，社区心理矫正的统一性难以实现，法律性质、运行程序和工作内容也难以具体用法律形式进行规范。所以，制定具有中国特色的社区心理矫正模式及有中国特色的社区矫正立法，促进未成年人社区心理矫正工作的规范化、制度化和科学化就成为亟待研究的问题。

（二）社区心理矫正界限不清，心理专业人才匮乏

社区心理矫正不同于其他平常的刑罚管理方式，由于其特殊的心理工作性质与服务对象，所以需要聘请特殊的心理专业工作人员采取特殊的心理工作方法进行协调和管理。而正是由于社区心理矫正界限不清，相关人员无法进行科学化、规范化的专业学习，导致进行社区矫正制度的人才匮乏，影响社区矫正工作的进程与发展。[①] 因此，尽管社区心理矫正有利于未成年人心理健康正确成长，但该种方式的功效性有所下降。另外，过于人性化、自由化、开放化的管理环境，也可能使一部分未成年人错误地理解了刑罚的意义和进行社区矫正的真正目的，认为做错了事可能仅仅是换个地方的生活，对自己的生活也没有什么太大的影响，难以产生悔过之心。有的人甚至产生极端的想法，认为犯罪没有大过不是大事，不会遭受过多惩罚，继而再次产生犯罪心理，实行再次犯罪。在这种心理驱使下，可能会产生更加严重的犯罪行为。同时，一起进行社区心理矫正的未成年人之间会互相影响，这种不良心理极有可能会对整个社区矫正的未成年人产生反面作用，进而一起危害社会，这无疑是非常可怕的。

---

① 陈波：《未成年人社区矫正制度的完善》，载《青少年犯罪问题》2019 年第 1 期。

（三）缺少个性化可操作的社区心理矫正项目

由于《社区矫正法》实施仅一年时间，虽然提到了未成年人社区心理矫正工作的相关内容，《社区矫正法》对未成年人社区心理矫正的方式制定作出强调，指出应制定和成年人不同的，与未成年人身心特征相符的措施。但是所规定的内容并不具体，在立法中没有对心理矫正项目进行合理界定，不论是成年犯还是未成年犯，心理矫正项目较少、可行性较差、项目类型较单一，且严重缺乏针对性。[①] 同时缺少执行手段，有关社区心理矫正的配套方法更少。结合国内当前的发展形势考虑，仍然需要完善未成年人社区心理矫正制度，制定具有针对性的心理矫正项目。许多西方国家已采取了专门适用于未成年人的社区心理矫正管理制度和模式，并在防治未成年犯的问题上取得了很大成效。[②] 与此相比，我国目前的社区心理矫正制度中并没有适合未成年犯特点的专门心理矫正项目，与成年犯混同操作，这对于未成年犯的心理矫正工作极为不利，并且大大影响了社区心理矫正的效果。从发达国家和地区对未成年犯进行社区心理矫正的实践来看，当矫正机关接受了社区矫正对象后，先要对其危险性，以及需要结构进行心理评估。我国的社区心理矫正试点项目中均没有危险评估制度，多以定期谈话、心理咨询、社会帮教、参与社区公益劳动等感性认识替代科学危险评估。因此，迫切需要针对未成年犯特点的社区矫正心理项目，因人因罪地加以心理矫正，这样才能真正起到帮助未成年犯回归社会的作用。

四、对完善我国未成年人社区心理矫正制度的构想

在国际未成年犯处遇中，非关押化贯穿于未成年人犯罪案件诉讼程序的始终，从初步接触、审前拘留、审判到审判后的处理，都强调剥夺和限制人身自由必须经过认真的考虑，而且只能是穷尽其他合适的对策后、万不得已的情况下才能采取的措施，并且这种措施应保持在最低的限度之内。[③] 这些指导思想对我们都有借鉴意义。

（一）设置符合未成年人身心特点的心理矫正项目

目前，我国未成年人社区矫正的主要项目有公益劳动、思想教育、法制教育、社会公德教育、技能培训、心理矫正以及就业指导、生活指导等。应努力完善未成年人社区心理矫正措施，尤其是针对未成年人的心理特色项目。一方面，应进一步

---

① 武玉红著：《社区矫正管理模式研究》，中国法制出版社 2011 年版，第 70 页。

② 吴宗宪主编：《刑事执行法学》，中国人民大学出版社 2013 年版，第 301 页。

③ 叶青、叶瑛：《论国际化视野下的未成年犯罪人的司法保护》，载《青少年犯罪问题》2006 年第 4 期。

激活国内一些潜在的未成年人社区心理矫正项目，加强传统的社区一对一心理咨询帮教；工读学校可改造成未成年人社区团体心理矫正教育基地；另一方面，引入国外一些现行的证明有效的未成年人社区心理矫正项目，并使其本土化。比如可借鉴不同于我国缓期执行的美国缓刑体制、赔偿、社区服务、家中监禁、电子监控、养育家庭等。①

遵循刑事个别化的原则理念，依照服刑人员的犯罪特征、性格特征以及需求特征等进行合理选择，进而对未成年犯罪人进行系统的心理矫正与教育，对上学阶段的未成年人罪犯进行心理矫正时，可走访各类教育组织，了解罪犯的人际交往关系，并对此进行重点监管；针对被学校开除但是仍想回归校园的，可将其推荐给教育机构；针对不想继续求学的未成年人，可对其进行就业指导，或告诫其怎样进行人际交往，缓解他们心理上的压力，适当推荐相应的工作，为他们提供更多谋生的途径，正确引导他们的思想与行为。社区矫正单位应根据不同类型的未成年人犯罪者了解矫正与行为矫正以及社会技能训练等方面的需求，应用个性化的矫正措施，进而提高矫正效率。

（二）制定完善未成年人犯罪社区心理矫正评估体系

现阶段，国内未成年人的犯罪率逐渐升高，且再次犯罪的概率也随之加大，而群众对于社区矫正理解的偏差，导致难以接受这种开放性的刑罚方式。在他们认知中，社区矫正等同于犯了罪不用进监狱，不用受到惩罚或者是他们在“家庭监狱”，导致对一些进行社区矫正的犯罪人抱有防范心理或者更强的警惕心理，认为本应在遥远的传统监狱里服刑的犯罪人，一瞬间就在自己眼皮子底下活动，可能会对自己的日常生活产生负面影响，带着担忧和不安的心情，对社区矫正的效果和处理方式持有观望态度。在这样心理的驱动下，群众、居民的配合度也一定不高。在这样的情况下，必将影响到社区矫正的实施力度和效果。

针对这种认识应制定完善未成年人犯罪社区心理矫正评估体系。通过制定社区心理矫正评估体系，能够为矫正人员的日常工作提供有利帮助，便于掌握未成年人服刑的基本状况，也可以制定出具有个性化特征的心理矫正措施，极大程度上减少再次犯罪的概率。健全的心理评估体系必须贯穿于各个方面，具体包括判决前、矫正后及解除矫正前三个时期，把社区矫正定性在“行刑方式”这样一个狭义的概念层面，不利于社区矫正这一新生事物的发展。国际上普遍的做法是将未成年犯罪人在社区所接受的一切处遇措施都称作社区矫正，无论审判前，还是审判后，甚至已

---

① 刘大元、卢方：《未成年人社区矫正制度的构建与优化研究》，载《安徽农业大学学报（社会科学版）》2019 年第 5 期。

被释放。[①] 事实上，我国办理未成年人案件中的社会帮教措施，也不仅仅局限于审判后的行刑中，在侦查、审查起诉、审判环节都有一些跟踪帮教措施。但是因为国内的技术水平有限，致使评估体系无法得以全面实施，在统计数据信息时可能存在很多困难之处。此外，矫正工作者为了方便，不愿意自己的工作受到各项因素的制约。长此以往，未成年人罪犯在不同矫正时期，矫正效果无法得到有效体现，而矫正工作者也不能够按照实际状况进行适当调整，最后心理矫正工作也只能趋于形式化，严重影响矫正效果。

（三）强化检察机关对未成年人社区心理矫正的监督

检察机关基本职责就是监督检察。《社区矫正法》第 8 条第 2 款明确："人民法院、人民检察院、公安机关和其他有关部门依照各自职责，依法做好社区矫正工作。人民检察院依法对社区矫正工作实行法律监督。"在所颁布的法律中，在对社区未成年犯罪人进行心理矫正时均应以"教育、感化、挽救"为主题，检察机关在行使职权时也应以此作为主题思想，将这一思想理念始终贯彻到检察工作，采取正确的司法监督方式，促使未成年犯罪人得到教育和心理转化。检察机关社区矫正工作中除了担负心理矫正工作外，更多的是对司法机关、公安机关以及监狱等机构之间的工作衔接情况履行监督职能。对于可塑性强的未成年人，这种心理矫正方式具有改正的可行性与可能性，一个良好的环境对其心理成长的正确化有重要意义。换句话说，社区心理矫正模式弱化了传统监狱的概念，放宽了传统监狱的封闭性教育，以塑造犯罪人新的、正常的人格为理念，促使他们成功回归社会，使其摆脱犯罪"标签"的影响，快速融入正常、健康的社会，同时也起到了预防其再次犯罪的作用，实现了犯罪者的自我发展。检察机关对未成年人犯罪社区矫正监督的主要内容，应该贯穿于整个矫正工作始终。

（四）规范检察监督建立协同心理感化机制

检察机关在对社区矫正工作进行监督时，需要建立完善的内外一体监督机制，对所有环节进行全面监控，防止出现检察监督疏漏。社区矫正的性质是一种刑罚轻缓化的处罚，不能够被肆意应用，只限于包括犯罪较轻、主观恶劣行为少、未对社会造成严重危害、被免受刑罚附条件不起诉的涉罪未成年人，犯罪轻微的初犯者一般危险性较小，并不会对社会造成严重的危害。将此类未成年犯进行社区矫正后，对于居民以及社会各界的"以德报怨"，更易于矫正成功。

检察人员要加强与基层单位的交流，实时掌握未成年犯罪人的矫正状况，进而

---

① 周国强著：《社区矫正制度研究》中国检察出版社 2006 年版，第 2 页。

确保各项工作得以顺利执行。在终止执行阶段，由于社区矫正属于刑罚执行方法，对服刑人员的名誉权以及人身权均会产生不良影响。所以，针对满足解除条件的服刑人员必须在第一时间结束对其进行社区矫正。社区矫正对象矫正期满或者被赦免的，社区矫正机构应通知社区矫正决定机关、所在地的人民检察院、公安机关。例如，构建完善的与共青团、妇联、工会、社区、街道办事处等社会团体组织联合制度体系等。检察机关与相关部门之间应构建工作联系体制与情况通报体制，针对社区矫正期间产生的问题通过检察建议等方式申请进行整改，进而加强与各个机关之间的沟通与交流，促进彼此之间的配合，保障社区矫正正常运行。

综上所论，深入扎实地做好未成年人犯罪社区心理矫正工作对预防重新违法犯罪、保障社会和谐稳定具有重要的现实意义。尽管社区心理矫正制度仍存在一些需要细化完善之处，但是对于未成年犯罪人来说，仍然是有帮助的。完善未成年人犯罪社区心理矫正制度，从国家、社区和犯罪人本身优化社区矫正，使未成年犯罪人都能向着好的方向发展，重新服务社会，为未成年人社区心理矫正制度的改革发展，构建中国化的未成年人社区矫正制度提供实践和理论参考，对于提高我国社区心理矫正工作服务水平具有一定的意义。

未成年人社区矫正立法特征及工作建议

刘俊杰*

一、我国未成年人社区矫正立法特征

未成年人犯罪是指已满14周岁但未满18周岁的未成年人实施的刑法和刑事相关法律所规定的犯罪行为，它已成为继环境污染以及吸毒、贩毒之后的第三大社会危害。未成年人犯罪低龄化、团伙性、暴力性、手段成人化等特征较为突出，这不但对我国的社会安全产生极大威胁，也对我国未成年人犯罪的预防和干预工作提出了新的挑战。鉴于未成年人的特殊性，我国针对未成年人社区矫正对象始终采取“教育为主、惩罚为辅”的原则，实行恢复性司法处遇措施。社区矫正制度是行刑社会化改革的重要组成部分，作为一种非监禁性刑事执行方式，它对于矫正未成年人的犯罪心理和行为，帮助其顺利回归社会具有重要作用。随着我国社区矫正制度的不断完善，在我国首部《社区矫正法》中，未成年人社区矫正被作为专门章节单独规定，这是我国第一次以系统的法律形式确认未成年人在社区矫正中的特殊地位，是未成年人司法体制建设与改革所取得的重要成果。其立法特征主要包括以下几个方面。

（一）明确对未成年人社区矫正和成年人社区矫正予以区别

2012年1月10日，最高人民法院、最高人民检察院、公安部、司法部联合下发的《社区矫正实施办法》第52条第3款规定，对未成年人的社区矫正应当与成年人社区矫正分开进行，这为我国未成年人社区矫正制度的建立提供了依据。《社区矫正法》第52条首次以法律的形式规定未成年人与成年人的社区矫正需要分开进行，体现了我国对未成年人社区矫正工作的重视。

（二）明确有关未成年人社区矫正的指导方针和原则

《刑事诉讼法》规定，对未成年人实施社区矫正时应当遵循教育、感化和挽救的

* 刘俊杰，湖北省武汉市社区矫正工作管理局四级主任科员。

指导方针，同时确立了处理未成年人犯罪的指导原则——“教育为主，惩罚为辅”。

（三）规定了未成年人的社区矫正措施及注意事项

有关犯罪未成年人的社区矫正需要考虑到未成年人自身的特殊性，《社区矫正法》第52条规定，社区矫正机构应当针对每一位未成年社区矫正对象自身的特点采取相应的矫正措施，要求熟悉未成年人身心特点的人员参加未成年社区矫正小组。《社区矫正法》第54条还规定了未成年人社区矫正工作的注意事项，社区矫正机构的工作人员和其他人员在履行职能过程中对所获得的未成年人身份信息应当予以保密。

（四）彰显未成年人保护理念

《刑事诉讼法》中规定，对未成年人实施社区矫正时应当遵循教育、感化和挽救的指导方针，同时确立了处理未成年人犯罪的指导原则——“教育为主，惩罚为辅”。规定了未成年人的社区矫正措施及注意事项。有关犯罪未成年人的社区矫正需要考虑到未成年人自身的特殊性，《社区矫正法》第54条规定了未成年人社区矫正工作的注意事项，社区矫正机构的工作人员和其他人员在履行职能过程中对所获得的未成年人身份信息应当予以保密；《社区矫正法》将保护期延展到未成年人社区矫正对象成年以后，未成年社区矫正对象在社区矫正期间年满18周岁的，继续按照未成年人社区矫正有关规定执行。

二、当前未成年人社区矫正工作存在的问题

随着我国社区矫正事业的不断推进，未成年人社区矫正工作取得了长足的发展，不少地区也探索出了宝贵的经验，但未成年人社区矫正工作仍然存在一些问题。

（一）区别对待制度有待完善

将成年犯罪人与未成年犯罪人区别对待是我国法律的一项普遍制度，例如，我国《监狱法》第69条规定：“有劳动能力的罪犯，必须参加劳动。”第75条第1款规定：“对未成年犯执行刑罚应当以教育改造为主。未成年犯的劳动应当符合未成年人的特点，以学习文化和生产技能为主。”《未成年犯管教所管理规定》第43条明确规定：“组织未成年犯劳动，应当在工种、劳动强度和保护措施等方面严格执行国家有关规定，不得安排未成年犯从事过重的劳动或者危险作业，不得组织未成年犯从事外役劳动。未满十六周岁的未成年犯不参加生产劳动。未成年犯的劳动时间，每天不超过四小时，每周不超过二十四小时。”这些规定将成年犯的劳动与未成年犯的劳动明确区别开来。《社区矫正法》第52条明文规定“对未成年人的社区矫正，应

当与成年人分别进行”，但这只是原则性的规定，还不完善，缺乏具体措施。这些规定都比较笼统，缺乏针对性、全面性，如没有具体规定未成年人社区矫正项目执行标准，没有对未成年人罪犯与成年罪犯分开矫正做明确的区分，没有细化教育矫正、参加劳动等方面的内容等。

（二）矫正教育效果需进一步提升

未成年罪犯处于生理上和社会化过程中的特殊时期，敏感、脆弱，对外界的承受力较弱，容易感情用事，产生逆反心理，其“问题行为”背后大多有着深刻的心理根源。基于未成年罪犯在该阶段的心理特征，矫正工作者说话的方式甚至某些语气都会引起其心理和情绪上的变化，从而影响其对矫正活动的信任与配合。因此，针对未成年罪犯开展矫正活动，取得其信任和认可十分重要。只有由相对固定的考察帮教小组，根据其性格特点、成长环境、家庭生活、社会经历等情况，制定有针对性的个人帮教方案，才能取得未成年罪犯的信任，获得最佳的矫正效果，从而避免目前根据诉讼环节分阶段推进，指派不同工作人员监管、帮教产生的弊端。

（三）未成年人社区矫正工作专业化程度低

一是矫正队伍建设方面的问题，即矫正工作者身兼多职，能力不足。基层司法所普遍存在人员配备不足问题，且其除了承担社区矫正工作外，还承担着人民调解、政府法律顾问、普法教育等多项工作，不可能把未成年矫正对象与成年矫正对象分别管理、分别教育。二是缺乏对未成年人社区矫正工作者的训练，缺少法学、心理学、教育学等方面的知识培训，特别是心理学知识方面，缺乏有效的心理疏导，是不利于对未成年社区服刑人员进行矫正教育的。

（四）社会力量参与不足

社会化水平较低使得未成年人社区矫正队伍力量薄弱，对未成年社区服刑人员的监管也相对缺乏。社会参与包括来自社会各种力量的广泛投入，如家庭、学校、社区、志愿者、私营单位以及各界人士等，是未成年人社区矫正工作中不可缺少的社会动力。

三、工作建议

《社区矫正法》的生效实施无疑是未成年人刑事政策发展的里程碑式的事件，其中专章对未成年人社区矫正工作开展予以规定，为未成年社区矫正工作开展提供了制度框架和实务指南。下面就如何落实社区矫正相关法律法规，解决好工作中存在的问题，完成犯罪预防与未成年人保护的双重目标，笔者提出以下建议。

（一）完善区别对待制度

一是结合实际，在现有的法律框架内，制定有针对性、易操作、切实可行的措施，在未成年人宣判、入矫、监管、教育等各方面实施区别对待。二是在对未成年社区矫正对象执行一般性的社区矫正制度时，不能机械照搬相关规定，而应当根据未成年社区矫正对象的特殊性进行变通。未成年人社区矫正工作的重心应当是教育，而不是惩罚。在开展社区矫正工作的过程中，应当将未成年社区矫正对象与成年社区矫正对象分开。这就意味着，在监督管理、教育矫正和帮困扶助等社区矫正工作的各个方面，都应当将未成年社区矫正对象与成年社区矫正对象区分开来，分别进行。在监督管理的手段、方法等方面，在教育矫正的方法和内容等方面，在帮困扶助的内容和方式等方面，都要根据未成年社区矫正对象的特殊性进行选择和调整，真正采取适合未成年社区矫正对象特点的方法、手段、措施等，开展对未成年社区矫正对象的社区矫正工作。例如，在对未成年社区矫正对象开展社区矫正工作的过程中，要尽量维持他们正常的学习和生活状态，尽量不让无关人员或者机构了解他们的社区矫正情况，尽量以正面的形式开展矫正工作。组织未成年社区矫正对象参加教育学习、社区服务等活动时，也应当注意保密。

（二）开展有效的教育活动

对于未成年社区矫正对象开展的任何教育活动，都要充分考虑未成年人的特点。一般而言，未成年人具有生理相对成熟、生理对心理有强烈冲击性，心理上存在成人感与幼稚性的矛盾等特点。在对未成年社区矫正对象开展社区矫正工作时，要认真研究和切实考虑这些特点，组织适合未成年人特点的社区矫正活动。例如，针对未成年人精力旺盛、喜欢活动等特点，尽量多组织他们开展丰富多彩、具有教育意义的活动，将教育与活动结合起来，在活动中进行教育。为此，应当减少课堂教育等方面的内容。也可以积极探索通过组织未成年社区矫正对象进行远足、野营、拓展训练、角色扮演等活动形式，开展相关的教育活动。针对未成年人心理容易变化、容易分心、活动的专注性较弱等特点，在开展教育活动的过程中，要注意教育活动的趣味性，多开展充满趣味性的活动，用充满趣味的内容、活动等吸引他们的注意力。尽量避免照本宣科、缺乏变化的抽象教育。

（三）加强队伍建设

社区矫正是一项综合性的矫正，除了要具备一般社区矫正工作人员的能力、知识、学历外，还要具备符合未成年人社区矫正特点的素质，并形成一支学历高、素质好、能力强的矫正队伍。

在职业化方面，一是建立健全统一的矫正官队伍，改变执法人员素质参差不齐的现象。加强矫正官队伍的职业化建设，完善矫正官队伍的各项制度。在选拔、任用、考核、晋级、辞退等制度上严格把关，确保选人用人制度化、统一化、合理化。二是加强社工的职业化建设。社工是从事未成年人社区矫正工作的最基层人员，完善和明确社工的法律地位，更有利于未成年人社区矫正工作的顺利进行及工作人员服务质量的提高。另外，明确社工的任职资格，让社工的工作得到尊重，让社工受到爱戴。同时还要提高社工的福利待遇和工资标准。三是建立社区矫正社会志愿者队伍。我国在司法资源相对短缺的情况下，更应该充分利用社会志愿者这一资源，充实社区矫正队伍，以减轻社区矫正工作人员的压力。首先，组成人员方面，包括教师、大学生、专家、学者、爱心人士等，覆盖人员面广，涉及知识丰富，这样更有利于未成年人汲取各方面的知识，接受各方面的教导。其次，具备素质方面，社会志愿者应该具备一定的专业知识和社会责任感。一方面可以有效地为未成年人社区矫正工作人员专业知识的短缺助力，另一方面能更好地为社区矫正工作服务，开展更多形式的帮教活动。最后，管理机制方面，严格志愿者的管理机制，在准入、考核、任用、培训和管理、激励上不断完善，形成一支规范化、专业化、素质化的社区矫正志愿者服务队伍。

（四）引入社会力量积极参与

一是共青团、工会、妇女联合会、学生会等促进未成年人社区矫正发展的社会团体。要充分利用这些团体所具备的专业知识和资源，有效投入未成年人社区矫正工作中。二是科协、文联、残联、侨联等社会团体。汇聚它们的力量开展更多的科学、教育、文艺活动，让健康向上的生活方式根植于未成年人的内心，从而引导、帮助他们尽早回归社会。三是把更多符合条件的私营单位引入未成年人社区矫正工作，充分利用单位组织的工作性质，为未成年人提供更多实践基地、劳动机会，以及后勤保障、心理疏导等，帮教与经营两不误，实现经济效益和法律效果的双赢。四是学校。学校是未成年人成长不可缺少的重要场所，也是未成年人社区矫正工作中一支重要的社会力量。一方面采取多种政策，鼓励更多学校加入未成年人社区矫正工作。政府可以为学校申请专项资金和适当的补贴，用于学校对未成年人的矫正工作；可以为学校提供更多的社会实践场所；也可以引入更多的资金投入学校提高教学质量、改善教学环境上，形成政府主导、学校参与的未成年人社区矫正政教结合的工作机制。

未成年人社区矫正案件的特点分析及对策建议

——以泰顺县为例

林慧巍*

一、未成年社区矫正案件的特点分析及主要表现

未成年人是一个特殊年龄阶段的群体，由于每一个未成年人的个性特点、家庭生活、成长环境、社会经历不同，导致其对社会认知和行为存在很大的差异。同时，未成年罪犯处于生理上和社会化过程中的特殊时期，敏感、脆弱，对外界的承受力较弱，容易感情用事，产生逆反心理，其“问题行为”背后大多有着深刻的心理根源。在实践中，未成年人社区矫正案件的主要特点及表现有以下几个方面。

（一）家庭成分残缺，仇视心理明显

在笔者从事社区矫正工作的几年间，接触了26名未成年社区矫正对象，他们无一例外都是生活在残缺的家庭环境中，不是单亲家庭就是再婚重组家庭，不是留守儿童就是孤儿，不是父母不管不教就是家庭暴力，在这样的环境下长大的孩子，由于家庭环境和普通孩子的家庭环境难以比拟，在学校和同学的交往中这种强烈的对比就会在孩子的心中埋下自卑、怨恨的种子，久而久之就会用仇视他人、报复社会的行为宣泄出来，以求心理的平衡。笔者曾经帮扶过的一名未成年社区矫正对象，其父亲具有暴力倾向，常常拿孩子当出气筒，在外打工受了气或者孩子做错事就对孩子谩骂斥责，甚至拳打脚踢。都说孩子是父母的影子，长期生活在这样的家庭环境下，孩子敢怒不敢言，但内心却戾气十足，走出家门看谁不顺眼就揍谁，最后发展为寻衅滋事，走上犯罪之路。

（二）犯罪动机单纯，预谋犯罪较少

未成年人都是涉世未深的青少年，临时起意的犯罪占大多数，他们的犯罪动机

---

* 林慧巍，浙江省温州市泰顺县司法局司法助理员。

大致可以归于几类：虚荣性、好奇性、挑衅性、无知性。虚荣性的典型就是偷盗，一个人虚荣心的满足往往来自金钱的富足，那些犯下偷盗行为的未成年人就是为了满足衣食住行等方面的物质需要而引发犯罪，这在司法实践中最为常见。好奇性的典型是开设赌场罪，开设赌场的几名未成年社区矫正对象对于网络上的新鲜事物充满好奇，推广和拉人头还能赚到一定的提成，刺激了他们犯罪的念头。挑衅性的表现就是寻衅滋事，在司法所接受矫正的未成年人王某某就是因为在 KTV，一个陌生男子询问其女友厕所在哪儿，而遭到王某某和同伴的殴打。挑衅的实质就是寻求精神刺激，逞能耍酷。无知性就是对自己所犯行为没有客观的定论，不知对错。15 周岁的留守儿童吴某，由于父母长期不在身边，和一个 13 周岁的女生恋爱、同居，最后吴某带着夏某某到医院妇产科生孩子，直到妇产科报警后，吴某某才意识到自己的行为已触犯了强奸罪。

（三）藐视管教措施，对抗心理极强

未成年社区矫正对象由于成长在特殊的家庭环境中，成长的道路上缺少关爱，从小和外界的交往就充满了警惕心，缺乏安全感且性格比较偏执，很难正确认识自己所犯的罪行，即使内心知道自己犯了错，表面也是对抗到底。未成年社区矫正对象在矫正期间不服从矫正纪律的比比皆是，如无故不接听定位手机，找各种理由不参加学习教育，拒绝公益活动等，在接受社区矫正的过程中也是不情不愿。笔者曾经帮扶过的一名未成年社区矫正对象，在成年后谈及当年经历，他说当初不服从矫正纪律，就想跟我们搞对抗，是为了引起我们的注意，只有这样他才能找到存在感。

（四）法律意识薄弱，犯罪类型集中

教育程度偏低，法律意识差，是未成年社区矫正对象最普遍的共性，他们中有的是初中毕业就混迹社会的孩子，有的是在读的职业教育学校学生，接受教育的程度普遍较低，就算在校的职业教育学生大多也是当一天和尚撞一天钟，学校在管理这些学生上更倾向于少出事、不出事，平稳度过为主，至于法制教育仅限于喊口号，而没有落实到课堂教学中。他们中很多人都是被公安机关抓获才恍然大悟，认识到自己犯了罪。近年来，经我们基层司法所审前调查的未成年人中，所犯罪的类型也较为集中，在 26 名未成年人矫正对象中犯盗窃罪的有 10 人，占 38%，有的人偷了人家的手机还理直气壮地说手机不值钱，直至公安民警到来，才让他们如梦初醒；犯开设赌场罪的有 5 人，占 19%，有的是通过手机 App 开设赌场，但他们对自己的行为都简单地认为是推广拿提成；犯强奸罪、网络诈骗、贩卖毒品的各 1 人，各占 4%，其他类型的占 31%，有和未满 14 周岁的女生发生性行为而同居生子的，错误地认为这是你情我愿，不违反法律。

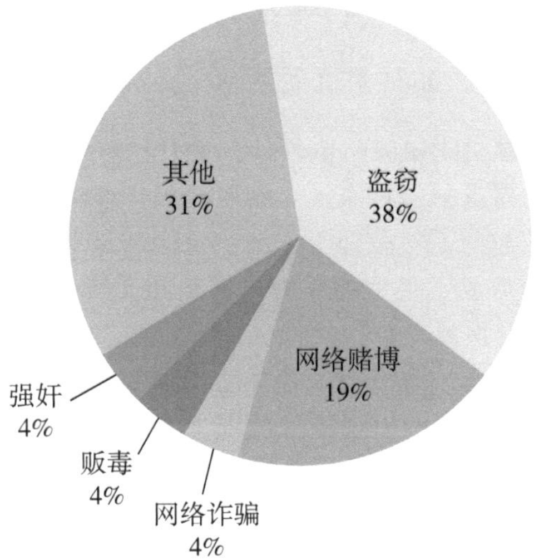

图1　未成年人犯罪案由占比图

二、未成年社区矫正对象的犯罪原因分析

任何事物的发展都是内因和外因共同作用的结果，未成年人犯罪也不例外，造成未成年人走上犯罪之路的原因，可以从主观方面和客观方面深入进行分析。主观上来说，未成年人由于年龄小，生理和心理发育不成熟，在日常生活中容易受外界不良因素的诱惑，再加上教育程度低，积累的社会经验不足，对是非、善恶的辨别能力差，极易在人生的黄金时期走上歧途。客观上，可以从以下几方面进行分析。

（一）家庭教育缺席，价值取向扭曲

孔子曾经说："性相近，习相远。"每个孩子在生命的最初都是一张白纸，关键是看父母给他涂上什么颜色，所以父母的教养方式直接决定了孩子性格、认知和三观。而细究每一个未成年社区矫正对象，不难发现，他们的家庭环境和普通家庭是十分不同的。他们的家庭中有单亲家庭、离异重组家庭、留守儿童家庭、父母暴力倾向家庭。单亲家庭的孩子由于养家重任单方面压在父亲或者母亲身上，父母的重心集中在养家糊口上，自然也就谈不上更好地教育孩子，孩子的自卑感异常明显。离异重组家庭的孩子，他们的父母经过漫长的争吵、家庭解散、重组，在孩子的抚养、教育上经常互相推诿、扯皮、养而不教、放任不管，孩子的孤独感与日俱增。留守儿童家庭由于父母长年在外务工，孩子跟随祖父母长大，祖父母只负责孩子的衣食住行，对孩子的教育大多无从谈起。在父母有暴力倾向的家庭里长大的孩子问题最为严重，由于孩子长期遭受父母虐待，敢怒不敢言，走上社会，稍有不快，这

种长期压抑的情绪就会爆发出来，演变成犯罪。

（二）学校教育缺位，品格塑造失范

学校是孩子学习科学文化知识的主阵地，也是培养良好的道德品质，树立正确的人生观、价值观和世界观的精神家园。然而受现行应试教育的影响，个别学校存在“重智轻德”的教育思想，对教师工作的评价体制是学生成绩的高低与教师的名利直接挂钩，这给教师造成了很大的压力，而教师又将这种压力迁移到学生身上。近年来，素质教育越来越被教育部门重视，但学校在落实上还是忽视对孩子的理想教育、品德教育和法制教育。有极个别责任心不强的教师，对待差生冷言冷语、另眼相看，有的学生就会在长期的漠视下带着抵抗情绪辍学回家。有的学校由于疏于学生的课后管理，导致一些住校生和父母长年在外的学生与社会上的不良青年接触，被诱导走上犯罪的不归路。

（三）社会教育缺乏，重罚轻教严重

未成年人在学校犯了错，老师批评、学校记过，走出校门小偷小摸、打架斗殴就会被公安派出所处罚、拘留，这些都是重事后处罚、轻事前教育的现象。处罚过后孩子回归学校，回归社会，再犯错再处罚，这样周而复始恶性循环的处罚造成未成年人对处罚惩戒习以为常，很多未成年人成为公安派出所的“常客”，再加上未满18周岁，所犯罪行不重，处罚力度自然就比较轻，这些都滋长了未成年人犯罪的嚣张气焰，有的甚至以此为荣。笔者曾经做过一个微罪未成年人社会品行调查，询问过一位当事人的母亲，那位母亲说孩子认为拿刀砍人很威风，这些现象都说明社会在帮助未成年人成长的过程中出现了严重的偏差，特别是在教育犯错的未成年孩子方面出现了做法与初衷背道而驰的现象。

三、未成年社区矫正对象的矫正帮扶对策建议

让心智尚未成熟的未成年社区矫正对象在人生的初始阶段接受社区矫正教育，无疑是最科学、最有利于其及时回归社会的方式，然而社区矫正教育不能千篇一律，照本宣科，每一位社区矫正对象都是独一无二、不可复制的，虽然他们都犯了罪，都要接受社区矫正，但由于个性不同、经历不同，家庭背景相异，矫正的方法应当有所不同。这无疑对社区矫正工作者提出了更高的要求，要求在帮扶他们的过程中要因地制宜、因材施教、精准施策。笔者总结了如下几点对策建议。

（一）量体裁衣，精准制订矫正方案

社区矫正小组成员和社区矫正方案是开展社区矫正工作的依托，由于未成年人

特殊的身心特点，在为其设计矫正方案的时候就要有别于针对成年人的社区矫正，一方面，在确定矫正小组成员时，除了要有司法所、居委会、村民委员会的人员、监护人、社会工作者、志愿者外，还应吸收熟悉未成年人身心特点的人员参加，如具有办理未成年人犯罪案件经验的法院、检察院或公安机关的工作人员，也可以是专业从事未成年人心理健康辅导的社会工作者，如果未成年人是在校生，也可以吸收其所在学校的老师参与进来，这些人的加入有利于教育、感化、挽救方针的落实，有利于和未成年社区矫正对象的心灵沟通，从而促进其悔过自新。另一方面，在矫正小组成员就位的基础上设计矫正方案，矫正方案的设计首先要遵从《社区矫正法》的规定，其次要结合矫正对象的成长经历、犯罪原因、家庭监护教育条件等因素落实相关措施。

（二）推心置腹，敲开心灵救赎之门

未成年社区矫正对象在犯了错后通常会表现出安全感缺失，警惕性高，内心封闭，在与人沟通交流的过程中，总是刻意回避，言辞闪烁，要想打开他们的心扉，走进他们的内心世界不是一件容易的事。然而正如《学记》所说："知其心，然后能救其失者也。"这对社区矫正工作者提出了更高的要求，首先我们可以从未成年人的生活环境、社交圈子入手，了解未成年人的性格特点，爱好特长，做好攻心准备工作。再则要转变身份角色，在和未成年人沟通交流的时候放低姿态，让其消除戒备心理，继而晓之以理动之以情，打破他们原先筑起的对抗心理防线。在我们基层司法所开展的常态化和临时性的走访过程中，未成年社区矫正对象对我们的态度由最初的消极抵抗到最后的主动寻求帮助，已充分说明我们的社区矫正工作已有一个良好的开端。

（三）春风化雨，普法教育深入人心

现实中不少犯罪起源于无知，成年人尚且如此，更何况是未成年人。在我们司法所接受社区矫正的未成年人学历普遍偏低，有的是在校的职业教育学校学生，有的是初中没毕业的孩子，有的甚至根本没上过学。他们对自己的行为没有准确的定位，缺乏判断是非对错的能力，更谈不上知法、懂法、守法。矫正教育的首要任务是要让未成年社区矫正对象学法，而后知是非、明对错，这也是我们社区矫正工作的首要任务，普法教育不是一朝一夕就能抵达未成年人内心的，而要润物细无声地悄悄浸润他们的心田。我们的社区矫正工作者要营造普法大环境，让未成年人无论身处何处都能受到法律的警醒，常态化开展普法大讲堂，让未成年人真正接受法律教育。除此之外，司法所在未成年人社区矫正工作中，还要加强法治、道德、爱国主义等教育，运用心理咨询和心理干预，及时矫治不良心理倾向。

（四）因势利导，助力矫正对象回归社会

知错能改，善莫大焉。每一个愿意改过自新的人都值得被原谅，即使是曾经犯过错的未成年人也不例外，在他们迷途知返时，伸出援助之手，社会就能变不和谐为和谐。在司法实践中，未成年人社区矫正对象可以按照年龄大致分成两类：一类是未完成义务教育的未成年人，应该联合家庭、学校帮助其继续完成义务教育；另一类就是年满16周岁且具有就业意愿的未成年社区矫正对象，这类矫正对象劳动就业的技能和经验不足。可以协调劳动行政部门、人力资源和社会保障部门、各类职业院校、职业技能培训机构、企事业单位为他们提供相关职业技能培训，给予就业指导和帮助，增加他们的劳动就业技能和生存技能，提高适应社会的能力。

（五）同心戮力，多方联动提供保障

未成年人是祖国的未来、民族的希望，做好未成年人工作，保护他们健康成长是全社会义不容辞的责任。一方面，未成年社区矫正对象是未成年人工作中的特殊群体，需要共青团、妇联和未成年人保护组织充分发挥各自作用，协助社区矫正机构做好未成年社区矫正工作。在实践中，共青团、妇联和未成年人保护组织可以通过政策、资金、人员参与等方式，在不同领域、不同层面以不同的方式组织协调社会参与，也可以协助司法所开展形式多样的教育活动，如就学、就业帮扶，引导他们健康成长。另一方面，可以利用国家对社会组织参与未成年社区矫正给予的政策支持，鼓励和引导社会力量参与其中，还可以通过购买社会服务的方式将公益活动外包给社会组织，搭建起社会力量参与未成年人社区矫正工作的平台。但是未成年人由于特殊的身心特点，在引导社会力量参与其中的时候要注意保护好未成年人的身份信息和档案信息。

未成年人正处于人生的“拔节孕穗期”，最需要教育和引导。笔者在调研未成年人社区矫正工作的过程中，深深感受到这项工作任重而道远。这个特殊的群体是不幸的，他们在人生的起步时期由于各种原因走上了异于常人的路，过早背负上心灵的枷锁。作为社区矫正工作者，我们应当给予他们的不是怜悯和同情，而是关怀、尊重、帮助和爱。在社区矫正工作中更应懂得运用科学的方法，寻找相应对策，帮助他们走出心理和现实生活的困境，引导他们正确客观地评价现实，勇敢面对未来，促使他们逐步走向成功。

八、检察监督

社区矫正检察监督工作中存在的问题分析与完善措施

王红星　王世楠*

《社区矫正法》第8条第2款规定，人民法院、人民检察院、公安机关和其他有关部门依法对社区矫正工作实行法律监督。第62条规定，人民检察院发现社区矫正工作人员违反法律规定的，应当依法提出纠正意见、检察建议。有关单位应当将采纳纠正意见、检察建议的情况书面回复人民检察院，没有采纳的应当说明理由。据此，人民检察院依法行使法律监督，特别是对国家机关及其工作人员适用法律的活动进行法律监督，有了明确依据。检察监督既能避免和减少执法、司法实践中存在的无序性、随意性等问题，又能够使违法犯罪分子依法受到追究和制裁，保障社区矫正对象的合法权益不受侵犯，更有益于解决各相关职能部门之间对社区矫正对象动态信息的信息共享问题。同时，也充分体现了立法机关对检察机关多年来社区矫正法律监督工作的肯定。这对于确保准确及时惩罚犯罪，尊重和保障人权，推进司法改革无疑有积极的推动作用。

一、社区矫正执法中检察监督工作存在的问题

近年来，各类刑事案件逐年攀升，进入社区的矫正对象也逐年增多。在贯彻落实《社区矫正法》的今天，各级检察机关更加注重发挥自身的法律监督职责，同时，也根据形势发展的需要，加大对社区矫正工作全方位的监督力度。《社区矫正法》对检察机关的监督内容、监督程序作了非常明确的细化和规范要求，这也就意味着社区矫正工作对检察机关提出了更高的监督要求。为了加快促进社区矫正工作有效开展，以下就检察监督工作中存在的问题展开论述。

（一）检察监督的刚性不足

正确理解法律监督应当是检察机关依法对社区矫正工作开展监督，对发现的违

---

* 王红星，武汉警官职业学院副教授，研究方向为犯罪学、罪犯心理矫治、社区矫正。王世楠，广西梧州万秀区检察院主任，研究方向为检察实务。

反法律规定的问题依法提出纠正意见、检察建议，堵塞社区矫正工作中的制度漏洞、纠正错误，促进社区矫正执法规范化，维护司法公正，预防和减少违法犯罪，保障法律统一和正确实施。检察机关要严格依法行使法律监督权，在实践中，检察机关对出现的违法情形大都只能通过给予口头纠正意见、制发《纠正违法通知书》或者《检察建议书》等形式行使监督权，这种形式的纠错不一定被对方接受或采纳，导致检察纠正权和督促权不被重视。被监督机关有时收到《纠正违法通知书》和《检察建议书》后置之不理，毫无反应。因为这些措施不具有强制力，被监督单位执行、整改与否取决于被监督单位的态度，明显刚性不足。基层检察院只好向上级检察机关报告，再由上级检察机关向同级被监督机关提出，这样将问题抛给上级部门来处理也并不一定就能解决，导致法律监督质效不明显。

（二）检察监督理念认识存在偏差

长期以来，社区矫正检察监督工作往往更侧重于对监管活动的监督，而对教育矫正和帮扶等活动关注度不够。原因主要在于，有的人简单地认为，保证不出问题、不脱管、不漏管就是守住了职责底线，而积极推动社区矫正对象的教育帮扶工作，实现个别化教育矫正，所要面临的难度大、问题多，而且在短时期很难见效。还有的检察人员对社区矫正监督认识不足、定位有偏差，总以为这项工作的总目标为管理好矫正对象，工作难度大，各部门工作上都很艰难，不能与各参与管理部门脸面上过不去，从而把自己的检察官身份定位为社区矫正工作的参与者，这样极易造成监督不到位。当然，也有的检察机关习惯于传统的监外执行检察工作模式，只注重维稳，追求安定、不出乱子，甚至把“不出事”作为检察监督工作的硬任务来对待，忽视了社区矫正不仅具有惩治惩罚功能，还有通过教育矫正、帮困扶助，实现罪犯顺利回归融入社会的功能。明显表现出对社区矫正这一新型刑事执行方式的理解不到位，缺乏监督管理的创新意识，缺乏针对社区矫正切实有效的监督模式探索，由此导致检察监督措施跟不上新形势，监督乏力。

（三）检察监督工作模式有待完善

当前，对社区矫正进行检察监督侧重于定期或不定期的巡回检察，如每隔一段时间开展一次社区矫正工作检察，检察内容大都是监督检察公益劳动、心理矫正、教育培训等。这种检察监督接触面小，获取信息渠道窄，难以发现深层次的问题，尤其是在矫正教育方面的问题，外在表现不明显，具有很大的滞后性和隐秘性，很难通过一般的监督方式发现。另外，闭门监督、坐堂办案的检察监督方式也局限了社区矫正检察监督的视野。如实际工作中，对于社区矫正措施是否越界、怎样判定越界的程度，目前没有一个标准界定，给检察监督判定带来了难度。再如，如何界定公益劳动有没有公益性，如何界定社区矫正对象外出请假事因是否符合规定，外出途中越界的空间责任划分，等等。

（四）检察监督方法过于简单

由于社区矫正对象在基层人数多，分布广，加之各基层检察院人力、装备保障有限，检察监督主要集中在司法行政机关（社区矫正局或司法所）的教育矫正和监督管理环节。检察监督方法为定期或不定期到社区矫正机构进行巡回检察，且检察手段多为实地走访查看，与有关人员谈话。如果要检察法律文书相关内容，只有等法院判决执行通知送达或外地有关部门邮寄告知才能进行，这些方式、方法致使法律监督工作很难深入开展，且明显存在时间上的滞后性和形式上的空泛性，监督效果不佳。

（五）检察监督队伍素质参差不齐

基层检察院刑事执行检察部门长期存在人少事多，人员配置不足（一般只有 1 人至 2 人），甚至无对应职能部门的问题。相关职能部门长期被边缘化，人员老龄化，素质参差不齐，承担着社区矫正检察、看守所检察等多项工作。这些工作任务千头万绪，工作实施起来点多、线长，现有检察人员数量、年龄结构、专业结构状况不能完全承担和胜任这项繁重而忙碌的检察业务。《社区矫正法》颁布实施后，对检察监督要求更高且业务倍增，使得原本就人员严重不足、业务素质参差不齐的社区矫正检察监督工作越发显得捉襟见肘，难以充分发挥对社区矫正的法律监督作用。而检察监督队伍人员的数量和个人素养又不可能一步到位，这些都导致着检察监督工作推进缓慢、滞后。

二、社区矫正检察监督难度大原因分析

综观近些年来社区矫正工作的情况，检察监督工作开展难度大存在以下几个方面的原因。

（一）检察权立法不足

首先，立法不足导致检察长负责制下的检察官独立性有限。其次，相关法律规定可操作性不强。2020 年，《社区矫正法》及相关实施办法虽相继出台，但要学深悟透并付诸实践还需要一个过程，且法律规定大多是列举式的原则规定，应用中还有很多值得探讨、探索之处。法律监督的滞后性问题，仍须立法多加关注。最后，法律监督刚性不足。那种“不听我讲理找你上级”的监督模式，明显表现出监督偏软

的问题。对此应加强立法的顶层设计。

（二）理念滞后，认识不到位

司法改革以来，各地检察机关在一定程度上提高了对刑事执行检察业务的重视程度，但仍存在认识不足问题。部分领导者仍把刑事执行检察部门看作“养老科”“边缘部门”，不能从思想上真切认识刑事执行检察业务发生的重大变化，存在司法理念滞后，认识不到位的问题。

（三）缺乏部门间整体协调

社区矫正工作是一项系统工程，需要公、检、法、监和司法行政部门甚至全社会的通力协作配合才能真正做好，特别是在社区矫正的决定交付执行、变更等环节，检察机关施展监督工作更需要相关部门整体协调配合。刑事诉讼法在国家基本法律层面上明确规定了在刑事诉讼过程中公、检、法三者的关系。但是，在当前社区矫正法律监督工作实践中缺乏相关部门协调推进，加之司法改革实行“谁办案谁负责、谁决定谁负责”的办案终身责任制，一些部门提防心重，不求有功但求无过地混日子，为了保证不出事，宁愿墨守成规，不愿冒险创新，对社区矫正法律监督工作缺乏协作配合积极性，影响了社区矫正法律监督的效果。

（四）信息资源有效整合共享需要加强

由于社区矫正对象大幅增加，随之而来的社区矫正工作的工作量也在增加。面对面谈心、电话沟通了解、书面检查汇报这些传统矫正工作方式，难以管控那些外出务工的缓刑、假释人员，出现了许多判决执行地与居住地不相符的社区矫正对象，说明这些旧的工作方式已经不适应矫正法律监督信息化的要求。《社区矫正法》第33条规定，社区矫正对象符合刑法规定的减刑条件的，社区矫正机构应当向社区矫正执行地的中级以上人民法院提出减刑建议，并将减刑建议书抄送同级人民检察院。人民法院应当在收到社区矫正机构的减刑建议书后30日内作出裁定，并将裁定书送达社区矫正机构，同时抄送人民检察院、公安机关。据此，社区矫正信息系统应该与公安服务系统信息平台对接。然而实践中社区矫正对象在服刑期间，其相关信息并没有录入公安机关的信息管理系统，从而导致社区矫正对象有脱管、漏管现象或再犯罪情况的发生。

（五）监督力量薄弱

由于受“重审判轻执行”传统观念的影响，刑事执行检察部门在人员配备、检务保障力量上往往不及检察院其他业务部门。而且，实践中一般辖区内设有看守所、监狱的检察院才会设立刑事执行检察部门。在一些人员少的基层检察院，如果本辖区没有监狱或者看守所，专门负责社区矫正检察监督工作的刑事执行检察部门往往也是徒有虚设，只安排 1 名年龄较大的检察官应付差事，检察监督力度水平可想而知。刑事执行检察部门工作人员的年龄往往偏大，属照顾性安排工作，日常工作上缺乏主动性、积极性，不易适应当前司法体制改革背景下社区矫正检察监督工作的快速发展和需要，更不能适应社区矫正检察监督新形势下的长远发展。

三、完善社区矫正检察监督工作的具体措施

（一）加强检察权立法

检察长负责制下，检察长是人民检察院唯一具有完整检察权的检察官，但其主要精力不在办案。虽然司法改革过程中，赋予检察官一定办案决定权，但仍然保留“重大案件承办人审查提出意见，部门负责人审核，检察长或检委会决定”的老路。检察官总体上仍然处于从属地位，导致办案的没有决定权，有决定权的不办案。立法层面应加强对“独立行使检察权”和“检察官办案独立性”的思考，出台可操作性的规范性文件，积极保证检察监督的同步开展。另外，在加强法律监督的刚性问题上，一方面应积极借鉴立法赋予人民法院办案司法拘留、罚款等保证措施的优势，一方面应深挖检察权运行潜力，运用好 14 项罪犯侦查赋权，补齐检察建议、纠正违法的柔性监督的短板，出台相应的规范性文件。

（二）转变理念，重视帮扶与人权保障方面的检察监督

应当站在维护国家总体安全、社会秩序安全稳定的高度，站在讲政治、讲大局的高度，从相互制约、相互监督、分工合作的法律初心出发，在监管改造、教育帮扶社区矫正对象方面，以正确的监督理念转变带动社区矫正检察监督实践的改变，推动社区矫正检察监督工作更加符合制度设计的原始内涵，真正实现刑事执行法律监督的目的。在监督过程中，不仅要重视监管改造监督、教育矫正监督、重要节点监督，更要重视对社区矫正对象的帮扶环节的监督，使改造与监督形成合力，共同促进社区矫正对象真正改好向上，融入社会。同时，为了加强人权司法监督，要从促进人的发展角度和社会安全的高度去思考和推动人权司法保障监督，让社区矫正对象真正感受到法律、秩序带来的尊严和价值，坚决纠正侵犯社区矫正对象合法权益的行为。比如，针对外出请假制度执行情况，可提出监督建议，允许符合条件的外地籍社区矫正对象在传统节假日期间外出探亲，并逐步探索请假奖励制度，切实使检察监督深入社区矫正的各个细节、环节当中去。

（三）加强协调配合，提升检察监督效能

加强各部门间协调配合，引入现代科技，发挥大数据及智慧矫正平台优势，实现社区矫正工作与检察监督无缝对接。如为了进一步加强相关部门之间的沟通协调，可以在公、检、法、司之间建立专职接送制度，由专门人员对社区矫正人员的移交进行接送。在专职接送过程中，负责移送的部门应保证将相关社区矫正对象及其档案材料完整无误地移交给负责接收的部门。同时，负责接收的部门要及时把信息收集、整理、统计等工作做好，从而实现公、检、法、司四机关的无缝对接，形成社区矫正法律监督合力。又如检察机关可以联合其他相关部门开展纠正监外执行罪犯脱管、漏管等专项检察活动，集中解决、处理法律监督工作存在的突出问题，需要加强内部监督力量的优化整合，提升监督效能。公、检、法、司等同级相关部门可以通过联合发文的形式，对诸如此类的专项检察如何具体操作进行明确规定；也可以通过建立联合检察、联席会议、情况通报等制度，达到检察机关对活动动态监督效果。总之，检察机关在与相关部门做好协调配合的同时，更应注重合作发力，发挥法律监督的职能威力。

（四）加强监管信息平台建设，增强监督有效性

实现社区矫正的动态化监督，建立全国或省、市、县统一的社区矫正大数据平台，将社区矫正各个环节均纳入矫正平台，明确各参与矫正机关间的职责分工和权限衔接，建立社区矫正信息网络平台，明确矫正罪犯案件信息、人员信息管理、入矫评估、交接报到、文书移交、日常管理、居住地变更、奖惩、收监、矫正解除、重新犯罪、检察监督情况变更和跟踪记录等，实现对社区矫正的动态化监督。

在检察监督中，检察机关要利用大数据时代信息技术，做好对社区矫正对象的数字化、信息化、网格化管理。建立社区矫正工作人员微信群、钉钉群、QQ 群等，实现司法行政机关社区矫正工作人员和检察机关社区矫正法律监督人员信息交流、互动，增强法律监督工作有效性。检察机关要充分利用矫正人员信息系统，利用配发给社区矫正人员安有 GPS 功能的手机、智能手环等，通过定位掌握和监督其跟踪信息，疏通拓展检察机关社区矫正法律同步监督途径，提高同步发现矫正对象重新犯罪的掌控能力。

（五）加强检察监督队伍建设，强化队伍“五化”意识

在检察监督队伍建设方面，一定要着重做好以下三方面工作：一是上级领导要加强对社区矫正检察部门工作的指导，在基层检察院刑事执行检察队伍的建设、装备保障等方面给予倾斜，使基层检察部门与其他部门协调沟通更加畅通无阻；二是

要克服困难，选拔一些年富力强、素质较高的检察人员充实到社区矫正检察队伍中来，配齐人员，增加监督力量；三是通过开展形式多样的业务比赛、法律知识比赛的方式提高检察监督队伍人员素质，以赛代练，建立起一支能力强、业务精的检察监督队伍。同时，也要从加强基层检察院监督的力量出发，科学设计机构、人员数量等问题，切实解决基层检察院在社区矫正检察监督中遇到的“瓶颈”问题，确保基层法律监督队伍的健康发展。在加强队伍建设的同时，还要不断强化监督人员队伍的“五化”意识，即证据化、程序化、卷宗化、责任化、信息化意识，真正提高人员队伍的监督能力和水平。

（六）创新监督考评工作机制，推进办案监督

针对社区矫正对象客观上存在流动性、分散性特点，造成人员少、事情多、不便于经常性地开展监督工作，而乡镇检察室就在社区，熟悉社区情况，因此，可依托符合条件的乡镇检察室具体负责本地的社区矫正法律监督工作，由检察部门进行业务上的指导，形成“检察+乡镇”的社区矫正法律监督联合工作机制。当前，各级检察机关虽然都有社区矫正法律监督工作考评，但这项工作相比其他业务起步较晚，还存在许多需要改革完善的地方。要完善考评机制，发挥主动性、创造性，用科学合理的绩效考评来激励先进、督促后进，在整体上推进法律监督工作创新性、开拓性开展。因而要不断提升创新思维，发挥社区矫正法律监督独立性与创造性，这项工作也是大有可为。在实践中，还可把监督办案与监督工作结合在一起来做。切实强化社区矫正法律监督，坚持推进在监督中办案，同时也要在办案中使监督工作更深入、更全面，进一步推进社区矫正监督工作健康发展。

（七）综合利用各种资源，实现监督刚性目标

为实现检察监督刚性目标，检察官一是要研究、学透《社区矫正法》及社区矫正法律监督相关规定，做到心中有法、业务精通，熟悉社区矫正的各个环节。二是监督要准，发力要准，不搞一笔带过。纠正违法通知、检察建议要有针对性、可行性。三是要建立法律监督纠正违法通知及检察建议的承办、发出、跟踪、回访的工作制度，保证抓实抓好。四是要综合利用各种资源，如发出纠正违法通知、检察建议同时，上报上级检察机关，送司法行政主管部门，向人大常委汇报。利用上级检察机关及人大常委的监督，促使监督对象认真整改社区矫正工作出现的问题，落实社区矫正法律监督纠正违法通知及检察建议内容，使监督的刚性得到增强。同时，为确保社区矫正工作有效开展，在法律设定中一定要明确被监督单位、个人拒绝接受或不纠正、对抗检察机关检察建议、纠正违法通知书所负的法律后果，积极查办司法工作人员职务犯罪和渎职罪。增加检察建议和纠正违法通知书的强制力，明确

针对前述行为的具体处置措施，使检察机关社区矫正检察监督能够达到预期的刚性效果。

（八）探索和规范监督方式和途径，提高监督成效

开展社区矫正检察监督，要根据不同需要，充分运用多种监督形式来实现监督效果。在监督方式上，要实现两个转变：一是实现从表面监督到嵌入式监督的转变。为克服外围监督表面化、形式化的局限，可以成立派驻检察官办公室，打破信息壁垒，增加监督深度。依托检察官办公室，能及时、便捷地开展监督工作。二是要实现从静态监督到动态监督的转变。改变以前坐在办公室里监督的做法，以机动灵活的方式进行巡回检察或者专项巡回检察，并充分利用智慧检察平台，促进实现监督的动态化和常态化。同时，还要实现监督的全面覆盖。对于过去关注不多的入矫、解矫程序、审前社会调查等的监督，要进一步加强。探索疫情常态化条件下社区矫正检察的信息化、智能化检察方式，加强社区检察线上检察工作。

随着社区矫正工作的高速发展，检察机关在不断完善和规范监管程序与方式的同时也要与时俱进，加强监督管理，研究和探索出规范监督方式和途径，及时发现问题，堵塞漏洞，提高检察监督成效。建立社区矫正监督情况通报机制，积极尝试符合检察监督规律的工作机制。为规范社区矫正工作，保障刑事判决、刑事裁定和暂予监外执行决定的正确执行，提高矫正质量，促进社区矫正对象顺利融入社会，预防和减少犯罪，维护区域社会和谐稳定做出应有的贡献。

总之，在社区矫正法的深入实施过程中，社区矫正法律监督工作面临着机遇和挑战，加快推进社区矫正法的学习贯彻与适用，实现监督工作模式由传统的办事模式向执法办案模式的转变，强化办案思维，实现监督内容由过去的行政式监督向规范监督、精准监督的转变。同时，加快检察工作人员自身发展和队伍建设，充分发掘现有执检队伍的潜能，注重监督管理与教育帮扶的有机结合，注重保护社区矫正对象的隐私和合法权益，全身心投入刑事执行检察工作中去，不断提升社区矫正检察监督水平和能力。

基层检察院做好新时期社区矫正工作研究

刘国虎*

当前我国发展环境面临深刻复杂的变化，世界正经历百年未有之大变局，在新的历史时期，依法做好新时期社区矫正工作，促进矫正对象更好地融入社会，最大限度消除各种消极因素，预防和减少犯罪，是检察机关的神圣职责和光荣使命。

一、深刻认识开展社区工作的重要意义

（一）准确认识开展社区矫正工作新的历史时期

一是当今世界正经历百年未有之大变局。当前国际经济社会正经历深刻变革，新冠肺炎疫情给人类社会带来深刻冲击，国际环境异常复杂，不稳定性、不确定性明显增加，以美国为首的西方资本主义对我国进行各方面封锁、打压，国际斗争形势复杂。二是我国进入新的发展阶段。经过几十年的发展，我国全面建成小康社会取得决定性成就，全面依法治国取得重大进展，国家治理体系和治理能力现代化加快推进，我国的发展已转向高质量发展阶段。随着“一带一路”的深入推进，人类命运共同体理念深入人心，我国仍处于重要战略机遇期，但是机遇和挑战都有新的变化。三是社区矫正工作进入新的发展阶段，党中央制定了十四五规划和2035年远景规划，《社区矫正法》正式实施，检察机关开展社区矫正工作，应紧紧围绕中央部署要求，积极促进社区矫正对象顺利融入社会，变消极因素为有利因素，为国家经济社会发展贡献力量。

（二）紧紧围绕社区矫正工作的立法目的开展工作

社区矫正是指将符合条件的罪犯置于社区内，由专门的国家机关，在相关社会团体、民间组织和志愿者等的协助下，在判决、裁定或决定确定的期限内，矫正其犯罪心理和行为恶习，并促进其顺利回归社会的非监禁刑罚执行活动。社区矫正最

* 刘国虎，贵州省威宁自治县人民检察院综合业务部检察官助理。

大的优势在于它是一种不使罪犯与社会隔离并利用社区资源教育改造罪犯的方法，有利于矫正对象顺利融入社会，预防和减少犯罪。随着社区矫正法的正式实施，社区矫正工作在立法理念上发生了较大转变，突出的是社区矫正对象再社会化的立法理念。其中，对于社区矫正工作的定性，改变了以往非监禁刑罚执行的表述，使用更为中性的刑事判决、刑事裁定和暂予监外执行决定的执行；实施社区矫正的目的也由将社区矫正人员改造成为守法公民，转变为提高教育矫正质量，促进社区矫正对象顺利融入社会，预防和减少犯罪。《社区矫正法》规定了矫正对象学习、工作、生活等方面的合法权益并明确了教育帮扶措施，在文字上不再刻意突出对社区矫正对象的惩罚改造，而是强调对社区矫正对象的再社会化，减少相关单位对于社区矫正对象正常工作、生活的过度干预。

（三）检察机关开展社区矫正工作的定位应是寓支持于监督

检察机关是社区矫正工作的重要参与者，要紧紧围绕社区矫正工作的目的开展工作，要注重社区矫正工作的参与，开展法律监督不应只关注结果，而要对社区矫正的整个执行过程，各个重点环节等的执行状况开展全面监督。社区矫正工作的高质量开展，需要国家机关和社会各界的广泛参与，一方面是通过监督管理和教育帮扶，消除矫正对象的消极因素，使其顺利融入社会；另一方面，各方参与的过程也是推进法治社会发展的进程，社会各界的广泛参与必将积极推进社会治理体系现代化。新时期，检察机关要深刻领会社区矫正工作对于加强社会治理的重要性，增强责任感和使命感，站在推进国家治理体系和治理能力现代化的高度去认识、推动社区矫正工作深入开展，真正将社区矫正监督工作不断推向深入。

二、检察机关开展社区矫正工作需关注的几个问题

（一）准确把握监督对象

社区矫正的对象是被判处管制、宣告缓刑、假释和暂予监外执行的罪犯，这四类人员适用《社区矫正法》，其他人员不适用。能够作出社区矫正决定的机关是指依法判处管制、宣告缓刑、裁定假释、决定暂予监外执行的人民法院和依法批准暂予监外执行的监狱管理机关、公安机关。实践中需注意的是，对于因不满 16 周岁不予刑事处罚的未成年人，不能适用社区矫正。根据《刑法》第 17 条，因不满 16 周岁，对于这部分人员，应当责令家长或者监护人加以管教，在必要的时候，也可以由政府收容教养。对于附条件不起诉的未成年人，实际不是判决的罪犯，也不能适用社区矫正。根据《刑事诉讼法》第 283 条、第 284 条的规定，对这部分人员，在附条

件不起诉的考验期内，由人民检察院进行监督考察，在考验期内没有违反监督考察情形的，人民检察院应当作出不起诉的决定。

（二）厘清相关机关的职能职责

实践中，不少人认为司法行政机关、社区矫正委员会、社区矫正机构和司法所四个机构之间交叉重叠，职责不明确。从法律定位来看，司法行政机关是社区矫正工作主管机关，负责指导管理工作；社区矫正委员会是议事协调机构，一般由法院、检察院、公安、司法行政等相关部门组成，负责统筹协调工作，对社区矫正工作进行态势分析、沟通协调、信息互享等；社区矫正机构是社区矫正的执行机关，负责具体实施社区矫正；司法所是最基层的组织，根据社区矫正机构的委托，协助社区矫正机构监督管理社区矫正对象，四个机构的职责是清楚明确的。

（三）依法行使法律监督权

检察监督要按照法定的权限、程序和规范行使法律监督权。一是确保法律统一正确行使，《社区矫正法》实施后，之前开展社区矫正工作所依据的实施办法、部门规章、地方行政法规以及相关规范性文件等，有与《社区矫正法》有关规定内容相抵触的，制定机关应当及时予以修改或者废止，以保障法律生效之后的正确实施。检察机关在工作中发现适用法律不当的，包括开展社区矫正程序不当的，都应该提出纠正意见。二是加强对社区矫正机关公权力的监督制约，检察建议是检察机关法律监督的重要形式，所提的检察建议要求于法有据、准确及时、注重实效，发出的检察建议要注重调查核实，加强合法性、合理性审查，通过督促履职、依法提出改进工作的措施意见、纠正违法等方式，保障社区矫正工作合理合法开展。三是检察机关可以通过开展监督检查、巡回检察、信息共享、网上办案等加强与社区矫正机构的协作配合，保证社区矫正法律正确实施，确保矫正对象认真执行刑事判决、刑事裁定和暂予监外执行决定。通过受理申诉、控告和检举等进行监督，保证对社区矫正对象的教育帮扶落实到位、保障矫正对象合法权益不受侵犯。四是在做好刚性监督的同时，分情况依法处理社区矫正工作人员违纪违法案件，减少矛盾和对抗。从实际情况来看，社区矫正对象活动空间大，相对自由，且个人法律认知等存在差异，其再犯罪原因具有复杂性，社区矫正机构无法也不可能随时掌握其活动情况，其再犯罪与社区矫正机构工作人员的监管不存在必然联系。对于发生社区矫正对象脱管、漏管或者社区矫正对象再犯罪等情形，在确定社区矫正机构工作人员和其他依法参与社区矫正工作人员责任时，应当根据社区矫正对象再犯罪的原因、与社区矫正工作人员履职行为的因果关系、犯罪行为的危害程度、造成的后果等确定有关人员是否有责，以及责任的大小，应当做到实事求是，过罚相当。

三、检察机关做好新时期社区矫正工作的对策建议

（一）加强信息化和大数据应用

从实际情况来看，基层检察机关刑事执行检察部门、社区矫正机构（司法所）普遍存在人员配备力量不足的问题，一般都只有1名、最多2名正式工作人员，再配备两三名社会工作者或编外书记员，基层部门除了社区矫正工作还有很多其他工作需要开展，人员配备不足导致社区矫正工作开展难度增大。

因此，加强信息化和大数据等技术手段的应用势在必行。《社区矫正法》第5条规定："国家支持社区矫正机构提高信息化水平，运用现代信息技术开展监督管理和教育帮扶。社区矫正工作相关部门之间依法进行信息共享。"社区矫正机构应加强电子定位装置的使用，电子定位装置的使用应符合《社区矫正法》第29条的规定，同时不影响手机定位的使用，定位装置与社区矫正定位管理系统相连接，确保对社区矫正对象进行实时定位、收发数据，准确掌握其活动范围，所使用的电子设备应具有防拆、防爆、防水等性能。社区矫正工作的司法、法院、检察院、公安等相关部门之间依法进行信息共享。通过信息共享，实现社区矫正机构与相关部门之间的信息共享、业务协同、网上办案，进而有效防止社区矫正对象脱漏管现象发生，减少重复劳动，提高工作的规范性和效率。

（二）做好疫情防控常态化条件下的社区矫正工作

一是要严格落实疫情防控常态化的相关工作要求，社区矫正相关部门要严格落实疫情防控相关要求，根据实际情况开展社区矫正工作，坚决防止因工作措施不当导致疫情发生。二是要加强对矫正对象疫情防控知识的宣传教育，将疫情防控要求作为禁令要求矫正对象遵守，不按疫情防控要求活动的矫正对象，视情节轻重可以依法给予训诫、警告、提请公安机关予以治安管理处罚，或者提请撤销缓刑、撤销假释、对暂予监外执行的收监执行。三是组织矫正对象进行学习教育、从事公益性活动等要严格遵守疫情防控要求。

（三）提高社区矫正队伍的专业化、职业化水平

社区矫正既是刑事执行活动，又具有社会工作性质，提高社区矫正队伍专业化、职业化水平是做好高质量社区矫正工作的内在要求。一是社区矫正机构应当配备具有法律等专业知识的专门国家工作人员，并通过教育培训等措施，不断提高其素质能力。二是社区矫正机构根据需要，组织具有法律、教育、心理、社会工作等专业

知识或者实践经验的社会工作者开展社区矫正相关工作。当前基层矫正机构（司法所）等从事社区矫正工作的机构人员配备不足，吸纳一定数量具有相关专业知识的社会工作者参与社区矫正工作，是开展好社区矫正工作的必然需要。司法行政机关和社区矫正机构应当为社会工作者开展社区矫正工作提供必要的条件和场所，建立社会工作者保障制度，可以探索建立类似法检两院聘用制书记员的制度，提高社会工作者待遇，充分调动社会工作者积极性，保证社区矫正工作者队伍的稳定性。制定完善有利于社会工作者职业发展的配套措施，对于积极参与或者在社区矫正工作中做出突出贡献的社会工作者给予表彰和奖励，并给予一定的职业晋升渠道，不断提高社会工作者的职业化、专业化水平。

（四）高度重视矫正对象就业问题

社区矫正在一定程度上可以理解为社会化的刑事执行活动，国家机关、企事业单位、社会组织等要准确认识就业与预防犯罪的关系，应尽可能提供条件，让矫正对象获得就业保障，便于其顺利融入社会。劳动就业提供基本的物质保障，就业是和谐社会的基础，就业关系到矫正对象的生存问题。从实践来看，矫正对象绝大多数都属于适龄的劳动力，如果有劳动能力的人长期找不到工作，不但其物质生活会受到影响，而且极易使其思想发生变化。从国内外经济社会发展实际来看，高失业率常常与高犯罪率联系在一起。社区矫正对象往往具有人身危险性高、负面情绪重、易自暴自弃等特征，同时，因为犯罪行为进而影响其心理认知，容易产生自卑心理，再加上缺乏劳动技能等导致就业难度增大，如无法就业，缺少经济来源，容易铤而走险，走上犯罪的道路，对此有必要引起高度重视。

社区矫正机构要从法律服务和协调的角度，保障社区矫正对象在就业方面消除就业歧视。开展教育帮扶工作要注重做好收集矫正信息、进行心理辅导、科学制定矫正方案、开展教育学习、进行职业技能培训、指导就业就学、改善社会关系等工作。要积极协调相关部门在符合法律规定的范围内落实税费减免、贷款贴息、社会保险补贴、岗位补贴等政策。

（五）建立健全尽职免责制度

从事社区矫正相关工作的人员被追究责任一般分为两种情况。一是无论是人民法院、人民检察院、公安机关、司法行政机关、监狱、社区矫正机构、看守所工作人员，还是其他机关、人民团体、基层组织工作人员，只要是利用从事社区矫正工作实施的徇私枉法、贪污受贿、玩忽职守、滥用权力、陷害报复、泄露秘密等违法违纪行为，都要依法依纪追究其责任。二是相关人员因未认真履行职责而被追责。实践中因矫正对象脱管、漏管、再犯罪等对相关工作人员的责任追究给基层工作人员造成非常大的压力，但是矫正对象脱管、漏管、再犯罪并不当然是因为矫正工作人员未尽到职责所导致的，需要根据相关矫正工作人员是否履职和具体案件情况进行相应的处理，不能出现脱管、漏管等情况就一味追究相关人员责任。因此，要根据新颁布实施的《社区矫正法》和有关法律法规规定，建立健全社区矫正相关工作制度，尽快出台社区矫正相关人员尽职免责的制度，让社区矫正工作更加规范高效地开展，推动社区矫正工作高质量发展。

九、智慧矫正

基层“智慧矫正”工作的探索与实践

——以杭州市萧山区为例

金 啸 孙 琳*

传统社区矫正工作基本上依赖人工管理、书面汇报，存在矫正人员位置信息监管不到位、矫正对象的法律文书不完整、日常管理执行难度大等问题，特别是面对司法改革，推进社区矫正的发展，更显得力不从心①。“智慧矫正”是以现代信息技术为基础而建立起来的新型矫正教育模式，是我国司法体制改革的重要内容，是刑罚执行制度改革的重要举措。2020 年 7 月 1 日起开始施行的《社区矫正法》，将国家支持社区矫正机构提高信息化水平写入了总则，第一次以立法的形式确立了运用现代科学技术对社区矫正对象进行监管和教育帮扶的法律地位，为社区矫正信息化发展提供了有力的法律依据。②

2019 年以来，司法部多次发文推动全国开展“智慧矫正”工作。但是“智慧矫正”作为一个新兴概念，在基层落实过程中仍然面临不少发展困境。本文以杭州市萧山区“智慧矫正”工作开展为例，就基层推动落实“智慧矫正”工作面临的问题进行分析，探索提出具有可行性的意见建议，推动“智慧矫正”工作高质量发展。

一、基层实践情况——以杭州市萧山区为例

杭州市萧山区司法局从 2019 年开始就按照建设要求逐步开展各项工作，作为 2022 年亚运会主战场，精准聚焦“亚运国际城 · 数智新萧山”的新导向，迅速贯彻落实中央、省、市数字化改革工作部署，全面构建社区矫正发展框架、数字赋能智慧监管、集成丰富帮教内容，以数字化撬动“智慧矫正”建设。当前已经实现操作流程平台一体化、移动端管理智慧化、监督管控实时化，具体做法如下：

---

* 金啸，杭州市萧山区司法局社区矫正管理科科长。孙琳，杭州市萧山区司法局工作人员。

① 申琪：《智慧社区矫正系统的探索构建》，载《吕梁学院学报》2020 年 10 月第 5 期。

② 姜爱东：《〈社区矫正法〉具有里程碑意义》，载《人民调解》2020 年第 2 期。

（一）强化互联互通，搭建“硬件+软件”管理网

一是优化升级基础设施。区级矫正中心配备移动执法车、电子手环、执法记录仪、门禁及安检门、智能转写设备、电子签名捺印一体机、对讲机、执法记录仪等设施，全区22个司法所配备高清摄像头、指纹人脸报到仪、远程设备、执法记录仪、电子屏幕，目前共有150余台数字化智能设备，实现社区矫正数字化终端全覆盖。对社区矫正工作人员开展数字化培训140余次，提升全局指挥、精准处置、快速响应能力和水平。二是打通数据信息壁垒。建立公安、检察院、法院、监狱衔接机制，实现“浙江省社区矫正综合管理平台”与政法一体化办案系统的全面对接，做到执法案件全线网上流转，使矫正接收、收监执行、刑事奖惩、调查评估等执法环节真正实现有效衔接。截至目前，已办结流转案件591件。三是打造数字化全链条管理。为全体社区矫正对象建立电子档案，归集定期报告、周期考核、走访谈话、学习教育、公益服务、请销假等数据。今年以来，已归集数据3万余条，实现社区矫正对象入矫、在矫、解矫全流程数字化统一管理，做到数据采集自动化、工作流程规范化、业务衔接标准化、工作考核公开化、质效评估客观化。

（二）强化智慧管控，筑牢“技防+人防”安全网

一是注重“全天候”监管。所有在册社区矫正对象开启“手机定位”并使用“浙里矫”App进行定位报到，重点管理社区矫正对象佩戴电子手环，实现手机、App、手环定位“三重管控”，定位信息实时接入省社区矫正管理平台，通过每日定位核查、轨迹分析、不定时人机合一抽查等方式，对社区矫正对象个人进行动态提醒处置。落实信息研判机制，定期分析研判社区矫正对象情况，做到每日信息化核查两次。今年以来，共进行信息化核查44.5万余次，查处违反信息化核查规定4人次，于第一时间处理，筑起监管隐形围墙。二是注重“全范围”监管。健全区级社区矫正数字指挥中心，开展全息化社区矫正地图升级建设，借助系统自动统计入矫解矫人员数据，对全区社区矫正对象分布情况、违规违法情况进行可视化呈现。拓展指挥中心应用场景，落实指挥中心值班执勤制度，由专人值班登记，开展全区社区矫正对象远程视频点验，通过“视频连线”方式核查重点对象实时状况。今年以来，共进行视频报告420人次。三是注重“全部门”监管。将社区矫正对象纳入镇（街道）综治网格平台，通过村（社区）网格员将日常走访谈话信息录入综治信息平台，实现日常监管信息实时互通、精密智控。针对重点人员，定期实地走访，及时发现并解决监管漏洞。今年以来，共走访6900余人次，形成谈心谈话记录6900余份。

（三）强化社会回归，织密“线上+线下”帮扶网

一是开展“云上”矫正。打造云上“心理咨询”平台，对全区新入矫人员进行线上心理测评，从简单人工量表评估升级为智能化精确科学评估，根据测评结果开展点对点帮扶，定向推送个性化学习课程，精准化教育帮扶，今年已开展1150余人次线上评估。建立社区矫正对象家属微信群，及时沟通反馈社区矫正对象心理动向。在抗击台风“烟花”期间，动员社区矫正对象参与镇街防汛抗台风工作，帮助转移危房中的孤寡老人，加强社区矫正对象的社会参与感和认同感。二是深化在线学习。以“萧山司法”微信公众号为载体，推送法治案例、法治视频，进行《民法典》《社区矫正法》等法律法规专题宣传。充分利用“易帮矫”矫治平台，引导社区矫正对象在手机端教育平台上进行法律知识、道德礼仪、职业技能等方面的学习并实时反馈学习心得，定向发布“新法亮点解读”法律讲座等教育资源。据统计，在线观看达7500余人次。建立学习在线反馈机制，对社区矫正对象学习情况做好在线统计，提高其学习自觉性和实时性。三是丰富“个性”服务。以镇（街道）属地为单位建立社区矫正对象微信群，在线解决劳资纠纷、帮助社区矫正对象再就业等，为社区矫正对象纾困解难78起。针对部分残疾、行动不便的社区矫正对象，工作人员采取上门报到登记、矫正告知、入矫谈话等一系列流程，对确有生活困难的社区矫正对象积极给予人文关怀和生活救助。截至目前，已累计线下服务社区矫正对象65名。

（四）强化精准帮教，打造“多元+务实”服务网

一是引入社会力量。区司法局与杭州市律师协会萧山分会签订律师参与社区矫正工作服务协议书，从社区矫正经费中单列经费作为律师补贴专项经费，目前共引入40家律师团队参与到我区社区矫正工作中。加强与杭州市民生公益服务中心合作，每月开展心理专家“坐诊”“巡诊”活动。落实镇村两级帮扶制度，筑牢社区矫正工作“第一道防线”。二是注重回归社会。组建社区矫正帮教团，以“你点我帮”形式落实“半月谈”机制，详细了解社区矫正对象的思想状况、工作状况、家庭情况及近期打算，切实从源头上预防“脱漏虚管”。2020年8月，与萧山技师学院合作建立我区首个社区矫正帮教基地，通过学习教育、技能培训、就业指导相结合的方式为社区矫正对象顺利回归社会奠定基础。2020年以来，累计开展技能培训509人次，指导就业和就学72人次。三是丰富帮教模式。指导各基层司法所发挥主观能动性，积极探索更多元化的帮扶模式。瓜沥、临浦司法所开展社区矫正对象“家属圆桌会”，充分发挥家庭助矫作用；进化司法所定期走访社区矫正对象，将排查出的问题和困难登记在册，并给予协助解决；河上司法所主动对社区矫正对象进行法律答

疑，提升帮扶质效；所前司法所联合镇“娘家人”调解室，定期为女性社区矫正对象开展婚姻家庭方面的普法活动，提高女性维护自身权益的能力。

二、基层“智慧矫正”工作困境分析——以萧山区为例

“智慧矫正”以现代信息技术弥补了社区矫正工作人员不足、工作量急剧增加等问题。以萧山区为例，全区所有社区矫正对象在“智慧矫正”的应用管理下，无一人脱管、漏管，实现全区社区矫正对象违规率、违法率、再犯罪率逐年下降，对维护社会和谐稳定起到积极作用。但是根据基层调研发现，基层司法部门在推进“智慧矫正”进程中，面临制度、技术、人力物力支撑等方面的困境。

（一）数据共享困境

以萧山区为例，在“智慧矫正”工作推进过程中，萧山区主动提高政治站位，支持省统一建设、统一规划，主动应用省系统，即“浙江省社区矫正综合管理平台”与政法一体化办案系统。但是受制于目前浙江省政法系统数据尚未完全打通的客观条件，社区矫正基础数据尚不能与“智能治理”“基层网格”“雪亮工程”“公安天眼”“城市大脑”等多家平台进行场景化的多业务协同，“信息孤岛”的问题依然存在，比如，每月仍需要基层司法所前往所在镇街派出所人工获取所辖区域社区矫正对象违法违规情况，无法实时掌握社区矫正对象是否存在违法违规事实，导致监管存在一定滞后性。

（二）应用深度困境

“智慧矫正”是集互联网、物联网、云计算、大数据、人工智能、区块链等现代信息技术为一体，使社区矫正工作实现便捷化、可视化。以萧山区为例，目前已经实现了数据收集和归集管理，但是数据再分析、再研判作用发挥不明显，社区矫正设备的感知能力、思考能力和决策能力欠缺，深度融合智能应用远远不足，智能分析、智能评估、智能方案的运用还未实质性开展。

（三）场地设备困境

“智慧矫正中心”创建需要的资金需求量较大，不论是场地建设，还是智能执法设备的配备都需要大量资金投入。例如，浙江省社区矫正中心落实“三区十八室”功能区域要求，基层司法部门在现有的办公场地难以找到空余的办公场地专门作为“三区十八室”工作区域开展工作，往往需要搬迁或者再建，场地问题牵一发而动全身，涉及资金、规划等多方面问题。同时，创建“智慧矫正中心”需要配备大量新

的执法设备，基层要达到创建要求，所需资金缺口大，且设备迭代升级较快，影响“智慧矫正”顺利推进。

（四）人才队伍困境

作为基层司法机关，基层司法所工作人员信息化水平参差不齐，尤其是一些年龄偏大的基层协管员，他们精通于在线下对社区矫正对象进行管理与教育，但是对于智能化设备不免存在不会用、用不好等现象。此外，社区矫正对象文化水平普遍较低，对于智能报道仪等设备的接受程度也偏低。

三、推进基层“智慧矫正”工作的对策建议

“智慧矫正”工作需要纳入全域数字化改革整体建设，上下联动、整体发力，[①]需要“自上而下”“自下而上”共同努力，根据基层工作推进中发现的问题，提出以下几点意见建议。

（一）加强顶层设计，深化信息共享

发挥基层能动性、创造性，整理所需数据，主动对接省、市相关部门，从顶层设计完善现有的信息系统共享机制，深化跨部门数据交换、业务协同、数据共享和流程再造，为社区矫正大数据分析提供海量数据支撑。采用分级账号管理制度，以工作需求为目标，为不同层级账号匹配不同级别数据获取权限，建立数据使用记录追踪记录，实现数据获取、使用留痕可查，提高数据流通安全性。

（二）加强深度融合，丰富应用场景

推动大数据、人工智能等现代信息技术与社区矫正工作深度融合，不断深化矫正数据应用，搭建各业务子系统。利用大数据研判，掌握社区矫正对象再犯罪的迹象，建立科学的防止社区矫正对象重新犯罪预判预警机制，建设系统性、预见性的风险防控层。推动矫正方案科学化，应用“智慧矫正”形成系统化科学设计的矫正方案模型，通过科学测评和大数据分析，形成个性化矫正方案。

（三）加强保障力度，推动基层建设

提升基层“智慧矫正中心”创建财政保障水平，省市财政和本级财政同时发力，

① 黄英慧、张增富：《以数字化改革为牵引走出社区矫正“智治之路”》，载《社区矫正》2021 年第 7 期。

加大“智慧矫正”资金投入做到专款专用，对于“智慧矫正”所需的设备应配尽配，保障各项工作顺利推进。在场地方面，要立足长远，结合工作实际进行整体规划和安排。

（四）加强队伍建设，推动工作进程

多措并举提升基层队伍信息化水平，开展社区矫正工作信息化业务培训，开展业务交流，组织实操考试，强化培训效果，并将考核结果纳入年底考核。完善“线上线下”联动机制，将智能设备使用作为社区矫正对象教育的重要内容，引导社区矫正对象合理使用智能设备。

总之，社区矫正是立足于我国基本国情发展起来的具有中国特色的刑事执行制度，目的在于培养、教化、培育社区矫正对象的人文素养，因此在“智慧矫正”工作推进过程中，要始终牢记将信息技术作为一种手段，不能违法违规。要严格按照《社区矫正法》和《社区矫正法实施办法》的规定，坚持“以人为本”，既要保障社区矫正对象的合法权益，实现社区矫正对象人文关怀智能化；也要发挥刑事执行制度的惩罚威慑作用，实现社区矫正的工作目标，为我国法治建设筑牢基层法治防线。

“智慧矫正”体系建设存在的问题及对策研究

裘恩惠　吴明达*

2019年1月，司法部印发《关于加快推进全国“智慧矫正”建设的实施意见》。2021年2月，司法部办公厅下发《关于开展“智慧矫正中心”创建工作的通知》，对“智慧矫正中心”建设提出指导思想和明确要求。2021年4月，浙江省下发《关于确定2021年度部级“智慧矫正中心”创建名单的通知》，省内共有10个地市共29个县（市、区）申报第一批创建单位，社区矫正工作进入了“智慧矫正”全面建设时期。在“智慧矫正”体系建设过程中，充分运用大数据分析等现代信息技术，对于推进社区矫正工作创新，提高社区矫正工作质量有着十分重要的意义。目前亟须借助先进的大数据技术来构建符合司法工作规律、满足社区矫正执行需要和提高刑罚执行效率的智慧社区矫正执行体系，利用大数据的技术优势对我国社区矫正工作的海量数据进行挖掘，构建具有“在线化、可视化、实时化、智能化”的智慧矫正体系。通过大数据技术推动智慧社区矫正体系的构建与完善，从而提高社区矫正的质量和矫正的效果，是智慧矫正体系建设对于进一步推进法治社会进程的价值体现。浙江省“智慧矫正”体系建设以“智慧矫正中心”创建工作为抓手，通过持续推进，取得一些有益经验与成效，但在体系建设的过程中不可避免地存在一些现实问题。针对其中“智慧矫正”信息化建设发展不平衡、行政单位数据共享协同程度低、信息平台系统操作设计不科学等问题，本文提出加强系统内部联通，形成统一指挥，建立各部门联动机制，实现数据互通，深化高效软件技术开发应用，进一步加强信息化基础建设等可行性建议，期望对“智慧矫正”体系建设工作的推进有所助益。

一、智慧社区矫正体系建设的现状

（一）实现“智慧矫正”数据化平台管理模式

当前，浙江省社区矫正智慧数字化改革有序推进，已初步建成涵盖调查评估、

* 裘恩惠，浙江省杭州市萧山区司法局社区矫正专管员。吴明达，浙江省杭州市萧山区司法局新街司法所副所长。

矫正衔接、方案制定、日常管理、奖惩考核、信息核查、教育帮扶等全领域、全方位、全过程的省级社区矫正综合管理平台。以萧山区为例，现已实现全面依托“浙江省社区矫正综合管理平台”完成入矫信息网上录入，各类资料、档案、报表网上生成，实现操作流程平台一体化。利用平台结合地理信息定位技术，实现对社区矫正对象的实时动态监管，降低再犯罪概率。

（二）实现移动端智慧化管理模式

目前全省已经普遍实现将社区矫正管理系统应用于移动端，可流动简易办公。以萧山区为例，现已经全面铺开使用“浙里矫”和“易帮矫”两款手机专用社区矫正软件，具有三方登录功能，可提供给工作人员、社会力量、社区矫正对象同时使用。同时开发使用社区矫正对象人脸识别签到、月度考核计分、请销假申请、异常警告提醒、视频在线教育等功能，实现定位、报到、教育等方面的精准管理。

（三）实现智慧化实时监督管控模式

全省已经基本达成社区矫正对象动态定位管控全覆盖，以萧山区为例，通过在移动通讯端安装社区矫正管控系统，在实时掌握社区矫正对象动态定位的基础上，依法对五类在册的社区矫正对象实施信息化核查。有效运用“电子围墙”功能，划定社区矫正对象可活动区域范围，社区矫正对象一旦跨越界定范围区域，系统即自动报警，通过全天候、全方位精准管控，有效预防脱管漏管现象。

（四）实现“智慧矫正中心”申报创建规模化模式

浙江省认真贯彻落实司法部关于“数字司法、智慧法治”建设的决策部署，推进“智慧矫正中心”创建工作，形成了创建工作“四三三”浙江模式。今年7月下旬，浙江省首批部级“智慧矫正中心”已经通过司法部初步验收，据悉，在全国第一批部级“智慧矫正中心”创建工作中，浙江省申报数量为全国首位，验收初评通过数量和质量走在全国前列，实现了规模化申报创建模式。同时，浙江省社区矫正系统建设以“管理智能、管控精准、管教便捷、协同高效”为目标，推进高质量发展，通过建设共同富裕示范区，不断打造竞争新优势，从而持续推动全省“智慧矫正”工作再上新台阶，为新时代社区矫正工作高水平发展提供保障。

二、智慧社区矫正体系在建设中存在的问题

（一）“智慧矫正”信息化建设发展不平衡

受各地区观念、体制、经济发展水平等因素的影响，浙江省社区矫正信息化建

设尚未形成统一的领导协调机制，缺少整体规划和统一标准体系。“智慧矫正”基础数据平台虽已逐步建成，但各地区、各系统之间信息化建设发展程度不均衡，无统一建设标准。各地区在建设过程中大多是自设标准，缺乏统一的信息技术规范和集中的数据口，网格化构建不精细，分级管理不明确，导致已经建成的社区矫正信息系统之间不能实现互联互通、相互协调。

（二）各行政单位数据共享、数据联通协同程度低

数据汇聚是大数据分析的基础和前提。目前浙江省社区矫正信息系统与监狱、看守所、戒毒所等实际看押部门之间尚未形成信息联动，处于信息封闭状态。以萧山区为例，司法局与公安、检察院、法院、民政等部门就社区矫正相关的业务过程数据尚不能自动汇集，联通程度较低，无法实时掌握动态信息，“信息孤岛”的问题依然存在，各部门之间尚未形成业务协同与动态数据共享体系。

（三）对于新型信息科技的运用和深化远远不足

目前，浙江省社区矫正信息化建设对大数据、物联网、人工智能等新技术应用尚不充分，仅仅依靠省社区矫正综合管理平台及“浙里矫”软件无法满足社区矫正管理工作的实际需求。智能化应用相对滞后，例如视频监控智能分析、移动目标跟踪管控、智能周界防范、应急指挥综合管理等方面的应用很少，监管安防新型物联网技术的应用为零，距离以机器换人力、以智能增效能的目标差距很大。计算机网络应用基本停留在表面，深度融合智能应用远远不足，智能分析、智能评估、智能方案的运用还未实质性开展，如犯案情景动态演化、再犯案风险预警等深度数字化运用系统尚未建设，还未实现通过研究社区矫正态势感知与形势分析指标体系，构建分析模型，开发应急指挥等相应的辅助决策子系统。

（四）基本信息系统操作设计呆板化

人机交互不顺畅，工作人员在实际操作过程中步骤过于死板和烦琐。例如，在完成取证、文书流转、电子材料填写上传、审批等基础性工作时，需要运用几个软件反复交替才能完成，甚至要通过先做一遍纸质稿，再上传一遍电子稿的方式进行，操作步骤烦琐，重复劳动，浪费人力物力资源，工作效率较低。

（五）人才队伍建设未能满足智慧社区矫正建设发展需要

随着社区矫正工作任务增多，同时工作要求不断提高，开展社区矫正信息化建设势在必行。而目前浙江省社区矫正工作人员队伍存在着专业素质参差不齐，对信息化管理操作不能及时适应等问题，同时专业信息技术人员队伍建设滞后，既精通

信息技术又熟悉社区矫正工作业务的人才更为紧缺。

（六）社会力量参与不足，教育资源匮乏

目前社会工作、志愿服务、法律援助、教育培训等相关机构对社区矫正工作参与较少。在教育板块建设中，社会力量参与微乎其微。在日常监管工作繁重的情况下，仅仅依靠司法所单个部门的力量极其有限，教育工作实施困难。同时，目前在对社区矫正对象的教育工作中，可以利用的资源相当匮乏，“易帮矫”软件中的视频教育因为纯属自学，视频播放时长达标即可得到学分，教育效果无法保障。

三、针对“智慧矫正”体系建设中存在问题的可行性建议

（一）各级各地区信息化系统联通，形成统一指挥

社区矫正工作系统要做到内部联通，指挥统一。完善省、市、区、镇（街道）四级可视化指挥调度管理平台，将各个地区，不同层级的矫正中心，四大智慧平台通过统一系统整合起来，资源共享，工作互通，统一指挥，快速反应，形成更快捷更方便的汇报指示和交流机制。最大化拉近各地区系统信息化建设水平，消除发展不平衡的因素，形成网格化精准管理，实时汇报和查看最新进展，实时调度各方资源。

（二）建立各部门联动机制，实现数据互通

针对“信息孤岛”问题，应加强“智慧矫正”项目资源整合与联通工作，实现数据共享。社区矫正不仅仅是司法行政工作，更是一项社会性工作，需要社会各组织单位、行政部门积极参与，相辅相成，协同开展。要将社区矫正机构与公安机关、检察院、法院、监狱、戒毒所、社会基层行政服务等多部门组织连接起来，实现数据共享互通，建立资源与流程联动机制。尤其是要打通与社区矫正工作在司法流程上有转接关系的公检法等相关信息平台，实现各部门在独立办公的基础上完成业务线转接，特别是通过省政法跨部门刑事案件办理平台实现与法院、检察院、公安、监狱等部门数据自动交互、业务自动流转，形成社区矫正数据有机整体。①

（三）深化新型信息科技的运用，开发更高效软件技术

充分利用大数据分析优势，与科技公司合作联合开发更高效、人机交互更快捷

---

① 董凡超、周斌：《“智慧矫正”创新升级织密“云管理网络”》，载《法治日报》2020年7月30日，第6版。

的软件技术。深化大数据分析应用，实现“数字智控”的管控理念。手机实时定位作为基础，依法对各级别管控矫正对象实施全天候、全方位信息化核查，通过运用地理信息技术，做到对社区矫正对象实时动态监管，形成社区矫正精密智控数据网，开发再犯案风险预警研判功能。通过分析在某段时间指定地点范围内频繁出没的社区矫正对象的定位和轨迹信息，支持对检索结果按时间、地点、场景等多维度进行筛选，快速发现有价值的信息，若社区矫正对象在某地频繁出没且超过设定阈值，则触发报警功能，进而有效预防违法犯罪情况的发生。在同一个时段内，进行定位和轨迹信息的碰撞分析，判断是否有矫正对象同时符合在相同的时间和地点都出现的条件，定位同行人员，尤其是涉黑、打架斗殴、贩毒吸毒等罪名的有同案犯的矫正对象，防止该类人员再度聚集在一起从事违法犯罪活动①。针对每个社区矫正对象的出行时间规律进行分析，结合矫正对象夜晚出现的时间、次数和比例等相关因素，对比正常情况下的相关数据，当超过一定阈值时，则在社区矫正信息管理系统中发出告警信息，提醒工作人员高度关注，必要时进行走访调查。

（四）夯实信息化基础建设，优化基本信息系统操作

通过近年来“智慧矫正”体系的落实与发展，以萧山区在实践中探索和调研情况为例，推进“智慧矫正”体系建设应结合实际，首先必须夯实信息化基础设施，着力推进大数据、人工智能等现代信息技术与社区矫正工作的深度融合和创新发展，助力社区矫正工作实现“规范化、精细化、信息化”管理。运用人工智能海量的大数据、强大的计算分析能力，在社区矫正领域，不仅可以实现线上流程管理、电子卷宗移送、远程签到、实时定位监控等功能，还可以使软件具有逻辑思维和经验判断功能，督促社区矫正工作人员规范流程，严格执法，为工作流程中可能存在的缺漏，提供智能化、个性化解决方案，大大降低人为因素的干扰，使得社区矫正按照标准化的流程进行。在深化科技应用，加强数据分析功能的同时，要充分考虑人机交互的功能性，提升设计人性化，简化办公人员的操作，避免重复劳动，实现一体化运行模式。

（五）加强社区矫正专业人才和信息化队伍建设

加强社区矫正专业人才和信息化专业技术型人才的培养和选拔②。强化职能属性，确保专人专用，社区矫正专管员与社区矫正社工能够专职从事社区矫正工作。合理选人，挖掘人才。在高校毕业生与其他社会单位中挑选对社区矫正信息化工作

---

① 周逸璇、李晶晶等：《大数据分析在智慧矫正 监管领域中的运用》，载《法制与社会》2020年第11期。

② 申琪：《智慧社区矫正系统的探索构建》，载《吕梁学院学报》2020年第5期。

感兴趣的人才转岗，让想干愿干的人在岗位上。加强考核，实施激励，对社区矫正工作人员进行常态化考核，鼓励深入研究信息化管理机制，组织各类相关专业技术性数据化分析评选，给予奖励与表彰。积极开展专业技能及信息化培训，寻求外部专业培训，同时加大内部培训培养力度，做好人才储备，强化新技术、新知识、新理念的更新学习。

（六）统筹社会力量参与，强化在线教育功能

将社区矫正教育工作纳入社会工作、志愿者服务、法律援助、职业教育培训等相关智慧信息系统，以萧山区为例，下一步将努力推进社区矫正管理系统与法律服务、社会服务系统之间的联通，统筹社会力量，构建矫正对象长效管理教育机制，常态化追踪，提升社会矫正教育的效果。同时，建议要切实提升现有省社区矫正管理系统中教育帮扶板块建设，加强远程在线教育功能，完善“易帮矫”软件的学习效果监测功能。结合当下新冠疫情期间特殊情况，以此为契机积极推进教育矫正与互联网的有机结合，实现教育矫正课程网络化，自动生成“学分”考核分值表，对社区矫正对象的在线学习时间、学习内容、学习成绩综合考核等进行统计分析，切实提高教育矫正的工作质量。

浅谈“智慧矫正”之社区矫正数字档案工作

张海燕*

社区矫正工作是我国刑罚执行的重要组成部分，《社区矫正法》已实施一年有余，信息化条件下社区矫正档案工作不再是社区矫正工作的终点，而应是与办公信息平台形成完整闭环又自成体系的专业性智慧型工作。安徽省司法行政系统信息化应用建设也已由“平台建设期”逐步向“业务优化期”转变。为探索新思路，以创新发展为导向，转变传统工作观念，使社区矫正档案管理从传统基础信息管理向数据化、智能化体系过渡，树立共享、互动思维，实现社区矫正档案工作与社区矫正管理工作的互融共进，本文就新形势下社区矫正数字档案管理工作进行探究。

一、社区矫正数字档案建设的必要性

社区矫正数字档案是社区矫正机构在执法管理工作过程中，运用信息化技术对形成的数据资源和数字档案信息进行系统和规范的操作管理，并通过局域网提供给利用者的信息集成平台。

（一）社区矫正数字档案是社区矫正工作发展的必然需求

随着信息化工作的发展，社区矫正管理工作的信息化平台已相应建设了一些服务于业务管理的网络模块。管理工作中资源数据组织采集、加工、统计等操作过程依附社区矫正信息化在线局域网络中进行，工作档案的前身已经以不同形式的数字化形态存在。在线操作的行为习惯推动了档案服务模式的改变，档案利用所需的数据范围，也不再仅限于对文档条目信息层面的保存、分类和基于元数据的管理。为保证社区矫正管理工作提供准确高效的档案信息操作利用，社区矫正数字档案建设是社区矫正管理工作发展的迫切需求。

（二）社区矫正数字档案是社区矫正信息化管理应用的必然需求

数字档案依赖于先进的网络管理平台，有利于推进社区矫正人员基础信息、矫

---

* 张海燕，安徽省未成年人强制隔离戒毒所挂职合肥市肥东县司法局民警。

正宣告、日常监督、视频点名、特定区域管理、公益劳动、教育帮扶等社区矫正业务，逐步纳入司法行政系统信息管理系统综合平台综合数据管理应用。为未来引入大数据的平台和技术，建立数据模型；对数字化档案资源进行聚类、相关性分析，找到数据之间的关系，加强非结构数据的处理和聚集，继而实现综合档案资源利用的智能管理奠定基础。社区矫正数字档案建设是社区矫正信息化建设由业务基础平台期向数据优化期过渡的迫切需求。

（三）社区矫正数字档案是社区矫正档案管理优化的必然要求

与传统档案管理工作相比，数字档案的操作管理档案信息能快捷高效地完成一系列档案工作基础流程，缩短了按照传统方法模式工作的时间。档案信息资源成果可以通过网络快速检索定位，直接阅读利用，提高档案管理工作的效率，进而使档案管理工作人员可以将更多有效的工作时间用于互联网思维和数据技术领域的学习和研究。社区矫正数字档案将为科学从事司法行政业务管理，高效加工社区矫正档案信息资源，编制出满足社区矫正各类别工作需求的编研成果。社区矫正数字档案建设是社区矫正信息化管理业务优化的迫切需求。如下表所示：

表 1　数字档案建设发展阶段

阶段	关键词	核心	特征
1	平台建设	建设应用管理平台	系统硬件，管理操作系统，基础数字资源，安全保障体系
2	业务优化	利用数据资源优化业务	利用一体化平台，拓展服务范围
3	数据治理	利用智能技术提供智能服务	在数据开放、数据挖掘与数据治理层面推进服务创新

二、社区矫正数字档案的现状及不足

数字档案建设主要内容包括基础设施建设、应用系统建设、数字资源建设、保障体系建设四个方面。其中基础设施建设工作是前提和基础，应用系统建设是当前社区矫正数字档案工作的短板，档案资源建设是整个建设的重中之重，而保障体系建设贯穿全局，与其他建设相辅相成、互相促进。目前，本系统社区矫正应用实际数字档案建设还有以下不足。

（一）系统应用

目前社区矫正单位对档案信息管理系统应用比较单一，操作应用仅限于对正在接受矫正的矫正对象常规材料和解矫矫正对象的库存档案案卷的信息著录。例如，档案业务管理平台尚未实现与OA办公系统的对接，文书类、专业类数据未能实现迁移管理，综合平台档案管理模块内借阅利用、报表统计、工作日志，以及针对社区矫正工作特色的流程模块等没有开发应用，司法综合业务平台档案管理模块尚不属于规范的档案管理系统，司法行政信息化管理平台有效价值没有充分发挥，信息化设施资源没有物尽所值。

（二）制度规范

对于档案管理者来说，档案管理制度是档案工作开展的标杆，是提高档案管理水平，有效保护和利用档案，使工作规范化、科学化、统一化的前提。社区矫正现阶段档案管理类和操作类的相关制度单薄且匮乏。例如，社区矫正档案管理工作没有明确的分类方案以及说明，归档立卷规范没有细化标准，档号编制尚停留在简单的年度内流水号。社区矫正档案的整理流程、借阅利用、著录要求、编研开发没有具体规范要求。只有逐步建立各类档案管理的相关制度标准，才能使得档案管理有章可循、有据可依。

三、社区矫正数字档案应用途径

（一）加强宣传，提高认识

社区矫正由于工作性质的原因，属于开放型管理，日常监督相对监禁刑难度大。工作思维容易拘泥于事务性管理，忽视了高效利用信息化工具。虽然社区矫正工作由“发展”向“定型”过渡，但目前社区矫正信息化领域应用系统还处于使用字段信息、基础信息阶段，工作效率难尽如人意。

数字档案管理工作，必须结合社区矫正工作的实际，加强改进和宣传，使这项工作的迫切性和重要意义真正被广泛了解，从而能够在多方面得到支持，保证社区矫正数字档案建设工作的逐步顺利开展。为打造社区矫正统一的信息平台入口，规范社区矫正基础数据库，推进社区矫正管理工作应用一体化平台，充分实现数据资源的共享施谋用智。

（二）完善制度，规范标准

制度和标准建设与实施是数字档案可持续发展的重要保障。社区矫正档案事业发展更需要进一步创新收集模式、管理手段、服务机制，建立完善档案管理制度和标准。

从数字信息资源的形成、归档入库，再到需求设计、系统建模、实践建设、共享利用等环节；信息化操作系统功能流程是否符合规范标准；从事档案管理的人员政治素质、业务能力、风险意识、保密意识等，是否遵循档案管理法律法规；数字档案建设是否结合了社区矫正工作的实际特点等，都需要有符合社会发展进步的档案工作制度和统一的社区矫正行业规范标准予以保障，以提高完善社区矫正档案工作机制，加强档案行政管理部门依法履职能力，建立社区矫正档案工作新格局。所以必须以制度和标准建设引领社区矫正数字档案工作发展。

（三）制定目标，分步落实

按照增量档案电子化长期工作目标和存量档案数字化近期工作计划方针、长期目标做到通盘考虑，保持数字档案管理的高质量和规范性，为技术发展留下兼容和扩充的余地，防止走回头路和弯路，减少资源浪费。

近期目标注重实用性和可行性。开发和利用需要将档案数据资源与社区矫正发展服务联系，引入大数据等新技术实现数字档案智慧管理。边挖掘边落实边摸索经验，逐步修订和完善目标和计划，循序渐进实现关系数据库和数据平台的进一步优化整合，推进数字档案建设发展各阶段工作落实。

（四）提高素质，培养技能

随着社区矫正数字档案管理进程的发展，对档案工作人员的要求越来越高，需要培养一批具备专业能力、技术能力、服务能力、创新能力的复合型人才。

社区矫正数字档案的工作既需要熟悉档案业务并具有较高调查研究水平和良好组织能力的管理人员，又需要掌握档案数字化管理标准并能够为纸质档案数字化提供技术支持的技术人员，更需要掌握一定信息化基础知识并熟悉社区矫正管理工作业务的操作人员。变档案保管员为档案信息管理师，变传统手工劳动为智慧管理规则的制定者、监督者、实践者和研究者，才能真正适应信息时代社区矫正数字档案工作的发展需要。

四、建设社区矫正数字档案的关键

（一）规范操作，强化应用

社区矫正档案信息管理操作平台应着重根据社区矫正的工作性质和特色展开调研，加大对平台管理系统、服务系统、框架构建、应用类目的改进和扩充。加强顶层设计，健全业务规范体系，完善通用制度、统一规范标准，解决数据格式标准统一等问题，以适应社区矫正数字档案管理工作需要。

社区矫正综合管理应用平台还必须结合本系统档案分类方案，形成自动化半自动化区分价值，使数据资源流转时即对其进行价值判断分类，“随办随归”。平台管理流程也可以强制性规定一些流程保护网络文件，保证网络存档数据内容完整和格式规范。例如，可强制性规定阅办文件单位必须上传办理相关材料后方可结束流程等措施，以保护归档电子文件档案信息资源集中存储。

开展多元化数据库构建、智慧网络建设、档案智慧服务、实体档案智能管理等。把档案管理从传统型转变为智慧型，转变传统档案管理“收好”“会管”“能用”等流程的智能化、智慧化管理，为实现智慧共享，加快流程再造。

（二）创新利用，智慧服务

社区矫正传统档案管理主要处理目录数据，功能相对简单。数字档案建设的关键是应用系统不能仅要求与办公自动化系统衔接后实现数据资源归档和管理，更着重在框架开发和共享利用上提出更高的要求。

首先，档案信息利用应逐步以数字化档案代替纸质原件提供利用，对已实现数字化的档案原件妥善保管，一般不再提供利用。其次，结合社区矫正全部业务数据结构，将社区矫正重要数据纳入档案资源系统，通过一体化平台完成非结构数据平台各业务系统与档案管理系统深度融合，使数据不再是静止的和陈旧的，不再是随机样本，而是全体数据。先实现社区矫正档案资源的统一存储和利用。最后，通过开展需求调研、功能设计、系统建模、实践建设等，建成以资源整合、业务协同、同步检测、信息共享为主线，以智能管控、智慧服务为核心，具有智能化的沟通感知、资源管理、设施控制、利用服务等特征的高效统一、智慧的档案管控和服务平台。同时还应掌握社区矫正需求，探索建立日常监督、特定区域管理、公益劳动、教育帮扶、技能指导、法律咨询等兼备的工作体系创新服务工作模式，拓展服务范围等。实现档案业务“收存管用”环节线上流转，区域网内综合档案资源共享，将服务延伸到社区矫正各个角落。实现数字档案与社区矫正工作在数据、技术、服务多层面融合，充分体现和发挥大数据的应用价值。

（三）注重安全，多重防护

数字档案的建设发展，网络安全尤为关键。社区矫正数字档案安全防护在应用单位信息安全管理框架下编制实施。严格执行国家颁布的有关信息安全的法律、法规、规章和标准，建立完善的信息系统。同时高度重视技术措施，这是保证归档数据资源现实作用最有效、最直接的方法，也是数据资源可靠利用的前提。

首先，在开发社区矫正档案信息资源和网络系统建设的过程中，要发挥积极的监督作用，增强安全意识，防止失密、泄密事件发生。其次，对已有的防范措施，如防火墙技术、杀毒软件系统、网络安全检测、电子身份认证系统、数据加密技术等，要开展综合校验。再次，切实改善档案保管保密条件，对重要档案实行异地备份以保障档案信息安全。运用局域网、智能密集架等实现库房的智慧管理，通过监控巡视、远程温湿度监测、安防联动等拓展实体保护系统保护范围。最后，要不断研究和探索新的安全防护技术，设计防御软件，有效应用身份认证识别、数据灾难恢复和格式恢复、数据加密、安全审计、病毒防护、权限控制、安全备份等安全技术检验过滤过往信息，形成人防、物防、技防的综合防范体系。

我国信息化发展已进入全方位、多层次推进的新阶段，“数字中国”“智慧社会”被正式写入党的十九大报告中，2020年修订的《档案法》专门列有档案信息化建设章节。社区矫正数字档案管理是档案管理和新形势下与时代接轨的产物，是社区矫正档案管理工作发展的必然方向。优化运作机制，强化科技支撑，抓住新机遇，迎接新挑战，创新发展社区矫正档案管理工作是时代赋予我们的必然追求。

数字化时代的社区矫正工作变革探索

王 莹*

在信息技术高速发展的背景下，各行各业都在进行数字化变革，社区矫正工作也不例外，一些传统的工作方式方法已不再适用于所有场景。《社区矫正法》第5条规定："国家支持社区矫正机构提高信息化水平，运用现代信息技术开展监督管理和教育帮扶。社区矫正工作相关部门之间依法进行信息共享。"新时代社区矫正工作应从新的角度出发，思考如何将信息技术与社区矫正工作融合起来，利用信息技术提高矫正效率、提升矫正效果，用数字化变革给社区矫正工作带来新的可能。

一、社区矫正数字化变革的价值和意义

（一）提高工作效能，健全社区矫正制度

在社区矫正工作中，大部分工作都有固定的业务流程，对于部分常规的、无须人工判别的重复性工作，完全可以用信息化手段来提升业务办理的效率和规范程度。将重复性工作线上化，一方面能将社区矫正工作人员从烦琐的无价值劳动中释放出来，让他们有充足的时间和精力去优化现有业务流程和工作方法，促进社区矫正工作正向发展；另一方面缩减了社区矫正对象的需求被响应的时间，让上级单位能及时触达社区矫正对象的需求并进行相应的反馈，推动工作高效化。社区矫正工作涉及公安机关、检察院、法院多个部门，实现社区矫正工作数字化有利于各个职能部门之间的数据流通，使得各部门之间的文件传输、人员衔接更为高效和直观，避免因文书丢失而导致社区矫正人员脱管、漏管情况，提高部门之间的协作效率，共同促进社区矫正工作规范化和专业化。

（二）评估、决策科学化，促进司法公平正义

准确、科学的评估、决策不是来源于某个人的"一言堂"，不是照搬照抄过往的

---

* 王莹，武汉市东西湖区司法局社区矫正工作管理局试用期公务员。

经验模式，也不是依据简单的因果推理。传统的社区矫正工作由于数据样本不够、信息获取不对称、不同地区的社区矫正数据未连通、实际工作的指导不够具体和明确等多方面的原因，导致社区矫正相关的评估、决策受人为因素干扰较多，在遇到较为复杂的个体情况时，无法及时迅速地给出最合适的处理方式。而推动社区矫正数字化之后，不仅让本地的所有社区矫正数据"有迹可循"，每个社区矫正对象的矫正流程都轻松可查；而且在联通全国的社区矫正平台之后，社区矫正相关数据能够汇聚成能量强大的数据海，通过数据挖掘技术手段统筹收集、统计、分析所有相关数据，充分探索数据的应用价值，梳理不同案件之间的共通点，构建数据管理体系，让数据"开口说话"，让评估、决策更加公开、公平、公正。

（三）治理精细化，提高社区矫正质量

每个社区矫正对象的性别、年龄、犯罪动因、悔罪表现、家庭情况、性格特点都不尽相同，为了更好地提升教育帮扶的实效，针对不同的社区矫正对象应对症施策。传统的社区矫正完全靠社区矫正工作人员根据获取的信息来人为判别矫正教育的重点方向，但大部分社区矫正工作人员没有专业的心理学和教育学相关知识，制定方案的有效性无法保证，加之社区矫正对象的状态是不断变化的，入矫初期的矫正方案可能并不适用于整个矫正周期。在社区矫正工作数字化之后，社区矫正对象的所有信息都变成了各种各样的数据，可以形成各种关键指标完整的发展曲线，再应用人工智能技术，综合海量数据，应用统计学、社会学、心理学等多方面的专业知识，智能化定制矫正方案，实时监测社区矫正对象的数据变化趋势，根据变化趋势来检验矫正效果，并可以根据社区矫正对象不同时期的状态，不断修正矫正方案，提升矫正质量。

二、社区矫正工作的数字化现状

以笔者所在的湖北省为例，近年来高度重视智慧矫正工作，积极贯彻落实司法部"智慧矫正"的建设工作要求，不断按照"智慧社矫"的目标探索信息技术和社区矫正工作的深度融合，致力于推广信息化管理、衔接管理、电子跟踪等管理平台研发及使用，全面推进全省社区矫正系统信息化建设，提升各单位的信息化应用水平和能力。2020 年湖北省还推进建设了一批"智慧矫正中心"示范单位，围绕"智慧帮扶""智慧矫务""智慧管控"多维度升级软硬件设备，推进社区矫正综合管理平台和"矫务通""在矫通" App 的联通，打造社区矫正的"大数据库"和"矫正链"，形成了市、区、街三级集协同作战、科学调度、个体监管、全面掌控于一体的

社区矫正信息化网络。①

同时，由于基础差、发展时间短，湖北省的社区矫正工作信息化建设还存在较多不成熟的地方。一是智能化程度较低，信息化应用面较窄。社区矫正的所有业务流程并未被覆盖，还没有实际应用大数据、云计算、区块链、人工智能等高新技术。当前社区矫正信息平台的使用侧重点偏向填报数据、呈现信息方面，而数据与数据之间的关联、数据发展的趋势、数据背后隐藏的信息还没有实现通过技术手段进行挖掘，无法利用已有的数据来智能化辅助优化社区矫正工作。二是工作人员任务重、矫正对象定位监管难的管理痛点未解决。当线上和线下工作并行时，工作人员需兼顾整理线下的档案材料和填报网上的信息，反而增加了额外的线上工作量；在当前应用的手机定位监管中还存在"人机分离"和定位信号漂移的问题。三是没有构建信息互联互通的平台支撑体系。司法系统纵向和政法系统横向的数据还没实现共享，部门之间还是得按照传统的纸质公函、文书传递模式进行沟通，不仅耗时长久，效率低下，而且还有文件丢失的风险。四是没有形成高效的运维管理机制。当前大部分社区矫正机构都缺乏专业的系统运维管理人员，不仅数据使用安全性无法保障，而且信息化过程中出现的问题也只能一级一级地向上反馈，影响问题的解决效率和效果。

三、社区矫正工作数字化变革的发展建议

（一）加强全省政法系统的统一规划

社区矫正是综合性很强的工作，在社区矫正工作的数字化过程中，公、检、法、司单位不能单打独斗，不同层级的社区矫正机构也不能相互隔离，只有进行科学、统一的顶层设计、政策引导，建立长期发展目标，才能为社区矫正数字化建设指明方向。

1. 营造社区矫正数字化的发展环境

传统的社区矫正工作已经在湖北省实施了十几年，形成了相对固化的工作模式，要将社区矫正工作从传统模式转变为数字化模式，必然会面对很多困难。首先管理层得跳出原有的思维模式，从意识上到制度上都要肯定数字化的重要意义，不能把数字化当作一种可有可无的形式主义。同时要为数字化的进程提供多方面的支持，鼓励使用信息化手段优化原有的工作方式，预留容错空间，为传统工作模式向数字

① 黄云南、郭潇文、刘欢、高科："'武汉市社区矫正综合管理平台'正式上线"，https：//mp.weixin.qq.com/s/ZZ2s5Gd5ncKDNBALZhoGGA，最后访问时间2021年8月25日。

化模式的转变提供过渡机制。

2. 制定建设标准体系

统一的建设标准体系有利于保障不同地区的社区矫正系统之间的兼容性，顺利实现互联互通，促进各地区之间的社区矫正数据共享，避免出现信息孤岛现象。建设标准包括设计规范、技术要求、验收标准、测试方法等多个方面，只有统一进行管理维护，才能使数字化建设有据可依。

3. 构建互联互通网络体系

一方面是司法系统之间的纵向互联，从省到市再到县、区，要建立上下互通的信息交换与管理机制，构建扁平化管理组织，提升管理效率。另一方面是政法系统之间的横向互联，要联通法院、检察院、公安、监狱、司法等各个部门的系统平台，实现平台之间的信息共享，优化衔接机制，提升信息传递效率。

（二）应用互联网思维，调整管理模式

互联网已经成为现代社会的基础设施之一，在互联网的浪潮中如果还是固守老一套管理思维、工作模式，只会与时代、与人民脱节。社区矫正工作同样也要与时俱进、因时而动，用互联网思维来应对数字化变革。

1. 数据思维

数据思维是用数据来提出和解决问题，强调一切从事实出发，而不是从某个人的观点出发。互联网的互联互通和广泛应用的特性，为数据的汇集提供了平台，大量数据源源不断地产生，对这些数据进行收集、归纳、分析、筛选、挖掘，就可以从客观角度找到隐藏的问题和优化的方向。在数字化变革中，数据应该成为最有说服力的武器，一切从数据出发，用数据作为评判、衡量标准，杜绝经验主义，把模棱两可、不清不楚的指标具象化，利用数据的动态变化趋势来指导工作决策，预测未来变化。

2. 用户思维

“以用户为中心”是互联网思维的核心，提倡将用户的体验放在首位，赋予用户更多话语权，重点关注用户的使用反馈。用户思维强调不能简单地从管理者的角度去思考、判断，而是要真正考虑到实施社区矫正工作的一线人员和社区矫正对象的诉求，畅通反馈渠道，在产品实际运行的过程中持续收集相关人员的意见和建议，秉承“小步快跑”的理念，分段式地逐步用信息化手段替换原有的工作方式，在实际磨合过程中再发现问题、解决问题，持续改进、不断优化。

（三）扩展智能化工具的应用面

推动社区矫正的数字化不能为了信息化而信息化，在数字化的过程中要结合实

际情况，适当地将智能化工具融合到当前的社区矫正工作中，发挥智能化工具应有的辅助功能。

1. 自动化管理

在引入智能化设备之后，可以充分利用其自助性服务功能，给予社区矫正对象选择的空间。一是自助入矫，社区矫正对象可以通过自动入矫终端来核实身份、了解社区矫正相关信息，办理入矫手续；二是自动办理申请相关程序，如社区矫正对象有申请外出、迁居的需求，可以通过矫正平台自助填报申请信息和申请理由，让申请函自动流转至相关审批部门进行审批；三是自主选择学习教育和公益劳动项目、时间，由矫正平台汇集所有学习教育、公益劳动的内容、时间后，社区矫正对象根据自身需要灵活自由地进行选择、签到，自动记录学习和劳动时长。

2. 个性化帮扶教育

入矫初期可以根据社区矫正对象的年龄、性别、心理状态、家庭状况等多方面因素来综合评判，自动生成个性化矫正方案；矫正中期可以定时评估社区矫正对象的心理波动状态，智能推荐学习教育内容，及时发现社区矫正对象当前存在的问题，为社区矫正对象的合理诉求提供解决渠道，并可以随时根据社区矫正对象的当前状态调整矫正重点方向，节省社区矫正工作人员发现问题和解决问题的时间；矫正后期则可以为矫正对象智能规划服刑期满之后的生活、工作、学习等发展方向，帮助社区矫正对象更好地融入社会。

3. 基于大数据评估矫正效果

在矫正实施的不同阶段对社区矫正对象的相关数据进行实时监测，包括签到频率、学习内容、学习时长、行为轨迹、风险评估分值等，形成可视化的变化趋势线，并可对收集到的数据进行进行智能比对和分析，依据可能影响社区矫正对象的多方面因素进行客观分析和总结，预测矫正发展方向，衡量当前矫正方案的有效性，并有针对性地给出消除负面因素的建议，用客观数据来评估矫正效果，为矫正实施锚定方向。

（四）加大信息化队伍的建设

社区矫正工作数字化的关键不仅在于“物”，更在于“人”。工作人员的素质和能力决定了社区矫正工作开展的质量，在提升社区矫正信息化硬件设备的同时，也需要构建更加规范的信息化队伍，提升工作人员的信息应用水平。

1. 对现有的社区矫正工作人员进行培训

在社区矫正工作的数字化进程中会引入很多新技术、新概念，不可避免地会对原有的社区矫正工作方式产生一定程度的冲击，但是目前大多数社区矫正工作人员并没有信息技术相关的知识背景，对信息技术、网络设备的接受和应用还存在较多困难，所以在社区矫正数字化的过程中要着重提高现有社区矫正工作人员相关的知识和能力。在对工作人员进行培训时，一方面可以组织线下培训班，邀请专业的培训讲师，对信息化相关的知识、平台及设备的使用进行讲解说明、现场演示，定期收集工作人员在实际工作中遇到的问题并进行解答，制发工作使用手册；另一方面可以制作不同类型的线上讲解课程，给予工作人员自由选择的空间，让工作人员能够充分利用碎片化的时间选择自己感兴趣的内容进行学习和提高。

2. 吸纳培养复合型人才

社区矫正数字化建设的过程中会涉及各种网络技术的应用，包括对社区矫正网站的建设和维护、网络设备管理、网络安全防范、数据安全管理、数据信息的发掘和应用等多个方面，同时还需要将网络技术与社区矫正工作进行适当的融合及发展，这就要求必须有既懂社区矫正业务又懂信息技术的专业人才来提供支撑。在构建社区矫正工作队伍时，可以通过人才引进、专家挂职、购买服务等多种方式，吸纳高端人才，增加队伍的多样性，提升社区矫正队伍整体的专业素养。

图书在版编目（CIP）数据

社区矫正前沿．2021／司法部预防犯罪研究所主编
．—北京：中国法制出版社，2022. 8
ISBN 978-7-5216-2778-7

Ⅰ．①社…　Ⅱ．①司…　Ⅲ．①社区-监督改造-中国
-文集　Ⅳ．①D926. 74-53

中国版本图书馆 CIP 数据核字（2022）第 122896 号

策划编辑：赵宏
责任编辑：王悦　　　　封面设计：杨泽江

社区矫正前沿．2021
SHEQU JIAOZHENG QIANYAN. 2021

主编/司法部预防犯罪研究所
经销/新华书店
印刷/北京虎彩文化传播有限公司
开本/710 毫米×1000 毫米　16 开　　　　印张／29. 75　字数／440 千
版次/2022 年 8 月第 1 版　　　　2022 年 8 月第 1 次印刷

中国法制出版社出版
书号 ISBN 978-7-5216-2778-7　　　　定价：99. 00 元

北京市西城区西便门西里甲 16 号西便门办公区
邮政编码：100053　　　　传真：010-63141600
网址：http：//www. zgfzs. com　　　　**编辑部电话：010-63141831**
市场营销部电话：010-63141612　　　　**印务部电话：010-63141606**

（如有印装质量问题，请与本社印务部联系。）